HEROLD-Jahrbuch
Neue Folge
Band 13 (2008)

HEROLD-JAHRBUCH

Neue Folge

13. Band

Herausgegeben
im Auftrage des HEROLD, Verein für Heraldik, Genealogie
und verwandte Wissenschaften zu Berlin (gegr. 1869),
von

Peter Bahl und Eckart Henning

2008

Verlag Degener & Co., Inhaber Manfred Dreiss
Insingen

HEROLD

Verein für Heraldik, Genealogie und verwandte Wissenschaften zu Berlin
Gegründet am 3. November 1869, juristische Person durch
Kabinettsordre vom 14. August 1882

Protektor: SKH Dr. Alexander Herzog von Württemberg

Geschäftsstelle des Vereins und der Kanzlei der Deutschen Wappenrolle: Archivstraße 11, 14195 Berlin-Dahlem, Tel. (0 30) 8 39 01-101 oder -234, Fax (0 30) 8 39 01-103. Sprechzeiten: Di. 15.00 bis 19.00 Uhr.

Redaktionsschluß für Band 14
30. Juni 2009

Schriftleitung:
Dr. Peter Bahl, Gurlittstraße 5, 12169 Berlin-Steglitz, Tel. (0 30) 7 53 99 98
(E-mail: PeterBahl@gmx.de).

Manuskripte sind nach vorheriger Anfrage in druckfertigem Zustand an die Schriftleitung zu senden, desgleichen Besprechungsexemplare von Büchern. Tauschpartner werden gebeten, unmittelbar an die Geschäftsstelle des Vereins zu liefern.
Für alle Beiträge zeichnen nach Form und Inhalt die Verfasser verantwortlich.

ISSN 1432-2773
ISBN 978-3-7686-3084-9

Verlag: Verlag Degener & Co., Inhaber Manfred Dreiss
Am Brühl 9, 91610 Insingen,
Tel. (0 98 69) 9 78 22 80, Fax: (0 98 69) 9 78 22 89
Druck und Bindung: Drukarnia Dimograf
ul. Legionów 83, 43-300 Bielsko Biała, Polen
Tel.: 0048/33/811 81 61
www.dimograf.com

Inhalt

Aufsätze

Buchbesprechungen

*

Mitarbeiterverzeichnis

Dr. Peter Bahl, Gurlittstraße 5, 12169 Berlin (e-mail: PeterBahl@gmx.de)
Dr. Lorenz Friedrich Beck, Archiv der Max-Planck-Gesellschaft, Boltzmannstraße 14, 14195 Berlin (Beck@archiv-berlin.mpg.de)
Eberhard Borrmann, Breite Straße 4, 14467 Potsdam (guebs@gmx.net)
Prof. Dr. Toni Diederich, Prinz-Albert-Straße 50, 53113 Bonn (toni.diederich@t-online.de)
Udo Geiseler, Kietzstraße 18, 14774 Brandenburg-Plaue (u.geiseler@gmx.de)
Dr. Jürgen v. Gerlach, Erbacher Straße 60, 64287 Darmstadt (vongerlach@gmx.de)
Prof. Dr. Reimund Haas, Historisches Archiv des Erzbistums Köln, Gereonstraße 2–4, 50670 Köln (reimund.haas@erzbistum-koeln.de)
Hilmann v. Halem, Lauterstraße 27–28, 12159 Berlin (hilmann@vonhalem.net)
Prof. Dr. Eckart Henning M.A., Archiv der Max-Planck-Gesellschaft, Boltzmannstraße 14, 14195 Berlin (e-mail: henning@archiv-berlin.mpg.de)
Dr. Elisabeth M. Kloosterhuis, Birkbuschsstraße 83, 12167 Berlin
Prof. Dr. Jürgen Kloosterhuis, Geheimes Staatsarchiv Preußischer Kulturbesitz, Archivstraße 12–14, 14195 Berlin (juergen.kloosterhuis@gsta.spk-berlin.de)
Prof. Dr. Niklot Klüßendorf, Kaller Koppelkaute 2, 35287 Amöneburg (kluessen@staff.uni-marburg.de)
Dr. habil. Klaus Müller, Achtermannstraße 51, 13187 Berlin (buena1717@arcor.de)
Prof. Dr. Ralf Pröve, Universität Potsdam, Historisches Institut, Postfach 60 15 53, 14415 Potsdam (proeve@rz.uni-potsdam.de)
Dr. Arnold Rabbow, Südwestkorso 75/I, 12161 Berlin (A.Rabbow@gmx.de)
Dr. Peter Sauerwald, Reeser Weg 23, 41564 Kaarst (sauerwald.peter@t-online.de)
Eugen Schöler, Heinrich-Krauß-Straße 3, 91126 Schwabach
Waldemar Schupp, Berliner Straße 69, 14467 Potsdam
Felicitas Spring, Lohengrinstraße 15, 14109 Berlin (felicitasspring@gmx.de)
Karl-Heinz Steinbruch M.A., Postfach 11 08 41, 19008 Schwerin (Mecklenburgica.Steinbruch@t-online.de)
Dr. Christoph Studt, Historisches Seminar der Rheinischen Friedrich-Wilhelms-Universität Bonn, Konviktstraße 11, 53113 Bonn
Prof. Dr. Reinhard Vogelsang, Joseph-Haydn-Straße 22, 33604 Bielefeld (reinhard.vogelsang@web.de)
Ruth Zimmermann, Wiesenhof 22, 14478 Potsdam (Ruth8049@aol.com)

Frische Brise für die Siegelforschung

Überlegungen zum Start des Corpus Sigillorum von Beständen des Staatsarchivs Wolfenbüttel[1]

Von Toni Diederich

Nicht nur von Siegelforschern, sondern auch von Vertretern verschiedener Zweigwissenschaften der Geschichte, insbesondere von Landeshistorikern und Kunsthistorikern, ist oft beklagt worden, dass es an landschaftlichen Siegelwerken fehlt. Sieht man von mehr oder weniger umfangreichen Publikationen für einzelne Siegelführergruppen auf regionaler Ebene ab, so gibt es eigentlich nur zwei Siegelcorpora in Deutschland, die diesen Namen verdienen: „Die westfälischen Siegel des Mittelalters", herausgegeben vom Verein für Geschichte und Altertumskunde Westfalens (4 Bände, Münster 1882–1900), und das jüngere Werk „Rheinische Siegel", erschienen als Publikationen der Gesellschaft für Rheinische Geschichtskunde 27 (6 Bände, Bonn 1906–1975). Bei dem erstgenannten Siegelcorpus handelt es sich um eine gewaltige Pionierleistung, deren Ergebnis nur möglich wurde, weil nacheinander drei fachlich bestens qualifizierte Bearbeiter, Friedrich Philippi, Georg Tumbült und Theodor Ilgen, mit langem Atem die einschlägigen Bestände gesichtet und das Material nach Siegelführergruppen publiziert haben. Das jüngere Corpus der „Rheinischen Siegel" muss man aus heutiger Sicht als einen außergewöhnlichen Glücksfall bezeichnen, weil ein von Hause aus gut situierter Bearbeiter, Wilhelm Ewald, nach Studium und Promotion als Privatgelehrter 1903 von der Gesellschaft für Rheinische Geschichtskunde den Auftrag zur Schaffung eines rheinischen Siegelwerkes übernahm und seiner Aufgabe jahrelang konzentriert nachgehen konnte, wozu er auch die nötigen Archivreisen zwecks Erfassung der Siegel unternahm. Anstoß und erste Konzeption zu dem Projekt stammten übrigens von Theodor Ilgen, der seit 1900 Direktor des Staatsarchivs in Düsseldorf war. Nach dem Erscheinen der Bände I und II (1906 bzw. 1910) publizierte Ewald zunächst im Jahre 1914 seine bekannte „Siegelkunde" und später, in den Jahrzehnten nach dem Ersten Weltkrieg, unter Auswertung des früher erhobenen Materials die weiteren Bände der „Rheinischen Siegel". Bemerkenswert ist hierbei, dass Ewald seit 1925 als Museumsdirektor in Köln mit vielfältigen Aufgaben betraut war, seine Arbeit an dem Siegelcorpus aber trotz seiner großen dienstlichen Belastung nicht einstellte. So konnten 1931 Band III mit 116 Tafeln und Texterläuterungen und die 1. Lieferung zu Band V, gedacht als eine „Rheinische Siegelkunde", erscheinen. Bis zum Jahre 1941 folgten dann noch insgesamt 142 Tafeln zu den Bänden IV und VI. Die Texterläuterungen zu den letztgenannten beiden Bänden erstellte später Ewalds Schülerin Edith Meyer-Wurmbach, so dass 1975 das Corpus komplett vorlag.[2] Anders als bei dem westfäli-

1 Zugleich Besprechung von: Beatrice Marnetté-Kühl: Mittelalterliche Siegel der Urkundenfonds Marienberg und Mariental. Braunschweig: Selbstverlag des Braunschweigischen Geschichtsvereins. 2006. 685 S., 35 Farbabb., 395 S/W-Abb. (Quellen und Forschungen zur Braunschweigischen Landesgeschichte, 42 = Corpus Sigillorum von Beständen des Staatsarchivs Wolfenbüttel. Zur Stiftung Braunschweigischer Kulturbesitz gehörende Klöster, 1).

2 Einzelheiten zu Wilhelm Ewald und seinen „Rheinischen Siegeln" bei Toni Diederich: Die Siegelsammlungen Beissel und Ewald im Historischen Archiv des Erzbistums Köln. In: Herold-Jahrbuch NF 10 (2005), S. 43–84, insbes. S. 61–67.

schen Siegelwerk wurden in dem rheinischen grundsätzlich auch die neuzeitlichen Siegel bis zum Ende des Ancien Régime erfasst, im Falle der Bände I und II (Siegel der Erzbischöfe von Köln und Trier) auch nahezu lückenlos. Bei den Städten und Gerichten (Band III) wie auch bei den geistlichen Institutionen hat Ewald etliche neuzeitliche Siegel nicht berücksichtigt und bei den geistlichen Personen von vornherein keine Vollständigkeit angestrebt. In Anbetracht der weit gestreuten Überlieferung ist eine solche auch nicht zu erreichen. Trotz dieser Lücken ist das Gesamtcorpus der „Rheinischen Siegel" von unschätzbarem Wert. Man mag aus heutiger Sicht bedauern, dass Ewald für seine Tafeln Fotos von Abgüssen und nicht von Originalsiegeln verwandt hat. In dem für den Druck der Tafeln benutzten Lichtdruckverfahren wurde aber durchgängig eine gute Qualität der Abbildungen erzielt, die keine Raster erkennen lassen und daher für heutige Reproduktionen geeignet sind[3]. Sehr zu begrüßen ist auch, dass Ewald die Siegel grundsätzlich in Originalgröße abgebildet hat.

Die einleitenden Bemerkungen zu den beiden genannten Siegelwerken dürften hinreichend erklären, warum sie keine Nachfolger in anderen Landschaften gefunden haben. Denkbar gewesen wäre nach dem Zweiten Weltkrieg die Erarbeitung von vergleichbaren Siegelwerken auf der Basis der Bundesländer, dann allerdings als groß angelegte Unternehmungen mit einer entsprechenden Zahl qualifizierter Bearbeiter. Dass es hierzu nicht gekommen ist, hat verschiedene, hier nicht zu erörternde Gründe, die z. T. auch erklären, warum man zu wenig gegen den fortschreitenden Verfall der fragilen Siegel getan hat.[4] Dies muss man umso mehr bedauern, als es sich bei Siegeln oftmals um Kleinkunstwerke von hohem Rang und in jedem Falle um Kulturgut handelt, das in seiner Substanz besonders gefährdet ist. Nimmt man hinzu, dass Siegel Geschichtsquellen *sui generis* sind und bei angemessener Interpretation Erkenntnisse liefern können, die auf andere Weise nicht zu gewinnen sind, dann wird deutlich, welchen Wert Siegelcorpora für die Forschung besitzen. Einerseits sichern sie also (wie Siegelabgüsse) wenigstens ersatzweise den Bestand an Siegeln[5], andererseits ermöglichen sie der Forschung den Zugang zu dem umfangreichen Siegelgut einer ganzen Landschaft. Dieser Nutzen ist seit langem bekannt.[6] Trotzdem schien es nirgendwo in Deutschland Regungen zur Erstellung eines landschaftlichen Siegelwerkes zu geben. Da erscheint es wie ein Paukenschlag, wenn jetzt die Fachwelt mit einem eindrucksvollen Band eines ganz anders gearteten Siegelcorpus überrascht wird.

Der erste Band des „Corpus Sigillorum" von Beständen des Staatsarchivs Wolfenbüttel verdient eingehend vorgestellt zu werden, wobei der Verfasser der vorliegenden Miszelle, der seine große Freude nicht verbergen kann, an Ort und Stelle seine Überle-

3 Die Gesellschaft für Rheinische Geschichtskunde hat zwischenzeitlich (mit Ausnahme von Band V) alle früher vergriffenen Bände nachgedruckt.

4 Vgl. Toni Diederich: Die Erhaltung von Siegeln. Eine vordringliche Aufgabe des Denkmalschutzes für die Archive. In: Der Archivar 34 (1981), Sp. 370–388. Der Verfasser hat seinerzeit viel Zustimmung von Archivarskollegen erfahren, allerdings nicht von solchen aus der Archivleiterebene, womit das Hauptproblem angedeutet ist.

5 Das Ewaldsche Siegelcorpus enthält etliche Abbildungen, deren zugrunde liegenden Originalabdrücke heute (weiter) beschädigt oder gänzlich verloren sind.

6 Vgl. die entsprechenden Bemerkungen von Paul Vogt im Vorwort zu Walther P. Liesching und Paul Vogt: Die Siegel in den Archiven des Fürstentums Liechtenstein bis zum Jahre 1700. In: Jahrbuch des Historischen Vereins für das Fürstentum Liechtenstein 25 (1985), S. 7–213, hier S. 11. Der Publikation der naturgemäß überschaubaren Zahl von Siegeln mit Abbildungen und Texterläuterungen war als „Beitrag zum Kulturgüterschutz" (S. 11) auch eine systematische Anfertigung von Siegelabgüssen vorausgegangen.

gungen kommentierend einbringen und am Schluss einige Hinweise zur Bedeutung des jetzt publizierten Wolfenbütteler Siegelfundus anfügen will.

In seinem Geleitwort legt Dr. Horst-Rüdiger Jarck, bis vor kurzem Ltd. Archivdirektor des Staatsarchivs Wolfenbüttel, die Gründe für die Initiierung des neuen Corpus Sigillorum dar: Bei der bisherigen fondsweisen Veröffentlichung von Urkundenbüchern fanden die Siegel zu wenig Beachtung, handelt es sich doch auch nach Jarcks Einschätzung um „Quellen mit eigener Aussagekraft" (S. 5). Er konnte das Interesse des Braunschweigischen Vereinigten Kloster- und Studienfonds, der 2005 in der Stiftung Braunschweigischer Kulturbesitz aufgegangen ist, für die mit dem Siegelcorpus begonnene regionale historische Grundlagenforschung wecken. Der genannte Kloster- und Studienfonds ermöglichte es, die Kunsthistorikerin Dr. Beatrice Marnetté-Kühl mit der Erschließung der Siegel zweier großer Urkundenfonds des Staatsarchivs Wolfenbüttel zu beauftragen und den 1. Band in der vorliegenden Form zu publizieren. Es handelt sich hierbei um die Bestände (Fonds) des Augustiner-Chorfrauenstifts Marienberg und des nahe gelegenen Zisterzienserklosters Mariental. Der 1. Band des Corpus Sigillorum hat nach Jarck „die besondere Aufgabe, das inhaltliche Gerüst für diesen neuen Typ von Veröffentlichung zu strukturieren" (S. 5). Dass es nicht bei einem Band dieses Typs bleiben soll, sondern wirklich an eine Veröffentlichungsreihe gedacht ist, kann man dem abschließenden Hinweis entnehmen, wonach bereits mit der Bearbeitung eines weiteren Bandes, den Siegeln im Urkundenbestand des Klosters Walkenried, begonnen worden ist.

In ihrer umfänglichen Einführung, die durch eine (auch terminologisch) souveräne Behandlung der archivwissenschaftlichen, siegelkundlichen, heraldischen und kunsthistorischen Aspekte besticht, legt Marnetté-Kühl nach Erörterung der Bedeutung des mittelalterlichen Siegelwesens in der abendländischen Kultur die Gründe für den in Wolfenbüttel eingeschlagenen Weg dar. Das dortige Staatsarchiv besitzt rd. 26.000 Urkunden, die zweitgrößte Zahl in Niedersachsen. An den gut 10.000 Urkunden des Mittelalters befinden sich noch Siegel. Da ein niedersächsisches Siegelwerk fehlt, sollen sie nunmehr systematisch erfasst werden. Warum hier eine Beschränkung auf das Mittelalter bzw. die Zeit bis kurz nach der Mitte des 16. Jahrhunderts erfolgt, wird später (S. 20) mit der Einführung der Reformation begründet. Ob auch die künftigen Bände des Corpus sich an diesen Zeitrahmen halten werden, ist nicht ersichtlich. Die Zäsur um 1500 scheint mir schon aus arbeitsökonomischen Gründen vertretbar zu sein. Außerdem ist zu bedenken, dass, mag es in der Renaissance- und Barockzeit bei einzelnen Institutionen noch zu eindrucksvollen Nach- und Neuschnitten von Siegelstempeln[7] gekommen sein, bei den persönlichen Siegelführern (einschließlich der Könige, Fürsten, Grafen und Herren) die Wappensiegel dominieren. Auch wenn diese Siegel bis ins 19. Jahrhundert hinein beim Adel und gehobenen Bürgertum massenhaft in Form kleinster Lacksiegel ohne Umschrift vorkommen, müssen sie als Beleg für den Niedergang des Siegelwesens, zumindest der Siegelkunst, in der Neuzeit gewertet werden. Auf die weiteren Gründe für diesen Niedergang[8] ist hier nicht näher einzugehen. Im Übrigen sei daran erinnert, dass man sich auch bei dem westfälischen Siegelcorpus auf das Mittelalter beschränkte und Ewald in einigen Bänden des rheinischen Pendants das neuzeitliche Siegelgut nur in Teilen bzw. in Auswahl berücksichtigte.

7 Vgl. zu diesem bisher wenig thematisierten Komplex Toni Diederich: Nachgravur, Umgravur, Nachschnitt und Neuschnitt. Beobachtungen an Dürener und anderen rheinischen Siegelstempeln. In: Dürener Geschichtsblätter 84 (1997), S. 185–215.

8 Näheres dazu bei Toni Diederich: Rheinische Städtesiegel. Neuss 1984, S. 62–66.

Da man in Niedersachsen bei der Edition von Urkunden fondsweise vorgeht, in den betreffenden Urkundenbüchern die Siegel aber in der Regel weder beschrieben noch abgebildet sind, lag eine bestandsweise Erfassung der Siegel als Ergänzung der Urkundeneditionen nahe. Dieses Verfahren hat, wie Marnetté-Kühl darlegt, mehrere Vorzüge. Die Siegelabdrücke eines Fonds werden an einem Ort aufbewahrt und können leicht miteinander verglichen werden. (Die bei landschaftlichen Siegelwerken bestehende Gefahr, ein Siegel zu übersehen, ist sehr gering.) Da man die betreffenden Urkunden im Prinzip nur einmal in die Hand nehmen muss, ist dieses Verfahren auch unter konservatorischem Aspekt sehr schonend. Der fortdauernde ursprüngliche Überlieferungszusammenhang ermöglicht – im Gegensatz zu losen Originalabdrücken oder Abgüssen in Siegelsammlungen, wie man hinzufügen könnte – Informationen zum Siegelnden und liefert Anhaltspunkte für die Datierung. Dem kann man nur zustimmen. Aus eigener Erfahrung möchte ich darauf hinweisen, dass auch die Lesung der Umschrift, besonders wenn sie teilweise zerstört oder undeutlich ist, durch die Nennung des Sieglers in der Intitulatio und/oder Corroboratio sehr erleichtert wird. Marnetté-Kühl räumt ein, dass das von ihr angewandte Verfahren einen vergleichsweise hohen Aufwand mit sich bringt, „der aus der Notwendigkeit erwächst, jedes einzelne Siegel bei einer Vielzahl von Siegelführern gleich angemessen zu bearbeiten“ (S. 15). Dieser Aufwand hat m. E. wiederum einen anderen Vorzug: Indem hier alle Siegelvorkommen systematisch erfasst und in der Publikation gemeldet werden, sind für den interessierten Forscher erstes Vorkommen und „Laufzeit“ eines Siegels ersichtlich. Die Frage ist bei den häufiger in Erscheinung tretenden Siegelführern nicht unerheblich, wenn man etwa Klarheit darüber gewinnen will, in welcher Zeit und in welchem Umfang Nebensiegel wie Geschäftssiegel (Ad-causas-Siegel) oder Sekretsiegel neben dem Hauptsiegel bzw. an Stelle eines Hauptsiegels einer Person oder Institution benutzt wurden. So konnte ich etwa für das Rheinland feststellen, dass auch das Nebensiegel volle Rechtskraft besaß und keineswegs nur den weniger wichtigen Urkunden vorbehalten war.

Bei der Erfassung der Siegel zum 1. Band des jetzt begonnenen Siegelcorpus hat die Bearbeiterin für die Rekonstruktion und Bewertung einzelner Siegel in vertretbarem Umfang auch andere Urkundenbestände des Staatsarchivs Wolfenbüttel befragt, was sich in manchen Details niedergeschlagen hat und seitens der Benutzer des Werkes dankbar begrüßt wird. Die Notwendigkeit, derartige Recherchen anzustellen, dürfte in der Zukunft in zunehmendem Maße entfallen, wenn weitere Bände des Siegelcorpus erschienen sind.

Die Ausführungen der Bearbeiterin zum Quellenwert der mittelalterlichen Siegel für Heraldik, Rechtsgeschichte, Institutionen-, Kirchen-, Personen- und Kunstgeschichte (mit Hinweis auf die Herstellung der Siegelstempel durch Goldschmiede) sind vor allem für denjenigen, der das Buch aus antiquarischem, ästhetischem oder anderem, vielleicht ganz speziellem Interesse konsultiert, von großem Nutzen, doch gilt vieles natürlich analog für die Siegel der Frühen Neuzeit. Die Bemerkungen zu den Urkundenfonds (S. 20 f.) und verschiedene erste Auswertungen des Materials unter dem Thema „Quantitatives“ (S. 20–23) müssen wir hier übergehen, so aufschlussreich sie auch gerade für die Siegelforschung sind. Dasselbe gilt für die Kapitel „Zu den einzelnen Siegelarten“ (S. 23–38), doch sei eigens darauf hingewiesen, dass bei der Abhandlung der „Heiligensiegel“ (S. 23–27), „Porträtsiegel“ (S. 27–33) und „Wappensiegel“ (S. 33–38) Spezialkenntnisse und tieferes Verständnis der bearbeitenden Kunsthistorikerin zum Tragen kommen, weshalb hier der Wunsch geäußert werden soll, die Verfasserin möge ihre Beobachtungen und Erkenntnisse zu den genannten Siegeltypen – vielleicht in generalisierender Weise auf der Basis der vorhandenen einschlägigen Literatur – an geeignetem Ort publizieren.

Das Kapitel „Herstellungsort" (S. 38–40) beschränkt sich keineswegs auf eine Beschreibung des geographischen Raumes, aus dem die Siegel stammen. Vielmehr versucht Marnetté-Kühl, auch Zentren der Goldschmiedekunst auszumachen, in denen bestimmte Typare entstanden. Daran knüpfen sich verschiedene Fragen, etwa zu den hervorragenden Siegeln, deren Stempel möglicherweise als „internationale Aufträge" (S. 39) anzusehen sind. Neben ihnen gab es in erster Linie handwerklich solide Arbeiten, aber auch unbeholfene Stücke. Es schließen sich noch einige kunsthistorische Bemerkungen zur Wirkung von Siegeln, zu ihren Auftraggebern, zu ikonographischen und stilistischen Beziehungen zwischen Siegeln und anderen Werken sowie zu Siegeln als Bewahrern eines älteren Formenkanons an. Alle diese Fragen verdienten eine Vertiefung, die natürlich von einer Einführung nicht erwartet werden kann. Als Zwischenbilanz sei der letzte Satz dieses Abschnitts zitiert: „Von wenigen anderen Werken sind in vergleichbarer Dichte Funktionszusammenhang, Entstehungszeit und oftmals auch Entstehungsort bekannt oder zumindest erschließbar" (S. 40). In der eigentlichen „Zusammenfassung" (S. 40 f.) kulminieren noch einmal die kunsthistorischen Aspekte – ein knappes, aber sehr gelungenes Kapitel, welches dem Siegel als Kleinkunstwerk gerecht wird.[9]

Von grundlegender Bedeutung ist der folgende Abschnitt „Hinweise zur Verwendung des Katalogs" (S. 42–66), weil hier die Grobgliederung des Katalogs (nach Siegelführergruppen) und die Feingliederung (die bei den Katalognummern, d. h. den einzelnen Siegeln, angewandte Systematik) beschrieben und begründet werden. Intensität und Niveau der Erörterung bei den „Hinweisen" setzen ebenso wie der Umfang der bei den Katalognummern gelieferten Details ganz neue Maßstäbe. Für den Kenner ist ersichtlich, wie sehr Marnetté-Kühl sich mit der einschlägigen Literatur, etwa mit dem „Vocabulaire international de la sigillographie" (1990), Ewald und Galbreath (in heraldischen Fragen) auseinandergesetzt hat. Offenbar ist bezüglich der archivbezogenen Fragen auch der Sachverstand der Kollegen im Staatsarchiv Wolfenbüttel eingeflossen, bei denen sich die Bearbeiterin im Vorwort bedankt. Die Ordnung des Katalogs und die angewandte „Matrix" sollen, auch wenn es sich dabei um eine trockene Materie handelt, wenigstens kurz vorgestellt werden.

Die Präsentation des Materials beginnt in der 1. Abteilung mit den Siegeln der geistlichen Personen in hierarchischer Reihenfolge (von den Päpsten über die Kardinäle, Erzbischöfe usw. bis zu den Plebanen, Kaplänen und geistlichen Notaren). Es folgen die geistlichen Institutionen (von den Kurien der Bischöfe bis hin zu den Bruderschaften[10]), alle unter dem mnemotechnischen Kennbuchstaben G fortlaufend durchgezählt (G 1 – G 261)[11]. Ähnlich werden in der 2. Abteilung unter dem Kennbuchstaben A die Siegel des Adels (Herrscher und adlige Siegelführer) präsentiert, insgesamt 418

9 Die starke Herausstellung dieser Aspekte durch die gelernte Kunsthistorikerin Marnetté-Kühl entspricht der Prognose, die ich im Schlusssatz meines Beitrages „Sphragistik" vor einigen Jahren gewagt habe, wonach „die Sphragistik, auch wenn sie bei den Spezialisten in guten Händen ist, von der Kunstgeschichte noch kräftige Impulse erwarten kann" (Toni Diederich: Sphragistik. In: Toni Diederich/Joachim Oepen (Hrsg.): Historische Hilfswissenschaften. Stand und Perspektiven der Forschung. Köln–Weimar–Wien 2005, S. 35–59, Zitat S. 59; siehe auch in demselben Band den Beitrag von Rainer Kahnsitz: Historische Hilfswissenschaften und Kunstgeschichte, S. 155–183).

10 Dazwischen liegen u. a. die Kapitel (von Stiften) und Konvente (von Klöstern), deren Unterscheidung Marnetté-Kühl in den „Hinweisen" trefflich begründet.

11 Sekundäres Ordnungsprinzip ist hier wie bei allen Siegelführergruppen die Chronologie.

Halberstadt

Kurie des Bischofs von Halberstadt G 206

For.: Rund, 35 mm.

Leg.: Zwischen zwei feinen Perllinien, in einer Mischmajuskel:

+ ∘ S' · CVRIE ∘ HALBERST(*a*)D(*ensis*) ∘ EPI[SC]OP(*i*) ∘

Be.: Im Profil nach links gewandt die Büste eines Bischofs mit reich verzierter Mitra mit Infulae, die vorne und auf der Rückseite mit einem Kreuz bezeichnet ist.

Dat.: Um 1291 (Typar); bis Anfang 14. Jh.

Kl.: Portraitsiegel eines geistlichen Dignitärs – Brustbildsiegel.

Kom.: Das Typar entstand in den letzten Jahren der Amtszeit Bischof Volrads, wie aus dem eine Jahreszahl tragenden Rücksiegel zu erschließen ist. Sowohl hinsichtlich Größe als auch Darstellungsart und Umschrift handelt es sich um einen Siegeltypus, der auch anderen Orts auftritt und z.B. aus Genf bekannt ist (Sceau). In seiner Gestaltung erinnert die Arbeit an die Formensprache antiker Profilbildnisse. Ganz außergewöhnlich ist bei dem hier vorliegenden Siegel die handwerkliche Qualität der Arbeit mit der Darstellung einer Büste mit ihrem geschwungenen Abschluss.

UDat.: 1302 Mai 18 - *UAus.*: Dekan Friedrich und Heinrich, Scholaster von U. L. Frau in Halberstadt für Adelheid, Gräfin von Schladen - *S.*: 3/3-(3K), 3 - *Mat.*: Anhängendes Siegel an Pergamentpressel, Wachs, grün, l. besch. - *USign.*: 22 Urk 267.

UDat.: 1298 April 19 - *UAus.*: Offizial Vidinus, päpstlich abgeordneter Richter - *S.*: 1 -(K), 1 - *Mat.*: Anhängendes Siegel an Pergamentpressel, Wachs, braun, st. besch. - *USign.*: 22 Urk 462.

UDat.: 1299 Februar 11 - *UAus.*: Magister Bertold (Damyat) von Wernigerode, Offizial der Bischofskurie von Halberstadt - *S.*: 1-(K), 1 - *Mat.*: Anhängendes Siegel an roten und weißen (?) Seidenfäden, Wachs, braun, besch., 1975 rest. - *USign.*: 22 Urk 248.

Lit.: UBHHa., Bd. 3, Taf. XIII, Abb. 95; Hilling, S. 61 f.*); Kittel, S. 425; Sceaux, Nr. 327. (Farbabb. 12)

Abb. 1: Auszug aus dem Werk von Beatrice Marnetté-Kühl: Die Behandlung des Siegels der Kurie zu Halberstadt durchgezählte Stücke. Die hierbei vorgenommenen (wohlbegründeten) Festlegungen bezüglich der in dieser Siegelführergruppe auftretenden Zuordnungsfragen können wir übergehen. Die 3. Abteilung umfasst unter dem Kennbuchstaben B die Siegel der Personen und Institutionen des Bürgertums, im vorliegenden Falle nur 17 Siegel, weil die beiden oben genannten geistlichen Institutionen offenbar nur wenige urkundenrelevante Beziehungen zum Bürgertum unterhielten.

In welcher Weise die einzelnen Siegel in dem Corpus Sigillorum dargeboten werden, zeigt besser als jede Beschreibung das hier abgebildete Muster (*Abb. 1*). Wir bewegen uns in der Abteilung „B. Geistliche Institutionen", Unterabschnitt „1. Bischöfliche Kurien und Offiziale". An erster Stelle erscheint, durch eine grau gerasterte Leiste als Hintergrund hervorgehoben „Halberstadt" (von dem noch weitere Siegel folgen). Im Schriftgrad größer, ebenfalls auf grau gerasterter Leiste, wird der Siegelführer, die „Kurie des Bischofs von Halberstadt", also die wichtigste Angabe mit der zugehörigen Katalognummer „G 206" rechts gemeldet. Wie beim vorliegenden Beispiel folgen dann regelmäßig unter der Rubrik „For." Angaben zu der Form und den Maßen, unter „Leg." Angaben zur Einfassung der Legende (ein Detail, das meist nur bei der Beschreibung einzelner Siegel, höchst selten jedoch bei größeren Stückzahlen, beachtet wird, allerdings aus der Abbildung ersichtlich ist) und zur Schriftart (für die dasselbe gilt). Darunter erscheint dann in deutlichem Abstand die Siegellegende (Umschrift).

Zur Rechtfertigung des Weges, der bei der Wiedergabe der Legende eingeschlagen wurde, äußert sich Marnetté-Kühl eingehend (S. 47 f.). Es ist der einzige Punkt der Systematik, zu dem wir hier kritisch-konstruktiv Stellung nehmen wollen. Vorweg sei betont, dass hierbei etliche Details wie die Benennung der ornamentalen Einfassung (z. B. Steg oder Perllinie), die Benennung der Schriftarten sowie die Wiedergabe derselben nach dem Original in Majuskeln oder Minuskeln keinerlei Anlass zur Kritik bieten. Wenn die für den Druck zur Verfügung stehenden Mittel es erlauben, ist es natürlich schön, wenn die vorkommenden Ligaturen, der Nexus litterarum (nicht „Nexus litterarus", wie auf S. 47 zu lesen – soviel richtiges Latein muss sein) und spiegelverkehrte Buchstaben der Umschrift entsprechend wiedergegeben werden. Unbedingt notwendig erscheint mir das nicht, weil eine beschreibende Anmerkung (etwa „O und R in Ligatur") denselben Zweck erfüllt. Das hier abgebildete Beispiel zeigt auch, mit welcher „Perfektion" die Umschriften abgedruckt sind: Die Abbildung des Siegels lässt sehr gut oben neben dem Kreuz erkennen, dass der Siegelstecher statt der üblichen Punkte mitten auf der Zeile hohle Punkte bzw. kleine Ringe graviert (oder vielleicht durch Verwendung einer entsprechenden Punze hergestellt) hat. Ebendiese präsentiert auch der Druck der Legende. Bei etlichen weiteren Besonderheiten, etwa Sternchen, Blüten und anderen, z. T. sehr ausgefallenen Verzierungen zwischen den einzelnen Wörtern der Umschrift, versucht der Druck, diese exakt abzubilden. Das ist ein hoher drucktechnischer Aufwand, das Ergebnis schön anzuschauen – den Blick auf diese Besonderheiten lenkend –, letztlich aber doch ein wenig schematisierend gegenüber dem Original. Eine gute Abbildung des Siegels, wenn es denn selbst einigermaßen erhalten ist, leistet ähnliche Dienste. Aber zugegeben: Der betriebene Aufwand ist unschädlich. Die Frage ist nur, welche Kosten er verursacht. Ich fürchte, dass man diesen Aufwand des sonst so nachahmenswerten Corpus nicht den potenziellen Nachfolgern außerhalb von Niedersachsen zur Auflage machen kann. Problematisch ist das Verfahren, sichere Ergänzungen in der Lesung der Umschrift in eckige Klammern zu setzen. Diese stehen normalerweise für (mehr oder weniger sichere) Mutmaßungen des Editors. Gäbe es keinen anderen als den in unserem Beispiel abgebildeten Siegelabdruck, so könnte man die Lücke am Ende der Umschrift ziemlich sicher erschließen und dann wie bei anderen Texteditionen SC in eckige Klammern setzen. Tatsächlich bedeutet die eckige Klammer nach den im vorliegenden Corpus angewandten Regeln jedoch, dass man das SC einem anderen Abdruck dieses Siegels entnommen hat. Hierbei wie auch bei der Auflösung von Abkürzungen in runden Klammern, insbesondere der Wiedergabe der aufgelösten Passagen in kursiven Kleinbuchstaben, vor allem auch bei der originalen Wiedergabe der einleitenden Abkürzung für Sigillum (S') hält sich Marnetté-Kühl an die Empfehlungen im „Vocabulaire international de la sigillographie". Diese sind aber nicht, wie die Bearbeiterin (S. 47) meint, eine Empfehlung des Internationalen Siegelausschusses, sondern ein individueller Beitrag von Robert-Henri Bautier, wie auch das Inhaltsverzeichnis des „Vocabulaire" ausweist. Die von Bautier mehrfach publizierten Empfehlungen haben mit mir auch einige andere Mitglieder des genannten Ausschusses als zu detailliert und kompliziert empfunden, als dass man sie etwa bei der Verzeichnung größerer Siegelbestände vollständig beachten könnte. Ich selbst habe mich stets an die Empfehlungen von Karl Ernst Demandt gehalten, wie sie etlichen Kursen an der Archivschule Marburg vermittelt worden sind. Demnach wird das einleitende abgekürzte S' bei lateinischen Legenden mit S(IGILLVM) aufgelöst. Man bleibt dann sinnvoller Weise in der Schriftart, welche die Umschrift des Originals vorgibt. Es kann doch nur sinnvoll sein, die Auflösung in Minuskeln abzudrucken, wenn auch im Original eine Minuskel erscheint. Bei der Verwendung der Klammern gilt nach Demandt: runde Klammern für die Auflösung von Abkürzungen, eckige Klammern für (erschlossene) weggebrochene Teile der Umschrift, spitze Klammern zur Ergänzung weggebrochener Teile, die auf anderen Abdrücken desselben Siegels sicher zu lesen sind.[12] Weiterhin wäre zu überlegen, künftig auch der Empfehlung Demandts zur Kennzeichnung einer Unterbrechung der Umschrift, etwa durch in sie hineinragende Pferdehufe, zu folgen und in diesen Fällen einen Gedankenstrich (–) zu setzen. Im vorliegenden Siegelcorpus wird hierfür ein Schrägbalken (/) benutzt, der doch bei Texteditionen den Zeilenwechsel kenntlich macht. Da es auch Siegellegenden gibt, die in zwei Reihen um das Siegelfeld laufen, hätte der Schrägstrich eine sinnvolle Verwendung, um den äußeren von dem inneren Teil der Umschrift abzutrennen.

Kehren wir zur Systematik des neuen Siegelcorpus zurück, so ist auch bei der Beschreibung des Siegelbildes („Be.") hervorzuheben, wie sorgfältig über den besten Weg nachgedacht wurde. Bei der Verwendung „rechts" und „links" folgt Marnetté-Kühl der im deutschsprachigen Bereich bevorzugten „heraldischen" Beschreibung, ein Detail, das hohe Anerkennung verdient, weil oft aus Unkenntnis und ohne Begründung anders verfahren wird.[13] Den Ausführungen zur Detailgenauigkeit und ihren

12 Die Empfehlungen Demandts finden sich in einem vervielfältigten Typoskript „Technik der Siegelverzeichnung", das über einen längeren Zeitraum hinweg an der Archivschule Marburg verteilt wurde, den Kollegen in Wolfenbüttel und Frau Marnetté-Kühl offenbar aber nicht bekannt war. Insofern ist es verständlich, aus meiner Sicht allerdings bedauerlich, dass man sich an den Empfehlungen im „Vocabulaire" orientierte.

13 Das Thema ist Anfang der 1980er Jahre schon im Internationalen Siegelausschuss diskutiert worden, der sich damals für die „natürliche" Beschreibung ausgesprochen hat. In den folgenden beiden Arbeitsperioden, in denen ich als deutscher Vertreter an den Beratungen des genannten Ausschusses teilgenommen habe, kam die Problematik immer wieder hoch. Ich habe auf die „heraldische" Tradition in Deutschland hingewiesen, der auch Ungarn seit langem folgt. Die Gründe, die für ein Festhalten an der deutschen Gewohnheit sprechen, sind gewichtig und wurden von mir bereits an anderer Stelle angeführt (Toni Diederich: Städtesiegel [wie Anm. 8], S. 21 f.); vgl. dazu auch Morand Guth: Die franziskanischen Siegel der Straßburger Ordensprovinz von den Anfängen bis zum Ende des 16. Jahrhunderts. In: Archives de l'église d'Alsace 42 (1983); S. 192 f.: „Bei der Beschreibung des Siegelbilds sind die Ausdrücke rechts und links heraldisch zu verstehen ..."

Grenzen, insbesondere zur exakten Wappenbeschreibung (S. 49 f.), ist vollinhaltlich zuzustimmen. Unter „Dat." wird zunächst die (erwiesene oder erschlossene) Entstehungszeit des Typars gemeldet, was wegen der diesbezüglich in vielen Fällen aufgewandten Mühe sehr verdienstlich ist. Allzu oft wird in historischen, aber auch siegelkundlichen Veröffentlichungen nur das Datum des ersten Vorkommens eines Siegels angeführt, was vor allem bei Institutionen noch gar nichts über die u. U. viel früher erfolgte Entstehung des Typars aussagt. Unter der genannten Rubrik hat die Bearbeiterin dann noch regelmäßig das Ende der Verwendungszeit eines Siegels benannt. Die nachfolgenden Angaben zur Klassifikation („Kl.") sind besonders dann von Nutzen, wenn ein Siegel wegen seines schlechten Erhaltungszustandes nicht abgebildet ist. Marnetté-Kühl hat sich in bewundernswerter Weise mit dem Komplex Siegeltypologie beschäftigt und sich entschlossen, die von mir entwickelte „in sich schlüssige und pragmatische Typologie ..., die an den Darstellungsmotiven ausgerichtet ist", anzuwenden (S. 51). Allerdings ging es mir bei meiner neuen Typologie um die Aussage und damit um das rechte Verständnis des Siegels, in der Regel eines Einzelsiegels, nicht um griffige Termini für die Verzeichnung von Siegelbeständen.[14] So ist etwa das in den 1260er Jahren entstandene große Siegel der Stadt Büderich am Niederrhein, welches den Stadtgründer, Graf Dietrich VII. von Kleve, mit einem Falken auf der linken Hand zur Jagd ausreitend zeigt, nach meiner Typologie kein Falkenjagdsiegel, sondern ein Stadtgründer- und Stadtherrensiegel.[15] In den meisten Fällen lassen sich die von mir benutzten Termini aber auch in dem von Marnetté-Kühl dargelegten Sinne verwenden. Dass sie im gegebenen Falle weitere präzisierende Termini oder solche für Mischformen bzw. solche zur Bezeichnung der Verwendungsart oder zur Benennung des Siegelführers anschließt, ist durchaus hilfreich für den Fachmann, macht aber auch dem siegelkundlich nicht vorgebildeten Historiker deutlich, unter wie vielen Aspekten man Siegel betrachten und klassifizieren kann. Die Rubrik „Kom." enthält kommentierende Bemerkungen zum Siegelführer, zum Siegelabdruck, zur Ikonographie und gegebenenfalls auch zum Stil und zur künstlerischen Qualität des jeweiligen Siegels. Es besteht kein Zweifel, dass der vorliegende Band gerade durch die hier eingebrachten kunsthistorischen Kommentare an Wert und Bearbeitungsniveau gewinnt.

Es folgen zum Schluss im Petit-Druck die vollständigen Angaben zu Urkundendatierung (*UDat.*), Urkundenaussteller (*UAus.*), Material (*Mat.*) und Urkundensignatur (*USign.*) sowie – in sinnvoller Beschränkung – die in Kurzform zitierte einschlägige Literatur (*Lit.*). Gegebenenfalls steht in der letzten Zeile rechts noch der Hinweis auf eine Farbabbildung im vorliegenden Werk.

Soweit vom Erhaltungszustand gerechtfertigt, findet sich, wie bei dem ausgewählten Muster zu sehen, oben rechts eine Schwarz/Weiß-Abbildung, leider oft etwas – gelegentlich auch stärker – gegenüber dem Original verkleinert. Wir sehen sehr wohl, dass eine konsequente Abbildung der Siegel im Maßstab 1:1 Probleme im Layout gebracht hätte. Leider sind von den 696 behandelten Siegeln ca. 43 % in einem so schlechten Zustand überliefert, dass auf eine Abbildung verzichtet wurde. Diese Entscheidung muss man respektieren, weil es wenig sinnvoll ist, Fragmente und Ruinen

14 Vgl. Toni Diederich: Prolegomena zu einer neuen Siegeltypologie. In: Archiv für Diplomatik, Schriftgeschichte, Siegel- und Wappenkunde 29 (1983), S. 242–284, insbes. S. 280; Toni Diederich: Réflexions sur la typologie des sceaux. In: Janus. Revue d'archivistique (1993) 1, S. 48–68, insbes. S. 56; Toni Diederich: Sphragistik (wie Anm. 9), S. 49.

15 Vgl. Toni Diederich: Von der Eigenart des Siegels als Geschichtsquelle. In: Zehn Jahre Fachgruppe Historische Hilfswissenschaften. Hrsg. von Peter Bahl u.a. (Herold-Studien, Bd. 8). Neustadt a. d. Aisch 2005, S. 54–56 mit Abb. 3 (S. 63).

abzubilden. Vielleicht können manche Abbildungslücken durch die zukünftigen Bände geschlossen werden.

Dem Katalogteil des Bandes (S. 57–570) folgt ein umfangreicher Anhangsteil (S. 571–685), der in seinen Teilen A–C (Abkürzungsverzeichnis, Quellen und Literatur, Konkordanzen) schon die für Archivpublikationen notwendige Akribie offenbart. In seinen fünf Registern (1. Personen und Orte, 2. Biblische und heilige Personen, 3. Sachen und ikonographische Begriffe, 4. Heraldische Begriffe, 5. Typologische Begriffe) geht er aber weit über das Übliche hinaus, weshalb der vorliegende Band auch in dieser Hinsicht als vorbildlich gelten kann.

Erweist sich das hier beschriebene Corpus Sigillorum den älteren deutschen Siegelwerken in seiner Informationsfülle deutlich überlegen, so haben diese doch den Vorteil, dass sie (nahezu) alle Siegel auch abbilden. Dazu wurde am Anfang schon einiges gesagt. Den Abbildungen kommt in jedem Siegelwerk eine hohe Bedeutung zu. Insofern hätte der Anteil der Fotografin Gisela Treptow, die zwar im Vorwort (S. 11) und später (in Anm. 94, nur dort mit Vornamen) erwähnt wird, m. E. deutlicher herausgestellt werden müssen. Es sind ihr, nicht zuletzt auch bei den Farbabbildungen, etliche schöne Aufnahmen gelungen. Ausgewogene Aufnahmen mit Streiflicht sind nämlich gerade bei Siegeln mit hohen Wülsten nicht einfach. Je nach Ausleuchtung und Kameraposition entstehen selbst bei ein und demselben Fotografen sehr unterschiedliche Lichtbilder, und man wird geradezu sagen können, dass ein jedes von ihnen individuelle Züge trägt. Dies einmal vorausgesetzt, bedarf es keiner großen Fantasie sich vorzustellen, welch andere Wirkung manche Siegel im vorliegenden Werk besäßen, wenn man sie nicht von unten, sondern von oben angeleuchtet hätte. Geht man nach dem „natürlichen“ Licht von oben – ob nun mit oder ohne Sonne –, dann wird man es bedauern, dass in etlichen Fällen das Licht vom Boden kommt. Eklatant ist der eigenartige Effekt z. B. bei etlichen Siegeln der Herzöge von Braunschweig, weil dort die Bäuche der Löwen von unten beleuchtet wurden, so dass die Rücken merkwürdige Schatten nach oben werfen. Wie anders sähe auch der schöne Bischofskopf in unserem Musterbeispiel aus, wenn nicht der hintere Teil der Mitra mit den Infuln und der Nacken des Bischofs, sondern sein Antlitz angeleuchtet wäre! (Marnetté-Kühl hebt zu Recht die besondere Qualität der Siegelstecherarbeit hervor.) Vielleicht tragen unsere kurzen Bemerkungen dazu bei, die Abbildungsqualität in den nächsten Bänden zu verbessern. Der Fundus der Foto-Negative ist künftig von eminenter Bedeutung. Da sich die Siegelabbildungen des Buches nicht wirklich zur Reproduktion eignen, wird der interessierte Forscher darauf angewiesen sein, beim Staatsarchiv Wolfenbüttel qualitätvolle Abzüge von den vorhandenen Negativen zu bestellen. Dass die Forschung in diesen Fällen zeitnah bedient wird, muss hier wie anderenorts zu den unabdingbaren Service-Leistungen gehören, die man von den Archiven erwarten kann.

Die Gesamtausstattung des Buches kann ansonsten nur in höchsten Tönen gelobt werden. Dazu gehören u. a. die großzügige (und dadurch ausgesprochen übersichtliche) Gestaltung des Katalogteils, an dessen Handhabung man sich als Benutzer schnell gewöhnt, und der feste Umschlagkarton. Seinen Deckel ziert eines der interessantesten Siegel des publizierten Gesamtbestandes: das zweifarbige schildförmige Siegel des Hermann, Herrn von Warberg, aus der Mitte des 13. Jahrhunderts. Das Siegel besteht aus hellbraunem Wachs; der Gegenstand des Siegelfeldes, eine nach heraldischem Pars-pro-toto-Prinzip gestaltete Linde – aus drei Wurzeln wachsen zwei Äste mit jeweils einem aufgerichteten Lindenblatt –, ist in grünem (!) Wachs aufgebracht. Das Siegel gäbe Anlass zu mancherlei Überlegungen, soll uns hier aber nur dazu dienen, abschließend auf die inhaltliche Seite des vorliegenden Bandes einzugehen.

Abb. 2: Siegel des Offizials von Roskilde (Dänemark)

Abb. 3: Jüngeres Siegel des Offizials von Roskilde (Dänemark)

Das in ihm publizierte Siegelmaterial bietet viele Anreize zu intensiver Beschäftigung mit Einzelstücken und zum Vergleich mit Bekanntem aus anderen Landschaften. Im Rahmen einer Miszelle kann ich nur einige kurze Bemerkungen zu ausgewählten Siegeln machen. Da führt Bertradis, Äbtissin des Stiftes St. Servatius zu Halberstadt, ab etwa 1271 ein rundes Siegel, in welchem sie auf einem Faldisterium thronend mit einem Lilienzepter in der Rechten und einem geöffneten Buch in der Linken dargestellt ist (G 117, S. 154 f.). Kleidung (u. a. pelzbesetzter Schulterumhang), Devotionsformel (Dei gratia) und die für ein Äbtissinnensiegel exorbitante Größe[16] von 80 mm künden von einem ungeheuren Selbstbewusstsein der Siegelführerin. Hieran könnten sich umfangreichere Siegelstudien unter Einbeziehung der Siegel weiterer Äbtissinnen von Halberstadt (besonders G 116) anschließen. Eine genauere Untersuchung verdient auch das in unserem Muster abgebildete Siegel der Kurie des Bischofs von Halberstadt. Die bischöfliche Kurie wurde zur Zeit der Entstehung dieses Siegels – um 1291 – vom Offizial als wichtigster Amtsperson neben dem Bischof geleitet. Der Offizial übte in seinem Auftrag die geistliche Gerichtsbarkeit aus, so dass die Symbolik des Halberstädter Siegels leicht zu erschließen ist: Hinter dem, was die Kurie tut und besiegelt, steht der Bischof selbst. Man konnte ihn aber nicht gut als Ganzfigur (thronend oder stehend) im Siegel der Kurie abbilden, weil dieser Typ damals dem Bischof selbst vorbehalten war. So steht nach dem schon angeführten Pars-pro-toto-Prinzip der Kopf des Bischofs für den Bischof und im Weiteren – darin liegt die eigentliche Symbolik – für die vom Bischof ausgehende Jurisdiktionsgewalt. Einen Schritt weiter ging man an der Kurie des Bischofs von Roskilde (Dänemark). Dort wurde statt des

16 Dem Kriterium der Siegelgröße – Marnetté-Kühl spricht S. 27 mit Recht vom „Bedeutungsmaßstab" – sollte (möglichst in zeitlichem, räumlichem und gesellschaftlichem Vergleich) bei siegelkundlichen und historisch interpretierenden Untersuchungen mehr Aufmerksamkeit geschenkt werden. Zum Vergleich: Das erst um 1283 geschaffene Typar des Erzbischofs von Magdeburg (G 17, S. 76 f.) misst nur 79 mm, das vor 1292 entstandene Typar Ottos I., Fürsten von Anhalt und Grafen von Aschersleben (A 4, S. 279), auch „nur" 80 mm im Durchmesser. Unter den bei Ewald, Rheinische Siegel IV, Taf. 85–112 abgebildeten Siegeln von Äbtissinnen und Äbten gibt es kein einziges von auch nur annähernder Größe.

mit der Mitra bekleideten Hauptes des Bischofs lediglich die Mitra ins spitzovale Siegelfeld von 65 : 40 mm gesetzt (*Abb. 2*). Am Ausgang des Mittelalters ließ der Offizial von Roskilde ein neues Siegel schneiden. Es handelt sich um ein Rundsiegel von 38 mm im Durchmesser, das wie das Halberstädter Siegel den Kopf des Bischofs zeigt, hier allerdings in starrer frontaler Darstellung (*Abb. 3*). Die Aussage ist in allen drei Siegeln letztlich dieselbe, doch hat das Halberstädter Stück einen ganz besonderen Reiz wegen seiner schon erwähnten künstlerischen Qualität.

Besondere Aufmerksamkeit verdienen u. a. auch die sehr ähnlich gestalteten Kapitels- bzw. Konventssiegel des Stiftes St. Paul in Halberstadt (G 222, S. 234) und des Klosters St. Johann Baptist in Berge bei Magdeburg (G 239, S. 251), weil dort die in Halbfigur dargestellten örtlichen Patrone (St. Paulus bzw. St. Johann Baptist) ein Spruchband mit Zitaten aus dem Neuen Testament zwischen den ausgebreiteten Armen halten. Da diese ikonographische Besonderheit hier zweimal vorkommt, in mir einigermaßen bekannten anderen Landschaften aber unbekannt gewesen zu sein scheint, wäre eine Untersuchung zu Herkunft, Verbreitung und motivischen Abhängigkeiten dieser speziellen Ausprägung des Heiligensiegeltyps lohnend. Welche Fragen sich hierbei auftun könnten, wollen wir an einem anderen Beispiel zeigen.

Das Benediktinerkloster St. Peter und Paul in Königslutter führte ab der Mitte des 13. Jahrhunderts ein Rundsiegel von 56 mm im Durchmesser (*Abb. 4*), das nebeneinander die beiden Klosterpatrone Petrus und Paulus, ausgewiesen durch ihre bekannten Attribute, in Dreiviertelfigur zeigt (G 247, S. 258). Über ihnen erhebt sich eine Blendarkade, deren beide Bogen in der Mitte auf einer Konsole und seitlich auf Säulen aufsitzen. Über dieser Doppelarkade befindet sich ein Kirchengebäude mit einem Turm in der Mitte und einem sich nach beiden Seiten erstreckenden Dach mit Rautenmuster. Es handelt sich hier nicht um ein einfaches Heiligensiegel mit seiner bekannten Aussage[17], sondern durch die Hereinnahme der Kirche, auch wenn sie nur klein und als Abbreviatur dargestellt ist, um einen Mischtyp, der stärker noch als der einfache Heiligensiegeltyp deutlich macht, dass die Patrone die eigentlichen „Besitzer" und Repräsentanten der Kirche sind. Demgemäß erfolgten oftmals, vor allem im Frühen und Hohen Mittelalter, Schenkungen nicht an die Stifts- oder Klostergemeinschaft bzw. ihre Kirche, sondern ausdrücklich an den oder die Heilige(n) derselben. Für die in Königslutter gewählte Ikonographie gibt es Vorbilder im Westen. Es handelt sich zunächst um die Siegel der beiden Benediktinerklöster St. Peter und St. Ludwin in Mettlach (Saar) und St. Matthias und Eucharius in Trier (*Abb. 5 und 6*). Ausweislich der erhaltenen Abdrücke an Urkunden sind die beiden Siegel um 1220 und zwar, wie der Kölner Kunsthistoriker Hermann Schnitzler nachgewiesen hat, in einer Trierer Goldschmiedewerkstatt entstanden. Dieser werden noch andere bedeutende Kunstwerke wie die Kreuzreliquientafel von St. Matthias in Trier, das Kreuzreliquientriptychon der Abtei Mettlach, der Schrein des hl. Simon in der ehemaligen Prämonstratenserkirche Sayn bei Bendorf (bei Neuwied/Rhein) und der Potentinusschrein des Prämonstratenserstiftes Steinfeld (Eifel) zugeschrieben.[18] Der wesentliche Unterschied zwischen dem Mettlacher und dem Trierer Siegel besteht darin, dass letzteres eine Konsole wie das Königslutterer Siegel aufweist, während die Doppelarkade in dem Mettlacher Stück in der Mitte von einer Säule gestützt wird. Dasselbe Detail findet sich auch in

17 Vgl. dazu Marnetté-Kühl (wie Anm. 1), S. 23–27 (s. oben).

18 Kurzer Überblick mit Angabe weiterer Literatur bei Toni Diederich: Rheinische Siegel (3): Die großen Siegel der Benediktinerabteien Mettlach und St. Matthias in Trier. In: Rheinische Heimatpflege NF 12 (1975), S. 196 f.

Abb. 4: Siegel des Benediktinerklosters St. Peter und Paul in Königslutter

Abb. 5: Siegel des Benediktinerklosters St. Peter und Ludwin in Mettlach (Saar)

Abb. 6: Siegel des Benediktinerklosters St. Matthias und Eucharius in Trier

Abb. 7: Siegel des Benediktinerklosters St. Pirmin und Petrus in Hornbach bei Zweibrücken

einem Siegel des ehemaligen Benediktinerklosters Hornbach (*Abb. 7*). Dieser Ort liegt südlich von Zweibrücken unmittelbar vor der französischen Grenze, in der Luftlinie knapp 100 km von Trier und ca. 77 km von Mettlach entfernt. Die Abhängigkeit des Hornbacher Siegels von den beiden genannten Siegeln der Trierer Werkstatt ist wegen der völlig übereinstimmenden Architekturelemente einschließlich der Vierpassöffnung im Mittelturm evident. Das Hornbacher Siegel kommt zum ersten Male an zwei Urkunden des Jahres 1229 vor[19]. Die räumliche, zeitliche und motivische Nähe des Hornbacher Siegels zu denen von Mettlach und Trier, vor allem auch dieselbe Ordenszugehörigkeit der Siegelführer, veranlassten Debus zu der Annahme, „dass die Mönche von Hornbach wohl eine renommierte Trierer Goldschmiedewerkstatt mit der Anfertigung ihres Konventssiegels beauftragt haben ...“[20] Tatsächlich beläuft sich der Durchmesser aller drei Siegel auf ca. 68 mm. Demgegenüber fällt das Königslutterer Siegel mit 56 mm deutlich ab, und nicht nur die spätere Zeitstellung, sondern auch motivische und stilistische Abweichungen[21] halten uns ab, auch nur einen Gedanken darauf zu verwenden, dieses Siegel könne ebenfalls in Trier gestochen worden sein. Solange

19 Karl Heinz Debus: Drei Mal zwei nahezu unbekannte pfälzische Siegel im Gatterer-Apparat. In: Ein Eifler für Rheinland-Pfalz. Festschrift Franz-Josef Heyen. Mainz 2003, S. 422–425 und S. 430–433 mit Abb. 1 und 2.

20 Ebenda, S. 433.

21 Eine motivische Abweichung besteht darin, dass das Siegel des Konventes von Königslutter links und rechts Säulen aufweist, auf welchen die Doppelarkade ruht. Die Siegel von Trier und Mettlach besitzen dagegen an den Seiten Konsolen, welche die Bogen tragen. Das an den Seiten beschädigte Hornbacher Siegel lässt die Details nicht erkennen, doch wird man auch hier mit Konsolen rechnen müssen.

sich keine weiteren Siegel dieses Typs nachweisen lassen, die als direkte Vorbilder in Frage kommen, wird man allerdings nicht von der Hand weisen können, dass eines von den älteren Siegeln der drei westlichen Benediktinerklöster – wahrscheinlich das Trierer Stück – dem Königslutterer Siegel als Vorbild gedient hat. Weitreichende Kontakte auf Ordensebene, die sich auch in der Architektur nachweisen lassen, hat es zu allen Zeiten gegeben. Wie schön wäre es, wenn man eine eingehende Untersuchung auf der Basis eines umfassend publizierten Siegelmaterials durchführen könnte!

Zeigt das Beispiel Königslutter ein auch sonst, beispielsweise bei dem Vordringen der Gotik, festzustellendes „Kulturgefälle" von West nach Ost, so stellt das mit 36 mm sehr klein bemessene runde Falkenjagdsiegel des Grafen Konrad von Wassel (A 64, S. 326) die Dinge auf den Kopf. Der Typ des Falkenjagdsiegels, der an sich sehr verbreitet ist und auch in England vorkommt, hatte seine Hochblüte im 13. Jahrhundert. Im Rheinland begegnet er in dieser Zeit bei Gräfinnen ausgesprochen oft, wobei ein Siegeldurchmesser von 60 mm nicht unterschritten, sondern in der Regel eher noch etwas überschritten wird. Lediglich die Jungherren benutzten gleichzeitig Falkenjagdsiegel in sehr viel kleineren Dimensionen, so dass diese sich in zweifacher Hinsicht von den großen Reitersiegeln der Grafen und Herren unterschieden.[22] In dieses Bild lässt sich das Siegel des Grafen von Wassel nicht einordnen. Es ist nicht nur kleiner, sondern auch im Siegelbild einfacher als die anspruchsvollen Falkenjagdsiegel im Westen. Dort sind außer dem Reiter und seinem Falken mitunter auch Sträucher, Stöberhunde und auffliegende Reiher, denen die Jagd mit dem Falken galt, dargestellt. Das außergewöhnlich frühe Siegel des Konrad von Wassel (Typar „um 1160") verdient, wenn man diesen Siegeltyp zusammenhängend und vergleichend betrachtet, höchste Beachtung, zwingt es doch durch seine frühe Zeitstellung, die mit dem Siegel intendierte Aussage früher anzusetzen und die Entwicklung der Falkenjagdsiegel neu aufzurollen.

Die wenigen Beispiele lassen vielleicht erahnen, welch große Bedeutung die in dem 1. Band des Corpus Sigillorum publizierten Siegel für die allgemeine Siegelforschung besitzen. Wir verzichten darauf, ihren Quellenwert für die niedersächsische Landes- und Kirchengeschichte oder für die Heraldik, Genealogie und andere Disziplinen im Allgemeinen und im Besonderen zu belegen. Der Gewinn für die Forschung im weitesten Sinne ist so hoch, dass man nur wünschen kann, der Band möge nicht nur in Niedersachsen Nachfolger finden, sondern auch in anderen Bundesländern als durchdachtes und sehr geeignetes Modell für ähnliche Publikationen dienen.

Dem Initiator des Wolfenbütteler Siegelcorpus, Horst-Rüdiger Jarck, der Bearbeiterin Beatrice Marnetté-Kühl und der Stiftung Braunschweigischer Kulturbesitz ist für die in jeder Hinsicht grundlegende Bearbeitung und Publikation der Siegel der beiden genannten Bestände zu danken. Sie alle haben sich für die Siegelforschung in Deutschland und darüber hinaus große Verdienste erworben. An der Qualität des vorliegenden ersten Bandes des Corpus Sigillorum von Beständen des Staatsarchivs Wolfenbüttel müssen sich alle künftigen Siegelpublikationen messen lassen.

Bildnachweis: Histor. Archiv d. Erzbistums Köln, Siegelslg. Beissel, S. K. 86: Abb. 2 und 3 (Fotos: Wolfgang Schmitz). – Staatsarchiv Wolfenbüttel: Abb. 4 (Foto: Gisela Treptow). – Karl Heinz Debus (wie Anm. 19): Abb. 7. – Wilhelm Ewald, Rheinische Siegel IV, Taf. 23 u. 26: Abb. 5 u. 6. – Beatrice Marnetté-Kühl (wie Anm. 1): Abb. 1.

22 Nachweise bei Wilhelm Ewald, Rheinische Siegel VI, denen noch die Verhältnisse bei den Grafen von Moers angefügt werden könnten, die Ewald nicht berücksichtigt hat.

Der Ritter- und Wappenbrief Kaiser Sigmunds für Jakob Gerlach, Rom 1433

Wirklichkeit oder Legende?

Von Jürgen v. Gerlach

Am Pfingstsonntag, dem 31. Mai 1433, wurde König Sigmund in Rom von Papst Eugen IV. zum Kaiser des Heiligen Römischen Reiches gekrönt. Auf diesen Tag hatte er lange warten müssen, denn den Wunsch, als Gipfel seines politischen Lebens auch noch die Kaiserkrone zu erringen, trug er schon seit seiner Frankfurter Königswahl im Jahre 1411 mit sich herum. Aber anderweitige Notwendigkeiten und politische Widrigkeiten standen der Verwirklichung dieses Zieles immer wieder entgegen.

Während seines Aufenthaltes in der Ewigen Stadt stellte der Kaiser, wenn man der urkundlichen Überlieferung folgt, am St. Laurentius-Tage (10. August) einen Ritter- und Wappenbrief für einen Jacob Gerlach aus, dem er ritterliche Rechte und ein Wappen verlieh, das ein aus den Flammen wachsendes weißes Pferd zeigt *(Abb. 2)*.[1] Adelsbriefe dieser Art, mit denen Dienstmannen oder Ministeriale durch kaiserliche Diplome nobilitiert wurden, waren seit Kaiser Karl IV. um die Mitte des 14. Jahrhunderts in Gebrauch gekommen.[2]

Dieser Ritter- und Wappenbrief ist schon vielfach Gegenstand der Erörterung gewesen.[3] Bei der bisherigen Diskussion stand allerdings die Frage im Vordergrund, ob zwischen der heutigen, 1735 in Preußen nobilitierten Familie von Gerlach, die ihr Wappen auf das kaiserliche Diplom zurückführt, und den im 16. und 17. Jahrhundert in Görlitz und Breslau mit dem Wappen anzutreffenden Gerlach-Familien ein genealogischer Zusammenhang besteht. Das Ergebnis dieser Untersuchungen war negativ: Ein Abstammungsverhältnis ließ sich nicht feststellen; außer dem Namen hatten die Familien nichts miteinander zu tun. Dabei wurde die Frage, wer der Empfänger des Diploms und was der Anlass der Verleihung war, stets ausgeklammert. Insoweit verlo-

1 Der Text des Diploms (s. Anhang) ist abgedruckt bei: Christian Knauthe: Das alte Gerlachische Geschlechte. Görlitz 1737 (das offenbar einzig erhaltene Exemplar befindet sich im Gerlach-Archiv der Universität Erlangen, Fasc. CV); Haus Gerlach. Monatszeitschrift zur Förderung der Geschichte des Görlitzer Geschlechtes und anderer Familien dieses Namens. Hrsg. von G. Gerlach. Görlitz 1884–1886, S. 35, 45–48; Georg Kupke: Familiengeschichte derer von Gerlach. Bd. I: Urkunden 1347–1687. Stettin 1929, S. 8; auszugsweise auch bei Gustav A. Seyler: Geschichte der Heraldik (Siebmacher's großes Wappenbuch, Bd. A). Nürnberg 1890 (ND Neustadt an der Aisch 1970), S. 340.

2 Als frühestes Beispiel gilt gemeinhin die Verleihung der Ritterwürde an den Mainzer Hofkaplan Wicker Frosch durch Urkunde vom 30. 9. 1360 (Text bei Seyler [wie Anm. 1], S. 339, 817). Doch schon vorher hatte Karl IV. in Italien während seines Krönungszuges mit der Adelsverleihung durch Diplom begonnen, so am 25. 5. 1355 in Pisa an den Paduaner Rechtsgelehrten Jacopo di Santa Croce (Abbildung in: Katalog Heiliges Römisches Reich Deutscher Nation 962 bis 1495. Magdeburg 2006, S. 385 zu V.13; Percy Ernst Schramm/Hermann Fillitz: Denkmale der deutschen Könige und Kaiser. Bd. II. München 1978, Nr. 44; s. auch Ales Zelenka: Heraldische Bemerkungen. In: Katalog Kaiser Karl IV. Nürnberg 1978, S. 312, 315).

3 Vgl. außer die in Anm. 1 Genannten insbesondere: Erich Wentscher: Die Gerlach (von Gerlach) und ihre Görlitzer Tradition. In: Archiv für Sippenforschung 9 (1932), S. 17–20, 49–52, 126–130, 161, 234; Joachim v. Gerlach: Die Gerlach und ihr Wappenbrief. In: Archiv für Sippenforschung 32 (1966), S. 651–655; Klaus v. Gerlach in: Familiengeschichtliche Blätter 29 (1931), Sp. 247–252; Percy Ernst Schramm: Die Vorfahren des Leberecht (von) Gerlach (um 1669–1742). In: Archiv für Sippenforschung 29 (1963), S. 52–57.

ren sich die Spuren im Dunkel der Geschichte. In dieses Dunkel etwas mehr Licht zu bringen, ist das Anliegen dieses Beitrages.

I. Wirkungsgeschichte

Auffällig ist zunächst, dass ein Original des Wappenbriefes nicht existiert, jedenfalls bis heute nicht aufgefunden werden konnte. Es gibt lediglich beglaubigte und unbeglaubigte Abschriften des 17. Jahrhunderts *(Abb. 1 u. 16)*. Bemerkenswert ist ferner, dass ein ritterliches Geschlecht des Namens Gerlach, das die in der kaiserlichen Urkunde verliehenen Rechte für sich in Anspruch nahm, weder im 15. noch im 16. Jahrhundert anzutreffen ist. Ja, es lässt sich zunächst überhaupt kein historisches Resultat, d. h. eine irgendwie geartete Reaktion auf die Verleihung festmachen.

Auf die erste historische Spur stößt man erst mehr als 100 Jahre später: 1547 war es der Görlitzer Stadtsyndikus *Servatius Gerlach*, der als Erster das in der Urkunde angeblich verliehene Wappen zum Siegeln seiner Briefe benutzte.[4] Von da ab entfaltet der Wappenbrief allerdings eine erstaunliche Wirkungsgeschichte.

1. Im 17. und 18. Jahrhundert ist das Wappen bei einer Gerlach-Familie in Görlitz in Gebrauch. Dieses Geschlecht, das mit dem Stadtrichter Gottfried Gerlach (1656–1737) ausstarb, führte sich auf den Empfänger des kaiserlichen Diploms Jakob Gerlach zurück, eine Tradition, die sich in Görlitz bis in das 20. Jahrhundert hinein hielt.[5] In einer 1737 nach dem Tode des Stadtrichters erschienenen Gedächtnisschrift[6] wird die Familie Gerlach nämlich als das älteste unter den Görlitzer Geschlechtern bezeichnet, „so von Kaysern und Königen wegen ihrer Tugenden mit einem Wappen und Adel-Brief sind begnadiget worden." Zu Ehren des verdienstvollen Stadtrichters ließ der Rat der Stadt 1742 ein Grabdenkmal errichten, das noch heute mit dem Gerlach-Wappen in der Peter- und Paulskirche in Görlitz zu sehen ist *(Abb. 10)*. Darauf wird im einzelnen noch zurückzukommen sein.

2. Gegen Ende des 16. Jahrhunderts taucht das Wappen sodann mehrfach in Breslau auf, und zwar zuerst 1575 in dem Schlesischen Wappenbuch von Crispin und Johann Scharffenberg *(Abb. 3)*.[7] 1582 beglaubigt der Rat der Stadt Breslau der urkundlichen

4 Kupke (wie Anm. 1), S. 25, Abb. Tafel Anhang 1 b.

5 Maßgebend dafür waren neben der in Anm. 1 erwähnten Schrift von Knauthe vor allem die Genealogischen Tabellen des Christian Schäffer von 1742, in der die Stammfolge der Görlitzer Gerlach-Familien auf den Empfänger des Wappenbriefes von 1433 Jakob Gerlach zurückgeführt wird. Das Original dieser Handschrift, ehemals in der Milichschen Bibliothek zu Görlitz, befindet sich heute in der Breslauer Universitätsbibliothek (Signatur: Mil. II max./43). Sie zeigt Jakob Gerlach als Stammvater der Familie mit farbig ausgeführtem Wappen *(Abb. 13)*. Die Genealogie der Familie Gerlach nach dieser Handschrift einschließlich Wappen ist abgedruckt in der Zeitschrift Haus Gerlach (wie Anm. 1), S. 45–48, deren Herausgeber seine eigene Stammlinie als Teil dieser Genealogie ebenfalls auf den Empfänger des kaiserlichen Diploms zurückführt. Eine Abschrift der Schäfferschen Tabellen – freilich ohne Wappendarstellung – ist im Görlitzer Ratsarchiv verblieben. Vgl. ferner Paul Fritsch: Alte Görlitzer Geschlechter. Görlitz 1891, S. 22; Wentscher (wie Anm. 3), S. 19, 49 ff.

6 Knauthe, Das alte Gerlachische Geschlechte (wie Anm. 1).

7 Von dem Scharffenbergschen Wappenbuch, das in Breslau in den Jahren 1576–1592 in verschiedenen Variationen erschien, existieren heute nur noch wenige Exemplare, von denen auch nicht alle das Gerlachsche Wappen enthalten. Das seit 1945 verschollene Exemplar der Berliner Staatsbibliothek (Sign. Pf 1938) enthielt das Gerlachsche Wappen mit nebenstehender Jahreszahl *1575*, die in den übrigen Ausgaben fehlt. Von diesem Berliner Wappenbuch wurde 1871 eine Durchzeichnung des Gerlach-Wappens angefertigt, die im Gerlach-Archiv der Universität Erlangen aufbewahrt wird (Fasc. CV) *(Abb. 3)*. Sie liegt dem Wappenabdruck bei Hans Joachim Schoeps, Aus den Jahren preußischer Not und Erneuerung, Berlin 1963, S. 2, zu Grunde. Zum Gerlach-Wappen in den Wiener und Göttinger Exemplaren s. Anm. 119.

Überlieferung zufolge eine Abschrift des Wappenbriefes, und 1584 erscheint das Wappen schließlich auf einem Glasbecher der Familie Gerlach, der sich heute in Prag befindet *(Abb. 4)*.[8]

3. Von Breslau wandert das Wappen weiter nach Quedlinburg, wo es um 1600 bei einer Gerlach-Familie in Gebrauch ist, und wenig später übernimmt es der Amtschreiber Martin Gerlach aus Nienburg a. d. Saale. Dieser Amtschreiber ließ sich 1663 in der Quedlinburger Stiftskanzlei von der Breslauer Abschrift eine Zweitabschrift herstellen, die sich noch heute im Besitz der Familie befindet *(Abb. 1)*.

4. Die Quedlinburger Abschrift von 1663 bildete sodann die Grundlage für die Adelserneuerung, die der hinterpommersche Hofgerichtsrat Lebrecht Gerlach in Köslin 1735 vom preußischen König Friedrich Wilhelm I. erreichte. Lebrecht Gerlach – ein Enkel des vorgenannten Nienburger Amtschreibers – hatte die in seiner Familie überkommene Urkunde nämlich 1729 dem König vorgelegt, mit dem Bemerken, „*es habe der Kaiser Sigismundus glorwürdigsten Andenkens einen seiner Vorfahren in den Adelsstand erhoben,*“ und um Bestätigung dieses Adels gebeten. Friedrich Wilhelm I. entsprach dieser Bitte durch Kabinettsorder vom 25. August 1735.[9]

Trotz dieser gut dokumentierten und erforschten späteren Geschichte gibt der Ritter- und Wappenbrief von 1433 nach wie vor mancherlei Rätsel auf, die eine gründlichere Untersuchung erfordern. Unklar ist vor allem, wer der angebliche Diplomempfänger war. Über ihn ist bis heute nichts bekannt. Unklarheit besteht insbesondere darüber, aus welchem Anlass und unter welchen Umständen das Diplom vergeben wurde. Auch die Urkundensituation wirft erhebliche Probleme auf, die dazu Anlass geben, der Frage nach der Echtheit der Urkunde nachzugehen.

II. Die Geschehnisse bei der Kaiserkrönung in Rom

Der Überlieferung zufolge handelte es sich bei dem Empfänger des Diploms um einen kaiserlichen Obersten über ein Reiterregiment, der den Kaiser an der Tiberbrücke in Rom aus Lebensgefahr errettet haben und dafür zum Ritter geschlagen worden sein soll.[10] Doch das alles ist Legende, die in wechselnder Ausschmückung dem Repräsentationsbedürfnis barocker Phantasie entsprang. Halten wir uns vor Augen, was wirklich geschah.

Sigmund, der schon 1387 zum König von Ungarn, 1414 in Aachen zum Römischen König und 1420 zum König von Böhmen gekrönt worden war, brach am 1. September

8 Kunstgewerbemuseum Prag, Inv.-Nr. UPM 8.682/1903. Abb. in: Katalog Bohemian Glass. Victoria & Albert Museum. London 1965, Nr. 3; Katalog Czechoslovakian Glass 1350–1980. Corning Museum of Glass. New York 1980, Nr. 4.

9 Jürgen v. Gerlach: 250 Jahre Gerlach'scher Adel. In: Archiv für Sippenforschung 51 (1985), S. 241–251; dazu: Johann Karl v. Schroeder in: Archiv für Sippenforschung 53 (1987), S. 156; sowie Haus Gerlach (wie Anm. 1), S. 36. Der Wappenbrief von 1433 bildete auch die Grundlage für den Adelsstand einer bei Danzig in Westpreußen ansässigen Familie. Nach Vorlage einer Abschrift des Wappenbriefes durch den polnischen Leutnant Georg Anton v. Gerlach, die dieser sich von einem Enkel Lebrecht von Gerlachs hatte geben lassen, wurde dessen Adel von der polnischen Reichskanzlei anerkannt, worauf 1787 der preußische König seine Bedenken fallen ließ und den Adel auch für die (angeblichen) polnischen Deszendenten des Lebrecht von Gerlach anerkannte (Jürgen v. Gerlach, ebda., S. 246 f).

10 Vgl. Johann Wilhelm Franz v. Krohne: Allgemeines Teutsches Adelslexikon. Lübeck 1774, Bd. I, Sp. 4 und 413; Siebmacher's Großes und Allgemeines Wappenbuch. Bd. III Abt. 2. Nürnberg 1878, S. 138; Fritsch (wie Anm. 5), S. 22; Gothaisches Genealogisches Taschenbuch des Adels, Briefadelige Häuser 1 (1907), S. 207.

1431 in Nürnberg zu seinem Romzug auf, der wegen der Auseinandersetzungen mit den Hussiten immer wieder hatte verschoben werden müssen.[11] Die Aussichten für den Erwerb der Kaiserkrone waren indes keineswegs sicher, denn Papst Martin V. hatte als Vorbedingung der Krönung die militärische Unterwerfung der Hussiten verlangt. Davon war Sigmund aber nach dem Debakel von Taus, wo der Kreuzzug gegen die Hussiten im August 1431 gerade mit einem Fiasko geendet hatte, weit entfernt. Außerdem geriet Sigmund in die Auseinandersetzungen im Zusammenhang mit dem seit Juli 1431 tagenden Baseler Konzil hinein, dem es um eine allgemeine Kirchenreform und die Absetzung von Papst Eugen IV. ging, der es nicht anerkennen wollte. Wegen dieser Schwierigkeiten zog sich der Romzug, der mehrfach zu scheitern drohte, zeitlich außerordentlich in die Länge.

In Mailand, wo er im November 1431 eintraf, ließ sich der König mit der eisernen Krone der Langobarden krönen, wie dies viele seiner Vorgänger getan hatten. Nach längeren Aufenthalten in Piacenza und Parma *(Abb. 6)* langte er schließlich im Juli 1432 in Siena an. Hier zogen sich die Verhandlungen mit dem Papst über die Kaiserkrönung derart in die Länge, dass Sigmund über neun Monate in der Stadt verblieb und mit seinem enormen Finanzbedarf die Stadtkasse aufs äußerste strapazierte. Sein Aufenthalt, der sich tief in das Bewusstsein der Bürger eingrub, fand literarischen Niederschlag in der berühmten Novelle *Euryalus und Lucretia* von Enea Silvio Piccolomini, dem späteren Papst Pius II. Auch im Dom wurde dem (späteren) Kaiser mit einem Fußbodenmosaik ein Denkmal gesetzt, das ihn eindrucksvoll als thronenden Herrscher unter einem Baldachin im Kreise seines Gefolges zeigt *(Abb. 5)*.[12]

Am Himmelfahrtstage 1433 traf Sigmund schließlich in Rom ein.[13] Wenige Tage später, am 31. Mai, fand die Kaiserkrönung in der alten Basilika von St. Peter statt. Nur wenige von Sigmunds Getreuen nahmen daran teil. Zu ihnen gehörten neben seinem Kanzler Kaspar Schlick die Gesandten einiger deutscher Fürsten sowie die Vertreter der Städte Nürnberg, Bamberg und Görlitz. Nach Beendigung der Krönungsfeierlichkeiten ritten der Papst und der Kaiser zusammen zur Engelsburg, wo sie voneinander Abschied nahmen.[14] Der Kaiser begab sich zur Engelsbrücke, stieg dort ab und schlug mitten auf der Brücke zahlreiche Männer seines Gefolges zu Rittern *(Abb. 7)*.[15] 180 sollen es insgesamt gewesen sein. Anschließend begab sich der Kaiser zum Krönungsmahl in den Lateran.

---

11 Zum Romzug und zur Kaiserkrönung Sigmunds vgl. im Einzelnen die Sigmund-Biographien von Jörg K. Hoensch: Kaiser Sigismund. München 1996, S. 371 ff; Wilhelm Baum: Kaiser Sigismund. Graz 1993, S. 232 ff.; Josef Ritter v. Aschbach: Geschichte Kaiser Sigismunds. Hamburg 1838–1845, Bd. IV, S. 107 ff.

12 Bruno Santi: Der Marmorboden des Doms von Siena. Florenz 1996, S. 38, 43.

13 Einzelheiten dazu s. Reichstagsakten [RTA] unter Kaiser Sigmund. Hrsg. von Hermann Herre. 2. Aufl. Bd. X. Göttingen 1957, S. 728 f.

14 Einzelheiten RTA X, S. 734. Diese Szenen der Krönung hielt der Florentiner Bildhauer Filarete in mehreren Bronzereliefs aus den Jahren 1433–1445 am Hauptportal der alten Peterskirche fest *(Abb. 8 und 9)*.

15 Das berichten übereinstimmend die Quellen. An erster Stelle ist ein Brief des päpstlichen Sekretärs Gian Francesco Poggio zu nennen, der als Augenzeuge in einem Brief vom 4. 6. 1433 an seinen Freund Niccolò Niccoli in Florenz berichtet: *Supra pontem autem, cum transiret, descendens ex equo quam plures strenuos viros atque adolescentes militaribus insigniis donavit* (RTA X, Nr. 503, S. 841). Der Chronist Cornelius Zantfliet aus Lüttich schreibt: *In pontis medio creavit aliquantos novos milites.* Ebenso berichtet Raynaldus: *Imperator ad Aelium pontem plures Auratos equites creavit.* In Platinae latinae vita Eugenii IV, S. 297 heißt es: *in ponte Hadriani ut imperatorum mos est, multos tum Italos, tum Germanos in equestrem ordinem adscivit* (sämtlich zitiert nach *v. Aschbach* [wie Anm. 11], S. 118 Fn. 28); und bei Stefano Infessura: Römisches Tagebuch. Köln 1979, S. 26 f: *und auf der Brücke von*

Der Ritterschlag anlässlich der Krönung entsprach einer noch nicht allzu langen Tradition. Erstmals nachweisbar ist er 1311 bei der Krönung Heinrichs VII. mit der lombardischen Krone in Mailand und bei seinem Einzug in Rom zur Kaiserkrönung im Jahre 1312.[16] Sigmunds Vater Karl IV. führte den Brauch fort und schlug 1355 bei seiner Kaiserkrönung in Rom erstmals auf der Tiberbrücke mit seinem Zepter an die 1500 junge Männer seiner Begleitung zu Rittern.[17] An diese Tradition knüpfte Sigmund mit dem Ritterschlag auf der Tiberbrücke an.[18] Letztmals war die Engelsbrücke in Rom Schauplatz des Ritterschlages bei der Kaiserkrönung Friedrichs III. im Jahre 1452 sowie bei seiner zweiten Romfahrt 1469.[19]

Seit alters her war es zudem üblich, dass sich die Fürsten und Reichsstädte anlässlich der Kaiserkrönung ihre Privilegien bestätigen ließen. Zu diesem Zweck sandten sie Boten nach Rom oder warteten ab, bis der Kaiser auf der Rückreise in ihre Nähe kam. Zu den Privilegien, die am Tage der Krönung bestätigt wurden, gehörten vor allem diejenigen für Brandenburgs ersten Kurfürsten Friedrich, der von Sigmund erst 1415 mit der Mark Brandenburg belehnt worden war und für den die Bestätigung der Belehnung besonders wichtig war.[20] Für Nürnberg hatte besondere Bedeutung das von Sigmund der Stadt erst 1423 übertragene Recht zur Verwahrung der Reichskleinodien.[21] Dieses Privileg bestätigte Sigmund jetzt nicht nur, sondern erweiterte es dahin, dass die Reichskleinodien, die die Städteboten zur Krönung nach Rom gebracht hatten, auf ewig in Nürnberg verbleiben sollten.[22] Als die Nachricht von der Krönung und

Sankt Peter schlug der Kaiser viele Adelige zu Rittern. Auch in der bereits erwähnten Novelle *Euryalus und Lucretia* von Enea Silvio Piccolomini ist von dem Ritterschlag nach der Krönung in Rom die Rede. In den Chroniken der deutschen Städte (wie Anm. 23) heißt es S. 449: *hat vil ritter gemacht uf der Tiberbrücken zu Rom.*

16 Wilhelm Erben: Schwertleihe und Ritterschlag. In: Zeitschrift für historische Waffenkunde 8 (1919), S. 105, 137, 150 mwN). Bei Ludwig dem Bayern fand die Rittererhebung 1328 nach der Kaiserkrönung auf dem Kapitol statt (vgl. dazu Roland Pauler: Die deutschen Könige und Italien im 14. Jahrhundert. Darmstadt 1997, S. 155; Ferdinand Gregorovius: Geschichte der Stadt Rom im Mittelalter. Stuttgart 1859–1871 u. ö., XI 3, 4; Erben, ebda., S. 138). Damals dürfte die Rittererhebung jedoch noch in der traditionellen Form der Schwertleihe bzw. Schwertumgürtung stattgefunden haben.

17 Regesta Imperii (RI) Bd. VIII, S. 163; Ferdinand Seibt: Karl IV. München 1978, S. 238 jeweils mwN. Die massenweise Erhebung von Rittern durch Karl IV. in Rom trug offenbar wesentlich dazu bei, dass anstelle der in Deutschland bisher üblichen Schwertleihe bzw. Schwertumgürtung die einfachere Form des Ritterschlages nach französischem Vorbild eingeführt wurde. Dieser erfolgte durch einen Schlag mit der flachen Hand oder mit dem flachen Teil des Schwertes auf den Nacken (Erben [wie Anm. 16], S. 139, 152; Arno Borst (Hrsg.): Das Rittertum im Mittelalter. 3. Aufl. Darmstadt 1998, S. 85, 95, 133, 136).

18 Schon bei seinen Königskrönungen hatte er auf diesen Brauch zurückgegriffen, so bei der Krönung mit der ungarischen Stephanskrone im Jahre 1387 sowie 1414 bei seiner Aachener Krönung zum Römischen König (Hoensch [wie Anm. 11], S. 63 und 188).

19 Erben [wie Anm. 16], S. 141, 153; Gregorovius (wie Anm. 16), XIII 2, 2; Wolfgang Zanetti: Der Friedenskaiser. Friedrich III. und seine Zeit. Herford 1985, S. 123. Karl V. setzte den Brauch fort und schlug sowohl bei der Königskrönung 1519 in Aachen als auch 1530 bei der Kaiserkrönung in Bologna eine Anzahl seines Gefolges zu Rittern. An dieser Übung hielt man bis zum Ende des Alten Reiches fest.

20 RTA X, Nr. 497; RI XI/2, Nr. 9431; Abbildung der Urkunde bei Hans Dollinger: Preußen. Eine Kulturgeschichte in Bildern und Dokumenten. Gütersloh 1985, S. 48.

21 RI XI, Nr. 5619 und 9456. Text der Urkunde von 1423 bei Schramm/Fillitz (wie Anm. 2), S. 39; Abbildung bei Heinrich Pleticha: Des Reiches Glanz. Die Reichskleinodien und ihre Geschichte. Freiburg 1989, S. 169.

22 RI XI, Nr. 9456. Zur Verbringung der Reichskleinodien nach Rom: Reinhart Staats: Die Reichskrone. 2. Aufl. Kiel 2007, S. 27; Katalog Sigismundus Rex et Imperator. Luxemburg 2006, S. 350; vgl. auch Pleticha (wie Anm. 21), S. 138.

der Bestätigung der Privilegien in Nürnberg eintraf, feierte man das Ereignis denn auch gebührend durch Glockengeläut, Freudenfeuer und sonstige Festlichkeiten.[23] Gleiches wird von Görlitz berichtet.[24]

Der Kaiser hielt sich noch bis zum 12. August in der ewigen Stadt auf. In dieser Zeit war die Hofkanzlei weiterhin mit Privilegienbestätigungen beschäftigt. Am 10. August, an dem ursprünglich die Abreise des Kaisers vorgesehen war, wurden die Privilegien einiger süddeutscher Städte bestätigt und der hier behandelte Ritter- und Wappenbrief für Jakob Gerlach sowie weitere Nobilitierungs- und Wappendiplome ausgestellt.

Die bereitwillige Ausstellung solcher Urkunden gegen Bezahlung stellte ein einträgliches Geschäft dar, das für den ständig in Geldnöten befindlichen Kaiser unentbehrlich war.[25] Wegen seiner sprichwörtlichen Geldgier wurde Sigmund, wie übrigens schon sein Vater, von den Zeitgenossen verspottet.[26] Zuweilen beklagte sich auch der Adel über die großzügige Ausstellung von Wappenbriefen an Bürger und Bauern, wodurch der Kaiser das Land mit neuen Rittern gefüllt habe.[27] Allein in Rom stellte der Kaiser eine Vielzahl von Adels- und Wappenbriefen und dergleichen aus. Auf seiner Rückreise nach Basel fuhr er in diesem Stile fort. In Perugia verlieh er der Stadt Görlitz, dessen Stadtschreiber Lorenz Ehrenberg eigens zur Privilegienbestätigung zu ihm geschickt worden war, gegen Zahlung erheblicher Summen ein neues Wappen.[28] Im September erhob er den Markgrafen von Ferrara zum Reichsvikar von Modena und belehnte ihn mit Comachio. Sodann bestätigte er die Erhebung Mantuas zur Markgrafschaft und belehnte damit den Markgrafen Gian Francesco Gonzaga, wofür dieser dem Kaiser 12.000 Gulden zu zahlen hatte.

III. Inhalt der Urkunde

Wenden wir uns nun zunächst dem Inhalt des Wappenbriefes zu.

1. Der Text des Diploms entspricht dem von den Hofkanzleien entwickelten Standard. Der Inhalt von Wappen- und Adelsbriefen wurde bereits von der Kanzlei Kaiser Karls IV. festgelegt und hat sich danach nur unwesentlich verändert.[29]

---

23 Die Chroniken der deutschen Städte. Bd. 1. Leipzig 1862, S. 388, 449.

24 Richard Jecht: Der Oberlausitzer Hussitenkrieg und das Land der Sechsstädte unter Kaiser Sigmund. Görlitz 1911, S. 366 f.; Siegfried Hoche: Die Geschichte des Wappenbriefes Kaiser Sigismunds vom 29. August 1433. Görlitz 2001.

25 Zu den Einnahmen aus Privilegienbestätigungen etc. anlässlich der Kaiserkrönung insgesamt vgl. RTA XI, Vorwort S. XXXIX ff.

26 Als von der Stadt Frankfurt für die Privilegienbestätigung 800 Gulden verlangt wurden, beklagte sich ihr Gesandter über die Geldgier der Hofkanzlei und die Geldnot des Kaisers (RTA XI, Nr. 100). Die Nürnberger brauchten dagegen nur 600 Gulden zu zahlen (RTA X, Nr. 498 f; Chroniken der deutschen Städte [wie Anm. 23], I S. 452).

27 Bei einem Schweizerischen Zeitgenossen heißt es: *„Unter ihm wurden viele Bauern edel und bekamen Wappen, wenn sie dem Cantzler den Brief zu bezahlen vermochten. – Viele von dem alten Adel wurden in seinem Dienst arm, dagegen füllte er das Land mit neuen Rittern* (Johannes v. Müller: Geschichte der Schweizerischen Eidgenossenschaften III, zitiert nach v. Aschbach [wie Anm. 11], S. 432).

28 Der Text des Wappenbriefes ist abgedruckt in: Samuel Großer's Lausitzische Merkwürdigkeiten. Leipzig u. Budissin 1714, S. 122; Th. Heinrich: Die Siegel und Wappen der Stadt Görlitz. In: Neues Lausitzisches Magazin (NLM) 67 (1891), S. 33–42, hier S. 34. Die Originalurkunde selbst ist heute kriegsbedingt verschollen; es gibt von ihr lediglich einen Schwarz/Weiß-Druck sowie im Ratsarchiv zu Görlitz eine Abschrift aus der Zeit Karls V. (vgl. ferner Anm. 44 und 66).

29 Zur textlichen Form der Adels- und Wappendiplome König bzw. Kaiser Sigmunds s. Seyler (wie Anm. 1), S. 337, 339, 351 sowie Walter Goldinger: Die Standeserhöhungsdiplome unter König und Kaiser Sigismund. In: Mitteilungen des Instituts für Österreichische Geschichtsforschung 78 (1970), S. 323–337, hier S. 332 ff.

In der Urkunde werden dem Jakob Gerlach rittermäßige Rechte verliehen. Das geschieht mit den Worten, dass der Bedachte und seine ehelichen Leibeserben *Wappengenossen* geheißen und dafür gehalten sein sollen *und auch alle die Rechte, Würdigkeit, Freiheit, Ehre, Gewohnheit und Herkommen haben sollen und mögen, mit Recht zu besitzen, Urteil zu sprechen, Amt und Lehen zu haben und zu halten, und auch dazu schicklich und tauglich zu sein, die andere recht geborene Wappengenossen und rittermäßige Leute von Recht und Gewohnheit haben.* Ähnliche Formulierungen wurden auch sonst von der Kanzlei Sigmunds für die Verleihung der Rittermäßigkeit verwendet.[30] Diese Art von Diplomen unterscheiden sich von den einfachen Wappenbriefen, in denen es lediglich um die Vergabe eines (bürgerlichen oder adligen) Wappens geht. Ein Wappen wird hier zwar auch dem Jakob Gerlach verliehen. Im Unterschied zu den gewöhnlichen Wappenbriefen wird hier aber zum Ausdruck gebracht, dass der Empfänger und seine Leibeserben es *in allen ritterlichen Geschäften und Sachen, zu Schimpf und Ernst, in Stechen, Stürmen, Streiten ...* führen und auch gebrauchen sollen.[31] Die Verleihung des Wappens zu allen *ritterlichen* Geschäften bedeutet den Erwerb des ritterlichen Standes, mit dem die Turnierfähigkeit verbunden war, an der gerade dem städtischen Patriziat so besonders gelegen war. Bürgerliche Wappen wurden dagegen schlicht *zu allen sachen und geschefften* vergeben.[32]

Bei der so verliehenen Rittermäßigkeit, die bei Karl IV. noch lateinisch als *nobilitas militaris gradus* bezeichnet wird, handelt es sich um eine echte Standeserhöhung, nämlich um die Erhebung in den Adelsstand,[33] der nunmehr statt durch Geburt auch durch briefliche Verleihung erworben werden konnte. In dem Zusatz *militaris* liegt allerdings eine Abschwächung, was auf einen niederen Grad des Adels hinweist.[34] In der Tat handelt es sich um den im Spätmittelalter aufkommenden Ministerialen- oder Dienstmannen-Adel, aus dem in Deutschland der niedere Adel hervorgegangen ist. Derartige Adelsbriefe wurden seit dem 14. Jahrhundert ohne Rücksicht auf eine ritterliche Lebensstellung verliehen.[35]

---

30 Eine ähnliche Formel findet sich in einer Urkunde vom 25. 7. 1417 für Heinrich Brucker aus Hagenau mit der Maßgabe, dass er und seine Nachkommen *töglich und schiclich sin sollen lehen zu empfahen und zu haben, urteile zu sprechen und ouch alle anndere ritterliche werke und sache zu uben, zu triben und zu tun glicherwise als ob sy von rittermessigem stame komen und von ritterlichen luten geboren weren.* In einer Urkunde vom 20. 10. 1430 wird mehreren angesehenen Mainzer Geschlechtern die Ritterbürtigkeit dergestalt verliehen: *dass sie ... zu ewigen zeiten furbaß mer wappensgenoß sein ... sollen, und alle ere, wirdigkeit, recht, friheit, adel, gewonheit und Gnad haben sollen und mogen, ... die andere recht geborne wappensgenosse, rittermeßige und hoffleute, und dienstleutte, in dem heiligen romischen riche, von recht und gewonheit haben* (vgl. die Beispiele bei Goldinger [wie Anm. 29], S. 334; Seyler [wie Anm. 1], S. 339).

31 Diese Klausel wird z.B. verwendet in dem Wappenbrief für den Görlitzer Ratsherrn Hans Schmid von 1431 (s. Anm. 65), für den Ritter Götz Escher von 1433 (Text bei Paul Ganz: Der Adelsbrief der Luchs-Escher. In: Schweizerisches Archiv für Heraldik 11 [1897], S. 89–93, hier S. 92) sowie für Claus von Diesbach von 1434 (Seyler [wie Anm. 1], S. 352, 773).

32 Vgl. den Wappenbrief für Hans Stark von 1417 (Seyler [wie Anm. 1], S. 351). Erst bei Kaiser Friedrich III. bildete sich eine klare Unterscheidung heraus: Bürgerliche Wappen werden zu *redlichen und ehrlichen Geschäften* verliehen, bei denen der Bedachte zum schlichten Wappengenossen (ohne Einschluss der Rittermäßigkeit) erklärt wird. Adelige Empfänger werden hingegen als *rittermäßge* Wappengenossen bezeichnet, denen das Wappen zu allen *ritterlichen Geschäften* verliehen wird (Seyler [wie Anm. 1], S. 341, 353).

33 Goldinger (wie Anm. 29), S. 325, 332 ff.

34 Vgl. Goldinger (wie Anm. 29), S. 332; Seyler (wie Anm. 1), S. 339, 342.

35 Walter Leonhard: Das große Buch der Wappenkunst. Augsburg 2003, S. 21 f, 79. Zur Rechtstellung der Ritter vgl. ferner Hermann Conrad: Deutsche Rechtsgeschichte. Bd. 1. Karlsruhe 1954, S. 393 ff., 398 ff.; Peter Moraw in: Propyläen Geschichte Deutschlands. Bd. 3. Berlin 1985, S. 73 ff.

2. Die Belohnung für geleistete Dienste wird denn auch als Beweggrund für die Verleihung der Rittermäßigkeit in dem Diplom ausdrücklich genannt. Über das Motiv der Standeserhöhung erfahren wir aus der Urkunde nämlich, dass die Ritterwürde für die dem Kaiser geleisteten und in Zukunft noch zu leistenden Dienste in deutschen und welschen Landen sowie in den Königreichen Ungarn und Böhmen vergeben wird. Mit diesem Hinweis werden die in allen Königreichen Sigmunds geleisteten Dienste erfasst, und zwar für Vergangenheit, Gegenwart und Zukunft *(getan hat, täglich tut und fürbaß tun soll)*. Das ist eine durchaus ungewöhnliche Formulierung. Honoriert wird nicht eine einmalige oder örtlich begrenzte Tätigkeit, die meistens als Anlass genannt wird, sondern eine ständige und dauerhafte Tätigkeit im Dienste des Königs bzw. Kaisers im gesamten Herrschaftsbereich seiner vier Königreiche. Eine so umfassende Formulierung wird in den Urkunden Sigmunds, soweit erkennbar, sonst nicht verwendet.

IV. Die Person des Diplomempfängers

Wer war nun dieser mit der Rittermäßigkeit bedachte Jakob Gerlach? Aus der Urkunde selbst ergibt sich dazu kein Hinweis. Weder lässt sich aus ihr etwas über seine Herkunft noch über seine berufliche oder soziale Stellung entnehmen. Doch ist das nichts Besonderes. Mehr als den Namen des Begünstigten findet man regelmäßig nicht in Ritter- und Wappendiplomen aus der Zeit Kaiser Sigmunds.[36]

1. Eines lässt sich nach dem oben Gesagten allerdings mit Sicherheit sagen: Aus einer gefährlichen Situation auf der Engelsbrücke hat ein Jakob Gerlach den Kaiser jedenfalls nicht errettet. Eine solche gab es gar nicht. Es hat sich während des römischen Aufenthaltes überhaupt nichts Spektakuläres ereignet. Davon steht auch nichts in der Urkunde.

Ebenso wenig gehörte Gerlach zu denen, die der Kaiser auf der Tiberbrücke zu Rittern schlug. Von diesen neu kreierten Rittern aus der Umgebung des Kaisers sind einige namentlich bekannt. Als Erster erhielt der allmächtige Kaspar Schlick, dessen diplomatischen Aktivitäten und Geschick Sigmund weitgehend die Kaiserkrönung zu verdanken hatte, den Ritterschlag. Diese Tatsache wird in einer Urkunde vom 13. Juli 1433, mit der Schlick zum Kanzler ernannt wird, ausdrücklich erwähnt.[37] Den Ritterschlag erhielten ferner der aus Konstanz stammende Pronotar Marquard Brisacher sowie der Baseler Finanzmann und Konzilsgesandte Henmann Offenburg, die beide zu den Vertrauten des Kaisers *(familiares)* gehörten.[38] Offenburg hatte als Diplomat

36 Vgl. die Beispiele bei Seyler (wie Anm. 1), S. 339 f., 351 f., 825. Auch bei den Eintragungen in den Regesta Imperii ist die Herkunft der Betreffenden häufig nicht bekannt oder lässt sich nur aus anderen Quellen erschließen. Eine Herkunftsangabe enthalten allerdings die Wappenbriefe für den Görlitzer Hans Schmid von 1431 (wie Anm. 65), der als *Hanß Smit zu Gorlitz* bezeichnet wird, sowie für Ulrich Pfanzagl *zu Wien* (Katalog Sigismundus [wie Anm. 22], S. 415).

37 Zu den Empfängern des Ritterschlages gehörten auch die Brüder Matthäus und Wilhelm Schlick. Aus der Urkunde erfährt man ferner, dass bei dem Ritterschlag auf der Tiberbrücke eine große Menge anwesend war. Der Text der Urkunde ist abgedruckt bei Johann Christian Lünig: Spicilegii Secularis des Teutschen Reichsarchivs. Bd. II. Leipzig 1720, S. 1178. Mag es sich dabei auch um eine Fälschung handeln, so berührt das nicht notwendig die Wahrheit der darin mitgeteilten Tatsachen, die u.a. auch von Windecke überliefert werden (Eberhart Windeckes Denkwürdigkeiten zur Geschichte des Zeitalters Kaiser Sigmunds. Hrsg. von Wilhelm Altmann. Berlin 1893, S. 380); vgl. RTA X, S. 735 mwN; Hoensch (wie Anm. 11), S. 396, 475; v. Aschbach (wie Anm. 11), S. 118, 434.

38 Elsanne Gilomen-Schenkel: Henmann Offenburg (1379–1459). Ein Basler Diplomat im Dienste der Stadt, des Konzils und des Reichs. Basel 1975, S. 54, 86; v. Aschbach (wie Anm. 11), S. 119; Baum (wie Anm. 11), S. 247; Hoensch (wie Anm. 11), S. 478.

für *bereite und getrue dienste*, welche er König und Reich erwiesen habe, schon 1417 einen Wappenbrief erhalten.[39] Brisacher und seinen Brüdern war 1431 sogar die Rittermäßigkeit und ein Wappen verliehen worden;[40] jetzt ließ er sich mit seinen Brüdern und Nachkommen im Anschluss an den Ritterschlag sogar in den Adelsstand erheben.[41] Empfänger des Ritterschlages waren ferner die nach Rom geeilten Städteboten von Bamberg und Nürnberg. Zur Nürnberger Gesandtschaft gehörten die Brüder Erhard und Paul Haller, Franz Rummel, Martin Heiden, Sebald Beheim[42] und wohl auch der Stadtschreiber Ulrich Truchseß.[43] Bei den Krönungsfeierlichkeiten anwesend und Empfänger des Ritterschlages waren ferner der Abgesandte der Stadt Görlitz Nikolaus Royn,[44] der Bote des Herzogs von Österreich Niklas Sannawer[45] und derjenige des Markgrafen Friedrich von Brandenburg sowie des Deutschen Ordens Johannes Niklasdorf,[46] ferner aus seinem ungarischen Gefolge Matko Thallóczy,[47] die Ritter Hartung Klux, Nikolaus Stock[48] und Jakob von Sirck[49] sowie wahrscheinlich auch der Minnesänger Oswald von Wolkenstein.[50]

39 1429 erhielt er eine Wappenbesserung, nach der er seinem Schild eine goldene Helmzier aufsetzen durfte: RI XI, Nr. 2104, 7466; Gilomen-Schenkel (wie Anm. 38), S. 43, 53, 64.

40 RI XI, Nr. 8848.

41 Darüber ließ er sich unter dem 31. 5. 1433 eine gesonderte Urkunde ausstellen (RI XI, Nr. 9434). Zu Brisacher vgl. Aloys Schulte: Geschichte der großen Ravensburger Handelsgesellschaft 1380–1530. Bd. I. Stuttgart/Berlin 1923, S. 154.

42 Chroniken der deutschen Städte (wie Anm. 23), Bd. 1, S. 218, 387; RTA X, S. 734. Den Brüdern Haller wurde in einer Urkunde vom selben Tage ihr Wappen bestätigt und verbessert (RI XI, Nr. 9461; Abb. des Wappens auf dem Totenschild des Erhard Haller in der Nürnberger Sebalduskirche in: Katalog Sigismundus (wie Anm. 22), S. 350.

43 Paul Sander: Reichsstädtische Haushaltung Nürnbergs von 1431 bis 1440. Leipzig 1902, S. 532; Chroniken der deutschen Städte (wie Anm. 23), Bd. 1, S. 451. – Die Akzeptanz dieser neu kreierten Ritter stieß bei den etablierten ritterlichen Standesgenossen freilich auf gewisse Vorbehalte. So berichtet Andreas von Regensburg, dass die in Rom zu Rittern geschlagenen Städteboten 1434 auf einem Turnier in Nürnberg nicht zugelassen wurden, was dem in Regensburg weilenden Kaiser sehr missfiel (Chronica ad pontificum et imperatorum Romanorum, in: Andreas von Regensburg: Sämtliche Werke. Hrsg. von Georg Leidinger. München 1903 (ND Aalen 1969), Bd. I, S. 581: *Item ... factum est tornamentum Nürnberge ...In hoc tornamento milites facti Rome a Sigismundo imperatore non sunt admissi. Quod ipsi imperatori, ut dicebatur, multum displicuit).* Desgleichen sprach der Rat der Stadt Nürnberg, dem es um die Aufrechterhaltung der alten Standesherrschaft ging, 1436 diesen neuen „Rittern" die Turnierfähigkeit ab (Chroniken der deutschen Städte [wie Anm. 23], Bd. 1, S. 387).

44 Vgl. Hoche (wie Anm. 24); ferner Fn. 28 und 66.

45 Ihm wurde zugleich ein Wappen verliehen (RI XI, Nr. 9459).

46 RTA X, S. 734, 842, 845. Am 1. 8. 1433 wurde er unter Verleihung eines Wappens zum Hofpfalzgrafen ernannt und am 10. August unter die Familiares aufgenommen (RI XI, Nr. 9572 u. 9631; RTA X, S. 847).

47 Über ihn Katalog Sigismundus (wie Anm. 22), S. 286, 296.

48 RI XI, Nr. 9463; RTA X, S. 734. Klux und Stock reisten kurz danach als kaiserliche Gesandte zum Baseler Konzil (RTA X 2, Nr. 505 S. 842).

49 RTA X, S. 734.

50 Das wird aus einem Gedicht von 1438 gefolgert, in dem Oswald über seine Erfahrungen in Rom in bezug auf die Geistlichkeit und deren Umgang mit Recht und Gerechtigkeit berichtet: *In Rom hab ich da mehr erfahren/ als anderswo in vielen Jahren:/ Das Recht wird Unrecht, Unrecht Recht,/ Sie machen alles krumm und schlecht!/ List und Betrug, der Logik Spiel/ Lernt man in Rom, soviel man will* (Oswald von Wolkenstein: Die Lieder. In Texten u. Melodien neu übertr. u. kommentiert von Klaus J. Schönmetzler. München 1979, S. 258 ff., 395 ff., 451 f.). Den Hinweis auf Wolkenstein verdanke ich Prof. Wolfgang Chr. Schneider in Hildesheim.

Üblicherweise werden als Empfänger des Ritterschlages auf der Tiberbrücke auch die Boten der Stadt Zürich genannt,[51] nämlich der Bürgermeister Rudolf Stüssi,[52] die Brüder Hans und Heinrich Schwendi, der Ritter Götz Escher[53] und sowie der Zürcher Stadtschreiber Michael Stebler.[54] Doch die Zürcher Privilegien wurden erst unter dem 20. Juni 1433 bestätigt, so dass die Annahme berechtigt sein dürfte, dass die Zürcher Gesandten nicht schon am Krönungstage, sondern erst um den 20. Juni in Rom eintrafen und den Ritterschlag erhielten.[55] Wie dem auch sei: Unter diesem Datum wurden jedenfalls erst die Wappenbriefe für den Stadtschreiber Michael Stebler,[56] den Ritter Götz Escher[57] und andere Zürcher Bürger[58] ausgestellt. In diesem Zeitraum hatte der Kaiser auch den Venezianer Andreas Donatus im Beisein Papst Eugens IV. zum Ritter geschlagen, den er mit Urkunde vom 30. Juli 1433 zu seinem Rat ernannte.[59]

Jakob Gerlach erhielt seinen Ritter- und Wappenbrief der Urkunde zufolge dagegen erst am Ende des Romaufenthaltes des Kaisers. Seine Ritterwürde leitet sich allein aus der am 10. August ausgestellten Urkunde her. Dass er zuvor den Ritterschlag auf der Tiberbrücke erhielt, kann ausgeschlossen werden. Andernfalls wäre er bereits in der Urkunde selbst als Ritter bezeichnet worden, wie dies bei Kaspar Schlick und Götz Escher geschehen ist. Am gleichen Tage erhielten auch die Schwäbischen Reichsstädte die Bestätigung ihrer Privilegien.[60] Der zeitliche Zusammenhang könnte die Annahme nahe legen, dass Gerlach der Gesandtschaft dieser Städte angehörte.[61] Sehr wahrscheinlich ist dies freilich nicht, denn die in der Urkunde angesprochenen Verdienste in allen Landen des kaiserlichen Herrschaftsbereichs gehen über die bloße Botentätigkeit für eine Reichsstadt weit hinaus und deuten eher auf eine umfassende Tätigkeit im Dienste des Kaisers selbst hin. Im Übrigen ist keineswegs zwingend, dass er überhaupt in Rom anwesend war. Möglich ist durchaus, dass er sich, wie viele andere, beim Empfang der Urkunde vertreten ließ.

---

51 RTA X, S. 734; v. Aschbach (wie Anm. 11), S. 118 f; Hoensch (wie Anm. 11), S. 395. Maßgebende Quelle ist dafür Ægidius Tschudi, Chronicon Helveticum, verfasst um 1550, hrsg. von Johann Rudolff Iselin (Basel 1736), Bd. 2, S. 208.

52 Stüssi hatte schon bei einer Mission 1425 einen Wappenbrief erworben (RI XI, Nr. 6168). Dazu Heidi Schuler-Alder: Reichsprivilegien und Reichsdienste der eidgenössischen Orte unter König Sigmund, 1410–1437. Bern 1985, S. 141, 195.

53 Ganz (wie Anm. 31), S. 90.

54 Schuler-Alder (wie Anm. 52), S. 157; RI XI, Nr. 9502.

55 Schuler-Alder (wie Anm. 52), S. 157 ff.; ihr folgend Baum (wie Anm. 11), S. 247. Anders dagegen Chronik der deutschen Städte (wie Anm. 23), Bd. 1, S. 387.

56 RI XI, Nr. 9502. Der Stadtschreiber wird von der Chronik der Stadt Zürich als Angehöriger der Zürcher Gesandtschaft, nicht aber als Empfänger des Ritterschlages aufgeführt (Chronik der Stadt Zürich. Hrsg. von Johannes Dierauer. Basel 1900, S. 231).

57 RI XI, Nr. 9503. Der Wappenbrief, den sich Escher nach dem Ritterschlag hat ausstellen lassen, datiert allerdings erst vom 28. Juni (RI XI, Nr. 9528). Darin wird er ausdrücklich als Ritter bezeichnet und erhält das Wappen, wie Jakob Gerlach, zum Gebrauch „zu allen Ritterlichen Sachen und Geschäften." Der Text der Urkunde ist abgedruckt bei Ganz (wie Anm. 31), S. 92.

58 Es waren dies Konrad Meyer von Kronau und die Brüder Schwarzmurer (RI XI, Nr. 9500 und 9503; Schuler-Alder [wie Anm. 52], S. 157). Sie gehörten entweder mit zur Gesandtschaft oder haben sich beim Erwerb des Wappens vertreten lassen. Escher war mit der Tochter eines Ritters Schwarzmurer verheiratet (Ganz [wie Anm. 31], S. 90).

59 RI XI, Nr. 9566. Vgl. ferner die Aufzeichnungen über ihn im Nachlass Jürgen Arndt, Bd. IV, Nr. 128 im Institut für Personengeschichte in Bensheim.

60 RI XI, Nr. 9594 ff. Im übrigen wurden an diesem Tage u.a. noch zwei Wappenbriefe an Italiener verliehen (RI XI, Nr. 9634/ 35).

61 Es handelte sich zur Ersparung von Kosten offenbar um eine gemeinsame Gesandtschaft (Schuler-Alder [wie Anm. 52], S. 158).

Über Anlass und Motiv einer solchen Vergünstigung wissen wir nichts. Bei normalem Verständnis würde man denken, dass die Verleihung der Rittermäßigkeit Ausdruck einer besonderen Ehrung für den Betroffenen wegen seiner dem Kaiser geleisteten Dienste war. Das kann durchaus auch hier der Fall gewesen sein, muss es aber nicht. Ausgeschlossen werden kann nämlich nicht, dass die Kanzlei derlei Diplome auch ohne entsprechende Verdienste an zahlungswillige Empfänger verkaufte. Nicht nur der Kaiser selbst brauchte ständig Geld. Bekannt ist auch, dass seine Kanzleibeamten dem Vorwurf der Bestechlichkeit und des Amtsmissbrauchs ausgesetzt waren und Geld kassierten, wie aus einem Gedicht Oswald von Wolkensteins hervorgeht.[62] Selbst der Kanzler Kaspar Schlick steht im Verdacht, sich selbst Diplome ausgestellt zu haben.[63] Es kann daher auch hier die Möglichkeit nicht von der Hand gewiesen werden, dass einer der Kanzleibeamten dem Jakob Gerlach gegen Bezahlung mit einer Urkunde über die Verleihung der Ritterwürde gefällig war, ohne dass dies durch entsprechende Verdienste gerechtfertigt gewesen sein muss.

Nach allem muss festgehalten werden, dass ein Jakob Gerlach als Empfänger des Ritterdiploms unter den in Rom anlässlich der Krönung anwesenden Personen nicht ermittelt werden kann.

2. Dieses Ergebnis zwingt dazu, außerhalb Roms weiteren Spuren nachzugehen. Dabei stößt man auf den oberlausitz-schlesischen und böhmischen Raum. Besonders in Schlesien ist der Name Gerlach (auch in der Form *Görlach* oder *Girlich*), der auf den Heiligen Gerlach aus der Maastrichter Gegend († um 1165) zurückgeht, verhältnismäßig häufig anzutreffen, was mit der Einwanderung aus den Niederlanden im 13. Jahrhundert zusammen hängt.

a) Görlitz

Den Ansatz für weitere Ermittlungen bildet in erster Linie die Stadt Görlitz, denn dort gibt es über Jahrhunderte hinweg eine mit dem Namen Gerlach und dem zugehörigen Wappen fest verbundene Tradition. In Görlitz taucht das Wappen, wie bereits bemerkt, zum erstenmal auf, als 1547 der Stadtsyndikus Servatius Gerlach damit siegelte. Sodann war es im 17. und 18. Jahrhundert bei einer Familie Gerlach in Gebrauch,[64]

---

62 Hoensch (wie Anm. 11), S. 477. In dem Gedicht Oswalds heißt es in bezug auf den Kanzleischreiber Hermann Hecht und seine „Säuferleber" sowie den Registrator Marquart Brisacher: *Willst Du nach der Waage schlechte Hechte kaufen,/ So musst Du laufen, mein Freund, und raufen!/ Hat er statt der Leber einen Stein,/ Frag in des Kaisers Kanzelei,/ Da kauft man solche Fische ein!/ „Jülicher* [Schreiber Peter Kalbe aus Setternich bei Jülich], *mach kund, was kost ein Pfund?"/ „Cinque soldin et tre zechin,/ Just soviel kost das Leberlein fin/ Von diesem lütten Hechtelin. Hermann, Marquart! Konstanz, Ulm, das war ein Leben, ...*" (Übersetzung Schönmetzler, [wie Anm. 50], S. 239, 388, 449). So mussten von der Stadt Nürnberg für die Privilegienbestätigungen in Rom über die 600 Dukaten hinaus noch Trinkgelder bzw. Geschenke an die kaiserlichen Kanzleischreiber erbracht werden (Sander [wie Anm. 43], S. 507, 508, 532).

63 Z.B. die bereits erwähnte Urkunde vom 13. 7. 1433 [wie Anm. 37]: RTA X, S. 735 mwN; v. Aschbach (wie Anm. 11), S. 429.

64 Zuerst taucht es 1667 als Allianzwappen auf dem Grabstein der Rosina Gerlach geb. Emerich (1635–1667) auf, die mit dem Civis Literarius Martin Gerlach (1607–1670) verheiratet war. Dieser Grabstein befindet sich noch heute an der Außenmauer der Emerichschen Gruft an der Nikolaikirche zu Görlitz *(Abb. 11)*. Sodann erscheint es – ebenfalls als Allianzwappen – auf dem Grabstein seiner Schwester, der 1706 gestorbenen Rosina Nicius geb. Gerlach, die mit dem Görlitzer Archidiakon und Pfarrer in Deutsch-Ossig Christof Friedrich Nicius (1624–1703) verheiratet war (Wentscher [wie Anm. 3], S. 128). Der Grabstein dieser Rosina befindet sich in der Peterskirche zu Görlitz ebenso wie der oben I 3 bereits erwähnte Gedenkstein mit Wappen für den Stadtrichter Gottfried

die sich auf den Diplomempfänger Jakob Gerlach zurückführte (siehe oben). Zudem existierten in der Stadt mindestens drei Abschriften des Ritter- und Wappenbriefes (dazu unten V.).

In der Tat war die Stadt Görlitz gerade mit König Sigmund besonders eng verbunden. In den Hussitenkriegen hatte sie stets treu zu ihm gehalten und hatte dafür von Seiten der Hussiten manche Unbill erdulden müssen. Das vergalt ihr der Kaiser reichlich mit Privilegien und sonstigen Vergünstigungen. Dem Görlitzer Ratsherrn Hans Schmid hatte er schon 1431 einen Wappenbrief erteilt,[65] und nach der Kaiserkrönung verlieh er der Stadt Görlitz ein neues Wappen, das noch heute in der Stadtmitte am sog. Dicken Turm in Stein gehauen zu sehen ist.[66] Indessen gehörte ein Jakob Gerlach nicht zu den Abgesandten, die die Stadt Görlitz wegen der Kaiserkrönung nach Italien entsandt hatte, und schon gar nicht war ein solcher am 10. August 1433 in Rom anwesend.

Wenn die Schäfferschen Tabellen aus dem Jahre 1742 zu den Vorfahren des Görlitzer Stadtrichters Gottfried Gerlach ausdrücklich vermerken, dass der Stammvater Jakob Gerlach „*1433 von Kayser Sigismundo zu Rom am Tage Laurentij gewappnet worden*" sei *(Abb. 15)*,[67] so erweist sich diese Überlieferung als durchaus trügerisch. Denn ein Jakob Gerlach ist in der Zeit Kaiser Sigmunds in Görlitz nicht nachweisbar.[68] Zwar kommt der Name Gerlach damals in Görlitz und Umgebung mehrfach vor. Doch ein Gerlach mit dem Vornamen Jakob taucht dort erst gegen Ende des 15. Jahrhunderts auf. Es handelt sich um einen Gerber, der 1484 das Görlitzer Bürgerrecht erwirbt, 1507 zum Obermeister der Gerber aufsteigt und 1508 bis 1514 dem Rat der Stadt angehört, dann aber in Vermögensverfall gerät.[69] Dieser 1517/18 verstorbene Jakob Gerlach kann schon aus zeitlichen Gründen nicht mit dem Empfänger des Ritterdiploms identisch sein. Dennoch ist er, um die genealogische Verbindung herzustellen, kurzerhand zum Sohn des Ritterbriefempfängers Jakob Gerlach von 1433 und zum Vater oder Onkel des späteren Servatius gemacht worden.[70] Für eine solche Annahme fehlt indessen jeder Anhalt. Sie entspringt reiner Phantasie.

Danach endet die zunächst viel verheißende Görlitzer Spur ebenfalls eindeutig negativ.

Gerlach (1656–1737), einem Sohn des vorgenannten Martin *(Abb. 10)*. Zum Stadtrichter Gerlach und seinem Gedenkstein: R. Jecht/A. Zobel: Der Stadtrichter Gottfried Gerlach und sein Ehrendenkmal in der Peterskirche zu Görlitz. In: NLM 110 (1934), S. 160–167 mit Abb. nach Taf. 27.

65 RI XI, Nr. 8835; Verzeichnis Oberlausitzischer Urkunden vom Jahre 1419–1490, Görlitz 1805, S. 29. Eine Abschrift von 1656 befindet sich in der Sammlung Schmid der Oberlausitzischen Bibliothek der Wissenschaften in Görlitz (s. Anm. 91).

66 Das geschah am 29. August 1433 in Perugia. Vgl. oben Fn. 28 und 44 sowie Richard Jecht (Bearb.): Codex diplomaticus Lusatiae superioris II/2. Görlitz 1900–1903, S. 480; ders.: Der Oberlausitzer Hussitenkrieg (wie Anm. 24), S. 366 f.

67 Zu den Schäfferschen Tabellen s. Anm. 5.

68 Wentscher (wie Anm. 3), S. 19.

69 Wentscher (wie Anm. 3), S. 50 f; Kupke (wie Anm. 1), S. 21; Funcksche Annalen, in: Haus Gerlach (wie Anm. 1), S. 75.

70 Fritsch (wie Anm. 5), S. 22. Dazu Wentscher (wie Anm. 3), S. 50 f.

b) Breslau

In die Ermittlungen ist ferner Breslau mit einzubeziehen,[71] denn auch dort ist das Wappen Ende des 16. Jahrhunderts bei einer Familie Gerlach in Gebrauch; vor allem aber wurde in Breslau 1582 eine beglaubigte Abschrift des Ritter- und Wappenbriefes hergestellt. In der Tat lässt sich 1436, also zu Sigmunds Zeiten, in Breslau ein Jakob Gerlach nachweisen,[72] der 1439 das Bürgerrecht erwarb und tatsächlich als möglicher Empfänger des Wappenbriefes in Betracht gezogen wurde.[73] Dieser Jakob scheint aber nur vorübergehend in Breslau gewesen zu sein, denn 1440 hält er sich in Prag auf und verzichtet schon wieder auf das Breslauer Bürgerrecht, das er möglicherweise nur für gerichtliche Auseinandersetzungen mit seinem Schwager wegen des Nachlasses seiner Frau benötigte. Über seine soziale Stellung ist nichts bekannt. Nichts deutet darauf hin, dass er im Dienste von König bzw. Kaiser Sigmund stand und für ihn eine so bedeutsame Tätigkeit ausübte, dass sie die Verleihung der Ritterbürtigkeit in Rom gerechtfertigt hätte. Er dürfte daher als Empfänger des kaiserlichen Diploms nicht ernsthaft in Betracht kommen.[74]

Im übrigen kommt der Name Gerlach zur Zeit Kaiser Sigmunds in der Breslauer Ratsherrenschicht, die gut dokumentiert ist, nicht vor.[75] Damit hat Breslau als Heimatstadt des Jakob Gerlach ebenfalls auszuscheiden.

Nach dem Werk von *Oskar Pusch* über die Breslauer Stadtgeschlechter soll es 1416–1437 im schlesischen Deutsch Wette a. d. Neisse und Kammendorf bei Neumarkt allerdings einen Konrad von Gerlach gegeben haben, der von Kaiser Sigismund am 2. September 1435 geadelt worden sei.[76] Ein Ritter dieses Namens lässt sich jedoch zur fraglichen Zeit nirgends nachweisen.[77] Bei *Sinapius* erscheint um 1430 lediglich eine Frau „von Gerlacher und Schwett", die mit einem Stwolinsky von Steinersdorff verheiratet war.[78] Und Ende des 15. Jahrhunderts taucht ein „Hans Gerlach auf Gerlachsdorf" (Schlesien) auf,[79] dessen Tochter Catharina „Gerlachin von Gerlachsdorf" den

---

71 König Sigmund war der Stadt Breslau ebenfalls sehr gewogen. 1420 hatte er dort einen Reichstag gegen die Hussiten abgehalten und mehreren Breslauer Bürgern einen Wappenbrief erteilt, so 1420 an Michael Banckaw, 1424 an Peter Ungeraten und 1429 an Niclas Merboth (RI XI, Nr. 4108, 6021, 7172). Während der Hussitenkriege stützte er sich besonders auf Breslau.

72 Kupke (wie Anm. 1), S. 18; Wentscher (wie Anm. 3), S. 19.

73 So Carl-August v. Gerlach-Parsow, in Kupke (wie Anm. 1), S. 4; Klaus v. Gerlach (wie Anm. 3), Sp. 250.

74 Ebenso Wentscher (wie Anm. 3), S. 19.

75 1444 und 1449 ist im Breslauer Bürgerbuch als Erwerber des Bürgerrechts nochmals jeweils ein *Jacobus Girlach* vermerkt, von denen einer als *mercator* bezeichnet wird. Ob diese beiden Jacobi verschiedene Personen oder mit dem vorgenannten Jacobus Girlach identisch sind, lässt sich nicht feststellen. Zu den Ratsgeschlechtern des alten Breslau im übrigen vgl. Gerhard Pfeiffer: Das Breslauer Patriziat im Mittelalter. Breslau 1929; Oskar Pusch: Die Breslauer Rats- und Stadtgeschlechter in der Zeit von 1241–1741. Bd. 1–5. Dortmund 1986–1991; Rudolf Stein: Der Rat und die Ratsgeschlechter des alten Breslau. Würzburg 1963.

76 Pusch (wie Anm. 75), Bd. 1, S. 300, 317.

77 Der von Pusch zitierte Beleg: Otto Titan v. Hefner: Stammbuch des blühenden und abgestorbenen Adels in Deutschland. Bd. 2. Regensburg 1863, S. 22, erweist sich als Fehlzitat. Dort findet sich kein Hinweis auf ein schlesisches Geschlecht dieses Namens. Auch sonst sind die Angaben bei Pusch unzuverlässig: das Datum des Wappenbriefes stimmt nicht (statt 2. 9. 1435 richtig: 10. 8. 1433). Im übrigen hieß der angebliche Empfänger des Ritterbriefes nicht Konrad, sondern Jakob Gerlach.

78 Johannes Sinapius: Des Schlesischen Adels Anderer Theil Bd. II. Leipzig u. Breslau 1728 (ND Neustadt an der Aisch 1999), S. 924, 1050.

79 Haus Gerlach (wie Anm. 1), S. 27, 24 unter Bezugnahme auf Johann Christian Kundmann: Silesii Nummis oder berühmte Schlesier in Müntzen. Breslau u. Leipzig 1738, Taf. XXIX, und Jacob Gottlieb Kloss: Historisch genealogische Sammlungen, die Oberlausitzische Adelsgeschichte betref-

Görlitzer Johannes Rindfleisch heiratete.[80] Ein Rittergeschlecht von Gerlachsheim war schon im 14. Jahrhundert ausgestorben.[81] Damit erweisen sich auch sonstige Spuren in Schlesien als negativ.

c) *Böhmen*

Eine weitere Spur führt zu den Hussiten nach Böhmen. Im Dezember 1432 erscheint nämlich in Nürnberg im Zusammenhang mit der hussitischen Gesandtschaft zum Baseler Konzil ein Hauptmann der Waisen (einer Sekte der Hussiten) namens Gerlach. Auch er ist in die Untersuchungen mit einzubeziehen.

König Sigmund war 1420 als Nachfolger seines Bruders Wenzel in einer Notkrönung in Prag zum König von Böhmen gekrönt worden. Unmittelbar danach hatte er jedoch wegen der Auseinandersetzungen mit den Hussiten aus Böhmen fliehen müssen und das Königreich bisher nicht in Besitz nehmen können. Nach der Niederlage bei Taus im August 1431 war er zu der Überzeugung gelangt, dass eine Lösung des Hussitenproblems nur im Verhandlungswege zu erreichen sei. Er bemühte sich daher, die Hussiten zur Teilnahme am Baseler Konzil zu bewegen. Der böhmische Landtag in Prag beschloss schließlich, die Einladung anzunehmen und eine Gesandtschaft zum Konzil zu schicken. Doch man war vorsichtig und entsandte zur Erkundung zunächst zwei Vorboten, nämlich den Notar Niklas Humpolecky aus Prag und Johann Žatecky als Angehörigen der Taboriten, einer Sekte, die ebenso wie die Waisen in den Hussitenkriegen eine maßgebliche Rolle spielte.[82] Im September 1432 zeigte der böhmische Landtag dem Konzil die Mitglieder der Gesandtschaft an, tatsächlich machten sich aber teilweise andere als die Benannten auf den Weg. Die Namen der 15-köpfigen Gesandtschaft sind bekannt.[83] Dazu gehörten Vertreter der Stadt und Universität Prag, der Ritterschaft und des Adels sowie der Hussitensekten der Taboriten und der Waisen. Die Taboriten waren durch den Priester Prokop, der der geistliche Rektor des Taboritenheeres war, und vier andere Personen vertreten. Zu den Vertretern der Waisen gehörten Georg von Recic, der englische Magister Peter Payne und die Pfarrer Ulrich von Znaym und Peter Nemec von Saaz. Ein Mann namens Gerlach befindet sich nicht darunter.

Die Gesandten trafen am 21. Dezember 1432 in Nürnberg ein, wo sie sehr ehrenvoll empfangen und zwei Tage später mit sicherem Geleit weiter nach Ulm gebracht wurden, bis sie Anfang Januar 1433 Basel erreichten. Während des Nürnberger Aufenthaltes taucht nun auf Seiten der Hussiten im Schenkbuch der Stadt ein Hauptmann der Waisen mit Namen Gerlach auf, der ebenso wie der Taboritenführer Prokop

---

fend, fol. XVIII (Bibliothek der Oberlausitzer Gesellschaft der Wissenschaften zu Görlitz). Dieser Hans Gerlach soll der in den Schäfferschen Tabellen mit Namen Johann Gerlach aufgeführte älteste Sohn des Diplomempfängers Jacob Gerlach gewesen sein, wofür jedoch jeder Anhalt fehlt.

80 Pusch (wie Anm. 75), Bd. 3, S. 391. Hans Rindfleisch aus Görlitz und seine Brüder erhielten 1485 einen Wappenbrief (Hermann Knothe: Geschichte des Oberlausitzer Adels und seiner Güter. Leipzig 1879, S. 21).

81 Johannes Sinapius: Schlesische Cuirositäten. Bd. I. Leipzig u. Breslau 1720, S. 390. Knothe (wie Anm. 80), S. 184, 228, 617. Gerlachsheim (polnisch Grabiszyce) liegt südöstlich von Görlitz.

82 Frantisek Palacký: Geschichte von Böhmen. Prag 1844–1967 (ND 1968), Bd. 3, S. 58; ders.: Urkundliche Beiträge zur Geschichte des Hussitenkrieges in den Jahren 1419–1436. Prag 1873 (ND 1966), Bd. II, Nr. 833.

83 Vgl. Palacký, Urkundliche Beiträge (wie Anm. 82), Bd. II, Nr. 823 u. 833; ders.: Geschichte von Böhmen (wie Anm. 82), S. 66, 68; RTA X, S. 592. Vgl. ferner das beim Eintreffen der Delegation in Basel angefertigte Verzeichnis der Mitglieder in RTA X, S. 585 Fn. 2.

und andere Hussitenvertreter 20 quart aus der Stadtkasse erhalten hat.[84] Dieser Gerlach gehörte nicht zu den offiziellen Konzilsgesandten, denn sein Name wird weder bei den vom böhmischen Landtag gewählten noch bei den in Nürnberg tatsächlich erschienenen Personen genannt.[85] Möglich ist aber, dass er zum Umfeld und Gefolge der Gesandtschaft gehörte, denn insgesamt war die Zahl der Berittenen einschließlich ihrer Begleitung – ohne die Dienerschaft – wesentlich höher als die der offiziell benannten Vertreter.

Doch wer war dieser Hauptmann? Leider ist über ihn mehr nicht bekannt. Er tritt in den Hussitenkriegen urkundlich nicht weiter in Erscheinung und scheint auf Seiten der Waisen auch keine herausragende Rolle gespielt zu haben.[86] So bleibt diese Person letztlich im Dunkeln. Wir erfahren nicht einmal ihren Vornamen.

Unabhängig davon dürfte er aber als Empfänger des kaiserlichen Ritterbriefes in Rom im August 1433 kaum in Betracht kommen. Während die Konzilsgesandten noch in Basel waren, kam es auf einem Landtag in Prag zu Differenzen unter den Hussiten, weil sich die Taboriten und Waisen unversöhnlich zeigten. Die Verhandlungen in Basel mussten deshalb ergebnislos abgebrochen werden; die Gesandtschaft kehrte im Januar 1434 nach Prag zurück. Unter den Hussiten kam es zu kriegerischen Auseinandersetzungen, die mit einer Niederlage der Taboriten und Waisen endeten. Erst danach war der Weg zu Verhandlungen mit den gemäßigten Kräften der Hussiten, den sog. Utraquisten frei. Es kam zu einer Einigung, in deren Folge Sigmund im August 1436, kurz vor Ende seines Lebens, als König von Böhmen endlich seinen Einzug in Prag halten konnte.

Es ist auch unbekannt, ob der vorgenannte Hauptmann Gerlach mit in Basel war.[87] Sollte er der Empfänger des Ritterbriefes sein, müsste er zum Kaiser nach Rom geschickt worden sein, was nahezu ausgeschlossen erscheint. Von einer solchen Mission ist bei den sonst recht genau dokumentierten Vorkommnissen im Zusammenhang mit dem Konzil und Romzug nichts bekannt. Es ist auch ziemlich unwahrscheinlich, dass sich ausgerechnet ein Vertreter der radikalen Sekte der Hussiten, die zu den unversöhnlichen Gegnern des Kaisers gehörte, von diesem eine Urkunde über die Erhebung in den Ritterstand hätte geben lassen. Das wäre gleichsam ein Verrat an der eigenen Sache gewesen.

V. Urkundensituation

Dunkel ist aber nicht nur die Person des Diplomempfängers. Auch die Urkundensituation ist verworren und gibt manche Rätsel auf. Eine Urschrift des kaiserlichen Diploms ist, wie bemerkt, nicht oder nicht mehr vorhanden, und zwar weder in Görlitz noch anderswo. Es existieren lediglich mehrere Abschriften aus zwei verschiedenen Überlieferungssträngen. Überhaupt hat der Wappenbrief seine oben beschriebenen Wirkungen ausschließlich auf Grund von Abschriften entfaltet.

---

84 Der Eintrag im Schenkbuch lautet (RTA X, S. 602 Fn. 1): *item den von Prag 20 quart, summa 2 1/2 lb. haller; item dem hauptman von alten Taborn 20 quart; summa 2 1/2 lb. haller; item dem von Karlstein 12 quart; summa 1 1/2 lb. haller; item hern Wilhelm Wurffel und knysi Procop 20 quart; summa 2 1/2 lb. haller; item hern Gerlach der Waisen hauptman 20 quart; 2 1/2 lb. haller.*

85 Auch bei den in Basel eingetroffenen Delegationsmitgliedern wird er nicht aufgeführt (vgl. Palacký, Geschichte von Böhmen [wie Anm. 82], S. 68).

86 Vgl. Palacký: Geschichte von Böhmen (wie Anm. 82), Bd. 3, 3 sowie ders., Urkundliche Beiträge (Anm. 82), Bd. II, Nr. 720, 808, 819.

87 In dem Mitgliederverzeichnis, das beim Eintreffen der Delegation in Basel angefertigt wurde, wird er jedenfalls nicht aufgeführt (RTA X, S. 585 Fn. 2).

1. Die Görlitzer Überlieferung

Altmann führt in den von ihm herausgegebenen Regesta Imperii Kaiser Sigmunds als Beleg für die Existenz des Wappenbriefes nur Kopien in Görlitz und Zittau an und beruft sich dabei auf ein Verzeichnis Oberlausitzer Urkunden.[88] Dieses Verzeichnis[89] bezieht sich als Quelle wiederum auf die bereits erwähnte Schrift von Christian Knauthe von 1737 über das alte Gerlachsche Geschlecht,[90] in der der Text des Wappenbriefes abgedruckt ist. Welche Vorlage diesem Abdruck zu Grunde lag, ist unklar. In Görlitz gab es eine abschriftliche Sammlung von Adels- und Wappenbriefen aus dem Jahre 1656, die der Görlitzer Ratsherr Gottfried Schmid hatte anfertigen lassen (sog. Schmidsche Sammlung).[91] In dieser Sammlung ist abschriftlich auch der Wappenbrief für Jakob Gerlach enthalten. Diese – auf Papier geschriebene – Abschrift von 1656 stellt das älteste noch vorhandene Zeugnis des 1433 in Rom angeblich ausgestellten Ritter- und Wappenbriefes dar. Die Schmidsche Sammlung erfreute sich damals großer Beliebtheit, und so wurden von ihr mehrere Abschriften hergestellt. Eine dieser handschriftlichen Kopien aus der Mitte des 17. Jahrhunderts einschließlich des Gerlachschen Wappenbriefes befand sich früher in der Milichschen Bibliothek zu Görlitz[92] und wird heute kriegsbedingt in der Breslauer Universitätsbibliothek verwahrt.[93]

Eine weitere Abschrift der Schmidschen Sammlung aus dem gleichen Zeitraum gelangte im 20. Jahrhundert in den Handel.[94] Dieser Kodex enthielt bemerkenswerter Weise sieben zusätzliche Wappenbriefe und war zudem mit farbigen Wappen ausgestattet. Die Wappenbriefe dieses Kodex wurden herausgetrennt und als Einzelstücke zum Verkauf angeboten. Auf diese Weise erwarb die Familie von Gerlach 1937 eine offensichtlich diesem Sammelband entstammende Abschrift des Gerlachschen Wappenbriefs, die sich noch heute im Familienbesitz befindet *(Abb. 16)*.[95]

Mit dem Auftauchen dieser Abschriften in Görlitz in der 2. Hälfte des 17. Jahrhunderts korrespondiert die erneute Benutzung des Wappens durch den Görlitzer *civis litterarius* Martin Gerlach (1607–1670) und seiner Familie, die auf mehreren Grab- und Gedenksteinen bezeugt ist *(Abb. 11)*.[96] Dieser Martin, der sich ebenfalls auf den 1433 geadelten Jakob Gerlach zurückführte, war mit einer Tochter aus dem mächtigen Ratsherrengeschlecht der Emmerich verheiratet, und sein Sohn war der bereits mehrfach erwähnte Görlitzer Stadtrichter Gottfried Gerlach (1656–1737), nach dessen Tod die vorerwähnte Schrift über das alte Gerlachsche Geschlecht mit dem Abdruck des Wappenbriefes erschien und zu dessen Ehren der Gedenkstein mit Wappen in der Peterskirche errichtet wurde *(Abb. 10)*.

88 RI XI, Nr. 9622.

89 Verzeichnis Oberlausitzischer Urkunden (wie Anm. 65), S. 34.

90 Anm. 1.

91 Das Manuskript dieser Sammlung trägt den Titel *Adelicher Tugendspiegel* und befindet sich in der Oberlausitzischen Bibliothek der Wissenschaften in Görlitz, Signatur S. H. III 68.

92 Ms. IV Nr. 165. Das Verzeichnis der in dieser Handschrift abschriftlich enthaltenen Adels- und Wappenbriefe ist abgedruckt in Haus Gerlach (wie Anm. 1), S. 22.

93 S. den polnischen Handschriftenkatalog (Katalog Renkopisów) Bd. II, Breslau 1990, Nr. 6698. Diese Abschrift gehört aber geschichtlich zum Görlitzer Überlieferungsstrang.

94 Nach den handschriftlichen Vermerken von Richard Jecht in den in Görlitz und Breslau verwahrten Handschriften wurde 1912 in Aachen und nochmals 1937 ein Kodex im Handel zum Verkauf angeboten, bei dem es sich um eine weitere Abschrift der Schmidschen Sammlung gehandelt haben soll; dieser Kodex habe sieben weitere Urkunden enthalten.

95 Auf die Herkunft dieser Abschrift aus dem genannten Kodex deutet die Paginierung „Bl. 54–59“ hin. In der Görlitzer Handschrift der Schmidschen Sammlung trägt der Gerlachsche Wappenbrief dagegen die Blattzahlen 40–43 und in dem Breslauer Manuskript die Zahlen 33 r.–35 v.

96 S. Anm. 64.

Welche Quelle den Abschriften in der Schmidschen Sammlung zugrunde lag, ist unbekannt. Eine gemeinsame Vorlage muss es gegeben haben. Darauf deutet das farbige Wappen hin, das sich in dem Einzelstück des Wappenbriefes aus dem vorerwähnten Sammelband *(Abb. 16)* sowie in dem Breslauer Exemplar der Schäfferschen Tabellen[97] befindet *(Abb. 15)*. Diese Wappenabbildungen haben in den übrigen Görlitzer Wappenbriefabschriften, in denen sie fehlen, sowie in sonstigen Görlitzer Quellen kein Vorbild und können daher nur auf einer heute nicht mehr vorhandenen älteren Quelle beruhen, bei der es sich wahrscheinlich um die nachfolgend beschriebene Breslauer Abschrift von 1582 einschließlich Wappen oder eine (heute verlorene) Abschrift davon handelt.

2. Die Breslauer Überlieferung

Der urkundlichen Überlieferung zufolge wurde 1582 in Breslau eine weitere Abschrift des Wappenbriefes angefertigt und beglaubigt. In der Beglaubigungsformel bekennen *„die Rathmannen der Stadt Breslau,"* dass sie einen offenen, auf Pergament geschriebenen Wappenbrief des Kaisers Sigismund in Händen gehabt haben mit *„an einer seidenen schnuren anhangendem Kaiserlichen Majestätsinsiegel besiegelt und bekreftiget ... und sonst allenthalben ganz tüchtig unvorsehret und unverdechtig."* Auch diese Abschrift existiert heute nicht mehr. Erhalten geblieben ist lediglich die 1663 von der Stiftskanzlei in Quedlinburg davon gefertigte Zweitabschrift in Form einer prachtvollen Pergamenturkunde mit eingemaltem farbigem Wappen und anhängender Siegelkapsel *(Abb. 1)*.[98] Textlich stimmt die Quedlinburger Abschrift völlig mit den Görlitzer Abschriften überein; lediglich in orthographischer Hinsicht bestehen erhebliche Unterschiede.

Aufgrund des in die Quedlinburger Zweitabschrift mit aufgenommenen Breslauer Beglaubigungsvermerkes lag es nahe, in Breslau nach der kaiserlichen Originalurkunde von 1433 zu suchen. In der Tat haben dort auch schon früh die ersten Nachforschungen angesetzt, die indessen allesamt negativ verliefen. Bereits 1776 hatte sich der preußische Geheime Oberfinanzrat Friedrich Wilhelm von Gerlach (1711–1780)[99] aus Berlin mit der Bitte um nähere Auskünfte an die Breslauer Archive gewandt. Die damals durchgeführten umfangreichen Ermittlungen sowohl im Städtischen Ratsarchiv als auch im Landesarchiv brachten indessen keine Spur einer Originalurkunde oder auch nur eines Beglaubigungsvorganges im Jahre 1582 zu Tage.[100] Weitere Nachforschungen, die im 19. Jahrhundert und Anfang des 20. Jahrhunderts angestellt wurden, blieben ebenfalls ohne Ergebnis.[101] Schon im 18. Jahrhundert hatten die Breslauer Archivbeamten darauf hingewiesen, aus dem Wortlaut der Vidimation von 1582 gehe lediglich hervor, dass der Originaladelsbrief bei Anfertigung der Erstabschrift 1582 *vorgezeigt*, nicht aber „als ein *Depositum* da gelassen worden" wäre.[102] Eine damalige

97 S. Anm. 5.

98 Eine hiervon genommene weitere Kopie mit Wappen, die 1729 für die von Lebrecht Gerlach beantragte Adelserneuerung hergestellt wurde, befindet sich im Geheimen Staatsarchiv Preußischer Kulturbesitz in Berlin (I. HA Geheimer Rat, Rep. 7, Nr. 13 – 1 G Nr. 19).

99 Sohn des Lebrecht von Gerlach (1669–1742), des Empfängers der preußischen Adelsrenovation.

100 Der damalige Schriftwechsel hat sich im Gerlach-Archiv der Universität Erlangen erhalten (Fasc. CE II).

101 Der diesbezüglicher Schriftwechsel des Generals Leopold von Gerlach aus dem Jahre 1858 befindet sich ebenfalls im Gerlach-Archiv der Universität Erlangen (Fasc. CE II).

102 Pro Memoria des Landesarchivs Breslau mit Nachtrag vom 26. 8. 1776 (Gerlach-Archiv der Universität Erlangen, Fasc. CE II).

Verwahrung der Originalurkunde in den ehemaligen Breslauer Archiven hat daher auszuscheiden.

Im Gegensatz zu der Quedlinburger Pergamenturkunde weisen die oben erwähnten Görlitzer Abschriften des 17. Jahrhunderts sowie der Abdruck in der Schrift von Knauthe keinen Beglaubigungstext (Vidimation) oder sonstigen Hinweis auf eine Beglaubigung auf. Es fehlt also ein Hinweis darauf, dass diese Abschrift wiederum von einer anderen Abschrift stammt. Das könnte darauf hindeuten, dass die Abschrift von 1656 in der Sammlung Schmid, auf die die späteren Görlitzer Kopien zurückgehen, von einer Originalurkunde genommen wurde. Bemerkenswert ist ferner, dass die Abschrift in der Sammlung Schmid sowie die davon gefertigten weiteren Abschriften am Ende des Urkundentextes allesamt den Registrierungsvermerk: Rta (Registrata) aufweisen, der in der Quedlinburger Zweitabschrift von 1663 fehlt.

VI. Die Usurpierung des Wappens in Görlitz und Breslau

1. Der Görlitzer Stadtsyndikus Servatius Gerlach († 1555).

Die gesamte Görlitzer Tradition, die sich in der Existenz mehrerer Abschriften des Wappenbriefes und in dem vielfach bezeugten Gebrauch des Wappens manifestiert, geht auf den Stadtsyndikus Servatius Gerlach zurück, denn er war – wie mehrfach erwähnt – der Erste, der sich 1547 des Wappens zum Siegeln bediente. Ihm kommt daher bei der Frage nach der Herkunft und Entstehung des Wappens, aber auch des Briefes eine Schlüsselstellung zu. Wie ist er zu dem Wappen gekommen? Handelte es sich um das Wappen seiner Familie, und wurde der Wappenbrief etwa einem seiner Vorfahren verliehen? Um einer Beantwortung dieser Fragen näher zu kommen, müssen die persönlichen Verhältnisse dieses Mannes und seiner Familie näher beleuchtet werden.

Servatius war in Görlitz ein angesehener Mann. Er hatte an der Universität Leipzig Jura studiert, erlangte dort die Magisterwürde und wurde schließlich noch zum Doktor der Rechte promoviert. 1546 war er Syndikus in Görlitz und nahm damit eine äußerst wichtige Stellung in der städtischen Verwaltung ein. Im selben Jahr brach über Görlitz, das damals zum Königreich Böhmen gehörte, das Ungewitter des Pönfalles herein, der zum Verlust von Macht und Wohlstand der Stadt führte.[103] Den sechs Oberlausitzer Städten wurde vorgeworfen, Kaiser Karl V. im Schmalkaldischen Kriege gegen die Protestanten nur unzureichend Waffenhilfe geleistet zu haben. Dafür wurden sie nach der Schlacht bei Mühlberg, die 1546 mit einem vollständigen Sieg des Kaisers endete, bestraft. Der gesamte Rat der Stadt Görlitz wurde 1547 vor König Ferdinand nach Prag zitiert, dort monatelang gefangengesetzt und durch einen neuen Rat ersetzt. Während der Verhandlungen über den Pönfall war Servatius häufig in diplomatischer Mission unterwegs. Er berichtete darüber nach Görlitz[104] und siegelte dabei seine Briefe mit dem Gerlach-Wappen, nämlich mit dem aus den Flammen wachsenden Pferd.[105] Den Machthabern in Prag erschien er offenbar vertrauenswürdig,

103 Vgl. Friedrich Pietsch: Görlitz im Pönfall. In: NLM 111 (1935), S. 51–141; Kamenzer Beiträge. Hrsg. vom Kamenzer Geschichtsverein. H. 2 (1999): 1547 Pönfall der Oberlausitzer Sechsstädte, jeweils mwN.

104 Die Briefe sind abgedruckt bei Karl Gotthelf Theodor Neumann: Regesten über den Pönfall der Oberlausitzischen Sechsstädte, und die Folgen derselben. In: NLM 24 (1847) S. 1–190, hier S. 51 ff. Im Übrigen gehören die Pönfall-Briefe von Servatius Gerlach, die sich im Görlitzer Ratsarchivs befanden, leider zu den Kriegsverlusten, lagern heute aber möglicherweise noch in polnischen Archiven in Schlesien.

105 Ein Brief vom Juni 1547 mit dem Gerlachschen Wappensiegel ist abgebildet bei Kupke (wie Anm. 1), S. 11, 22 ff, Anhang 1b.

denn er gehörte auch dem neueingesetzten Rat als Schöffe an.[106] Doch war er von schwächlicher Gesundheit und starb schon 1555 auf dienstlicher Reise in Prag.[107]

Zu seiner Herkunft ist festzustellen, dass er jedenfalls nicht aus Görlitz stammte und insbesondere seine Vorfahren – entgegen der Görlitzer Überlieferung – nicht der dortigen Ratsherrenschicht angehörten. Er kam vielmehr aus Breslau, wo seine väterliche Familie ansässig war und er selbst zwischen 1530 und 1541 mehrfach urkundlich nachweisbar ist, und zwar zunächst unter dem Namen *Servatius Voyt*. Später erscheint er mit dem Zusatz: *Servatius Voyt genannt Girlach* und schließlich als *Servatius Girlach Foyt genannt*.[108] In Görlitz, wo er von Anfang an den Namen Gerlach führt, tritt er erst 1546 mit seiner Ernennung zum Stadtsyndikus in Erscheinung, und das Bürgerrecht erwirbt er dort erst 1549.[109]

Sein Vater Hans, der sich ebenfalls *Voyt* nannte,[110] war ein angesehener und einflussreicher Breslauer Goldschmied, der 1498 das Bürgerrecht erworben hatte und zu Wohlstand und Ansehen gelangt war. Er besaß ein Haus am Breslauer Ring, also am Platz um das mächtige Rathaus, und war seit 1522 Zunftältester der Breslauer Goldschmiede. Seine Söhne ließ er studieren und seine Töchter verheiratete er mit Angehörigen des Breslauer Patriziats.[111] Um 1540 starb er.

Woher die Familie ursprünglich stammte, bleibt im Dunkeln.[112] Möglicherweise kam sie aus Schweidnitz,[113] wahrscheinlicher ist aber die Herkunft aus Breslau. Schon

---

106 Funcksche Annalen Bl. 331, Ratsarchiv Görlitz, abgedruckt in Haus Gerlach (Anm. 1), S. 75.

107 Funcksche Annalen ebda. S. 75; Kupke (wie Anm. 1), S. 25. Einzelheiten bei Pietsch (wie Anm. 103), S. 68 und passim. Servatius hinterließ seine Witwe Hedwig, mit der er in zweiter Ehe verheiratet war, und zwei unmündige Kinder (Liber Resignationum 1548 ff des Görlitzer Ratsarchivs, Bl. 234v).

108 1530 erscheint er als Zeuge und 1531 als Altarist in der Breslauer Elisabethkirche. Einzelheiten bei Kupke (wie Anm. 1), S. 22 ff., 31; Wentscher (wie Anm. 3), S. 19.

109 Erich Wentscher: Die ältesten Görlitzer Bürgerrechtslisten 1379–1600. Görlitz 1928, S. 136. Der Eintrag lautet: „Der erbare wolgelarte her Magister Servatius Girlach syndicus, der geburt von Breslaw ...“; Funcksche Annalen, Haus Gerlach (wie Anm. 1), S. 75; Pietsch (wie Anm. 103), S. 68.

110 Unter diesem Namen erscheint er regelmäßig in den zeitgenössischen Urkunden (vgl. Erwin Hintze: Die Breslauer Goldschmiede. Breslau 1906, S. 174). Erst nach seinem Tode wird er 1541 bei der Erbauseinandersetzung mit dem Namen Gerlach in Verbindung gebracht: *Hans Girlach Voit genenet* (Kupke [wie Anm. 1], S. 31). Seine Identität mit dem Vater von Servaz ergibt sich zweifelfrei aus der Urkunde von 1541, wo im Rahmen der Auseinandersetzung ein Kaufvertrag zwischen den Erben des Hans Voit *(heredes Johanni Voit)*, nämlich seinen namentlich aufgeführten Kindern, und *Servatium Girlach Voit dictum* über des Erblassers Haus am Breslauer Ring beurkundet wird. Außerdem wird Servazens Mutter Elisabeth in derselben Urkunde als *Hansen Girlach Voit genenet vorlossene witwe* bezeichnet. Auch in der Reichelschen Genealogie wird er mit dem Namen *Hanss Gerlach* angegeben (s. Anm. 111).

111 Hans Gerlach und seine Kinder sind aufgeführt in der Genealogie des Albrecht von Reichel, Breslau 1677–197, Bl. 34. Die Reichelsche Handschrift, ehemals in Breslau, befindet sich jetzt in der Universitätsbibliothek Münster (Sign.: Ms N.R.4); der die Familie Gerlach betreffende Teil ist abgedruckt bei: Pusch (wie Anm. 75), Bd. 2, S. 17; Kupke (wie Anm. 1), S. 10; Haus Gerlach (wie Anm. 1), S. 21. Die Söhne Servatius und Joachim studierten Jura in Leipzig bzw. Frankfurt/Oder (s. Anm. 122). Andreas war als Dr. phil. et med. Kaiserlicher Hofmedicus (Alfred Schellenberg: Schlesisches Wappenbuch. Bd. 1. Görlitz 1938, Sp. 36). Die Töchter heirateten in die Familien Rindfleisch, Uthmann, Becherer und Strobitz ein.

112 Dass er aus Görlitz stammte, wie Pusch (wie Anm. 75), Bd. 2, S. 17 mit Rücksicht auf die 2. Ehe des Joachim mit einer Emerich annimmt, ist unwahrscheinlich. Die Emerichs sind zwar eine angesehene Görlitzer Familie, waren aber weit verzweigt und auch in Breslau ansässig (Pusch [wie Anm. 75], Bd. 1, S. 370 ff).

113 So Kupke (wie Anm. 1), S. 22 und ihm folgend Wentscher (wie Anm. 3), S. 20, die sich darauf stützen, dass sich in Schweidnitz (südlich von Breslau) bereits 1484 und 1494 ein Goldschmied namens *Hans Voyt* nachweisen lässt, der 1494 als *aurifaber* und *artifex* ohne *hereditas* bezeichnet

1460 ist dort nämlich ein Hans Gerlach nachweisbar, der Vogt in der Breslauer Neustadt war.[114] Wie auch immer: Über die Vorfahren des Breslauer Goldschmieds ist weiter nichts bekannt. Nichts deutet daraufhin, dass einer von ihnen 100 Jahre zuvor eine so bedeutsame Stellung einnahm, dass er ernsthaft als Empfänger eines kaiserlichen Ritterbriefes in Rom in Betracht käme.

Servazens Vater ist selbst auch nie als wappenführend in Erscheinung getreten; zu seinen Lebzeiten ist das Gerlachsche Wappen in Breslau gar nicht nachweisbar. Auch die Tatsache, dass er nicht den Namen Gerlach führte, sondern sich Voyt nannte, macht es unwahrscheinlich, ihn als legitimen Inhaber eines von seinen Vätern ererbten und auf den Namen Gerlach ausgestellten Wappenbriefes anzusehen. Andernfalls hätte er sich namensmäßig zu dem mit einer kaiserlichen Urkunde geehrten Vorfahren bekannt und sich vermutlich auch des Wappens bedient. Dasselbe gilt für Servaz, der anfangs ebenfalls den Namen *Voyt* führte.

All das lässt es ausgeschlossen erscheinen, die Familie als legitime Inhaberin eines einem Vorfahren verliehenen kaiserlichen Ritterdiploms anzusehen.[115] Dafür fehlt es ganz einfach an dem entsprechenden sozialen Hintergrund. Es handelte sich vielmehr um den typischen Fall einer aufstrebenden jungen Familie, die durch Ehrgeiz und Tatkraft zu Ansehen gelangte und nun das Bedürfnis verspürte, sich mit einem Wappen zu schmücken. Deshalb liegt die Annahme nahe, dass Servaz sich das Wappen selbst beschafft hat. Ein Wappen konnte sich damals wie heute jedermann zulegen.[116] Dafür können sogar rein dienstliche Beweggründe maßgebend gewesen sein. Bürgerliche Wappen wurden nämlich anfangs vor allem zu Siegelzwecken benötigt und tauchen deshalb häufig zuerst als Siegelbild auf.[117] So mag es auch hier gewesen sein, denn gerade Servaz hatte als Stadtsyndikus zuvorderst ein Interesse daran, zum Siegeln seines dienstlichen Schriftverkehrs ein Wappen zu besitzen.

Ob er sich darüber hinaus auch den zugehörigen Wappenbrief beschafft hat, um eine Legitimation für das Wappen in Händen zu haben, ist unbekannt. Zwingend ist der gleichzeitige Besitz des Ritterbriefes keineswegs und tatsächlich auch recht unwahrscheinlich, denn bei der kurzen Amtszeit als Görlitzer Syndikus und den gespannten Beziehungen zwischen Görlitz und Prag nach dem Pönfall ist kaum anzunehmen,

---

wird; vgl. auch Hintze (wie Anm. 110), S. 174. Dagegen spricht aber, dass bei Verleihung des Bürgerrechts an Auswärtige ein Leumundszeugnis vorgelegt werden musste und auch der Herkunftsort in der Bürgerrechtsliste vermerkt wurde, wie dies die Breslauer Handwerkerordnung König Sigmunds vom 23. 3. 1420 für die Goldschmiede vorschrieb (Breslauer Stadtbuch enthaltend die Rathslinie von 1287 ab und Urkunden zur Verfassungsgeschichte, Codex diplomaticus Silesiae Bd. XI. Breslau 1882, S. 182 Nr. 40; Hintze [wie Anm. 110], S. 184).

114 Kupke (wie Anm. 1), S. 17; Wentscher (wie Anm. 3), S. 20. Die Verbindung des Namens *Gerlach* mit der Berufsbezeichnung *Vogt* taucht in Breslau übrigens schon 1347 auf: *Girlacus der Landvogt* (Kupke [wie Anm. 1], S. 15, 17). 1434 lässt sich dann eine Familie Foyt in Breslau nachweisen (Kupke [wie Anm. 1], S. 22 Anm. 1). Ob ein genealogischer Zusammenhang zwischen diesen Personen und dem späteren Goldschmied besteht, ist aber ungewiss.

115 a.A. Carl August von Gerlach-Parsow in Kupke (wie Anm. 1), S. 6: „(Servatius) muss also, da er sich dieses Wappenschildes in offiziellen Schreiben und Urkunden bedient, sich bewusst gewesen sein, dass er auch die Berechtigung hatte, dies Siegel zu führen; er kann diese Berechtigung nur herleiten aus einer nahen (wenn auch uns heute nicht mehr bekannten) Verwandtschaft mit Jakob Gerlach." Diese Annahme trifft sicherlich nicht zu.

116 Ohne Verleihungsurkunde und Registrierung genoss es freilich keinen rechtlichen Schutz.

117 Ahasver von Brandt: Werkzeug des Historikers. Stuttgart 1958, S. 153, 155; Leonhard (wie Anm. 35), S. 52. Das Recht, ein Siegel zu führen, war kein Vorrecht bestimmter Bevölkerungsschichten. Nicht nur Bürger und Schulzen, sondern auch Bauern haben Siegel geführt (vgl. auch Pfeiffer [wie Anm. 75], S. 246.

dass Servatius in der Lage war, sich mit Hilfe der Reichskanzlei einen Ritter- und Wappenbrief, wie hier, zu beschaffen. Auf diese Frage wird später noch zurückzukommen sein.

2. Der Breslauer Stadtsekretär Joachim Gerlach († 1591)

Nach dem Gebrauch des Wappens in Görlitz um die Mitte des 16. Jahrhunderts war es dreißig Jahre später in Breslau der Stadtsekretär und Notar Joachim Gerlach († 1591), der sich ebenfalls des Wappens bediente. Das ergibt sich aus einem in Prag befindlichen Wappenbecher von 1584, der zweifelsfrei dem Breslauer Joachim zugeordnet werden kann *(Abb. 4)*. Der Glasbecher trägt nämlich die Allianzwappen und Namen der Familien Gerlach und Schnitter; mit der Görlitzer Bürgermeisterstochter Dorothea Schnitter († 1576) war der Stadtsekretär in erster Ehe verheiratet.[118] Diesem Joachim ist auch das Gerlach-Wappen mit der Jahreszahl 1575 zuzuordnen, das in dem Breslauer Wappenbuch von Scharffenberg abgedruckt ist *(Abb. 3 und 13)*.[119] 1586 erscheint das Wappen sodann in etwas veränderter Form in einem anderen Breslauer Wappenbuch mit dem Zusatz: *„Der Gerlach in Breslaw“ (Abb. 12)*.[120]

Joachim war der Bruder des Görlitzer Stadtsyndikus Servatius Gerlach und jüngster Sohn des vorerwähnten Breslauer Goldschmiedes Hans Voyt bzw. Gerlach.[121] Er hatte sich 1543 zum Studium der Rechte an die Universität Frankfurt/Oder begeben[122] und war seit 1570 Ratssekretär in Breslau.[123] Als solcher nahm er eine gleich wichtige und einflussreiche Stellung ein wie sein Bruder in Görlitz *(Abb. 17)*. In zweiter Ehe heiratete er 1579 Maria Uthmann, eine Tochter aus dem mächtigen Breslauer

118 Wentscher (wie Anm. 3), S. 20; Haus Gerlach (wie Anm. 1), S. 22.

119 Das Gerlachsche Wappen findet sich, außer in dem verlorenen Berliner Exemplar (s. Anm. 7) (Abb. 3), nur noch in dem der Österreichischen Nationalbibliothek (Fol. 89), von dem 1984 in Neustadt a.d.A. ein Nachdruck erschien (Schlesisches Wappenbuch von Crispin und Johann Scharffenberg. Bearb. von Hans v. Mosch), sowie in dem Schlesischen „WOPEN BUC 1592“ der Universitätsbibliothek Göttingen (Sign. 8° Hist. Sil. 450 Rara, Bl. 102). Diese beiden Exemplare zeigen das Wappen mit nebenstehendem Namen *Gerlach*, aber ohne Jahreszahl *(Abb. 13)*.
Ferner erschien das Gerlachsche Wappen als Donatorenzeichen in einem Buch, das Joachims Tochter Elisabeth († 1615) testamentarisch der Breslauer Maria-Magdalenen-Kirche vermacht hatte. Dieses Buch befand sich noch 1945 in der Breslauer Stadtbibliothek. Das darin befindliche Wappen ist abgedruckt bei Schellenberg, Schlesisches Wappenbuch (wie Anm. 111), Taf. 15. Dass die ebda. S. 36 genannte Elisabeth geb. Gerlach eine Tochter des Stadtsekretärs Joachim aus 2. Ehe war, ergibt sich aus den Breslauer Kirchenbucheinträgen (abgedruckt in Haus Gerlach [wie Anm. 1], S. 22).

120 Das berichtet Leopold von Gerlach (d. J.) in seiner Familiengeschichte, deren Manuskript sich im Erlanger Gerlach-Archiv befindet. In diesem Archiv hat sich auch eine Abzeichnung dieses Wappens aus dem Jahre 1851 erhalten mit folgendem Vermerk Leopold von Gerlachs: *„Aus einem im Besitz des Zeremonienmeisters von Stillfried befindlichen Wappenbuch von 1586“* (Fasz. CE II – Familien Nachrichten 1433–1600 Bl. 11v). Um welches Wappenbuch es sich dabei handelt, hat sich nicht feststellen lassen. Von dem Scharffenberger Wappenbuch unterscheidet es sich jedenfalls nicht nur in der Form des Schildes und der Umrandung. Vor allem ist das Wappen nicht mehr mit der Kopfmaske, sondern mit Bügelhelm und Helmzier in Gestalt des aus den Flammen wachsenden Pferdes versehen.

121 Das ergibt sich aus dem Manuscriptum genealogicum Reichelianum (wie Anm. 111), Pusch (wie Anm. 75), Bd. 2, S. 17 sowie aus Kupke (wie Anm. 1), S. 10, 22, 25 und Haus Gerlach (wie Anm. 1), S. 21,75.

122 Matrikel der Universität Frankfurt. Hrsg. von Ernst Friedlaender. Bd. 1. Leipzig 1887, S. 89.

123 Hans-Jürgen v. Witzendorff-Rehdiger: Die Breslauer Stadtschreiber 1272–1741. In: Jahrbuch der Schlesischen Friedrich-Wilhems-Universität zu Breslau 5 (1960), S. 7–32, hier S. 7, 23. Dem Stadtrecht zufolge gab es in Breslau 2 Sekretäre bzw. Syndici und 4 Advokaten (Pusch [wie Anm. 75], Bd. 1, S. XVIII).

Patriziergeschlecht.[124] Die Nähe zu den Ratsherren und das seiner Stellung entsprechende Repräsentationsbedürfnis dürfte in Joachim ebenfalls den Wunsch geweckt haben, sich wie diese mit einem Wappen zu zieren. Was lag näher, als das von seinem Bruder Servaz in Görlitz benutzte Wappen zu übernehmen. Festzuhalten ist in jedem Fall, dass es sich bei den wappenführenden Görlitzer und Breslauer Gerlachs nicht um verschiedene, sondern um ein und dieselbe Familie handelte.

Um die gleiche Zeit tritt in Breslau erstmals eine Spur des Wappenbriefes hervor. Wie bereits ausgeführt, wurde dort 1582, wie es in der Beglaubigungsformel der Quedlinburger Zweitabschrift von 1663 heißt, eine von den Breslauer Ratsherren beglaubigte Abschrift der kaiserlichen Urkunde hergestellt. Diese Breslauer Abschrift existiert heute zwar ebenfalls nicht mehr. Es muss sie aber gegeben haben, denn sie diente der Quedlinburger Abschrift als Vorlage und wird darin auch mit der Beglaubigungsformel angeführt. Wer sonst als der Breslauer Stadtsekretär sollte sie veranlasst haben? Ein anderer kommt dafür nach Lage der Dinge nicht in Betracht. Damit ist dieser Joachim Gerlach ebenfalls eine zentrale Figur des damaligen Geschehens, und auch in Bezug auf ihn stellt sich die Frage, wie er an den Wappenbrief, der ja nicht in seiner Familie überkommen war, gelangt ist.

VII. Die Frage der Echtheit

Als wichtigstes Ergebnis der vorstehenden Ausführungen ist festzuhalten, dass eine Person namens Jakob Gerlach, dem 1433 in Rom ein Diplom über die Ritterbürtigkeit verliehen worden sein soll, historisch nicht nachweisbar ist. Das ist angesichts der sonst gut dokumentierten Vorgänge anlässlich der Kaiserkrönung und des Romaufenthaltes Kaiser Sigmunds im Sommer 1433 ein erstaunlicher Befund. An sich müsste der Empfänger einer so herausragenden kaiserlichen Urkunde geschichtlich irgendwie fassbar sein. Mit dem Fehlen einer Persönlichkeit als Diplomempfänger korrespondiert die weitere Tatsache, dass eine Originalurkunde von 1433 über die Verleihung der Ritterbürtigkeit bis heute nicht aufgefunden werden konnte. Auch im Reichsregister ist der hier behandelte Ritter- und Wappenbrief, wie eine Anfrage beim Österreichischen Staatsarchiv in Wien ergab, nicht registriert.[125] Auffällig ist ferner, dass nach 1433 zunächst mehr als hundert Jahre lang überhaupt keine Spur von Wappen und Brief auszumachen ist.

1. All diese Umstände lassen ernsthafte Zweifel daran aufkommen, ob es überhaupt je eine von Kaiser Sigmund am 10. August 1433 in Rom ausgestellte Urkunde, in der einem Jakob Gerlach die Ritterbürtigkeit verliehen wurde, gab. Damit steht die Möglichkeit der Unechtheit im Raum, die *Wentscher* schon 1932 angedeutet hat.[126]

Gewiss lassen die vorgenannten Umstände für sich genommen keine Schlüsse auf ein Falsifikat zu. Das gilt insbesondere für das Fehlen eines Originals, denn die Zahl derjenigen, die heute noch im Besitze eines Originalwappenbriefes sind, ist verhältnis-

124 Das imposante Epitaph der Familie Uthmann ist noch heute in der Breslauer Elisabethkirche zu sehen.

125 Der Wappenbrief von 1433 ist auch bei Karl Friedrich v. Frank: Standeserhebungen und Gnadenakte für das Deutsche Reich und die österreichischen Erblande bis 1806. Senftenegg 1967–74. Bd. 2, S. 84, der die Wiener Archive auswertet, nicht verzeichnet. Damit erweist sich der Registrierungsvermerk, der sich auf den Görlitzer Abschriften befindet, auf der Quedlinburger Abschrift aber fehlt, als falsch.

126 Wentscher (wie Anm. 1), S. 19. Die Frage der Fälschung ist von Joachim v. Gerlach (wie Anm. 3), S. 652 noch offen gelassen worden.

mäßig gering.[127] Die meisten verfügen nur über Abschriften, weil die Originalurkunden im Laufe der Geschichte verloren gegangen sind. Auch die mangelnde Registrierung besagt für sich genommen wenig, denn das Reichsregister, dessen Einträge meist nachträglich zusammengestellt wurden, enthält keineswegs eine lückenlose Dokumentation der beurkundeten Vorgänge.[128] Gleiches gilt, wie schon erwähnt, auch für die fehlende Ortsangabe.

In der Gesamtschau machen die Indizien indessen das Vorhandensein eines Falsifikats sehr wahrscheinlich. Dieser Verdacht wird durch eine formale Analyse der Urkunde bestätigt. Das gilt zunächst für das Wappen. Hält man sich das Breslauer Gerlach-Wappen, wie es 1575 im Scharffenberger Wappenbuch wiedergegeben ist *(Abb. 3 und 13)*, vor Augen, so wird man unschwer feststellen können, dass es nicht den Eindruck eines ritterbürtigen Wappens macht, sondern eher als bürgerliches Wappen erscheint. Insbesondere handelt es sich nicht um ein Turnierwappen, das für die damals so beliebten ritterlichen Turniere wesentlich war. Es fehlt der im 15. Jahrhundert aufgekommene Bügel- oder Stechhelm. An seiner Stelle erscheint vielmehr zwischen Schildwappen und Helmzier eine Kopfmaske, mit der schablonenartig so viele Breslauer Wappen im Scharffenberger Wappenbuch ausgestattet sind. Auch fehlt die im Wappenbrief beschriebene Helmkrone, aus der das Pferd in der Helmzier entspringt. Oberhalbe als Wappentiere gab es zwar schon zu Sigmunds Zeiten;[129] doch hatten sie ein anderes Aussehen. Typisch für die Zeit Sigmunds sind eher Wappentiere im Laufschritt mit stark gespreizten Tatzen und Beinen.[130]

Fehlerhaft ist ferner die Darstellung des Wappens im Wappenbrief selbst. In der Zweitabschrift von 1663 erscheint das Wappen mit einem Bügelhelm *(Abb. 2)*. Dieser kommt aber in den Wappenbriefen König bzw. Kaiser Sigmunds noch nicht vor,[131] er kam erst seit Mitte des 15. Jahrhunderts auf.[132] Nun ist zwar die Wappendarstellung auf der Quedlinburger Abschrift nicht authentisch, eben weil es sich um eine Abschrift handelt, bei der eine zeitgemäße Wappenangleichung nicht auszuschließen ist. Doch schon der Wappenbecher von 1584[133] und das Breslauer Wappenbuch von 1586 *(Abb. 4 und 12)* weisen einen Bügelhelm aus,[134] so dass spätestens seit dieser Zeit der angeblich von Kaiser Sigmund stammenden Urkunde ein falsches Wappen zugeschrieben wurde.[135]

127 Leonhard (wie Anm. 35), S. 78.

128 Auch der Wappenbrief für den Görlitzer Ratsherrn Hans Schmid von 1431 (wie Anm. 65) ist im Reichsregister nicht eingetragen (RI XI, Nr. 8835).

129 Sie kommen schon in der Zürcher Wappenrolle (1335–1345) vor (vgl. Handbuch der Heraldik. Wappenfibel. Hrsg. vom HEROLD. 19. Aufl. Neustadt a. d. Aisch 2002, S. 97; Gert Oswald: Lexikon der Heraldik. Leipzig 1984, S. 190). Nachweise für die Zeit Kaiser Sigmunds in: Katalog Sigismundus (wie Anm. 22), S. 413 f., sowie bei den Wappen am Bargello in Florenz.

130 Vgl. die Wappendarstellungen bei Leonhard (wie Anm. 35), S. 82, 88 ff., 208 ff., 214 ff., 227; Seyler (wie Anm. 1), S. 773; sowie das Wappen für Götz Escher bei Ganz (wie Anm. 31), S. 92.

131 Die Wappenbriefe aus der Zeit Sigmunds weisen stets den Stechhelm auf (vgl. die Wappendarstellungen in Katalog Sigismundus [wie Anm. 22], S. 346 ff, 406 ff, 457, 489, 511 sowie das Fresko einer Ritterschlacht von 1440 im Diözesanmuseum von Trient).

132 Handbuch der Heraldik (wie Anm. 129), S. 79, 81. Nach dort vertretener Auffassung (S. 79) wurde der Bügelhelm in den von Kaisern oder Hofpfalzgrafen ausgestellten Wappenbriefen dem Adel vorbehalten, während der Stechhelm für bürgerliche Wappen verwendet wurde. Ein dahingehendes Gewohnheitsrecht bestreitet hingegen Vaclav Vok Filip: Einführung in die Heraldik. Stuttgart 2000, S. 65 f.

133 S. oben I 2 zu Anm. 8.

134 S. Anm. 120.

135 Das als Donatorenzeichen verwendete Wappen, wiedergegeben bei Schellenberg, Schlesisches Wappenbuch (wie Anm. 111), ist freilich noch mit Stechhelm versehen *(Abb. 12)*.

Vor allem spricht gegen die Echtheit, dass bei der Datierung der Urkunde die Zählung von Sigmunds Regierungsjahren in seinen jeweiligen Herrschaftsbereichen in zwei Punkten falsch ist. Korrekt ist in Bezug auf den 10. August 1433 lediglich, dass die Urkunde im 47. Jahr des Ungarischen Königtums und im ersten Jahr des Kaisertums ausgestellt sei, falsch hingegen das 22. im Römischen Königtum. Da Sigmund erstmals am 20. September 1410 in Frankfurt zum Römischen König gewählt wurde,[136] ergibt sich bei richtiger Zählweise das 23. Herrschaftsjahr als Römischer König. Dieses Jahr wird auch in anderen, am gleichen Tage in Rom ausgestellten Urkunden angegeben, so z.B. in den Privilegienbestätigungen für die schwäbischen Reichsstädte und für die Stadt Biberach sowie in der bergrechtlichen Erlaubnis für die Stadt Esslingen.[137] Unrichtig ist auch das 13. Jahr für das böhmische Königtum. Da die Krönung in Prag am 28. Juli 1420 stattfand, fällt die Ausstellung des Ritterdiploms in das 14. Jahr.[138] Ein solches Versehen wäre der Reichskanzlei in Rom damals kaum unterlaufen.

Bei der Gesamtbetrachtung dürfte danach kaum ein Zweifel daran bestehen, dass es sich bei dem angeblichen Ritter- und Wappenbrief von 1433 um ein Falsifikat handelt, es also mit anderen Worten eine Urkunde des Kaisers Sigmund für Jakob Gerlach aus dem Jahre 1433 mit den darin verbrieften Rechten nie gegeben hat.

2. Geht man von einer unechten Urkunde aus, dann stellt sich freilich die Frage, wann, wo und wie sie entstanden ist.

a) Die Möglichkeit einer Fälschung zur Zeit Kaiser Sigmunds selbst, also im 15. Jahrhundert, hat auszuscheiden. Gegen Angehörige des kaiserlichen Kanzleipersonals wurde, wie oben ausgeführt, zwar schon damals der Vorwurf der Bestechlichkeit und des Amtsmissbrauchs erhoben. Jedoch setzt die Annahme einer Fälschung von Seiten der kaiserlichen Kanzlei in jedem Fall die Existenz eines Diplomempfängers namens

136 Diese Wahl war allerdings ungültig, weil Sigmund nicht die erforderliche Stimmenzahl hatte. Wirksam war erst die zweite Wahl am 21. 7. 1411. Gleichwohl pflegte Sigmund seine Herrschaftsjahre als Römischer König grundsätzlich von seiner ersten Wahl zu zählen (Baum [wie Anm. 11], S. 80).

137 RI XI, Nr. 9594, 9596, 9601. Eine Überprüfung dieser Urkunden im Hauptstaatsarchiv Stuttgart hat dies bestätigt. Das 23. Jahr wird auch in der zwei Tage vorher am 8. 8. 1433 ausgestellten Urkunde angegeben, mit der die Brüder des Kanzlers Matthäus und Heinrich Schlick zu Hofpfalzgrafen ernannt wurden (Lünig [wie Anm. 37], Bd. II, S. 1177). Vgl. ebenso das Diplom für den Kanzler Kaspar Schlick selbst vom 13. 7. 1433 sowie den Wappenbrief für Götz Escher vom 28. 6. 1433 (Texte bei Lünig [wie Anm. 37], S. 1178 und Ganz [wie Anm. 31]).
Zu beachten ist allerdings, dass sich die falschen Zahlen in einer Abschrift des Gerlachschen Wappenbriefes befinden, nämlich in der Quedlinburger Zweitabschrift von 1663. Doch dürfte dies nichts ändern. Erst recht falsch ist das in den Görlitzer Abschriften für das Römische Königtum angegebene 42. Jahr. Dabei handelt es sich jedoch möglicherweise um ein Abschreibeversehen bzw. einen Zahlenverdreher, der sich bis in den Druck der Schrift von Knauthe (wie Anm. 1) von 1737 fortschleppt. Eigenartig ist allerdings, dass der Wappenbrief der Stadt Görlitz vom 29. 8. 1433 (wie Anm. 28) für das Römische Königtum das 24. Jahr angibt. Sollte diese Zahl in Form eines Zahlenverdrehers aus der Görlitzer Urkunde vom 29. 8. 1433 in den Gerlachschen Wappenbrief übernommen worden sein?

138 Das 14. Herrschaftsjahr als Böhmischer König wird auch in den vorgenannten Privilegienbestätigungen für die Schwäbischen Reichsstädte sowie in dem erwähnten Diplom für die Brüder Schlick vom 8. 8. 1433 angegeben (s. Anm. 137). In den Urkunden für Götz Escher und Kaspar Schlick vom 28. 6. bzw. 13.7. 1433 wird allerdings für das Böhmische Königtum noch das 13. Jahr angeführt. Der Umbruch auf das 14. Jahr müsste am Krönungstage, also am 28. 7. erfolgen. Demnach fällt der St. Lorenztag (10. 8. 1433), an dem der Gerlachsche Wappenbrief ausgestellt worden sein soll, bereits in das 14. Jahr, das folgerichtig auch in dem wenige Tage später am 29. 8. 1433 in Perugia ausgestellten Wappenbrief für die Stadt Görlitz erscheint (Anm. 28). Zur Zählung vgl. ferner den Wappenbrief für Claus von Diesbach vom 4. 4. 1434 (Text bei Seyler [wie Anm. 1], S. 352) sowie das Privileg für die Stadt Breslau vom 4. 6. 1434 (Geschichtsquellen der Hussitenkriege, Scriptores Rerum Silesiacarum, Bd. 6. Breslau 1871, S. 139).

Jakob Gerlach voraus, zugunsten dessen sie geschehen sein könnte. Gerade daran fehlt es hier. Zudem wäre die falsche Angabe der Herrschaftsjahre im Römischen und Böhmischen Königtum bei Anfertigung der Urkunde durch das kaiserliche Kanzleipersonal undenkbar.

b) Viel eher besteht der Verdacht, dass Wappen und Brief erst 100 bis 150 Jahre später, nämlich im 16. Jahrhundert entstanden. Der Verdacht, diese Herstellung veranlasst zu haben, konzentriert sich auf die Brüder Servatius und Joachim Gerlach in Görlitz bzw. Breslau, die aufgrund ihrer herausragenden Stellung als Syndicus bzw. Sekretär ihrer Städte ein starkes Profilierungs- und Legitimierungsbedürfnis besaßen. Schon ihr Vater gehörte als Zunftältester der Breslauer Goldschmiede dem Rat der Stadt an und hatte durch Heiratspolitik demonstriert, wie wichtig ihm der Aufstieg in die Patrizierschicht war, wohlwissend, dass der Weg in das Patriziat üblicherweise über die Ehe mit einer Ratsherrentochter führte.[139]

Sowohl in Görlitz als auch in Breslau war es zudem gang und gäbe, dass sich angesehene Familien Wappen- oder Adelsbriefe verschafften. Auf diese Weise entstand vor allem im 16. Jahrhundert in beiden Städten eine Art Stadtadel, der allerdings – im Gegensatz zum grundgesessenen Lehnsadel – von dem Prädikat *von* keinen Gebrauch machte. Wichtig für das soziale Ansehen war vor allem die Turnier- und Wappenfähigkeit. Beide bildeten ein wesentliches Merkmal für die Zugehörigkeit zum Adelsstand.

In Görlitz waren es im 15. Jahrhundert nur drei Familien, die sich einen Wappenbrief (ohne Adelserhebung) hatten geben lassen. Im 16. Jahrhundert stieg dagegen, insbesondere ab 1530, die Zahl der Wappen- und Adelsverleihungen sprunghaft an.[140] Dasselbe Bild bietet sich in Breslau.[141] Während es hier Anfang des 15. Jahrhunderts unter König Sigmund nur drei Familien waren, die sich ein Wappen hatten verleihen bzw. bestätigen lassen, wurden im 16. Jahrhundert zahlreiche Wappenbriefe mit Adelsverleihung ausgestellt, was einer allgemeinen Erscheinung auch in anderen Städten Deutschlands entsprach.[142] Wappen- und Adelsbriefe waren in Schlesien damals unschwer zu erlangen, da sich der Landesherr (der König von Böhmen) in ständiger Geldnot befand. So erreichte 1577 z. B. auch die Breslauer Familie Fürst, aus dem der spätere Großkanzler Friedrichs des Großen hervorging, die Erhebung in den rittermäßigen Adelsstand.[143] Es war daher nur natürlich, dass das Streben nach dem Adel auch auf die Stadtsekretäre übergriff, denn sie gewannen, da sie das römische Recht und die lateinische Sprache beherrschten, als mächtige Lenker der städtischen Geschicke eine immer größere Bedeutung. Tatsächlich haben seit Ende des 15. Jahrhunderts zahlreiche Breslauer Stadtschreiber den Adel erworben.[144] Welch große Bedeutung das Wappenwesen in Breslau für die städtische Oberschicht spielte, kann man übrigens noch heute an der Vielzahl der Epitaphien mit Wappendarstellungen an der Elisabeth- und der Maria-Magdalenen-Kirche ablesen.

139 Gerhard Pfeiffer: Die Entwicklung des Breslauer Patriziats. In: Hellmuth Rössler (Hrsg.): Deutsches Patriziat 1430–1740. Limburg 1968, S. 99–123, 113, 116.

140 Knothe (wie Anm. 80), S. 21 f.; Richard Jecht: Quellen zur Geschichte der Stadt Görlitz bis 1600. Görlitz 1909, S. 220; Heinrich Kramm: Streiflichter auf die Oberschichten der mitteldeutschen Städte im Übergang vom Mittelalter zur Neuzeit. In: Rössler (wie Anm. 139), S. 125–156, 147.

141 Pfeiffer, Das Breslauer Patriziat (wie Anm. 75), S. 391 f; ders.: Die Entwicklung des Breslauer Patriziats (wie Anm. 139), S. 112 ff., 117; Pusch (wie Anm. 75), Bd. 1, Einl. S. XVII.

142 Vgl. z.B. Gerhard Hirschmann: Das Nürnberger Patriziat. In: Rössler (wie Anm. 139), S. 257–276, hier S. 263, 267.

143 Pusch (wie Anm. 75), Bd. 1, S. 442 ff.

144 v. Witzendorff-Rehdiger (wie Anm. 123), S. 8.

Auf diesem Hintergrund muss auch der Gerlachsche Ritter- und Wappenbrief gesehen werden. Das Bestreben, sich durch einen Wappenbrief eine soziale Aufwertung zu verschaffen, lässt sich bei den Brüdern Gerlach, die beide eine machtvolle Stellung in der Hierarchie ihrer Städte innehatten, nicht von der Hand weisen. Joachim hatte zudem die Standeserhebung gerade am Beispiel seines Schwagers Matthias Strobitz erlebt, der sich als Ratssekretär 1539 den Adel beschafft hatte.[145] So war es nur allzu verständlich, dass auch er bestrebt war, das Gleiche für sich zu erreichen und das seit Jahren in der Familie geführte Wappen durch den Erwerb der Rittermäßigkeit zu legitimieren und aufzuwerten.

Unklar ist allerdings, wer von den beiden Brüdern sich den hier in Rede stehenden Ritter- und Wappenbrief verschafft hat. Die Tatsache, dass Servaz als erster das Wappen benutzte, bedeutet nicht unbedingt, dass er sich auch im Besitze des Ritterbriefes befand. Im Gegenteil: Es war eher üblich, sich zuerst ein Wappen zu beschaffen, und erst später mittels eines Adelsbriefes die Standeserhöhung nachzuholen, so dass das Wappen häufig als Vorstufe des Adels erscheint. So dürfte es auch hier gewesen sein. Man nähert sich dem Problem vielleicht am besten, wenn man bei der im Jahre 1582 in Breslau hergestellten „Abschrift" des Briefes ansetzt.

In der Beglaubigungsformel (sog. Vidimus) bestätigen die Ratsherren der Stadt Breslau, dass ihnen ein auf Pergament geschriebener Wappenbrief des Kaisers Sigismund mit anhängendem Siegel vorlag, den sie mit eigenen Augen gesehen und für gänzlich unversehrt und unverdächtig befanden. Diese Erklärung lässt zwei Möglichkeiten zu: Entweder sind die im Vidimus mitgeteilten Tatsachen wahr, oder sie sind falsch.

aa) Ist der Text richtig, entspricht die Vidimation also den darin bezeugten Tatsachen, dann müsste den Breslauer Ratsherren tatsächlich eine Urkunde mit anhängendem kaiserlichen Siegel vorgelegen haben. Geht man den obigen Ausführungen zufolge davon aus, dass eine Urschrift aus der Zeit Kaiser Sigmunds gar nicht existierte, dann käme zunächst Servatius Gerlach als derjenige in Betracht, der sich das Falsifikat, also die nachträglich hergestellte Urkunde auf irgendeine Weise beschafft hat. Eine unechte, erst im 16. Jahrhundert hergestellte Urschrift des Wappenbriefes mit einem echten Siegel Kaiser Sigmunds kann es indessen unmöglich gegeben haben. Denn die Petschafte der Königs- und Kaisersiegel wurden beim Tode des jeweiligen Herrschers vernichtet, um eine weitere Verwendung unmöglich zu machen. Dieser Umstand verbietet die Annahme, dass den Breslauer Ratsherren eine im 16. Jahrhundert produzierte unechte, aber mit einem Siegel des Kaisers Sigmund ordnungsgemäß versehene Urkunde tatsächlich vorlag. Eine echte Urkunde kann ihnen erst recht nicht vorgelegen haben, denn eine solche gab es nicht.

bb) Geht man demnach davon aus, dass es eine (echte oder unechte) Urkunde Kaiser Sigmunds mit kaiserlichem Siegel, die dem Breslauer Rat zur Beglaubigung im Jahre 1582 angeblich vorlag, nicht gegeben haben konnte, dann war der Beglaubigungsvermerk falsch. Falsch war dann aber nicht nur er, sondern auch der im Transsumpt wiedergegebene eigentliche Text des Wappenbriefes. Das wiederum bedeutet, dass der Wappenbrief überhaupt erstmals 1582 „entstand"; er wurde damals in Form einer sog. Abschrift „hergestellt." Das entsprach einer beliebten Fälschungsmethode, bei der das Fehlen eines Siegels an der angeblichen Urschrift durch die Herstellung einer Abschrift, für die man ein Originalsiegel nicht benötigte, überspielt wurde.

145 Pusch (wie Anm. 75), Bd. 2, S. 17; v. Witzendorff-Rehdiger, (wie Anm. 123), S. 19. Strobitz war mit Joachims Schwester Klara verheiratet (Kupke [wie Anm. 1], S. 23).

Als Urheber einer solchen Manipulation kommt nur der Breslauer Ratssekretär Joachim Gerlach in Betracht. Als Chef der Ratskanzlei verfügte er über ausreichende Möglichkeiten hierzu. Dass es sich so verhalten hat, wird durch eine Reihe auffälliger Umstände bestätigt, die anders kaum erklärbar sind. Trotz mehrfacher Bemühungen konnte nämlich bisher in den Breslauer Registern kein Beglaubigungsvorgang und keine sonstige Spur einer Abschrift im Jahre 1582 ermittelt werden.[146] Auffallend ist ferner, dass sich die Wandlung vom bürgerlichen zum adligen Wappen gerade in der Zeit der Herstellung der Breslauer „Abschrift" des Wappenbriefs im Jahre 1582 vollzieht. Haben wir nämlich in der Wappendarstellung von 1575 im Scharffenberger Wappenbuch *(Abb. 3 und 13)* noch ein durchaus bürgerlich erscheinendes Wappen vor uns, ist es in der Abschrift von 1582[147] und auf dem Glasbecher von 1584 sowie im Breslauer Wappenbuch von 1586[148] *(Abb. 2, 4, 12)* bereits mit allen Kennzeichen eines adligen Wappens ausgestattet. Das gilt nicht nur für den Bügelhelm, sondern auch für die Krone in der Helmzier, aus der nach der Wappenbeschreibung im Text der Urkunde das Pferd aus den Flammen aufsteigt. Diese Veränderungen bestätigen die Annahme, dass der Ritter- und Wappenbrief erst 1582 anlässlich der angeblichen Abschrift „entstand" und bei dieser Gelegenheit das Wappen dem neu „erworbenen" Ritterstand angepasst wurde.

Bemerkenswert ist schließlich, dass die sog. Erstabschrift des Wappenbriefes bereits wenige Jahre später in Quedlinburg auftaucht und dort zur Grundlage weiterer Wappenusurpationen wird. Das ist ein durchaus ungewöhnlicher Vorgang, denn man fragt sich, warum Joachim (oder seine Erben) ein „Ritterdiplom," das er sich gerade erst beschafft hatte, gleich wieder aus der Hand gab, und zwar entweder nach Görlitz an die dort lebenden Kinder des Servaz oder nach Quedlinburg an eine gänzlich unbekannte Person. Gerade diese Tatsache verstärkt die Annahme, dass mit der sog. Breslauer Abschrift irgend etwas faul war. Möglicherweise war Joachim oder seinen Erben der Boden unter den Füßen mit der manipulierten „Abschrift", die ihm die Ritterbürtigkeit verschaffte, zu heiß geworden. Das mag Veranlassung gewesen sein, sich von dem Falsifikat alsbald wieder zu trennen. Bei einer echten Urkunde wäre das kaum geschehen; sie wäre vielmehr als „Familienikone" bewahrt worden. Bei einer Fälschung wird auch erklärlich, warum das Wappen aus Breslau alsbald wieder verschwindet und dort – außer in dem kurzen Zeitraum zwischen 1575 und 1615 – keinerlei Spuren hinterlassen hat, so dass der Eindruck entstehen konnte, die Breslauer Familie Gerlach habe gar kein Wappen geführt.[149]

Es bleibt die Frage, warum sich Joachim nicht mit einem auf seine Person lautenden Ritter- und Wappenbrief, den jedes Hofpfalzgrafenamt hätte ausstellen können,[150] begnügte, wie dies alle anderen taten, sondern sich stattdessen ein scheinbar von Kaiser Sigmund herrührendes Diplom für einen fiktiven Vorfahren besorgte. Die

146 Vgl. den Schriftverkehr aus dem Jahre 1776 (oben Anm. 100).

147 Diese muss freilich unter dem Vorbehalt gesehen werden, dass die Wappendarstellung nur aus der davon genommenen Zweitabschrift von 1663 bekannt ist und daher zeitgemäß angepasst worden sein kann. Auf der Görlitzer Abschrift ist das Wappen allerdings auch mit einem Bügelhelm versehen *(Abb. 16)*.

148 Oben zu Anm. 120.

149 So ausdrücklich, aber fälschlich Pusch (wie Anm. 75), Bd. 2, S. 18.

150 Adelsbriefe wurden seit dem 16. Jahrhundert in der Regel von den Hofpfalzgrafen ausgestellt, auf die das Recht der Standeserhebung delegiert worden war (Dazu Eberhard Dobler: Das kaiserliche Hofpfalzgrafenamt und der Briefadel im alten Deutschen Reich vor 1806. Diss. Freiburg i. B. 1950; Hofpfalzgrafen-Register. Hrsg. vom HEROLD. Bearb. von Jürgen Arndt. Bd. 1. Neustadt a. d. Aisch 1964, Einl. S. IX, XIII, XVIII; Handbuch der Heraldik (wie Anm. 129), S. 34.

Antwort ist vielleicht ganz einfach die, dass ein schon vor 150 Jahren erteilter Brief dem Geschlecht einen ganz anderen Nimbus verlieh als ein neues Diplom, das mit dem Odium des Kaufes belastet gewesen wäre. Eine alte Urkunde war auch weniger leicht nachprüfbar und stellte die Mitglieder der Familie nicht als Emporkömmlinge dar, zudem legitimierte sie die bisherige Wappenführung. Die Tatsache, dass mit Hilfe von „Abschriften" angeblich älteren Verbriefungen der Schein der Echtheit verliehen wurde, war kein unbekanntes Phänomen.

Wahrscheinlich geschah die Anfertigung des Wappenbriefes sogar mit Hilfe der Reichskanzlei, die sich damals in Prag befand.[151] Die Reichskanzlei war des öfteren an der Herstellung unechter Urkunden beteiligt, und zwar in der Form der Bestätigung angeblicher Diplome gerade aus der Zeit König/Kaiser Sigmunds.[152] So liegt es nahe, dass sich auch der Breslauer Stadtsekretär an seine Kollegen in der Reichskanzlei wandte, zu denen er auf Grund seiner beruflichen Stellung, die mit weitreichenden diplomatischen Missionen verbunden war, Kontakt gehabt haben dürfte.[153]

Es fällt jedenfalls auf, dass sich der Gerlachsche Wappenbrief strikt an die Formulartexte für Adelsbriefe hält, die zur Zeit Sigmunds in Gebrauch waren.[154] Auf diese Texte konnte man in der Reichskanzlei ohne weiteres zurückgreifen. Auch konnte man dort an Hand des Reichsregisters unschwer feststellen, ob auf den Namen Gerlach bereits Diplome vergeben waren[155] und wann sich Kaiser Sigmund 1433 in Rom aufgehalten hatte. Die vorhandenen Vorbilder aus dieser Zeit brauchten an Hand der Formularbücher nur überarbeitet und den jeweiligen Bedürfnissen angepasst zu werden. Auf diese Weise ließe sich jedenfalls gut die fehlende Ortsangabe und die etwas nebulöse und unscharfe Umschreibung der Verdienste des Diplomempfängers Jakob Gerlach in dem angeblichen Ritter- und Wappenbrief von 1433 erklären, die man offenbar besser im Dunkeln ließ (vgl. oben S. III 2).

VIII. Der Wappenbrief in Görlitz und Quedlinburg

Gewisse Schwierigkeiten bereitet freilich die Frage, wie der Wappenbrief von Breslau nach Görlitz und von dort weiter nach Quedlinburg gelangt ist. Auch darüber kann man nur spekulieren.

a) Da sich in Görlitz einige Abschriften des Wappenbriefes erhalten und dort eine Jahrhunderte währende Tradition begründet haben, während er in Breslau keine Spuren hinterlassen hat, spricht einiges dafür, dass die Urkunde in irgendeiner Form noch zu Lebzeiten Joachims oder kurz nach seinem Tode 1591, jedenfalls noch vor 1600, nach Görlitz gelangte. Dabei kann es sich um die 1582 entstandene „Abschrift", die dann weiter nach Quedlinburg gegeben wurde, oder um eine Abschrift davon gehan-

151 Diesen Hinweis und andere wertvolle Anregungen verdanke ich Herrn Dr. Lupold von Lehsten, Institut für Personengeschichte in Bensheim, dem dafür an dieser Stelle gedankt sei.

152 Beispiele bei Goldinger (wie Anm. 29), S. 336 f.

153 Die kollegiale Verbindung des Nienburger Amtschreibers Martin Gerlach zur Kanzlei in Quedlinburg war ja auch 1663 für die Erlangung der Zweitabschrift maßgebend.

154 Vorbilder gab es in der Formularsammlung *Collectarius Perpetuarum Formarum* des Johann Geylnhusen (hrsg. von Hans Kaiser, Innsbruck 1900), insbes. Nr. 41, 42 und bei Seyler (wie Anm. 1), S. 342, sowie im Reichsregister-Bd. D. (Goldinger [wie Anm. 29], S. 324).

155 So war z.B. 1431in Nürnberg für einen *Johann Gwerlich* ein Diplom ausgestellt worden, der Kanonikus von St. Moritz in Augsburg und 1421 Dekan der juristischen Fakultät in Wien war (RI XI, Nr. 8536). *Gwerlich* wurden zwar damals keine ritterlichen, sondern hofpfalzgräfliche Rechte verliehen. Doch ließ sich eine solche Privilegierung unschwer umarbeiten und anpassen.

delt haben. In Görlitz gab es immerhin noch Kinder des 1555 verstorbenen Servaz,[156] die sich die Breslauer „Urkunde" möglicherweise haben geben lassen. Möglich ist aber auch, dass eine Abschrift in den Besitz der Familie des Görlitzer Bürgermeisters Schnitter gelangte, der Joachims erste Ehefrau Dorothea († 1576) entstammte. Da das Schnittersche Wappen auf dem Prager Wappenbecher von 1584 verewigt ist, könnte diese Familie durchaus ein Interesse daran gehabt haben, in den Besitz einer Abschrift des Wappenbriefes zu kommen.

Erklärungsbedürftig bleibt allerdings, warum sämtliche Görlitzer Abschriften des 17. Jahrhunderts keinen Beglaubigungsvermerk oder sonstigen Hinweis auf eine Abschrift von einer Abschrift aufweisen.[157] Sollte diese Tatsache darauf hindeuten, dass den Görlitzer Abschriften eben keine Abschrift, insbesondere nicht die „beglaubigte" Breslauer „Abschrift", sondern eine „Urschrift" zu Grunde lag? Für eine solche (gefälschte) „Urschrift" käme als Hersteller nach Lage der Dinge eher Servatius Gerlach als sein Bruder Joachim in Betracht. Doch zwingend ist diese Annahme keineswegs, denn möglich ist durchaus, dass in Görlitz lediglich das sog. Transsumpt ohne den Beglaubigungsvermerk abgeschrieben wurde oder überhaupt nur eine Abschrift des Diplomtextes vorlag.

Nähme man an, dass es bereits Servatius war, der sich zu dem Wappen einen Brief beschafft hat, dann müsste Joachim sich diese „Urkunde" nach dem Tode seines Bruders aus Görlitz habe geben lassen, um davon 1582 die Breslauer Abschrift herzustellen; danach müsste er die „Urkunde" wieder an die Erben nach Görlitz zurückgesandt haben. Das ist zwar möglich, aber doch recht unwahrscheinlich. Gegen die Annahme, Servatius habe bereits den (unechten) Wappenbrief besessen, spricht insgesamt soviel, dass es mir sachgerechter erscheint, an der Auffassung festzuhalten, dass der Brief erst gegen 1582 in Form der dortigen „Abschrift" hergestellt wurde und nicht schon vorher existierte.

b) Weniger problematisch ist der Weg nach Mitteldeutschland. Wie eingangs bemerkt, gelangte die Breslauer „Abschrift" zunächst nach Quedlinburg, wo das Wappen gegen Ende des 16. Jahrhundert auftaucht. Der aus Quedlinburg stammende Amtmann des Stiftes Gernrode Kaspar Gerlach siegelte damit nachweislich seit 1614, das er als sein „anererbtes Petzschaft" bezeichnete.[158] Mindestens führte das Wappen also bereits sein Vater Christoph Gerlach († 1603), der 1556 in Quedlinburg das Bürgerrecht erworben hatte.[159] Dieser Christoph Gerlach dürfte es gewesen sein, der von dem Wappenbrief Kenntnis erlangte und sich auf Grund der Namensgleichheit die 1582 in Breslau hergestellte „Abschrift" beschaffte.[160] Ob er sie sich aus Görlitz, wo-

156 Siehe Anm. 107.

157 Die drei Görlitzer Abschriften (oben V. 1.) sind zwar alle als Abschrift tituliert. Diese Kennzeichnung als Abschrift enthalten jedoch alle in der Schmidschen Sammlung enthaltenen Wappenbriefabschriften. Deshalb kann man daraus nicht entnehmen, dass die Vorlage ebenfalls die Bezeichnung „Abschrift" trug.

158 So in einer Pachtverlängerungsurkunde vom 8. 1. 1621 (abgedruckt bei Kupke [wie Anm. 1], S. 39 f., ehemals im Staatsarchiv Zerbst, heute kriegsbedingt verschollen). Abb. des Wappens bei Kupke, Anh. 6.

159 Kupke (wie Anm. 1), S. 25. In Quedlinburg ist 1577 außerdem noch ein Stadtschreiber Martin Gerlach nachweisbar (Codex Diplomaticus Alvenslebianus. Hrsg. von G. A. v. Mülverstedt. Bd. 3. Magdeburg 1885, S. 335, 338), und 1613 ist in den Matrikeln der Universität Frankfurt/Oder der Quedlinburger Student Joachim Gerlach vermerkt (Matrikel [wie Anm. 122], Bd. I, S. 573). Ob diese beiden Gerlach derselben Familie wie der des vorerwähnten Christoph angehören, ist mir nicht bekannt.

160 Das muss man der Tatsache entnehmen, dass von dieser „Abschrift" 1663 in Quedlinburg eine weitere Abschrift hergestellt wurde. Die Breslauer Erstabschrift lag also damals in Quedlinburg vor.

hin sie von Breslau gelangt sein könnte, oder unmittelbar aus Breslau besorgte, ist unbekannt. Sicher ist nur eines: Ein genealogischer Zusammenhang der Quedlinburger Familie mit den Görlitzer bzw. Breslauer Gerlachs ist nicht nachweisbar und auch ziemlich unwahrscheinlich.[161]

Von Quedlinburg bzw. Gernrode gelangte das Wappen wenig später an den Amtschreiber Martin Gerlach (1589–1667) in Nienburg a. d. Saale, der einer ganz anderen Familie angehörte. Dieser Martin, der später in Nienburg lange als Richter amtierte, war ein angesehener Mann. Von ihm sind aus der Zeit des dreißigjährigen Krieges eine Reihe amtlicher Briefe erhalten, in denen er über die Kriegsgeschehnisse 1635/1636 an die fürstliche Regierung in Köthen berichtete.[162] Auch er siegelte seine Briefe mit dem Gerlachschen Wappen,[163] das zudem seit 1717 an dem Gerlachschen Hause am Marktplatz zu Nienburg zu sehen ist. Dieser Martin dürfte es gewesen sein, der sich von den Quedlinburger Gerlachs die Breslauer Abschrift des Ritter- und Wappenbriefes auslieh und sie 1663 – also gegen Ende seines Lebens – der Stiftskanzlei in Quedlinburg vorlegte, um für sich eine weitere Abschrift (Zweitabschrift) herstellen zu lassen *(Abb. 1)*.[164] Die Annahme, bei dieser Zweitabschrift handele es sich um die eigentliche Fälschung, hat auszuscheiden. Zwar waren beglaubigte Abschriften, die wiederum von beglaubigten Abschriften genommen waren, ebenfalls beliebte Fälschungsinstrumente. Doch dürfte hier eine Fälschung nicht in Betracht kommen, da der Wappenbrief schon vorher in Görlitz nachweisbar ist. Das angeblich verbriefte Recht gab es also bereits anderweitig.

Da eine verwandtschaftliche Beziehung zwischen den Nienburger und den Breslauer bzw. Görlitzer Gerlachs ebenfalls nicht bestand, handelt es sich um eine weitere Usurpierung des Wappens. Davon war freilich dem später nach Pommern gewanderten Lebrecht Gerlach (1669–1742) nichts mehr bekannt. Als dieser 1729 die Quedlinburger Abschrift des Diploms dem Preußischen König mit der Bitte um Bestätigung des Adels vorlegte, war er offenbar davon überzeugt, dass einer seiner Vorfahren den „Adelsbrief" von Kaiser Sigismund empfangen hatte. Dass dies tatsächlich nicht der Fall war, ein solcher Brief vielmehr nie existierte, berührt die Wirksamkeit der Adelsverleihung von 1735 indessen nicht, denn diese geschah in Form einer sog. Renovation und wirkte daher rechtlich konstitutiv wie eine Neuverleihung.[165]

Als Besitzerin dieser „Abschrift" kommt den Umständen nach nur die Quedlinburger Gerlach-Familie in Betracht.

161 Dazu Wentscher (wie Anm. 3), S. 18; Joachim v. Gerlach (wie Anm. 3), S. 654. Positiv ausgeschlossen werden kann er freilich nicht.

162 Veröffentlicht bei Gottlieb Krause: Urkunden, Aktenstücke und Briefe zur Geschichte der Anhaltischen Lande zur Zeit des dreißigjährigen Krieges. Leipzig 1862 ff., Bd. 3, S. 394 ff, sowie bei Walther Zacharias: Nienburg zur Zeit des 30jährigen Krieges. Magdeburg 1935.

163 Erstmals ist das Wappen nachweisbar auf einem Brief an den Amtsrat Wieß vom 16. 8. 1635 (Landeshauptarchiv Sachsen-Anhalt, Abteilung Dessau, Abt. Köthen Rep. 16 c 1 Nr. 58 Bl. 140 Rs.).

164 Jemand anderes kommt kaum dafür in Betracht. Der Sohn des Nienburger Richters, der ebenfalls Martin hieß (1630–1687), befand sich damals als Amtschreiber in Warmsdorf bei Güsten gerade erst am Beginn seiner Berufslaufbahn und verfügte damit noch nicht über die notwendige Autorität, um von der Stiftskanzlei eine beglaubigte Abschrift von einem (angeblich) kaiserlichen Diplom erwirken zu können. Außerdem wusste schon dessen Sohn Lebrecht Gerlach, der später in Pommern geadelte Hofgerichtsrat, gar nicht mehr, wie es zu der Abschrift gekommen war. Das deutet daraufhin, dass Auftraggeber der Quedlinburger Abschrift weniger sein Vater als vielmehr sein Großvater war. Joachim v. Gerlach (wie Anm. 3), S. 654, meinte dagegen noch, der jüngere Martin, also Lebrecht Gerlachs Vater, habe sich die Abschrift in Quedlinburg beschafft.

165 Conrad Bornhak: Preußisches Staatsrecht. Breslau 1911, Bd. I, S. 310; Jürgen v. Gerlach (wie Anm. 9), S. 241.

Abb. 1: Quedlinburger Zweitabschrift (1663) eines Wappenbriefes für Jakob Gerlach von 1433, Familienbesitz

Anhang

Ritter- und Wappenbrief Kaiser Sigmunds für Jacob Gerlach [angeblich: Rom 10. August 1433] mit Beglaubigung der Abschrift Breslau 9. November 1582. Beglaubigte Abschrift, ausgefertigt von der Fürstlich Quedlinburgischen Stiftskanzlei, Quedlinburg, 10. März 1663
Pergamenturkunde mit eingemaltem farbigem Wappen und anhängender (leerer) Siegelkapsel *(vgl. Abb. 1)*. Maße 61 x 35,5 cm. – Familienbesitz.

Wir Sigmund von Gottes gnaden Römischer Keiser zu allen ziten Merer des Reichs und zu Hungern zu Behem, Dalmacien, Croatien, Kunig, Bekennen und thun khund offembar mit diesem brieff allen den die ihn sehen oder hören lesen Das wir anngesehen unnd gütlich betracht habenn solich redlichkeit, biederbkeit unnd vornunfft, die unser unnd des Reichs Lieber Getrewer Jacob Gerlach ahn ihm hatt, unnd ouch soliche bereitte unnd willige diennste die er unns offt und dicke in deutschenn unnd Welischen Lanndenn in Unnsernn Kunigreichenn zu Hungernn unnd Behem gethann hatt, teglichenn thut, unnd für bas thun soll unnd magk in künfftigen zeitenn. Unnd habenn Inn diese nachgeschrieben besunder gnade unnd Freiheit gehtan unnd vorliehenn Thuenn unnd vorleihen ihm die in crafft dis briefes vonn Romischer Keiserlicher macht volkommenheit. Also, das er unnd seine eheliche Leibes erben fürbas mehr wapenns genoß seinn geheißenn, unnd ahnn allenn enndenn dafür gehaltenn werdenn sollenn, unnd auch alle die Rechte, Wirdigkeit, Freyheit, Ehre, gewonnheit und herkommenn habenn sollenn unnd mögenn, mit Recht zu besitzenn, Urteil zu sprechenn, Ambt unnd Lehenn zu habenn unnd zu haldenn, unnd auch dar zue schicklich unnd tüglich zu seinn, die anndere rechte gebornn Wapenns genoss unnd Rittermeßige Leüte vonn Recht oder gewonnheit habenn, unnd das sie Der auch also gebrauchenn sullen, unnd mugenn, ann allenn steten, vonn allermenniglich unngehindert. Unnd darzu zu mehrer bestetigung, unnd das der vorgenendt Jacob durch seiner redlichkeit von Unnsernn Römischenn Khaiserlichenn gewaldt meher begnadet werde. Dorumb habenn wir Im unnd den vorgenanten seinen ehlichen Erbenn diese gegenwürdige wapen unnd Cleinat, Mit namen einen schildt mit einenn schwartzen velde, habend darinne einn weißes, oder grawes Pferdt bis ann die brust geendt, uff einer prinnendenn flammenn vonn unthenn ann dem schildt, unnd uff demselbenn schildt einenn helm mit einer schwartzenn unnd weißenn Helmdeck gezieret, doruff ein gelbe oder goltfarbe Cron unnd doruff auch ein halb Pferdt gleich als in dem schildt, Alsdann die in dem schilde unnd uff dem helm gemalet in der mitte dis gegenwurtigen brieffs unnd mit varben eigentlicher ußgestrichenn sinndt, gnediclich vorliehenn unnd gegebenn, Vorleihenn unnd gebenn die Ihnn vonn Römischer Kheiserlicher macht mit rechter wißenn inn crafft dis brieffes. Also, das er, unnd die vorgenenten sein ehliche erbenn dieselbenn Wapenn unnd Cleinat inn allenn Ritterlichenn gescheffutenn unnd sachenn, zue schimpf unnd zu ernst, inn stehenn, störmenn, streitten, inn Insiegelnn unnd wie Inn das wolgefellet, fürenn unnd der auch gebrauchenn sollenn unnd mögenn, von aller menniglich unngehindert. Unnd wir gebietenn dorumb allenn unnd Jeglichenn unsernn undt des Reichs underthanenn unnd getruenn ernstlich unnd vestigklich mit diesem brieff, das sie den vorgenanten Jacoben unnd seine ehliche Erben an den vorgenandtenn unsernn Kheiserlichenn gnaden und Freiheiten, unnd auch an denn vorgenandten wapen und Cleinaten fürbas mehr nicht hindern oder Irren in dhein weis.[166] sunder sie der gerulich unnd ungehindert gebrauchen laßenn Als lieb ihn sei unnser unnd des Reichs swer unngnadt zuvormeidenn. Unschedlich doch Jedermann die villeicht der vorgenenten wapenn glich

166 In keiner Weis.

fürten, an Ihren wapenn unnd Rechtenn. Mitt uhrkundt dis brieffs versigelt mit unser Keiserlichen Maiestät Insiegell. Gebenn zu Rome, Nach Christs Geburdt Vierzehenn Hundert, unnd dor nach in dem dreiunnd dreißgistenn Jahre. An sant Lorentzen tagk, Unnser Reiche des Hungrischenn Im Siebenn unnd vierzigistenn, des Römischenn im zwei unnd zwentzigistenn, des Behemischenn im Drewzehendenn Unnd des Kheiserthumbs im erstenn Jahrenn. Ad mandatum dm̃ Imperator~. Caspar Slik miles Cancel.

Wir Rathmanne der Stadt Breßlaw, Bekennen und thun khundt offentlich hiemit vor Jedermänniglichenn, Das wir in unnsern händen gehabt, gesehen, und vorlesende gehöret habenn, einen offenen Wapenbrieff auff Pergamen geschrieben, von weilandt dem Aller durchlauchtigisten Grosmechtigisten unüberwindlichsten Fürstenn und Herrn Sigismundo, Romischen Kheiser zu allen Zeiten Mehrern des Reichs, zu Hungern, Behem, Dalamacien, Croatien Kunige, unserm allergnedigisten Herrn hochlöblichister und seligister gedechtnüs, ausgangen, und mit höchst gedachtister Irer Röm. Khai. Mt. etc. größerm an einer seidenen schnuren anhangendem Khaiserlichen Mt. etc. Insiegel besiegelt, unnd bekrefftiget, an schrifften Pergamen, Röm. Khai. Mt. etc. Insiegell, und sonnst allenthalben gantz tüchtig unvorsehret und unverdechtig, von wort zue wort, wie oben geschrieben stehet, Lautendt. Zu uhrkundt, haben wir Unser Stadt Insiegel hieran hengen laßen, Geben den Neünden tagk des Monats Novembris, Nach Christi unnsers ainigen Erlösers Geburt, Fünffzehenhundert, unnd im zwei und achtzigistenn Jahre.

Wir Fürstliche Quedlinburgische verordnete Stiffts Cantzler und Räthe bekennen hiermit, daß vorbeschriebenes Transumpt, von der Stadt Breßlaw, mit dero an einer Roten und weißen schnur hangenden Stadt Siegell, Unß vorgelegten vidimirten Copey, nach gehaltener fleißigen Collation, deßen inhalt nach, allenthalben von wort zu worten gleichstimmig befunden worden, Und haben auff beschehenes gebührliches ansuchen zu deßen uhrkund das Fürstliche Stiffts Cantzley Secret an diesen Brieff hengen laßenn, Geschehen Quedlinburg am 10.t. Marty Anno 1663.

Abb. 2: Das Gerlach-Wappen in der Quedlinburger Abschrift des Wappenbriefs

Abb. 3: Gerlach-Wappen 1575 aus dem Wappenbuch von Scharffenberg (Ehem. Berliner Staatsbibliothek)

Abb. 4: Glasbecher 1584 mit dem Gerlachschen Wappen, Kunstgewerbemuseum Prag

Abb. 5: König Sigmund, Marmorintarsien im Fußboden des Domes zu Siena (1434)

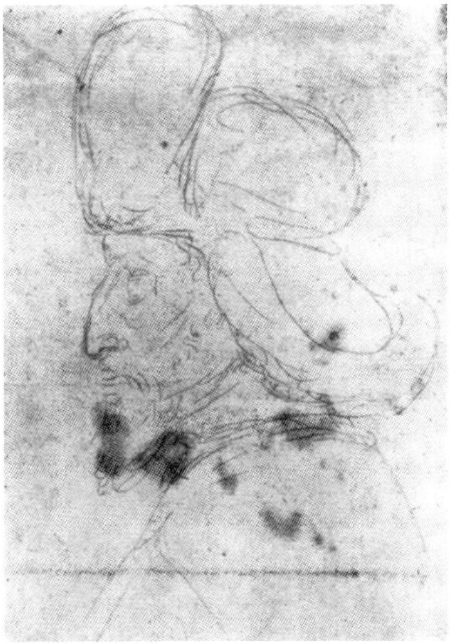

Abb. 6 : König Sigmund mit der Pelzmütze, Zeichnung von Pisanello um 1433

Abb. 7: Engelsburg und Engelsbrücke in Rom, der Schauplatz des Ritterschlages (Foto: v. Gerlach)

Abb. 8: Papst Eugen IV. krönt König Sigmund zum Kaiser, Bronzerelief am Portal von St. Peter in Rom (Foto: v. Gerlach)

Abb. 9: Gemeinsamer Ritt Kaiser Sigmunds und Papst Eugens IV. nach der Krönung, Bronzerelief von Filarete am Portal von St. Peter in Rom (Foto: v. Gerlach)

Abb. 10: Grabdenkmal des Richters Gottfried Gerlach († 1737) mit Wappen in der Petrikirche zu Görlitz (Foto: v. Gerlach)

Abb. 11: Allianzwappen des Martin Gerlach († 1670), Emerichsche Gruft an der Nicolaikirche zu Görlitz

Abb. 12: Das Gerlachsche Wappen in einem Wappenbuch von 1586, Abzeichnung von 1851

Abb. 13: Das Gerlachsche Wappen in dem Schlesischen WOPEN BUC von 1592, Universitätsbibliothek Göttingen (Foto: v. Gerlach)

Abb. 14: Gerlachsches Wappen als Donatorenzeichen, Breslau vor 1615 (Gerlach-Archiv, Erlangen)

Abb. 15: Das Wappen in den Schäfferschen Tabellen 1742, Universitätsbibliothek Breslau

54
Abschrifft deß Adelß Brieffeß die
Görlach Betreffend.
Geben von Kayser Sigismundo.
Ao. 1433.

Abb. 16: Görlitzer Abschrift des Wappenbriefes (17. Jh.), Einzelstück aus einer Abschrift der Schmidschen Sammlung von Wappenbriefen, Familienbesitz

Abb: 17: Das Breslauer Rathaus, Amtssitz des Stadtsekretärs Joachim Gerlach um 1580 (Foto: v. Gerlach 2005)

Bildnachweis:
Aufnahmen Dr. Jürgen v. Gerlach: 1–3, 7–14, 17. – Familienbesitz: 1, 2, 16. – Gerlach-Archiv der Universität Erlangen: 3, 12. – Kunstgewerbemuseum Prag: 4. – Universitätsbibliothek Breslau: 15. – Universitätsbibliothek Göttingen: 13. – Aus: Carl Ernst Koehne: Sie trugen die Krone. Limburg 1978: 5. – Aus: Jörg K. Hoensch: Kaiser Sigismund. München 1996: 6. – Schellenberg: 14.

Das fränkische Reichsrittergeschlecht Truchseß v. Wetzhausen in Preußen

Von Hilmann v. Halem

Gliederung: I. Quellen (S. 66). – II. Das Geschlecht Truchseß v. (und zu) Wetzhausen in Franken (S. 68). – III. Truchsesse v. Wetzhausen als Angehörige des Deutschen Ordens (S. 72). – IV. Die preußische Linie (S. 81). – V. Der Güterbesitz in Preußen (S. 83). – VI. Erhebung in den Reichsgrafenstand (S. 89). – Anhang: Genealogie der Dachsbacher Linie des Geschlechts Truchseß v. Wetzhausen (S. 91).

Vorwort

Die preußische Linie des fränkischen Reichsrittergeschlechts Truchseß v. Wetzhausen hat vom Ende des 15. Jahrhunderts bis in das 18. Jahrhundert existiert und viele bedeutende Familienmitglieder auf zahlreichen Gütern hervorgebracht, die in der Verwaltung des Herzogtums Verantwortung übernommen und sich mit den bekanntesten Adelsgeschlechtern Preußens versippt und verschwägert haben. Ihr schönes Wappen ziert so manche Ahnenreihe dieser Familien, während im Lande selbst ihr Andenken inzwischen verblasst ist.

Truchseß, althochdeutsch *truhtsazzo*, d.h. der einer Schar vorsitzt, ursprünglich also der Haus-, insbesondere Küchenverwalter, dann der über den zugehörigen Teil der Dienerschaft Aufsicht Führende, lateinisch *dapifer*,[1] d.h. „Speisenträger", nannte man seit dem frühen Mittelalter den Inhaber eines der vier Hofämter.[2] Wie der Schenk für die Getränke, der Marschall für die Pferde und der Kämmerer für den Finanzhaushalt – war er für die Versorgung der fürstlichen, königlichen oder kaiserlichen Tafel mit Lebensmitteln zuständig.[3] Diese Ämter erfuhren zunächst eine Erweiterung ihrer Aufgaben, bis sie später reine Repräsentationsbezeichnungen, Titel ohne reale Verpflichtungen oder, wie im Fall des hier zu behandelnden Adelsgeschlechts, zu einem Namensbestandteil wurden.[4] Dieses Geschlecht, Ministerialen der mächtigen Grafen von Henneberg in Franken und Thüringen, tritt urkundlich zuerst 1217 auf und nennt sich seit 1346 nach seinem Ansitz, der noch heute im Besitz der Familie befindlichen Burg Wetzhausen[5]. Es gibt viele Geschlechter des Namens „Truchseß", die sich nur

1 Von „*daps, dapis*" (meist im Plural) = Speise + *ferre* = tragen.

2 Erich Bayer (Hrsg.): Wörterbuch zur Geschichte. Stuttgart 1960, Art. „Haus" S. 195, Art. „Hof" (2) S. 215 und Art. „Truchseß" S. 481. – Hermann Paul: Deutsches Wörterbuch. Bearb. von Werner Betz. 6. Aufl. Tübingen 1968, S. 677. – Bernhard Waldmann: Art. „Hofämter". In: Peter Dintzelbacher (Hrsg.): Sachwörterbuch der Mediävistik. Stuttgart 1992, S. 361 f. (mit weiterer Literatur).

3 Anneliese Stoklaska: Art. „Truchseß". In: Dintzelbacher (Hrsg.), Sachwörterbuch der Mediävistik (wie Anm. 2), S. 842. – K. Andermann: Art. „Truchseß". In: Handwörterbuch zur deutschen Rechtsgeschichte. Bd. 5. Berlin 1998, Sp. 374–377.

4 Paul, Deutsches Wörterbuch (wie Anm. 2), S. 677. – Bayer, Wörterbuch zur Geschichte (wie Anm. 2), S. 218, 481.

5 Genealogisches Handbuch des in Bayern immatrikulierten Adels (GHBy). Bd. XXIII. Neustadt a. d. Aisch 2000, S. 510–518: „vor 18. 7. 1217, StA Würzburg, Standbuch 169, 50" bzw. „1346, ebd., Würzburger Lehnbuch 4, 7". – Gothaisches Genealogisches Taschenbuch (GGT), Freiherren, 1859–1942.

durch den Zusatz ihres Sitzes unterscheiden[6] und in Texten ohne Nennung des Beinamens nur schwer auseinander zu halten sind.

Es ist in der Literatur bekannt, dass Martin Truchseß v. Wetzhausen von der erloschenen Dachsbacher Linie des heute noch in zwei Linien in Franken blühenden Geschlechts im 15. Jahrhundert Hochmeister des Deutschen Ordens in Preußen war.[7] Dass es aber auch vor ihm bereits Deutschordensritter aus dem Geschlecht Truchseß v. Wetzhausen und nach ihm eine preußische Linie gab, ist weniger im allgemeinen Bewusstsein. Hierzu die Quellen zu sichten und eine möglichst lückenlose Genealogie zu liefern, in der die einzelnen Angehörigen des Geschlechts zumindest ansatzweise auch in ihrem Wirken erkennbar werden, ist das Ziel des vorliegenden Aufsatzes, der möglichst vielen weiterführenden Arbeiten die nötige Grundlage bieten möge. Der Verfasser wäre für jede Korrektur und Ergänzung dankbar.

I. Quellen

Die Urkundenkonzepte und -ausfertigungen des Adelsarchivs aus dem Historischen Staatsarchiv Königsberg, heute im Geheimen Staatsarchiv Preußischer Kulturbesitz (GStA PK) Berlin, ermöglichten es mir, diese Studie zu schreiben.[8] Bei dieser Überlieferung ist jedoch folgendes zu berücksichtigen. Archive enthalten normalerweise gewachsene, aus der Verwaltung staatlicher Behörden übernommene Urkunden- und Aktenbestände. Das Königsberger „Adelsarchiv" ist jedoch eine willkürliche Sammlung von Archivalien, die den preußischen Adel betreffen. Archivdirektor George Adalbert v. Mülverstedt (1825–1914) hat sie im 19. Jahrhundert aus den Unterlagen verschiedener Behörden herausgezogen und jeweils unter dem Namen des betreffenden Geschlechts chronologisch geordnet zusammengestellt. Es handelt sich im wesentlichen um folgende Vorgänge: Tausch einiger fränkischer Güter gegen solche in Preußen, insbesondere Gut Reichau; Der Streit des Geschlechts Truchseß v. Wetzhausen in Preußen, vertreten durch den Lehnsprätendenten Johann (Hans) Wilhelm Truchseß v. Wetzhausen (1640–1673), auf Langheim, mit dem Großen Kurfürsten

6 Ernst Heinrich Kneschke (Hrsg.): Neues Allgemeines Deutsches Adels-Lexicon. Bd. 1–9. Leipzig 1859–1870 (mehrfach ND), hier Bd. 9, 1870, S. 285–290, führt 21 Geschlechter auf, jedoch ohne die Reichserbtruchsessen von Waldburg; Wikipedia, die freie Enzyklopädie im Internet (http://de.wikipedia.org), listet 18 Geschlechter auf, von denen zwei Linien der Truchseß v. Wetzhausen sind: Brennhausen und Schweickershausen. Die Truchseß v. Baldersheim sind eine andere Familie, ebenso die Linie in Unsleben. Beide haben aber bereits 1440 Jan. 3 (StA Würzburg K 109/5) mit der Stammfamilie Truchseß v. Wetzhausen eine Wappenvereinigung vertraglich festgelegt, die sich bei den Baldersheim auf die Helmzier beschränkte, bei den Unsleben das ganze Wappen betraf. Vgl. Hanns v. Heßberg: Zur Heraldischen Fachsprache. In: Der Deutsche Herold 64 (1933), S. 70 f.

7 Siehe: Karl Bosl: Bosls Bayerische Biographie. 8000 Persönlichkeiten aus 15 Jahrhunderten. Regensburg 1983, S. 841 (unter „Wetzhausen"). – Bernhard Demel/Wolfgang Krones: Das Deutschordens-Haus zu Wien. Von den Anfängen des Ordens im Jahre 1190 bis heute. Wien (1992). – B. Dudik: Des Hohen Deutschen Ritterordens Münz-Sammlung in Wien. Bonn o.J. – Bernhart Jähnig: Martin Truchseß von Wetzhausen (4. 8. 1477 – 3. 1. 1489). In: Udo Arnold (Hrsg.): Die Hochmeister des Deutschen Ordens 1190–1994. Marburg/Lahn 1998. – Walther Killy (Hrsg.): Deutsche Biographische Enzyklopädie. Bd. 16. Jubiläumsausg. München 1999. – K. Lohmeyer: Martin Truchseß von Wetzhausen. In: Allgemeine Deutsche Biographie (ADB). Bd. 38. Leipzig 1894, S. 682 f. – Johannes Voigt: Der Ritter-Orden S. Mariä des Deutschen Hauses zu Jerusalem in Preussen. Königsberg 1843. – Erich Weise: Martin Truchseß von Wetzhausen. In: Altpreußische Biographie. Bd. 2. Marburg/Lahn 1969. – Uwe Ziegler: Geschichte des Deutschen Ordens. Köln 2003. – Wikipedia.

8 Geheimes Staatsarchiv Preußischer Kulturbesitz (GStA PK), Berlin, XX. HA Historisches Staatsarchiv Königsberg, Adelsarchiv, Nr. 1308, Bd. 1–5 (ca. 700 Blatt).

Friedrich Wilhelm von Brandenburg um das Gut Reichau, das der Kurfürst ohne genaue Kenntnis der Aktenlage für heimgefallen erklärt und einem anderen Interessenten versprochen hatte; Preußische Anerkennung des Reichsgrafentitels der Nachkommen des Oberburggrafen Hans Truchseß v. Wetzhausen (1571–1635). Der größte Teil der ca. 700 Folioblätter beinhaltet Gesuche von Familienmitgliedern an den Landesherrn oder seine verordneten Oberräte in Preußen, z.B. um Berufung von Vormündern für die unmündigen Kinder verstorbener Familienväter oder einen „Kriegischen Vormund" für die Witwen, um Bestellung von „Commissarien" bei Grenzstreitigkeiten mit anderen Familienmitgliedern oder Nachbarn, bei Erbauseinandersetzungen oder Schuldentilgung etc. Es geht auch um Geldsummen, die Familienmitglieder dem Fürsten geliehen haben, um deren Rückzahlung und Zinssatz, die Bitte um Zustimmung, einen Kredit aufnehmen oder Güter verkaufen zu dürfen. Manchmal ist es erstaunlich, wie schnell die Gesuche bearbeitet und entschieden wurden. Das Verständnis, worum es eigentlich geht, wird bisweilen erschwert, weil die eigentliche „Supplikation" mit der Begründung nicht mehr beiliegt. Die Briefe und Urkunden helfen jedoch auch, genealogische Zusammenhänge zu verstehen, wenn z.B. eine Witwe außer dem Namen des Verstorbenen auch ihren Geburtsnamen angibt. Kinder werden meist summarisch ohne ihren Namen genannt.

Ferner wurden ältere Ausarbeitungen von Genealogen benutzt, so Biedermanns 1747 erschienenes „Geschlechtsregister"[9], ferner eine handschriftliche Stammtafel der Truchseß v. Wetzhausen (zum Teil basierend auf Biedermann), die sich in der Sammlung Lindner im Archiv des Vereins HEROLD in Berlin befindet[10], und die handschriftliche „*Stammtafel der Herren und Grafen Truchsess von Wetzhausen – Nach der Rabe'schen Stammtafel auf der Wallenrodt'schen Bibliothek zu Koenigsberg und nach archivalischen Quellen zusammengestellt durch den Herrn Major Johannes Gallandi, 1886*", die im Familienarchiv von Lehndorff überliefert ist und mit diesem heute im Sächsischen Staatsarchiv/Staatsarchiv Leipzig liegt[11].

Schließlich wurde eine Vielzahl gedruckter Quellen und Literatur benutzt, die jeweils in den Anmerkungen genannt wird. Hervorgehoben seien hier nur das ältere Urkundenregestenwerk des Deutschen Ordens für die Zeit von 1198 bis 1525 (Regesta Historico-Diplomatica Ordinis S. Mariae Theutonicorum) und die Edition des Großen Ämterbuches,[12] für die herzogliche Zeit die in den letzten Jahrzehnten im Geheimen Staatsarchiv Preußischer Kulturbesitz vornehmlich von Stefan Hartmann bearbeiteten Regesten zum Herzoglichen Briefarchiv[13] und für einen Teilabschnitt der kurfürstlichen

9 Johann Gottfried Biedermann: Geschlechtsregister der Reichsfrey unmittelbaren Ritterschaft Landes zu Franken Löblichen Orts Baunach ... Bayreuth 1747 (ND Neustadt a. d. Aisch 1988), Taf. 196–202.

10 Archiv des Vereins HEROLD, Berlin, Sammlung Lindner, Nr. 3727 (–3728).

11 Im Folgenden zitiert als Gallandi. Sächsisches Staatsarchiv/Staatsarchiv Leipzig, Bestand 21950 Familienarchiv von Lehndorff, Nr. 148 (freundlicher Hinweis von Herrn Dr. Peter Bahl vom Verein HEROLD in Berlin, und Mitteilung von Herrn Abteilungsleiter Dr. Christian Herrmann, Sächs. StA/StA Leipzig).

12 Regesta Historico-Diplomatica Ordinis S. Mariae Theutonicorum 1198–1525. Pars I. Vol. 2 (1455–1510). Pars II. Bearb. von Erich Joachim u. a. Hrsg. von Walther Hubatsch. Pars I–II. Göttingen 1948 ff. (Regesta DO). – Das grosse Ämterbuch des Deutschen Ordens. Hrsg. von Walther Ziesemer. Danzig 1921 (Ämterbuch DO). – Index Tabularii Ordinis S. Mariae Theutonicorum. Regesten zum Ordensbriefarchiv. Vol. 3: 1511–1525. Bearb. unter Mitw. von Erich Joachim. Hrsg. von Walther Hubatsch. Mit Registern zu Band I 3. Göttingen 1973.

13 Herzog Albrecht von Preußen und das Bistum Ermland (1525–1550). Regesten aus dem Herzoglichen Briefarchiv und den Ostpreußischen Folianten. Bearb. von Stefan Hartmann. Köln u. a. 1991 (Veröffentlichungen aus den Archiven Preußischer Kulturbesitz, Bd. 31). – Die Herzöge Albrecht

Zeit die von Otto Meinardus bearbeiteten Protokolle und Relationen des Brandenburgischen Geheimen Rates aus der Zeit des Kurfürsten Friedrich Wilhelm, hier insbesondere der 6. Band für die Jahre 1659 bis 1663[14].

II. Das Geschlecht Truchseß v. (und zu) Wetzhausen in Franken

Das uradelige Geschlecht tritt mit *Thegen dapifer*, gräflich hennebergischem Ministerialen *(ministerialis comitis Bopponis de Henneberg)*, vor dem 18. Juli 1217 urkundlich zuerst auf und erscheint mit *Dietericus dapifer de Weczhusen, miles*, 1346 urkundlich erstmals mit dem Beinamen. Die Stammreihe beginnt urkundlich mit der Erwähnung des *Theodoricus dapifer junior* am 11. März 1289.[15]

Stammsitz des Gesamtgeschlechts und heute der Linie *Truchseß v. und zu Wetzhausen* ist der Ort mit Schloss Wetzhausen[16] *(Abb. 1)*, jener der Linie *Truchseß v. Wetzhausen* die Burg Bettenburg bei Hofheim in Unterfranken *(Abb. 2)* und Ort und Schloss Bundorf *(Abb. 3)*.[17] Andere, inzwischen erloschene Linien nannten sich nach den fränkischen Rittersitzen Brennhausen, Dachsbach *(Abb. 4)*, Bundorf, Bettenburg, Obereßfeld, Großlangheim, Sternberg, Trappstadt, um nur einige zu nennen.[18] Seit Einrichtung der sog. Kantone oder Ritterorte der reichsfreien Ritterschaft[19] in Franken, die nur den Kaiser als ihren Herrn anerkannte, gehörte das Geschlecht dem Kanton an

---

Friedrich und Georg Friedrich von Preußen und das Bistum Ermland (1568–1618). Regesten aus dem Herzoglichen Briefarchiv und den Ostpreußischen Folianten mit ergänzenden Schriftstücken bis 1699. Bearb. von Stefan Hartmann. Köln u. a. 1994 (Veröffentlichungen aus den Archiven Preußischer Kulturbesitz, Bd. 39). – Die Beziehungen Herzog Albrechts von Preußen zu Städten, Bürgertum und Adel im westlichen Preußen (1525–1554). Regesten aus dem Herzoglichen Briefarchiv und den Ostpreußischen Folianten. T. 2. Köln u. a. 2006 (Veröffentlichungen aus den Archiven Preußischer Kulturbesitz, Bd. 48/2). – Herzog Albrecht von Preußen und Livland (1534–1540). Regesten aus dem Herzoglichen Briefarchiv und den Ostpreußischen Folianten. Bearb. von Stefan Hartmann. Köln u. a. 1999 (Veröffentlichungen aus den Archiven Preußischer Kulturbesitz, Bd. 49). – Herzog Albrecht von Preußen und Livland (1551–1557). Regesten aus dem Herzoglichen Briefarchiv und den Ostpreußischen Folianten. Bearb. von Stefan Hartmann. Köln u. a. 2005 (Veröffentlichungen aus den Archiven Preußischer Kulturbesitz, Bd. 57). – Die Beziehungen Herzog Albrechts von Preußen zu Städten, Bürgertum und Adel im westlichen Preußen (1525–1554). Regesten aus dem Herzoglichen Briefarchiv und den Ostpreußischen Folianten. T. 2. Bearb. von Ursula Benninghoven. Köln u. a. 2006 (Veröffentlichungen aus den Archiven Preußischer Kulturbesitz, Bd. 48/2).

14 Otto Meinardus: Protokolle und Relationen des Brandenburgischen Geheimen Rates aus der Zeit des Kurfürsten Friedrich Wilhelm. Bd. 6 (von Dez. 1659 – Ende April 1663). Leipzig 1917 (Publikationen aus den K. Preußischen Staatsarchiven, Bd. 89).

15 GHBy XXIII, S. 510: „StA Würzburg, Standbuch 179/II, 406".

16 Heute Gemeindeteil der Marktgemeinde 97488 Stadtlauringen, Landkreis Schweinfurt, Unterfranken, Bayern.

17 Bettenburg: Ortsteil Manau von 97461 Hofheim i. UFr., Landkreis Haßberge, Bayern; 97494 Bundorf, Landkreis Haßberge, Bayern.

18 Biedermann, Baunach (wie Anm. 9), Brennhausen Taf. 169, Dachsbach Taf. 196, Großlangheim Taf. 174, 203–206, Sternberg Taf. 174, 203–206, Trappstadt Taf. 167 B und 194, Obereßfeld Taf. 166, 207–208, Bettenberg, Taf. 171–173, 185, 192, Bundorf, Taf. 186–189.

19 Über die Reichsritterschaft *allgemein* siehe: C. Frh. Roth v. Schreckenstein: Geschichte der ehemals freien Reichsritterschaft in Schwaben, Franken und am Rheinstrome. Bd. 1–2. Tübingen 1859–1871 (2. Aufl. 1886, ND); *in Franken*: Gerhard Pfeiffer: Studien zur Geschichte der fränkischen Reichsritterschaft. In: Jahrbuch für fränkische Landesforschung 22 (1962), S. 173–280; Anton P. Rahrbach: Reichsritter in Mainfranken. Zu Wappen und Geschichte fränkischer Adelsfamilien. Mit Text- und Bildbeitr. von Hilmann von Halem (J. Siebmacher's Grosses Wappenbuch, Die Familienwappen deutscher Landschaften und Regionen, Bd. 2). Neustadt a. d. Aisch 2003, S. 275–279, insbes. S. XXV f., Einf. von Hilmann von Halem.

der Baunach an, in dem es sechs Ritterhauptleute[20] stellte. Die Truchsesse waren als Nachfolger der Zollner von Rotenstein Erbforstherren des „Großen Haßbergs".

Das Geschlecht brachte im Laufe der Jahrhunderte bis in unsere Zeit zahlreiche bedeutende Persönlichkeiten hervor: Domherren von Bamberg, Würzburg, Augsburg, Mainz, Speyer und Eichstätt sowie Äbte und andere geistliche Würdenträger, Beamte der fränkischen Bischöfe, Hauptleute des Reichsritterkantons Baunach, Feldherren und Offiziere, zwei Äbtissinnen von Frauenklöstern etc. Aus der Vielzahl verdienter Personen seien einige Namen hervorgehoben:

- Dietz, Ritter († 1481 Februar 17), Hofmeister des Bischofs von Würzburg (s. u.)
- Martin († 1489 Januar 5), Hochmeister des Deutschen Ordens (1477–1489, s. u.)
- Erhard[21] (* 1427 † 1491 Juni 7), Domherr in Würzburg (1449) und Bamberg (1455), Domkantor ebd. (1472), Domkustos ebd. (1484), Mitglied der Hl.-Geist-Bruderschaft, Rom (1479), stiftete 1481 das Spital in Wetzhausen
- Kunigunde,[22] 1459–1500 Äbtissin des Klosters St. Theodor in Bamberg
- Erhard[23] († 1519 September 16), Domdekan von Eichstätt
- Thomas († 1523 Juli 12), Humanist, Domdekan von Speyer (s. u.)
- Georg[24] († 1552 November 11), letzter Abt des Klosters Auhausen
- Hans[25] († 1590), der „Brotstifter" für die Schuljugend von Wetzhausen
- Veit Heinrich († 1710 November 15), Kaiserlicher Generalfeldmarschalleutnant
- Christian[26] († 1836 Februar 19), „der letzte Ritter auf der Bettenburg", Mäzen der Künste und Verfasser eines Standardwerks über den Kirschenanbau
- Dietrich (Dietz) († 1980 März 4), auf Bundorf und Bettenburg, Widerstandskämpfer gegen den Nationalsozialismus etc.

Dietz Truchseß v. Wetzhausen (ca. 1410–1481)

Sein Geburtsjahr ist nicht bekannt, kann aber mit ca. 1410 angenommen werden. Dietz war der Sohn von Albrecht Truchseß v. Wetzhausen, Ritter, und Anna v. Schaumberg, Schwester des Augsburger Bischofs Kardinal Peter v. Schaumberg. Sebastian

20 Ritterhauptleute im Kanton Baunach: Dietz T. v. W. (1599), Hans Christoph (1641), Veit Ulrich (1649), Wilhelm Heinrich (1658), Joachim Ernst (1679) und Veit Heinrich (1703). Vgl. Paul Sörgel: Der Ritterkanton an der Baunach in den Haßbergen. (Hofheim, UFr.) 1992, S. 56, und Rahrbach, Reichsritter in Mainfranken (wie Anm. 19), S. 277.

21 Johannes Kist: Das Bamberger Domkapitel von 1399 bis 1556. Ein Beitrag zur Geschichte seiner Verfassung, seines Wirkens und seiner Mitglieder (Historisch-Diplomatische Forschungen, Bd. 7). Weimar 1943, S. 310, Nr. 260. – Brigitte Loher: Beiträge zur Geschichte und Genealogie der Truchsesse von Wetzhausen im Mittelalter. Masch.schr. Zulassungsarbeit für das Lehramt an Gymnasien/ Lehrstuhl f. Bayer. Geschichte der Universität München o.J. (ca. 1977/80), S. 138–141. Erhard T. v. W. († 1491), Domherr Würzburg (1449), Domherr Bamberg (1455), Domkantor ebd. (1472), Domkustos ebd. (1484), Mitglied der Hl.-Geist-Bruderschaft, Rom (1479).

22 Im Gewölbe des Kreuzgangs von St. Theodor, jetzt Karmeliterkloster, am Kaulberg in Bamberg ist noch heute ihr Wappen zu sehen.

23 G. Knod in: ADB 38, S. 682. Der Ingolstädter Theologe Johannes Eck lobte Erhards wissenschaftliche Betätigung neben seinen Pflichten als Eichstätter Domdekan, vgl. Wikipedia (http://ivv7srv15.uni-muenster.de/mnkg/pfnuer/Eckbriefe/N008.html). Er bezeichnet ihn als seinen Mäzen. Die Behauptung im Beitext, Erhard sei auch Dekan der Universität Ingolstadt gewesen, ist ein Irrtum.

24 Wikipedia (unter Kloster Auhausen): sein Porträt eines unbekannten Malers (Monogramm, HR), 1531 *(siehe Abb. 11)*.

25 *Hans* Heinrich T. v. W., S. d. Erhard (1488–1524) u. d. Margaretha v. Münster. Sein Sandsteinepitaph in der Dorfkirche Wetzhausen zeigt ihn mit seiner Ehefrau Margaretha v. Aschhausen und ihren 6 Kindern. Loher, Beiträge T. v. W. (wie Anm. 21), Abb. 23, S. 147.

26 Wegele in: ADB 38, S. 679–682 (mit weiterer Literatur).

Zeißner, dessen ausführlicher Schilderung von Dietz Truchseß' Leben[27] wir hier folgen, nimmt an, dass zu seiner Ausbildung auch der Besuch einer Universität gehörte. Neben der Verwaltung seines väterlichen Erbes ist er häufig im Dienst des Hochstifts Würzburg tätig: als Schirmer des Klosters St. Johannes bei Sulzfeld im Grabfeld, als Urteiler des Hofgerichts, als Schiedsrichter in Streitsachen, als Vormund bei verschiedenen Adelsgeschlechtern und als Diplomat für den Würzburger Bischof Gottfried IV. Schenk v. Limpurg. Anlässlich einer Gesandtschaftsreise im Auftrag seines Herrn an den Hof Kaiser Friedrichs III. wurde er 1452 zum Ritter geschlagen.

Seit 1463 war er Hofmeister unter den Bischöfen Johann III. v. Grumbach und Rudolf II. v. Scherenberg. Das Amt des Hofmeisters zählte zu den wichtigsten Hofämtern. Dieser leitete die Staatsgeschäfte und vertrat den Fürstbischof als Vorsitzender des Hofgerichts, das über Lehens- und sonstige Streitigkeiten der Ritterschaft entschied.

Dietz Truchseß war dreimal verheiratet, erstens mit Dorothea Voit v. Salzburg, 1461, dann mit Ursula v. Giech († 1474) und schließlich mit Margareta v. Steinau gen. Steinrück, die ihn überlebte und sich später noch einmal verehelichte. Seinen beiden ersten Frauen stiftete er Gedenksteine in der Kirche von Wetzhausen, der Grablege des Geschlechts. Sein dortiger Grabstein, der ihm nach seinem am 17. Februar 1481 erfolgten Tode gesetzt wurde, zeigt ihn vollbärtig als Ritter in Plattenharnisch und Beckenhaube, einer Streitfahne in der Rechten, die Linke am Schwert, auf einem Löwen stehend. „Der Gedenkstein mit den vier Ahnenwappen ist als das älteste Renaissance-Epitaphium des ausgehenden 15. Jahrhunderts in Franken bekannt" (Zeißner).

Thomas Truchseß v. Wetzhausen[28] *(† 1523)*

Er studierte wohl in Leipzig, wo 1484 ein *Thomas Trochsess de Bamberga* eingeschrieben war. Thomas erhielt ein Kanonikat am Dom zu Speyer, unternahm 1495 eine Romreise und wurde schon vor 1500 Chorherr im Würzburger Ritterstift St. Burkard. Sein humanistisches und juristisches Studium, besonders des kanonischen Rechts, absolvierte er in erster Linie in Bologna. Hier promovierte er 1504 zum Doctor in decretis. Später wurde er auch Dr. beider Rechte. In Speyer avancierte er 1503 zum Scholastikus. 1504 reiste er abermals nach Rom, um für Bischof Philipp v. Rosenberg das Pallium einzuholen. Von 1507 bis 1513 war er Generalvikar, 1517–1523 Domdekan in Speyer. Seit etwa 1513 war er Inhaber der Pfarrei Weibstadt.

Als bekannter Humanist erklärte er Reuchlins „Augenspiegel" als der Ketzerei unverdächtig. Möglicherweise war er ein Schüler Reuchlins. Dieser war sein Gast in Speyer, wie auch der Humanist Erasmus von Rotterdam.

27 Sebastian Zeißner: Zwei Mitarbeiter des Fürstbischofs Rudolf v. Scherenberg. 1. Diez Truchsess von Wetzhausen. In: Mainfränkisches Jahrbuch 3 (1951), S. 127–133.

28 Bosls Bayerische Biographie (wie Anm. 6), S. 841 unter „Wetzhausen" (hiernach auch die Leipziger Matrikeleintragung), Artikel über *Christian*, Mäzen und Kirschenzüchter; *Erhard*, Domdekan Eichstätt; Martin, HM des DO; *Thomas*, Domdekan Speyer, Humanist; Robert Eitner in: ADB 38, S. 683–685; http://de.wikipedia.org unter Truchseß von Wetzhausen.

Christian Freiherr Truchseß v. Wetzhausen (1755–1826)[29]

Christian, im Familienschloß Bundorf geboren, ging als „Der Ritter von der Bettenburg“ ins Gedächtnis ein. Nach Studium an den Universitäten Gießen und Leipzig begab er sich mit seinem Vetter Ferdinand Truchseß und dessen Hofmeister Cramer – später Amtmann auf der Bettenburg – auf eine ausgedehnte Kavalierstour nach Berlin, Dresden, Prag, Wien, durch Ungarn und zurück über die Stadt des Immerwährenden Reichstags. Als Kürassieroffizier diente er in der Garde des Landgrafen Friedrich II. von Hessen-Kassel. Dann kümmerte er sich um die Land- und Forstwirtschaft seiner Besitzung Burg Bettenburg, seit 1343 bis heute im Familienbesitz. Er schuf ein Standardwerk über den Kirschenanbau und züchtete eine Sorte, die den Namen „Truchseßkirsche“ erhielt. Seine besondere Bedeutung erwarb er als Förderer von Kunst und Wissenschaft. In seiner Tafelrunde auf der Bettenburg scharte er Künstler, Dichter und Gelehrte um sich, die er als Mäzen unterstützte. Jean Paul, Friedrich Rückert, Gustav Schwab, Louis Spohr und Johann Heinrich Voß gehörten zu diesem Kreis. Von seiner Kunstliebe und seinem Geschichtsinteresse zeugen noch heute Steinskulpturen im Park der Burg.

Dietrich (Dietz) Freiherr Truchseß v. Wetzhausen (1900–1980)

Der Land- und Forstwirt bewirtschaftete gemeinsam die Güter Bundorf und Bettenburg. Seine Ablehnung des Nationalsozialismus brachte ihn in Verbindung mit Claus Schenk Graf v. Stauffenberg. „Der Staatsstreichplan sah vor, daß in den einzelnen Wehrkreisen Verbindungsoffiziere wirken sollten, die die Befehle der Verschwörer um Stauffenberg umsetzen sollten. Für den Wehrkreis XIII, zu dem der größte Teil Unterfrankens gehörte, sollte dies Hauptmann d. R. Dietrich Freiherr Truchseß v. Wetzhausen sein, der im Januar 1944 von Stauffenberg eingeweiht wurde. Im Hause der Truchseß konnten geheime Aufzeichnungen Stauffenbergs später noch rechtzeitig verbrannt werden. Truchseß wurde am 24. August 1944 verhaftet, aber da die Ermittlungsakten gegen ihn Anfang Februar einem Luftangriff auf Berlin zum Opfer fielen, überlebte er die Rache der Nationalsozialisten, er wurde am 25. April 1945 im Gefängnis Plötzensee befreit.“[30]

Dietrich Truchseß war mit Hedwig (Hesi) Freiin v. Rotenhan a.d.H. Rentweinsdorf (1907–1997) verheiratet. Sie waren, umgeben von ihren sieben Kindern, der Mittelpunkt eines gastfreien Hauses. Die Kinder genossen eine vom Geist tiefreligiösen Christentums geprägte Erziehung, in der auch Freude und Frohsinn nicht zu kurz kamen. Die Familie führte im kleinen Kreise selbstgeschriebene und komponierte musikalisch-dramatische Werke auf.[31]

---

29 Bosls Bayerische Biographie (wie Anm. 6), S. 841; http://de.wikipedia.org unter Christian Truchseß. Literatur u. a.: Georg Schneider: Die Tafelrunde auf der Bettenburg. Nürnberg 1969; Philipp Butz: Der Ritter von der Bettenburg. Heidelberg 1906.

30 Das Zitat aus: Unterfränkische Geschichte. Hrsg. von Peter Kolb und Ernst-Günter Krenig. Bd. 5/1. Würzburg 2002, S. 398. Vgl. Konstanze von Schulthess: Nina Schenk Gräfin von Stauffenberg – Ein Porträt. 2. Aufl. Zürich/München 2008, S. 73 ff. Zitat Gräfin Stauffenberg: „*Damals* [Herbst 1938] *schrieb mein Mann in ein Heft seine Empfindungen, das er mir später als Ersatz für nicht geschriebene Briefe gab, … Dieses Heft erschien mir so brisant, dass ich es nicht zu Hause haben wollte, … Daher gab ich es Anfang 1944 Dietz Freiherr von Truchsess … Nach einer Hausdurchsuchung durch die Gestapo – nach Truchsess' Verhaftung – in seinem Heim in Bundorf – ohne es zu finden –, hat seine Frau es verbrannt. Sie hatte nach einem flüchtigen Blick die Gefährlichkeit des Schriftstücks erfasst.*“

31 GHBy XXIII, S. 515–518; eigene Erlebnisse des Verf. im Kreise der befreundeten Familie in Bundorf und auf der Bettenburg.

III. Truchsesse von Wetzhausen als Angehörige des Deutschen Ordens

In den Regesten des Deutschen Ordens[32] erfahren wir von *Tycze Trucsecs*[33], der 1437 zu den Konventsherren zu Osterode und 1446 unter dem Namen *Diterich Truchsese eyn Francke* zum Konvent von Danzig gehörte und „*2 pferde und seynen harnsch*" hatte. Zwar wird nicht angegeben, welchem Geschlecht er angehörte, der Vorname Dietz (Dietrich) lässt aber auf die Truchseß v. Wetzhausen schließen, bei denen dieser Vorname von den uns bekannten Anfängen bis heute oft vorkommt. Vielleicht ist er identisch mit Dietz, Sohn des Hans jun. Truchseß v. Wetzhausen zu Brünnhausen (= Brennhausen) und Sternberg, bekannt 1330. Biedermann[34] schreibt: „*Dietz Truchses von Wetzhausen zu Brünnhausen, Deutscher OrdensRitter anno 1407*" und sein Bruder:[35] „*Oßwald Truchses von Wetzhausen / Deutscher OrdensRitter anno 1407*". Eventuell waren sie bereits Ende des 14. Jahrhunderts in den Deutschen Orden eingetreten, da die angegebene Jahreszahl weder Geburts- noch Todesdatum bedeutet. In den Regesten des Deutschen Ordens kommt nur ein Oswald[36] vor, und zwar am 8. Dezember 1480 als Zeuge in einer Urkunde des Obersten Ordensmarschalls Nicolaus v. Gebsattel (er amtierte Juni 1476 bis 30. März 1488). Aufgrund des großen Zeitunterschieds zwischen den genannten Daten und der damaligen Lebenserwartung ist es aber eher unwahrscheinlich, dass es sich um die gleiche Person handelt.

Wiederum bei Biedermann finden wir: „*Eberhard Truchseß von Wetzhausen zu Wetzhausen, war anno 1438 Teutscher Ordens Ritter und lebte noch anno 1470.*"[37] Er war einer von fünf Söhnen des Albrecht Truchseß v. und zu Wetzhausen, „*ErbForst Herr des Waldes Haßberg, Hauptmann auf dem Frauenberg ob Würzburg*" und seiner Gemahlin Anna v. Schaumberg, Tochter des Carl jun. v. Schaumberg und der Elß v. Giech. Hier handelt es sich um Eberhard Truchseß, der 1437 als Pfleger zu Tilsit[38] im Konvent von Ragnit[39] im Großen Zinsbuch erscheint, 1451 Ritterbruder und Hauskomtur des Konvents zu Brandenburg (in Preußen)[40] ist und 1452 mehrmals in den Regesten des Deutschen Ordens als Hauskomtur zu Königsberg vorkommt, 1458 einmal ohne diese Bezeichnung.

---

32 Regesta DO (wie Anm. 12).

33 Regesta DO, Nr. 7398, 1437 unter den Konventsherren zu Osterode u. a. „*Tycze Trucsecz*"; ebd. Nr. 9207, 1446 Nov. 14 „*Diterich Truchsesc*"; Ämterbuch DO (wie Anm. 12), S. 330 Zeile 20: „*Osterode 1437. Dis sint die nochgeschreben herren in dem convent zcu Osterode: … item Tytcze Trucsecz hat syn harnisch*" (offenbar aber kein Pferd); ebd. S. 333 Z. 3: „*Osterode 1438 Okt. 31: … her Trogses 2 pferde…*". Ebd. S. 709 Z. 16: „*Komturei Danzig 1446 Nov. 14: … Diterich Truchsese eyn Francke hat 2 pferde und seynen harnsch …*"

34 Biedermann, Baunach (wie Anm. 9), Taf. 169.

35 Ebd.

36 Regesta DO I, 16909; Ämterbuch DO (wie Anm. 12), S. 230, Z. 9: „*Brandenburg* (Komturei) *1437: Disse bruder horen in den convent zcu Brandenburg: … item bruder Oswald Trogsesse eyn Franke pferdemarschalk hot 3 pferde und sein hernasch …*"

37 Biedermann, Baunach (wie Anm. 9), Taf. 178.

38 Tilsit an der Memel. Ämterbuch DO (wie Anm. 12), S. 288, Z. 5: Komturei Ragnit: „*1437 Disse nochgeschreben herren seyn zcu Ragnithe: … item her Erberth von Truxes pfleger zcur Tilseth 3 pferde und harnisch …*"

39 Bernhard Schmid: Die Burgen des Deutschen Ritterordens in Preussen. Berlin 1938, S. 22 f.: „Ragnit an der Memel, Komturei-Burg, starke Grenzfestung des DO in der altpreußischen Landschaft Schalauen."

40 Regesta DO, I, 11036; II, 2840, 2842, 2844, 2857; Ämterbuch DO (wie Anm. 12), S. 235 Z. 3; ebd. S. 240 Z. 7.

Bei der Visitation der Komturei Reden finden wir 1446 *„item Hencze Trokses eyn Francke, kein pherd, sunder her* [= er] *hat seynen harnasch“.*[41] 1454 ist Conrat Truchseß unter den Ordensbrüdern, die aus Preußen zum Komtur von Mergentheim gekommen sind. In einem Schreiben des Deutschmeisters Jost von Venningen vom 5. September 1454 an diese Ordensbrüder, deren Familien fast alle aus Franken stammen, geht es um ihre Rückreise nach Preußen. 1457 gehört er dem Konvent des Ordenshauses Osterode an.[42] Hier handelt es sich aber wohl um einen anderen Conrad oder Cunz, als den, von dem Biedermann schreibt: *„Cuntz Truchseß von Wetzhausen zu Dachsbach und Lanckheim ...“*[43] Dieser war offenbar kein Ordensritter, sondern der erste weltliche[44] Truchseß v.Wetzhausen, der sich in Preußen ansiedelte und vom Hochmeister Lehen empfing. Von ihm sprechen wir noch weiter unten. Er war jedoch ein Bruder[45] zweier Ordensritter, Georg und Jobst, und Neffe des Hochmeisters Martin und als Rat für den Deutschen Orden tätig.

Der Hochmeister Martin Truchseß v. Wetzhausen (reg. 1477–1489)

Martin Truchseß v. Wetzhausen (* um 1435) *(Abb. 5)*, Sohn des Lorenz zu Sternberg und Dachsbach, des Stifters der Dachsbacher und der Preußischen Linie, bekannt 1439 und 1443, und seiner Ehefrau Gertraud v. Lauffenholz, Tochter des Hans v. Lauffenholz zu Ober- und Unter-Melsendorf und Michelau und der Clara v. Egloffstein, war laut den von mir benutzten Quellen[46] im Deutschen Orden nacheinander: 1461–1463 Vogt von Stuhm[47], 1463–1467 Unterer Kumpan des Hochmeisters Ludwig v. Erlichshausen[48], 1467–1477 Komtur von Osterode[49] und vom 4. August 1477 bis zum 5. Januar 1489 34. Hochmeister des *Ritterordens St. Mariae des Deutschen Hauses zu Jerusalem*, kurz Deutscher Orden (DO).[50]

Der Hochmeister erließ mit Zustimmung und Bestätigung des Generalordenskapitels die Verfassung des Ordens. Sie enthielt Gebote und Gesetze. Diese galten „für alle Ordenslande vom Rhein und der Schweiz bis über die Düna hinaus und von Italien und Sizilien bis an die Gestade der Nordsee ... Über Preußen und die westlich angrenzenden Ordensländer waltete der Hochmeister als unmittelbarer Landesfürst.“[51]

---

41 Regesta DO I, 13063, 14790, 14846, 14849, 17148, 18144, 18150, 18995, 19273, 19342; ebd. II, 3742, 3778, 3851, 3895, 4031, 4082; Ämterbuch DO (wie Anm. 12), 1446 in Reden, S. 580 Z. 28;

42 Regesta DO I, 14790, 14846, 14849, 18147, 18150, 19273, 19343.

43 Biedermann, Baunach (wie Anm. 9), Taf. 197.

44 Regesta DO, I, 17148, 1484 Okt. 21, *„Hans v. Tettaw zu Sira quittiert zugleich namens seiner Frau Agnes dem Hans v. Lindenaw über 165 fl, die ihm dieser im Auftrag des Ernfried vom Ende gezahlt hat und die Nickel Faszman und Kunc Truchseß von seinen Zinsen zurückzahlen sollen, Altenburg an 11000 Jungfrauen.“*

45 Regesta DO, I, 18995, 1505 April 27, *„Obermarschall an Kanzler Dr. Dietrich v. Werther: Jost Truchseß, Pfleger von Neidenburg und sein Bruder Kuntz Truchseß (Dorf Wilkendorf) ... Neidenburg 1505 Sonntag nach Marci“*; ebd. I, 17907, 1496 Mai 13, *„Der Komtur zu Holland* [Georg T. v. W.] *an den Hochmeister* [Johann v. Tiefen] *(genannt wird u. a.) Jost Truchseß Kompan zu Soldau.“*

46 Johannes Voigt: Namen-Codex der Deutschen Ordens-Beamten, Hochmeister, Landmeister, Großgebietiger, Komthure, Vögte, Pfleger, Hochmeister-Kompane ... Königsberg 1843, sowie die zahlreichen Regesta DO.

47 So nicht in: Voigt, Namen-Codex (wie Anm. 46).

48 Voigt, Namen-Codex (wie Anm. 46), S. 113.

49 Voigt, Namen-Codex (wie Anm. 46), S. 43 (Komtur zu Osterode, 1467 Febr. 2 – 1477 März 16).

50 Voigt, Namen-Codex (wie Anm. 46), S. 2 (Hochmeister, 1477 Aug. 4 – 1489 Jan. 5).

51 Voigt, Namen-Codex (wie Anm. 46), Einleitung: I. Die Hochmeister, S. X.

Als junger Ordensritter hatte Martin Truchseß[52] im Juni 1457 den Hochmeister Ludwig v. Erlichshausen auf seinem demütigenden Auszug aus der Marienburg und der abenteuerlichen Fahrt nach Königsberg begleitet und mag an deren Gelingen nicht unbeteiligt gewesen sein (Bosl). Durch den Zweiten Thorner Frieden hatte der Deutsche Orden 1466 seine Eigenständigkeit und etwa die Hälfte seines Landbesitzes an das Königreich Polen verloren. Als Vasall der polnischen Krone war der Hochmeister nun verpflichtet, dem König Kasimir IV. den Huldigungseid zu leisten. Martin Truchseß v. Wetzhausen weigerte sich und wollte stattdessen mit Unterstützung des Bischofs von Ermland und des ungarischen Königs Matthias Corvinus einen Freiheitskampf gegen den polnischen König führen. Die Stände versagten ihm aber ihre Unterstützung. Er hatte gesagt, er wolle eher in seinem Blut ertrinken als dem König den Eid leisten. Nach mehr als zwei Jahren musste er jedoch nachgeben und schwören, nachdem polnische Truppen das Ordensgebiet angegriffen hatten, der Bischof von Ermland den Eid geleistet und Matthias Corvinus mit dem Kaiser und dem böhmischen König Vladislav II., einem Sohn Kasimirs IV., einen Friedensvertrag geschlossen hatte.

Von diesem Zeitpunkt an widmete sich der als ernst, klug und hochsinnig bezeichnete Mann ganz der inneren Festigung des Ordens. Es galt, die Schuldenlast zu tilgen und die Ordensdisziplin wieder herzustellen. Beides gelang ihm bis zu einem gewissen Grade. „In Preußen selbst hielt er Landkapitel ab und veranlaßte gute Landesgesetze und eine neue Ordnung der Verwaltung. Insbesondere trat er gegen den Privatbesitz der Ordensbrüder auf.“[53] Eine notwendige durchgreifende Reform des Ordens konnte er nicht erreichen, weil sich die Meister der Ordenszweige in Deutschland und Livland einem Reformkapitel widersetzten. So war der weitere Zerfall des Ordens nicht mehr aufzuhalten.

Seit dem Sommer 1488 war seine Arbeitskraft durch eine Krankheit sehr eingeschränkt, die sich im Herbst und Winter noch verschlimmerte. Am 5. Januar 1489 erlag Hochmeister Martin Truchseß v. Wetzhausen seinen Leiden. Er wurde im Königsberger Dom beigesetzt.

Georg Truchseß v. Wetzhausen

Er war nacheinander: 1487–1489 Pfleger zu Rastenburg[54], 1493–1505 Vogt zu Soldau[55], 1506–1509 Vogt zu (Preußisch) Holland[56], 1509–1514 Spittler (Spitalmeister) zu Königsberg,[57], 1514–1517 Großkomtur.[58]

Georg Truchseß v. Wetzhausen wurde oft mit diplomatischen Aufgaben betraut. Als *Vogt zu Soldau* ist er 1496 anwesend bei den Verhandlungen vor dem Hochmeister und dessen Gebietigern zur Beilegung eines Streits zwischen der Altstadt Königsberg

52 Zur Biographie und zur Tätigkeit als Hochmeister des DO siehe die in Anm. 7 angegebene Literatur.

53 Weise, Martin T. v. W. (wie Anm. 7).

54 Voigt, Namen-Codex (wie Anm. 46), S. 101 (Pfleger zu Rastenburg, 1487 Okt. 26 – 1488 Okt. 6); Regesta DO, passim.

55 Voigt, Namen-Codex (wie Anm. 46), S. 80, gibt nur das eine Datum 1493 Mai 1; Regesta DO: Zahlreiche Regesten für Georg als Vogt zu Soldau, u. a. I 18408, 18816; II 3746, 3747, 18799, 18816, 18861.

56 Voigt, Namen-Codex (wie Anm. 46), S. 33, gibt nur das eine Datum 1506 Juli 7; Regesta DO, I 18970, 18972; II 3855.

57 Voigt, Namen-Codex (wie Anm. 46), kein Eintrag; Regesta DO: Spittler zu Königsberg u. a. I 19239, 19259; II 3907, 3940, 3945, 3951, 3954, 4039.

58 Voigt, Namen-Codex (wie Anm. 46), S. 8 (Großkomtur, 1514 Juni 8 – 1517 März 8); Regesta DO, Großkomtur: I, 18326, 18457, 18969, 19256, 19334; II, 3965, 3972, 3974, 3987, 3988, 4023, 4024.

und Kneiphof, einem der drei Teile von Königsberg.[59] Am 1. August desselben Jahres hält er sich in Nürnberg auf.[60] 1499 war er in Horneck am Neckar. Von dort schreibt der Deutschmeister, dem er von einer diplomatischen Mission berichtet hatte, an den Hochmeister Herzog Friedrich von Sachsen u. a. über die Absicht des Römischen Königs, die drei großen Ritterorden (Johanniter, Deutscher Orden, St. Georg) zu vereinigen.[61] Längere Zeit (1498–1501) ist er mit Verhandlungen betreffend „die Irrungen des Werner Spiess [v. Bürresheim, Komtur von Koblenz 1486 August 20 – 1501 Juni 6, abgesetzt] mit der Ballei Koblenz" befasst.[62] Anfang Januar 1501 berichtet er nach der Rückkehr aus Italien von Nürnberg aus dem Hochmeister von seinem Gespräch mit Kardinal Francesco Todeschini-Piccolomini von Siena (vom 22. September bis 18. Oktober 1503 Papst Pius III.) über die Beschlagnahme des Nachlasses des an der Kurie gestorbenen Deutschordensprokurators Michael Sculteti, Bischofs von Kurland, durch den stadtrömischen Gouverneur. Der Nachlass wurde auch trotz Vorstellungen der Kardinäle Pallavicini und Piccolomini bei Papst Alexander VI. nicht mehr freigegeben.[63] Am 19. April 1501 visitiert er in Friesach in Kärnten die Ballei Österreich. Der Statthalter des Landkomturs und die Ordensbrüder der Ballei berichten darüber an den Hochmeister.[64] 1502 verhandelt er in Mergentheim mit dem Deutschmeister über den Russeneinfall in Litauen, die z. Zt. nicht erreichbare Reichshilfe und die Sendung namentlich genannter junger Ritterbrüder nach Preußen.[65] 1503 nimmt er als Ordenskommissar an der Begehung der Grenzen des Bistums Ermland teil, die zwischen diesem und dem Deutschen Orden umstritten waren.[66]

Als *Vogt zu Holland* (in Preußen) verhandelt Georg Truchseß v. Wetzhausen 1505 vor Herzog Georg von Sachsen über den Ordensritter Friedrich v. Guttenberg.[67] Im

59 Regesta DO, I 17949, 1496: Georg Truchseß zu Soldau.

60 Regesta DO, I 17919, 1496 Aug. 1: Ludwig v. Sainsheim, Komtur zu Osterode an den Hochmeister (anwesend u. a.) *„Jorg Truchseß Vogt zu Soldau, Nürnberg an St. Petri Kettenfeier"*.

61 Regesta DO, I 18083, 1499 Jan. 1, Deutschmeister an Hochmeister, Horneck 1499 *„Circumcisionis domini"*.

62 Regesta DO, I 18323 (1500 Sept. u. Okt.): *„Akten, Schriftstücke und Verhandlungen betr. die Irrungen des Werner Spiess mit der Ballei Koblenz"* (viele Namen, dann:) *„Georg Truchsess Vogt zu Soldau"*. – Ebd., I 18567, 1498–1501, *„Copiarium betr. die Spies'schen Händel in der Ballei Koblenz"* (viele Namen, u. a.:) *„Georg Truchseß Vogt zu Soldau."*

63 Regesta DO, I 18408 (1501 ca. Jan. 10): Bericht des Gesandten des Hochmeisters Georg Truchseß, Vogt zu Soldau, über die Ereignisse in Rom beim Ableben des Michael Schulteti, Bischofs von Kurland, und seine Bemühungen, das Bistum beim DO zu behalten.

64 Regesta DO, I 18454, 1501 April 19: Statthalter und die Brüder der Ballei Österreich an den Hochmeister: *„die Gebrechen der Ballei und der Nachlaß des Landkomturs Conrad v. Strauchwitz. Visitierer: Georg Truchseß Vogt zu Soldau. Friesach 1501 Montag nach Quasimodogeniti."* – Ebd., I 18457, 1501 April 20: *„Verzeichnis der nach Preußen von Georg Truchseß entführten Kleinodien aus dem Nachlasse des Conrad v. Stauchwitz* [sic!]. *– Friesach 1501 Ertag* (= Dienstag) *nach Quasimodogeniti."*

65 Regesta DO, I 18626, 1502 April 12, Deutschmeister an Hochmeister: *„der Russeneinfall in Livland und die z. Zt. nicht erreichbare Reichshilfe; Sendung junger Ritterbrüder nach Preußen (v. Rechberg, Weise v. Feuerbach, v. Bechtolsheim, v. Festenberg* [Vestenberg]*). Georg Truchseß Vogt zu Soldau – Mergentheim 1502 Dienstag nach Misericordia domini."*.

66 Regesta DO, I 18776, 1503 April 21: „Melcher Kechler v. Schwandorf Ober-Spittler und Komtur zu Osterode an den Hochmeister: *„die Versorgung des seitherigen Landkomturs von Österreich; Die Grenzen des Gebiets Osterode mit dem* [ermländischen] *Domkapitel. Georg Truchseß Vogt zu Soldau. Herr Mosheymer Komtur zu Wien. Hohenstein 1503 Freitag nach Pasche."* – Ebd., I 18799, 1503 Mai 29: *„Protokoll der Begehung der Grenzen des Bistums Ermland mit den Ordensgebieten Ortelsburg, Neidenburg und Osterode. Kommissare des Bistums u. a. Dr. Fabian v. Losseyhane* [Lusian] *… Ordenskommissare u. a. Georg Truchseß Vogt zu Soldau … 1503 Montag nach Exaudi."*

67 Regesta DO, I 18970, 1505 Jan. 7: Georg Truchseß Vogt zu Holland an den Hochmeister: *„Verhandlungen vor Herzog Georg v. Sachsen in Sachen des Ordensritters Friedrich v. Guttenberg; Dr. Dietrich v.*

gleichen Jahr geht es um einen Leibgedingvertrag für die Witwe des Caspar Sack (Sagk) mit ihren unmündigen Söhnen. Letzteres gehörte aber eher zu seinen normalen Amtsgeschäften.[68]

Als *Spittler zu Königsberg* nimmt er 1509 an Verhandlungen des Hochmeisters mit den Gesandten des Deutschmeisters Dietrich v. Clee teil. Es geht u. a. um Hilfe gegen die Polen, den Unterhalt des Prokurators in Rom und die Abänderung der Ordenssatzungen.[69] 1509 verhandeln der Hochmeister und Herzog Georg von Sachsen mit Georg Truchseß u. a. über die Lage in Preußen und was dabei zu tun sei, über das Verhältnis zu Polen, die Bewehrung der Ordenshäuser etc.[70] Am 1. Januar 1511 nimmt Georg in Heiligenbeil an den Verhandlungen teil, in denen die Regenten des Ordens in Preußen, die Bischöfe von Pomesanien und Samland sowie eine große Zahl von Gebietigern, Komturen, Vögten und anderen Amtsinhabern des Deutschen Ordens eine Abordnung unter Leitung des Obermarschalls Graf Wilhelm von Isenburg bevollmächtigen, mit dem Markgrafen Albrecht von Brandenburg-Ansbach über seine Annahme des Hochmeisteramts nach vorherigem Eintritt in den Orden zu verhandeln.[71] Bekanntlich war Albrecht von 1511 bis 1525 der letzte Hochmeister in Preußen und verwandelte dann den Ordensstaat in ein weltliches Erbherzogtum, das er bis zu seinem Tode im Jahr 1568 regierte.

Noch vor seiner Bestallung als Oberster Spittler in Königsberg schrieb Georg Truchseß eine Denkschrift mit vielen Vorschlägen zur Verbesserung der Verwaltung

---

Wernter [Werthern?], *Moritz v. Guttenberg, Eberhard Furtzsch* [Förtsch v. Thurnau?, fränkisches Adelsgeschlecht, 1565 erloschen] [Preußisch] *Holland 1505 Dienstag nach Hl. Drei Könige.*" Um Guttenberg ging es auch schon 1499 Juni 20, ebd., I 18152: „*Viele fränkische Adelige, versammelt in Bamberg, an den Obermarschall, Komtur zu Holland, Komtur zu Osterode, Komtur zu Ragnit und Georg Truchseß Vogt zu Soldau in Sachen des Friedrich v. Guttenberg. Bamberg 1499 Donnerstag nach Viti.*"

68 Regesta DO, I 18972, 1505 Jan. 20: „*Leibgedingvertrag der Anna, Witwe des Caspar Sagk mit ihren unmündigen Söhnen Georg und Christof Sagk. Georg Truchseß v. Wetzhausen Vogt zu Holland. 1505 Montag Fabiani et Sebastiani.*"

69 Regesta DO, I 19259 (1508): Instruktion einer Gesandtschaft des Deutschmeisters (Landkomtur [von Hessen], Komtur zu Mergentheim) an den Hochmeister: Georg Truchseß Ober-Spittler zu Königsberg. Ludwig v. Saunsheim [Seinsheim, fränkisches Geschlecht], Komtur der Ballei Koblenz, und ebd. I, vol. 2, 19239 1509 April 19: „*Verhandlungen des Hochmeisters mit den Gesandten des Deutschmeisters (Dietrich v. Clee, Landkomtur in Hessen und Burkhard v. Seckendorff, Komtur zu Virnsberg), Georg Truchseß Spittler zu Königsberg, Ludwig v. Sensheim* [Seinsheim], *Komtur der Ballei Koblenz … Erbfall des Sebastian Stiber* [Stiebar v. Buttenheim, fränkisches Geschlecht]. *Donnerstag nach Quasimodogeniti.*"

70 Regesta DO, I 19256 (1509): „*Bericht des Georg v. Eltz an die Regenten in Preußen über die Verhandlungen des Hochmeisters und des Herzogs Georg v. Sachsen mit Georg Truchseß über die Lage in Preußen und das, was dabei zu tun sei; betr. auch die Sendung des Eltz an Kurfürst v. Brandenburg und den Herzog v. Pommern und den Meister in Livland, Verhältnis zu Polen, Tagfahrt mit diesem, Bewehrung der Ordenshäuser, Stadt Königsberg und das dortige Domkapitel und den Deutschmeister.*"

71 Regesta DO, II 3907, 1511 Jan. 1 Heiligenbeil: „*Die Regenten in Preußen: die Bischöfe Job in Pomesanien und Günther in Samland, Großkomtur Simon v. Drahe; die Gebietiger: Rudolf v. Diepelskirchen, Ober-Trapier und Komtur zu Rhein, Georg v. Eltz, Komtur zu Osterode, Michel v. Schwaben, Komtur zu Memel, Hans v. der Gablenz, Vogt zu Brandenburg, Berthold v. Altmanshofen, Hauskomtur zu Königsberg, Heinrich v. Miltitz, Ober-Kompan* [des Hochmeisters], *Georg Truchsess, Spittler zu Königsberg, und Klaus v. Bach, Hauskomtur zu Balga, bevollmächtigen den Ober-Marschall, Grafen Wilhelm v. Isenburg, den Ober-Spittler und Komtur zu Ragnit, Nickel Pflugk, und den Ordenskanzler, Dr. Dietrich v. Werther, zu Verhandlungen mit dem Markgrafen Albrecht v. Brandenburg wegen der Annahme des Hochmeisteramtes nach Eintritt in den Deutschen Orden. – Heiligenbeil am h(eiligen) Neujahrstag 1511. Original-Pergamenturkunde mit 11 Siegeln.*"

und Wirtschaftskraft des Heilig-Geist-Spitals sowie zur besseren Ernährung der Insassen. Als Amtsinhaber hat er viel davon umgesetzt.[72]

Als *Großkomtur* (dieses Amt übte Georg Truchseß offenbar zeitweilig gleichzeitig mit dem des Ober-Spittlers im Hl. Geist (Spital) in der Altstadt Königsberg aus) wurde Georg Truchsess 1515[73] vom Hochmeister Markgraf Albrecht von Brandenburg bevollmächtigt, auf die Tagfahrt zu Lübeck mit den Gesandten des Kaisers Maximilian wegen der Aussöhnung mit Polen zu verhandeln (Königsberg, 1515 Januar 5). 1519[74] bevollmächtigt der Hochmeister nebst dem Großkomtur Georg v. Truchsess und anderen den Sekretär des päpstlichen Vizekanzlers Nicolaus v. Schönberg, OP zum Verkauf aller Ordensgüter in Rom, Viterbo und Montefiascone.

Jobst Truchseß v. Wetzhausen († 1536)

Jobst (auch Jost, Jodocus) Truchseß v. Wetzhausen[75] war nacheinander:[76] 1497 Stellvertreter des Vogtes zu Soldau[77], 1501–1513 Pfleger zu Neidenburg[78], daneben zeitweilig Hauskomtur zu Koblenz[79], 1511–1514 Hauskomtur zu Königsberg[80], 1522–

72 Christian Probst: Der Deutsche Orden und sein Medizinalwesen in Preussen – Hospital, Firmarie und Arzt bis 1525. Bad Godesberg [1970], S. 75 f.

73 Regesta DO, II 3965, 1515 Jan. 5, Vollmacht des Hochmeisters Albrecht für den Großkomtur Georg Truchsess auf die Tagfahrt nach Lübeck mit den Gesandten Kaiser Maximilians wegen der Aussöhnung mit Polen. Königsberg 1515 Jan. 5; ebd., II 3972, 1515 Dez. 6: *„Hochmeister Albrecht verschreibt dem Georg v. Kolbitz, Pfleger zu Johannisburg, das Amt Johannisburg mit Zustimmung der Ratsgebietiger Georg Truchsess, Großkomtur … Königsberg 1515 an Nicolaus."* Weitere Verschreibungen des Hochmeisters mit Einwilligung des Großkomturs Georg Truchsess: ebd., II 3974, 1516 Jan. 17, *„das baufällige Haus in Sehesten für Rudolf v. Diepelskirchen, Trapier und Komtur zu Rhein. Dafür soll er das Amt Rhein übergeben, das einem Obermarschall überwiesen werden soll. Königsberg, 1516 Donnerstag nach dem 8. Tag der Hl. 3 Könige."*; ebd., II 3987, 1516 Aug. 26: Der Hochmeister gestattet *„dem Georg Sack gen. Samblender, 3 Hufen zu Corjeiten im Kammeramt German der Kirche zu St. Adalbert zu verkaufen. Königsberg, 1516 Dienstag nach Bartholomaei."* – Ebd., II 3988, 1516 Aug. 27: Hochmeister Albrecht verschreibt *„dem Bischof von Samland für 7000 Mark aus den Einkünften des Amtes Schaaken … Unterpfand das Amt Schaaken. Königsberg, 1516 Mittwoch nach Bartholomaei."*

74 Regesta DO, II 4023 und 4024, 1519 Dez. 26: Hochmeister Albrecht nebst Großkomtur Georg Truchsess und anderen *„bevollmächtigen den Nicolaus v. Schönberg vom Predigerorden, Sekretär des päpstlichen Vizekanzlers zum Verkauf des DO-Hauses bei Alla cathena neben dem Palast Farnese gelegen sowie aller Ordensgüter zu Rom, Viterbo und Montefiascone. 26. Dezember 1519."* Ebd., II 4024 mit gleichem Datum und gleichem Text.

75 Hans Limburg: Die Hochmeister des Deutschen Ordens und die Ballei Koblenz. Bad Godesberg 1969, S. 131: „Jobst Truchseß stammte aus Franken, hatte aber aus unbekannten Gründen in Koblenz Aufnahme in den Deutschen Orden gefunden und war von dort nach Preußen gegangen". Dort angegebene Quellen: Zentralarchiv des Deutschen Ordens, Wien (DOZA), Abt. Koblenz, 186/2 = Einzelstücke aus der Zeit 1442–1538, Bericht des Jobst Truchseß von 1530; Ordensbriefarchiv (OBA) 1. Juni 1519.

76 Voigt, Namen-Codex (wie Anm. 46).

77 Regesta DO, I 17907, 1496 Mai 13, also nicht erst 1497.

78 Regesta DO, I 19354, 19355, 19358, 19359, 19360, etc.

79 Hauskomtur zu Koblenz: Limburg, Koblenz (wie Anm. 75), S. 163, 169–171, 172 Anm., 173 („Entsendung des Neidenburger Pflegers Jobst Truchseß, der nach der Visitation von 1515 gleichsam als permanenter Visitator in Koblenz blieb. In ihm hatte Albrecht (v. Brandenburg, Hochmeister) auch nach der offiziellen Absage Saunsheims an die hochmeisterliche Politik einen getreuen Sachwalter in Koblenz …"). Komtur von Koblenz war Ludwig v. Saunsheim [Seinsheim, fränkisches Geschlecht], mit dem Jobst T. v. W. Differenzen hatte, S. 175 f. Der Anspruch der Hochmeister auf Koblenz manifestierte sich in der freien Verfügung über Koblenzer Gut. („Am umfangreichsten waren die Verschreibungen, die Albrecht von Brandenburg 1516 Jobst Truchseß nach seiner Übersiedlung an den Rhein machte. Truchseß hatte sein väterliches Erbteil in Preußen angelegt und dort zurückgelassen. Dadurch war der Hochmeister in gewisser Weise verpflichtet, Truchseß in Koblenz entsprechend zu entschädigen …"), S. 178.

80 Regesta DO, I 19389.

1523 Großkomtur[81], 1523–1524 Landkomtur von Österreich,[82] zuletzt bis zu seinem Tode 1536 Spitalmeister zu Nürnberg. Jobst war Bruder des Ordensritters Georg sowie Cunz', des ersten weltlichen Truchseß v. Wetzhausen, der in Preußen Güter erwarb und die Preußische Linie der Familie begründete. Er wurde ebenfalls häufig mit diplomatischen Missionen betraut. So verhandelte er zwischen 1497 und 1510 mehrmals mit Herzogin Anna von Masowien in Polen.[83] Am 23. März 1503 schreibt er von Friesach, Kärnten aus an den Hochmeister Friedrich Herzog von Sachsen und berichtet über seine „Verrichtungen" in den Balleien (Ordensprovinzen) Koblenz, Elsaß, Etsch und Österreich.[84] 1505 ist er wieder in Polen tätig. Am 4. Mai beschwert sich der polnische König Alexander beim Hochmeister über die Beeinträchtigung der Edlen Peter und Stanislaus v. Gyevarthowo durch den Pfleger Jodocus von Neidenburg.[85] Damit ist Jobst Truchseß v. Wetzhausen gemeint. Auch die Herzogin von Masowien ist nicht ganz mit ihm einverstanden. 1507 schreibt sie als Regentin nach dem Tod des Königs an die Ordensregierung *(„Beschwerden des Vogtes Paul zu Jagow über den Komtur zu Rhein und den Pfleger zu Neidenburg")*.[86] 1508 vertritt Jobst mit dem Ritter Dietrich v. Schlieben den Orden bei Verhandlungen zwischen diesem und Polen „wegen Irrungen".[87]

Als *Hauskomtur zu Königsberg* zieht er 1511 mit seinem Bruder Hans Truchseß v. Wetzhausen zu Dachsbach (in Franken), Ritter, markgräflich kulmbachischem Amtmann zu Bayersdorf, mit vielen Ordensrittern und Adeligen im Gefolge des Markgrafen Kasimir von Brandenburg-Kulmbach, des Bruders von Markgraf Albrecht, des neugewählten Hochmeisters, nach Königsberg in Preußen.[88]

In der Wiener Deutschordenskirche[89] im 1. Bezirk, Singerstraße 7, hat sich sein Grabstein und ein künstlerisch beachtliches Epitaph des bedeutenden Eichstätter Bildhauers Loy Hering[90] erhalten, die der *Landkomtur der Deutschordensballei Österreich,*

81 Das von Jobst T. v. W. für Claus v. Bach, seinen Vorgänger als Großkomtur, gestiftete Epitaph in der alten Dorfkirche Berlin-Schöneberg.

82 Sein Epitaph und Grabstein (unbenutzt) in der DO-Kirche in Wien; Regesta DO, I 26669, 1524 Jan. 12.

83 Regesta DO, z.B. I 18916, 1504 Juni 8; I 19185, 1507 Juli 13; I 19358 (ohne Jahr, aber Zeit des Hochmeisters Friedrich (Herzog von Sachsen), d. h. 1498 Sept. 29–1510 Dez. 14, Montag nach Petri und Pauli): Jobst Truchseß Pfleger zu Neidenburg an den Hochmeister: *„seine Verrichtung in Warschau bei der Herzogin v. Masowien."* Ebd., I 19359, zeitgleich ohne Jahr, Czechnaw Abend Margarethae, Jobst Truchsess an den Bischof Lukas von Ermland: *„seine Gesandtschaftsreise zur Herzogin v. Masovien."*

84 Regesta DO, I 18760, 1503 März 23: Jobst Truchseß Pfleger zu Neidenburg an den Hochmeister: *„... seine Verrichtung in den Balleien Koblenz, Elsaß, Etsch, Österreich; geht nach Meißen zum Bischof von Riesenburg. Friesach 1503 Donnerstag vor Laetare."*

85 Regesta DO, I 18996, 1505 Mai 4: König Alexander von Polen an den Hochmeister: *„Beeinträchtigung der Edlen Peter und Stanislaus v. Gyewarthowo durch den Pfleger Jodocus von Neidenburg. – Radom 1505 d. 4. Mai."*

86 Regesta DO, I 19185, 1507 Juli 13: Herzogin Anna v. Masovien als Regentin von Polen: Text s. o. Anm. 83.

87 Regesta DO, I 19215, 1508 Juli 23: Verhandlungen zwischen dem DO und Polen wegen *„nachbarlicher Irrungen in den Gebieten Rhein und Lyck."*

88 Regesta DO, I 19389, 1511 Febr. 14, *„Verzeichnis, wer mit Markgraf Albrecht v. Brandenburg, Hochmeister DO mit dessen Bruder Markgraf Kasimir bis Königsberg gezogen. Hans Truchseß Ritter, Jobst Truchsess Hauskomtur zu Königsberg";* ebd., I 20011, 1514 Jan. 26: Jost Truchsess Hauskomtur.

89 Demel/Krones, Deutschordenshaus (wie Anm. 7).

90 Loy Hering, Bildhauer, * Kaufbeuren 1484, † Eichstätt nach 1554, tätig in Augsburg, seit 1513 in Eichstätt. Felix Mader: Loy Hering – Ein Beitrag zur Geschichte der deutschen Plastik des 16. Jahrhunderts. München 1905. – Peter Reindl: Loy Hering. Zur Rezeption der Renaissance in Süddeutschland. Zürich 1977.

Jobst Truchseß v. Wetzhausen, in Auftrag gegeben hatte *(Abb. 7)*. Er muss ein kunstsinniger und gebildeter Mann gewesen sein. Auf diesem Wiener Epitaph ist im Mittelteil der Abschied Jesu von seiner Mutter Maria in Bethanien dargestellt. Links sieht man ein Porträt des Jobst, in Rüstung und Ordensmantel hinter seinem Wappen kniend. Ihm gegenüber auf der rechten Seite des Epitaphs legt der Tod einen Pfeil auf ihn an. Die Schriftbänder[91] dazu lauten: „*te contemno et gratiam omnipotentis imploro*" (ich verachte dich und erflehe die Gnade des Allmächtigen) und „*laetali hoc telo te indies peto*" (mit diesem tödlichen Geschoss verfolge ich dich tagtäglich). Die Inschrift zum Mittelbild lautet: „*Anno Dni MDXXIIII* (1524) *lies machen zu ewiger Gedachtnus der lobwirdigedel und gaistlich Herr Iobst Truchsass von Weczhausn Teutsch Ordens Landcomentur der Osterreichischen Baley diese Figur zu Lob und Eer Got und seiner werden Mouter in die Abschaidung zu Bethania*" und „*Weliche christen mensch alle Donnerstag / bedenck her den schmerczn und herczliche clag, / alls Jhesus und Maria bayde, / sich schieden so mit herczlichen laide, / do Eer das osterlamp wolt essen, / das thue in deinem herczen nit vergessen, / die schaidung mit gebetern, / dem wel got ein saligs end beschern.*"

Hier wie auf dem Grabstein aus Sandstein, der ihn stehend in Ritterrüstung zeigt, fehlt das Todesdatum, weil Jobst Truchseß als Spitalmeister des Ordenshauses nach Nürnberg versetzt wurde, wo er am 24. Juni 1536 starb. Die Inschrift des Grabsteins lautet: „*Anno Dni ... Am Tag ... starb der Vilwirdig Erbar und Geistlich herr Jobst Truchses weylandt Lantkometter des Ritterlichen Teutschen ordens, dem Gott geruch* (geruhe) *genedig und Barmhertzig zu sein. Amen. Et vives cogitet quid futurum sit.*" (Der Lebende denke ans Ende.) Die weiteren Inschriften lauten: links: „*reposita est hec spes mea in sino meo*" (meine Zuversicht liegt in meiner Seele); oben: „*Credo videre bona Dni in terra VNETIV (= viventium)*" (ich glaube daran, im ewigen Leben die Schätze Gottes zu sehen); rechts: „*et in carne mea videbo Deum salvatorem meum utinam foeliciter*" (und in meinem Fleische werde ich den Retter schauen, auf daß ich glücklich sei); unten: „*in pace indipsum dormiam er requiescam*" (bei ihm werde ich in Frieden schlafen und ruhen). Diese Inschriften sagen viel über die Geisteshaltung und in den lateinischen Texten über die klassische Bildung des katholisch gebliebenen Ritters aus.

In der alten Dorfkirche des Berliner Stadtteils Schöneberg „befindet sich über einem schlichten Tisch ein Tafelbild[92] aus der Berliner Klosterkirche *(Abb. 6)*. Die Holztafel entstand als Epitaph für den Großkomtur des Deutschen Ordens Claus von Bach, der als Abgesandter seines Ordens 1521 in Berlin starb. Er ist links im Gemälde in seiner Rüstung dargestellt, neben ihm sein Wappen, viergeteilt und mit zwei Helmzieren. Rechts, dem Großkomtur gegenüber, der Stifter der Gedenktafel, Jobst Truchseß v. Wetzhausen, ebenfalls in Rüstung und mit seinem Wappen. Er trat an die Stelle Bachs und ist nach seinem Tod 1532*) nicht in der Klosterkirche, sondern in der Nürnberger Kirche St. Jacob beigesetzt worden. Die Herkunft der beiden sowie die Technik des Gemäldes, in dessen Hauptteil Christus mit seinen Jüngern neben Maria und ihren Begleiterinnen in einer dem Passionszyklus angehörenden Abschiedsszene dargestellt ist, deutet darauf hin, daß das Werk einer Nürnberger Meisterschule

91 Die Inschriften und ihre Übersetzung nach Demel/Krones, Deutschordenshaus (wie Anm. 7).

92 Berlin-Schöneberg, Hauptstraße 48, nahe Dominicusstraße. – Wappen v. Bach: Geviert, 1 und 4: in Schwarz ein roter Spitzhut mit silbernem Streifen und goldener Krempe und Spitze; 2 und 3: in Silber das schwarze Kreuz des DO; zwei offene Helme: Helmzier: (heraldisch) rechts: der Spitzhut, links: ein Schirmbrett mit dem schwarzen Ordenskreuz in Silber; Decken: rechts schwarz-rot-silbern, links silbern-schwarz.

entstammt."[93] Wir haben hier ein authentisches Porträt des Stifters vor uns, das zu seinen Lebzeiten geschaffen wurde.

Loy Hering hatte auch ein Epitaph[94] für den Eichstätter Domdekan Erhard Truchseß v. Wetzhausen für das Mortuarium (Grabkapelle) des Eichstätter Doms geschaffen, das leider nur als Fragment erhalten ist *(Abb. 8):* Ein Relief mit der biblischen Ölbergszene, ursprünglich von Pilastern gerahmt, darunter eine Inschrift. Vor der Ölbergszene kniet der Domdekan mit seinem Neffen Wilhelm v. Seckendorff, der den Gedenkstein errichten ließ. Die Bekrönung ist verloren.

Ebenso schuf Loy Hering in der Klosterkirche Auhausen ein Epitaph *(Abb. 9)* für den letzten Abt dieses Klosters, Georg Truchseß v. Wetzhausen *(Abb. 11)*, und in Eichstätt 1536 ein Relief *(Abb. 10)*, die er selbst in Auftrag gegeben hatte.[95] Letzteres befand sich zuerst an der Südmauer des 1535 errichteten Ostengottesackers in Eichstätt und wurde 1902 in den Kreuzgang der Eichstätter Dominikanerkirche versetzt. Das Relief stellt das Jüngste Gericht nach Albrecht Dürers gleichnamigem Stich in der Kleinen Passion dar. Oben thront der Weltenrichter; Maria und Johannes der Täufer knien betend zu beiden Seiten. Darunter die Auferstehung der Toten, der Einzug in den Himmel bzw. in die Hölle. Unter den in gelehrtem Humanistenlatein gehaltenen Inschriften das Jerusalemkreuz (der Stifter war Jerusalempilger, Ritter vom Heiligen Grab und des Johanniterordens), das Klosterwappen von Auhausen und das persönliche Wappen des Stifters. Die auf diesen selbst bezügliche Inschrift lautet: „*GEORGIUS TRUCHSESS ABBAS IN EXILIO FIERI FECIT 1536*". Abt Georg starb erst 1552 und wurde in der Kirche St. Peter in Eichstätt vor dem von ihm gestifteten Sakramentshaus von Loy Hering beigesetzt.[96]

Laut Biedermann waren Abt *Georg* von Auhausen († Eichstätt 1552) und der Domdekan und Generalvikar *Thomas* von Speyer († 1523) Söhne von Jacob Truchseß v. Wetzhausen und der Susanna v. Wilhelmsdorff, somit Brüder. Ebenso Brüder waren nach der selben Quelle die Söhne von Jacobs Bruder Erhard und der Anna v. Mayenthal: *Cuntz* (1485 mit Klitten belehnt), *Hans* (Ritter und Amtmann zu Bayersdorf) sowie die Geistlichen: Domdekan *Erhard* von Eichstätt († 1519) und die Deutschordensritter *Georg* (Großkomtur, Oberster Spittler zu Königsberg) und *Jobst* (Großkomtur, Landkomtur von Österreich, Spitalmeister in Nürnberg). Diese wären demnach alle Vettern ersten Grades, Söhne zweier Brüder, Neffen von Martin Truchseß v. Wetzhausen, Hochmeister des Deutschen Ordens (1477–1489), und Kunigunde, Äbtissin von St. Theodor in Bamberg.

Reindl stellt die Verwandtschaftsverhältnisse folgendermaßen dar: *Erhard*, Dekan in Eichstätt, *Thomas*, Dekan in Speyer, *Hans*, Ritter und markgräflich ansbachischer Amtmann (⚭ Magdalena *v. Rechberg*), *Jobst*, Deutschordensritter, Landkomtur in Österreich, *Georg*, Abt von Auhausen, und *Margret* (nicht Magdalena!) (⚭ Sixt v. Seckendorff, Mutter von Wilhelm v. Seckendorff, der als Testamentsvollstrecker sei-

93 Alte Kirchen in Berlin – 33 Besuche bei den ältesten Kirchen im Westteil der Stadt. Text: Matthias Hoffmann-Tauschwitz. Fotos: Harry S. Suchland. 2., überarb. Auflage 1991, S. 176 (dort die Fn.: *): „Jobst starb am 24. 6. 1536 als Spitalmeister der Deutschordenskommende in Nürnberg"; das Datum 1532 im obigen Zitat ist falsch!).

94 Hering-Epitaph für Erhard Truchseß/Wilhelm v. Seckendorff in Eichstätt (Relief in der Domdechantei, Inschrift noch im Mortuarium, Abb. bei Reindl [wie Anm. 90], S. 288, Text S. 287).

95 Hering-Epitaph Georg T. v. W, Abt von Auhausen in der ehemaligen Klosterkirche dort und Relief des Jüngsten Gerichts in Eichstätt, ebenso je ein Sacramentarium an beiden Orten. Reindl (wie Anm. 90), S. 293 f. und S. 342 f.

96 Die Kunstdenkmäler von Mittelfranken. Bd. 1: Stadt Eichstätt. Bearb. von Felix Mader (Die Kunstdenkmäler des Königreichs Bayern, Bd. 1,1). München 1924, S. 291.

nem Onkel Erhard, Dekan von Eichstätt [*„ex sorore nepos extreme voluntatis executor"*] und sich selbst als Stifter dort ein Epitaph von Loy Hering setzen ließ) sind Geschwister. Dies bestätigen die Regesten des Deutschen Ordens.[97] Aber wo bleibt der andere DO-Ritter, *Georg*, u. a. Großkomtur und Oberster Spittler in Königsberg, den die Regesta DO als Bruder von *Jobst*, Landkomtur, und *Cun(t)z* auf Klitten, der durch seine Ehe mit Anna *v. Tettau* die preußische Linie begründet und fortsetzt, bezeichnen? Gab es zwei Brüder Georg? Denn auch dieser *Georg* wird urkundlich als Bruder von *Jobst* bezeichnet.

IV. Die preußische Linie

Über die heute noch blühenden Linien der Freiherren *Truchseß v. und zu Wetzhausen* und *Truchseß v. Wetzhausen zu Bundorf und Bettenburg* ist viel geschrieben worden,[98] über die Linie *Dachsbach* in Mittelfranken, aus der die *Linie in Preußen* hervorgegangen ist, kann man hingegen kaum etwas finden. Sie wird auch in dem kürzlich erschienenen Buch von Anton P. Rahrbach[99] nicht behandelt, weil beide Gebiete über Mainfranken hinausgehen. Ihre Genealogie findet sich jedoch bei Biedermann, der oft als unzuverlässig bezeichnet wird. Was die Truchseß v. Wetzhausen anbetrifft, erweisen sich jedoch die meisten Angaben, abgesehen von denen über die Teilnahme an frühen Turnieren, als zuverlässig, wenn man sie mit anderen Quellen vergleicht. Er selbst schreibt in diesem Zusammenhang über seinen Zeitgenossen „*Gotthard Freyherr Truchseß von Wetzhausen*[100] */ Herr zu Wetzhausen, Maylas und Rügheim, ein gelehrter Cavalier und hoher Patron, welcher zu gegenwärtigen Werke vieles beygetragen hat. ...*" Gotthard Truchseß v. Wetzhausen starb 1745, zwei Jahre vor Erscheinen des Bandes über den „Ritterort" Baunach, der die Truchsesse enthält.

Nach den uns zur Verfügung stehenden archivalischen Quellen[101] ist die erste Belehnung eines weltlichen Mitglieds des Geschlechts Truchseß v. Wetzhausen mit Gütern im Gebiet des Deutschordensstaates in Preußen die Handfeste des Hochmeis-

97 Regesta DO, I 20641, 1515 Nov. 27: Abt Georg von Auhausen, Erhart Domdechant zu Eichstätt und Ritter Hans Truchseß von Wetzhausen an den Hochmeister Albrecht: „*Versetzung ihres Bruders in die Ballei Coblenz. 1515 Dienstag nach Katharina.*" Mit dem Bruder ist offenbar Jobst gemeint. Limburg, Koblenz (wie Anm. 75), S. 163, 166 Anm., 169–171, 172 Anm., 173, 175 f. wird er (ca. 1515–1519) „*Koblenzer Hauskomtur Jobst Truchseß*" genannt. Der DO-Ritter *Georg* wird mehrmals in den Regesten als Bruder von Jobst erwähnt: Regesta DO, I 18861, 1503; I 19334, nach 1510; II 3940, 1513 Juli 31, II 3945, 1513 Sept. 29; ebenso *Cunz*, ebd. I 18995, II 3851, 1505 Sept. 2. In der Genealogie (s.u.) wurde dies noch nicht berücksichtigt.

98 Johann Friedrich Gauhe: Des Heil. Röm. Reichs Genealogisch-Historisches Adels-Lexicon. 1. Theil, darinnen die älteste und ansehnlichste adeliche, freyherrliche und gräfliche Familien ... in mehr denn 6000 Artikeln ... vorgestellet werden ... Leipzig 1740, Sp. 1922 f.; Kneschke, Adels-Lexicon (wie Anm. 6), Bd. 9, S. 288–290 (mit weiterer Literatur); Loher, Beiträge T. v. W. (wie Anm. 21).

99 Rahrbach, Reichsritter in Mainfranken (wie Anm. 19), S. 275–279.

100 „*Gotthard Truchsessen von Wetzhausen erster auffsatz zu einer historischen und genealogischen beschreibung von gantzen geschlecht derer Truchsessen von und zu Wetzhausen aus ihren archiven und anderen nachrichten zusamgetragen A. O. R. MDCCXXXI*", transkribiert in: Loher, Beiträge T. v. W. (wie Anm. 21). Außer diesem „ersten auffsatz" existiert von Gotthard T. v. W. eine Schrift: „*Nachrichten über das Geschlecht derer Truchsesse von Wetzhausen*" [= Genealogie], die in einer Abschrift im Hausarchiv der Familie in Wetzhausen liegt. Beide sind besonders wichtig, weil sie auf dem Urkundenbestand des Schlossarchivs Wetzhausen fußen, der als Depositum mit anderen Beständen des Staatsarchivs Würzburg im Schloss Wässerndorf ausgelagert worden war und dort zu Kriegsende verbrannte; Biedermann, Baunach (wie Anm. 9), Taf. 191.

101 Siehe oben Anm. 1.

ters Martin Truchseß v. Wetzhausen für seinen Neffen Cunz Truchseß v. Wetzhausen vom 13. Juli 1485 („am Tage Margarethae Virginis").[102] Johann Gottfried Biedermann[103] schreibt 1747: „*Cuntz Truchseß von Wetzhausen zu Dachsbach und Lanckheim, lebte anno 1479. ward anno 1486. von Herrn Marggraf Friederichen von Brandenburg nach Preussen beruffen, woselbsten Er sich setzete, und den Ort Lanckheim in Preussen eingeraumet bekame. Gemahlin. Anna von Tettau aus Preussen, deren Mutter eine von Reimann war.*" Bei dem genannten Markgrafen Friedrich kann es sich nur um Friedrich V., d.Ä., Markgraf von Ansbach und Kulmbach (1460–1536) handeln, der allerdings im Ordensstaat Preußen keine Lehen zu vergeben hatte. In seiner Eigenschaft als Lehnsherr des Cunz Truchseß in der Markgrafschaft Brandenburg-Ansbach hat er aber vielleicht den Rat gegeben, sich zu seinem Oheim, dem Hochmeister Martin Truchseß v. Wetzhausen (regierte 1477–1489) und zu seinen Brüdern, den Ordensrittern Georg und Jobst, zu begeben. Wie wir sehen, war er nicht schlecht beraten. Zwar ist uns nicht die urspüngliche Lehensurkunde für Langheim bekannt, aber mit der o. a. „Handfeste" von 1485[104] (nicht 1486!) erhielt Cunz für sich und „*seine rechten Erben und Nachkömlinge*" von „*Bruder Merten Truchses der Brüder des Hospitahls Sanct Mariae des Deutschen Hauses von Jerusalem Hormeister* (= Hochmeister) *mit Rath, Willen Wissen und Volworth unser Gebietiger umb der mannigfaltigen getreuen Dienste willen, die uns und unserm Orden unser lieber getreuer Cunz Truchses gethan hat ...*" das Dorf Klitten *(Galitten)* mit der Mühle und dem Teich (17 Huben), Brauna (10 Huben), Klein Klitten *(Klein Calitten)* mit 21 Huben, *in Croplitten 10 Haaken*, 4 ½ Haken zu Wolmen und einen Morgen Wiesenwachs sowie *Sysenik* (Siesenick) (9 Huben) mit dem Anteil des Schulzenamts „*mit allen und ieglichen ihren Gerechtigkeiten, Zinsen, Greissen* (?), *An- und Zufallen an Akker, Wiesen, Weiden, Wäldern, Feldern, Flüssen, Brüchern und Sträuchern binnen ihren alten Gränzen, als die von unsers Ordens Brüdern sind beweiset ...*" im Gebiet Brandenburg (in Preußen), Kammeramt *Dompnau* (Domnau) und Grünenberg, „*frei erblich und ewiglich zu Magdemburgischen Rechte zu besizzen.*" Er erhält auch „*die Gerichte, groß und klein*", ausgenommen das Straßengericht, das sich der Orden vorbehält. Dafür ist Cunz Truchseß zu einem Ritterdienst „mit Hengst und Harnisch nach des Landes Gewohnheit" verpflichtet, der aber noch für 15 Jahre ausgesetzt wird. Die Truchsesse von Wetzhausen wurden damit Vasallen zunächst des Deutschen Odens und dann, ab 1525, der Markgrafen und Kurfürsten von Brandenburg im Herzogtum Preußen.

Was Cunz Truchseß v. Wetzhausen wirklich bewog, nach Preußen zu gehen, ist aus schriftlichen Quellen nicht mit Sicherheit festzustellen, ebensowenig seine Verdienste um den Orden. Er war jedoch als Rat für den Orden tätig und muss demnach schon vor 1485 im Ordensland gewesen sein.

Die preußische Linie blühte bis in die erste Hälfte des 18. Jahrhundert, insgesamt etwa zweieinhalb Jahrhunderte lang. Wer die letzten Namensträger „Truchseß v. Wetzhausen" vor dem Erlöschen des Geschlechts in Preußen waren, kann aufgrund der lückenhaften schriftlichen Überlieferung nicht mit Bestimmtheit gesagt werden. Bis zur eventuellen Auffindung weiteren Quellenmaterials scheinen dies Heinrich Albrecht auf Groß Klitten († 1740) und sein Bruder Johann (Hans) Georg gewesen zu sein. Von Letzterem wissen wir nicht, wann er Preußen verlassen hat.

102 GStA PK, XX. HA, Adelsarchiv, Nr. 1308, Bd. 1, fol. 1/2; Handfeste von 1485, Abschrift von 1698: (Vermerk von anderer Hand: „*Ist außm Hausbuch Nr 2 fol. 9, Extradiret Bromberch. d. 28 July 1698. G Pomring*").

103 Biedermann, Baunach (wie Anm. 9), Taf. 197.

104 Handfeste in GStA PK, XX. HA, Adelsarchiv, Nr. 1308, Bd. 1, fol. 1/2.

Neben den bereits oben dargestellten Persönlichkeiten aus der Ordenszeit sind als herausragende Familienmitglieder der preußischen Truchseß v. Wetzhausen während der nachfolgenden herzoglichen bzw. kurfürstlichen Zeit vor allem zwei Persönlichkeiten zu nennen. In der Zeit, nachdem der letzte Hochmeister des Deutschen Ordens, Markgraf Albrecht von Brandenburg 1525 das Ordensland in ein weltliches Herzogtum unter seiner Leitung verwandelt hatte, ist dies *Hans Truchseß v. Wetzhausen* (1571–1635), langjähriger Regimentsrat, also einer der Oberräte im Regiment des Herzogtums Preußen, die in Abwesenheit des Herzogs diesen in Preußen vertraten, und Oberburggraf des Herzogtums Preußen. Sein Wort galt viel beim Fürsten und im ganzen Lande. G. A. v. Mülverstedt schreibt über ihn: *„Hans Truchseß v. Wetzhausen, der viele andere Güter namentlich im Amte Rastenburg besaß, war 1571 geboren und starb am 31. Oktober 1635 in dem hochbedeutsamen Amte eines Oberburggrafen des Herzogtums Preußen, das er zu einer drangsalvollen Zeit, in hohem Ansehen stehend rühmlich verwaltete.“* [105] Es ist sicher seinen Verdiensten zu danken, dass seine Söhne und Töchter in den Grafenstand des Heiligen Römischen Reichs erhoben wurden, obwohl er selbst dies nicht mehr erlebte. Nach dem Übergang des Herzogtums an Kurbrandenburg ist der bedeutendste Vertreter der Familie sicherlich *Erhard Ferdinand Graf Truchseß v. Wetzhausen* († 1664), der allerdings nicht im Lande wirkte. Seine vollständige Titulatur[106] lautete (etwas sprachlich geglättet): *„Der Hoch- und Wohlgeborene Herr, Herr des Heiligen Römischen Reichs Graf Truchseß v. Wetzhausen, der Römisch kaiserlichen, auch zu Ungarn und Böhmen königlichen Majestät, Wirklicher Kammerherr, Rat, Oberst und Landeshauptmann des Fürstentums Breslau samt zugehöriger Weichbilder Neumarkt und Namslau, Erbherr auf Bohrau, Glaubitten, Sonnenburg, Loseinen, Reichau und Kadinen pp.“* Erhard Ferdinand berechtigte durch seine Ehe mit Elisabeth Gräfin v. Wagensperg und die Gunst des Kaisers zu den größten Hoffnungen für den Bestand seines Zweiges der Familie. Ein Sohn und zwei Töchter aus dieser Ehe starben jedoch im Kindesalter. Nur die Tochter Anna Eleonore erreichte das Erwachsenenalter und wurde durch ihre Ehe eine Stammutter der Grafen v. Thannhausen.

V. Der Güterbesitz in Preußen

Leopold Frhr. v. Ledebur zählt in seinem Adelslexikon der Preussischen Monarchie[107] als Besitz der Truchseß v. Wetzhausen 48 Güter in 11 alten preußischen Ämtern auf. Wahrscheinlich waren es mehr, weil Güter verkauft oder vererbt, andere hinzugekauft wurden. Jedenfalls hatten die Truchseß v. Wetzhausen eine genügend große wirtschaftliche Basis in Preußen, der auch ihr politischer und gesellschaftlicher Einfluss im Lande entsprach. Die größte Zahl von Gütern lag nach Ledeburs Aufstellung in den Ämtern Friedland (14) und Rastenburg (11), gefolgt von Gerdauen (5) sowie Heiligenbeil und Mohrungen mit je 4 Gütern.

Das Geschlecht Truchseß v. Wetzhausen besaß in Preußen Grundbesitz in: Auditten, Auklitten, Babziens, Ballern, Bechels, Bohnau, Brauna, Britzau, Brunau, Cayden, Cleburg, Cosmans, Croplitten, Dreyhöfen, Eichenau, Fraunshausen, Gedungkeim,

105 George Adalbert v. Mülverstedt: Geschichtliche Nachrichten von dem Rittergute Loszainen im Kreise Rößel des Ermlandes und seinen Besitzern. Magdeburg 1909, S. 32.

106 GStA PK, XX. HA, Adelsarchiv, Nr. 1308, Bd. 4, fol. 30/31, 1664 Mai 5, Supplikation des Johann Wilhelm Truchseß v. Wetzhausen.

107 Leopold Freiherr v. Ledebur: Adelslexicon der Preussischen Monarchie. Bd. 3: T–Z. Berlin (1855–1858), S. 32 f.

Glaubitten, Glittehnen, Godocken, Godrienen, Gollen, Grenurkeim, Grimau, Groß Sollen, Grunau, Gudnicken, Hohenstein, Hornstein, Kadinen, Kenzau, Ketzels, Kirschnehnen, Klitten (Groß-), Klitten (Klein-), Korblack, Kritzau/Gritzau, Kunsheim, Kupitten, Kusitten, Langheim, Langwalde, Latinen, Loseinen/Truchsen, Losgehnen, Mamlack, Molditten, Morchel, Passargen, Passengen, Perweiken, Petermanns, Pillen, Pisenikken, Plackheim, Pobeinen, Pöhnen, Pötschendorf, Preusch.Wilten, Preuschhof, Ramsen, Rehberg, Reichau, Rosenort, Rückgarben, Scharfenberg, Scharkheim, Schönwalde, Seben, Söllen, Sonnenburg, Straußhöfen, Susnick, Temperboth, Temperhatten, Temperhof, Thurlacken, Turnhof, Vogtsdorf, Walikow, Wangnieskeim, Weissensee, Wilckheim, Willenau, Wirkgarben, Witkernheim, Wolmen, Wonigkeim, Wöterkeim, Wurperbothen. Diese Liste erhebt keinen Anspruch auf Vollständigkeit. Sie beruht in erster Linie auf der in Ledeburs Adelslexikon abgedruckten Aufstellung, ergänzt durch Johann Friedrich Goldbecks „Vollständige Topographie des Königreichs Preussen", sowie auf Erwähnungen von Gütern, die mir im Laufe des Quellenstudiums im Geheimen Staatsarchiv Preußischer Kulturbesitz in Berlin bekannt wurden. Die Ortsnamen änderten häufig ihre Schreibweise oder wurden von verschiedenen Schreibern nach dem Gehör aufgezeichnet, z.B. Süßlach/Sieslack; Biedermann beispielsweise schreibt statt Glaubitten: „Glaubhütten".

Die größte Bedeutung für die Familie hatten wohl Klitten, Reichau und Langheim. Letzteres war Sitz des langjährigen Oberburggrafen Hans Truchseß v. Wetzhausen. Graf Erhard Ferdinand Truchseß v. Wetzhausen († 1664), einer der Söhne des Hans, erbte u. a. Reichau, um das sich nach seinem Tod das Geschlecht jahrzehntelang mit seinem Lehnsherrn, dem Kurfürsten Friedrich Wilhelm von Brandenburg, dem Großen Kurfürsten (regierte 1640–1688), und seinen Nachfolgern stritt (s.u.). Wichtige Güter waren auch Glaubitten, Pötschendorf (Petschendorf) und Groß Loseinen. Letzteres war Stammsitz des Geschlechts v. Merklichenrade genannt Lusian, bevor es im Erbgang an die Truchseß fiel und später den Namen „Truchsen" erhielt.

Wie müssen wir uns einen bestimmten Güterkomplex vorstellen? Hatte ein Ast der Familie mehrere Söhne, so musste jeder einen Teil der Güter erhalten. In den Beständen des im Geheimen Staatsarchiv in Berlin befindlichen Historischen Staatsarchivs Königsberg finden sich verschiedene Aufstellungen von in einer Hand befindlichen Güterkomplexen, die einen Eindruck von der Situation für bestimmte Besitzer und Stichjahre vermitteln. Einige Beispiele werden im folgenden, z.T. auszugsweise wiedergegeben:

A. Güter, die Georg Friedrich Truchseß v. Wetzhausen von seinem Vater Heinrich geerbt hatte (1614 November 23/13):[108]

„*Seel. H. Heinrich Truchsen von Wetzhausen Erben haben im Ambte Brandenburg* [in Ostpreußen] *folgende huben:*

17 Huben zu Groß Klitten, sind laut der im Haußbuch No: 2 fol: 9 befindlichen Handveste Anno 1485 am tage Margarethae Virginis [= Juli 13] *vom HohrMeister* [Hochmeister] *Merten Truchßes von wegen getreuer Dienste dem Cuntz Truchßes von Wetzhausen zu Magdeb(urgischen) Rechten, die Gerichte groß und klein, Straßengerichte außgenommen, verschrieben, ist von dieser und anderen in der Handveste benannten Güttern einen Ritterdienst zu leisten, auch Jährlichen 1 Cram Pfund: Wachß und 1 Cöllmischen Pfennig zu geben schuldig.*

108 GStA PK, XX. HA, Adelsarchiv, Nr. 1308, Bd. 3, fol. 24/25.

9 Huben zu Knieworben sind Laut der im Haußbuch Lib: 2, fol: 217 Befindlichen Handveste Anno 1613 den 17 Febr. von Churfürsten Johann Sigismund dem Hanß Truchses von Wetzhausen, Obristen BurgGrafen zu Königsberg wegen getreuer Dienste zu Magdeburgschen Rechten, und zu beeden Kindern [männlichen und weiblichen Geschlechts] *sambt den Gerichten Groß undt Klein, Straßen Gerichte aber außgenommen, verschrieben.*

16 Huben zu Plackheim, welche Laut der im Haußbuch No: 3, fol: 173 Anno 1524 den 22 Octob. gegebenen und vorhandenen Handveste von MargGraff Albrecht dem Johann Prinen wegen getreuer Dienste zu Magdeburgschen Rechten, und zu beeden Kindern sambt den Gerichten Groß und Klein, Straßen gerichte aber außgenommen verschrieben.

17 Huben, alß 4 Huben zu Hirnhagen, 7 Huben zu Perwicken und 6 Huben einheischung, werden in SchloßRegistern verschoßet [versteuert], *aber in den HaußBüchern ist keine Verschreibung darüber zu finden, und hatt Laut dem Muster Register mit vorigen 16 Huben Einen RitterDienst welcher in Friedrich von Schlieben verschreibung stehet.*

Item 5 Huben zu Karplaucken, hierüber ist in den Haußbüchern keine Verschreibung nicht zu finden.

Summa 64 Huben, Leistet davon 2 Ritterdienst und giebt 1 Cram Pfund wachs und 1 Cöllmischen pfennig.

Der iezige Besitzer dieser Gütter ist Georg Friedrich Truchßes von Wetzhausen, ist ein junger Mensch und unbeweibet, deßen Schwester ist des seel: Otto von Pilgrams Fr. Wittib uff KleinLautt."

B. Conrad Truchseß v. Wetzhausens Hufenbesitz im Amt Brandenburg (ohne Datum, aber wohl 1614)[109]:

„*H. Conrad Truchßen von Wetzhausen im Ambt Brandenburg gelegene Huben*":
27 Huben 15 Morgen zu Preuschwilten, welche Laut der im Haußbuch No: 2. fol. 88 befindlichen Handveste Anno 1528 am Mittwoch nach dem Sonntage Quasimodo geniti [= April 22] vom Marggraff Albrechten dem Albrecht von Partryen wegen getreuer Dienste zu Lehen Rechten sambt den Gerichten Groß und klein, Straßen Gerichte aber außgenommen, verschrieben, soll davon einen RitterDienst leisten. 3 Huben 15 Morgen zu Preuschwilten sind im Haußbuch No: 2 fol: 88 befindlichen und zu LehnRechten vom Marggraffen Albrecht ao 1528 verschrieben. Summa 31 Huben. Dieser Conrad Truchßes von Wetzhausen hat Einen Sohn nahmens Erhard, selber [selbiger] studieret ietzo vff der Universität Königsberg."

C. Hufenbesitz der Glaubittener Güter (ohne Datum, Anfang 17. Jh.?) [der vollständige Text der Aufstellungen würde den Rahmen dieser Arbeit sprengen. Wir verzeichnen nur die Namen der Güter und ihre Hufenzahl][110]:

„*Consignatio der Hubenn Zahl, der Glaubittischen Gütter, und zu waß Rechten dieselbe verschrieben*":
„*Glaubitten (21), Wetterkeim (14 H(uben), 14 M(orgen)), Langenwald (26), Stallen (10), Scharkeim (12), Hartelß (9), SonnenBurg (18), Boritten (3), Klein Paaßlack (5), Sußnicken (16), Prassen (1 H, 15 M Waldeß), Bollen (6 H Waldeß), Ketzelß (4 H, 15 M), Budnicken (6), Urnkeim (10). Summa 144 Huben 3 Morgen. Diese gütter liegen alle im Ambt Rastenburg und seind keine Manlehn von denen Grafen Truchsessen sondern ein*

109 Ebd., Bd. 3, fol. 26 (Forts. v. fol. 24/25?).
110 Ebd., Bd. 3, fol. 27/28.

Sohn von Johann Wilhelm Truchses vff Langheim, so zu den väterlichen Lehen der naheste(,) ist noch gar Jung von wenig Jahren."

D. Aufstellung der Hufen im Amt Rastenburg[110a]

„*Petschendorf (39 H, 15 M). Herr Wilhelm Truchßes von Petschendorff. Hat zwey Töchter und keinen Sohn. Lieget auch im Ambt Rastenburg. Langheim (20 H, 15 M), hoff Wangnielstein (12 H, 15 M), Sußnick (34 H † 5 H, 5 M), Drey Höffchen (12), Langenwalde (11), Laablacken (13), Scharkeim (2), Francken* [in Preußen] *(3). Greitzen (2 H, 15 M), Wetterkeim (14 H, 15 M). Summa 130 Huben. ... war vorgedacht ein Mannlehen, Erbe noch gar Jung abgang* [der Rest unlesbar] *im Ambt Rastenburg.*"

Der Tausch zwischen Gütern des Geschlechts in Franken und den Reichau'schen Gütern in Preußen

1592 war in Franken Georg Truchseß v. Wetzhausen ohne Leibeserben gestorben und hatte die Güter *Mechtelwind, Ultfeld, Kairlindach* und *Maylach* hinterlassen.[111] Erbberechtigt waren alle Truchsesse der Dachsbach-Preußischen Linie. Da die meisten in Preußen lebten, beschloss man, dem Landesherrn einen Tausch dieser Güter gegen solche in Preußen vorzuschlagen. Der Fürst war damit einverstanden. So wurde am 28. Mai 1602 in Onolzbach (Ansbach)[112] zwischen Markgraf Georg Friedrich und Hans Truchseß v. Wetzhausen dem Jüngeren als bevollmächtigtem Vertreter aller Verwandten ein „Wechselbrief" aufgesetzt. Die genannten Güter, die Mannlehen des Fürstentums Ansbach und Burggraftums Nürnberg waren, wurden gegen Güter im Herzogtum Preußen eingetauscht, „*benantlichen das Gutt Reichau so Einhundert Drey und Zwanzig huben in sich helt, und Sechs huben zu Pobinen im Ambte Liebstadt ... sambt der Fischerey im See Nargen mit Keppen und Klein Zeug zu Tisches Nothdurfft und nicht zu verkauffen ...*" Der Fürst bekräftigt, „*dass Wir obernanten Truchsessen und ihren Mannlichen leibes lehens Erben solche Unsere Gütter in Preussen mit allen und jeden desselben Ein- und Zubehörungen auch rechten und Gerechtigkeiten so Wir bis daher daran gehabt haben, nichts davon ausgenommen gegen Zustellung berührter ihr, der Gütter zu Mechtelwind, Ultfeld, Kairlindach und Meylach, durch einen ufrichtigen redlichen und unwiederruflichen Wechsell gnädigst übergeben und zugestellet haben.*" Dies soll auch für die Erben und Nachkommen des Fürsten gelten. Es wird ausdrücklich festgehalten, „*dass die Truchsesse in Franken, Joachim, Dietrich, Hans Eytel und Sigmund Henrich ... welche in Simultanea investitum obgenanter Fränkischen Gütter gewesen, und dero Mänliche Leibes Erben, ebenmäßig zur belehnung und Succession dieser ertauschten Reichauschen Gütter kommen sollen*".

Die Einsetzung in die Reichau'schen Güter ließ jedoch noch auf sich warten. 1603 war Markgraf Georg Friedrich[113] von Brandenburg-Ansbach, Administrator des Herzogtums Preußen, gestorben. Als die Angelegenheit 1612/13 wieder aufgegriffen wurde, waren zwei Haupterben gestorben: Erhard ohne Leibeserben und Hans, der die Söhne Hans der Jüngere, später Oberburggraf, und Georg auf Loseinen hinterließ. Letztere teilten die Güter 1613 unter sich auf. Als Georg ebenfalls ohne Leibeserben starb, erbte sein Bruder Hans auch seinen Teil der Güter.

110a Ebd., Bd. 3, fol. 27/28.
111 Ebd., Bd. 4 (Reichau-Akte, Gütertauschvertrag 1602 etc., viele Folioseiten).
112 Ebd.
113 H(ermann) Grote: Stammtafeln. Leipzig 1877 (ND o. J.), S. 227.

Der Rechtsstreit zwischen dem Landesherrn und den Truchseß v. Wetzhausen um die Reichau'schen Güter[114]

Am 28. März 1664 war Erhard Ferdinand Graf Truchseß v. Wetzhausen, u. a. Erbherr auf Reichau, gestorben. Seine Witwe Maria Elisabeth geb. Gräfin v. Wagensperg berichtete dem Kurfürsten von seinem Tode, erbat Vormünder für ihre unmündigen Kinder sowie den Konsens, eine Summe von 6000 Talern auf die Reichau'schen Güter zur Bestreitung der Kosten für die standesgemäße Beisetzung aufnehmen zu dürfen.[115] Kurfürst Friedrich Wilhelm stimmte sofort beiden Bitten zu.[116] Hans Dietrich v. Tettau, Landvogt zu Schacken, und Reinhold v. Derschau, Oberappellationsgerichts- und Hofrat, wurden ihrer Bitte und einem Wunsch ihres verstorbenen Ehemanns gemäß als Vormünder gebilligt und vom Fürsten gebeten, die Vormundschaft anzunehmen.[117] Später erbat die Witwe noch für sich als „Kriegischen Vormund" Albrecht v. Ostau, „*welchen mein Eheherr vor seinem Absterben selbst benennet*"[118]. Auch dieser wurde genehmigt.[119] Die Summe von 6000 Talern wurde auf 4000 Taler reduziert und am 7. Juni 1664 durch einen schriftlichen Konsens bestätigt.[120] Am 8. Juli 1664 widerrief der Landesherr diesen jedoch und änderte ihn dahingehend ab, dass das Geld nicht auf die Reichau'schen, sondern nur auf die übrigen „Magdeburgischen" und Allodialgüter aus dem Nachlass des Grafen Erhard Ferdinand aufgenommen werden dürfte.[121] Die Witwe protestierte vergebens, auch über einen Bevollmächtigten, bei den Oberräten des „preußischen Regiments" in Königsberg.[122]

Der Kurfürst scheint frühzeitig vom Tode des Grafen erfahren zu haben. Dieser hatte „*seiner allhier in Preußen habenden Interessen halber sich anhero begeben*" und wurde „*durch unverhofften Todesfall der Mühseeligkeit dieses Zeitlichen Lebens entrießen*".[123] Jedenfalls hatte der Landesherr sofort die Reichau'schen Güter, die er für heimgefallen *(caduc)* hielt, dem Geheimen und Märkischen Regierungsrat Christian Albrecht Burggraf und Graf zu Dohna, Statthalter des Fürstentums Halberstadt und Gouverneur der Veste Küstrin, zugesichert.[124] Ebenso schnell meldete aber auch ein Vetter des Grafen Erhard Ferdinand, Johann (Hans) Wilhelm Truchseß v. Wetzhausen

---

114 GStA PK, XX. HA, Adelsarchiv, Nr. 1308, Bd. 4, fol. 9–15, 19–31, 36–46, 48–72, 75–76, 78–128; Ein großer Teil der Aufzeichnungen in den fünf Bänden zum Geschlecht Truchseß v. Wetzhausen im sog. Adelsarchiv des Königsberger Staatsarchivs bezieht sich auf diesen Güterstreit, Band 4 fast ausschließlich.

115 Ebd., Bd. 4, fol. 18, 1664 Mai 9.

116 Ebd., Bd. 4, fol. 9, 1664 Mai 13.

117 Ebd., Bd. 4, fol. 66, 1664 nach März 28.

118 Ebd., Bd. 4, fol. 15, 1664 Mai 5, Kriegischer Vormund für Witwe des Grafen Erhard Ferdinand T. v. W.

119 Ebd., Bd. 4, fol. 15, 1664 Mai 5, Preußische Regierung an Albrecht v. Ostau, Hofrichter.

120 Ebd., Bd. 4, fol. 45/46, 1664 Juni 17, Kurfürst Friedrich Wilhelm an den Statthalter Herzog Boguslav Radziwill und die Oberräte in Preußen: „*… bewilligen … dass sie befugt seyn solle, auf die Reichawische Güter … Viertausend Rthlr aufzunehmen;*" Original mit Siegel und handschriftl. Unterschrift des Kurfürsten.

121 Ebd., Bd. 4, fol. 48/49, 1664 Juli 8 Cölln a. d. Spree, Kurfürst Friedrich Wilhelm an Statthalter und Oberräte in Preußen.

122 Ebd., Bd. 4, fol. 58, 1664 Nov. 11, Regierung in Preußen an den Kurfürsten: „Gemächtigter besteht auf Erfüllung des ersten Consens vom 17. Juni – 4000 Rt. auf die Reichau'schen Güter".

123 Ebd., Bd. 4, fol. 66, 1664 nach März 28, Gräfin Maria Elisabeth T. v. W., geb Gräfin v. Wagensberg an den Kurfürsten.

124 Ebd., Bd. 4, fol. 10/11, 1664 April 8, Kurfürst Friedrich Wilhelm an den Statthalter Herzog Boguslav Radziwill und die Oberräte in Preußen, befiehlt, den Grafen „*in solch Gut Reichau dem Herkommen gemeß zu immittiren*".

auf Langheim sein Recht auf Lehnsfolge als nächster Agnat an. Als alles „Supplizieren" beim Kurfürsten nichts half, weil dieser sein einmal gegebenes Versprechen nicht brechen wollte, wandte sich Johann Wilhelm an das Hofgericht, um sein Lehnsrecht bestätigen zu lassen. Der Prozess zog sich mit dem Austausch zahlreicher Schriftsätze bis 1670 hin. Schließlich ernannte der Kurfürst anlässlich eines Besuchs in Preußen eine Kommission, die sich mit den Schriften des Advocatus Fisci und Gegenschriften Johann Wilhelms auseinandersetzte und schließlich letzterem das Recht der Lehnsfolge zugestand. Ausschlaggebend scheint gewesen zu sein, dass sogar vier Familienmitglieder der Dachsbacher Linie in Franken namentlich im „Wechselbrief" (s. o.) als erbberechtigt genannt worden waren. Umso mehr Recht hatten nach diesem ungewöhnlichen Tauschgeschäft die Mitglieder der Preußischen Linie. Johann (Hans) Wilhelm war der letzte verbleibende Enkel des Wilhelm Truchseß v. Wetzhausen, der bei der Güterteilung (1602) 29 Hufen in Reichau bekam, die er zwar seinem Bruder Hans, dem Oberburggrafen verkaufte, aber doch erbberechtigt war. Wie sich Graf zu Dohna dazu stellte und ob er anderweitig entschädigt wurde, geht aus den eingesehenen Archivalien nicht hervor. Auch nach dem Aussterben der Truchseß v. Wetzhausen in Preußen scheint Reichau nicht in den Besitz der Grafen und Burggrafen zu Dohna gelangt zu sein.

Der Verbleib einiger Truchsessischer Güter nach dem Erlöschen der Preußischen Linie

Langheim
Nach dem Tod der Witwe des am 4. März 1673[125] verstorbenen Johann Wilhelm Truchseß v. Wetzhausen, Anna Eleonora geb. Freiin zu Heydeck, am 8. August 1692 finden wir Langheim im Besitz ihres zweiten Ehemanns, Joachim Heinrich Erbtruchseß Freiherrn zu Waldburg. Johann Wilhelms und Anna Eleonoras Sohn Eustachius Erhard, * 1670, saß noch „auf Langheim". Er starb aber bereits 1699.

Groß Klitten
Heinrich Albrecht Truchseß v. Wetzhausen († Königsberg 1740) verkaufte Groß Klitten im Jahre 1718. Sein Schwager Hans Eustachius Edler v. Plotho, Ehemann seiner Schwester Anna Dorothea, nennt sich 1726 „auf Groß Klitten".

Alt-Loseinen (später „Truchsen")
Laut v. Mülverstedt[126] heirateten zwei Schwestern des Geschlechts v. Merklichenrade gen. Lusian auf Alt-Loseinen und Molditten zwei Brüder Truchseß v. Wetzhausen:

1. Euphemia v. Merklichenrade gen. Lusian, ⚭ Kunz Truchseß v. Wetzhausen auf Langheim († vor 1570); sie heiratete in 2. Ehe Albrecht v. Schedel auf Teistimmen.[127]
2. Katharina v. M. gen. L. († 1584), ⚭ 23. 1. 1564 Hans T. v. W., * 1534, † 14. 2. 1608, Erbherr auf Langheim und Glaubitten, dann auch auf Alt-Loseinen (Truchsen), *„das er durch seine Gemahlin erhielt"*, Rastenburgischer Landrichter, 1593, 1607.[128]

Sie waren Töchter von Martin v. M. auch Lusian genannt, Erbherr auf Alt-Loseinen und Molditten und der Anna v. Balinski a.d.H. Jegel († vor 1556), T. d. Johann v. B.,

125 Gallandi (wie Anm. 11), Übersichtsstammtafel: *„Johann Wilhelm, geb. 29. 4. 1640, † 4. 3. 1673"*.
126 Mülverstedt, Loszainen (wie Anm. 105), Stammtafel v. Merklichenrade.
127 Die Tochter Katharina v. Schedel ⚭ 1604 Ludwig v. Stanislawski, 1604 bischöflich ermländischer Schaffner zu Heilsberg, 1630 bischöflich ermländischer Landrat. Er nennt sich Erbherr auf Molditten und Truchsen (ebd., Stammtafel v. Stanislawski).
128 Mülverstedt, Loszainen (wie Anm. 105), Stammtafel Truchseß v. Wetzhausen.

Kastellan zu Danzig, die sich um 1545 in 2. Ehe mit Christoph v. Bronsart auf Rosenberg, Borschehnen und Stunkheim vermählte.

Söhne von Hans Truchseß v. Wetzhausen und Katharina v. Merklichenrade gen. Lusian:

1. Georg T. v. W., * 1566, † 16?? ohne Nachkommen, ∞ Jakobina *v. Cotterel* aus den Niederlanden.
2. Hans T. v. W. d. J., * 1571, † 31. 10. 1635, Regimentsrat und Oberster Burggraf des Herzogtums Preußen; ∞ Anna Maria *v. Tettau*, * 1572, † 24. 6. 1660, □ Königsberg.

   Söhne:

   1) Martin Sigmund Graf T. v. W., * 13. 7. 1616, † 18. 9. 1656, Erbherr auf Loseinen (Truchsen).
   2) Erhard Ferdinand Graf T. v. W., * 30. 4. 1617, † 28. 3. 1664, Erbherr auf Loseinen (Truchsen).[129]

Molditten
Siehe den vorstehenden Artikel.

Vo(i)gtsdorf
Siehe den vorstehenden Artikel.

Pötschendorf/Petschendorf
1660 beantragen Adam Sigismund v. Wallenrodt und Wilhelm Truchseß v. Wetzhausen, einige ihrer Güter verkaufen zu dürfen, „*weil sie die noth fast drücket*".[130] Bei Truchseß geht es um das Gut Pötschendorf („*Petschendorf*"), ein 39 Huben umfassendes Söhne- und Töchterlehen („*zu beeden Kindern*") nach Magdeburgischem Recht. Der Verkauf „*an Lehensfähige und Unß anständige Leute*" wird mit einem vom Großen Kurfürsten Friedrich Wilhelm von Brandenburg eigenhändig unterschriebenen Schreiben, datiert „Cöln an der Spree 10. August 1660" genehmigt. Wer das Gut gekauft hat und welcher Preis erzielt wurde, ist in den uns zugänglichen Akten nicht überliefert.

VI. Erhebung in den Reichsgrafenstand

1636 erhob Kaiser Ferdinand II. den Erhard Truchseß v. Wetzhausen mit seinen Geschwistern in den Grafenstand des Heiligen Römischen Reiches deutscher Nation. Erhard dankte dies dem Kaiser, indem er zum Katholizismus übertrat und seinem Namen den weiteren Vornamen Ferdinand hinzufügte. Auch der Bruder Hans Anselm (Anshelm) konvertierte zum katholischen Glauben.

Das Grafendiplom, ausgestellt Regensburg 11. Oktober 1636[131], mit Wappenbesserung und dem Prädikat „Hoch- und Wohlgeboren" nennt folgende Geschwister,

129 Mülverstedt, Loszainen (wie Anm. 105), S. 31, schreibt sinngemäß: „Der Landbesitz des Grafen Erhard Ferdinand Truchseß v. Wetzhausen gelangte nach seinem Tod zum Verkauf. Loseinen und Voigtsdorf gingen an die Nachkommen des ermländischen Landvogts Ludwig v. Seguth-Stanislawski, die schon Molditten besaßen."

130 GStA PK, XX. HA, Adelsarchiv, Nr. 1308, Bd. 3, fol. 147–149, 1660 Aug. 10.

131 Reichsgrafenstand Regensburg, 11. Okt. 1636; Böhmischer Grafenstand Prag 22. Juni 1637: Archiv für deutsche Adels-Geschichte, Genealogie, Heraldik und Sphragistik. Hrsg. von Leopold Frhr. v. Ledebur. Th. 2. Berlin 1865, V. Nachträge zum Adelslexicon der Preussischen Monarchie von L. Frh. von Ledebur, S. 142: „Truchsess von Wetzenhausen (III. 32.). Die Brüder Johann Anselm T. v. W., kaiserl. General-Feldzeugmeister, Wilhelm, kaiserl. Oberst, Martin Siegmund und Erhard und ihre Schwestern Elisabeth, Anna Maria, Dorothea und Catharina Susanna sind d. d. Regensburg 11. Oct. 1636 in den Reichs-, und d. d. Prag 22. Juni 1637 in den böhmischen Grafenstand erhoben worden."

Kinder von Hans junior Truchseß v. Wetzhausen zu Glaubitten, Kurbrandenburgischer herzoglich preußischer Regimentsrat und Oberburggraf (1566–1635), und Anna Maria v. Tettau, Tochter des Anselm v. Tettau zu Süßlach (Sieslack) und Powarschen und der Euphemia Freiin v. Eulenburg: *Johann Anselm*, Kaiserlicher Kämmerer und Generalfeldzeugmeister, *Wilhelm*, kaiserlicher Generalfeldzeugmeister, Kämmerer und Oberst über ein Regiment zu Fuß, *Martin Sigmund*, Königlich polnischer Kammerherr und Obrist der Republik Venedig, *Erhard* – dann Erhard Ferdinand –, Kaiserlicher Kämmerer, Rat, Obrister und Landeshauptmann des Fürstentums Breslau, *Elisabeth* ⚭ Albrecht v. Schlieben, *Maria Anna* (starb unvermählt), *Dorothea* ⚭ I. Wolff Friedrich Truchseß v. Wetzhausen zu Langheim († 1646), ⚭ II. Johann Friedrich Freiherr v. Heideck, *Catharina Susanna* (starb unvermählt). Die Geschwister Dietrich und Katharina erscheinen nicht im Grafendiplom, da sie 1636 bereits verstorben waren. Die Mutter, Anna Maria geb. v. Tettau, Witwe des 1635 gestorbenen Oberburggrafen Hans Truchseß v. Wetzhausen, ist ebenfalls nicht im Diplom genannt. Johannes Gallandi[132], ein guter Kenner der Geschichte des preußischen Adels, schreibt jedoch 1886 bei der Erwähnung von Johann (Hans) Anselm ausdrücklich: *„nach dem Tode seines Vaters mit seinen Geschwistern und seiner Mutter in den Reichsgrafenstand erhoben.“*

Mit der Standeserhebung war naturgemäß eine Vermehrung des Wappens verbunden. Das Stammwappen beschreibt Gallandi[133] folgendermaßen: „Schild: Gold mit zwei von Rot und Silber in zwei Reihen geschachten Querbalken. Helm: zwischen wie der Schild gezeichneten und tingierten Büffelhörnern, ein linkshin gekehrter rot gekleideter gekrönter Frauenrumpf mit langem Haarzopf. Helmdecken: Rot und Gold.“ In modernerer Fassung[134]: „In Gold 2 von Rot und Silber in 2 Reihen zu 16 Plätzen geschachte Balken. Auf dem Helm mit rot-goldenen Decken ein golden-gekrönter rotgekleideter wachsender Frauenrumpf mit dickem blonden Zopf zwischen 2 goldenen Büffelhörnern, mit je 2 von Rot und Silber geschachten Spangen“ *(Abb. 12)*.

Das vermehrte Wappen der Grafen *(Abb. 13)* hatte nun nach Gallandi folgende Blasonierung: Quadriert mit vier schwarzen Adlern in Rot, Blau, Gold und Silber mit dem alten Wappen als Mittelschild.[135] Eine genauere Beschreibung muss lauten: Quadriert mit einem um die Helmzier des Stammwappens im Schild vermehrten Herzschild: 1: in Rot ein schwarzer gekrönter Adler: 2: in Blau ein silberner ungekrönter Adler; 3: in Gold ein silberner gekrönter Adler (heraldischer Regelverstoß: Metall auf Metall!); 4: in Silber ein schwarzer gekrönter Adler. Drei Bügelhelme mit Helmzier: 1. Helm: Mitte: gekrönter Helm mit Helmzier des Stammwappens. 2. Helm: (heraldisch) rechts: gekrönt, ein schwarzer gekrönter Doppeladler, in der rechten Kralle ein Schwert, in der linken einen Reichsapfel haltend. 3. Helm: (heraldisch) links: gekrönt, ein silberner ungekrönter Adler. Helmdecken: (heraldisch) rechts rot-silbern (heraldisch) links blau-golden.[136]

132 Gallandi (wie Anm. 11).

133 Stammwappen: Siebmacher I, Taf. 101; ebd. Supplement 7, Taf. 24; GHdA Bd 134. Adelslexikon. Bd. XV. Limburg an der Lahn 2004 *(Abb. 12)*.

134 GHBy XIII 2000, S. 510.

135 Anm. d. Verf.: Ob es sich beim erweiterten Grafenwappen um eine „Wappenbesserung“ handelt, kann man vom heraldischen Standpunkt bezweifeln: der Herzschild beinhaltet auch die Helmzier des Stammwappens *ohne den Helm*! Dieser Verstoß gegen die Regeln des deutschen Wappenwesens ist ungewöhnlich. In der englischen Heraldik ist das „crest“ allein dagegen durchaus gebräuchlich. Auch der silberne Adler im (3.) goldenen Feld widerspricht den Heraldikregeln.

136 Gräfliches Wappen: Siebmacher Supplement 7, Taf. 25 *(Abb. 13)*.

Der Große Kurfürst, Friedrich Wilhelm, Markgraf und Kurfürst von Brandenburg, Herzog in Preußen, zögerte zunächst, den Reichsgrafentitel des Geschlechts Truchseß v. Wetzhausen in seinen Landen anzuerkennen.[137] Er hatte den Geschwistern, besonders den Brüdern, einen inhaltlich nicht bekannten Revers geschickt, den sie unterschreiben sollten. Das war den Truchsessen nicht recht. Sie erwirkten vom polnischen König Wladislaus eine Intervention zu ihren Gunsten. Einer von ihnen, Martin Sigmund Graf Truchseß v. Wetzhausen, hatte jedoch den Revers unterschrieben und wurde daraufhin von der herzoglichen Kanzlei mit dem gräflichen Titel angeredet. Mit den übrigen Geschwistern ging die Kontroverse noch eine Zeit lang hin und her, wurde aber offenbar dann positiv entschieden, da die preußischen Urkunden den betreffenden Truchseß v. Wetzhausen später den Grafentitel beilegten.

Als Beispiel der Argumentation mag hier das Postscriptum zu einem eigenhändig unterzeichneten Schreiben des Kurfürsten vom 5./15. Juli 1643 an die Oberräte in Preußen dienen[138]: *„Auch Edle Rähte, undt Liebe getreuen, Laßen wir uns daßienige, waß Ihr der Königl. May[estä]tt zu Pohlen undt Schweden, auf Dero, wegen der Graffen Truchsessen tituls, an euch ergangenes Schreiben, in unterthänigkeit geandtwottet, überall woll gefallen, Wir sein auch nochmahls nicht gemeinet, Ihnen, den Truchsessen, den Graffen titull zu geben, ehe undt zuvorn Sie den Revers, welchen Ihr Bruder unterschrieben, gleichergestalt werden volnzogen undt unterschrieben haben. Ut in literis."*

Anhang

Genealogie des Geschlechts Truchseß v. Wetzhausen

1. Direkte Abstammung der preußischen Truchseß v. Wetzhausen von der Stammfamilie

Hans
Ritter, zu Wetzhausen, Sternberg, Bettenburg und Eißfeld, bekannt 1330
⚭ Anna Truchseß v. Baldersheim

|

Otto
bekannt 1330
⚭ Else v. Baunach

|

Dietz
zu Sternberg, Schweickershausen und Ermershausen, bekannt 1401
⚭ Cunegunda v. Sternberg

|

Carl
zu Sternberg, bekannt 1436
⚭ Christina Gottsmann v. Thurn

|

Lorenz
Stifter der Preußischen Linie

137 GStA PK, XX. HA, Adelsarchiv, Nr. 1308, Bd. 3, fol. 123, 1643 Jan. 20; ebd., fol. 124, 1643 Jan. 20; ebd., fol. 125, 1643 April 9; ebd., fol. 126 und 127, 1643 Juli 4.

138 Ebd., Bd. 3, fol. 128.

2. *Genealogie der preußischen Truchseß v. Wetzhausen*

Quellen für die Genealogie sind verschiedene Stammtafeln der Familie; eine Übersicht der (männlichen) erbberechtigten Familienmitglieder der preußischen Linie am Gut Reichau im Geheimen Staatsarchiv Preußischer Kulturbesitz in Berlin[139]; Biedermann, Baunach[140]; Stammtafel Lindner[141]; eigene genealogische Forschungen des Verfassers; alles kollationiert mit der „Stammtafel der Herren und Grafen Truchsess v. Wetzhausen" von Gallandi[142].

a. Die Dachsbacher Linie der Sternberger Hauptlinie

Lorenz[143] Truchseß v. Wetzhausen, bekannt 1439, 1443, zu Sternberg und Dachsbach in Franken, Stifter der Preußischen Linie; ∞ Gertraud *v. Lauffenholz*, T. d. Hans v. L zu Ober- u. Unter-Melsendorf und Michelau u. d. Clara v. Egloffstein.
Kinder:
1. Jacob, zu Dachsbach; ∞ Susanna *v. Wilhelmsdorf* (Wilhermsdorf).[144]
   Kinder:
   1) Leupold[145], zu Dachsbach, † 1501, □ Dominikanerkirche Bamberg (ein Fragment seines Grabsteins ist heute eingemauert links neben der Eingangstür zur E.T.A.-Hoffmann-Klause der Altenburg bei Bamberg, früher in der Dominikanerkirche Bamberg).
   2) Kilian[146] (Gilch), zu Dachsbach, bekannt 1479.
   3) Georg[147], zu Dachsbach, † Eichstätt 2. 11. 1552, 1499 zum 20. und letzten Abt des Benediktinerklosters Auhausen gewählt, ging 1530 nach der Säkularisierung des Klosters nach Eichstätt, und ist dort bei den Dominikanern begraben[148].
   4) Thomas[149], * um 1465, † Speyer 12. 7. 1523, □ Dom zu Speyer, Dr. in decretis, Dr. jur. utr., Domkapitular, Scholasticus, Domdekan und Generalvikar in Speyer; Humanist (s. o. S. 70).
   5) Jacob[150], zu Dachsbach; lebte noch 1479.
   6) Hartung, † 1487.
2. Georg, zu Dachsbach; ∞ Ursula *v. Gereuth*, T. d. Sixt v. G. u. d. Maria Berler[151].

---

139 Ebd., Bd. 1–5, insbes. Bd. 4, fol. 27, Beilage F zum Reichau-Vertrag vom 18. Nov. 1614.
140 Biedermann, Baunach (wie Anm. 9), Taf 196–202. Vgl. oben S. 81 zu Biedermann und Gotthard Truchseß v. Wetzhausen.
141 Stammtafel Nr. 3728 in der Sammlung Lindner im Archiv des Vereins Herold, Berlin, betr. das Geschlecht Truchseß v. Wetzhausen.
142 Gallandi (wie Anm. 11).
143 Laut Gallandi hieß er *Hans* und war Sohn des *„Dietrich Truchsess von Wetzhausen ∞ N. von Goltzmann"* * (vgl. oben Carl); Seine Brüder sollen *Hartung (1467), Conrad, Heinz (Gründer der Linie zu Steinberg***) und *Lippold* (Leipold) gewesen sein. * Anm. des Verf.: Die bekannte fränkische Familie heißt Gottsmann/Gotsman v. Thurn. ** = Sternberg.
144 Gallandi (wie Anm. 11): *„Jacob 1467 auf Dachsbach und Wolmersbach"*.
145 Gallandi (wie Anm. 11) hat nur den Vornamen *„Leopold"*.
146 Gallandi (wie Anm. 11): *„Gylge"*.
147 Laut Gallandi (wie Anm. 11) ist dieser Georg ein Sohn von Jacobs Bruder Erhard u. d. Anna v. Mayenthal; dieser dort als Sohn Jacobs genannte Georg hat keine weiteren Angaben, ebenso wie seine Brüder.
148 Siehe oben S. 78 f. die Beschreibung seines Epitaphs im Kreuzgang der ehemaligen Dominikanerkirche, Eichstätt. Vgl. Reindl (wie Anm. 75), A 73; Epitaph in der ehem. Abteikirche Auhausen, Reindl (wie Anm. 75), A 20. Siehe auch *Abb. 9–11.*
149 Gallandi (wie Anm. 11) hat hier nur den Vornamen Thomas. Bei ihm ist *„Thomas, Dechant zu Speier"* ein Sohn des Georg (ohne Nennung der Ehefrau).
150 Gallandi (wie Anm. 11): nur *„Jakob"* ohne weitere Angaben. Er nennt jedoch einen weiteren Sohn *„Hans 1467"*.
151 Die Berler von Tullau sind ein Stadtadelsgeschlecht von (Schwäbisch) Hall. Laut Gallandi (wie Anm. 11) hat Georg (ohne Nennung der Ehefrau) folgende Kinder: 1. *„Gülge"* (= Kilian), 2. *„Syfert"* (= Seifried) *„auf Dürrenhof 1478 ∞ N. von Schoten"* (= Margaretha Schott v. Schottenstein).

Kinder:
1) Kilian.
2) Seifert (Syfert), auf Dürrenhof 1478[152], † ohne männliche Leibeserben; ∞ 1457? Margarethe *Schott v. Schottenstein*, T. d. Wilhelm Sch. v. Sch., 1439 (∞ I. Margaretha v. der Thann; II. Anna Truchseß v. Wetzhausen, T. d. Hans T. v. W. zu Fürth am Berg und Seefeld).

3. Martin, † 5. 1. 1489, Hochmeister des Deutschen Ordens (1477–1489, s. o. S. 73 f.).
4. Cunegunda (Kunigunde), † 1489, Äbtissin des Klosters St. Theodor in Bamberg (1459–1489, s.u.).
5. Erhard, zu Dachsbach; bekannt 1443, 1466; ∞ Anna (Margaretha?)[153] *v. Mayenthal*, T. d. Hans v. Mayenthal, Bürgermeister von Würzburg.
Kinder:
1) Cuntz, zu Dachsbach (Franken) sowie Langheim und Klitten (Preußen), bekannt 1479; 1485, 1522 (in Preußen), Rat des Deutschen Ordens, Empfänger der Handfeste über Klitten etc. (s. o. S. 82); ∞ Anna *v. Tettau*, T. d. Anselm v. T. u. d. Traut v. Reimann. – Nachkommen siehe unten *2b. Der Ast zu Glaubitten*.
2) Hans[154], Ritter, brandenburg-kulmbach. Amtmann zu Bayersdorf.
3) Georg[155], zu Dachsbach, Deutschordensritter, Großkomtur in Preußen (s. o. S. 74–77).
4) Erhard[156], * um 1465, † Eichstätt[157] 16. 9. 1519, Domherr (1489), Domdekan in Eichstätt (1500–1519), Decretorum Dr. (Bologna), Gelehrter (s. o. S. 80 f.).
5) Jobst[158], zu Dachsbach, Deutschordensritter in Preußen, u. a. Großkomtur, Landkomtur der Ballei Österreich, Spitalmeister in Nürnberg (s. o. S. 77–79 und *Abb. 13–15*).
6) Margaretha[159] (nicht Magdalena!), * 14. 11. 1485, † 23. 7. 1517; ∞ Sixt *v. Seckendorff-Rinhofen* zu Hallerndorf und Simmelsdorf, * 5. 1. 1459, † 1. 8. 1516, ▭ Stiftskirche

Laut Gallandi hat dieses Ehepaar folgende Kinder: 1.) *„Hans auf Dürrenhof 1493"*. Laut Gallandi hat Hans (ohne Nennung der Ehefrau) folgende Kinder: (1) *„Syfert"*, (2) *„Baltzer"* (= Balthasar), (3) *„Georg 1545"*, (4) *„Maria"*. 2.) *„Georg, im Deutschen Orden Vogt zu Soldau 1493–1507, Vogt zu Fischhausen und Spittler 1508"*. Anm. des Verf.: Dies stimmt nicht. Nach den Regesten des DO war Georg ein Bruder von Jobst (s. o.), Großkomtur des DO und Landkomtur von Österreich sowie Cunz auf Klitten etc. und somit S. d. Erhard T. v. W. u. d. Anna v. Mayenthal. Georg, DO-Ritter, Großkomtur, Ober-Spittler in Königsberg etc (s. o. S. 74–77) war nicht Vogt von Fischhausen. 3.) *„Thomas, Dechant zu Speier"* Anm. des Verf. vgl. oben Nr. 4: S. d. Jacob T. v. W. u. d. Susanna v. Wilhelmsdorff.

152 „Aufsatz" des Gotthard T. v. W.: 1478 *„Seyfrid' (Seifried) Truchseß kauft Güter zu Dürrenhof von seinem Schwager Philipp Schott, verheiratet mit Truchseß."* Zu Philipp Schott: Biedermann, Baunach (wie Anm. 9), Taf. 155 (Artikel Schott v. Schottenstein): *„Philipp Schott von Schottenstein / verkaufte anno 1478. Herrn Seifried Truchsessen von Wetzhausen zu Dürrenhof / seinen Schwager* (Sohn des Wilhelm, 1439) *den Dürnhof und Patzenhof und † ohne LeibesErben."* Lt. Biedermann, Baunach (wie Anm. 9), Taf. 167 B (Artikel T. v. W.) ist Seifried S. d. Thein T. v. W. zu Trappstadt und Breitbach u. d. Margaretha v. Erthal; Lt. Biedermann, Baunach (wie Anm. 9), Taf. 195 (Artikel T. v. W.) ist er jedoch S. d. Hans T. v. W. zu Fürth am Berg und Seefeld, florirte anno 1443 und hinterließ 4 Söhne und 1 Tochter (ohne Angabe der Mutter).

153 Laut Reindl (wie Anm. 75), S. 287, hieß sie Margaretha. Auch ihre einzige Tochter heißt Margaretha.

154 Gallandi: *„Hans, Hofmeister in Ansbach, kommt nach Preußen"*. Anm. des Verf.: Er blieb aber wahrscheinlich nicht ständig in Preußen sondern nahm nur an Kämpfen des DO teil.

155 Laut Gallandi (wie Anm. 11) ist er S. d. Syfert/Seifried T. v. W. auf Dürrenhof, 1478, u. d. N. von Schoten = Margarethe Schott v. Schottenstein (freundliche Mitteilung von Rolf Frhr. Loeffelholz v. Colberg, Genealoge des fränkischen Adelsgeschlechts Schott v. Schottenstein).

156 Gallandi (wie Anm. 11): *„Erhard. Dechant zu Eichstaedt."*

157 Siehe die Beschreibung seines Epitaphs im Mortuarium des Eichstätter Doms *(Abb. 8)*, S. 80.

158 Siehe oben. Gallandi (wie Anm. 11): *„Jobst. im Deutschen Orden, Pfleger zu Neidenburg 1501–1513, Groß-Comthür 1522.23: Land Comthür der Balley Oesterreich in Laibach 1524."*

159 Margarethe fehlt bei Gallandi (wie Anm. 11); stattdessen führt er an: *„Agnes ∞ um 1482 Hans v. Tettau auf Rauschwitz, † um 1494."* Zu Sixt v. Seckendorff siehe: Gerhard Rechter: Die Seckendorff. Bd. 1: Stammfamilie mit den Linien Jochsberg und Rinhofen. Neustadt a. d. Aisch 1987, S. 158.

Langenzenn (S. d. Sigmund v. S., Amtmann zu Cadolzburg und Brunn u. d. Elisabeth v. Wolfstein).

Ein Sohn aus dieser Ehe, Wilhelm *v. Seckendorff* († 19. 7. 1531), war Domherr von Eichstätt und Testamentsvollstrecker seines Onkels Erhard Truchseß v. Wetzhausen, Domdekan von Eichstätt. Er ließ von Loy Hering für diesen und sich selbst ein Epitaph mit der Szene Christus am Ölberg im Mortuarium des Eichstätter Doms schaffen (der Bildteil allein heute in der Domdechantei, die Inschrift im Mortuarium).[160]

b. Die preußische Linie der Truchseß v. Wetzhausen

a) Der Ast zu Glaubitten in Preußen

1. Cuntz[161] (vgl. oben 2a, 5/1), † ca 1539[162], zu Dachsbach (Franken) sowie Langheim und Klitten[163] etc. (Preußen), bekannt 1479; 1485, 1522 (Preußen), Rat des Deutschen Ordens; Empfänger der Handfeste über Klitten etc., 1485; ⚭ Anna *v. Tettau*, T. d. Anselm v. T. u. d. Traut v. Reimann.

1500[164] kauft Cuntz die Güter Kaydann und Hohenstein im Kammeramt Domnau. Für seine dem Deutschen Orden als Rat geleisteten Dienste und *„in diesem vergangenen Kriege erlittenen Schaden an Hab und Gut"* gibt ihm der letzte Hochmeister des Ordens, Markgraf Albrecht von Brandenburg, am 1. Januar 1522 zunächst eine allgemeine Entschädigungszusage[165] und dann am 9. April 1522[166] eine Zuwendung von einer Tonne Honig, 1 Tonne Winter-Hechte, 1 Tonne Brassen u. ½ Tonne Aal aus dem Amt Angerburg jährlich, für seine u. seiner Ehefrau Lebenszeiten, als Vergütung für den erlittenen Kriegsschaden. 1527[167] ging es um eine sog. „Bauernsache". Häufig gab es Schwierigkeiten mit den angrenzenden Grundherren, wenn hörige Bauern die Grenze zum Nachbarland überschritten. Stefan Hartmann schreibt in „Herzog Albrecht von Preußen und das Bistum Ermland": „... die meisten namentlich angeforderten Entlaufenen (sind) reibungslos an ihre rechtmäßigen Grundherren ausgeliefert worden. Dagegen löste Bischof Mauritius von Ermland am 4. April 1527 ein sehr langwieriges Verfahren aus, als er Herzog Albrecht aufforderte, zwei entlaufene ermländische Bauern, die Gebrüder Merten und Mathis Holst, wieder an den Bischof zu überstellen. Diese beiden Bauern waren im Krieg 1519–1521 von ihrem väterlichen Erbe in Plessen, Amt Rössel, entlaufen und arbeiteten seitdem auf dem Gut des Cuntz Truchseß. Unter Berufung auf das Kulmer Recht widersetzte sich Truchseß der Auslieferungsforderung. Dagegen wurde die Gültigkeit des Kulmer Rechts für das Ermland von der bischöflichen Seite bestritten. Nach zwei ergebnislosen Gerichtsverfahren schlug der Herzog 1530 dem Bischof vor, daß Caspar Holst, der jüngste Bruder der beiden angeforder-

160 Reindl (wie Anm. 75), S. 287 f.: Wetzhausen/Seckendorff-Epitaph, A 15.

161 Gallandi (wie Anm. 11): *„Conrad Truchsess von Wetzhausen, kommt nach Preußen 1499*. ⚭ 1524 Anna v. Tettau."* *Anm. d. Verf.: 1485 erhält er bereits vom Hochmeister des DO die Handfeste für Klitten etc. Vorher war er Rat im DO. Wegen seiner Verdienste in dieser Eigenschaft wurde er belehnt. Vgl. oben betr. der Belehnung.

162 GStA PK, XX. HA, Adelsarchiv, Nr. 1308, Bd. 1, fol. 47–50, 1544 März 18, Erhard T. v. W., Sohn des Cunz, an Bürgermeister und Räte *„der dreyer Stett zu Konigsperg In Preussen: ... das got der almechtig, denn edelnn vnnd Ernvesten Connzen Druchsses ethwa zu Lanckheim gesessenn, meinen liebenn Vatter seligen, vor fünf Jaren vngeverdlichen aus diesem Elendt gnediglichen zu sich erfordert hat ..."*

163 Ebd., Bd. 1, fol. 1/2 Handfeste des Hochmeisters Martin T. v. W. über *Gr. u. Kl. Klitten, Brauna, Croplitten, Wolmen u. Sysnik* vom 13. Juli 1485 *(am Tage Margarethae Virg.)*, Königsberg.

164 Regesta DO, II 3778, 1500 März 3: „Verkauf von Kaydann (40 Hufen) und Hohenstein (20 Hufen) im Kammeramt Domnau an Cuntz Truchseß" (zitiert nach: Altpreußische Geschlechterkunde NF Bd. 8, 1975, S. 486).

165 GStA PK, XX. HA, Adelsarchiv, Nr. 1308, Bd. 1, fol. 5 u. 6, 1522 Jan. 1, Kriegsschäden.

166 Ebd., fol. 3 u. 4, 1522 Jan. 1, zitiert nach der sprachlich geglätteten Version des Archivars auf dem Umschlag: ebd. Bd. 1, fol. 5, 1522 April 9, *„Hauptverschreibung der Scheden halber so im Krieg erlitten" („1522 am mitwoch nach dem Sontag Judica")*.

167 Herzog Albrecht von Preußen und das Bistum Ermland (wie Anm. 13), zitiert nach: Altpreußische Geschlechterkunde NF 42 (1994), S. 132.

ten Bauern, von seinem jetzigen Gutsherrn an den Bischof ... ausgeliefert werden sollte und daß seine beiden älteren Brüder bei Truchseß bleiben dürften. Der Bischof war ... einverstanden. ... 3 Jahre 4 Monate hat dieses ‚Flüchtlingsdrama' gedauert und 27 Regesten in der Dokumentation beinhaltet. Dieser Vorgang ist auch ein Beleg dafür, daß die beiden Landesherren trotz ihres guten nachbarschaftlichen Verhältnisses ihre Rechtsanspüche mit Ausdauer verfochten." 1535 Oktober 29[168] verleiht und verschreibt Albrecht Markgraf von Brandenburg, Herzog in Preußen „*dem Erbarenn unserm Rathe und lieben getrewen, Connzen Truchseß umb seiner vilfeltigen getrewen Dienste willen, unnd vff sein vndertheniges dienslichs bittenn Anderthalbe hubenn unnd vierdehalbe morgenn Ackers, ann wiesenn, weldern, pruechenn vnnd streuchern, wie die vor alters Begrenizt vnd bewiesen sein, zue Sunnenburgk ann beiden seiten des Mulhtheichs Im gebiete Leuwenburgk gelegenn ... seinem vorigenn Dienst (berurrende den hof Wotrykheim. lauts des hauptbrieffs.) zu hulffe, so vil wir Inenn vonn rechts wegenn darann zu verleyhen haben*". So und ähnlich klingen die zahlreichen Lehenbriefe, die Mitglieder der Familie Truchseß v. Wetzhausen von ihren Landesherren erhalten haben. Das Andenken an den ersten preußischen Conrad (Conz, Cuntz) war auch noch Jahre nach seinem Tod lebendig. Er muss zwischen 1535 und 1538 gestorben sein, lt. Erhard Truchseß ca. 1539 (s. Anm. 162). 1538[169] verleiht Markgraf Albrecht „*Wilhelmen, Erharden vnnd Anshelmi nachgelassenen Shoenen, alle Truchsessenn, aus genaden vnnd umb der getrewen Dinst willen, so vns weilundt Ir lieber vatter vnd grosvatter Conz Truchses seliger gedechtnus getrewlich geleist ... etlich hofe vnnd gütter Ihm Rastenburgischen ...*"

Kinder:

1) Erhard[170], zu Dachsbach und Neubürg; ⚭ Ursula *v. Wolffsthal*, T. d. Nikolaus (Wolff)[171] v. W. u. d. Barbara Wolffskeel v. Reichenberg.
   Im Güterteilungsvertrag von 1540 erhält Erhard, wegen Krankheit vertreten durch seinen Neffen Christoph: „*Witkernheim das Dorf samt dem Hofe, Syllen, Syßnicken, Manneslaucken, Wurperbothenn, Beches, die Möl zue Sonnenburgk mit sampt den anderthalb huben vnnd vierdehalb morgen*".[172]
   Sohn:
   (1) Georg, bekannt: 1554, 1582, † 6. 7. 1592; ⚭ I. Anna Maria *Marschall v. Pappenheim*, † 31. 1. 1565 (T. d. Haupt Erbmarschall v. P. u. d. Sophia v. Gereuth); ⚭ II. 1583 Magdalena *v. Stettenberg* (T. d. Hans Georg v. St. zu Gamburg u. d. Ottilie Voit v. Rieneck). Ohne Nachkommen.

168 GStA PK, XX. HA, Adelsarchiv, Nr. 1308, Bd. 1, fol. 10. Das Konzept war urspünglich datiert „*Geben zu Konigspergk den 26 July 1535*" dann geändert zu „*Am Freitag nach Symonis und Jude Im funffzehenhundert und funffunddreissigst(en)*" = 1535 Okt. 29.

169 Ebd., Bd. 1, fol. 11/12: 1538 Okt. 16 Königsberg; Gemeint sind die Brüder Wilhelm und Erhard, Söhne des verstorbenen Conz T. v. W. sowie die Söhne des ebenfalls bereits verstorbenen Bruders Anselm: Christoph, Albrecht, Cunz und Georg.

170 Gallandi (wie Anm. 11): „*Erhard auf Dachsbach, Ritter, zu Neidenburg* ⚭ N. v. Wolfsthal.*" *Anm. des Verf.: Hier verwechselt Gallandi offenbar Neubürg in Franken mit der ehemaligen DO-Kommende Neidenburg in Preußen, die niemals im Besitz des Geschlechts T. v. W. war. Jobst T. v. W. war dort Pfleger.

171 Dieses Stadtadelsgeschlecht aus Schwäbisch Gmünd hieß „Wolff v. Wolffsthal". Es wanderte nach Nürnberg aus, bekleidete dort wichtige Ämter in der Verwaltung der Reichstadt und in kaiserlichem Dienst, erwarb Rittersitze im Kanton Steigerwald der fränkischen Reichsritterschaft, insbesondere Zeilitzheim, und erlosch 1717 mit Philipp Gaston Wolff Graf v. Wolffsthal. Ursula heiratete in zweiter Ehe nach Erhards Tod Georg Gabriel *Stiebar v. Buttenheim*, Domkanoniker von Würzburg, Chorherrn des Würzburger Stifts St. Burkard, nach seiner Resignation (1556 April 28), vgl. August Amrhein: Reihenfolge der Mitglieder des adeligen Domstiftes Würzburg. 2 Teile (Archiv des Historischen Vereins für Unterfranken und Aschaffenburg 33). [Würzburg] (1890), Bd. 2, S. 106; Johannes Kist: Die Matrikel der Geistlichkeit des Bistums Bamberg 1400–1556. Würzburg 1965, Nr. 6099.

172 Vgl. Lehensurkunde für Cunz T. v. W., GStA PK, XX. HA, Adelsarchiv, Nr. 1308, Bd. 1, fol. 10, 1535 Okt. 29, Königsberg.

Georg scheint seinen Lebensmittelpunkt in Franken gehabt haben. Das geht auch aus der Wahl seiner Ehefrauen hervor: sowohl die Familie der Erbmarschälle des Heiligen Römischen Reiches v. Pappenheim in Mittelfranken als auch die Herren v. Stettenberg mit dem noch als Ruine bestehenden Stammsitz bei Volkach am Main, sind alte fränkische Adelsgeschlechter. Georg war der Besitzer der Güter in Franken, die vom Markgrafen von Ansbach zu Lehen gingen und gegen die Reichau'schen Güter in Preußen getauscht wurden (siehe unter Hans und Georg Truchseß v. Wetzhausen, Söhne des Wilhelm T. v. W. und der Euphemia v. der Damerau).

2) Hans[173], zu Dachsbach, † (ertrank in der Maas), Amtmann zu Dachsbach.
Hans erscheint nicht in der Lehnsurkunde von 1538 und bei den späteren Auseinandersetzungen der Brüder und Neffen, den Söhnen des verstorbenen Anselm, weil er wohl bereits verstorben ist.

3) Wilhelm[174], * 1501, † 4. 1. 1561, ▭ Langheim, Erbherr zu Langheim, Glaubitten, Passargen, Babzins, Dreihöfen, Rückgarben, Preuß. Höfen, Godungkeim (seit 1543), Temperboth und Ketzels, Herzoglich preußischer Rat, Kammerherr, Amtshauptmann zu Barthen; ⚭ 1528 Euphemia *v. der Damerau*, * 1511, † 18. 4. 1548, ▭ Langheim, T. d. Hans v. d. D. u. d. Elisabeth v. Phieletzky, Witwe d. Heinrich (Quirin?) Graf v. Schlick[175] zu Passaun und Weissenkirchen, Herrn des Amtes Osterode.
Wilhelm, Erhard und die Söhne ihres Bruders Anselm versuchten jahrelang, sich über die Verteilung der Güter zu einigen, die ihr Vater (und Großvater) Cunz Truchseß v. Wetzhausen hinterlassen hatte.[176] Der Landesherr hatte als Schiedsrichter den preußischen Kanzler Hans v. Creitzen und Georg v. Kunheim, Hauptmann zu Tapiau, eingesetzt. Es scheiterte meistens daran, „*aus vrsachen das unnser bruder und vetter Erhart Truchssess nicht alhir gegenwertig noch genugsame volmacht hatt von sich gegeben*". Damit sich die Sache nicht noch länger hinzieht, bitten die anderen den Fürsten, anzuordnen, „*das sich vnnser Bruder und Vetter vff zukommenden Tag Jacobi (1540 Juli 25) selbest in eigner person herein ins land verfüget*" oder eine gültige Vollmacht schickt. Die Zusammenkunft konnte auch am Jakobstag nicht stattfinden, dann aber am Bartholomäustag (1540 August 27) ohne Erhard, der krank war und von seinem Neffen Christoph vertreten wurde. Wilhelm sprach für sich selbst, Anselms Söhne wurden durch Christoph und Albrecht vertreten. Es wurde durch das Los entschieden. Dieser Vertrag ist sehr wichtig, weil er zeigt, welche Güter bereits 1540 im Besitz der Familie Truchsess v. Wetzhausen waren. Wilhelm erhielt: „*Cayden, Hornstein, Passengenn, Babzin, Dreyhoffenn, Wirkgarbenn, gedunken, preußhoffen*". 1542[177] leiht der herzogli-

173 Gallandi (wie Anm. 11): „*Hans stirbt in Masowien**" *Anm. des Verf.: Lt. Familientradition ertrank Hans in der Maas/Meuse (Fluß im östlichen Frankreich, Belgien und den südlichen Niederlanden). Verwechslung mit Masowien (Landschaft an Weichsel und Bug mit Warschau) in Polen. Hans scheint nie dort gewesen zu sein.

174 Gallandi (wie Anm. 11): „*Wilhelm. * Februar 1501, † 4. Juli 1561. auf Langheim. Kammerherr, Hauptmann zu Barthen. ⚭ 1528* (verändert zu *1533**) *Euphemia v. d. Damerau, Witwe Quirins Grafen zu Passau** u. Weisskirchen.– geb. 1511 † 1548*". Anm. des Verf.: * Auch das zweite Eheschließungsdatum scheint falsch zu sein, wenn Graf zu Passaun u. Weissenkirchen erst 1548 gestorben ist. ** „Passau" ist ein häufiger Fehler: gemeint ist Passaun = Bassano. Er starb vor dem 8.9.1533.

175 GStA PK, XX. HA, Adelsarchiv, Nr. 1308, Bd. 1, fol. 8/9: Konzept einer Urkunde des Markgrafen Albrecht, Herzogs in Preußen, Bestätigung eines Leibgedings: Quirin Schligk Graf zu Passaun ist gestorben. Seine Witwe Eufemia geb. v. d. Damerau hat Wilhelm Truchseß v. Wetzhausen geheiratet. Er sichert sie mit einem Leibgeding von 320 Mark jährlich, Königsberg 1533 Sept. 8: aus einem Kapital, das dem Amtmann und Verwalter des Amtes Osterode übergeben wird, soll Eufemia Truchseß jährlich zu Lichtmeß 300 Mark bekommen (1533 Sept. 8).

176 Ebd., Bd. 1, fol. 13/14, Söhne und Enkel von Cunz T. v. W. an Markgraf Albrecht, 1540 März 23 / ebd. fol. 15–22, 1540 Aug. 27, Königsberg, Bestätigung des Teilungsvertrags durch Markgraf Albrecht.

177 Ebd., Bd. 1, fol. 31–34, 1542 Juli 25/30 Königsberg Konzept der Regierung; gleicher Text: fol. 35/36.

che Rat Wilhelm Truchseß v. Wetzhausen dem Herzog Albrecht in Preußen 3000 Mark preußischer Währung auf 1 Jahr zu 5 % Jahreszins. Bürgen sind Melchior v. Kreitzen, Friedrich v. d. Olschnitz und Georg v. Kunheim. 1543[178] und 1547 quittiert Wilhelm den Erhalt des Kapitals von 3000 Mark und 5 % Jahreszins. Damit werden auch die Bürgen entlastet. 1545[179] bestätigt der Herzog, dass vor ihm persönlich erschienen ist *„der Erbar unnser lieber getrewer Wilhelm Truchses vonn Wetzhausen und … zu seynem volmechtigenn vnnd procurator verordent vnnd gesatzt denn (den) Ersamen vnnsernn Fiscal, Rath vnnd auch lieben getrewen Ambrosium Adler"* in irrigen Sachen und rechtlichen Anforderungen, *„so sich zwischen dem Großmächtigen, Edlen und Ehrnvesten unsern besonderen lieben Hannsenn vonn Lusienn Colmischen Woywoden vnnd Hauptmann zum Redenn"* an einem und Wilhelm Truchseß andern Teils *„wegenn ethlicher anforderunge vnnd mütterlichem erbteil so obbemeltem Truchsessenn Ime seyner ehelichen Hausfrawenn halben erblichenn angefallenn vermeint …"* 1545[180] Vertrag *„wegen etzliche(r) Gebrechen zwischen Albrechten Truchsessen wegen seines Vettern Erharden Truchsessen zu Dachsbach In Franken an einem, vnd Wilhelmen Truchsessen von Wetzhausen zu Langkheim seinen Vettern …"* vermittelt durch den preußischen Obermarschall Friedrich v. der Oelsnitz auf Gilgenburg und Hauptmann zum Hohenstein sowie den Kanzler Johann v. Kreitzen, Dr. beider Rechte. Der Vertrag endet mit einer eingehenden Einigung der Parteien. 1549[181] setzt sich Wilhelm für einen Gastwirt (Krüger) ein, dem vom Burggrafen Unrecht geschehen ist, das trotz mündlicher Zusage nicht behoben wurde. 1551[182] schreibt Wilhelm zwei eigenhändige Briefe (Supplikationen) an den Landesherrn. Im ersten geht es um einen *„wirth Walther"*, der 20 Mark Buße zahlen soll. Die Angelegenheiten werden an Herrn v. Heideck zu Rastenburg verwiesen.

Kinder:

(1) Hans[183], * 1534, † 14. 2. 1608, ▭ Langheim, Erbherr zu Glaubitten und Loseinen, Herzogl. preuß. Landrichter in Rastenburg 1593. 1607; ⚭ 23. 1. 1564 Catharina *v. Mercklichenrade gen. Lusian*, 1538, † 1584, T. d. Martin v. M. gen. L. auf Alt Loseinen, Molditten und Sauerbaum u. d. Anna v. Balinski a.d.H. Jegel.

Hans teilt 1562[184] Mai 30 mit seinen Brüdern Cuntz, Erhard und Wilhelm dem Landesherrn den Tod seines Vaters Wilhelm mit. Der Bruder Georg ist noch unmündig und bedarf eines Vormundes. Die Schwester Anna und der Sohn Martin sind bereits verstorben. 1575[185] Beglaubigungsschreiben (*„Kuntschaft"*) für Hans Truchseß v. Wetzhausen als Abgeordneter des Amts Rastenburg zum Landtag in Königsberg. Hans hatte die Urkunde erbeten. Er hat *„solchem Landtage welcher sich nun in das ander Jahr erstrecket von anfang beigewohnet vnd noch beiwohnet"*. Er möge die „Kuntschaft" *„der gelegenheit nach zu seinem besten gebrauchen"*.

---

178 Ebd., Bd. 1, fol. 84/85 1543 Sept. 16 Königsberg, handschriftliche, gesiegelte aber nicht unterschriebene Quittung des Wilhelm T. v. W.; ebd. fol. 86, 1547 April 30 *„Quitantzen Wilhelmen Truchssessenn vber 3000 m. … den letzten aprilis 1547"*.

179 Ebd., Bd. 1, fol. 72/73 1545 Mai 7 Königsberg, außen: *„Volmacht Wilhelm Truchsessen vff Ambrosium Adler den 7. May 1545"*; Markgraf Albrecht Herzog in Preußen *„an alle … auf itziger Tagfart Stanislay zu Marenburgk versamlet"*.

180 Ebd., Bd. 1, fol. 74, 1545 Aug. 17, Konzept des Markgrafen; gleicher Gegenstand ebd. fol. 75–78, 1545 Aug. 17 Königsberg, Konzept.

181 Ebd., fol. 87–90, 1549 Jan., Originalbrief Wilhelm T. v. W.'s ohne Datum und Siegel.

182 Ebd., fol. 106/109 und fol. 107/108 1551 Febr. 14, Supplikationen Wilhelms an den Landesherrn.

183 Gallandi (wie Anm. 11): *„Hans Truchsess v. Wetzhausen, * 1534, † 14. 2. 1608, auf Glaubitten und Losseinen, ⚭ Katharina v. Merklichenrade genannt Lusian a.d.H. Losseinen."*

184 GStA PK, XX. HA, Adelsarchiv, Nr. 1308, Bd. 1, fol. 135/136 1562 Mai 30, Hans, Cuntz, Erhard und Wilhelm teilen dem Landesherrn den Tod ihres Vaters Wilhelm mit.

185 Ebd., fol. 160, 1575 Febr. 25, Königsberg, Beglaubigungsschreiben (*„Kuntschaft"*) für Hans T. v. W. zum Landtag in Königsberg.

1583[186] bittet Hans Truchseß v. Wetzhausen, Rastenburgischer Landrichter, *„vmb seine besoldung, wie sie die vorigen Landrichter gehabt und wie sie Ime von S(einer f(ürstlichen) D(urchlaucht) zugesagt sei“*. Er habe die Besoldung bisher nicht bekommen *„ausgenommen die Hofkleidung“* vor drei Jahren, wofür er sich bedankt. Die bisherigen Landrichter bekamen Kleidung, 50 Mark an Geld, das Öl, 1 Tonne Honig. 1585[187] Konzept eines Briefes der fürstlichen Regierung in Preußen an Hans Truchseß und Heinrich Weidenhammer betrifft eine Vormundschaft für *„Anna Caspar Dauzingin selig. nachgelassene Witbe.“* 1591[188] Hans Truchseß v. Wetzhausen an den Landesherrn: Der Schöppenmeister des Landgerichts Rastenburg ist gestorben. Deshalb konnte seither nicht Gericht gehalten werden. Nun ist *„Christoff Bronsert“* zum neuen Schöppenmeister gewählt worden. *„Wann aber auch noch ein beysitzer im Landtgerichte mangelt, vnd ein Erbares Landtgericht vergangenen 30. Monats Augusti, dieses 91 ten Jahres, auf Georg Schlubutten, iezt zu Reinsdorff, einhelligk gestimmet, vnd ihn dazu erwehlet,“* bittet Truchseß den Fürsten, den Christoph Bronsert als Landrichter in seinem Amt als Schöppenmeister zu bestätigen und dem George Schlubutt zu befehlen, sich am Dienstag nach Lichtmeß des kommenden Jahres (1592) beim Landgericht einzufinden. Hans Truchseß teilt auch dem Obersten Burggrafen des Herzogtums Preußen, seinem Schwager, Hans (v.) Rautter, die personellen Veränderungen am Landgericht in einem eigenhändigen Schreiben mit und benutzt die Gelegenheit zu einigen persönlichen Worten. Er nennt ihn: *„Gestrenger, Edler, Ehrenvester herr Burggraff, freundlicher geliepter Schwager“* und endet den Brief: *„… Eure liebe Hausfrau bitte ich von mein, und meiner Töchter wegen freundlichen zu grüssen, wie Ich, und die meinigen auch gleichfals grüssen thun.“* 1596 Dezember 4 schlossen die Vettern Georg, Sohn des Albrecht und Erhard, Sohn des Cuntz Truchseß v. Wetzhausen einen Brüderlichen Vertrag über die Güter Porwerken und Klitten. Ihre Vettern, die Brüder Hans d. J. und Erhard, Söhne des Wilhelm T. v. W. und der Eufemia v. der Damerau, halfen ihnen dabei und siegelten mit. (Siehe den genaueren Text unter Georg T. v. W., Sohn des Albrecht zu Klitten; vgl. Anm. S. 313.) 1599[189] *„Hanns Truchses von Wezhausen entschuldiget sich wegen seines aussenbleibens“* (zu einem Gerichtstermin) und reicht sein Rücktrittsgesuch als Landrichter ein. Begründung der Entschuldigung: *„… das ich nun ein Zeit lang, … wenig aus dem hause gekommen bin, habe offtmals grosse wehetage und reissen an meinem Haupt … und seit mir also das reysen und ausfaren nicht mehr bekommen, werde auch Immer schwehrer.“* Der Fürst möge ihn *„aus diesen vrsachen und ehehafften in gnaden … meines nicht einstellens … entschuldigen … mir dasselbige auch zu keinem vngehorsam aufnehmen“*. Er sei in seiner Jugend *„unverdrossen und gehorsamlich gewesen.“* Rücktrittsgesuch: *„Es ist aber auch Gnedigster Fürst und Herr an Euer F*(ürstlichen) *D*(urchlaucht) *mein untertheniges, demütiges vnd vleissiges bitten, dieselbe wollen mich numehr auch des LandRichtersampt entnemen dieweil ich wegen meines vbel hörens in demselbigen nicht fürstehen kann, … dan reysen kan ich nicht mehr.“* Der Fürst möge *„gegen das bevorstehende Landgericht dinstag nach Trinitatis dieses itzigen Jhares* (1599), *den Assessoribus an das Landgericht einen gnedigen schrifftlichen befhelich thun lassen,*

186 Ebd., Bd. 1, fol. 154/155, 1583 März 13, Hans Truchseß, Landrichter bittet um seine Besoldung.

187 GStA PK, XX. HA, Adelsarchiv, Nr. 1308, Bd. 2, fol. 1, 1585 April 20, Konzept der fürstlichen Regierung in Preußen an *„Hanßen Truchsen und Heinrich Weidenhamern“* Vormundschaft für *„Anna Caspar Dauzingin seli. nachgelassene Witbe“*.

188 Ebd., Bd. 2, fol. 24/26, 1591 Sept. 22. *„Hans Truchses Rastenburgischer LandtRichter bittet einen anderen Schöppenmeister auch beysitzer ins Landtgericht zu bestellen“*. – Ebd. Bd. 2, fol. 25 1591 Michaelistag, teilt er dies seinem Schwager, dem Regierungsrat und preuß. Oberburggrafen Hans (v.) Rautter mit und bittet ihn, die Angelegenheit beim Landesherrn zu fördern.

189 Ebd., Bd. 2, fol. 123/124, 1599 März 21, Rücktrittsgesuch des Hans Truchseß v. Wetzhausen als Landrichter.

damit dieselbe Ihrem gewöhnlichen gebrauch nach, drey andere aus Ihrem mietel (Mitte) *E.F.D. fürschlagen theten, aus denselbigen dan E.F.D. einen zum LandRichter nennen, und bestetigen könten.*" Hans meint, nicht mehr viel Lebenszeit vor sich zu haben, wenn er schreibt: „... *in diesem meinem alter vnd noch kurtzer Zeit des Lebens* ..."

Kinder:

a. Georg[190], * 1566, † nach 1610 Oktober 2, Erbherr zu Loseinen 1586. 1590 ∞ Jakobina *v. Cotterel* aus den Niederlanden („ohne Nachkommen").
1610[191] Georg und Hans Truchseß v. Wetzhausen, Brüder, bitten den Landesherrn um „*Commissarien*" im Streit um das Erbe ihres verstorbenen Schwagers Melchior (v.) Flans(en), Ehemannes ihrer verstorbenen Schwester Anna Truchseß v. Wetzhausen. „*Melchior Flanß weiland vff Auklitten vndt Plawen*" hatte seine fahrende und bewegliche Habe auf seine leiblichen Schwestern Anna Flanß, Witwe des „*Hanß Wilhelm Parcken Seel.*", und Catharina Flanß, Witwe des „*Ludwich Schertweichzen*", vererbt. Albrecht Friedrich Flanß hat sich jedoch nicht nur „*die liegenden Gründe, sondern auch der beweglichen gütter vnd fahrniß angemasset*" und bereits den „*Haubtman*" (Amtmann) zu Tapiau ersucht, die Inventarisierung vorzunehmen. Damit niemand zu kurz kommt, bitten die Brüder Georg und Hans Truchseß, die folgenden Personen „*zu Commissarien zu ordnen*": Friedrich Burggraf und Herrn zu Dohna, Amtmann zu Brandenburg/Preußen, Martin v. Wallenrodt, Amtmann zu Tapiau und den Hof- und Gerichtsrat Georg v. Schlubutt. Diese sollen einen Termin in Allenburg ansetzen, Albrecht Friedrich Flanß und sie („*neben unß*") vorladen, die Klage hören „*und darin wie recht ist verfahren vndt verabschieden*".

b. Georg Heinrich[192], * 1569, † 1627, zu Groß Loseinen (später Truchsen), Cleburg und Straußhofen, Herzogl. preuß. Vogt zu Holland (Preußen); ∞ I. 1611 Veronica *v. Elschinetz*, † 1612, T. d. Peter v. E.; ∞ II. „eine vornehme Dame aus polnischem Geschlecht", † 1620.
Tochter: jung †.

c. Wilhelm[193], * 1573, † Altenmuhr (heute 91735 Muhr a. See) 1593 bei den Herren v. Lentersheim auf Altenmuhr.

d. Anna[194], 1610 tot; ∞ 1599 Melchior *v. Flans(en)* zu Auditten.

e. Catharina[195], * 1507, † 1573.

f. Euphemia[196], * 1568, † 1573.

---

190 Gallandi (wie Anm. 11): „*Georg, * 1566, † kinderlos, auf Losseinen, ∞ Jakobine v. Coltrel aus den Niederlanden.*"

191 GStA PK, XX. HA, Adelsarchiv, Nr. 1308, Bd. 2, fol. 161/162, 1610 Okt. 2, Georg und Hans T. v. W., Gebrüder, erbitten vom Landesherrn „*Commissarien*" im Streit um das Erbe ihres verstorbenen Schwagers, Melchior (v.) Flans(en).

192 Nicht bei Gallandi (wie Anm. 11); Biedermann, Baunach (wie Anm. 9), Taf. 198: „*Georg Truchseß von Wetzhausen zu Groß Lusinen, Cleburg und Straußhöfen, Herzoglich Preußischer Voigt zu Holland in Preussen, geboren anno 1569. starb anno 1627. Gemahlin. (I) Veronica von Elschinetz/Herrn Peters von Elschinetz/Tochter. vermählt an 1611. starb anno 1612. (II) Eine Dame vornehmen Geschlechts aus Polen. geboren anno 1606, vermählt anno 1620. Eine Tochter welche in der Kindheit gestorben ist.*"

193 Gallandi (wie Anm. 11): „*† 1593 in Deutschland.*" Biedermann, Baunach (wie Anm. 9), Taf. 198: „*starb anno 1593 zu Alten Mur bey den Herrn von Lentersheim.*"

194 Gallandi (wie Anm. 11): „*Anna, ist 1610 tot. ∞ 1599 Melchior v. Flanss auf Auklitten und Schoenwalde.*" Biedermann, Baunach (wie Anm. 9), Taf. 198: „*Gemahl. Herr Melchior v. Plansen zu Auditten.*"

195 Gallandi (wie Anm. 11): „*Katharina, * 1507, † 1573.*" Biedermann, Baunach (wie Anm. 9), Taf. 198: „*ward nur 6 Wochen alt.*"

196 Gallandi (wie Anm. 11): „*Euphemia. * 1568, † 1600.*" Biedermann, Baunach (wie Anm. 9): „*† 18 Jahre alt.*" Anm. d. Verf.: Somit wäre sie nicht 18, sondern 32 Jahre alt geworden.

g. Dorothea[197], † nach 30. 3. 1618; ⚭ 11. 6. 1595 Christoph *v. Rautter* zu Rodehlen 1580 zu Karschau, urkundlich bekannt 11. 2. 1602, † kurz vor 1605 (Witwer von Gertrud v. Oelsen a.d.H. Glittehnen, † 5. 5. 1595).

h. Hans[198], * 1571, † 31. 5. 1635, ▭ Königsberg, Erbherr zu Loseinen (Truchsen), Glaubitten, Reichau etc (s. u.), Kurbrandenb. herzogl. preuß. Regimentsrat, Oberster Burggraf des Herzogtums Preußen; ⚭ 1604 Anna Maria *v. Tettau* a.d.H. Sieslack, * 1572, † 24. 6. 1660, ▭ Königsberg, Löbenichter Kirche, T. d. Anselm v. T., * 1556, † 12. 12. 1598, ▭ Petershagen, zu Sieslack, Powarschen, Liephausen, Reddenau, Borchertsdorf, Grausitten, Boritten und Keulenburg u. d. Euphemia Freiin v. Eulenburg, * 1569, † vor 9. 4. 1603, ▭ Petershagen. *„Hans Truchses von Wetzhausen, vieljähriger Regierungsrat und Oberster Burggraf, machte sich über 40 Jahre für das kurf. Haus Brandenburg verdient.“* Nach dem Tode ihres Ehemannes (1635) war Anna Maria Oberhofmeisterin der Königin Maria Eleonora von Schweden, Witwe des Königs Gustav II. Adolph. 1610[199] Hans und sein Bruder Georg Truchseß v. Wetzhausen erbitten eine Kommission zur Schlichtung im Streit um das Erbe ihres verstorbenen Schwagers Melchior Flanß, Ehemann ihrer verstorbenen Schwester Anna. 1615[200] Hans Truchseß v. Wetzhausen, Oberburggraf, hat seinem Vetter Erhard Truchseß vor dem Hofgericht für 2900 Mark preußisch gebürgt. Kurfürst Johann Sigismund weist den Hauptmann zu Rastenburg an, dafür zu sorgen, dass der Oberburggraf sein Kapital mit Zinsen oder das vereinbarte Unterpfand (vermutlich ein Gut) erhält. 1615[201] Grenzstreit mit Georg v. Lesgewang wegen strittiger Morgen zwischen *„Dittrichsdorff und dem Waldt Bollin“* und zwischen dem *„Dorff Löbenstein undt unsers OberBurggraffen Dorf Massauen“*. Brief des Kurfürsten Johann Sigismund an den Hauptmann zu Rastenburg wegen Bildung einer Kommission und Einladung aller Beteiligten zum Lokaltermin nach Dietrichsdorf am 30. Juli 1615. 1617[202] leiht der Regimentsrat und Oberburggraf

---

197 Gallandi (wie Anm. 11): *„Dorothea, ⚭ 1595 Christoph v. Rautter, * 7. Sept. 1556; auf Ploserim.“*

198 Gallandi (wie Anm. 11): *„Hans, * 1571, † 31. Oct. 1635, Oberburggraf (1621) auf Glaubitten, Reichau, Losseinen, Cadienen, Eichenau, Temperhof, Wöterkeim, Willenau, Seben, Langwalde, Mamlack, Thurlacken, Pobeinen, Sonnenberg. ⚭ 1603 Anna Maria v. Tettau, * 1572, † 24. Juni 1660, Tochter Anselms v. Tettau auf Sieslack. Hofmeisterin der Königin Wittwe von Schweden. 1634 * Reichsgräfin.“* Anm, des Verf.: * Entweder stimmt das so nicht oder sie wurde noch zu Lebzeiten ihres Ehemannes allein in den Grafenstand erhoben. Im Grafendiplom ihrer Kinder wurde sie nicht aufgeführt (siehe oben S. 89). Bei Gallandi heißt es ausdrücklich an anderer Stelle (siehe oben Anm. 131 und unten S. 102 unter Hans Anselm) sie sei *„nach dem Tode ihres Mannes“* Gräfin geworden. M.E. ist sie nie Gräfin geworden. In ihren späteren Gesuchen um Vormünder benutzt sie nie den Titel „Gräfin“; Fritz Roth: Restlose Auswertung von Leichenpredigten ... Bd. 9. Boppard/Rhein 1976, R 8492. – GStA PK, XX. HA, Adelsarchiv, Nr. 1308, Bd. 3, fol. 131, 1649 März 15, Anna Maria T. v. W., geb. v. Tettau erbittet Ludwig Sigmundt v. Pudewels [Podewils] auf Stückgarben anstelle des verstorbenen bisherigen Vormunds Andreas v. Kreytzen. – Ebd., Bd. 3, fol. 142, 1658 Febr. 18, Patent der Preußischen Regierung für Anna Maria, geb. v. Tettau, Witwe des Oberburggrafen Hans Truchseß v. Wetzhausen: entlaufene Untertanen. – Ebd., Bd. 3, fol. 139, 1654? (vom Archiv datiert), weiterer Vormund für Anna Maria T. v. W., geb. v. Tettau. – Ebd., Bd. 3, fol. 116, 1640 Juni 14 / bestätigt Juni 16, Wechsel in der Vormundschaft.

199 GStA PK, XX. HA, Adelsarchiv, Nr. 1308, Bd. 2, fol. 161/162, 1610 Okt. 2, Hans und Georg T. v. W., Brüder, erbitten eine Kommission im Erbstreit Flanß, siehe oben und Georg T. v. W. und Anm. 191.

200 Ebd., Bd. 3, fol. 6/7, 1615 Jan. 19, Kurfürst Johann Sigismund an den Hauptmann zu Rastenburg wegen Bürgschaft des Oberburggrafen Hans T. v. W. für seinen Vetter Erhard T. v. W., 3900 Mark preußisch.

201 Ebd., Bd. 3, fol. 9, 1615 Jan. 23, Grenzstreit mit Georg v. Lesgewang; ebd. Bd. 3, fol. 20, 1615 Juli 13; ebd. Bd. 3, fol. 21–23, 1615 Juli 13, Kommission im Grenzstreit.

202 Ebd., Bd. 3, fol. 40/41, 1617 Mai, *„Versicherung Hrn Johan Truchseß OberBurggrafen über 9000 gulden poln.“*

Hans Truchseß der Kurfürstlich Preußischen Kammer auf Wunsch des Landesfürsten *„zu volkommener entrichtung des Ordinarij undt Extraordinarij subsidij zu der Cron Pohlen ... 9000 gulden Polnisch auf zwey oder drey Monat ohne einige Interesse“*. Die Kammer quittiert dem Oberburggrafen den Empfang des Geldes. 1635[203] Oktober 31 ist der preußische Regimentsrat und Oberburggraf Hans Truchseß v. Wetzhausen gestorben. Die Witwe teilt dies dem Landesherrn und der Regierung in Preußen mit. Sie beschreibt den Tod ihres *„herzlieben und getrewen Ehegatten“* mit den Worten *„auß diesem mühseligen Leben, durch den zeitlichen toth, gleichsahm durch einen sanfften schlaaff abgefordert vndt der Seelen auch in die ewige freudt vndt Herrlichkeit genommen.“* Sie bittet um Vormünder und nennt: Andreas v. Kreitzen, Preuß. Oberrat und Landhofmeister, Hans Eberhard v. Tettau, Landrat und Hauptmann auf Brandenburg und George Truchseß v. Wetzhausen, Erbsaß auf Klitten *„alß meines Seel. Ehegatten, vndt meine Nahe anverwandten“*. 1637[204]: Kurfürst Georg Wilhelm an den Hofjägermeister und Hauptmann auf Lehnin, Baltzer Ludwig v. Stechau: Die Witwe des Oberburggrafen Hans Truchseß v. Wetzhausen habe um *„etwas Wildtprett zur außrichtung ihrer Tochter Hochzeit“* gebeten. Er möge dafür sorgen, *„damit geregtes Wildprett kegen* (gegen) *den nierstkünfftigen 30 t. Junij, vf welchen Tag die Hochzeitt bestimmet, unfeilbahr* (unfehlbar) *verschaffet und bemelter Wittiben den Tag zuvor, ausgefolgett werden möge.“* 1640 ist ein uns bisher unbekannter Vormund gestorben: Meinhardt v. Lehndorff. Für ihn tritt Wolf v. Kreitzen auf Sigillen *„zu einem Kriegischen Vormunde“* neu hinzu. 1649 März 15 erbittet *„Anna Maria geb. Tettawin Seel. Hanß Truchsen von Wezhausen weilandt Oberrhats u. Obersten Burggrafen hinterlassene Wittibe“* anstelle des verstorbenen bisherigen Vormunds, Andreas v. Kreytz(en), Oberrat und Landhofmeister, den Ludwig Sigmundt v. Pudewels auf Stückgarben. 1654 bittet Anna Maria geb. v. Tettau, Witwe des Oberrats und Oberburggrafen Hans Truchseß v. Wetzhausen, nachdem zum verbliebenen Vormund, dem Hauptmann *„uff Brandenburg“* der Hauptmann *„uff Rastenburg“* Hans Dietrich v. Tettau, verordnet wurde, zusätzlich um Hans Albrecht v. Ostrau, Hof- und Gerichtsrat.[205] 1658 erließen die Preußischen Oberräte in Königsberg ein *„Patent vor* (für) *des Seel. Oberburggraffen Johan Truchsessen von Wetzhausen, nachgebliebene Fr. Wittwe Ihre entlaufene Unterthanen wieder zusammen zu suchen.“* Sie wird hier ihrer damaligen Stellung gemäß *„Oberhofmeisterin“* genannt. *„... Alß haben höchstgedacht Sr. Churf. Dhl. solchem ihrem billigmäßigen ansuchen in gnaden deferirt, und befehlen demnach krafft dieses den Haupt- und Ambtleuthen, StadtMagistraten, Richtern, Schulzen und allen denen, welche hiedurch ersuchet werden möchtetn, gnädigst und zuverläßig, daß Sie obgedachter Impetiantin Abgefertigten, diejenigen leuthe, so er vor* (für) *ihre Unterthanen und daß sie bey diesen leufften oder auch zuvor außgetreten weren, angeben, und sie deßen behörigermaßen überführen würde, ohne weitleufftigkeit und vorenthaltung mit dem Ihrigen außfolgen laßen und loßgeben sollen.“*[206]

203 Ebd., Bd. 3, fol. 110/111, 1536 Nov. 19, Anna Maria Truchseß v. Wetzhausen geb. v. Tettau teilt der Regierung den Tod ihres Ehemannes Hans T. v. W., Oberburggraf, mit und bittet um Vormünder.

204 Ebd., Bd. 3, fol. 115, 1637 Juni 13, betr. Wilbret für Hochzeit der Tochter von Witwe des Hans T. v. W., Oberburggraf.

205 Ebd., Bd. 3, fol. 137, 138, 139, 1654 Sept. 18.

206 Ebd., Bd. 3, fol. 142, 1658 Febr. 18.

Kinder (1636 von Kaiser Ferdinand II. in den Reichsgrafenstand erhoben[207]):

a) Johann (Hans) Anselm[208] Graf, * Glaubitten (?) 1605, † Venedig 1647, Königl. poln.-schwed. Kammerherr und Obrist, Kaiserl. Kämmerer und Generalfeldzeugmeister („unvermählt").

b) Wilhelm[209] Graf, * Glaubitten (?) 1611, † Krakau, Polen 1647, Erbherr zu Glaubitten, Kaiserl. Oberst über ein Regiment zu Fuß, Kaiserl. Generalfeldzeugmeister; ⚭ Constantia *Freiin v. Herberstein*, T. d. Gotthard Frhr. v. H. u. d. Susanne Freiin v. Herberstein.

c) Anna Maria[210] Gräfin, * Königsberg i. Pr. (kurfürstl. Residenz) * 24. 2. 1614, ~ 2. 3., † Königsberg 6. 7. 1644, ▭ Rudau 24. 10. („*Die Leiche wurde am 23. Sept. aus Königsberg in Anwesenheit von königl., kurfürstl. und großer Potentaten Abgesandten und vieler Adelspersonen Gegenwart in das Stammgut Kirschnänen gebracht und am 25. Okt. im Erbbegräbnis zu Rudau beigesetzt*"; lt. Leichenpredigt Roth R 8492); ⚭ Königsberg (Schloss) 13. 10. 1630 Hans Georg *v. Rauschke*, Kurfürstl. brandenburg. Rat und Hofrichter des Herzogtums Preußen, Erbherr auf Kirschnehnen.
3 Söhne, 4 Töchter.

d) Dietrich[211] (Dietz, Tytz), * 23. 8. 1612, † Krakau 2. 1. 1632.

e) Martin Sigmund[212] Graf, * Glaubitten (?) 13. 7. 1616, † 18. 9. 1656, ▭ Langheim, zu Loseinen, Glaubitten, Reichau und Cadienen, Königl. poln. Kammerherr, Kaiserl. Oberst, Oberst der Republik Venedig.
1642[213] erbittet sich seine Schwester Dorothea, Witwe des Wolff Friedrich Truchseß v. Wetzhausen, ihn als einen der Vormünder für sich und ihre unmündigen Kinder.

f) Erhard (seit 1636 Erhard *Ferdinand*)[214] Graf, * Glaubitten (?) 30. 4. 1617, † Loseinen 28. 3. 1664; Konversion zum Katholizismus 11. 2. 1652; Kaiserl.

---

207 Regensburg, 1636 Okt. 11; Bestätigung und Ausdehnung auf die habsburgischen Erblande 1637: Karl Friedrich v. Frank: Standeserhebungen und Gnadenakte für das Deutsche Reich und die Österreichischen Erblande bis 1806 … Bd. 5. Senftenberg 1974, S. 128: „Truchsäß von Wezenhausen": Johann Anselm, Wilhelm, Martin Sigmund, Erhard, Elisabeth, Maria Anna, Dorothea, Catharina Susanna, Bestätigung des Grafenstandes für das Reich und die Erblande, „Hoch- und Wohlgeboren", Wappen-Besserung, Prag 27. VI. 1637 (Reichsakt).

208 Gallandi (wie Anm. 11): „*Hans Anselm, † 1647 kinderlos. Katholisch. – Polnischer und Schwedischer Kämmerer, Rat und Oberst. – Venetianischer General. 1636 (nach dem Tode seines Vaters mit seinen Geschwistern und seiner Mutter in den Reichsgrafenstand erhoben).*"; v. Frank, Standeserhebungen (wie Anm. 207), Bd. 5, S. 128.

209 Gallandi (wie Anm. 11): „*Wilhelm, † 1647 Kaiserl. General-Feldzeugmeister. ⚭ Constantia Gräfin v. Herberstein.*" Laut Gallandi hatte das Ehepaar eine Tochter: „*Johanna Theresia* (*) *⚭ Christoph Graf v. Almesloe genannt Tappe auf Bertelsdorf.*" * Anm. des Verf.: Gräfin?; v. Frank, Standeserhebungen (wie Anm. 207), Bd. 5, S. 128. Vgl. Archiv des Vereins HEROLD, Berlin, Slg. Lindner, Nr. 605.

210 Gallandi (wie Anm. 11): „* *12. Oct. 1598, † 13. Oct. 1663*" Anm. des Verf.: Lebensdaten des Ehemanns? Lt. v. Frank, Standeserhebungen (wie Anm. 207), Bd. 5, S. 128: „*Maria Anna*". Vielleicht stammt die Behauptung, ihre Mutter sei auch in den Grafenstand erhoben worden, von dieser Namensähnlichkeit. Vgl. Anm. 158; Detlev Schwennicke: Europäische Stammtafeln NF. Bd. XXI. Frankfurt am Main 2002, Taf. 157 (Tettau); Roth, Bd. 9 (wie Anm. 198), R 8001–R 9000: R 8492 Anna Maria Truchses Reichsgräfin v. Wetzhausen, Frau von Georg v. Rauschke.

211 Gallandi (wie Anm. 11): „*Dietrich, * 23. Aug. 1612, † 2. Januar 1632 zu Krakau.*" Biedermann, Baunach (wie Anm. 9): „*geboren anno 1614. starb in der Kindheit.*" Anm. des Verf.: Er ist im Grafendiplom nicht genannt, weil er vor 1636 starb.

212 Gallandi (wie Anm. 11): „*Martin Sigismund, * 13. Juli 16<u>14</u>, † 18. Sept. 1656; auf Glaubitten, Reichau, Cadienen, Losseinen. Poln. Kammerherr, Venetianischer Oberst.*"; v. Frank, Standeserhebungen (wie Anm. 207), Bd. 5, S. 128.

213 GStA PK, XX. HA, Adelsarchiv, Nr. 1308, Bd. 3, fol. 120, 1642 Juni 12, Vormünder für Dorothea T. v. W. und ihre unmündigen Kinder.

214 Erhard nannte sich anlässlich der Erhebung in den Grafenstand zu Ehren Kaiser Ferdinands seit 1636 „Erhard Ferdinand"; v. Frank, Standeserhebungen (wie Anm. 207), Bd. 5, S. 128. Gallandi

königl. Kämmerer, Kaiserl. Oberst, Geheimer Rat, Landeshauptmann des Fürstentums Breslau; ∞ Graz (Hl. Blut) 10. 2. 1653 Maria Elisabeth *Gräfin v. Wagensperg*, * Graz 23. 2. 1638, † Grafenort 17. 11. 1701, T. d. Rudolf Gf. v. W., kaiserl. Geheimer Rat, u. d. Eleonore Eusebia Burggräfin und Gräfin zu Dohna und Wartenberg (∞ II. Johann Friedrich Graf v. Herberstein, † 1701.).

Kind(er):

(a) Anna Eleonore[215] Gräfin, * 17. 4. 1657, † Graz 8. 10. 1692; ∞ Graz, Hl. Blut 25. 4. 1672 Johann Joseph Ignaz *Graf v. Thannhausen*, * Graz 9. 6. 1650, † Graz 10. 10. 1684, S. d. Johann Anton Gf v. Th. u. d. Maria Barbara Freiin v. Meersperg.

(b) Sohn[216], † „in der Kindheit".

(c) Tochter 2, † „in der Kindheit".

(d) Tochter 3, † „in der Kindheit".

g) Elisabeth[217] Gräfin, * 1601, † 11. 5. (21. 12. ?) 1677; ∞ 27. 10. 1624 Albrecht *v. Schlieben*, * 10. 4. 1600, † Nordenburg 2. 4. 1656, zu Birkenfeld, Neu-Haus Gerdauen und Nordenburg, Polnischer Oberstleutnant, 1616 immatrikuliert an der Univ. Königsberg[218].

h) Anna *Dorothea*[219] Gräfin, † 14. 1. 1664; ∞ I. Wolf Friedrich *Truchseß v. Wetzhausen* zu Langheim (s.u. S. 108); ∞ II. 12. 3. 1658 Johann Friedrich *Frhr. v. Heydeck*, † 1682, zu Neudörfchen, Cremitten, Launicken und Kl. Wolfsdorf, Kammerherr, Landrat, Hauptmann zu Balga.

i) „Katharina[220], † 7. März 1620".

j) „Katharina Susanna[221], * 15. Juni 1622, † 29. Dec. 1648; ∞ Juni 1657 Dietrich v. Oelsen auf Pluttwinnen, Hofmarschall".

(2) Anna, * 1536, † 1537.

(wie Anm. 11): „*Erhard Ferdinand, geb. 30. Apr. 1617, † 28. März 1664. auf Glaubitten, Losseinen, Reichau, Cadienen, Vogtsdorf, Mamlack, Wonigkeim. – Kaiserl. Oberst und Kämmerer, Landhauptmann des Herzogtums Breslau. – ∞ Breslau Oct. 1652 Elisabeth Gräfin v. Wagensperg, Tochter der Eleonore Eusebia Gräfin v. Wagensperg, geb. Gräfin zu Dohna Wartenberg. – Wiedervermählt mit Joh. Friedr. Grafen v. Herberstein.*" Vgl. Archiv des Vereins Herold, Berlin, Slg. Lindner, Nr. 784.

215 Laut Gallandi (wie Anm. 11) nur diese eine Tochter. „*Gem*[ahl] *Joseph Anton Ignatz Graf v. Thannhausen.*" Anm. des Verf.: im Brief der Maria Elisabeth Gräfin Truchseß v. Wetzhausen an den Kurfürsten, in dem sie den Tod ihres Ehemannes anzeigt, bittet sie um Vormünder für ihre „*unmündigen Kinder*": GStA PK, XX. HA, Adelsarchiv, Nr. 1308, Bd. 4, fol. 17, 1664 Mai 5. – Biedermann, Baunach (wie Anm. 9): „*Ein Sohn und zwey Töchter sind in der Kindheit gestorben.*" – Ferdinand Graf Wilczek/Franz Joseph v. Häussler/Hanno v. Halem: Wappen und Ahnentafeln des Reichsgrafen Dr. Ferdinand Wilczek, Frei- und Bannerherr von Hultschin und Gutenland. Wien, Köln, Graz 1983, Taf. 6 u. 7 (Thannhausen).

216 GStA PK, XX. HA, Adelsarchiv, Nr. 1308, Bd. 4, fol. 17, 1664 Mai 5: Vormund für die „*unmündigen Kinder*".

217 Gallandi (wie Anm. 11): „*Elisabeth, * 1608, † 1677, ∞ 27. Oct. 1624 Christoph v. Schlieben auf Birkenfeld, * 10. Apr. 1600, † 7. Apr. 1656.*"; Europäische Stammtafeln NF XXI, Taf. 147 (Schlieben); v. Frank, Standeserhebungen (wie Anm. 207), Bd. 5, S. 128: „*Elisabeth*".

218 Die Matrikel der Albertus-Universität zu Königsberg i. Pr. Hrsg. von Georg Erler. Bd. 1: Die Immatrikulationen von 1544–1656. Leipzig 1910, S. 224: Sommersemester 1616, Nr. 91 u. 92: „*5. Julij, Albertus [et] Joannes Georgius, filij Theodorici a Schlieben, Nobiles Borussi*".

219 Gallandi (wie Anm. 11): „*Anna Dorothea, † 1664, ∞ 1. Wolf Friedrich Truchsess von Wetzhausen auf Langheim, ∞ 2. 12. März 1656 Eustachius Freih. zu Heydeck auf Kl. Wolfsdorf, Kammerherr und Hauptmann zu Balga.*"; Vgl. Archiv des Vereins Herold, Berlin, Slg. Lindner, Nr. 2736: „*∞ II. Friedrich Frhr v. Heideck auf Ermitten*"; v. Frank, Standeserhebungen (wie Anm. 207), Bd. 5, S. 128: „*Dorothea*".

220 Gallandi (wie Anm. 11) hat noch: „*Katharina, † 7. März 1620.*"

221 Gallandi (wie Anm. 11) hat noch: *Text wie oben* Anm. des Verf.: Hier stimmt etwas mit den Daten nicht: entweder ist sie später gestorben oder sie hat früher geheiratet; v. Frank, Standeserhebungen (wie Anm. 207), Bd. 5, S. 128: „*Catharina Susanna*".

(3) Conrad[222], * 1537, † Königsberg 24. 1. 1571, ▭ Königsberg, zu Glaubitten, Herzogl. preuß. Kanzler in Königsberg.
Conrad (Cuntz) teilt mit seinen Brüdern Hans, Erhard und Wilhelm 1562 Mai 30 dem Landesherrn den Tod seines Vaters Wilhelm mit. Cuntz (Cunrad) beschwert sich 1568[223] mit seinen Brüdern Erhard und Wilhelm über Albrecht Truchseß wegen des Gutes Morchel (3 1/2 Hufen) *„zwischen Lenkheim (Langheim?) und Zanckersdorff gelegen"*. Ihr Vetter Cuntz Truchseß *„welcher itzund in Franken"* habe das Gut vor acht Jahren, 1560, Caspar v. Lehndorff, Hauptmann in Eylau und *„itzund unsers gnedigsten herrn Hoffmeister"*, für 400 fl verkauft. Ihr verstorbener Vater (Wilhelm) habe *„als der negste Agnat und blutfreund"* dagegen Einspruch erhoben und das Gut für den gleichen Preis bar zurückgekauft, *„das also unser Vater seliger ein Herr und besitzer der Morchel worden"*. Da Wilhelm aber, um die Kaufsumme aufbringen zu können, von der Dorfschaft Zanckersdorf 300 fl geliehen hatte, gab er den Zanckersdorfern das Gut Morchel *„zu einem unterpfand"*. Als Albrecht Truchseß *„aus dem Lande Holstein wieder hereingekommen"* war und von diesem Kauf hörte, sagte er, *„er sehe wol womit die Zanckersdorffer umbgingen, sie gedechten uns umbs gut zu bringen. Und wir verstunden die hendel nicht, darumb solten wir ihn machen lassen, Er wollte es also machen, das es alles uns zum besten gereichen sollte..."*. Die jungen Truchsesse vertrauten ihm. Er war schließlich auch einer der Vormünder ihres jüngsten Bruders Georg, *„haben wir also auch die Morchel in seiner verwaltung bleiben lassen. Nu wir aber das unsere wieder von ihm gefordert, understehet er sich, gedachte Morchel einzuhalten, und ihm selbs zuzueignen."* Er habe ihnen nicht *„das ausgelegte gelt wieder gezalet, davon wir bis auf diese stunde weder heller noch pfennig gesehen, sondern uns solches guts aus eigner gewalt beraubt und entsetzt."* Da Albrecht auch auf vielfältiges freundliches Ansuchen das Gut nicht wieder abtreten will, bitten sie die Oberräte in Preußen, sie *„als die rechten Erben und besitzer wiederumb (zu) restituieren und ein(zu)setzen"*. Aus den zur Verfügung stehenden Quellen geht nicht hervor, wie der Streit entschieden wurde. In einem weiteren Schreiben[224] an die Oberräte beschweren sich die genannten Brüder Truchseß über Albrecht T. v. W., den ehemaligen Vormund ihres inzwischen gestorbenen Bruders Georg, er habe hinter dem Rücken und ohne Wissen der Mitvormünder Bauholz aus dem Hegewald seines Mündels geschlagen und damit *„zu Lenckheim mitten im Dorff ein haus gebaut, welches er nu als für sein eigens einzuhalten und zu besitzen sich understehet."* Sie bitten die Oberräte, ihnen *„als den Erben"* zu ihrem Recht zu verhelfen. 1569[225] beklagt sich Cuntz Truchseß bei den Oberräten in Preußen, dass ihm die Rentkammer während seiner Abwesenheit die Jahreszinsen für die Jahre 1566 und 1567 schuldig geblieben sei. Er habe auch keine Vollmacht hinterlassen, seinen Brüdern das Geld auszuzahlen. Er bittet jetzt dienstlich, ihm laut seiner Verschreibung, aus der Rentkammer die Raten *„sampt gebürlicher Interesse"* entrichten zu lassen. Auf einem Zettel[226] ist vermerkt: *„Cunz Truchsessen vonn Wetzhausen ... von 1000 m,welche er ao 69 uff lichtmeßen Inn die Kamer geliehen, soll ierlich uff lichtmeß davon 60 m Zins haben p."* Dies wird 1569 von Markgraf Albrecht Friedrich v. Brandenburg in einem offenen Brief näher erläutert.

---

222 Gallandi (wie Anm. 11): *„Conrad, † 24. Januar 1577; Wien Kanzler."* Anm. des Verf.: Ist er in Wien gestorben oder war er (kaiserl.) Kanzler in Wien?

223 GStA PK, XX. HA, Adelsarchiv, Nr. 1308, Bd. 1, fol. 143/144 1568 Juni 11 Beschwerde der Brüder Cunrad, Erhard und Wilhelm T. v. W. gegen Albrecht T. v. W. wegen des Gutes Morchel.

224 Ebd., Bd. 1, fol. 144, 1568.

225 Ebd., Bd. 1, fol. 145, 1569 April 16 Cuntz Truchseß an die Oberräte in Preußen wegen Zinszahlungen.

226 Ebd., Bd. 1, Zettel ohne Folionummer zwischen fol. 145 und 146; ebd. Bd. 1, fol. 146/147, 1569, Königsberg, Offener Brief: *„Cuntz Truchsessen von Wetzhausen versicherungk vber 1000 m."*

(4) Catharina[227], * 1538, † 25. 11. 1575; ⚭ Sebastian *v. Kobersee* (Kobertzen) zu Rauten.

(5) Erhard[228], * 1541, † 24. 11. 1606, zu Wilckheim; Herzogl. preuß. Hofrichter; ⚭ Catharina *v. Lehndorff* (Lentorff),* 1565, † 22. 6. 1628, T. d. Kaspar v. L., * 1524, † 16. 7. 1576, ▭ Preußisch Eylau; auf Steinort, Labab, Korkeimen, Kodriemen, Todollen, Taberlack, Warthen und Woriemen, 1547 Pfandinhaber von Preußisch Eylau, 1564 Amtshauptmann zu Lötzen, 1570/74 Herzogl. preuß. Hofmeister und Kammerherr, u. d. Veronica v. der Oelsnitz, † 1570 (T. d. Friedrich v. der Oelsnitz zu Gilgenburg, Obermarschall im Herzogtum Preußen u. d. Katharina Dorothea Schenk v. Geyern), Witwe des Albrecht v. Rautter, * 1543, † 1583, zu Ploskeim, Koskeim und Rodehlen, Hauptmann zu Labiau.

Erhard teilt 1562 Mai 30 mit seinen Brüdern Hans, Cuntz und Wilhelm dem Landesherrn den Tod seines Vaters Wilhelm mit. 1579[229] Markgraf Georg Friedrich von Brandenburg: „*Erhart Truchsessen von Wetzhausen Versicherung vber 1000 m 1579*": Markgraf Georg Friedrich v. Brandenburg schuldet Wilhelm v. der Oelsnitz „*vff nestverschienen* [vergangene] *Pfingsten 1000 Mark, jede Mark zu 30 gl. Polnisch gerechnet.*" Oelsnitz wiederum schuldet dem preußischen Hofrichter Erhard Truchseß v. Wetzhausen „*eben vff dieselbe Zeit auch 1000 Mark.*" Da die herzogliche Kammer gerade in Zahlungsschwierigkeiten ist, willigt Erhard Truchseß ein, die 1000 Mark „*vff ein Jar langk von dato an … umb einen gebürlichen Zinß als von Jedem hundert 6 Mark in vnserer Cammer undterthenig stehen zu lassen.*" Der Markgraf verpflichtet sich, auch für seine Erben und Amtsnachfolger „*solche 1000 Mark haubtstamb sambt dem Interesse welches 60 Mark machen thuet … alhier zu Konigsperkh in vnserer Rent Cammer* (zu) *entrichten und bezahlen.*" 1585[230] Unter Anna Dorothea, geb. Schenck von Tautenburg, Witwe von Wilhelm Truchseß v. Wetzhausens Vorschlägen für die Vormünder für sich und ihre Kinder ist neben Johann Herrn v. Eulenburg und Hans v. Tettau auch Erhard Truchseß v. Wetzhausen. Im Ausfertigungsvermerk auf der Rückseite heißt es: „*Der von Eilenburg und Tettau seind darzu confirmiret worden. Die Wittibe soll an des Erhardt Truchsessen stadt lauts an sie ergangenen bevelichs einen anderen vorschlagen.*" 1588[231]: Entlassung Erhard Truchseß v. Wetzhausens als Hofrichter durch Georg Friedrich Markgraf von Brandenburg: „*Nachdem wir mitt bestellung des Hofrichter Ambtes, welches Du der Zeitt hero getragen, enderung vorzunehmen bedachtt … So wollen wir Dich deiner Dienste hirmitt erlassen, und Dierr solches hirmitt also gnedig angemeldett haben. Datum Königsberg den 30.ten Julij Ao p 88.*" Erhards Antwort[232] auf das Entlassungsschreiben: „*Durchleuchtigster Hochgeborner Fürst Gnedigster Herr, … mir ist den 11. August dieses Jhars ein Schreiben von E.F.D. zukommen, … meinen Dienst erlassen und solchen aufkündigen, und mitt einem andern bestellen wollen. Nun mus Ich, dieweil E.F D. mich für einen Diener nicht lenger haben wollen, damit*

227 Gallandi (wie Anm. 11): „*Katharina, * 1538, † 28. Nov. 1575, ⚭ Sebastian v. Kobersee auf Romitten.*" Anm. des Verf.: Das Sterbedatum bei Gallandi könnte das Datum der Beerdigung sein.

228 Gallandi (wie Anm. 11): „*Erhard, * 1540, † 24. Nov. 1606, Hofrichter 1586, Geheimer Rat; auf Reichau, Wöterkeim und Gr. Sollen; ⚭ Katharina v. Lehndorff, † 22. Juni 1628, Wittwe Albrechts v. Rautter.*"; Europäische Stammtafeln NF XX, Taf. 148 (Maulen, ab 1509 Lehndorff): „*Katharina v. Lehndorff …*"

229 GStA PK, XX. HA, Adelsarchiv, Nr. 1308, Bd. 1, fol. 177/178, 1579 Juni 8, Königsberg „*Erhart Truchsessen von Wetzhausen Versicherung vber 1000 fl 1579*", Urkunde Markgraf Georg Friedrichs von Brandenburg.

230 Ebd., Bd. 2, fol. 2, 1585 Nov. 4/5, Anna Dorothea, geb Schenck v. Tautenburg, Witwe von Wilhelm T. v. W., bittet den Landesherrn um Vormünder; schlägt auch Erhard T. v. W. vor.

231 Ebd., Bd. 2, fol. 6, 1588 Juli 30, Georg Friedrich Markgraf von Brandenburg entlässt Erhard Truchseß als Hofrichter. Eingang bei Erhard: 1588 Aug. 11.

232 Ebd., Bd. 2, fol. 9/10, 1588 Sept. 12, Königsberg, Antwort Erhard T. v. W.'s Antwort auf das Entlassungsschreiben.

zufrieden sein, wie Ich mich dan auch baldt darauff von hinnen begeben, und E.F.D. wieder Ihren willen nicht lenger bleiben will. Dieweil aber, gnedigster Fürst und Herr, Ich solchen Dienst bis in das vierzehende Jahr verwaltet, und mir das die protocolla und mir alle Rethe das Zeugnis geben werden müssen,fleissig und mit denen treuen, soviel mir immer möglichen, vorgestanden." ... Er bittet den Fürsten, ihm ein Zeugnis *„ein schrifftlich Kundtschafft meines Verhaltens"* mitzuteilen, *„damit ich mich derselbigen meiner notturft nach habe zu gebrauchen."* Da er auch drei Jahre lang seine Besoldung nicht erhalten hebe, bittet er, *„das mir die auch, als mein verdientes Lohn möge gefolget werden, dasgleichen die* (Dienst-)*Kleidung von diesem Jahr."* Erhard Truchseß hatte als Hofrichter fast acht Jahre lang eine kostenfreie Wohnung und Brennholz als Deputat genossen, *„biß entlichen E.F.D. die gemacher und den Sal auff dem hause haben* (ab)*brechen lassen."* Der Obermarschall Georg v. Podewils *(Pudewels)* hatte ihm im Auftrag des Fürsten mitgeteilt, dass er die Wohnung *„vor andrer leutte müsse zurichten lassen, Ich sollte mich in der Stadt umb ein gemach, darin Ich meine bequemigkeit haben konnte, umbsehen, und mich darein begeben, E.F.G. werden erbötig, mir für meine wonung dasselbige, den gebürenden Zins, darvor zu geben...und dan für die wonung, dieweil ich ja in E.F.G. Diensten gewesen, meine wirttin entrichten lassen ..."* Die Hauswirtin[233] *„Anna Christoff Behlers Sehligen nachgelassene widfrau"* bittet um 180 fl Miete und „24 ½ Achtel" Brennholz, Restlieferung für 5 ½ Jahre, die der Hofrichter Erhard Truchseß bei ihr gewohnt hat (1584 April 24 – 1588 September 12): Der Originaltext ist ein Zeitdokument: *„Anno 1584. den 24 Aprilis. Ist der Edle und Ernveste Erhardt Truchß von Wetzhausen so Ihr Hoffrichter Zu mir, nebst einem Jungen in die Herberge eingelegt worden, und hatt den Sahl nebenst den Zweien besten Kammern eingehabt, biß Anno p 88. den 12 Septemb; Unnd weill Ich dan auch zudem grosse mühe und beschwer gehabt, des teglichen uberlauffens halben ..."* Schreiben[234] Erhards an *„Fridrich Scharffen, der Rechten Doctorn und F*(ürstlichen) *D*(urchlaucht) *zu Preussen Cantzlern"* Er dankt dem Kanzler, dass er sich *„so viell meyner halben bemühet und umb ein abschidt meyner Supplication angehalten und denselbigen mir zugeschickt. Muß also domit zufrieden und M*(eines) *g*(nädigen) *H*(errn) *resolution darauff gewertig sein."* Er weiß nicht, warum der Fürst ihm seine *„besoldung auß der Kammer nicht habe wollen reichen lassen."* Im folgenden beschreibt er die Geschichte seiner Anstellung im Juli 1574 im Namen des Landesherrn durch den damaligen Hofmeister, *„Antonio Borcken"*, den Burggrafen Friedrich v. Hausen, den Kanzler Wenzel Schack und den Obermarschall Hans v. Mitmannsdorff. Im Jahr 1579 sei er noch einmal *„in dieses itzigen Regierenden Herrn namen ... bestalt und angenommen"*. Dabei seien anwesend gewesen *„in namen M.g.h. der Oberste Wolff Ernst von Wirsbergk, Herr Truchsses, Fridrich von Hausen, domals Hofmeister, Fabian von Lehendorff Burggraff, Wenzell Schack Cantzler, Lewin von Bilaw* (Bülow) *und Adam Dantzer, Secretarius ..."* Zum Schluß dankt er dem Kanzler noch einmal, *„den ich hiemit in den schutz des allerhohesten thue beuehlen."* 1596[235]: *„Brüderlicher Vertrag"* zwischen den Vettern Georg und Erhard Truchseß v. Wetzhausen im Beisein ihrer Vettern Erhard und Hans d. J. Truchseß v. Wetzhausen auf Erhards Gut Wilckamm *(„Wölkain")*: Die Brüder Albrecht und Cuntz Truchseß v. Wetzhausen hatten sich auf einen Erbteilungsvertrag betr. die Güter Porwerken und Klitten geeinigt, der aber vor ihrem Tode wegen einiger Unstimmigkeiten nicht vollzogen werden konnte. Georg, Sohn des Albrecht, und Erhard, Sohn des Cuntz, schließen jetzt einen neuen Vertrag, bei dem die Brüder Hans d. J. und Erhard, Söhne des Wilhelm T. v. W. und der Eufemia v. der Damerau, ihnen helfen und mitsiegeln.

233 Ebd., Bd. 2, fol. 11, 1588 nach Sept. 6, Erhard T. v. W.'s Hauswirtin bittet um Miete und Holz.
234 Ebd., Bd. 2, fol. 12/13, 1588 Okt. 10, Langheim, Schreiben Erhards an Kanzler Friedrich Scharff.
235 Ebd., Bd. 2, fol. 76/77, 1596 Dez. 4, Wilckamm, Brüderlicher Vertrag zwischen Georg und Erhard Truchseß v. Wetzhausen über die Güter Porwerken und Klitten.

Vormundschaft[236] für Erhards Witwe: ca. 1606 beklagt Catharina Truchseß geb. v. Lehndorff, *„von Hanßenn Truchßen H. Vogtenn vff Fischhaußenn vnd seinen Brüdern zu Recht vor E. Churf. G. Hochad*(liges) *Hoffgericht gezogen"* und „wider ihren Willen zum Agieren gezwungen zu werden", *„zu welchem Rechtgang"* sie *„alß eine Wittwe vervormundett sein"* müsse. Sie habe bereits Albrecht (v.) Finck auf Hastenberg und Albrecht v. Ostau. Letzterer habe sich aber *„wegen zu viel Arbeit als Hofrichter entschuldigt und resigniert"*. An dessen Stelle bittet sie, ihr *„Friederichen Herrn von Dohna und Haubtman zu Brandenburgk* (in Preußen) *zum Vormundt zu verordnen"*, außerdem den Hofgerichtsrat Dr. Laumann. Dieser habe es ihrem Mann auf dem Totenbett zugesagt. Die Vormundschaft des Hauptmanns zu Brandenburg wird genehmigt. Anstelle des Dr. Laumann solle sie einen anderen Vorschlag machen.

Sohn:[237] Georg, ist 1610 tot.

(6) Martin[238], */† 1544.

(7) Georg[239], † Stuttgart 11. 2. 1566 (ertrunken).
Georg ist nach dem Tod seines Vaters Wilhelm, den seine Brüder Hans, Cuntz, Erhard und Wilhelm 1562 Mai 30 dem Landesherrn mitteilen, noch minderjährig und bedarf eines Vormunds. Im gleichen Schreiben erbitten sie die Bestellung von Vormündern. Der Landesherr bestimmt Albrecht Truchseß v. Wetzhausen, Christoph Albrecht und George v. Kunheim.

c) Der Ast zu Langheim in Preußen

(8) Wilhelm[240], * Langheim 1542, † 26. 3. 1585, zu Langheim; ∞ Anna Dorothea *Schenck v. Tautenburg*, * 1562, † 16. 6. 1624, oder † 16. 1. 1624, T. d. Wilhelm Sch. v. T. zu Doben, Taberlack und Steinhof (∞ II. Wilhelm *v. Schlieben* zu Truntlack und Tharau 1589, † 10. 4. 1603).
1585[241] Anna Dorothea, geb. Schenck v. Tautenburg, Witwe von Wilhelm Truchseß v. Wetzhausen, bittet den Landesfürsten um Vormünder für sich und ihre *„kleinen unerzogenen Kinder"*: *„Jonas Herrn v. Eylenburgk und die Edlen und ehrnvesten Erhardt Truchseß von Wetzhausen neben Hanß von Tettau"*. Der Ausfertigungsvermerk auf der Rückseite: *„Der von Eilenburg und Tettau seind darzu confirmiret worden. Die Wittibe soll an des Erhardt Truchsessen stadt lauts an sie ergangenen bevelichs einen anderen vorschlagen."*
Kinder:
a) Catharina[242]; ∞ 1600 Hans *v. Hohendorff.*
b) Sibylla[243]; ∞ Friedrich (Fritz) *v. Rippe(n).*
c) Wilhelm[244], † nach 1610, zu Langheim; bekannt: 1598, 1615; ∞ 1590 Catharina *Freiin v. Heydeck*, T. d. Wilhelm Frhr v. Heydeck, * 1544, † 23. 11. 1591, □

236 Ebd., Bd. 5, fol. 73/74, ohne Datum (nach 1606 Nov. 24), Erhard T. v. W.'s Witwe an den Landesherrn: Vormundschaft und Hofgerichtsprozeß.

237 Gallandi (wie Anm. 11): *„Georg, ist 1610 tot"*.

238 Martin fehlt bei Gallandi (wie Anm. 11).

239 Gallandi (wie Anm. 11): *„Georg, ertrunken 11. Februar 1566."*

240 Gallandi (wie Anm. 11): *„Wilhelm, * 1536, † 26. März 1585, ∞ Anna Dorothea Schenck zu Tauttenburg a.d.H. Steinhof, † 16. Januar 1624, wiedervermählt 1591 an Wilhelm v. Schlieben auf Truntlack."*

241 GStA PK, XX. HA, Adelsarchiv, Nr. 1308, Bd. 2, fol. 2, 1585 Nov. 4/5, Anna Dorothea, Witwe von Wilhelm Truchseß v. Wetzhausen, geb. Gräfin Schenck v. Tautenburg's Bitte um Vormünder; Europäische Stammtafeln NF XXI, Taf. 146 A (Schlieben): *„Anna Dorothea Freiin Schenk zu Tautenburg, † 16.1.1624"*.

242 Gallandi (wie Anm. 11): *„Katharina, ∞ Hans v. Hohendorff. 1600."*

243 Gallandi (wie Anm. 11): *„Sibylla, ∞ Friedrich v. Rippe auf Perkau."*

244 Gallandi (wie Anm. 11): *„Wilhelm, auf Langheim, Wöterkeim, Gr. Sollen, ∞ Katharina Freiin zu Heydeck a.d.H. Neuhof."*

Ansbach, u. d. (⚭ 6. 10. 1579) Magdalena *Gräfin v. Gleichen*, * nach 1548, † Weickartsheim (Weikersheim in Hohenlohe?) 3. 11. 1596, ▭ Ansbach.
1642[245] Catharina geb. zu Heideck, Witwe des Wilhelm Truchseß v. Wetzhausen auf Langheim, schreibt, sie sei „*... nach Gottes Willen ... nicht allein durch den zeitlichen Todt meines lieben Seel. Ehegattens vor etzlichen Jahren, sondern auch gar neulichst meines lieben einigen Sohnes beraubt worden ...*". Sie schlägt als Vormünder vor: „*LandRath undt Haubtman auff Balga; Christoph Proschken*", die am 23. September „verordnet" werden.
Kinder:
(a) Wilhelm[246], * 1606 , † 1610.
(b) Wolf Friedrich[247], † 1642; zu Langheim; ⚭ Anna Dorothea *Gräfin Truchseß v. Wetzhausen*, T. d. Hans T. v. W. u. d. Anna Maria v. Tettau (s. o. S. 103). 1642 erbittet Dorothea Truchseß v. Wetzhausen, geb. Truchseß Gräfin v. Wetzhausen, Witwe des Wolff Friedrich Truchseß v. Wetzhausen, als Vormünder für sich und ihre „*unerzogene kleine Kinder*": Martin Sigismund Truchseß Graf v. Wetzhausen, Achatius d. J. Burggraf und Herr zu Dohna und den „*Obristen Wachmeister*" Dietrich v. Ölsen, die am 12. Juni 1642 genehmigt wurden. 1651: Nach dem inzwischen verstorbenen Burggrafen und Grafen Achatius zu Dohna erhält Johann Wilhelms Mutter „*im Nahmen ihres unmündigen Sohnes Hans Wilhelm*" als neuen Vormund Friedrich Burggraf und Graf zu Dohna, 1657 dann den Rittmeister Heinrich Truchseß v. Wetzhausen.
Kinder:
aa. Johann (Hans) Wilhelm[248], * 29. 4. 1640, † Langheim (?) 4. 3. 1673, zu Langheim, Gritzau und Dreyhöfen; ⚭ [falsch: s. u. Anm. 248: Anna Dorothea *Gräfin v. Thanne*]; ⚭ 20. 5. 1665 Anna (oder Maria) *Freiin zu Heydeck*, * 20. 9. 1646 (oder 1649), † 8. 8. 1692, (sie ⚭ II. 13. 5. 1677 Joachim Heinrich *Graf Truchseß zu Waldburg*, * 24. 4. 1649, † 23. 3. 1718, Generalleutnant, auf Langheim und Condehnen.

245 GStA PK, XX. HA, Adelsarchiv, Nr. 1308, Bd. 3, fol. 121, 1642 Sept. 23, „*Catharina gebohrene zu Heideck, Sehl. Wilhelm Truchsessen von Wetzhausen auff Langenheim nachgelaßne Wittibe*" bittet um Vormünder. Der erwähnte „*ein(z)ige Sohn*" ist Wolff Friedrich, der 1642 gestorben ist. Der andere Sohn, Wilhelm, ist schon im Kindesalter gestorben.

246 Gallandi (wie Anm. 11) hat nur den Vornamen:

247 Vgl. oben S. 103. Gallandi (wie Anm. 11): „*Wolff Friedrich, auf Langheim ⚭ Anna Dorothea Reichsgräfin Truchseß v. Wetzhausen (Taf. IV, Gen. 8, s. d.)*"; vgl. GStA PK, XX. HA, Adelsarchiv, Nr. 1308, Bd. 3, fol. 120, 1642 Juni 12 (Ausfertigung), „*Dorothea Truchsin Gräffin von Wetzhausen, Seel. Wolff Friedrich Truchßen von Wetzhausen nachgelassene Wittibe*" erbittet Vormünder für sich und ihre „*unerzogene kleine Kinder*". Ebd. Bd. 3, fol. 132, 1651 März 11: Dorothea T. v. W., geb. Truchseß Gräfin v. Wetzhausen: Vormund Achatius Burggraf und Graf zu Dohna ist tot; sie erbittet an seiner Stelle „für sich und im Nahmen ihres unmündigen Sohnes Hans Wilhelmen Truchsess von Wetzhusen" Friedrich Burggraf und Graf zu Dohna. ebd., Bd. 3, fol. 140, 1657 Febr. 1 (9?), neuer Vormund für Hans Wilhelm T. v. W.: Heinrich T. v. W., Rittmeister.

248 Die Angabe bezüglich der Eheschließung mit Anna Dorothea Gräfin v. Thanne ist wohl falsch. Gallandis Mitteilung wird durch archivalische Quellen gestützt: Gallandi: „*Johann Wilhelm, * 29. Apr. 1640, † 4. März 1673, auf Langheim; ⚭ 20. Mai 1665 Anna Eleonora Freiin zu Heydeck a.d.H. Neudörfchen, * 20. Sept. 1646, † 8. Aug. 1692, wiedervermählt mit Joachim Heinrich Erbtruchsess Frhrn zu Waldburg auf Langheim.*" Vgl. GStA PK, XX. HA, Adelsarchiv, Nr. 1308, Bd. 5, fol. 8, 1673 März 28: Kurfürst Friedrich Wilhelm an die Oberräte in Preußen: Vormundschaft für die Witwe des sel. Johann Wilhelm Truchseß v. Wetzhausen, „*Freyfr. zu Heydeck*" und ihren „*verbliebenen Sohn*". Lt. Altpreußische Geschlechterkunde 10 (1936), S. 94: „Maria Eleonore Freiin v. Heydeck, * 20. 9. 1649, † 8. 8. 1692 ⚭ I. Königsberg, Neuroßgärt. Kirche 20. 5. 1665 Johann Wilhelm Truchseß v. Wetzhausen, * 29. 4. 1640, † 4. 3. 1673, auf Langheim (sie ⚭ II. 13. 5. 1677 Joachim Heinrich Graf zu Waldburg, * 24. 4. 1649, † 23. 3. 1718, Generalleutnant, auf Langheim und Condehnen.)".

1679[249] schreibt Georg Wilhelm v. Pudewels (Podewils) an den Kurfürsten: Johann Wilhelm Truchseß v. Wetzhausen auf Langheim bat schon vor Jahren um *„gnädigste Concession, daß er den einen Krug von Langheim, alwo drey Krüge gewesen nacher Dreyhöffchen, wodurch des Ampts Sehesten und Bischoffthumliche Landstraße von Rössel gehet, verlegen, und dann daß ihme zu Langheim drey Jahr-Märckte verstattet werden möchten, habe schon dazumahl unterthänigst berichtet, es ist aber der abgestattete Bericht abhändig worden.“* Bericht und Konzept sind verloren gegangen, *„so ist dennoch gewiß, dass zu der Zeit zwey alte Leute, Nahmens Hanß Franch und Andreß Möller, mit ihrem Cörperlichen Eyde erhalten, daß zu Langheim annoch bey ihrem Leben drey Krüge gestanden und Bier geschenckt, nachgehends habe der eine bey den schweren Kriegsleuften wüß* [wüst] *gestanden, deßen Gerechtigkeit nach Dreyhöffchen zu transferieren, inständigst gebeten wird“.* Dieser Ort liege *„zwey Meil von Schippenbeil, drey Meilen von Rastenburg und so viel von Bartenstein“.* Auf drei Meilen Weges habe der Kurfürst keinen Krug. Die Verlegung des Kruges nach Dreihöfchen dürfte auch den Nachbarn nicht *„praejudicirlich fallen“*, weil Dreihöfchen bei Plechsen und Wolnick an das *„Bischoffthumb“* (Bistum Ermland) grenze *„und der letzte Ort ins Herzogthumb* (Preußen) *auf der Landstraße nach Rössel, alß* [also] *würde dieser Krug nicht allein dem reisenden Mann sehr dienlich, sondern es würden auch die accis intraden* [Steuereinnahmen] *durch starke fortsetzung des Schankrechts vermehrt werden“.* Die drei Jahrmärkte könnten wegen der Abgelegenheit der Städte niemandem schaden, weil dieser Hof und das Kirchdorf Langheim nahe an der Bistumsgrenze liegt *„dadurch die meisten Käuffer und Verkäuffer aus demselben in dies Herzogthumb gezogen, Handel und Wandel gemehret und des Landes Bestes gefordert* [gefördert] *würde.“* Als Termine schlägt er vor: den ersten Jahrmarkt am Mittwoch nach dem Sonntag Cantate, den zweiten am Mittwoch nach dem Tag des Heiligen Koloman (13. Oktober) und den dritten Mittwoch vor Martini (11. November) abzuhalten. Die Vieh-, Pferde- und Leinwandsmärkte sollte man zwei Tage zuvor ansetzen. Johann Wilhelm T. v. W. beanspruchte die Lehnsnachfolge der Reichau'schen Güter und führte jahrelang einen Streit mit seinem Landesherrn, Friedrich Wilhelm, dem Großen Kurfürsten, und dem Preußischen Hofgericht wegen der Anerkennung seiner Ansprüche. Er ist der einzige Enkel des Wilhelm Truchseß v. Wetzhausen, der in Reichau 29 Hufen erbte, und somit der rechte Erbe.[250] Siehe oben S. 87 f.

Sohn[251] (Kinder?): Eustachius *Erhard*, * 1670, † Wilna 1699; unverheiratet; auf Langheim.

Kinder: 2 Söhne, 2 Töchter, darunter:

aaa. Esther[252], [* um 1657, † 1658 (?)]; ⚭ Fabian d. Ä. *v. Lehndorff*. Erbherr zu Maulen und Ragau, Amtshauptmann zu Lötzen, † Mau-

---

249 GStA PK, XX. HA, Adelsarchiv, Nr. 1308, Bd. 5, fol. 45/46, 1679 Juli 18, Antrag auf Konzession für einen Krug (Wirtshaus).

250 Ebd., Bd. 3, fol. 50/51: *„Kurzer Bericht, welcher gestalt die Reichausche Gütter, an die Truchsessen von Wetzhausen kommen, unter denenselben bißhero vererbet und vertheilet worden.“*

251 Gallandi (wie Anm. 11): *„Eustachius Erhard, * 1670, † 1699 unvermählt in Wilna, auf Langheim.“* Lt. Gallandi hatte dieser *„2 Söhne, 2 Töchter“.*

252 Die Lebensdaten können nicht stimmen: entweder ist eines davon oder das Heiratsdatum falsch. Laut Europäische Stammtafeln NF XX, Taf. 153: *„heiratete Fabian d. Ä. v. Lehndorff, † Maulen 27. 1. 1637, begr. Haffstrom, 1607 resp. 1613 Erbherr zu Maulen, 1635 zu Ragau, 1635 Amtshauptmann*

len 27. 1. 1637, ▭ Haffstrom, (⚭ I. Maulen 13. 9. 1603 Justina v. Borck (1590–1619); ⚭ III. Maulen 8. 1. 1623 Margareta (Katharina) v. Kannacher, † 1650); S. d. Melchior v. Lehndorff zu Maulen, † 1601.

(c) Anna Dorothea[253], [† 25. 2. 1625] (4. 3. 1664 ?); ⚭ Achatius *Burggraf zu Dohna* auf Groß Wolfsdorf, * 10. 5. 1605 † 16. 2. 1638 (16. 2. 1651 ?), S. d. Friedrich Graf v. D., Preußischer Landhofmeister, * 4. 10. 1570, † 20. 11. 1627 u. d. Maria v. Rauter.

d) Georg.

e) Katharina.

4) Margareta[254], † 26. 5. 1537; ⚭ Georg *v. Kunheim*, † 28. 9. 1543, zu Mühlhausen, Knauthen und Stollen, Hauptmann zu Tapiau, S. d. Daniel v. K. zu Knauthen und Mühlhausen, Landrat u. d. Dorothea v. Elditten.

5) Catharina[255], † 1526; ⚭ 1525 Georg *v. Polenz*, * Gärtlitz bei Döbeln 1478, † Burg Balga 28. 4. 1550, ▭ Königsberg, Dom; zu Schönberg, Langenau, Rosenberg, Belschwitz, Allenburg, Spanden, Progen, erster evangelischer Bischof von Pomesanien (Samland), vorher Deutschordensritter (1511), Hauskomtur zu Königsberg (1516), DO-Kanzler (1522), Mit-Regent des DO-Landes und Administrator von Pomesanien (1521/23); am 25. 12. 1523 öffentliches Bekenntnis zur Neuen Lehre im Dom zu Königsberg; (⚭ II. 1527 Anna Freiin zu Heydeck, T. d. Johannes III. Herrn zu Heydeck (vorher Nonne bei Bamberg) † nach 25. 1. 1568).

d) Der Ast zu Pötschendorf (Petschendorf) in Preußen

6) Anselm[256], tot 1538 Oktober 16, zu Klitten und Pötschendorf; ⚭ Margareta *v. Lentersheim*[257], T. d. Crafft v. L. zu Alten- und Neuenmuhr u. d. Ursula v. Seckendorff-Aberdar.

---

zu Lötzen, S. d. Melchior v. Lehndorff, † 1601, zu Maulen; Witwer (⚭ Maulen 13. 9. 1603) Justina v. Borck (1590–1619), in zweiter Ehe N. Truchseß v. Wetzhausen. ⚭ III. (Maulen 8. 1. 1623) Margareta (Katharina) v. Kannacher, † 1650.“ Zur Klärung müsste im Leipziger Bestand des Lehndorff-Archivs Näheres über Fabian d.Ä. recherchiert werden.

253 Gallandi (wie Anm. 11) hat noch: „*Anna Dorothea, † 4. März 1664, ⚭ Achatius Burggraf zu Dohna auf Gr. Wolfsdorf, † 16. Februar 1651*“. Vgl. Archiv des Vereins HEROLD, Berlin, Slg. Lindner, Nr. 4307: „*Achaz Graf v. Dohna, * 10. 5. 1605, † 16. 2. 1638, ohne Erben, S. d. Friedrich Graf v. Dohna, Preuß. Landhofmeister, * 4. 10. 1570, † 20. 11. 1627 u. d. Maria v. Rauter.*“ *⚭ Anna Dorothea Truchseß v. Wetzhausen, † 25. 2. 1625.*“ „*Georg*“ (nur Vorname) „*Katharina, ⚭ Hans v. Hohendorff, 1600*“.

254 Gallandi (wie Anm. 11): „*Margarete, † 26. Mai 1537, ⚭ 1513 Georg v. Kunheim auf Knauten und Mühlhausen 1539, Stollen usw., Landrat und Amtshauptmann zu Tapiau, † 28. Sept. 1543*“.

255 Gallandi (wie Anm. 11): „*Katharina, † 1526; ⚭ 1525 Georg v. Polentz, * 1478, † 28. Apr. 1550, Bischof von Pomesanien, auf Langenau*“; Europ. Stammtafeln NF XX, Taf. 157 (Polenz): 1496 immatr. Univ. Leipzig, 1498 Baccalaureus, 1505 immatr. Univ. Bologna, 1511 Deutschordensritter, 1516 DO-Hauskomtur zu Königsberg, 1518 Elekt, 1519/25 Bischof von Samland, 1521/23 Administrator von Pomesanien und Mitregent des DO-Landes, 1522 DO-Kanzler, 25. 12. 1523 öffentliches Bekenntnis zur Neuen Lehre im Dom zu Königsberg, 1544 Konservator der Univ. Königsberg.

256 Gallandi (wie Anm. 11): „*Anselm Truchsess v. Wetzhausen, ⚭ Margarete v. Leutersheim*)*“. *) Das bekannte fränkische Adelsgeschlecht hieß „v. Lentersheim“. Biedermann, Baunach (wie Anm. 9). Taf. 201: „*Anßhelm Truchseß von Wetzhausen zu Klitten und Petschendorf, Stifter der beyden Preußischen Linien zu Klitten und Petschendorf (Tab. CXCVII). Er war tod anno 1525. Gemahlin. Margaretha von Lentersheim / Herrn Crafftens von Lentersheim zu Alten- und Neuen Muhr, und Frauen Ursulä von Lentersheim / einer gebornen von Seckendorf Aberdas**) / Tochter.*“ **) Diese Seckendorff-Linie heißt „Aberdar“. Lt. GStA PK XX. HA, Nr. 1308, Bd. 1, fol. 11/12, werden statt seiner seine Söhne Christoph, Albrecht, Cunz, und Georg mit „*etlich hofe vnnd gütter*“ belehnt.

257 Johann Gottfried Biedermann: Geschlechtsregister der Reichsfrey unmittelbaren Ritterschaft Landes zu Franken Löblichen Orts Altmühl … Bayreuth 1748 (ND Neustadt a. d. Aisch 1987), Taf. 34 (Lentersheim): „*Margaretha von Lentersheim. Gemal, Herr Anßhelm Truchseß von Wetzhausen zu Klitten und Petschendorff aus Preußen. Sie waren beyde tod anno 1525.*“ Ihre Eltern ebd.: „*Crafft von Lentersheim zu Mittel-Mur, geboren anno 1458 … † anno 1532 und liegt in der Kirche zu Alten-Mur*

Kinder:

(1) Christoph[258], † Heimenstadt vor 1551 April 26, bekannt 1538, 1540.
Christoph vertritt seinen Oheim Erhard T. v. W. bei der Güterteilung 1538 und 1540, für den er die S. 95 genannten Güter übernimmt. Er vertritt auch mit seinem Bruder Albrecht seine Brüder Cunz und Georg und erhält mit ihnen die Güter: *„Klitten, Kleinklitten, Brauna, Langheim das Dorf ohne den Hof, Roßenorth, Kenzaw und Praunaw"*. Wegen der Verwaltung des Gutes Langheim für Erhard bekommt er in den Jahren 1543 und 1544 noch viel Ärger. Der Landesherr befiehlt, dass Wilhelm T. v. W., Bruder von Erhard in das Gut eingewiesen werden soll.[259] Der Schlüssel dazu ist wahrscheinlich das vom Fürsten genehmigte (neue?) Leibgeding Wilhelms für seine Ehefrau Eufemia über „150 Mark zu je 20 Groschen preußischer Münze für eine Mark gerechnet". Sie soll im Fall seines Todes *„den hoff Lankheym mit aller seiner inn vnnd zubehörung Inhaben, genießen und gepranchen."* Falls sie wieder heiratet, soll sie ihn (der Familie) wieder zurückgeben. Dazu wird ihr dann zugestanden *„ir kasten, gewanth(,) gulden silbern und perlen geschmeide sampt einem gespann wagenn vnnd zweien pferdenn"*. Christoph betont, Erhard Truchseß sei *„alwegenn gemelter gütter rechter possessor vnd Herr gewesenn(,) dieselbige ich denn auch nhie anderer gestald denn als ein Diener von seiner wegenn … gehabt genutzed vnd gebrauchedt."* Vertrag zwischen den Brüdern Albrecht und Cuntz nach dem Tod ihrer Brüder Christoph und Georg (siehe unter Georg).

(2) Georg[260], bekannt: 1540, 1542, † (jung) vor 1551 April 26.
In einem lateinischen Brief[261] bedankt er sich 1542 beim Landesherrn, Markgraf Albrecht, *„… aller erzeigten wolthatt sonderlich von wegen der tutel, Darnach, das Ihn S(eine) g(naden) an hoff genommen alda wol gehaltenn vnd studiren lassen. Dar nach gegen (= gen) Wittenwerk* (Wittenberg) *gefoddert."* Der Fürst hatte offenbar nach dem Tode Anselms die Vormundschaft übernommen, Georg zur Erziehung an den herzoglichen Hof genommen und ihn im Lande studieren lassen. Jetzt bittet Georg um die Genehmigung zum weiteren Studium in Wittenberg. 1542[262] bitten die Brüder Cunz und Georg Truchseß v. Wetzhausen den Landesherrn um Genehmigung, etliche Güter zu verpfänden. Der Fürst genehmigt die Verpfändung „für 1800 Taler, je 31 Groschen preußisch für einen Taler gerechnet". Offenbar gehört Langheim auch zu den verpfändeten Gütern, und zwar *„die gütter sampt dem hoff Langkaym"*. Ihr Bruder Christoph protestiert[263] bei den Oberräten in Preußen, – die in Abwesenheit des Fürsten die Geschäfte führen –, namentlich bei Melchior v. Kreitzen, dem Oberburggrafen Merten Kannacher und dem Rat zu Königsberg. Langheim sei *„Erhart Truchsessen zugehörigk … vnd alwege zustendigk geweßen auch noch sein Vnnd durch mich an seiner stad verwarlich vermittels*

---

begraben. Gemalin, Ursula von Seckendorff Aberdar, Herrn Hansens von Seckendorff Aberdar zu Untern-Zenn, Sugenheim, Unter-Alten-Bernheim und Deutenheim, HochfürstlichBrandenburg Onoldsbachischen Amtmanns zu Cadoltzburg, dann Frauen Elisabethä von Seckendorff, einer gebornen Kuchenmeisterin von Nordenberg, Tochter."* * Küchenmeister.

258 Gallandi (wie Anm. 11): *„Christoph, † in Franken"*.

259 GStA PK, XX. HA, Adelsarchiv, Nr. 1308, Bd. 1, fol. 37/38, 1543 Nov. 11/13; fol. 39/40, 1543 Nov. 24; fol. 41/42, 1543 Nov. 29; fol. 43–46, 1543 Dez. 11; fol. 47–50, Forchheim 1543 März 18; fol. 51, Königsberg 1543; fol. 67–70 ohne Datum, außen: *„Christoff Truchses supplicatio sampt dem Abschied"*.

260 Gallandi (wie Anm. 11) hat nur den Vornamen. Lt. Biedermann, Baunach (wie Anm. 9), Tab. 201 *„Georg Truchseß von Wetzhausen starb in der Jugend"*.

261 GStA PK, XX. HA, Adelsarchiv, Nr. 1308, Bd. 1, fol. 23–26 Das Zitat stammt aus der Zusammenfassung des Registrators auf der Rückseite. *„tutel"* = Vormundschaft, *„gefoddert"* = gefordert.

262 Ebd., Bd. 1, fol. 27/28, 1542 Febr. 28, Königsberg, Konzept der Genehmigung für Cunz und Georg T. v. W. zur Verpfändung etlicher Güter. Die anderen Brüder sollen auch daran gebunden sein.

263 Ebd., Bd. 1, fol. 37/38 1543 Nov. 11/13, Langheim, Original.

f(ürstlichen) g(naden) eingereumet sein worden." 1544[264] äußert sich Georg zum Güterstreit mit seinen Verwandten: „*ein streitiger handel, von wegen eines wechssels etlicher gütter alhier in preussen gelegen, ßo ich vnnd meine beide brüder Albrecht vnnd Kuntz Truchsses von wetzhaussen mit vnßern Vettern* (genauer: Oheimen) *Erhardt Truchssesen von wetzhaussen ytzo zu Forchhaim, getroffen, mit Wilhelm Truchssessen zu Preussen saßhaftig, entsprossen.*" 1545[265] erwirken die Brüder Albrecht, Cuntz und Georg eine herzogliche Genehmigung, „... *dem Ehrnvhesten Achtbaren und hochgelernthen unsern Canzler Rathe vnd lieben getreuen hern Johanny von Kreiz der Rechten Doctory*", 17 Mark Zinsen auf dem Dorf Brauna, „*deßgleichen fünfzehen margk zinses vom paurnwerk vf der ganzen gemeine des Dorfes Clithen und noch zehen margk auf Fabian und Valtins beede erbe zu Clitten wonende vmb eine summa geldes*" zu verpfänden. 1551[266]: Vertrag zwischen den Brüdern Albrecht und Cuntz nach dem Tode ihrer Brüder Georg und Christoph: Cuntz hat nach Georgs Tod Schuldverschreibungen auf Güter geerbt, Albrecht nach Christophs Tod von seinem Onkel Erhard Truchseß Schmuckstücke erhalten. Mit Hilfe des Obersten Burggrafen und herzoglichen Rats Christoph v. Kreitzen einigen sie sich auf einen Wertausgleich.

(3) Cuntz[267], † vor 1570, zu Pötschendorf, bekannt 1538–1545, 1562; ⚭ Euphemia (nicht Euphrosine!) *v. Merklichenrade gen. Lusian*, T. d. Martin v. M. gen. L., Erbherr auf Alt-Loseinen, Molditten, Sauerbaum, Kirschitten etc. u. d. Anna v. Balinski a.d.H. Jegel; (⚭ II. Albrecht v. Schedel auf Teistimmen).

Auch dieser Cuntz hatte eine „*paursachen*" auszufechten[268] (vgl. oben S. 94). In einer Supplikation an den Herzog beschreibt Cuntz den komplizierten Fall: „*Es ist gescheen vor XV Jaren das ein man von Heinrichsdorff im Bißthum von Heilßberg gelegen auff einem freyen übererbe gewonet hatt, derselbige hat ein weip genomen, zu der staltwang, mit derselbigen frauen hat er zue Heinrichsdorff zwene Szonen gehabt. Der eine von jjj und der annder von eynem Jar und ist gestorben ...*" Nach dem Tode des Vaters wollte die Witwe nicht im Ermland bleiben, sondern sich „*widder zu Iren freunden ... begeben*", also wieder in ihre Heimat, dem Gutsbezirk von Cuntz Truchseß zurückkehren. Sie verkaufte das Erbe für 190 Mark und sorgte mit Wissen des (ermländischen) Landpropstes dafür, dass die Bauernstelle wieder „*besatzt*" wurde. Beim Versuch der Ausreise hatte der Landpropst ihr „*kleine(s) unertzogenn kind nitt wollen volgen lassen*", was dem Kulmer Recht zuwiderlief. Schließlich musste sie einen höheren Geldbetrag als Pfand in der Kirche hinterlegen und geloben, „*wen die Kinder erwachsen, die widder in die probstey zu gestellen*". Cuntz Truchseß setzte sich für die Belange der Frau, die jetzt wieder mit ihren Kindern in seinem Gutsbereich lebte, ein. Sein Schreiben an den Landpropst wurde jedoch nicht beantwortet. Auf der „Tagfahrt zu Bartenstein" hat der Landpropst die Sache falsch dargestellt. Die Bittschrift endet „... *ist an E(uer) f(ürstlichen) g(naden) mein underthenig bitt, mich und meine armen man* (= Leute) *gnediglich zu hanthaben vnd mir diesen Landtprobst vnwarhafftigen bericht nicht schaden lassenn*".

264 Ebd., Bd. 1, fol. 54/55 1544 Okt. 13 Danzig (Ausstellungsdatum: Georg T. v. W.) / 1544 Okt. 19 (Eingang beim Empfänger): Bürgermeister und Räte der drei Städte Königsberg.

265 Ebd., Bd. 1, fol. 71, 1545 Febr. 5 (Entwurf) Bestätigung des Landesherrn einer Verpfändung von bestimmten Einkünften an den herzoglichen Rat und Kanzler Dr. jur. Johann v. Krei(t)z(en) durch die Brüder Albrecht, Cuntz und Georg Truchseß v. Wetzhausen.

266 GStA PK, XX. HA, Adelsarchiv, Nr. 1308, Bd. 1, fol. 110/111, 1551 April 26 Vertrag zwischen Albrecht und Cuntz T. v. W. nach dem Tode von Christoph und Georg.

267 Gallandi (wie Anm. 11): „*Cuntz, ist 1596 tot, auf Molditten; ⚭ Euphemia v. Merklichenrade genannt Lusian a.d.H. Molditten. – wiedervermählt mit Albrecht v. Schedel*".

268 GStA PK, XX. HA, Adelsarchiv, Nr. 1308, Bd. 1, fol. 59/60 ohne Datum, „*Cuntz truchsessn Supplication*"; ebd., fol. 56/57, ohne Datum (1544) „*Unterricht auf Cuntz truchsessn jüngst supplication*"; ebd., fol. 61–64 ohne Datum, „*Unterricht des Capitels zur Frauenburg an den ... Herzog in Preußen ... auff Cuntz Truchsassen newer antragen In der paursachen*".

1547[269] erhielten die Brüder Cuntz und Albrecht vom Markgrafen Albrecht, Herzog in Preußen einen Verkaufskonsens über das Gut Morchel (Mornhell) im Gebiet Rastenburg. Cuntz wird darin *„unser Diener“* genannt, Albrecht *„unser Rat“*. Cuntz ist der Verkäufer, Albrecht der Käufer. 1551 April 26: Vertrag zwischen den Brüdern Albrecht und Cuntz nach dem Tod ihrer Brüder Georg und Christoph (siehe unter Georg). 1554[270]: Rechtsstreit mit einem *„vrban weyner“*. 1554[271]: Supplikation des Michel Linck an den Landesherrn: Rechtsstreit mit Cuntz Truchseß *„des gartens halben Im dorffe Rosenort, welchen ich durch einen bestendigenn kauff an mich gebracht, er mir aber denselbigen und was er an fruchten vnd anderm gebracht, nicht weiß ich umb was ursachen, genommen und davon entsetzt“*. Linck bittet den Landesherrn, den Zwist beizulegen. Er hatte offenbar schon früher einen Brief geschrieben: *„Darauff mir dann E(uer) f(ürstliche) D(urchlaucht) zue antwort gegeben, weil obgedachter Cuntz Truchses auff die tzeit nicht einheimisch, solche buss auff seine zukunft beruhen zu lassen. Nun aber bin ich glaubhafftig bericht worden, wie obgedachter Cuntz Truchses anheim gekommen“* ... Er bittet, die Sache wieder aufzugreifen. Er habe *„vil unkosten albereit darauff gewant“*. Fortsetzung und Verschärfung des Rechtsstreits[272]: 1555: Michel Lincke, Radmacher zu Bartenstein an den Landesherrn: (Euer fürstlichen Durchlaucht) *„kann ich armer man clagende nicht verholen, wie das ich zum Rosenort nicht weitt von Schippenbeil gelegen von meinem Erbenlich Haus und hoff vnd eine hopffengarten so gut werdt als in die CXXIII von dem Edelen vnd vehsten Cunz Truchses wieder alle billiche recht im herbst zwey Jahr verschienen bin veriagt vnd vertrieben worden, welches ich tzuvor E. f. g(naden) auch etlichmal habe anzeigen vnd klagen lassen auch selbst tzum teil mündlich geklagt, dargegen den* (= denn) *E. f. D(urchlaucht) Cuntz Truchs aufferlegt mandirt und bevolen, das er sich mit mir vertragen und mir das meine wieder restituiren vnd wieder geben solt, welches bis anhero nicht geschenn ...“*. Er bittet um weitere fürstliche Hilfe. Sie haben sich 1555 April 29 vor den fürstlichen Räten durch Vertrag geeinigt. 1559[273]: Cuntz Truchseß an Markgraf Albrecht d. Ä. Herzog in Preußen: Sein Bruder (ohne Namensnennung) hat vor Beginn einer Reise *„ausserhalb Landes“* ihm und dem Burggrafen *„seine gütterlein umb eine nenliche Summa zu verpfenden angebotten.“* Da er sich nicht gleich entscheiden konnte und erst Rat einholen wollte, hat der Bruder mit dem Burggrafen (wer?) hinter seinem Rücken den Handel abgeschlossen, *„mir zu hochster beschwer vud nachteil gereichet*[,] *ich auch mit dem Hern Burggraffen nicht gerne so vil mir immer meglichen in weiteren Zanck vnd rechtfertigungk wolt einlassen“*. Er bittet den Fürsten, *„die wollen den Burggraffen do hin halten und weisen das er mir solche gütter zu welchen er doch gar nicht befuhget gutwillig abstehen und mir zu weiterem Zanck und Hader nicht vrsach geben“* ... In der Entscheidung (Abschied) der preußischen Regierung vom 29. August 1559 wird *„Kuntzenn bruder“* Albrecht genannt. Cuntz wird auf den Vertrag verwiesen, den Albrecht und der Burggraf wegen der Güter geschlossen haben.[274] 1596 Dezember 4 wird der Erbteilungsvertrag, den Albrecht mit seinem Bruder Cuntz geschlossen hatte, betr. der Güter Porwerken und Klitten durch Albrechts Sohn Georg und Cuntz' Sohn Erhard T. v. W. geändert. Die Brüder Hans

269 Ebd., Bd. 1, fol. 79/80, 1547 März 13 Königsberg, Verkaufskonsens des Markgrafen, Konzept; ebd. eine Originalurkunde mit aufgedrücktem Oblatensiegel und nahezu gleichem Text, die aber wohl nicht abgeschickt wurde, weil sie Korrekturen enthält (vgl. unter Albrecht).

270 Ebd., Bd. 1, fol. 119, 1554 Juni, Brief des Cuntz T. v. W. an den Landesherrn: Rechtsstreit mit Urban Weyner.

271 Ebd., Bd. 1, fol. 120/121 1554, Supplikation des Michel Linck an den Landesherrn wegen eines Gartens in Rosenort.

272 Ebd., Bd. 1, fol. 122/123 1555 April 29, Michel Lincke an den Landesherrn wegen seiner Habe; ebd., Bd. 1, fol. 124/125 1555 April 29, Vertragseinigung.

273 Ebd., Bd. 1, fol. 130/131 1559 Aug. 29 (Schrift des Archivars; wohl Datum der Bearbeitung).

274 Ebd., Bd. 1, fol. 132 1559 Aug. 29, *„Abschied Cuntz Truchsessen vff sein supplication ...“*.

d. J. und Erhard, Söhne von Wilhelm T. v. W. und Eufemia v. der Damerau, halfen dabei und siegelten mit.[275]

Kinder:

a. Sophia[276], † 1615; ⚭ I. Georg *v. Lichtenhain*; ⚭ II. Georg *v. Schlubutt* (nicht: v. Schlieben!), * 1560, † 7. 3. 1637, zu Weischnuren, Hofrichter, S. d. Balthasar v. Sch., † 21. 7. 1588, auf Weischnuren und Schrandkeim etc. u. d. Barbara v. Finck (später Finck von Finckenstein).

b. Erhard[277], zu Pötschendorf (Petschendorf) und Molditten; bekannt 1615–1621; ⚭ Anna Sophia v. Schierstedt, T. d. Meinhard v. Sch. a.d.H. Heselicht u. d. Catharina v. Struntzen.

Von 1615[278] bis 1621 dauerte ein Rechtsstreit zwischen Erhard Truchseß v. Wetzhausen und Joachim v. Schierstedt. Es geht um eine Schuldforderung Erhards gegen Schierstedt. Der Hauptmann Albrecht Finck zu Gilgenburg wird eingeschaltet aber es geschieht lange Zeit nichts. Der Fürst weiß sich der „*zu unterschiedlichen mahlen an Dich abgegangenen beuehlich (Befehle) woll zu erinnern, gereichet unß aber zu gantz ungnedigem Mißfallen, daß supplicant* (der Antragsteller), *denselben zuwider biß anietzo nicht claglоß gemacht worden* ...“. Im nächsten Brief wird dem Amtmann sogar die doppelte vorgesehene Strafe bei weiterer Untätigkeit angedroht. Schließlich wird dem Schuldner noch eine doppelte „Sächsische Frist“, also ein verhältnismäßig langer Aufschub, gewährt. „*Im fall er nun dieselbe verschießen laßen sollte, habt Ihr* (der Amtmann) *dem Supplicanten mit Zuziehung der Geschworenen die Mühle zu Wardiren zu laßen, damit er dieselbe zu seinem besitz einnehmen ... möge. Sollte auch die Mühle wegen des HaubtStuelß* (der Hauptsumme), *Interessen und vorbesagten uncosten nicht zulangen, habt Ihr noch etzliche huben vom Gutt Heßelicht* (dem Sitz der Herren v. Schierstedt) *dazu zu schlagen.*“

Kinder:

a) Meinhard[279], zu Pötschendorf (Petschendorf).

b) Conrad[280], † 14. 11. 1686 zu Pötschendorf, Weissensee und Preußisch Wilten; ⚭ I. 1658 Eleonora v. Auer a.d.H. Pellen, † 1662; ⚭ II. Elisabeth (Dorothea?) *v. Partein* a.d.H. Pr. Wilten, lebt noch 1694, T. d. Georg v. P. u. d. Dorothea v. Arendswald.

1657 schreibt Conrad an den Kurfürsten: „... *nach absterben meiner vielgeliebten Seel. Ehegattin ich albereit in das fünffte Jahr in den betrübten Wittberstand gelebet, nunmehro aber entschlossen bin, mich nach Gottes Schickung und zu beßerer fortstellung meiner schweren haußhaltung anderweit in den heil. Stand der Ehe zu begeben.*“ Für seine unmündigen Kinder aus erster Ehe erbittet er als Vormünder: Abraham Josaphat v. Kreitzen, Oberstleutnant und Erbherr auf Salang, sowie Hans Dietrich v. Lesgewang, Erbherrn auf Kusitten.

---

275 GStA PK, XX. HA, Adelsarchiv, Nr. 1308, Bd. 2, fol. 76/77, 1596 Dez. 4.

276 Gallandi (wie Anm. 11): „*Sophia, ⚭ 1. Georg v. Lichtenhahn, 2. Georg v. Schlubhut**)“. *) Das Wort „Schlubutt“ ist gleichen Stammes wie das Dohna'sche „Schlobitten“. Hier liegt eine volksetymologische Deutung des Namens vor. Vgl. das Wappen, das einen Hut enthält Johannes Gallandi: Eine v. Schlubuttsche Ahnenprobe. In: Der Deutsche Herold 40 (1909), S. 8–11.

277 Gallandi (wie Anm. 11): „*Erhard, auf Molditten, ⚭ Anna v. Schierstaedt a.d.H. Heselicht*“.

278 GStA PK, XX. HA, Adelsarchiv, Nr. 1308, Bd. 3, fol. 16, 1615 Febr. 10; ebd. fol. 31, 1616 Juni 21; ebd., fol. 33, 1616 Okt. 13; ebd., fol. 78, 1620 März 3; ebd., fol. 90/91, 1621 März 19: Schuldforderung des Erhard T. v. W. an Joachim v. Schierstedt (evtl. sein Schwager oder Schwiegervater; Erhards Frau war eine geb. v. Schierstedt a.d.H. Heselicht).

279 Gallandi (wie Anm. 11) hat nur den Vornamen. – Biedermann, Altmühl (wie Anm. 257), Taf. 34 (unter Lentersheim).

280 Gallandi (wie Anm. 11): „*Conrad ist 1687 tot, auf Pr. Wilten, Langheim, Ramsen. ⚭ 1. 1658 Eleonora v. Auer a.d.H. Pellen, † 1662. ⚭ 2. Dorothea v. Partein a.d.H. Pr. Wilten, lebt 1694*“.

Kinder:

(a) Louise Eleonora[281]. 1665; ∞ Caspar Friedrich *v. Gaudecker* auf Rothmannshöfen und Ramsen, Kapitänleutnant.
1703[282] „*Truchseß v. Wetzhausen, Louise Eleonore, verm(ählt) mit dem Kapt.-Lieut. Caspar Friedr. v. Gaudecker a(uf) Rothmannshöfen.*" Es geht um den Verkauf des Gutes Serwillen, Amt Barten(stein?) durch Johann Casimir Stach v. Goltzheim an die verwitwete Gräfin Maria Eleonora v. Lehndorff. 1703 ff.

(b) Dorothea[283]; ∞ Christoph Valentin *v. Manstein*, † 1747, Kais. russ. Generalleutnant, und Gouverneur von Reval, S. d. Georg v. M. u. d. Catharina v. Partein.

(c) Erhard[284] *Freiherr* T. v. W., bekannt 1708, zu Pötschendorf und Preußisch Wilten; ∞ Eva Dorothea *v. Kalnein*, T. d. Albrecht v. Kalnein zu Lindenau, Wesselhöfen, Molsehnen, Loschen und Tharau, Hauptmann zu Rastenburg, Landvogt zu Schaaken, 1654 Kanzler, 1655 Oberburggraf, u. d. (∞ Rastenburg 2. 1. 1642) Anna Maria v. Creytzen, * 1615, † 1662.
Erhard ist Halbbruder der Louise Eleonore v. Gaudecker geb. Truchseß v. Wetzhausen. 1704[285] Strafsache, vermutlich wegen Majestätsbeleidigung, gegen Erhard Truchseß v. Wetzhausen: Aus dem Bericht des Advocatus Fisci an König Friedrich I.: „*wegen der höchststraffbaren Worte, die auff dem im Ambte Brandenburg* (Preußen) *den 19 den Novembris des letztverwichenen Jahres* (1703) *gehaltenen Convocations=Tage Er gesprochen haben sol.*" Der Bericht an den König hatte 5 Beilagen, die darüber Auskunft geben könnten, was gesagt worden war, aber den Akten nicht beiliegen. Auf vier Seiten läßt sich der Autor über die milde königliche Regierung aus, gipfelnd in dem Satz „*dass von Sr. Königl. Mayestät mit solcher Güte und Gelindigkeit sie regiert, auch die gemeine Landes onera so leidlich gemacht werden, dass gewiß kein Land in Europa sich rühmen kann, mit mehrer moderation von seinem Souverain tractirt zu werden alß S. Königl. Mayestät ihre hiesige Unterthanen tractiren laßen …*". Dagegen steht „*solch frevelhaftes außbringen 1. von einem Königlichen Preußischen Vasallen ex Equestri Ordine von Herrn Erhard von Truchses von Wetzhausen, der … 2. auß einer solchen uhralten Adelichen Familie entsprossen ist, welche wegen ihrer meriten allhier in Preußen von Sr. Königl. Mayestät und ihren Allerdurchlauchtigsten Vorfahren mit sehr viel und großen Gnaden und Wolthaten continuirlich*

---

281 Gallandi (wie Anm. 11) hat aus der I. Ehe (Auer) nur den Namen Louise Eleonora und die Jahreszahl 1665.

282 GStA PK, XX. HA, Adelsarchiv, Nr. 1308, Bd. 5, fol. 61/62/63, 1703, betr. Erhard T. v. W., Halbbruder von Louise Eleonore; Verkauf des Gutes Serwillen.

283 Laut Gallandi (wie Anm. 11) stammen Dorothea und alle folgenden Kinder aus der II. Ehe (Partein). Gallandi: „*Dorothea, 1693; ∞ Christoph Valentin (alias Georg) v. Manstein auf Juckstein*"; vgl. Ahnenprobe des 1747 verstorbenen K. russischen General-Lieutenants und Gouverneurs von Reval Ernst Sebastian von Manstein. In: Der Deutsche Herold 15 (1884), S. 109.

284 Gallandi (wie Anm. 11): „*Erhard ist 1704 tot; auf Pr. Wilten und Poetschendorf, ∞ Louise Maria v. Kalnein a.d.H. Kilgis, * 1661, ist 1712 tot.*" Europ. Stammtafeln NF XX, Taf. 145 (Kalnein): „*Helene Dorothea v. Kalnein, * 1661.*" Verf. ist eine Erhebung in den Freiherrnstand nicht bekannt. Reichsfreiherren wurden nur: Wolf Dietrich T. v. W., Kurmainzischer Rat, Ober-Jägermeister und Amtmann zu Bischofsheim [in Franken] sowie Joachim Ernst T. v. W., Ritterhauptmann des Kantons an der Baunach, Wien 4. 3. 1676. GHBy XXIII, S. 510; Ledebur, Nachträge zum Adelslexicon (wie Anm. 131), S. 143.

285 GStA PK, XX. HA, Adelsarchiv, Nr. 1308, Bd. 5, fol. 77–83, 1704, Strafsache wegen Majestätsbeleidigung gegen Erhard T. v. W.

überhäufft worden ...selbst 3. eine geraume Zeit her unterschiedlichen Convocationen und LandTägen, theils alß Adelicher Deputirter, theils alß LandMarschall derer vom Ritterstande beygewohnet hat, und dem daher 4. vor vielen anderen zur Genüge ... bekandt sein muß," dass der König das Land mehr als ein Vater denn als ein Souverän regiert. 5. Hinzu kommt, dass *„diese höchst unverantwortliche Rede auff dem Königl. Ambthause Brandenburg, ... 6. vor den Ohren der gesambten Herrn von Adel und Einsaaßen des ... Amts, ..."* 7. ... diese seien zu allen vorhergehenden Landtagen versammelt gewesen und hätten leicht *„ad male sentiendum"* (zu schlechter Einstellung) verführt werden können, *„welches doch eines jeden* allerunterthänigste *Treu gegen S. Königliche Mayestät gäntzlich Gott Lob verhütet hat ..."* 8. *„sondern auch alß Andtwort, auf die von des Königlichen Herrn HauptManns zu Brandenburg und LandRathDirectors Excellentz im hohen Nahmen Sr. Königl. Mayestät gethane proposition ungescheuet dergestalt ausgebracht worden, daß sich auch darüber 9. die Anwesende laut Num. 1 et 2* (der nicht vorliegenden Beilagen) *würcklich scandalisirt haben."* Der Advocatus Fisci meint, der König hätte nun sofort mit der höchsten Schärfe verfahren können, Truchseß sollte aber erst der genannten Worte überführt werden. Durch die Beilagen sei er überführt. Dennoch sollten alle damals Anwesenden befragt werden. Der Bericht fährt fort: *„... er hat übel, straffbahr und höchst unverantwortlich gehandelt und dadurch aller Adelichen Bedienungen, Rechten, Freyheiten und Praerogativen in dem Königreich Preußen vor Seiner Persohn* (für seine Person) *auff sein Lebetag, falß Ihn nicht S. Königl. Mayestät begnadigen wollen, doch seinen descendenten und der gantzen illustren Familie an ihren Adel, ohne allen Nachtheil und praejuditz sich verlustig gemacht hat".* Als Strafe solle er *„in der Königlich Preuß. OberRathstuben in Gegenwart aller derjenigen, die auff der Convocation zu Brandenburg d. 19 Novembris 1703 zugegen gewesen seyn, ohne Deegen Knieende nach einem besonderen Formular, so ihme der Königl. Preuß. Herr Ambtschreiber von Brandenburg vorlesen wird, Seiner Königl. Majestät allerdehmütigst umb Verzeihung, Gnade und Pardon zu bitten, dann auß seinen Cöllmischen Güthern 10000 flor. Ungr. halb dem Königlichen Fisco, halb zum hiesigen neuen Waysen-Hause Straffe in continenti zu erlegen auch die Expensen dem Advocato Fisci zu erstatten schuldig, seiner gesambten von Königlicher Majestät zu Lehn tragenden Mann und Magdeburgischen LehnGüther aber durch diese offenbahre Felonie Sr. Königlichen Majestät Lehns-Cammer zu gutt in totum verfallen seyn soll ...".* Wir wissen nicht, wie der Prozess zu Ende ging und ob Erhard Truchseß wirklich zu den angegebenen Strafen verurteilt wurde. Dies zu erforschen würde aber den Rahmen dieser Arbeit sprengen.

Kinder[286]:

aa. Adam Erhard Freiherr T. v. W., * 1691, † 1699.
bb. Albrecht Conrad Freiherr, * 1697, zu Pötschendorf und Preußisch Wilten.
cc. Carl Erhard Freiherr, * 1700, † 1707.
dd. Dorothea Freiin, * 1702, † ...; ∞ Ehrenreich Edler v. Plotho.

286 Diese hat Gallandi (wie Anm. 11) *nicht* als Kinder von Erhard Truchseß v. Wetzhausen und Eva Dorothea v. Kalnein, *sondern* von Erhard T. v. W. und Louise Maria v. Kalnein (siehe unten: Seite 122: aa Heinrich Albrecht Freiherr T. v. W., * 1683, zu Klitten, Hauptmann).

Weitere Kinder:[287]

(d) Anna Maria[288]; ∞ Hans Carl *v. Gaudecker* auf Ramsen, Lieutenant.

(e) Katharina. 1715; ∞ Christoph *v. Poetten* auf Nickelsdorf, Lieutenant.

c) Wilhelm[289], * 27. 12. 1616, tot 1679; zu Pötschendorf, Weissensee und Preuß. Wilten; ∞ Katharina Elisabeth *v. Lesgewang*[290] a.d.H Kussitten, lebt noch 1696.

1660[291] beantragen Adam Sigismund v. Wallenrodt und Wilhelm Truchseß v. Wetzhausen, einige ihrer Güter verkaufen zu dürfen, *„weil sie die noth fast drücket"*. Bei Truchseß geht es um das Gut Pötschendorf (*„Petschendorff"*), ein 39 Huben umfassendes Söhne- und Töchterlehen nach Magdeburgischem Recht (*„Magdeburgisch zu beeden Kindern"*). Der Verkauf wird 1660 September 4 mit einem vom Großen Kurfürsten Friedrich Wilhelm eigenhändig unterschriebenen Konsens genehmigt. Wer das Gut gekauft hat und welcher Preis erzielt wurde, ist in den durchgesehenen Akten nicht überliefert, wie auch meistens nicht die Originalgesuche, die Aufschluß über die Hintergründe geben könnten. 1679 Konzept der kurfürstlichen Kanzlei: *„Curatorium an Substitutum Fisci Jacob Zetzschken ad. inst Catharina Elisabeth von Leßgewang, Wittwe Wilhelm Truchsessen von Wetzhausen d. 23. Martij 1679."*

Kinder:[292]

(a) Helena Barbara, tot 1710; ∞ Dietrich Albrecht *v. Lesgewang* auf Mahnsfeld, † 1723.

(b) N.N.; ∞ Michael Albrecht *v. Gaudecker* auf Brusnicken, * 1645, † 17.., Kurbrandenburg. Kapitain, 1688 Amtsverweser zu Rhein (er ∞ II. Anna Benigna v. Gottberg a.d.H. Sadau).

d) Christoph[293], zu Pötschendorf.

e) Joachim[294], bekannt 1648; zu Weissensee und Preußisch Wilten, geisteskrank (1664); ∞ (vor 1651) Anna Maria *v. Kannacher* a.d.H. Kolkowen, Witwe des Rittmeisters Ludwig v. Rippe(n) auf Gerlauken.

---

287 Weitere Kinder von b) Conrad T. v. W. aus seiner 2. Ehe mit Elisabeth v. Partein lt. Gallandi (wie Anm. 11): *„Anna Dorothea ∞ Hans Eustachius Edler v. Plotho auf Kl. Klitten 1726; Louise Tugendreich 1712 unvermählt* (vgl. cc Louise Tugendreich Freiin T. v. W., T. d. Georg Friedrich T. v. W. u. d. Anna Maria v. Kalnein); *Maria Elisabeth 1712 unvermählt; Heinrich Albrecht (ältester Sohn) auf Gr. Klitten, welches er 1718 verkauft, Kapitain, † 1740 im Hospital zu Koenigsberg; Johann Georg, Cornet, 1712 unmündig, geht nach Deutschland."*

288 Evtl bezieht sich GStA PK, XX. HA, Adelsarchiv, Nr. 1308, Bd. 5, fol. 61 und 62 auch auf Anna Maria, weil kein Vorname genannt ist und sie auch einen Herrn v. Gaudecker geheiratet hat, fol. 63 eindeutig auf Louise Eleonore.

289 Gallandi (wie Anm. 11): *„Wilhelm ist 1689 tot; auf Poetschendorf. ∞ Kath(arina) Elisab(eth) v. Lesgewang a.d.H. Kusitten. lebt 1696"*.

290 GStA PK, XX. HA, Adelsarchiv, Nr. 1308, Bd. 5, fol. 44, 1679 März 23, Vormund für Catharina Elisabeth v. Lesgewang, Witwe von Wilhelm Truchseß v. Wetzhausen.

291 Ebd., Bd. 3, fol. 147–149, 1660 Aug. 10, Oberräte an den Kurfürsten; Eigenhändig unterschriebener Konsens des Kurfürsten Friedrich Wilhelm, 1660 Sept. 4.

292 Gallandi (wie Anm. 11) vermutet (durch gestrichelte Linie angedeutet) folgende Kinder: *„Helena Barbara a.d.H. Poetschendorf (,) ist 1710 tot. ∞ Dietrich Albrecht v. Lesgewang auf Mahnsfeld, † 1723. N.N. a.d.H. Poetschendorf, ∞ Michael Albrecht v. Gaudecker auf Brusnicken, * 1645, † 17.. Churbrand. Kapitain 1688 Amtsverweser zu Rhein. – heiratet in 2. Ehe Anna Benigna v. Gottberg a.d.H. Sadau."*

293 Gallandi (wie Anm. 11) hat nur den Vornamen Christoph.

294 Lt Gallandi (wie Anm. 11): *„Joachim. 1664 blöde. ∞ vor 1651 Anna Maria v. Kannacher a.d.H Kolkowen, des Rittmeisters Ludwig von Rippe auf Gerlauken Wittwe"*. *Anm. des Verf.: Joachim war lt. archivalischen Quellen geisteskrank und stand auf Wunsch seiner Brüder unter Vormundschaft: (GStA PK, XX. HA, Adelsarchiv, Nr. 1308, Bd. 5, fol. 6, 1672, Wilhelm, Conrad und Georg Wilhelm T. v. W., Brüder von Joachim, an den Kurfürsten; ebd., Bd. 5, fol. 39/40, 1678 Nov. 7: Kurfürst Friedrich Wilhelm an die Oberräte, Beschwerde des Wilhelm T. v. W.; ebd., Bd. 5, fol. 41/42, Beschwerde von Wilhelm T. v. W. beim Kurfürsten).

1672 schreiben Joachims Brüder Wilhelm, Conrad und Georg Wilhelm Truchseß v. Wetzhausen, *„vff langheimb“* an den Kurfürsten. Er wisse, *„was es für eine beschaffenheit mit unserm blöden bruder Joachim Truchseß von Wetzhausen habe.“* Er sei *„nothwendig einiger Curatoren der denselben mit bestem fleiß beobachten bedorft, die Curatela aber keinem anderen alß unß seinen leiblichen brüdern und Vettern von rechtswegen gebühret.“* Sie bitten den Fürsten, sie *„per rescriptum in Curatorem unsers vorgedachten blöden bruders zu bestättigen.“* Sie versprechen, die Vormundschaft gewissenhaft wahrzunehmen. 1678 beschwert sich Wilhelm Truchseß auf Petschendorff beim Kurfürsten *„daß der Magistrat der Stadt Kneiphoff Königsberg sich weigert“*, die aus den Zinsen *„des bey dem Kneiphoffischen Rathaus habenden capitals vor* (für) *seinen blöden Bruder verordneten alimentation=gelder abzutragen ...“*. Kurfürst Friedrich Wilhelm befiehlt am 7./17. Oktober 1678 aus seinem Hauptquartier zu Lüdershagen den Oberräten, *„die nachtrückliche Verfügung zu thun, daß besagter Kneiphoffscher Magistrat sothaner alimentation-gelder rustigk abführe.“* Aus der o. a. Beschwerde des Wilhelm T. v. W.: Erinnerung *„der unverdienten hohen Churfürstl Gnade, so E.Ch.Dl. meinem blöden Bruder Joachim Truchseß von Wetzhausen so vielfältig vor diesem erwiesen hatt ... erkühne ich mich, ... klagend vorzustellen, wie ungüttig E. E. Rath der Stadt Kneiphoff sich gegen meinen blöden Bruder durch entziehung des benötigten Unterhaltes, gebührender Pflege und behörigen wartung bezeuge* ((be)zeige).“ Es geht um die jährlichen Zinsen von 16000 M. pr. für den Unterhalt des Bruders, *„der sich selbst zu rathen und fürzustehen nicht vermag.“* Eine *„miserable Person“* hat sich *„so wiedersetzlich erwiesen“*, dass der Bruder dieses Jahr *„nicht mehr dann 20 M. pr.“* erhalten hat. *„Mein blöder Bruder, alß der seines Sinnes gäntzlich beraubet, und neulich einen Bauern beynahe erwürget hätte, wan auff deßen geschrey ander nicht wäre zu hülffe gekommen“*. Er selbst, *„der ich meinen blöden Bruder nunmehro zehen Jahre mit unverdrossener Mühe und Sorgfalt, in stätem Furcht und Schrecken, ja leibes und lebensGefahr bey Tag und Nacht, stündlich und augenblicklich nebst dem gehörigen Unterhalt pflegen und warten laßen ...“*, ... dass er *„in diesen so schweren und bedruckten Zeiten Selbigen ferner von dem Meinigen zu unterhalten und zu verpflegen unmüglich fält, auch gegen die Meinigen nicht verantworten kan“*. Er bittet um 2000 f. poln. aus den Zolleinnahmen, ebenso um die Zinsen aus dem Kapital aus dieser Quelle, die dann *„dem Kneiphöffischen Rahtt an Ihrer Quota hinwiederumb gekürtzet werden möge“*. Die Zinsen seien jetzt schon auf über 13000 M. pr. angestiegen und dürften nicht höher aufschwellen.

f) Euphemia[295], tot 1660: ∞ Friedrich *v. Reitlein*, Landrichter zu Oletzko, tot 1649.
g) Albrecht, † 9. März 1672.
h) Michael.
i) Georg Wilhelm. 1664.

(4) Magdalena,[296]; ∞ Dietz *v. Thüngen*.

295 Lt. Gallandi (wie Anm. 11): *„Euphemia ist 1660 tot. ∞ Friedrich v. Reitlein, Landrichter zu Oletzko (,) ist 1649 tot“*. Gallandi hat noch die o.a. unter g) bis i) aufgeführten Kinder dieser Ehe, bei Michael nur den Vornamen.

296 Nicht bei Gallandi (wie Anm. 11).

e) Der Ast zu Klitten in Preußen

(5) Albrecht[297], bekannt 1547–1552, † 1573; Herzoglicher Rat; Herr auf Klitten; ⚭ I. 1552 Maria *v. Reden* aus Braunschweig, ehemalige Kammerjungfrau der Gemahlin Herzog Albrechts in Preußen; ⚭ II. Anna Dorothea *v. Prinen*, † 17. 2. 1597, Witwe des Anton v. Groß genannt Pfersfelder auf Karschau.

1547[298] kauft Albrecht von seinem Bruder Cuntz das Gut Morchel im Rastenburgischen. Markgraf Albrecht von Brandenburg, Herzog in Preußen, gibt dazu „seinem Rat" seinen Konsens (vgl. unter Cuntz). 1550[299] hat Albrecht einen Streit mit seinem Knecht Lucas N., der *„vff den Truchsessen seinem anzeigen nach, mit püchsen auf raumem felde sol los geschossen haben"*. Albrecht verklagte ihn. Lucas ist jedoch nicht zur Verhandlung erschienen. Man hat sich offenbar schließlich gütlich geeinigt. 1551 April 26: Vertrag zwischen den Brüdern Albrecht und Cuntz nach dem Tode ihrer Brüder Georg und Christoph (siehe unter Georg). 1552[300]: Auf dem Zettel mit dem Behördeneintrag *„Abschied Albrecht Truchsessen durch den H. Canzler den 23 Februar Ao 1552 geben"* geht es um 100 fl Dienstgeld. 1552 Verschreibung[301] eines Heiratsdarlehens von 3000 Mark (je 20 Groschen preuß. „ganghaftiger" Münze für eine Mark gerechnet) Herzog Albrechts d. Ä. von Preußen für Albrecht Truchseß v. Wetzhausen anlässlich seiner Eheschließung mit Maria v. Reden, gewesener Kammerjungfrau der Herzogin. Das Darlehen soll mit 4 % Jahreszins nach 4 Jahren zurückgezahlt werden. 1555[302] bittet Albrecht den Landesherrn *„das sie mir wolden vor meine ... gethane, beschwertte, getrewe Dienste ... drey Tausent margk aus Ihrer fürstlichen gnaden Cammer legen unnd geben lassen."* Er braucht das Geld *„aus bedrangsten Noth"* zur Abtragung *„von schuldenen ... denen mein Lieber Bruder* (wer?) *zeittseligen gedechtnus schuldig geblieben."* 1566 Oktober 24 Bittschrift (Supplication) des Albrecht Truchseß v. Wetzhausen an Herzog Albrecht von Preußen, bezüglich des Paulus Scalichius, der sich *„in diesen Landen für einen Herrn von der Laiter*[303] *ausgeben hat"* („Scalichius-Streit"[304]). Truchseß hatte sich schon vorher an den Fürsten gewandt und die vorgegebene Identität dieses

297 Gallandi (wie Anm. 11): *„Albrecht, † 1572; auf Klitten, Perweiken, Glittehnen ⚭ 1. Maria v. Reden ⚭ 2. Anna Dorothea v. Pein a.d.H. Karschau, des Anton Gross-Pfersfelder auf Karschau Wittwe."* Lt. Biedermann, Baunach (wie Anm. 9), Tab. 202 hatte Albrecht noch eine dritte Ehefrau: *„(III) Maria von Stetten"*. Das ist aber nicht möglich, weil seine zweite Ehefrau 1573 seinen Tod mitteilt und um Vormünder für sich, ihre Kinder mit Albrecht sowie für die Kinder ihrer ersten Ehe mit dem verstorbenen Anton Pfersfelder (eigentlich „v. Groß genannt Pfersfelder") und die Kinder Albrechts aus seiner ersten Ehe mit Maria v. Reden bittet (siehe Anm. 306).

298 GStA PK, XX. HA, Adelsarchiv, Nr. 1308, Bd. 1, fol. 79/80, 1547 März 13 Königsberg, Verkaufskonsens, Konzept (vgl. unter Cuntz); Original mit aufgedrücktem Oblatensiegel, das wohl so nicht abgeschickt wurde, weil es noch Korrekturen enthält, ebd., fol. 81/82 1547 März 13 Königsberg.

299 GStA PK, XX. HA, Adelsarchiv, Nr. 1308, Bd. 1, fol. 94/95 1550 April 11 *„Albrecht Truchsessen handelunge mit seinem Knecht Lucas am 11. April 1550"*; ebenso ebd., Bd. 1, fol. 96–105, 1550 April 11.

300 Ebd., Bd. 1, fol. 112, 1552 Febr. 23 *„Abschied Albrecht Truchsessen durch den H. Canzler den 23 Februar Ao 1552 geben"* (Kurzeintrag der Behörde).

301 Ebd., Bd. 1, fol. 113/114 1552 März 8 Königsberg, Verschreibung eines Heiratsdarlehens Herzog Albrechts d. Ä. für Albrecht Truchseß, herzoglichem Rat.

302 Ebd., Bd. 1, fol. 126/127, 1555 Dez., Albrecht T. v. W.'s Supplikation: Darlehen von 3000 Mark wegen der Schulden seines verstorbenen Bruders (wer?).

303 Die Scaliger, „della Scala = von der Leiter", ein ghibellinisches Adelsgeschlecht Norditaliens, waren von 1259–1387 Stadtherren von Verona. Der Brockhaus in einem Band. 8. Aufl. 1998, S. 791.

304 GStA PK, XX. HA, Adelsarchiv, Nr. 1308, Bd. 1, fol. 137–142, 1566 Okt. 24, Albrecht T. v. W. gegen „Paulus Scalichius". Stephan Dolezel: Das preußisch-polnische Lehnsverhältnis unter Herzog Albrecht von Preußen (1525–1568). Köln/Berlin 1967, S. 154–169. „Paulus Scalichius", ein kroatischer Hochstapler, gab sich für einen Herrn „della Scala" aus und gewann große Macht über den preußischen Herzog Albrecht und das Herzogtum bis er es zu arg trieb und fliehen musste. Seine deutschen Helfershelfer kamen vor Gericht und wurden hingerichtet.

Hochstaplers in Zweifel gezogen. Der Herzog forderte ihn daraufhin auf, *„ich sollte erweisen, das der Skalich der nicht were, für welchen er sich ausgebe.“*. Truchseß sei nach Wien gereist und habe *„seinen statlichen wolergründten beweis unter Römischem Königlichen Transsumpt*[305] *sampt den rechten Originalien mitgebracht, und in E.F.D. hoffgericht ... rechtlich eingelegt.“* Skalich habe seinen Bericht öffentlich in der Kirche verlesen lassen, *„darinnen er mich an meinen ehren hefftiglich angegrieffen.“* Truchseß habe auf jede Art versucht, eine Abschrift von Skalichs Gegendarstellung zu bekommen, ohne Erfolg. Der Fürst war völlig unter den Einfluß Skalichs geraten. Er erließ ein Mandat an alle Ämter, *„darinnen dem Skalich sampt allem seinem anhang, sich gegen alle, so ihm oder den seinigen in reden oder wercken sich etwa widerspenstig erzeigten, propria aucthoritate zu vindiciren, die macht gegeben.“* Truchseß schrieb an den Fürsten, daß dieses Mandat ihn und seine Gegenmeinung *„nicht enthalten könt und er nicht eingeschlossen sein dürffte“*, erhielt aber nie eine Antwort. Skalich ließ Schmähschriften gegen ihn drucken. Zunächst wollte Truchseß mit gleichen Mitteln antworten, ließ es dann aber bleiben. Er war betrübt, *„das(s) ich von E.F.D., meinem eignen Landesfürsten, vnter dem ich geboren, und erzogen, auch viel Jahr mit allen trewen gedienet, in einer gutten sachen, wider ein(en) frembden vnbekannten, berüchtigten und aller falschheit vberwiesenen menschen dermassen trostlos, hülfflos und rechtlos gelassen werden sollte.“* Aber das Hofgerichtsverfahren gegen Skalich, der *„selbs(t) nicht weis, wer sein vater, mutter, grosvater und grosmutter gewesen sei“* lief. Skalich setzte sich selbst ins Unrecht indem er floh. Truchseß kämpfte weiterhin um Wiederherstellung seiner Ehre und Erstattung seiner Unkosten. 1573[306] teilt Anna Dorothea Truchseß der Regierung den Tod ihres *„lieben Junckern Albrecht Truchsessen vonn Wetzhausen“* mit und bittet um Vormünder *„Christof Kunheim, Cuntz Truchsses, Hans Truchsses, Quirin Sacken, Bastian Pfersfelder, Jochim Pröcken“* a) für sich und ihre *„vonn Ime habende kleine Khind, elende weisen worden“*, b) *„auch den andern seinen von der ersten frauen verbliebenen khindern“* und c) *„meinen khindern, so ich von meinem auch seligen ersten Junckern, Anthonien Pferßfeldern, nach seinem absterben behaldenn“*. 1588[307]: Georg Friedrich Markgraf v. Brandenburg an Georg v. Kunheim und (mutatis mutandis) an Ludwig (v.) Rautter, Hauptmann zu Brandenburg (Preußen) als *„Commissarien“* in der Grenzstreitsache betreffend Domnau, Groß- und Klein-Klitten und Vormünder für die Erben des verstorbenen Albrecht Truchseß v. Wetzhausen. 1596 Dezember 4 wird der Erbteilungsvertrag, den Albrecht mit seinem Bruder Cuntz geschlossen hatte, betr. die Güter Porwerken und Klitten durch Albrechts Sohn Georg und Cuntz' Sohn Erhard T. v. W. geändert. Die Brüder Hans d. J. und Erhard, Söhne von Wilhelm T. v. W. und Eufemia v. der Damerau, halfen dabei und siegelten mit (s. o.). 1597[308] Anna Dorothea, geb. v. Prinen, Witwe von Albrecht Truchseß v. Wetzhausen ist 1597 Februar 17 gestorben. Ihre Tochter aus I. Ehe, *„Adelheit Pferßffelderin“* zeigt dies dem Landesherrn an und bittet, ihr Georg v. Eppingen und Hans Pröcken auf Kobershagen zu Vormündern zu verordnen. 1597 März 14 wird deswegen an beide geschrieben *„vnd die gebettene Vormundtschafft bevohlen“*.

---

305 Im Transsumt „wird eine ältere, im Wortlaut wiedergegebene (inserierte) Urkunde bestätigt und damit neues Recht gesetzt“. Bayer (Hrsg.), Wörterbuch zur Geschichte (wie Anm. 2), S. 489.

306 GStA PK, XX. HA, Adelsarchiv, Nr. 1308, Bd. 1, fol. 152/153, 1573 Jan. 14 (Datum der behördlichen Ausfertigung) Bitte der Anna Dorothea, Witwe des Albrecht T. v. W. um Vormünder für sich und ihre Kinder. Behördenvermerk: *„Die Vormünd sind geordnet worden den 14 Januarij 73“*.

307 Ebd., Bd. 2, fol. 7, 1588 Juli 8 betrifft Vormünder des verstorbenen Albrecht T. v. W. im Grenzstreit zwischen Domnau und Klitten; ebd., Bd. 2, fol. 8, 1588, gleiches Datum.

308 Ebd., Bd. 2, fol. 100/101, 1597 März 14, Anna Dorothea geb. (v.) Prinen, Albrecht T. v. W.'s Witwe am 17. 2. 1597 gestorben. Ihre Tochter aus I. Ehe, *„Adelheit Pferßffelderin“* zeigt dies dem Landesherrn an.

Kinder:

a. Dorothea[309], † 10. 9. 1610; ⚭ Erich *v. Rautter*, † 27. 11. 1615 (4. 2. 1632 ?), 1580 zu Gelbisch, Langenwalde und Winkelsdorf (seine 3. Ehe).

b. Margareta[310]; ⚭ Friedrich *v. Hausen*, auf Powarben, Landhofmeister, * 1532.

c. Catharina[311]; ⚭ I. Christoph *v. Reimann*, auf Lablacken und Gründen; ⚭ II. Georg *v. Eppingen*.

d. Georg[312], bekannt 1594, 1596, † 1604; zu Glittehnen, Gr. Klitten und Perweiken; ⚭ I. Susanne Lucretia *v. Kalnein*, T. d. Johann v. K., bekannt 1569, 1580, † 1585, zu Kilgis, Krausen und Lindenau u. d. Anna v. Lichtenhayn; ⚭ II. N. *v. Rippe(n)*. 1596[313] *„Brüderlicher Vertrag"*: Die Büder Albrecht (†) und Cuntz (†) hatten einen Erbteilungsvertrag geschlossen *„der noch gilt"*: über das Gut Powerken (auch Perwelken): 6 Hufen und das Gut Klitten: 2 ¼ Hufen. Porwerken sollte Cuntz gehören, blieb aber in Albrechts Besitz, der es auch gern beim Hof Klitten behalten wollte. Der Vertrag *„ist nicht durchaus würdenlich vollzogen worden … durch unversehenen geschwinden beyder tödlichen Abgang desfalls keine Vergleichung getroffen."* Das Erbrecht von Cuntz ging auf seinen Sohn Erhard über. Dieser vertritt es nun gegenüber seinem Vetter, Albrechts Sohn Georg. Das drohte zu großen Misshelligkeiten und Unkosten zu führen. Ihre Vettern, die Brüder Hans d. J. und Erhard, Söhne von Wilhelm Truchseß v. Wetzhausen und Eufemia v. der Damerau, hielten es *„vor gut und ratsam, … daß Sie in der Güte mit einander sich vergleichen"*. Sie haben sich daraufhin folgendermaßen geeinigt: Erhard überlässt seinem Vetter Georg das Gut Porwerken *„sambt den 2 huben und einen Viertel zu Klitten mit aller Nutzung und Gerechtigkeit, weil es zu dem hoff Klitten gelegen."* Dagegen tritt Georg seinem Vetter Erhard ab *„zu Lankheim 4 ½ huben, 2 Morgen* (,) *darauff zween Krüge* (Wirtshäuser), *ein Bauer und Schneider,* (das Gut) *die Morchel 2 ½ hub zue Brunau 2 Huben mit aller Nutzung und Gerechtigkeit, wie Er es von seinem seel. Vater ererbet, allein sich ausgenommen die Nutzung der Bienen zu Brunau, welche Er sich vorbehalten."* Da die Hufen zu Langheim und Brunau *„Cölmischen Rechtens, die zu Porwerken aber und zu Klitten Magdeburgischen Rechtens"* sind, verspricht Erhard, *„die gedachten Cölmischen Huben zu Magdeburgischem Recht zu machen."* Der Vertrag ist sowohl von den vertragschließenden Vettern Georg und Erhard Truchseß v. Wetzhausen als auch von ihren anwesenden Vettern Hans d. J. und Erhard Truchseß v. Wetzhausen in doppelter Ausfertigung besiegelt und eigenhändig unterschrieben worden. *„Geschehen zu Wölkain den 4 Tag deß Monaths Decembris … 1596."* 1598[314]: Georg Truchseß hatte seinem inzwischen verstorbenen Halbbruder Hans (v. Groß genannt) Pfersfelder Geld geliehen. In einem Vertrag war vereinbart worden, dass im Falle das Geld nicht zurückgezahlt würde, das Gut Karschau an Georg Truchseß fallen sollte. Er

309 Gallandi (wie Anm. 11): II. Ehe: *„Dorothea. 1599 tot. ⚭ Erich v. Rautter auf Gelbisch, * 19. Juli 1561."*

310 Gallandi (wie Anm. 11): I. Ehe: *„Margarete, ⚭ Friedrich v. Hausen auf Powarben, Landhofmeister, * 1532."*

311 Gallandi (wie Anm. 11): I. Ehe: *„Katharina, ⚭ 1. Christoph v. Reimann auf Lablacken und Gründen, ⚭ 2. Georg v. Eppingen."*

312 Gallandi (wie Anm. 11): II. Ehe: *„Georg auf Glittehnen, Perweiken, ⚭ 1. Susanna (al. Lucretia) v. Kalnein a.d.H. Kilgis, ⚭ 2. N. v. Rippe."* Europäische Stammtafeln NF XX, Taf. 145: *„Susanne Lucretia v. Kalnein, 1604."*

313 GStA PK, XX. HA, Adelsarchiv, Nr. 1308, Bd. 2, fol. 76/77, 1596 Dez. 4, Wilckamm, Brüderlicher Vertrag zwischen Georg und Erhard Truchseß v. Wetzhausen über die Güter Powerken und Klitten (vgl. Anm. 176).

314 Ebd., Bd. 2, fol. 120, 1598 Nov. 8, Georg Truchseß an den Landesherrn wegen ausstehender Schulden seines Stiefbruders *„Hanß Pfersfelder"*; ebd., Bd. 2, fol. 121, 1598 Nov. 24, Amtmann von Tapiau an Georg Truchseß; ebd., Bd. 2, fol. 119/122, 1599 Febr. 14 und 15, Georg T. v. W. an den Landesherrn, Bitte um Hilfe beim Amtmann von Brandenburg/Pr.

versucht jetzt mit Hilfe der Regierung das Geld von der Witwe Hans Pfersfelders einzutreiben oder die Einweisung in das Gut zu erreichen. Er hatte sich zunächst beim Amtmann von Tapiau, seinem Schwager Hector v. Königseck, bemüht, der ihn aber zuständigkeitshalber an den Amtmann von Brandenburg (in Preußen) verwies. Dadurch zog sich die Angelegenheit in die Länge. Aus den eingesehenen Quellen geht der Ausgang des Streits nicht hervor.

Kinder:

a) Hans[315].

b) Georg[316].

c) Erhard[317].

d) Tochter[318].

e) Heinrich[319], † Dezember 1663; zu Klitten, Groß Klitten und Plackheim, Rittmeister; ⚭ Anna Maria *Schack v. Wittenau.*

1653[320] Heinrich Truchseß v. Wetzhausen auf Klitten erbittet Vormünder für seine unmündigen Kinder, „*... nach absterben meiner Hertzgeliebten Ehegattin, der weiland HochEdelgebornen Frauen Annae Mariae geborner Schackin von Wittenau ...*“: Heinrich v. Kalnein, Rittmeister und Heinrich v. Rippen. Dies wird am 14. Mai 1653 genehmigt. 1657[321] „*Heinrich Truchses von Wetzhausen, Rittmeister sol an Seel. Martin Sigismund Truchses des heil. Röm. Reichs Grafen von Wetzhausen stelle die Vormundtschafft über Hanß Wilhelm Truchses von Wetzhausen vff sich nehmen*“.

Kinder:

(a) Albrecht[322], bekannt 1651, † 9. 5. 1672 (s. o. Anm. 306); ⚭ Anna Dorothea *v. Pein*, Herrin zu Karschau und Plackheim (Witwe des Anton (v. Groß gen.) Pfersfelder).

(b) Heinrich Wilhelm[323], * 1649, † 1650.

(c) Georg Friedrich[324] Freiherr T. v. W., * 1648, † 1698; ⚭ Anna Maria *v. Kalnein.*

1614 Verzeichnis der von Heinrich Truchseß v. Wetzhausen hinterlassenen Güter, „*der ietzige Besitzer dieser Gütter ist Georg Friedrich Truchßes von Wetzhausen, ist ein junger Mensch und unbeweibet, deßen Schwester ist des seel. Otto von Pilgrams Fr. Wittib uff KleinLautt*“.

Kinder:

aa. Heinrich Albrecht[325] Freiherr, * 1683, † ..., zu Klitten, Hauptman.

---

315 Gallandi (wie Anm. 11) hat nur den Vornamen „*Hans*“.

316 Gallandi (wie Anm. 11) hat nur den Vornamen „*Georg*“.

317 Gallandi (wie Anm. 11) hat nur den Vornamen „*Erhard*“.

318 Gallandi (wie Anm. 11) hat noch die Tochter: „*Lucretia (al. Elisabeth) 1602, ⚭ Wilhelm Thiesel v. Daltitz auf Dombrowken, ist 1662 tot.*“

319 Gallandi (wie Anm. 11): „*Heinrich, ist 1667 tot; auf Plackheim, Gr. Klitten und Korklacken. Sächs. Rittmeister, ⚭ Kath(arina) v. Lesgewang.*“

320 GStA PK, XX. HA, Adelsarchiv, Nr. 1308, Bd. 3, fol. 136, 1653 Mai 12 (genehmigt Mai 14), Heinrich T. v. W. erbittet Vormünder für seine Kinder nach Tod seiner Ehefrau Anna Maria geb. Schack v. Wittenau.

321 Ebd., Bd. 3, fol. 140, 1657 Febr. 1 (9?): Vormundschaft über den unmündigen Hans Wilhelm Truchseß v. Wetzhausen.

322 Gallandi (wie Anm. 11): „*Albrecht (ältester Sohn), † 9. Mai 1672, von Heinrich v. Oelsen ermordet ...*“!

323 Gallandi (wie Anm. 11): „*Georg Wilhelm*“.

324 So nicht bei Gallandi (wie Anm. 11). GStA PK, XX. HA, Adelsarchiv, Nr. 1308, Bd. 3, fol. 24/25, 1614 Nov. 23/10, Güter des Georg Friedrich T. v. W., Sohn des verstorbenen Heinrich T. v. W., Bruder von Marie, der Witwe von Otto v. Pilgram.

325 So nicht bei Gallandi (wie Anm. 11). Dort ist ein Heinrich Albrecht, Kapitän, auf Gr. Klitten, der dieses Gut 1718 verkauft und 1740 im Hospital zu Königsberg stirbt (vgl. oben S. 82, Heinrich Albrecht, S. d. Erhard T. v. W. u. d. Louise Maria v. Kalnein).

bb. Hans Georg[326] Freiherr, * 1696; zu Klitten.
cc. Louise Tugendreich[327] Freiin, † 1735; ∞ Anton Heinrich *de Bellevous*, Rittmeister.
dd. Marie Elisabeth[328]:
(d) Anna Dorothea[329]; ∞ N. *v. Quossen*.
(e) Marie[330]; ∞ Otto *v. Pilgram*, † vor 1614 November 23/13.
b) Georg, † („blieb 1634 im Schwedischen Kriege"[331])
c) Hans, † („in Kriegsdiensten")[332].
d) Erhard, † („in Polen")[333].
e. Anna[334]; ∞ Georg *v. Spiegel*.

Ohne Zusammenhang (bisher nicht einzuordnen)

1. „Susanna 1646; ∞ *Christoph von Tartein**, auf Pr. Wilten, † um 1641" (bei Gallandi ohne Zusammenhang mit der übrigen Genealogie genannt). *Anm. des Verf.: Evtl „Partein"?
2. „Johannes Eustachius liber Baro Truchsess natur 1698. (Bartch Judex.)" (bei Gallandi ohne Zusammenhang mit der übrigen Genealogie genannt).
3. „Barbara *v. Rautter*[335], * 10. 5. 1579, † 21. 9. 1616, T. d. Hans v. R., 1539, † 7. 5. 1605, zu Willkamm etc., 1577/81 Hauptmann zu Preußisch Mark, 1584/99 Oberburggraf, Hofmeister der Herzogin Marie Eleonore, 1553 immatrikuliert Universität Königsberg und dessen 2. Ehefrau (∞ 2. 6. 1570/Kontrakt Königsberg 25. 7. 1571) Dorothea v. Lehndorff, * 1552, † 9. 10. 1598 (Witwe des Friedrich v. Borcke, † vor 8. 8. 1598); ∞ II. Hans[336] *Truchsess von Wetzhausen* zu Langheim".
4. „Melchior Ernst *v. Kalnein*[337], † 1730, zu Kieselkehmen, S. d. Heinrich v. Kalnein, * Dezember 1616, † 8. 1. 1685, zu Kilgis und Park, Oberstleutnant, Oberkastenherr, 1669 Landrat u. d. (∞ 1640) Judith Margaretha v. Lehndorff, ∞ I. N.[338] Truchsess von Wetzhausen; ∞ II. Helene Charlotte v. Ostau.

Bildnachweis: Aufnahme Andreas Kirsch (Abdruck mit freundlicher Genehmigung des Kunstbeauftragten der Evangelischen Kirche Berlin-Brandenburg-schlesische Oberlausitz, Berlin): *Abb. 6*. – Die Kunstdenkmäler des Königreichs Bayern ..., III,5 Hofheim (1912), S. 37: *Abb. 3*. – Aufnahme Volker Frhr. Truchseß v. u. zu Wetzhausen, Wien: *Abb. 1, 4, 5, 7*. – Aus: Genealogisches Handbuch des Adels. Bd 134: Adelslexikon. Bd. XV. Limburg an der Lahn 2004 (Copyright C. A. Starke Verlag, mit dessen freundlicher Genehmigung): *Abb. 12*. – Aus: Reindl, Hering (wie Anm. 90): *Abb. 8* (S. 288), *9* (S. 294), *10* (S. 244). – Aus: Johann Siebmacher's großes Wappen-Buch. 7. Suppl. Nürnberg: Raspe, o. J. (ca. 1767, ND München 1979), Taf. 25/1: *Abb. 13*. – Wikipedia: *Abb. 11*. – Repro nach Vorlage im Besitz des Verf.: *Abb. 2*.

326 So nicht bei Gallandi (wie Anm. 11). Dort ist aber ein Bruder des obigen Heinrich Albrecht und S. d. Erhard T. v. W. u. d. Louise Maria v. Kalnein: „*Johann Georg, Cornet*", der 1712 noch unmündig ist und nach Deutschland geht.

327 Eine Schwester der beiden Vorigen finden wir bei Gallandi (wie Anm. 11) als „*Louise Tugendreich, 1712 unvermählt.*"

328 Ebenso eine Schwester der drei Vorigen ist bei Gallandi (wie Anm. 11) „*Maria Elisabeth, 1712 unvermählt.*" Eventuell wurden die vier Geschwister in dem einen oder anderen Fall den falschen Eltern zugeordnet.

329 Nicht bei Gallandi (wie Anm. 11).

330 Nicht bei Gallandi (wie Anm. 11).

331 Biedermann, Baunach (wie Anm. 9) Tab. 202: „*Georg Truchseß von Wetzhausen / blieb anno 1634 im Schwedischen Krieg.*"

332 Ebd., Tab. 202: „*Hanß Truchseß von Wetzhausen / starb in Kriegs Diensten.*"

333 Ebd., Tab. 202: „*Erhard Truchseß von Wetzhausen / blieb in Polen.*"

334 Bei Gallandi (wie Anm. 11) die gleichen Angaben.

335 Europäische Stammtafeln NF XX, Taf. 142 (Rautter).

336 Welcher Hans Truchseß v. Wetzhausen? Bestimmt nicht der Oberburggraf, * 1571, † 1635.

337 Europäische Stammtafeln NF XX, Taf. 146 (Kalnein).

338 Wer ist „N. Truchsess v. Wetzhausen"?

Abb. 1: Schloss Wetzhausen, Stammsitz der Freiherren Truchseß v. Wetzhausen, ursprünglich eine Wasserburg, seit 1346 in Familienbesitz. Aufnahme ca. 1992

Abb. 2: Schloss Bettenburg, Höhenburg in den Haßbergen über Hofheim in Unterfranken, seit 1343 in Familienbesitz. Stahlstich nach Ludwig Richter, 1837 (Ausschnitt)

Abb. 3: Schloss Bundorf in Unterfranken, seit 1343 in Familienbesitz

Abb. 4: Schlossruine Dachsbach, Mittelfranken (Teilansicht); Stammsitz der Dachsbacher Linie der Familie. Aufnahme 2004

Abb. 5: Porträt des Martin Truchseß v. Wetzhausen, 1477–1489 Hochmeister des Deutschen Ordens. Ölgemälde in Familienbesitz (z. Zt. Madrid, Spanien). Aufnahme 2008 (Erstveröffentlichung)

Abb. 6: Epitaph Claus v. Bach und Jobst Truchseß v. Wetzhausen, ehemals in der Franziskaner-Klosterkirche in Berlin, heute Altarbild der Alten Dorfkirche Berlin-Schöneberg, Hauptstraße 46. Öl auf Holz, vermutlich Nürnberger Maler

Abb. 7: Epitaph des Deutschordens-Landkomturs von Österreich Jobst Truchseß v. Wetzhausen († 1536) in der Deutschordenskirche in Wien. Bildhauer: Loy Hering, 1524. Jurakalkstein mit Kalksintereinlagen. Aufnahme ca. 1992

Abb. 8: Fragment des Epitaphs Truchseß v. Wetzhausen/v. Seckendorff, errichtet von dem Eichstätter Domherrn Wilhelm v. Seckendorff für sich und seinen Onkel, Domdekan Dr. Erhard Truchseß v. Wetzhausen. Bildteil in der Domdechanei, Inschrift im Mortuarium des Doms zu Eichstätt. Bildhauer: Loy Hering. Jurakalkstein, 1519/20

Abb. 9: Epitaph für den Abt des Klosters Auhausen Georg Truchseß v. Wetzhausen in der dortigen Klosterkirche. Bildhauer: Loy Hering

Abb. 10: Jüngstes Gericht. Relief, geschaffen für den Abt des Klosters Auhausen Georg Truchseß v. Wetzhausen, ehemals an der Südmauer des Ostengottesackers in Eichstätt, heute im Kreuzgang der dortigen Dominikanerkirche. Bildhauer: Loy Hering, 1536

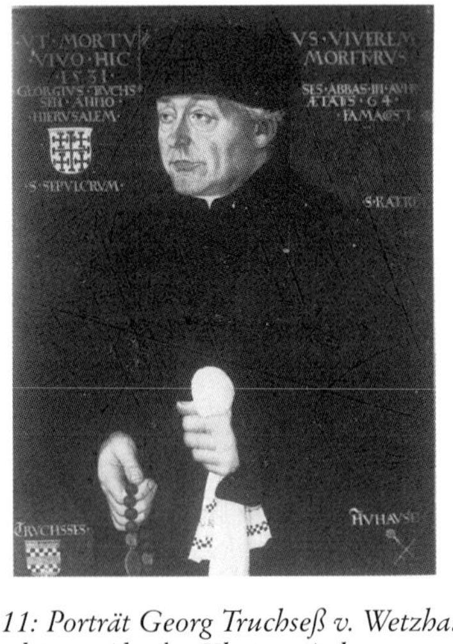

Abb. 11: Porträt Georg Truchseß v. Wetzhausen,
letzter Abt des Klosters Auhausen.
Öl auf Holz, 1531 (unbekannter Monogrammist HR).
Aufnahme um/vor 1901

Abb. 12: Stammwappen der Truchseß v. Wetzhausen

Abb. 13: Wappen der Grafen Truchseß v. Wetzhausen

Mijnheer Fijnproever – Die Tafelkultur am Hofe Friedrich Wilhelms I.

Von Elisabeth M. Kloosterhuis

„*Unsere Rationen waren so schmal, daß wir für gewöhnlich fasteten; wir erhielten nur Knochen ohne Fleisch mit Salzwasser gekocht und statt des Weines gab man uns nur schales Bier, was uns nötigte, reines Wasser zu trinken.*“[1] So beschreibt Wilhelmine (1709–1758), die älteste Tochter des Soldatenkönigs und spätere Markgräfin von Bayreuth, ihr kulinarisches Leben am väterlichen Hof. Diese Art der Darstellung prägt bis heute das Bild des Preußenkönigs Friedrich Wilhelm I. (reg. 1713–1740).[2] Militär vernarrt, fromm, fleißig und vor allem geizig – diese Eigenschaften verbindet selbst ein Großteil der Forschung mit der Person des „Soldatenkönigs“.[3] Entsprechend galten auch seine Hofhaltung und seine Tafel als frugal. Diese Sichtweise passt jedoch keineswegs zu den Küchenzetteln, Abrechnungen und Einkaufslisten der Haushaltung des Preußenkönigs. Die Quellen belegen vielmehr eine luxuriöse Üppigkeit der königlichen Tafel zu jeder Jahreszeit.

Bei allen lukullischen Köstlichkeiten galt aber auch „*eine gute Menage*“[4] als *das* Lieblingswort Friedrich Wilhelms I., wenn es um seinen persönlichen Haushalt und damit um seinen Speisezettel ging. Dieses Schlagwort stand für Rationalität, Effizienz und Sparsamkeit, ohne gleichzeitig auf Annehmlichkeit und Luxus einer königlichen Tafel zu verzichten. Es bedeutete aber noch viel mehr. Friedrich Wilhelm I. setzte „*eine gute Menage*“ bewusst als Herrschaftskonzept ein und stand damit in deutlichem Gegensatz zur üblichen Etikette der spätbarocken, höfischen Gesellschaft.[5]

---

1 Annette Kolb (Hrsg): Eine preußische Königstochter. Glanz und Elend am Hof des Soldatenkönigs, in den Memoiren der Markgräfin Wilhelmine von Bayreuth. Frankfurt/M. 1910. Neu hrsg. von Ingeborg Weber-Kellermann. Frankfurt/M. 1981, S. 200.

2 Zur Zusammenstellung der Forschungsliteratur vgl. Wolfgang Neugebauer: Staatsverwaltung, Manufaktur und Garnison. Die polyfunktionale Residenzlandschaft von Berlin-Potsdam-Wusterhausen zur Zeit Friedrich Wilhelm I. In: Forschungen zur Brandenburgischen und Preußischen Geschichte (im Folgenden: FBPG) NF 7 (1997), S. 233–256. – Grundlegend Gabriele Jochums (Bearb.): Bibliographie Friedrich Wilhelms I. Schrifttum von 1688–2005. Berlin 2005, bes. S. 34 ff.

3 Zur bisherigen anekdotenreichen Sichtweise vgl. etwa Karl von Weber: Vom Berliner Hofe. Aus vier Jahrhunderten. Mitteilungen aus dem Haupt-Staatsarchive zu Dresden. NF in 2 Bdn., hier Bd. 1. Leipzig 1861, S. 96–160. – Otto Krause: Vom Hofe Friedrich Wilhelms I. In: Hohenzollern Jahrbuch 5 (1901), S. 173–210. – Wolfgang Venohr: Der Soldatenkönig. Revolutionär auf dem Thron. Berlin o. J. S. 321ff. u. a. Neue Gedanken bei Thomas Stamm-Kuhlmann: Der Vater in den Nöten seines Dienstes. In: Friedrich Beck/Julius H. Schoeps (Hrsg.): Der Soldatenkönig. Friedrich Wilhelm I. in seiner Zeit. Potsdam 2003, S. 315–336.

4 Johann Peter von Ludewig: Die von seiner koeniglichen Majestät unserem allergnaedigsten Koenige auf Dero Universität Halle, am 14. Juli 1727 neu angerichtete Profession in Oeconomic, Policey und Cammer-Sachen (...) Halle/S. 1727, S. 138 u. a.

5 Norbert Elias: Die Höfische Gesellschaft. Frankfurt/M.1983, S. 178–223. – Grundlegend Peter-Michael Hahn/Ulrich Schütte (Hrsg.): Zeichen und Raum. Ausstattung und höfisches Zeremoniell in den deutschen Schlössern der frühen Neuzeit. München 2006 (Rudolstädter Forschungen zur Residenzkultur, 3). – Miloš Vec: Zeremonialwissenschaft im Fürstenstaat. Studien zur juristischen und politischen Theorie absolutistischer Herrschaftsrepräsentation. Frankfurt/M. 1998 (Ius Commune, Sonderhefte Studien zur europäischen Rechtsgeschichte, 106).

Die meisten europäischen Herrscher der Zeit orientierten sich am prachtvollen französischen Hof von Versailles unter Sonnenkönig Ludwig XIV. (reg. 1661–1715). Die höfische Kultur des Zeitalters war bestimmt von einer genau geregelten zeremoniellen und repräsentativen Etikette, die farbenprächtig in Szene gesetzt wurde.[6] Dabei stand die Leitfunktion des Hofes auch für eine bestimmte Ordnung im Inneren der Staaten. Höfische Kultur und dynastische Selbstdarstellung bildeten eine Einheit.[7] Der Glanz der königlichen Tafel sollte dies im Besonderen widerspiegeln. Üppige Mahlzeiten galten daher nicht als Verschwendung oder Luxus. Sie waren vielmehr Bestandteil absolutistischer Politik. Mittels festlicher Tafeln und zahlreicher Gänge bemühte man sich darum, anderen hochgestellten Persönlichkeiten Ehrerbietung zu erweisen und die Öffentlichkeit zu beeindrucken. Hier fand der Wohlstand des Landes Ausdruck. Aus eigenen Beständen erzeugtes Fleisch, Fisch und Wildbret galten, besonders hergerichtet, als Höhepunkte aller barocken Schauessen, ebenso wie weißes Brot. Zum Mittelpunkt einer jeden Tafel gehörten neben großen Bratenstücken ganze Tierköpfe oder gebratenes Geflügel mit neu kreiertem Federkleid, die auf Platten aufgesetzt wurden. Üppige Saucen mit allerlei Zutaten und von bunter Farbe überdeckten vielfach den eigentlichen Geschmack der Gerichte.[8] Im Gegensatz zu heute spielte nämlich das „Natürliche“ oder „Gesunde“ keine Rolle. Nur das „Künstliche“ und damit „künstlerisch Geschaffene“ fand Beachtung. Entsprechend überließ man kein Detail des höfischen Zeremoniells dem Zufall. Essen wie silbernes, goldenes Geschirr oder später Porzellan spiegelten den Machtfaktor absolutistischer Staatsrepräsentation. Alle Tafeleien wurden als „theatrum tavolae“ inszeniert. Sie galten als Gesamtkunstwerke zur Befriedigung der Sinne. Die einzelnen Gänge bildeten die Akte, die Speisen die Szenen.[9]

Versailles als repräsentativer Leithof entwickelte sich zum fast übermächtigen Vorbild. Dynastische Selbstinszenierung musste sich hier einreihen, wenn sie erfolgreich sein wollte. Der Hof, jeglicher äußerer Schein war daher Teil eines Systems von gloire, honneur, considération und respect. Pracht und Aufwand galten als Medien einer überwiegend bildhaften Verständigung zwischen den Höfen, und die Gesandten berichteten über alle Details der Festivitäten, bis hin zu den Kosten.[10] Was also in Paris recht war, musste in Wien, Dresden oder München billig sein. Kaiser Karl VI. (reg. 1703–1740), August der Starke von Sachsen-Polen (reg. 1694–1733), Kurfürst Max Emanuel von Bayern (reg. 1680–1726) oder etliche geistliche Herren aus den Häusern

6 Heinz Schilling: Europa um 1700. Eine Welt der Höfe und Allianzen und eine Hierarchie der Dynastien. In: Preußen 1701. Eine europäische Geschichte. Bd. 2. Essays. Berlin 2001, S. 13–30, hier S. 17.

7 Barbara Stollberg-Rilinger: Höfische Öffentlichkeit. Zur zeremoniellen Selbstdarstellung des brandenburgischen Hofes vor dem europäischen Publikum. In: FBPG NF 7 (1997) S. 145–176. – Dies.: Zeremoniell und Kritik. Zeremoniell, Symbol, Ritual. Neue Forschungen zur symbolischen Kommunikation in Spätmittelalter und früher Neuzeit. In: Zeitschrift für Historische Forschung 27 (2000), S. 389–413.

8 B. Michael Andressen: Barocke Tafelfreuden. Tischkultur an Europas Höfen. Niederhausen/Ts. 2001, S. 10.

9 Allgemein Hans Ottomeyer/Michaela Völkel (Hrsg.): Die öffentliche Tafel. Tafelzeremoniell in Europa 1300–1900. Berlin 2002, S. 94 ff.

10 Zur Funktion zeremonieller Regeln vgl. auch Gottfried Stieve: Europäisches Hoff-Ceremoniell. Worinnen acht gegeben wird, was für eine Beschaffenheit es habe mit der Praegorativ, und dem daraus fließenden Ceremoniell, welches zwischen Kayser und Königlichen Majestaeten, Churfürsten, Cardinälen und freyen Republiquen, dero Gesandten und Abgesandten beobachtet wird. 1. Aufl. Leipzig 1715, S. 832. – Bernhard von Rohr: Einleitung zur Ceremonial-Wissenschaft der großen Herren. Berlin 1733. ND Weinheim 1990, S. 15 f.

Schönborn und Wittelsbach überboten sich gegenseitig in Prachtentfaltung und barocker Fürstenherrlichkeit.

Und in Berlin? – Auch und gerade in Berlin legte man großen Wert darauf, unter Standesgenossen als Königtum wahrgenommen zu werden. Dazu war es unverzichtbar, optischer Sinnlichkeit und höfischer Pracht besondere Aufmerksamkeit zu schenken. Friedrich I. (reg. 1688–1713), der erste Preußenkönig, lebte daher ganz in der französischen Tradition des Hofes von Versailles. Er gab für eine ununterbrochene Reihe von Festen und Speisen Unsummen aus, um sein neues Königreich im Konzert der europäischen Großmächte standesmäß zu repräsentieren.[11]

Als einziger Sohn wuchs Friedrich Wilhelm in dieser erotisierten, lüsternen und gleichsam geistreichen wie galanten Gesellschaft auf. Verwöhnt und eigensinnig studierte er das Treiben der Hofdamen und Kavaliere, der Diplomaten und Gesandtschaftssekretäre, dieser ganzen „jeunesse dorée", welche vor allem die abwechslungsliebende Sophie Charlotte (1668–1705) um sich versammelt hatte.[12] War seine Mutter der Meinung, ein wenig Galanterie sei keine Sünde, verwarf Friedrich Wilhelm das zeitgenössische Bild des „honnete homme". Dessen Ursprung lag für ihn beim „cortigiano" der Renaissance, jenes Höflings und intellektuell-feudalen Lebemannes, dessen Leitbild sich aus einer Einheit von Bildung, Ehrbegriff und Amoralität speiste, welches ihn über die moralischen und religiösen Bindungen des Volkes erhob. Für Friedrich Wilhelm gab es jedoch keine Ehre ohne Gewissen und christliches Verständnis.[13] Daher lehnte er das gezierte Auftreten seines Vaters und das von ihm geschätzte barocke Zeremonialwesen schon als Kronprinz ab. Ihn drängte es vielmehr früh, das goldene Gefängnis des Zeremoniells und der Paläste gelegentlich zu verlassen und sich in der Welt seiner künftigen Untertanen umzutun. Dem Realisten schienen Bauern, Soldaten und Domestiken interessanter als die Galanterie der Hofleute. Und er lernte mit Begeisterung jene vom Hof verachtete Sprache des Volkes, deren „derb-berlinerische" Redewendungen sich so ungezwungen in seinem Wortschatz etablierten.[14]

Gerade die schwierige Situation der letzten Regierungsjahre Friedrichs I. mit dem ruinösen Regierungsstil seiner Hofchargen nahm zeitweise groteske Züge an. Sie war geprägt von einer eingegangenen dritten Ehe des Königs, über die beständig Scheidungsgerüchte kursierten, sowie einer als „Mätresse en titre" geführten Wirtstochter aus Kleve, verheirateten Gräfin Wartenberg.[15]

---

11 Carl Eduard Vehse: Die Höfe zu Preußen. Von Kurfürst Joachim II. Hector bis König Friedrich Wilhelm I. 1535 bis 1740. Leipzig 1993, S. 132 ff., 143 u. a. – Ders.: Geschichte des preußischen Hofes, des Adels und der Diplomatie vom großen Kurfürsten bis zum Tode Kaiser Wilhelms Friedrich I. Th. 2 und 3. Hamburg 1851. Darin Th. 2, S. 215–336, Th. 3, S. 3–105: Der preußische Hof im Kontext der europäischen Mächte. – Vgl. Heinz Duchhardt: Anspruch und Architektur. Das Beispiel Berlin. In: FBPG NF 1 (1991), S. 31–52.

12 Carl Hinrichs: Friedrich Wilhelm I. König in Preußen. Eine Biographie. Jugend und Aufstieg. Darmstadt 1974, S. 58.

13 Fritz Reck-Malleczewen: Sophie Dorothea. Berlin 1936, S. 143 u. a.

14 Vgl. Hinrichs (wie Anm. 12), S. 70. – Zur Sprache vgl. Hermann Hummrich: Beiträge zur Sprache König Friedrich Wilhelm I. von Preußen. Greifswald 1910, bes. S. 76 ff.

15 Zu Friedrich I. vgl. Wolfgang Neugebauer: Friedrich III./I. (1688–1713). In: Preußens Herrscher. Von den ersten Hohenzollern bis zu Wilhelm II. Hrsg. von Frank Lothar Kroll. München 2000, S. 113–133. – Insgesamt: Preußen 1701. Eine europäische Geschichte. Hrsg. vom DHI zur Ausstellung in der Großen Orangerie des Schlosses Charlottenburg 6. Mai – 5. August 2001. Berlin 2001. – Ines Elsner: Friedrich und Frauen. Von drei Ehefrauen und einer Mätresse, die keine war. In: Preußen 1701. Bd. II. Essays, S. 79–89. – Zu den Hintergründen der Politik der sogenannten „der W.'s" vgl. auch Hinrichs (wie Anm. 12), S. 345 ff. und 482 ff. Neben Wartenberg, fungierten seit 1701 als Oberhofmarschall August Graf von Wittgenstein und Graf Alexander Hermann von Wartensleben

Mit dem Tod der ersten Majestät in Preußen, ging in Berlin jene Sonne unter, die alle jene Anmutigkeiten wie verbuhlten Niedlichkeiten des ausgehenden Barock beschienen hatte. Bei der Beerdigung Friedrichs I. trug der neue Herrscher – fast symbolhaft – zum letzten Mal jene kostspielige Allongeperücke der alten Hoftracht.[16] Indem sich Friedrich Wilhelm I. bei seinem Regierungsantritt 1713 bewusst von der höfisch-barocken Prachtentfaltung verabschiedete, prägte er seinen ganz eigenen Herrschaftsstil. Sein Regiment kann wohl als damals einzigartig in Europa gesehen werden, selbst wenn es zeitgleiche Parallelen im schlichten Auftreten eines Karl XII. von Schweden (reg. 1697–1718) gab.[17]

Aber auch Friedrich Wilhelm wollte als König wahrgenommen werden. Dazu schien es unverzichtbar, im Rahmen einer auf Sinnlichkeit und Visualisierung angelegten höfischen Kommunikation, eine gewisse Prachtentfaltung zu pflegen.[18] Dabei mussten gewisse Regeln eingehalten werden, denn das festgesetzte höfische Zeichensystem galt quasi als gewohnheitsrechtliche Tradition.[19] Dynastische Selbstinszenierung war notwendig, wenn sie erfolgreich sein wollte. Aber ein Monarch musste sich nicht um jeden Preis dem Geschmack der Zeit beugen, um angemessen in der Fürstenwelt zu repräsentieren. Es blieb ein erheblicher Spielraum zur Ausgestaltung eines eigenen Herrschaftsstils. Die reichhaltige, seit 1648 geschaffene, barocke Residenzlandschaft in und um Berlin bildete eine großflächige Bühne, auf der königliche Herrschaft mit unterschiedlichen Mitteln öffentlich inszeniert werden konnte.[20] Familienfeste, fürstliche Besuche, Jagden und jährlich wiederkehrende Revuen ermöglichten, das gewünschte königliche Bild zu zeigen.[21]

Und Friedrich Wilhelm nutzte seine Möglichkeiten. Er prägte eine eigene Form der Selbstdarstellung und wählte abgewandelte Mittel höfischer Repräsentation. Damit verlieh er seinem Hof eine unverwechselbare Note und setzte sich erfolgreich vor allem von dem benachbarten, gleichermaßen glänzenden wie „schrillen“ Dresdener Hof Augusts des Starken ab, der sich ganz am Versailler Vorbild orientierte.[22] Dazu griff der junge König auf die kulturelle Hinterlassenschaft seiner Vorfahren zurück, um die Bedeutung seiner Monarchie zu präsentieren.[23] Die Reise des Kronprinzen

als Generalfeldmarschall in den führenden Positionen. Zu den Biografien vgl. Hanns Hubert Hofmann: Johann Kasimir von Kolbe, Reichsgraf von Wartenberg. In: Biografisches Wörterbuch zur Deutschen Geschichte. 2 Aufl. Bearb. von Karl Bosl u. a. Bd. 3, Sp. 3042 f. – Ders.: Alexander Hermann, Reichsgraf von Wartensleben. In: Biografisches Wörterbuch. Bd. 3. Sp. 3043–3045. – Viktor Loewe: August, Reichsgraf zu Sayn-Wittgenstein und Hohenstein. In: ADB 43 (1898/ND 1971), S. 616–619.

16 Reck-Malleczewen (wie Anm. 13), S. 188 ff.

17 Jörg-Peter Findeisen: Karl XII. von Schweden. Ein König, der zum Mythos wurde. Berlin 1992, S. 254 u. a.

18 Außenpolitisch konnte sich Friedrich Wilhelm auf die erfolgreiche Politik seiner Vorgänger berufen. Seit dem Utrechter Frieden 1713 sollten dem König alle einer Majestät zustehenden Praerogativen zugestanden werden. Vgl. Stieve (wie Anm. 10), S. 146. – Duchhardt (wie Anm. 11), S. 52.

19 Stollberg-Rilinger (wie Anm. 7), S. 151 f.

20 Felix Escher: Die brandenburg-preußische Residenz- und Hauptstadt Berlin im 17. und 18. Jahrhundert. In: Wolfgang Ribbe (Hrsg.): Geschichte Berlins. Bd. 1. München 1987, S. 341–403, bes. S. 371 ff. – Johannes Kunisch: Funktion und Ausbau der kurfürstlich-königlichen Residenzen in Brandenburg-Preußen im Zeitalter des Absolutismus. In: FBPG NF 3 (1993) S. 167–192. – Helmut Lorenz: Tradition oder „Moderne“? Überlegungen zur barocken Residenzlandschaft in Berlin-Brandenburg. In: FBPG NF 8 (1998), S. 1–51, bes. S. 56.

21 Vehse (wie Anm. 11), S. 187 und 223.

22 Peter-Michael Hahn: Pracht und Selbstinszenierung. Die Hofhaltung Friedrich Wilhelms I. von Preußen. In: Beck/Schoeps (Hrsg.): Der Soldatenkönig (wie Anm. 3), S. 69–98.

23 Hahn (wie Anm. 22), S. 68 ff.

nach Holland 1704/05, legte den Grundstein für das Selbstverständnis des Soldatenkönigs. Friedrich Wilhelm sah in seiner Begeisterung für die Niederlande, ein Erbe seines Großvaters, des Großen Kurfürsten (reg. 1640–1688). Mehr noch als die Familienbeziehungen zu den Oraniern hatte jedoch die holländische Kultur auf ihn eingewirkt. Sie wurde für Friedrich Wilhelm zum Symbol des Gegensatzes zu den heimischen Verhältnissen und der dortigen höfischen Barockkultur. Hieraus speiste sich die leidenschaftliche Art, mit der er sein Leben lang an seinen Idealen festhielt; seine religiösen Gedanken und damit zusammenhängend seine Vertragstreue gegenüber Kaiser und Reich, seine Antipathie gegenüber Frankreich und Schweden, den Garantiemächten von 1648, sowie die Bindung des einmal gegebenen Wortes.[24]

Im Gegenzug zu den kulturell bestimmenden katholischen Kräften, die von Wien und Versailles aus Europas Höfe beherrschten, gab es nur einen Ausstrahlungspunkt protestantischer Kultur – die Niederlande. Die ständisch-republikanische Struktur, wie sie aus den Glaubens- und Freiheitskämpfen gegen Spanien um 1600 hervorgegangen war, hatte nichts Höfisch-Aristokratisches. Holland war protestantisch, bürgerlich und intim geprägt. Von dieser unhöfischen Bürger- und Händlerkultur übernahm der junge König viel – Häuser, Kanäle und Brücken im wasserreichen Potsdam, soziale Einrichtungen und die persönliche Beschäftigung mit der Ölmalerei. Auch seine Jagdschlösser, besonders sein Lieblingsdomizil in (Königs) Wusterhausen, waren zum Teil im holländischen Stil gehalten, mit hellen Dielen und schlichten Holzmöbeln.[25] Sein Leitwort der *„guten Menage"* passte treffend zu den Idealen einer gewinnorientierten Händlerkultur. Aber auch die praktischen Vorgaben der Hofhaltung zwangen ihn zum Umdenken. Als Friedrich I. starb und sein Sohn die Regentschaft übernahm, stand Preußen am Rande des finanziellen Ruins. Friedrich Wilhelm musste handeln, um nicht wie die spanischen Könige in diversen Staatsbankrotten zu enden.[26]

Um den Preis, dass das Luxusgewerbe in Berlin zeitweise Schaden nahm, strukturierte der König das gesamte Staatswesen um.[27] So wurde der Hofetat von 335.000 auf 52.000 Taler zurückgeschraubt, das Hofpersonal reduziert und die Inhaber von Hofämtern degradiert. Sie mussten zudem erhebliche Gehaltsreduzierungen hinnehmen. Hoftruppen und Garden schaffte man ab und änderte das Rangreglement mit der Bevorzugung militärischer Chargen, was dem Hof ein vergleichbar buntes und doch so anderes Gepräge geben sollte.[28] Friedrich Wilhelm sanierte innerhalb weniger Jahre den Staatshaushalt und förderte die wirtschaftliche Eigenständigkeit seines Landes mit Hilfe zahlreicher merkantilistischer Maßnahmen. Vor allem steigerte er das für die Hofhaltung unentbehrliche Domänen- und Steueraufkommen. Immer wieder schärfte er den Mitarbeitern des 1723 geschaffenen Generaldirektoriums ein, neue Manufakturen und Gewerbezweige zu etablieren. Gleichzeitig sollten ausländische Handels-

---

24 Hinrichs (wie Anm. 12), S. 656 und 661. – Carl Hinrichs: Die Bildungsreise des jungen Friedrich Wilhelm in die Niederlande und die preußische Absicht auf die Staatsherrschaft im Jahre 1700. In: FBPG 49 (1937), S. 39–56.

25 Hinrichs (wie Anm. 12), S. 62 ff. – Gerhard Oestreich: Friedrich Wilhelm I. Preußischer Absolutismus, Merkantilismus, Militarismus. Frankfurt/Zürich 1977, S. 44 ff.

26 Zur Hofreduktion im Frühjahr 1713 vgl. Kunisch (wie Anm. 20), S. 182.

27 Michael Stürmer: Handwerk und höfische Kultur. München 1982, S. 165–197.

28 Anton Balthasar König: Versuch einer historischen Schilderung der Hauptveränderungen, der Religion, Sitten, Gewohnheiten, Künste, Wissenschaften etc. der Residenzstadt Berlin seit den ältesten Zeiten bis zum Jahre 1786. 4 Theile. 1. Bd. Enthält die Regierungsgeschichte Friedrich Wilhelms des Ersten von 1713 bis 1740. Berlin 1786 (ND Berlin 1991), S. 8–11. – Karl Heinrich Siegfried Rödenbeck: Beiträge zur Bereicherung und Erläuterung der Lebensbeschreibungen Friedrich Wilhelms I. und Friedrichs d. Großen, Könige von Preußen. Bd. 1. Berlin 1836, S. 97–127.

erzeugnisse ferngehalten und dadurch eine eigene Produktion von gleicher Qualität erreicht werden.[29] Der König kümmerte sich persönlich um die Peuplierung des Landes, den Städte- und Straßenbau, die Landwirtschaft sowie die Tabak- und Seidenindustrie. Für die Etablierung dieser Gewerbezweige ließ er extra Facharbeiter aus Holland kommen.[30] Seine Mustermilchwirtschaft nach holländischem Vorbild in Königshorst wurde zum unentbehrlichen Zulieferer des Butter- und Käsehandels für die Residenzstädte Berlin und Potsdam.[31] Selbst das anfangs zurückhaltend produzierende Luxusgewerbe förderte der König und unterstützte die Fertigung von Gobelins, Seidenwaren und -strümpfen, Gold- und Silberschmieden.[32]

Bezüglich einer *„guten Menage"* ging Friedrich Wilhelm I. auch und gerade in seinem privatem Umfeld mit gutem Beispiel voran. Vor allem aus seinem pietistischen Glaubensverständnis heraus pochte er auf die gesellschaftliche Vorbildfunktion seiner Familie. Persönlich lebte der König daher weiter, wie er es aus seiner Kronprinzenzeit gewohnt war und brach mit so mancher Etikette.[33] Sein königliches Regiment über Preußen fasste er auf wie ein Hausvater die Fürsorge für sein Gemeinwesen, sehr zum Schmerz seiner Gattin Sophie Dorothea (1687–1757), der Tochter des englischen Königs Georgs I. (reg. 1714–1727). Sie wünschte sich allzeit mehr Luxus und höfischen Glanz.[34]

So sah die visualisierte Welt des Hofes eigentlich strenge Kleidervorschriften vor, die von den Höfen Europas befolgt wurden.[35] Friedrich Wilhelm kleidete sich jedoch bewusst ohne jeglichen barocken Pomp. Die üblichen Perücken verweigerte er, band das gepuderte Haar lediglich zusammen. Meist trug er die Oberstenuniform seiner Potsdamer Riesengarde oder zivil einen braunen Rock mit englischen Aufschlägen, roter Weste mit schmaler Goldborte. Zur Jagd wechselte er zu einem grünen Jagdrock mit schwarzen Aufschlägen und Knöpfen. Nur bei Festen und Staatsempfängen legte er eine Galauniform von blauem Samt an, verziert mit goldenen Litzen. Mit diesem modischen Minimalismus hatte der König so großen Erfolg, dass ihn die Berliner bald nachahmten und sich teilweise von der französischen Mode verabschiedeten.[36]

Die besondere Hofhaltung Friedrich Wilhelms I. spiegelte sich vor allem in seiner Tischkultur wider. Er bemühte sich darum, dass alles in seinem Haushalt ordentlich, reinlich und gediegen erschien. Der König war dabei kein Geizhals, auch wenn ihm dies von der zeitgenössischen Propaganda vorgehalten wurde, nur kein Verschwender. Er gab nie mehr aus, als er eingenommen hatte!

In die Reformen des Staatshaushaltes bettete der König die eigene Hofhaltung ein. Das alte Abrechnungssystem, in dem die Hofämter Küche, Kellnerei, Konditorei,

29 Heinz Schilling: Höfe und Allianzen. Deutschland 1648–1763. Berlin 1989, S. 368 ff.

30 Wolfgang Venohr: Der Soldatenkönig. München o. J., S. 331 f.

31 Geheimes Staatsarchiv Preußischer Kulturbesitz, Berlin (im Folgenden: GStA PK), I. HA Geheimer Rat, Rep. 36 Hof- und Güterverwaltung, Nr. 1141.

32 Rolf Straubel: Manufakturen in Berlins Gewerbe des 17. und 18. Jahrhunderts. In: Erika Herzfeld (Hrsg.): Preußische Manufakturen. Großgewerbliche Fertigung von Porzellan, Seide, Gobelins, Uhren, Tapeten, Waffen, Papier u. a. im 17. und 18. Jahrhunderts in und um Berlin. O. O. 1994. S. 9–31, hier S. 12 f. – Hugo Rachel/Paul Wallich: Berliner Großkaufleute und Kapitalisten. Bd. 2. Die Zeit des Merkantilismus 1648–1806. Neu hrsg. von Johannes Schultze u. a. Berlin 1907, S. 211.

33 Hinrichs (wie Anm. 12), S. 72.

34 Karin Feuerstein-Prater: Sophie Dorothea von Hannover. In: Dies.: Die preußischen Königinnen. 2., überarb. Aufl. Regensburg 2002, S. 100–156.

35 Martin Dinges: Von der „lesbaren Welt" universalisierten Wandel durch individuelle Strategien. Die soziale Funktion der Kleidung in der höfischen Gesellschaft. In: Saeculum 44 (1993), S. 90–112.

36 Friedrich von Oppeln-Bronikowski: Der Baumeister des preußischen Staates. Leben und Wirken des Soldatenkönigs Friedrich Wilhelms I. Jena 1934, S. 96.

Silber-, Licht- und Livréekammer durch- und miteinander aufgeführt waren, wurde 1725 abgeschafft. Jedes Hofamt legte schließlich seine eigenen Rechnungen vor und fügte sämtliche Belege bei. Auf diese Weise gewann der König einen klaren Überblick über die Ausgaben und sah, wo gespart werden konnte.[37] Solch scharfe Maßnahmen veranlasste Friedrich Wilhelm nicht ohne Grund. Gerade das königliche Küchenpersonal hatte sich unter seinem Vater in reichem Maße Profite verschafft. Fast täglich waren ganze Braten, Pasteten und Torten aus dem Schloss entwendet und an Gastwirte und Privatpersonen verkauft worden.[38]

So kontrollierte der König die Ausgaben seines Haushalts genau. Entsprechend hatten seine Hofchargen wenig freie Hand. Selbst kleinste Fragen galt es dem König zur Entscheidung vorzulegen. Auch die Küchenrechnungen sah er selbst durch und machte Randverfügungen. Über den Speisenverbrauch mussten exakte Aufstellungen eingereicht werden. Dabei hatte jeder einzelne Koch die ihm ausgehändigten Waren zu quittieren. Nachzuweisen galt es ferner, wo das von der Tafel übrig gebliebene Essen verblieb. Regelmäßig verzeichnete die Küche so viele Reste, dass davon 8 bis 12 Rekruten und 24 bis 30 malade Soldaten versorgt werden konnten. Sie sind als Empfänger in den Tageszetteln genannt. Der König empfand diese Maßnahme als selbstverständliche Christenpflicht. Weiterverkauf von Lebensmitteln, wie zu seines Vaters Zeiten üblich, untersagte er streng.[39] Noch heute existieren regelmäßig geführte Listen über die höfischen Ausgaben. Sie blieben während der gesamten Regierungszeit Friedrich Wilhelms I. weitgehend konstant. Täglich standen der Hofküche 93 Taler zur Verfügung, die jedoch selten verbraucht wurden. So konnte man das restliche Geld für Galadiners und hohe Feiertage sparen. Die Preise für Grundnahrungsmittel waren damals niedrig, entsprechend handelte es sich um eine reichlich bemessene Summe. So kostete vergleichsweise 1 Pfund Fleisch etwa 13 Pfennig, 1 fettes Huhn zwischen 6 und 8 Groschen.[40]

Als Faible Friedrich Wilhelms I. galten die täglichen sogenannten „Küchenzettel“. Dabei handelte es sich um Verzeichnisse der Speisen in der Reihenfolge, in der sie auf den Tisch kamen. Der Speisen-Tageszettel wurde vom Küchenschreiber aufgestellt, vom maitre d'hotel mit unterschrieben und vom Oberküchenmeister gegengezeichnet, bevor er dem König vorgelegt wurde. Friedrich Wilhelm hatte seine Freude daran, mit zu entscheiden, was es am kommenden Tag zu Essen geben sollte und änderte gelegentlich die eine oder andere Vorgabe.[41]

Selbst bei der königlichen Alltagstafel, die mittags als öffentliche Tafel gehalten wurde, fanden sich selten weniger als 30 Personen ein. Dazu gehörten neben der Familie, Generäle, Staatsminister, fremde Gesandte und ausländische Prinzen von Geblüt. Der Mittagstisch wurde regelmäßig für 12 Uhr gedeckt. In Berlin richtete man neben

37 Friedrich Backschat: Hofküche und Hofkellnerei unter Friedrich Wilhelm I. In: Sonderdruck aus der Messenummer der Berliner Gaststättenzeitung vom 14. 3. 1925. 3 S. Vgl. auch Küchenrechnung einer Mittags- und Abendtafel für König Friedrich Wilhelm I. vom Jahr 1735. In: Berlinische Monatsschrift 26 (1795), S. 294–311. ND Leipzig 1986.

38 Friedrich Backschat: Die Ökonomie am Hofe Friedrich Wilhelms I. und Friedrich des Großen. In: Mitteilungen des Vereins für die Geschichte Potsdams NF, Bd. 6, H. 4 (1931), S. 265–302, hier S. 266.

39 Hinrichs (wie Anm. 12), S. 54 ff.

40 GStA PK, I. HA Geheimer Rat, Rep. 36 Hof- und Güterverwaltung, Nr. 1143, 1144. – Zur Umrechnung der Löhne und Preise im 18. Jahrhundert vgl. Dieter und Renate Sinn: Der Alltag in Preußen. Frankfurt/M. 1991, S. 131–137.

41 Vgl. GStA PK, I. HA Geheimer Rat, Rep. 36 Hof- und Güterverwaltung, Nr. 1239, 1240, 1242, 1243, 1244, u. a.

der königlichen Tafel separate Gedecke für die Marschälle und andere Standespersonen. Diese fielen in Potsdam gewöhnlich fort. Dafür fand hier seit 1731 eine Offizierstafel für 18 Personen statt, an der Suppe, Fleisch, Braten und Gemüse gereicht wurden.[42]

Entsprechend dem Zeremoniell der Zeit galt der preußische Hof damit als modern und zukunftsweisend, hielten doch die traditionellen Höfe in Wien oder Madrid noch am Speisen ausschließlich mit ranggleichen Verwandten oder Familienangehörigen fest.[43]

Vor Tisch wurden von einem Offizier Handwaschbecken und Servietten gereicht. Dann sprach der König meist selbst das Tischgebet. Er saß in der Mitte der Tafel, ihm gegenüber die Königin. Daran reihten sich, nach Geschlechtern getrennt, Familienmitglieder und geladene Gäste.[44]

Mit Kostbarkeiten ging man sparsam um. Dazu rechnete der König besonders Konfekt. Während als Nachtisch Obst, Bisquits und Zuckerbrot fast täglich auf dem Tisch der Königin und der königlichen Kinder standen, gab es Konfekt nur bei festlichen Gelegenheiten. Für die süßen Köstlichkeiten sorgte ein eigener Konditor, der neben einem Gehalt von 200 Thalern für die Verzierung der Tafel und die Beschaffung von Konfektkörben extra entlohnt wurde.[45]

Aber auch der preußische Hofkalender Friedrich Wilhelms I. sah repräsentative „Gala-Tage" vor. Bei solchen Festlichkeiten trumpfte der König als Gastgeber auf. Entsprechend dem Glanz und der Etikette der Zeit bewirtete er seine ranghohen Gäste mit allen ihnen zustehenden zeremoniellen Ehren.[46] Zu keiner anderen Zeit stand das Berliner Schloss, jene epochale Glanzleistung barocker Residenzkultur, so im Mittelpunkt des höfischen Lebens wie unter Friedrich Wilhelm I.[47] Vor allem bei Staatsbesuchen und Hochzeiten scheute man keine Kosten und Mühen. Speziell in Vorbereitung des Besuchs Augusts des Starken 1728 entstand an der Nordwestecke des Schlosses der „Weiße Saal" und am Lustgarten die sog. „Polnischen Kammern". Architekt Mathäus Daniel Pöppelmann hatte eine sehr modische „Confidenztafel" installiert, einen versenkbaren Tisch, der vom darunter liegenden Raum aus gedeckt werden konnte, so dass ohne Anwesenheit der Dienerschaft vertrauliche Gespräche geführt werden konnten.[48]

In der Regel richtete der König mehrtägige Feste mit Staatsbanketten, Bällen, Feuerwerken und Illuminationen à la mode aus; so beim Staatsbesuch Zar Peters des Großen 1717 (reg. 1682–1725), Augusts des Starken 1728 oder des englischen Königs Georgs II. (reg. 1727–1760) 1730. Allein bei der Hochzeit von Prinzessin Wilhemine

42 Backschat (wie Anm. 38), S. 272.

43 Rohr (wie Anm. 10), S. 91.

44 Rohr (wie Anm. 10), S. 107.

45 Backschat (wie Anm. 37). Sinn (wie Anm. 39), S. 133. Ein Rat erhielt im Vergleich etwa 350 Thaler Jahresgehalt. Torten wurden künstlerisch oft symbolisch als Landschaften, Schlösser, Tiere etc. gestaltet.

46 Rohr (wie Anm. 10), S. 90 ff.

47 Vehse (wie Anm. 11), S. 205. Goed Peschken: Das königliche Schloss zu Berlin. Bd. 1. München 1992, S. 95–102. So galt die „Regia Berolinensis" als das mit Abstand modernste Residenzschloss des Heiligen Römischen Reiches.

48 Rudolf Herz: Berliner Barock. Bauten und Baumeister aus der ersten Hälfte des 18. Jahrhunderts (Berlinische Bücher, 2). Berlin 1928, S. 110–117. – Erich Konter: Das Berliner Schloss im Zeitalter des Absolutismus. Architektur und Soziologie eines Herrschaftsortes (Arbeitshefte des Instituts für Stadt- und Regionalplanung der Technischen Universität Berlin, Sonderheft S 3). Berlin 1991, S. 158 f. – Zur Raumfolge vgl. Lieselotte Wiesinger: Das Berliner Schloss: Von der kurfürstlichen Residenz zum Königsschloss. Darmstadt 1989, S. 166 f., Skizze S. 225. Friedrich Wilhelm selbst bezog vergleichsweise schlichte und moderne Zimmer im neuen Westflügel, in der Nähe des Generaldirektoriums.

1731 waren im Berliner Schloss gleichzeitig sechs verschiedene Tafeln in unterschiedlichen Räumen gedeckt. Beim Besuch des Herzogs Ludwig Georg von Württemberg (reg. 1707–1761) oder dem Antrittsbesuch des Erbprinzen Friedrich von Bayreuth (reg. 1735–1764) ließ man nicht weniger als 14 Gänge servieren, die selbst wieder aus je 30 bis 50 verschiedenen Gerichten bestanden.[49]

Am Berliner Hof gab es zwar keine kostspieligen Opern- und Musikaufführungen, Ritterspiele oder Ballette wie an anderen Höfen üblich. Interessiert registrierte man jedoch die königliche Begeisterung für den Komponisten Georg Friedrich Händel, dessen Werke Friedrich Wilhelm gern von Militärmusikern vorführen ließ.[50] Stattdessen setzte der König auf üppige Festtafeln und Tanzvergnügen. Das waren die besten Gelegenheiten, im Schein der Kerzen den Glanz des königlichen Silbers zur Schau zu stellen. Fremde Fürsten waren überrascht, soviel Gold und Silber auf der königlichen Tafel und in den Gemächern zu finden. Der König liebte silbernes und goldenes Tafelgeschirr und beschenkte seine Gattin über Jahre damit, die so zu einer der eindrucksvollsten Sammlungen in ganz Europa gelangte und nebenbei einen beachtlichen Staatsschatz anhäufte.[51]

Für Gäste inszenierte der König regelmäßig glanzvolle militärische Paraden und Manöver. Die wehenden Fahnen, Hoboisten, „Mohrenpfeifer" und exakt exerzierenden Grenadiere blieben gleichfalls nicht ohne lebhafte Wirkung auf die Gäste im Ringen um eine individuelle Hofkultur. Entsprechenden Erfolg zeitigte die neue höfische Praxis des Königs, die bisherigen Höflinge und Kammerherren durch Offiziere zu ersetzen.[52] Der bunte Rock bestimmte nun auch das Bild des preußischen Hofes und bei Festlichkeiten und Staatsbesuchen waren die Herren selbstverständlich in der Lage Braten vorzulegen, Austern zu öffnen oder Konversation zu machen. Die von Friedrich Wilhelm nach der Mittagstafel angeordneten sonntäglichen Korso-Fahrten der königlichen Familie auf der Allee unter den Linden, dienten ebenfalls dazu, höfisches Leben zu inszenieren und eine Form royaler Öffentlichkeit zu präsentieren.[53]

Das Berliner höfische Leben veranlasste den Frankfurter Juristen und Kunstfreund Freiherr von Loen, der Berlin im Winter 1717/18 besuchte, zu folgendem Bericht: *„Man merkt bei Hofe weder die ausschweifende Lebhaftigkeit der Franzosen, noch das*

49 David Fassmann: Leben und Thaten des Allerdurchlauchtigsten Königs von Preußen Friedrich Wilhelm. Bis auf gegenwärtige Zeit aufgeschrieben. Hamburg und Breslau 1735, S. 173–177, 204, 379 ff., 400. Selbst Wilhelmine beschreibt, wenn auch zurückhaltend, die festliche Pracht. Vgl. Kolb (wie Anm. 1) S. 129, 104, 226f, 248 ff. u. a. – Louis Schneider: Hoffestlichkeiten in Potsdam im Jahre 1729 [Abdruck der Potsdam betreffenden Passagen eines Tagebuches des Herrn von Nostiz über den Besuch von Carl Wilhelm Friedrich Markgraf zu Brandenburg-Ansbach 1729 anlässlich seiner Vermählung mit Friederike Luise Prinzessin von Preußen]. In: Mittheilungen des Vereins für die Geschichte Potsdams 4 (1869), S. 37–40.

50 Diese oft als bizarre Besonderheit des Soldatenkönigs dargestellte Liebhaberei scheint im Rahmen des zeitgenössischen Protokolls nicht zu abwegig zu sein. Selbst Ludwig XV. von Frankreich (1715–1774) ließ sich bei Tisch, auch anlässlich von Staatsempfängen von *„Hammer-Hautboisten, Trompeter und Querpfeiffer, (...) einen Marsch spielen."* Vgl. Rohr (wie Anm. 10), S. 93.

51 Christiane Keisch: Das große Silberbuffet. Aus dem Rittersaal des Berliner Stadtschlosses. Berlin 1997, S. 179 ff. Allgemein Johannes Kunisch: Hofkultur und höfische Gesellschaft in Brandenburg-Preußen im Zeitalter des Absolutsimus. In: August Buck u. a. (Hrsg.): Europäische Hofkultur im 16. und 17. Jahrhundert (Wolfenbütteler Arbeiten zur Barockforschung, 8). Bd. 1. Hamburg 1981, S. 735–744, hier 740 ff.

52 Jürgen Kloosterhuis (Bearb.): Legendäre „lange Kerls". Quellen zur Regimentskultur der Königsgrenadiere Friedrich Wilhelms I., 1713–1740. Berlin 2003, S. XVI ff., Q 505. – Vgl. auch Hahn (wie Anm. 22), S. 94 f.

53 Rudolf Herz: Berliner Barock. Bauten und Baumeister aus der ersten Hälfte des 18. Jahrhunderts. Berlin 1928, S. 92 ff.

steife, gezwungene Wesen der Deutschen, welche meinen, es ließe sich schön und vornehm (an), wenn sie sich schwülstig und hochmütig gebärden ... Man sieht hier keine großen Staatsperücken mit steifen Köpfen und spreußtigen Mienen. Man macht keine Komplimente, die nichts heißen. Man hält nichts auf törichtes Gepränge und große Zeremonien, welche heutzutage die halbe Welt zu Komödianten machen. Man kommt zusammen, man isset, man trinket, man spielet und gehet wieder voneinander, ohne dass man sich ängstigen darf, wie man das Zeremoniell beobachten und was man für eine Rede halten soll. Die wahre Höflichkeit ist leicht, angenehm und natürlich.“[54]

Friedrich Wilhelm hielt sich, je nach Jahreszeit, vorwiegend in einem seiner Schlösser auf. Im Winter residierte er von Dezember bis Ostern im Berliner Schloss, um dann nach Potsdam überzusiedeln. In Berlin erlebte er Karneval und Fastenzeit, die Manöver im sommerlichen Potsdam. Den Herbst verbrachte er üblicherweise in Wusterhausen zur Jagd. Darüber hinaus pendelte der König auch kurzfristig zwischen den einzelnen Schlössern, wenn es die Regierungsgeschäfte erforderten, so dass er sich oft nur wenige Tage an einem Ort aufhielt. Die Familie, zu der der König immer wieder zurückkehrte, blieb in den jahreszeitlich vorgesehenen Residenzen.[55]

War der König allein in Potsdam, so nahm er abends keine besondere Tafel ein, sondern aß in der Kammer oder im Tabakskollegium. Meist standen dann ein kalter Kälberbraten, dazu ein Pfund Horstbutter und Brot bereit. Manchmal gab es auch Bücklinge mit brauner Butter, Butterbrote und bunten Salat. Die Königin unterhielt währendessen einen intimen Barockhof in Monbijou.[56]

In seiner freien Zeit versuchte Friedrich Wilhelm die Abende ohne höfische Etikette zu genießen. Der König pflegte, wenn es die zeitliche und gesundheitliche Situation ermöglichte, abends den gedanklichen Austausch mit Ministern, Generälen und Diplomaten in seinem berühmten Tabakskollegium. Dieses Tabakskollegium war ein Ort jenseits von Etikette und Herkommen. Der König gestattete hier im kleinen Kreis Formen „moderner Öffentlichkeit“, die das freie Wort nicht nur ermöglichte, sondern sogar verlangte.[57] Das gelegentlich mit den Gästen oder „lustigen Räten“ derbe Späße getrieben wurden, gehörte zum zeitüblichen, karikierenden Spiel mit dem sinnentleerten Hofzeremoniell.[58]

Aus dem gleichen Grund, weniger wegen seines sprichwörtlichen Geizes, suchte der König auch privat die Öffentlichkeit. Legendär gestalteten sich die Soireen bei Minister Friedrich Wilhelm Grumbkow (1678–1739), der in seinem Palais in der Königstraße auf eigene Kosten barocke Pracht und exquisite Küche pflegte.[59] Friedrich Wilhelm besuchte gern öffentliche Gasthäuser oder ließ sich von Mitgliedern des Ta-

54 Johann Michael von Loen: Der Königliche Preußische Hof in Berlin 1718. In: des Herrn von Loen gesammelte kleine Schriften. Besorgt und hrsg. von Johann Caspar Schneider. Bd. I,3. Frankfurt/Leipzig 1749–1752 (ND Frankfurt 1972), S. 22.

55 Fassmann (wie Anm. 49), S. 204. – Vgl. auch Salomon Jacob Morgenstern: Potsdam um 1738 (Auszüge). In: Potsdam in alten und neuen Reisebeschreibungen. Bearb. von Inge Hoeftmann und Waltraud Noack. Düsseldorf 1992, S. 36–40.

56 Fassmann (wie Anm. 49), S. 865. – Vgl. auch Louis Schneider: Hoffestlichkeiten in Potsdam betreffend (Anno 1697 – Anno 1740). In: Mittheilungen des Vereins für die Geschichte Potsdams 4 (1869), S. 326–335.

57 Friedrich Wilken: Zur Geschichte von Berlin und seinen Bewohnern unter der Regierung König Friedrich Wilhelm I. In: Historisch Genealogischer Kalender auf das Gemein-Jahr 1823. Hrsg. von der Königlich Preußischen Kalender Deputation. Berlin o. J. (1823), S. 1–264, hier S. 50.

58 Vgl. u. a. Martin Sabrow: Herr und Hanswurst. Das tragische Schicksal des Hofgelehrten Jacob Paul von Gundling. Stuttgart/München 2001, S. 184 ff.

59 Bis zu seinem Tode 1739 galt Grumbkow als Garant für das elegante, barocke Berlin. Zu seiner Biografie vgl. Thomas Klein: Friedrich Wilhelm von Grumbkow. In: NDB 7 (1966), S. 213 ff.

bakskollegiums oder Potsdamer Offizieren einladen. Auch dieses Bild gehörte zur bewussten Inszenierung des bürgernahen, hausväterlichen Regenten.

Als Besonderheit dieser Darstellung des privaten Herrschers galten die sommerlichen Gartenfeste in Potsdam. Im Kreise seiner Freunde und Offiziere genoss der König den Abend weitgehend ohne Etikette. Dabei pflegte man sich des Abends im Küchengarten zu versammeln, wo der König gern selbst Salat anrichtete.[60]

Was auf den Tisch kam, unterlag an Europas Höfen wohl als Einziges nicht dem Zeremoniell, sondern dem Geschmack der Regenten. *„Die Speisenordnungen sind höchst different, und können unmöglich in allgemeine Regeln und Klassen gebracht werden.“*[61]

Landläufig bekannte Lieblingsgerichte Friedrich Wilhelms I. waren weißer Kohl mit Rind- oder Schweinefleisch und Grünkohl mit Schinken. Insgesamt gestaltete sich sein Speiseplan jedoch weitaus vielfältiger, als man auf den ersten Blick vermutet. So favorisierte er Froschschenkel und Austern, wovon er Unmengen zu sich nehmen konnte. Er aß sie in ihrem Wasser, ohne Zitrone.[62]

Der für den König zusammengestellte Speiseplan, nach Monaten des Jahres eingeteilt, verrät, was der König gern auf seiner Tafel sah. Mit 35 verschiedenen Suppen, unterschiedlichen *„Fricasseen und Hacheen“*, 40 Ragouts, Fischgerichten und Wilbret sowie zahlreichen Pastetenvariationen, mit erlesenen Weinen ging es sehr standesgemäß zu.[63]

Auch zur königlichen Alltagstafel wurde selbstverständlich Silber gedeckt. Als optischer Mittelpunkt galt eine silberne Plat-Ménage, bestückt mit Essig und „Baumöl“, Salz und Pfeffer sowie Zucker, alles in silbernen Büchsen. Zur Dekoration diente ein üppiger Aufsatz, der jahreszeitlich geschmückt optischen Anreiz schuf. Im Herbst und Winter waren es meist Zitronen, Pomeranzen und andere Früchte. Im Frühjahr und Sommer arrangierte man duftende Blumenbouquets.[64]

Weiterhin standen zum üblichen Mittagstisch jeweils zwei silberne Schüsseln mit Deckeln auf der königlichen Tafel, worin sich die Suppe von Kalbfleisch, Huhn oder Kapaun befand. Nach der Suppe wurden erneut zwei Schüsseln aufgetragen mit Côte de Boeuf. Nach diesen kamen weitere Schüsseln mit Schinken, geräucherter Gans oder geräucherten Würsten mit Kohl. Auf diese folgte eine große Schüssel mit frischem Lachs, Karpfen, Hecht oder anderen Seefischen. Dann servierte man eine Pastete oder Torte, anschließend ein Ragout verbunden mit Nebengerichten wie Gemüse, Salat, Käse oder italienischen Makkaroni, die Friedrich Wilhelm besonders liebte. Als häufige Beilagen servierte man zudem Rebhühner, Austern, Krammetsvögel oder Wildenten. Zwischen Ostern und Pfingsten wurden regelmäßig Krebse oder gebackene Frösche serviert, die der König ebenfalls goutierte. In der Fastenzeit standen täglich große Körbe mit frisch gebackenen Brezeln sowie Butter auf der Tafel.[65]

Zu den meisten Mahlzeiten wurden kleine Weißbrotstangen gereicht, auch feines *„Franzosenbrot“* genannt. Das ganze Jahr stand Obst zum Nachtisch bereit, meist Äpfel und Birnen, im Herbst in Wusterhausen auch Trauben und Pfirsiche. Neben Obst sah der Speiseplan Mandeltorte, verschiedene Puddings und Kuchen oder gebackene Waffeln mit Kirschen vor.[66]

---

60 Fassmann (wie Anm. 49), S. 864.
61 Rohr (wie Anm. 10), S. 100.
62 Fassmann (wie Anm. 49), S. 865.
63 GStA PK, I. HA, Rep. 94 Kleine Erwerbungen, IV KA 1.
64 Backschat (wie Anm. 38), S. 275.
65 Fassmann (wie Anm. 49), S. 862.
66 GStA PK, I. HA, Rep. 94 Kleine Erwerbungen, IV KA 1.

Auch die Getränke erschienen einer königlichen Tafel angemessen. Sie wurden bei Tisch von der Ordonnanz einzeln serviert.[67] Bei einem Essen von etwa zwei Stunden Dauer trank man pro Person etwa eine Flasche Wein. Nach dem Essen folgte pro Person etwa eine halbe Flache Ungarwein (Tokajer). Bei den Jagddiners wurde schärfer getrunken. Vor allem die Gesandten mussten mithalten.[68] Der König trank selten übermäßig, konnte jedoch viel vertragen. In späteren Jahren musste er aus Gesundheitsgründen den Weingenuss einschränken. Dann wurden Selters, Pyrmonter oder Karlsbader Wasser getrunken, wovon mehr als 1000 Krüge im königlichen Keller lagerten.[69] Friedrich Wilhelm I. galt als Weinkenner. Die ihm empfohlenen Weine kostete er selbst, sofern sie nicht von seinem Kellermeister Alberdahl, auf dessen Zunge er sich verlassen konnte, vorher probiert und für gut befunden wurden. Insgesamt bevorzugte der König milden Mosel- und Rheinwein, dazu Tokajer.[70] Die Hofkellnerei verfügte über eine reiche Auswahl an geistigen Getränken. Neben den bereits genannten Rhein- und Moselweinen kamen auch Frontignac, Neuchâteler und Tiroler Wein auf den Tisch, ebenso Rotweine wie Pontac oder Burgunder. Aber auch Champagner, Palmwein, Madeira, Arak, l'Eau Barbardos (Rum) oder Wacholderbranntwein waren vorrätig.

Das von Friedrich Wilhelm gern konsumierte Bier bezeichnete er selbst als *„ordinäres Getränk"*. Dies war nicht abschätzig gemeint. Es bedeutete lediglich Alltagstrunk. Anfangs bevorzugte der König englisches, dann wandte er sich dem Genuss des schwedischen Bieres zu. Später kam Ducksteiner aus dem Braunschweigischen oder auch selbstgebrautes Bier wie Broihahn aus Perleberg (Weißbier), Moll aus Köpenick oder Potsdam hinzu, welchen zum Teil schwedische Rezepte zugrunde lagen. Kriegskommissar Christoph Schietmann, der die Bierversorgung des Hofes zwischen 1724 und 1739 inne hatte, lieferte allein pro Jahr 27 Tonnen Braunbier.[71]

Der König verlangte bei den Zutaten für seine Tafel höchste Qualität. Alles, was in der Hofküche verarbeitet wurde, musste *„propre und gut"* sein. Entsprechend überwachte er auch den Anbau der Früchte und Gemüse auf seinen eigenen Ländereien. So gab er etwa 1738 Kapitän Adrian Karl von Hoffstedt vom Königsregiment genaue Anweisungen, wie viele Apfel-, Kirsch- und Birnbäume in und um Potsdam gepflanzt werden sollten. Dabei wusste er genau darüber Bescheid, welche Sorten als besonders resistent und schmackhaft galten. Da bei Friedrich Wilhelm nichts verschwendet wurde, fanden auch die alten Bäume einen neuen Platz. Sie wurden am Weg vom Garten zur Stadt neu gepflanzt und damit eine ganze Allee aus Ostbäumen angelegt. Die Früchte standen den Bürgern zur Verfügung.[72] In den königlichen Küchengärten in Potsdam, Charlottenburg und Monbijou befanden sich Gewächshäuser, in denen der König mit großer Begeisterung exotische Früchte, sogar Ananas, züchten ließ. Kapitän von Hoffstedt erhielt vom König Melonenkörner aus Porto *„von der allerfeinsten und schönsten Sorte"*. Er sollte sie aufheben und einige davon einpflanzen lassen.[73] Obwohl der König darauf bedacht war, sich überwiegend autark mit frischem Obst und

67 Rohr (wie Anm. 10), S. 114.
68 Fassmann (wie Anm. 49), S. 881.
69 Friedrich Förster: Friedrich Wilhelm I., König von Preußen. Potsdam 1834, S. 202.
70 Backschat (wie Anm. 38), S. 278. Für 1 Ohm (= 137,40 l) zahlte man 35 bis 43 Taler, für ältere Jahrgänge entsprechend mehr. Als Lieferanten dienten die Firmen Jacob Meinertshagen und Söhne in Köln, der Kaufmann Günther aus Frankfurt sowie die Witwe von Ackern aus Dinslaken.
71 GStA PK, I HA, Geheimer Rat, Rep 36 Hof- und Güterverwaltung, Nr. 1140.
72 Kloosterhuis (wie Anm. 52), Q 442 a–o, Q 444.
73 König Friedrich Wilhelm I. in Preußen, an Kapitän Adrian Karl von Hoffstedt vom Königsregiment; Potsdam, 4. Februar 1739. Siehe Kloosterhuis (wie Anm. 52), Q 442o.

Gemüse zu versorgen, die regelmäßig in Holzfässern an den Hof geliefert wurden, reichten seine Anbauten aus den königlichen Küchengärten für die herrschaftliche Tafel bei weitem nicht aus. Die Lebensmittel wurden großenteils aus Berlin und dem Umland bezogen.

Friedrich Wilhelms erlesener Geschmack zeigte sich auch hier. Vor allem Südfrüchte wie Limonen, Zitronen und Orangen hatten es ihm angetan. In späteren Jahren aß er sie auch aus gesundheitlichen Gründen gegen seine Gicht. Die in Berlin ansässigen italienischen Kaufleute Martino Sarotio sowie Pietro und Antonio Caproni versorgten die Hofküche mit Südfrüchten und italienischen Spezialitäten. Darunter befanden sich Senf, Oliven, Pistazien, Makkaroni, Parmesankäse, Sardellen, Maroni, verschiedene Öle, Pinienkerne, Datteln, Kapern, sowie Trüffel. Neben den oben genannten Viktualien wurde außerdem Orangenwasser für die königliche Tafel, „*veritabler Kaviar*“ sowie der vom König besonders geschätzte Limburger Käse geliefert.[74] Vom Kaufmann Wolff in Hamburg bezog der Hof Seebutten, Kabeljau, frische Austern und Lachs. Westfälischer Schinken kam aus Velhagen bei Bielefeld. Heimische Fische wurden vom Fischschreiber Rosum aus den Seen des Umlandes geliefert. Auch die königlichen Ämter steuerten Viktualien zur herrschaftlichen Tafel bei. So schickte Lehnin Hühner, Tangermünde Neunaugen.[75] Die auswärtigen Gesandten und Residenten versorgten die Tafel ebenfalls mit allerlei Delikatessen wie Taschenkrebse, Kabeljau, geräucherten Heringen, Austern und dergleichen. Nicht vergessen seien des Königs Freunde Fürst Leopold von Anhalt-Dessau (1676–1747) und Graf Kurt Christopher von Schwerin (1684–1757), mit denen Friedrich Wilhelm einen regen Lebensmittelaustausch unterhielt.[76]

Die Hugenotten hatten bereits im 17. Jahrhundert Gemüse wie Salat, Blumenkohl, grüne Erbsen, Gurken und Spargel in Berlin und Brandenburg heimisch gemacht. Viele lebten vom Gemüseanbau. So belieferte etwa um 1720 Christoph Späth mit seiner Blumen- und Gemüsegärtnerei am Hallischen Tor zahlreiche Berliner Haushalte und den königlichen Hof.[77] Anhand der noch vorhandenen Einkauflisten und Küchenzettel kann man genau rekonstruieren, welche frischen Gartengewächse und Kräuter der König einkaufen ließ. Auch hier reichte die Eigenproduktion offenbar nicht aus, und es mussten Lebensmittel außerhalb der Saison für Galadiners beschafft werden. Hierfür hatte die Hofverwaltung über lange Jahre einen „*Contract*“ mit dem Hugenotten Paul Joullage abgeschlossen.[78]

Selbst die Korrespondenzen des Königs mit den Gesandten hatten nicht selten auch die Beschaffung von Delikatessen zum Gegenstand. Es ist erstaunlich, mit wel-

74 GStA PK, I. HA Geheimer Rat, Rep. 36 Hof- und Güterverwaltung, Nr. 1137.

75 Backschat (wie Anm. 38), S. 273.

76 Backschat (wie Anm. 38), S. 273. – Zu den Biografien vgl. Kurt von Priesdorff: Soldatisches Führertum. Bd. 1. Hamburg o. J., Nr. 625, 201.

77 Manfred Otto: Berliner Küche. Berlin 1981, S. 15. – Späth-Buch 1720–1930. Hrsg. von L. Späth. Berlin-Baumschulenweg 1930, S. 5–9.

78 GStA PK, I. HA Geheimer Rat, Rep. 36 Hof- und Güterverwaltung, Nr. 1136. Neben den Zitronen, wovon der Hof mehrere hundert Kisten pro Jahr einkaufte, lieferte Joullage anderes Obst wie Aprikosen, Pflaumen, Pfirsiche, Erd- und Himbeeren, Johannis- und Stachelbeeren, aber auch Kürbisse und Melonen, Granat-Äpfel, Mandeln und Pflaumen. Die Vielfalt der Gemüse ließ ebenfalls nichts zu wünschen übrig. Neben Mohrrüben, Spargel und Radieschen kamen Champignons, frische und eingeweckte Waldpilze oder Pfifferlinge, grüne Erbsen und Zuckerschoten, Bohnen, Porree und Spinat auf den Tisch. Gurken aß man eingemacht und frisch, Artischocken, Sauerampfer, Endivien- und Kopfsalat sowohl frisch wie blanchiert. Zur Liste der Gartenkräuter zählten sogar Safran und Flieder.

chen Einzelheiten sich der König selbst befasste. Dabei ging es vor allem um die Verpackung, welche die Lebensmittel lange frisch halten sollten. Chesterkäse umschloss man mit Blei, Schweinsköpfe galt es auf Stroh zu betten. Besonders englische und Hamburgische Austern fanden vor den königlichen Augen Gnade und mussten auf Eis transportiert werden. Auch mit Lieferproblemen von westfälischem Schinken, italienischen Trüffeln, Kaviar und Stör kannte sich Friedrich Wilhelm aus. Sein Resident in Amsterdam musste ihm „*Töpfe mit indianischen Pommeranzen in Zucker eingemacht*" schicken.[79]

Friedrich Wilhelm liebte die Jagd. Sowohl im Frühjahr wie im Herbst nutzte er manche Gelegenheit zur Reiherbeize, Rebhuhn- oder Parforce-Jagd.[80] Dann durchstreifte er die großen Reviere um Potsdam und Wusterhausen, auf deren reichen Wildbestand er sehr stolz war.[81] Dabei diente die Jagd, wie bei den meisten Herrschern der Zeit, neben privatem Vergnügen auch beim Soldatenkönig zur besonders vielfältig ausgestaltbaren Inszenierung von Fürstenherrlichkeit und die meisten preußischen Staatsgäste kamen in deren Genuss. Aber auch hier ging Friedrich Wilhelm seinen eigenen Weg. Er verabscheute die ansonsten häufig inszenierten Prunkjagden, bei denen das Jagdrisiko quasi ausgeschaltet und lediglich das Vergnügen des Tötens gewährleistet war, indem man die Tiere an der Hofgesellschaft vorbei trieb. Der König sah die Jagd noch als *praeludium belli* und körperliche Ertüchtigung.[82] Darum lud er seine Staatsgäste üblicherweise zur herrschaftlichen Beizjagd ein, bevorzugt im Frühjahr bei Potsdam, wenn er repräsentieren wollte.[83] Ansonsten bevorzugte er die Parforce-Jagd. Allerdings reduzierte er in der Regel auch hierbei den unter Ludwig XIV. üblich gewordenen Prunk und das Zeremoniell der sog. personalintensiven Französischen Jagd. Friedrich Wilhelm bevorzugte den herbstlichen Ritt im kleinen Kreis in die Wälder um Wusterhausen.[84]

Zeitlebens blieb Friedrich Wilhelm eng mit Wusterhausen verbunden. Er liebte die Helligkeit und Schlichtheit des als Wasserburg konzipierten Hauses aus dem 16. Jahrhundert.[85] Dieses Refugium verfügte über hervorragendes Jagd- und Forstpersonal. Es kümmerte sich um den ertragreichen Küchengarten, eine Meierei, Schäferei und Brauerei. Es gab Schiffe für einen raschen Transport Richtung Berlin. Und ein eigener

79 Vehse (wie Anm. 11), S. 269.

80 Stephan Heinz: „... auf der Reiherbeize alle betrüblichen Gedanken aus dem Sinn schlagen". Jagd am Hof Friedrich I. In: Preußen 1701 (wie Anm. 15), S. 73–78. Vgl. zur Reiherbeize auch Ilse Haseder und Gerhard Stingelwagner: Knauers großes Jagdlexikon. Augsburg 2000, S. 581 ff. und S. 644 ff. Paul Seidel: Friedrich Wilhelm I. als Jäger. In: Hohenzollern-Kalender 1 (1903), S. 15.

81 Kloosterhuis (wie Anm. 52), S. 249 f. Bei knapp 100 g Gewicht wurden für die königliche Tafel hunderte gefangen und zubereitet. – Zu den Hintergründen vgl. Haseder (wie Anm. 80), S. 472 und 165.

82 Werner Rösener: Geschichte der Jagd und Kultur. Gesellschaft und Jagdwesen im Wandel der Zeit. Düsseldorf/Zürich 2004, S. 279 ff. – Vgl. dazu W. H. von Hohberg: Georgia curiosa. Das ist umständlicher Bericht und klarer Unterricht von dem adeligen Land- und Feldleben. Nürnberg 1682.

83 Hier hatte er sich in der Parforceheide das Jagdschloss Stern errichten lassen. Ganz im holländischen Stil gehalten, diente es der königlichen Erholung. – Vgl. Jagdschloss Stern. Hrsg. von der Stiftung Preußische Schlösser und Gärten. Berlin 2004. S. 9 ff.

84 Rösener (wie Anm. 82) S. 286.

85 Wusterhausen wurde, nach einem lang gehegten Wunsch, dem Kronprinzen am Weihnachtsabend 1698 zum Geschenk gemacht. Hier konnte er sich frei von aller Etikette bewegen. So wurde Wusterhausen zur Keimzelle der künftigen Regierung Friedrich Wilhelms. Hier erprobte er alle Maßnahmen, die seinen späteren Regierungsstil prägten wie die Regierung aus dem Kabinett heraus, eine ertragreiche Domänenverwaltung sowie eine disziplinierte, funktionierende Armee. – Vgl. Hinrichs (wie Anm. 12), S. 342–344. – Vgl. auch Louis Schneider: Das Jagdschloss Königs-Wusterhausen [Schilderung und Geschichte desselben während der Zeit König Friedrich Wilhelms I.]. In: Mittheilungen des Vereins für die Geschichte Potsdams 4 (1869) S. 268–274.

Weinmeister sorgte für die Kultivierung der Weinberge bei Zeesen. Alljährlich verbrachte der König mit der gesamten Familie sieben bis acht Wochen, zwischen August und November, in Wusterhausen. Dorthin kommen durfte nur, wer ausdrücklich eine Einladung erhielt, was gerade für Diplomaten einen besonderen Anziehungspunkt bedeutete. Der größte Teil des Lebens, vor allem die Mahlzeiten, spielten sich im Freien ab. Bei gutem Wetter wurde vor der Schlossbrücke ein türkisches Seidenzelt aufgebaut, das bis zu 30 Personen Platz bot.[86]

Tradionell bildeten zwei Feste die Höhepunkte in Wusterhausen. In Erinnerung an die gewonne Schlacht bei Malplaquet 1709, an der Friedrich Wilhelm als Kronprinz teilgenommen hatte, wurde am 11. September eine große Siegesfeier ausgerichtet – mit Musik, Tafeleien und Feuerwerk.[87] Mit dem Fest des Heiligen Hubertus am 3. November endete in der Regel die Jagdsaison und der Aufenthalt in Wusterhausen.

Jagdfeste gehörten zum festen Bestandteil des höfischen Lebens und damit auch des öffentlichen Interesses.[88] Friedrich Wilhelms Feste galten als legendär. Es gab Bärenhatzen und Tierkämpfe. Um jedoch den intimen Charakter gerade in Wusterhausen zu betonen, lud der König gern Gaukler oder Jahrmarktkünstler von der Straße ein, die neben Bläsern, Trommlern und Pfeifern für musikalische oder optische Unterhaltung sorgten.[89]

„Die Jagd ist eine gute und reiche Küchenmeisterin, die unsere Tafeln mit herrlichen Speisen versorgt.“[90] Das galt auch für die Hofküchen in Potsdam, Wusterhausen sowie den anderen frequentierten königlichen Jagdschlössern. Selbst bei seiner Jagdleidenschaft zeigte sich der König als guter Geschäftsmann. Oft konnten die Mengen an Wildbret von der Schlossküche selbst nicht verarbeitet werden. Überzählige, ganze Stücke wurden daher an die Bewohner der Umgebung von Wusterhausen oder auch Potsdam verkauft, womit Friedrich Wilhelm gute Gewinne erwirtschaftete.[91]

Friedrich Wilhelm wusste also seine „Tafelfreuden“ wohl zu genießen. Und er inszenierte sich als väterlicher Regent mit seiner *„guten Menage“* in eindrucksvoller Weise. Der bewusste Bruch mit der barocken Etikette und dem Zeremoniell der Zeit, machten den Berliner Hof in der ersten Hälfte des 18. Jahrhunderts zu einem unverwechselbaren Anziehungspunkt unter Europas Residenzen, über den man sprach. Es hat sich gezeigt, dass der König mit seiner individuellen Hofhaltung, eigenen Art der Selbstdarstellung und neuen Mitteln höfischer Repräsentation, sehr erfolgreich war. Preußen wurde von den europäischen Mächten ernst genommen und zwar ohne Säbelrasseln.

Dass der oft kolportierte „preußische Geiz“ Friedrich Wilhelms I. jedenfalls nicht auf die königliche Küche zutraf, beschreibt treffend David Fassman, der als Höfling lange Jahre die „Tafelfreuden“ seines Königs genießen durfte.

---

86 Fassmann (wie Anm. 49), S. 880. – Vgl. auch Johann Anastasius Freylinghausen: Sieben Tage am Hofe Friedrich Wilhelms I. Tagebuch des Johann Anastasius Freylinghausen über seinen Aufenthalt in Wusterhausen vom 4. – 10. Sept. 1727. Eingeleitet von Bogdan Krieger. Berlin 1900.

87 Zum Hintergrund der Schlacht bei Malplaquet 1708 und ihre Bedeutung für den Kronprinzen sowie sein daraus resultierendes Armeeverständnis vgl. Hinrichs (wie Anm. 12), S. 399 ff. – Kloosterhuis (wie Anm. 52), S. XVI.

88 J. H. Zedler: Hubertus-Fest. In: Ders.: Großes vollständiges Universallexikon. 14 Bände. Leipzig 1735. Bd. 13, Sp. 1049–1050. – Rohr (wie Anm. 10, Th. IV), S. 859 ff.

89 Gauklerfeste und eine dazu verkleidete Hofgesellschaft waren jedoch auch an anderen Höfen nicht unüblich. Vgl. Rohr (wie Anm. 10, Th. III), S. 120.

90 Rösener (wie Anm. 82), S. 688.

91 Fassmann (wie Anm. 49), S. 887.

„Was die Königl. Tafel betrifft, so gehen in verschiedenen fremden Landen viele gantz falsche und wunderliche Erzehlungen davon im Schwange, da es doch ganz anders damit beschaffen. Denn obgleich der allzu zu grosse Uberfluß, in der Königl. Küche, und bey der Königlichen Tafel abgeschafft, [...] , so ist doch sonst die Küche und die Tafel Sr. Majestät auf eine höchst-rühmliche, löbliche und recht edle Art eingerichtet.“[92]

92 Fassmann (wie Anm. 49), S. 858.

Fahnentücher, Frauengestalten

Vom Symbolgehalt militärischer Feldzeichen in der Dichtung des 19. und 20. Jahrhunderts

Von Jürgen Kloosterhuis

Archivare beschäftigen sich tagein, tagaus mit ihren Quellen; das ist bekannt. Dass ein Archivar selbst zur Quelle wird, kommt seltener vor. Doch so geschah's dem Verfasser dieser Zeilen, nachdem er am 26. April 2007 seinen Vortrag „Verse von Fahnen und Frauen" zur Eröffnung der Ausstellung „Farben der Geschichte. Fahnen und Flaggen"[1] im Deutschen Historischen Museum gehalten hatte. Im Zuhörerkreis befand sich damals Beatrice Jugert, die sich in ihrer bildenden Kunst schon länger mit dem Fahnensujet beschäftigt hatte und es nun nach den Vortragsmotiven in neuen Adaptionen verarbeitete: z.B. der „Gallionsfigur" oder der „Fahnenbraut" (jeweils 2007). Ebenso gestaltete sie das Fahnenrondell „Multiversum" als Bestandteil der Ausstellung „Take me to the edge of heaven – Goldrausch 2007" im Kunstraum Kreuzberg/Bethanien zu Berlin. Im Begleitprogramm zur Ausstellung durfte der Archivar seinen Text in einer erweiterten (hier gedruckten)[2] Fassung unter dem Titel „Fahnentücher, Frauengestalten" nochmals vortragen, während die Künstlerin dazu Bilder ihrer Arbeiten projezierte – *„so, als könnte man eine Idee entlarven durch das Erschauen ihrer Quelle"*, wie sie später schrieb.

*

„Die Ampeln brennen über den Kanonen.
Die alten Fahnen hängen stumm im Lichte;
doch nicht zum Fest: sie werden zum Gerichte.
Sie rauschten in den Schlachten und vor Thronen.

Vor ihnen gilt kein Leugnen und kein Schonen.
Vor ihrem Wissen wird der Trug zunichte.
Zerfetzt von allen Leiden der Geschichte,
verdammen sie und weigern sich, zu lohnen.

Sie, die einst brausend in die Zukunft wehten,
sind wie das Schweißtuch eines Todgeweihten
und allen Schwüren dieser Welt entnommen.

Von Liedern schweigend, zeugend von Gebeten,
erkennen sie nur die fürs Kreuz Bereiten
und rufen nur noch, die als Beter kommen."

1 Vgl. Farben der Geschichte. Fahnen und Flaggen. Hrsg. von Daniel Hohrath unter Mitarb. von Urte Evert u. Steffi Bahro. Im Auftr. des Deutschen Historischen Museums. Berlin 2007.

2 Die Vortragsform wurde beibehalten, Nachweise für die zitierten Verse jedoch angefügt. Um den gedanklichen Zusammenhang der herausgegriffenen Passagen innerhalb des jeweiligen Gesamtgedichts zu verdeutlichen, werden in den Fußnoten die vollständigen Texte mitgeteilt.

Wem solche Verse aus der Feder fließen, *„wenn die bunten Fahnen wehen"*, hat sich das Lachen abgewöhnt. Sie wurden im April des Jahres an der Spitze von Versen über Fahnen und Frauen vorgetragen, die – wie uns Beatrice Jugert versichert – in der Folge dazu beigetragen haben, dass ihr Fahnenrondell „Multiversum" als Teil der „Goldrausch"-Ausstellung 2007 entstand. Jochen Klepper hat die zitierten Zeilen 1936 im Zyklus seiner „Olympischen Sonette" für das *„Zeughaus"* geschrieben.[3] Viele Berliner waren damals von der Fröhlichkeit des Sportfestes erfasst, aber die Schatten der nationalsozialistischen Diktatur schon längst auf den Dichter, seine jüdische Frau und ihre Töchter gefallen. Leidvoll immunisiert für die Propagandalügen der flatterhaften Hakenkreuz-Paniere, bezeugte sein Sonett die gnadenlose Wahrhaftigkeit der Zeughaus-Fahnen – zerfetzt von den Leiden der Geschichte und vom Todesschweiß derer getränkt, die unter ihnen oder gar für sie den Soldatentod gestorben waren. C'etait la guerre. So sprechen jene zwei- oder mehrfarbenen Tücher auf ihre Weise von vergangenen Zeiten, Werken und Tagen, Siegen und Niederlagen. Deswegen müssen wir bei ihrem Anblick nicht in historisch korrekte Depressionen verfallen. Gerade ein Verzicht auf die *„gemachte Pein um nie gefühlte Wunden"* soll beim heutigen Appell von Fahnen-Versen unseren Sinn für ihren genuinen Symbol-Gehalt sensibilisieren, der am Ende Frauen-Gestalt annehmen wird.

Tambours, schlagt an. In den folgenden Versen von Fahnen und Frauen wird nur von militärischen Feldzeichen die Rede sein. Ob auf Taft gemalt oder in Damast gestickt: Sie sind eine gefährliche und gefährdete, schöne und schaudererregende, begehrte und begehrenswerte Sache. Eine Sache? Für die Dichter scheinen diese eigenartigen Textilien durch die Zeiten lebendig zu sein. Besonders eindrucksvoll hat das Theodor Fontane in seiner Ballade *„Die Fahne Schwerins"* gestaltet. Der preußische Generalfeldmarschall war in der Prager Schlacht 1757 an der Spitze seines Regiments mit der Fahne in der Hand gefallen, wie uns sein marmorsteinernes Denkmal im Bode-Museum noch heute vor Augen führt. Der zersplitterte Stock wurde seinerzeit durch einen Ring repariert und als hehre Heer-Reliquie ins Zeughaus Unter den Linden gebracht. Von dort nahmen sie russische Truppen 1760 als Beute fort, wie 1857 wieder bekannt wurde und Fontane zu folgenden Versen inspirierte[4]:

„Im Arsenal, dem alten,
Zu Petersburg am Dock,
Zersplittert und zerspalten
Steht ein alter Fahnenstock."

3 Jochen Klepper: Ziel der Zeit. Gesammelte Gedichte. Witten und Berlin 1962, S. 38.

4 Theodor Fontane: Die Fahne Schwerins. In: Theodor Fontane: Balladen und Gedichte. Hrsg. von Edgar Grop und Kurt Schreinert. München 1962, S. 223:
Im Arsenal, dem alten, / Zu Petersburg am Dock, / Zersplittert und zerspalten / Steht ein alter Fahnenstock; / Er steht in seiner Ecken / An die hundert Jahre nun, / Mit den andern Fahnenstöcken / Hat er nichts zu tun.
Der Fahnen jüngste schmunzelt: / „He, Kamerad im Eck, / Warum so viel gerunzelt? / Das bringt uns nicht vom Fleck; / Nicht ewig stumm und einsam / Und nicht so steif-apart, / Gesellig hübsch, gemeinsam, / Und etwas Lebensart."
Der drauf: „An Schaftes Runde / Sieh hier den Silberring, / Er deckt die breite Wunde, / Die ich bei Prag empfing, / Zersplittert hat, zerspalten / Die Kugel mich von Erz, / Schwerin, der mich gehalten, / Dem ging sie durch das Herz.
Wen solch ein Held getragen / In solcher Preußenstund', / Dem will es nicht behagen / Auf fremden, russischem Grund, / Der will unter Trommelchören / In Berlin im Zeughaus stehn / Und den ‚Dessauer' wieder hören, / Und von Hohenfriedberg den."

Er und die anderen Feldzeichen werden nun vom Dichter zum Leben erweckt. Eine junge Fahne verspottet nämlich den hölzernen Veteran und fordert ihn auf, nicht immer so stumm und steif abseits zu stehen, sondern unter Fahnen gesellig zu werden, seine Geschichte zum Besten zu geben – und prompt bekommt die russische Schwätzerin die preußischen Leviten gelesen.

„Der drauf: ‚An Schaftes Runde
Sieh hier den Silberring,
Er deckt die breite Wunde,
Die ich bei Prag empfing,
Zersplittert hat, zerspalten
Die Kugel mich von Erz,
Schwerin, der mich gehalten,
Dem ging sie durch das Herz.

Wen solch ein Held getragen
In solcher Preußenstund',
Dem will es nicht behagen
Auf fremdem, russischem Grund.
Der will unter Trommelchören
In Berlin im Zeughaus stehn
Und den ‚Dessauer' wieder hören
und von Hohenfriedberg den.'"

Da blieb nur noch das zu sagen, was Fontane in einer späteren Gedichtausgabe vermerkte: „*Die Fahne befindet sich jetzt wieder im Zeughause zu Berlin.*" Das war eine köstliche Zeit, als Beutekunstprobleme durch gute Poesie zu lösen waren.

Habent sua fata vexilla. Fahnen sind nicht oberflächlich, sondern allemal hintergründig. Ihre zwei Bestandteile, Stange und Tuch, haben sich gerade beim Militär aus dem engeren Funktionsbereich des Sammelns, Gliederns, Signalisierens zu Symbolen, also emotionsweckenden Sinnträgern entwickelt. Je mehr die reale Bedeutung schwand, desto höher stieg der transzendente Wert der Textilien und Hölzer – freilich auf einer Skala, die nach oben keineswegs offen sein darf. Ein Sprichwort warnt: „Wo die Fahne weht, sitzt der Verstand in der Trompete." Es sei dahin gestellt, ob diese negative Apodiktik immer stimmt oder doch nur im Übermaß. Habt Acht jedenfalls: Fahnen können faszinieren; ja, sogar berauschen. Im zivilen Sektor einmal amtsdeutsch formuliert, bilden auch beim kollektiven Hantieren mit Wink-Elementen Geist und Gefühl zusammen den Stoff, aus dem die Sommermärchen sind. Man(n) merkt manchmal kaum, dass Frauen solche WM-Träume mittlerweile ohne viel Fähnleinschwenken wahr gemacht haben. Nach einer Formulierung der Journalistin Heide Oestreich sind in der öffentlichen Wahrnehmung Fußball und Nation eben noch immer nur mit dem Masculinum zu einer symbolischen Einheit verschmolzen, in der männliche Heroen einen weiblich imaginierten Volkskörper zu beschützen, zu verteidigen und zum Sieg zu führen haben. Wie die Nation, kann sich auch der Körper in der Fahne konzentrieren: Ein fataler Effekt, davon unten noch mehr. Hier interessiert zunächst, dass der lakonische Trompeten-Satz den sensitiven Konnex von Feldzeichen und Militärmusik erhellt. Detlev von Liliencron ließ ihn um 1900 so ertönen[5]:

5 Detlev von Liliencron: Die Musik kommt. In: Detlev von Liliencron: Gesammelte Werke. Bd. 2: Gedichte. Berlin (4.) 1914, S. 49 f.

> *„Klingling, bumbum und tschingdada,*
> *Zieht im Triumph der Perserschah?*
> *Und um die Ecke brausend brichts*
> *Wie Tubaton des Weltgerichts“.*

Schon marschieren der Schellenbaumträger, die Blech- und Holzbläser, Trommler, Pauker und Beckenschläger an unserem geistigen Auge vorbei. Es folgt der Hauptmann hoch zu Ross *„und dann die Herren Leutnants“.*

> *„Zwei Leutnants, rosenrot und braun,*
> *Die Fahne schützen sie als Zaun;*
> *Die Fahne kommt, den Hut nimm ab,*
> *Der bleiben treu wir bis ans Grab!“*

Liliencron fixierte damit eine bis heute fortwirkende Besonderheit im deutschen Militär-Zeremoniell. Seit Friedrich Wilhelm I. war es in Preußen üblich, dass die Fahne nicht nur vor dem König gesenkt wurde, sondern dass auch *der* vor der Fahne höflich den Hut zog. Denn das Feldzeichen stand weithin sichtbar für die innere und äußere Zusammengehörigkeit einer Truppe, ja sogar für eine Idee, für die jene kämpfen und nötigenfalls sterben sollte. Auch so gesehen, hat die Fahne stets zwei Seiten. Sie ist Talisman und Menetekel derer zugleich, die auf sie geschworen haben – zumal wenn diese, dem Fahneneid treu, ihr ins Feld folgen. Solchen Zusammenhang zwischen Fahne und Fatum thematisiert ein Weltkriegslied von 1915.[6]

Klingling, bumbum und tschingdada, / Zieht im Triumph der Perserschah? / Und um die Ecke brausend brichts / Wie Tubaton des Weltgerichts, / Voran der Schellenträger.
Brumbrum, das große Bombardon, / Der Beckenschlag, das Helikon, / Die Piccolo, der Zinkenist, / Die Türkentrommel, der Flötist, / Und dann der Herre Hauptmann. / Der Hauptmann naht mit stolzem Sinn, / Die Schuppenketten unterm Kinn; / Die Schärpe schnürt den schlanken Leib, / Beim Zeus! das ist kein Zeitvertreib! / Und dann die Herren Leutnants.
Zwei Leutnants, rosenrot und braun, / Die Fahne schützen sie als Zaun; / Die Fahne kommt, den Hut nimm ab, / Der bleiben treu wir bis ans Grab! / Und dann die Grenadiere.
Der Grenadier im strammen Tritt, / In Schritt und Tritt und Tritt und Schritt, / Das stampft und dröhnt und klappt und flirrt, / Laternenglas und Fenster klirrt. / Und dann die kleinen Mädchen.
Die Mädchen alle, Kopf an Kopf, / Das Auge blau und blond der Zopf; / Aus Tür und Tor und Hof und Haus / Schaut Mine, Trine, Stine aus. / Vorbei ist die Musike.
Klingling, tschingtsching und Paukenkrach, / Noch aus der Ferne tönt es schwach, / Ganz leise bumbumbumbum tsching; / Zog da ein bunter Schmetterling, / Tschingtsching, bum, um die Ecke?

6 Josef von Lauff: Als wir nach Frankreich zogen. In: Werner Kohlschmidt (Bearb.): Das deutsche Soldatenlied. Nach seinen Hauptmotiven und ihrer Entwicklung. Berlin 1935, S. 103 f., 151.
Als wir nach Frankreich zogen, / Wir waren unsrer drei: / Ein Schütze und ein Jäger / Und ich, der Fahnenträger / Der schweren Reiterei.
Drei Brüder und drei Herzen / Der Trommel folgten sie. / Zu Lüttich auf dem Plane, / Da flüsterte die Fahne: / Herr Jesus und Marie!
Und als wir weiterzogen, / Wir waren unser zwei: / Ein Bückeburger Jäger / Und ich, der Fahnenträger / Der schweren Reiterei.
Zwei Brüder und zwei Herzen / Begrüßten Tau und Tag, / Bis abends purpurfarben / Bei Longwy in den Garben / Die Fahne „Amen“ sprach.
Und als sie „Amen“ sagte, / Riß noch ein Herz entzwei. / Ade, mein lieber Jäger, / Dich grüßt der Fahnenträger / Der schweren Reiterei.
Ach, Mutter, liebe Mutter, / Nur fest auf Gott gebaut. / Noch tut die Fahne schweben, / Die mir auf Tod und Leben / Der Kaiser anvertraut.
Und flüstert sie ganz leise: / „Nun gilt es dir, Gesell“, / Gern folgt der Fahnenträger / Dem großen Trommelschläger / Zum himmlischen Appell.

„Als wir nach Frankreich zogen,
Wir waren unsrer drei:
Ein Schütze und ein Jäger
Und ich, der Fahnenträger
Der schweren Reiterei."

Dieser Fahnenträger steht in großer Schar und langer Tradition, die sich mühelos durch Jahrhunderte zurückverfolgen lässt. Sie basiert auf ihrem gnadenlosen Auftrag, wie ihn beispielsweise das Kaiserliche Kriegsrecht um 1723 erteilte[7],

„Leib und Leben bei diesem euch anvertrauten Fähnlein zu lassen, also und dergestalt, wann ihr in eine Hand oder Arm geschossen werdet, womit ihr das Fähnlein habt und traget, dasselbe in die andere Hand nehmen sollet, und wenn ihr in dieselbe Hand auch geschossen, das Fähnlein in das Maul nehmen und fliegen lasset sollet."

Was man sich schwer vorstellen kann. Aber so zogen sie per saecula legionenweise ins Feld, wie jener prominente Fähnrich des Spanischen Erbfolgekrieges, den das damals kreierte Marlborough-Lied – *„Marlbruck s'en va-t-en guerre"* – in deutscher Adaption so besang[8]:

„Ein Fähndrich zog zum Kriege, vidibum vallera, juchheirassa,
Ein Fähndrich zog zum Kriege, wer weiß, kehrt er zurück."

Ja, wer weiß – denn die jungen Männer mit dem Feldzeichen in der Faust haben bei den meisten Verseschmieden nur geringe Überlebenschancen. Dafür ist erneut Liliencron zu zitieren, der in seinem Gedicht *„Wer weiß wo"* einen Fahnenjunker in der Schlacht bei Kolin 1757 fallen lässt[9]:

„Ein Junker auch, ein Knabe noch,
Der heut das erste Pulver roch,
Er mußte dahin.
Wie hoch er auch die Fahne schwang,
Der Tod in seinen Arm ihn zwang,
Er mußte dahin."

---

7 Vorhaltung und Jurament derer Kayserlichen Fähndriche; zit. nach Johann Christian Lünig: Corpus Juris Militaris des Heiligen Römischen Reiches. Leipzig 1723, S. 185.

8 Marlborough-Lied. In: Theodor Salzmann (Bearb.): Deutsche Soldatenlieder. Leipzig 1914, S. 150: *Ein Fähndrich zog zum Kriege, vidibum vallera, juchheirassa. / Ein Fähndrich zog zum Kriege, wer weiß, kehrt er zurück. / Er liebt ein junges Mädchen, die war so wunderschön. / Sie stieg auf hohem Berge, dem Fähnrich nachzusehn. / Ach Fähndrich, liebster Fähndrich, was bringst du Neues mit? / „Was ich dir Neues bringe, macht dir die Äuglein rot. / Der Fähnrich liegt erschossen, er sieht schon längst nicht mehr. / Ich sah ihn selbst begraben von vielen Offizieren. / Der erste trug sein Degen, der zweite sein Pistol. / Der dritte trug sein Küraß, der vierte seinen Helm. / Da droben auf jenem Berge sang eine Nachtigall. / Die sang den Fähndrich zur Erde für seine Tapferkeit. / Über sein Grab wurd geschossen mit Pulver und mit Blei."*

9 Detlev von Liliencron: Wie weiß wo. Schlacht bei Kolin, 18. Juni 1757. In: D. von Liliencron (wie Anm. 5), S. 18 f.:
Auf Blut und Leichen, Schutt und Qualm, / Auf roßzerstampften Sommerhalm / Die Sonne schien. / Es sank die Nacht. Die Schlacht ist aus, / Und mancher kehrte nicht nach Haus / Einst von Kolin.
Ein Junker auch, ein Knabe noch, / Der heut das erste Pulver roch, / Er mußte dahin. / Wie hoch er auch die Fahne schwang, / Der Tod in seinen Arm ihn zwang, / Er mußte dahin.
Ihm nahe lag ein frommes Buch, / Das stets der Junker bei sich trug, / Am Degenknauf. / Ein Grenadier von Bevern fand / Den kleinen erdbeschmutzten Band / Und hob ihn auf.
Und brachte heim mit schnellem Fuß / Dem Vater diesen letzten Gruß, / Der klang nicht froh. / Dann schrieb hinein die Zitterhand: / „Kolin. Mein Sohn verscharrt im Sand. / Wer weiß wo."
Und der gesungen dieses Lied, / Und der es liest, im Leben zieht / Noch frisch und froh. / Doch einst bin ich, und bist auch du, / Verscharrt im Sand, zur ewigen Ruh, / Wer weiß wo.

Nur der Fähnrich des Krähwinkler Landsturms aus dem Jahre 1813 weiß ein stets probates Mittel gegen erhöhte Lebensgefahren[10]:

> *„Unser Fähnrich steht mit der Fahn auf der Bruck,*
> *wenn's kracht, läuft er immer geschwinde zuruck."*

Wie ist es nun in dieser Hinsicht mit dem bereits erwähnten *„Fahnenträger der schweren Reiterei"* bestellt? Im weiteren Verlauf des Liedes entwickelt sein Feldzeichen eine seltsame, mantische Eigenschaft. Es wird, wie die Fahne Schwerins, lebendig und weiß sich zu artikulieren: *„Zu Lüttich auf dem Plane, da flüsterte die Fahne: ‚Herr Jesus und Marie'."* Fürs erste klingt das recht fromm und wäre nicht weiter bedenklich, wenn die unvermutete Beredsamkeit des Textils nicht jeweils den Tod eines Kameraden ansagen würde. So wird aus dem Trio Schütze – Jäger – Fahnenträger schnell ein Duo, schließlich Solo:

> *„Zwei Brüder und zwei Herzen*
> *Begrüßten Tau und Tag,*
> *Bis abends purpurfarben*
> *Bei Longwy in den Garben*
> *Die Fahne ‚Amen' sprach."*
>
> *„Und als sie ‚Amen' sagte,*
> *Riß noch ein Herz entzwei.*
> *Ade, mein lieber Jäger,*
> *Dich grüßt der Fahnenträger*
> *Der schweren Reiterei."*

Wir und der Fahnenträger wissen es schon: Wenn die Fahne das Wort an ihn selbst richtet – *„und flüstert sie ganz leise: ‚Nun gilt es dir, Gesell'"* –, wird auch sein Lebenslicht ausgeblasen. Wir wären drauf und dran, uns von der herben Poesie dieser Verse

---

10 Lied des Krähwinkler Landsturms 1813 (in: Theodor Salzmann (Bearb.): Deutsche Soldatenlieder. Leipzig 1914, S. 46): *(Refrain:) Nur immer langsam voran, immer langsam voran, / daß der Krähwinkler Landsturm nachkommen kann! / Hätt der Feind unsre Stärke schon früher gekannt, / wär er sicher schon längst zum Teufel gerannt! / Das Marschieren, das nimmt auch gar kein End, / das macht, weil der Hauptmann die Landkart nicht kennt. / Nun marschieren wir grad nach Paris hinein, / dort, Kinder, soll das Rauchen nicht verboten sein. / Nun sind wir schon fünfzig Meilen weit marschiert, / und dreißigtausend Mann sind erst krepiert. / Herr Hauptmann, mein Hintermann geht so im Trab, / er tritt mir beinah die Hinterhacken ab. / Hat denn keiner den Fähnrich mit der Fahne gesehn? / Man weiß ja gar nicht, wie der Wind tut wehn! / Unser Fähnrich steht mit der Fahn auf der Bruck, / wenn's kracht, läuft er immer geschwinde zuruck. / Unser Fähnlein, das ist drei Ellen Taft; / so'n Ding ist bald wieder angeschafft. / Tambour, strapezier' doch die Trommel nicht so sehr, / alleweil sind die Kalbfell' so wohlfeil nicht mehr. / Wird, Kinder, allweil euch zu schwer das Gepäck, / schmeißt vorderhand die Gewehre weg! / Unser Hauptmann ist'n gar braver Mann, / nur schade, daß er kein Pulver riechen kann. / Der Herr General hat doch die meiste Courag', / wenn's schießt, versteckt er sich hinter die Bagag'. / Bei Lützen, da ist 'ne Bombe geplatzt. / potz Wetter, wie sind wir da ausgekratzt! / Denn wenn so'n Ding am End einen trifft, / hilft einem, weiß Gott, der ganze Feldzug nischt. / Da lob ich mir so'nen bayerischen Kloß, / so'n Ding geht doch so leicht nicht los. / Bei Leipzig, in der großen Völkerschlacht, / da haben wir beinah en'n Gefangenen gemacht. / In der Festung, da war's doch gar zu schön, / dort konnt' man den Feind durch die Gucklöcher sehn. / Und schlich sich mal ein Fein herein, / so konnt' man doch um Hilfe schrein. / Ach, wie wird's uns in Frankreich gehn! / Dort soll kein Mensch das Deutsch verstehn. / Wir tragen auch keinen Säbel an der Seit', / weil's gefährlich wär für so hitzige Leut'. / Reißt aus! Kameraden, reißt alle, alle aus! / Dort steht ein französisches Schilderhaus! / Die Franzosen schießen so ins Blaue hinein. / sie bedenken gar nicht, daß da Leut' könnten sein. / Jetzt Bauern, kocht Knödel und Hirsebrei, / wenn die Landwehr kommt, wird sie hungrig sein / Immer lustig voran, immer lustig voran, / daß mer brav in die Knödel einhauen kann!*

von der Fahne als Prophetin erschüttern zu lassen, doch stört uns dabei ein prosaisches Detail. Nicht erinnerlich, dass in der deutschen Kavallerie des Jahres 1914 Fahnenträger dienten. Kürassiere und Karabiniers führten Standarten, die sich zwar im ersten Kriegsmonat, bei Lüttich und Longwy, noch bei den Regimentern befanden, aber bald in die Stabsquartiere und schließlich in die Garnisonen zurückgeschickt wurden. Spätestens ab Oktober 1914 lief das Reim-Geraune von der sprechenden Reiter-Fahne im militärischen Sachzusammenhang auf den trivialen Unsinn eines Schreibstubenkriegers hinaus, von dem wir uns nicht weiter beeindrucken lassen. Er hieß übrigens Josef von Lauff, gehörte zur Artillerie und überstand die vier bösen Jahren als Kriegsberichterstatter.

Also nochmals: Habt Acht. Man muss bei Fahnen-Versen stets auf der Hut sein. Wie gut kannten die Dichter ihr Sujet; haben sie selbst als Soldaten gefochten? Bei Joseph von Eichendorff war das der Fall, der 1813 bei den Lützower Jägern eintrat und 1815 an der Spitze einer rheinischen Landwehrkompanie an den Kampfhandlungen im Umkreis von Waterloo teilnahm. Der sensible Romantiker vermittelt uns in seinem *„Soldatenlied“* aus jener Zeit (Erstdruck 1818[11]) endlich den direkten Bezug zwischen Fahne und Frau, der bislang nur unterschwellig zu spüren war.

„Das Fußvolk kommt da geschritten,
Die Trommeln wirbeln voran,
Die Fahne in ihrer Mitten,
Weht über den grünen Plan,
Sie prangt in schneeweißem Kleide
Als wie eine milde Braut,
Die gibt dem hohe Freude,
Wen Gott ihr angetraut.“

Zweifellos läuft Eichendorffs wissende Enthüllung der Fahne als Soldatenbraut auf das typische Produkt einer Männerphantasie hinaus, das sehr viel, allzu viel von den Ängsten und Wünschen *„halbverwilderter“* Waffenträger verrät. Umgekehrt ist's nicht von ungefähr, dass Frauen gerne ihren uniform oder anders vereinten Männern womöglich selbstgestickte Fahnen oder Fahnenbänder verehren. Die Bandbreite der so

---

11 Joseph von Eichendorff: Soldatenlied (in: Joseph von Eichendorff. Werke. Hrsg. von Wolfdietrich Rasch. Darmstadt 1971, S. 134–136):
Was zieht da für schreckliches Sausen, / Wie Pfeifen durch Sturmes Wehn? / Das wendet das Herz recht vor Grausen, / Als sollte die Welt vergehn.
Das Fußvolk kommt da geschritten, / Die Trommeln wirbeln voran, / Die Fahne in ihrer Mitten / Weht über den grünen Plan, / Sie prangt in schneeweißem Kleide / Als wie eine milde Braut, / Die gibt dem hohe Freude, / Wen Gott ihr angetraut. / Sie haben sie recht umschlossen, / Dicht Mann an Mann gerückt, / So ziehen die Kriegsgenossen / Streng, schweigend und ungeschmückt, / Wie Gottes dunkler Wille, / Wie ein Gewitter schwer, / Da wird es ringsum so stille, / Der Tod nur blitzt hin und her.
Wie seltsame Klänge schwingen / Sich dort von der Waldeshöh! / Ja, Hörner sind es, die singen / Wie rasend vor Lust und Weh.
Die jungen Jäger sich zeigen / Dort drüben im grünen Wald, / Bald schimmernd zwischen den Zweigen, / Bald lauernd im Hinterhalt. / Wohl sinkt da in ewiges Schweigen / Manch schlanke Rittergestalt, / Die anderen über ihn steigen, / Hurrah! in dem schönen Wald, / Es funkelt das Blau durch die Bäume – / „Ach, Vater, ich komme bald!“
Trompeten nun hör ich werben / So hell durch die Frühlingsluft, / Zur Hochzeit oder zum Sterben / So übermächtig es ruft.
Das sind meine lieben Reiter, / Die rufen hinaus zur Schlacht, / Das sind meine lustigen Reiter, / Nun, Liebchen, gute Nacht! / Wie wird es da vorne so heiter, / Wie sprühet der Morgenwind, / In den Sieg, in den Tod und weiter, / Bis daß wir im Himmel sind!

Beschenkten kann von Biedermeiern bis zu Revolutionären reichen, wie sie zum Beispiel Ferdinand Freiligrath mit der Fahne „*Schwarz-Rot-Gold*" zum Todestanz auf die Barrikaden entbot[12]:

> *„Ja, die das Banner ihr gestickt,*
> *ihr Jungfern unverdrossen,*
> *derweil am Feuer wir gebückt*
> *uns Flintenkugeln gossen:*
> *nicht, wo man singt nur oder tanzt,*
> *geschwungen sei's und aufgepflanzt! –*
> *Pulver ist schwarz,*
> *Blut ist rot,*
> *golden flackert die Flamme!"*

Ja, in der Gleichung Fahne = Frau lösen sich alle uns bereits bekannten Metaphern auf: die lebendige Fahne, das prophetische Tuch, das gefährliche, gefährdete, schöne, faszinierende Feldzeichen, für das der Fähnrich „*Ehr und Hand*" aufs Spiel setzen muss. Die Gleichung erklärt, warum die eigene Fahne unter allen Umständen vor feindlichem Zugriff zu retten war. In den diesbezüglichen Poetereien liegen Erhabenes und Lächerliches, Parodie und Exodos, nahe beinander. Dafür ist einerseits auf die Heldenmäre des Husaren-Estandartenjunkers Horst von Trawerz zu verweisen, der in der Schlacht bei Mars la Tour „bekanntlich" sein Feldzeichen, Tuch und Stange, lieber persönlich verzehrte, als es in französische Hand fallen zu lassen[13]; andererseits auf die

12 Ferdinand Freiligrath: Schwarz-Rot-Gold (in: Freiligraths Werke in einem Band. Ausgew. und eingel. von Werner Ilberg, Berlin/Weimar 1980, S. 118–121):
In Kümmernis und Dunkelheit, / da mußten wir sie bergen! / Nun haben wir sie doch befreit, / befreit aus ihren Särgen! / Ha, wie das blitzt und rauscht und rollt! / Hurra, du Schwarz, du Rot, du Gold! / (Refrain:) Pulver ist schwarz, / Blut ist rot, / golden flackert die Flamme!
Das ist das alte Reichspanier, / das sind die alten Farben! / Darunter haun und holen wir / uns bald wohl junge Narben! / Denn erst der Anfang ist gemacht, / noch steht bevor die letzte Schlacht!
Ja, die das Banner ihr gestickt, / ihr Jungfern unverdrossen, / derweil am Feuer wir gebückt / uns Flintenkugeln gossen: / nicht, wo man singt nur oder tanzt, / geschwungen sei's und aufgepflanzt! –
Denn das ist noch die Freiheit nicht, / die Deutschland muß begnaden, / wenn eine Stadt in Waffen spricht / und hinter Barrikaden: / „Kurfürst, verleih! Sonst – hüte dich! – / sonst werden wir großherzoglich!"
Das ist noch lang die Freiheit nicht, / die ungeteilte, ganze, / wenn man ein Zeughaustor erbricht, / und Schwert sich nimmt und Lanze; / sodann ein weniges sie schwingt / und – folgsamlich zurück sie bringt!
Das ist noch lang die Freiheit nicht, / wenn ihr an Brockhaus' Glase / ausübt ein klirrend Strafgericht / ob einer Dresdner Nase! / Was liegt euch an dem Sosius? / Drauf – in die Hofburg Stein und Schuß!
Das ist noch lang die Freiheit nicht, / wenn man, statt mit Patronen, / mit keiner andern Waffe ficht / als mit Petitionen! / Du lieber Gott: Petitioniert! / Parlamentiert, illuminiert!
Das ist noch lang die Freiheit nicht, / sein Recht als Gnade nehmen / von Buben, die zu Recht und Pflicht / aus Furcht nur sich bequemen! / Auch nicht: daß, die ihr gründlich haßt, / ihr dennoch auf den Thronen laßt! / Die Freiheit ist die Nation, / ist aller gleich Gebieten! / Die Freiheit ist die Auktion / von dreißig Fürstenhüten!
Die Freiheit ist die Republik! / Und abermals: die Republik!
Die eine deutsche Republik, / die mußt du noch erfliegen! / Mußt jeden Strick und Galgenstrick / dreifarbig noch besiegen! / Das ist der große letzte Strauß – / Flieg aus, du deutsch Panier, flieg aus!
Zum Kampfe denn, zum Kampfe jetzt! / Der Kampf nur gibt dir Weihe! / Und kehrst du rauchig und zerfetzt, / so stickt man dich aufs neue! / Nicht wahr, ihr deutschen Jungfräulein? / Hurra, das wird ein Sticken sein!
Und der das Lied für euch erfand / in einer dieser Nächte, / der wollte, daß ein Musikant / es bald in Noten brächte! / Heißt das: ein rechter Musikant! / Dann kläng es hell durchs deutsche Land: / Pulver ist schwarz, / Blut ist rot, / golden flackert die Flamme!

13 Robert Neumann: Der von Trawerz. Eine Ballade nach Börries von Münchhausen (in: Robert Neumann: Mit fremdem Federn. Berlin o. J., S. 34–35). [Für den Hinweis auf diese treffliche Parodie

Story von der Fahne, welche die Männer des Pommerschen Infanterieregiments von der Marwitz Nr. 61 tatsächlich in der Schlacht bei Dijon 1871 stürmend verloren und in immer neuen Anläufen vergeblick zurückzuholen versuchten. Der butzenscheibenlyrische Landwehroffizier Julius Wolff reimte dazu[14]:

---

darf ich Frau Herzeleide Henning verbindlich danken]: *Sitzt mancher reicher zu Rosse als Baron Horst Trawerz, / Trägt keiner am rechteren Flecke das deutsche, pochende Herz. / „Mir nach!" sprengt Herzog Wilhelm voran gegen Mars la Tour. / Sechshundert Husarenschwadronen brausen auf seiner Spur. / Sechshundert Schwadronen Säbel mähen die feindlichen Reih'n. / Die Fahne? Man hat sie vergessen! Sie schwankt seitab und allein. / Die Fahne! Die deutsche Fahne! Der Franzmann erspäht sie und lacht: / „Allons, wir erobern den Fahne! Dann ist gewonnen der Slacht!" / Zwölftausend Franzosendragoner klirren heran wie Erz. / Die deutsche Fahne verloren?! Noch atmet Baron Trawerz! / „Und kann ich die Fahne nicht retten – ihr werdet sie nicht entweih'n. / In einem deutschen Magen soll sie begraben sein!" / Schon löst er die alte Seide, schon schiebt er sie in den Mund – / Zwölftausend Franzosen schwingen die Säbel drohend im Rund. / Schon schluckt er die Fahnenbänder – das letzte schaut noch hervor – / Zwölftausend Wutschreie gellen ihm in das brechende Ohr. / Nur die Stange noch! Und er knabbert. Verschlingt die Hälfte mit Lust – / Zwölftausend Franzosensäbel fahren in seine Brust. / Saß mancher reicher zu Rosse als Baron Horst Trawerz. / Trug keiner am rechteren Flecke das deutsche, pochende Herz.*

14 Julius Wolff: Die Fahne der Einundsechziger (in: Albert Sergel (Hrsg.): Du mein Vaterland! Eine Sammlung nationaler Dichtung von Friedrich dem Großen bis auf unsere Tage. Reutlingen o. J., S. 378–381):

Vor Dijon war's – doch eh ich's euch erzähle, / knüpf einer doch die Binde mir zurecht, / mich schmerzt der Arm, sie sitzt wohl schlecht; / so! – so! nun euer Herz sich stähle: / Vor Dijon war's; die Pässe der Vogesen / bedrohte Garibaldis bunte Schar, / Bourbaki kam von der Loire, / das hartbedrängte Belfort zu erlösen. Gefahr war im Verzug: drei bange Tage / hielt Werder gegen Übermacht schon stand / bei Mömpelgard, und in der Hand / des Kriegsgotts schwankte schier die Wage. / Wir Pommern hatten vor Paris gelegen / und waren schon im Marsch, das zweite Korps / und auch das siebente ging vor / von Orleans auf hartgefrornen Wegen.

In Dijon wußten wir den alten Recken / und griffen ihn, zwei Regimenter, an / mit seinen fünfzigtausend Mann, / den Flankenmarsch der Korps zu decken. / Der Alte von Caprera ließ sich blenden, / hielt die Brigade für die ganze Macht, / und nachmittags begann die Schlacht, / die, ach, für uns so traurig sollte enden. Die Einundzwanziger auf dem rechten Flügel / des ersten Treffens hatten schwer Gefecht, / wir also vor! Und grade recht, / mit Hurra nahmen wir die Hügel; / dem Feinde auf der Ferse, ging's verwegen / bis in die Vorstadt Dijons jetzt hinein, / hier aber aus der Häuser Reihn / kam mörderisches Feuer uns entgegen. Im Steinbruch, mit dem Bajonett genommen, / da fanden wir vor eines Ausfalls Wucht, / zum Sammeln durch die steile Schlucht / gedeckt, notdürftig Unterkommen. / Doch die Fabrik dort in der rechten Flanke / wie eine Festung auf uns Feuer spie. / „Vorwärts, die fünfte Kompanie / zum Sturm auf die Fabrik, und keiner wanke!"

Der Tambour schlägt, es geht wie zur Parade, / die Fahne fliegt uns hoch und stolz voran, / doch klopft das Herz manch treuem Mann / beim raschen Schritt auf diesem Pfade. / Wie Salven rollt und pfeift es in die Glieder, / es rast der Schnitter Tod und fällt und mäht, / und wie er seine Reihen sät, / da sinkt die Fahne und ihr Träger nieder.

Aus dem Gedräng ein Offizier sie rettet. / „Mir nach!" so ruft er und stürmt kühn voraus, / doch aus dem unglückselgen Haus / grüßt ihn der Tod, der eilig bettet. / Selbst blutend springt der Adjutant vom Pferde, / erfaßt die Fahne, schwingt sie hoch empor – / da deckt sein Auge dunkler Flor, / und sterbend küßt sein bleicher Mund die Erde.

Was fällt, das fällt! Vorwärts durch Tod und Flammen! / Zwei brave Musketiere greifen zu, / der eine stürzt: „Versuch es du!" / Doch auch der andre bricht zusammen. / Nun fällt der Führer auch, wir müssen weichen, / ein Häuflein war der Rest, vom Feind umringt, / das schlägt sich durch, und es gelingt, / den Steinbruch endlich wieder zu erreichen.

Da dachte keiner seiner eignen Wunde, / wer jetzt noch aufrecht stand in Nacht und Graus. / „Die Fahne fehlt, holt sie heraus!" / so scholl es laut von Mund zu Munde. / Ein Halbzug wird zum Suchen ausgesendet / und – kommt nicht wieder, alle blieben tot, / uns bebt das Herz; allmächtger Gott, / hast du dich zürnend gegen uns gewendet?

„Freiwillige vor!" – Da blieb nicht einer stehen, / der noch sein heiß Gewehr in Händen hielt, / und sechs, die um das Los gespielt, / sehn in die Nacht hinaus wir gehen. – / Zurück, vom Feind verfolgt, ein einzger kehrte, / der blutete, verhüllte sein Gesicht / und schwieg – die Fahne bracht er nicht, / und keiner, keiner seinen Tränen wehrte. –

„Wenn wir nun ohne Fahne wiederkommen,
ihr Brüder allesamt, gebt uns Pardon!
Verloren haben wir sie schon,
doch keinem Lebenden ward sie genommen.“

Umgekehrt bildete die Fahne des Gegners eine begehrte Trophäe, die Mann im Kampf zu erobern oder danach zumindest zu erbeuten suchte. Frau erfuhr das auch am eigenen Leibe, in grauer Vorzeit und in grauenvollster Neuzeit wieder. Was wusste der Romantiker Eichendorff von solchen fürchterlichen Fakten, als er für seinen Roman *„Ahnung und Gegenwart“* die Romanze *„Von der deutschen Jungfrau“* verfasste, in der wir diese nach verlorener Schlacht auf den Zinnen ihrer brennenden Burg erblicken[15]:

„In Lohen stand sie auf der Wand,
hielt hoch die Fahne in der Hand.“

Schon will der Feind, ein kecker *„römscher Rittersmann“*, sich Fahne und Frau zu Eigen machen, doch reißt *sie* sich lieber samt Tuch und Rittersmann in den Flammentod. Da bleibt nur noch zu hoffen, dass solche Ahnungen nie wieder Gegenwart werden, wo und für wen auch immer, nie wieder.

Wenn im weiland maskulinen Kontext des Soldatentums Fahne und Frau so eng zusammen gehören, wundert es nicht, dass ein Fahnentuch auch einmal als Frauenkleid herhalten kann – jedenfalls, wenn wir dem Dichter Börries von Münchhausen und seiner 1912 geschriebenen Ballade von *„Jekaterinas Bestechung“* Glauben schenken[16]. Er weiß darin vom „Wunder am Pruth“ zu raunen, wo Zar Peter der Große im

Am andern Tag, so ließ Ricciotti melden, / fand man die Fahne fest in starrer Hand, / zerfetzt, zerschossen, halb verbrannt / und unter Haufen toter Helden . – / Wenn wir nun ohne Fahne wiederkommen, / ihr Brüder allesamt, gebt uns Pardon! / Verloren haben wir sie schon, / doch keinem Lebenden ward sie genommen.

15 Joseph von Eichendorff: Von der deutschen Jungfrau (in: Joseph von Eichendorff. Werke [wie Anm. 11], S. 825–826):
Es stand ein Fräulein auf dem Schloß, / Erschlagen war im Streit ihr Roß, / Schnob wie ein See die finstre Nacht, / Wollt überschrein die wilde Schlacht.
Im Tal die Brüder lagen tot, / Es brannt die Burg so blutigrot, / In Lohen stand sie auf der Wand, / Hielt hoch die Fahne in der Hand.
Da kam ein römscher Rittersmann, / Der ritt keck an die Burg hinan, / Es blitzt sein Helm gar mannigfach, / Der schöne Ritter also sprach:
Jungfrau, komm in die Arme mein! / Sollst deines Siegers Herrin sein. / Will baun dir einen Palast schön, / In prächtgen Kleidern sollst du gehn.
Es tun dein Augen mir Gewalt, / Kann nicht mehr fort aus diesem Wald, / Aus wilder Flammen Spiel und Graus / Trag ich mir meine Braut nach Haus!
Der Ritter ließ sein weißes Roß, / Stieg durch den Brand hinauf ins Schloß. / Viel Knecht ihm waren da zur Hand, / Zu holen das Fräulein von der Wand.
Das Fräulein stieß die Knecht hinab, / Den Liebsten auch ins heiße Grab, / Sie selbst dann in die Flammen sprang, / Über ihnen die Burg zusammensank.

16 Börries Freiherr von Münchhausen: Jekaterinas Bestechung (in: Das Balladenbuch des Freiherrn Börries von Münchhausen. Stuttgart und Berlin 1924, S. 270–273):
Noch einmal von dem öden Sande / Der Gegenwart entführ ich euch / In die verlornen bunten Lande / Voll Märchen-Blumen und Gesträuch, / Hört, was bei Huschi mir der Hirte / Aus Kaiser Peters Zeit erzählt, / Als er den Zweig der grauen Myrthe / Zum Schäferstecken abgeschält:
Der Trommelruf des Großen Zaren, / Durchs ewge Rußland rauschend, rief / Zum Türkenkriege die Bojaren, – / Wie dröhnten seine Trommeln tief! / Und aus den unermeßnen Weiten / Drängt sichs in Horden zur Gefahr, / Und Asiens heiße Völker reiten / Stromgleich zusammen, Schar um Schar.
Da poltern der Tungusen Hufe, / Grauüberstaubt vom Marsche längst, / Da treibt mit quäkend gellem Rufe / Der Kamtschadale seinen Hengst, / Da strafft der Finne die Gamasche, / Fischhautgenäht, am Schenkel auf, / Da schaukelt die Melonenflasche / An des Kirgisen Sattelknauf!

Krieg gegen die Türken 1711 von deren vielfacher Übermacht eingeschlossen wurde. Dennoch konnten die Russen ihre sichere Niederlage durch Verhandlungen mit dem türkischen Großvezir vermeiden und einen ungehinderten Abzug erreichen. Daran war nachweisbar Martha (Jekaterina) Swaronski, die Geliebte Peters I., maßgeblich beteiligt. Die Hintergründe ihrer Bestechungsaktion sind bis heute ungeklärt. Doch der Freiherr von Münchhausen – nomen est omen – klärt uns auf: Die Swaronski hat vor dem türkischen Oberbefehlshaber nicht nur ihre Juwelen, sondern auch einen heißen Striptease hingelegt, um ihn damit 'rumzukriegen. Allerdings wird dem braven Muselmanen diese schwüle Szene peinlich, doch schafft er es, sich mit einem Griff zur Fahne daraus zu retten:

„Von seines Kissens rotem Saffiane
Tastet der Sultan, zitternd, fieberhaft,
Und des Propheten grüne Seidenfahne
Kreischt abgerissen vom entweihten Schaft:
‚Da, nimm! Und in die heilige Standarte
Hülle das Heilige, das ich geschaut!

Da flattert von des Orotschonen / Durchnähter Wange buntes Garn, / Und der Kasak streift die Patronen, / Daß sie an seinem Kittel schnarrn, / Und da: Bei schneidenden Fanfaren / Wiegt im Galopp den schlanken Leib, / Sattel an Sattel mit dem Zaren, / Des Weißen Zaren blondes Weib!
Das Weib trug prunkend her der Brüste / Ganz wundervollen Überfluß, / Die weiße Rose, die sie küßte, / Ward rot vor Scham bei ihrem Kuß, / Sie griff nach ihres Schimmels Schweife / Und riß ihn toll und lachte viel, / Vom Riemen taumelte die Pfeife / Auf ihrer Schenkel Sehnenspiel. –
Am Pruth hinlagert, ungeheuer / Breit ausgeschwellt, die fremde Pracht, / Zehntausend grelle Lagerfeuer / Ängstigen die Karpathen-Nacht, / Und doch: Wie viele auch der Sporen / Blutübertropfte Spur vereint, – / Schon morgen sind sie all verloren, / Denn sechsfach stärker ist der Feind. –
– – – – – – – – – – / O Weibes-Schönheit, süße Flamme, / Die Leben spendet und zerstört, / Die, gleich dem Meer und Meeres-Schlamme, / In Reinheit und in Schmutz verkehrt, / Du süße Milch, die alle saugen, / Und die aus blanken Hügeln fließt, / Darüber aus dem Quell der Augen / Die bittre Träne sich ergießt!
– – – – – – – – – –
Im Zelte hockt der Sultan auf dem Kissen / Und denkt der reifen Frucht, die morgen fällt, / Da bauscht der Vorhang und wird aufgerissen, / Des Zaren schöne Liebste tritt ins Zelt: / „Ich weiß, du duckst mein ganzes Volk zu Grabe, / Wenn du es willst, mit deiner Fäuste Druck, / Drum bring ich alles, was ich an mir habe, / Denn ich weiß auch: Der Groß-Herr liebt den Schmuck!"
Der Haare Spangen löst sie ab als Spenden, / Da stürzt herab die blondverwirrte Flut / Und schäumt kaskadengleich an schmale Lenden, – / Wie sie das Perlen-Mieder von sich tut, / Da trägt sie wundervoll die starren Brüste, / Als ob des Zaren mächtigster Bojar / Die goldnen Äpfel beider Reiche müßte / Im Krönungszuge tragen zum Altar.
Sie schlüpft aus den türkisbesetzten Schuhen / Und steht auf weichen Sohlen zögernd da, – / Wie köstlich ihre rosigen Zehen ruhen / Tiefeingesenkt im blauen Bochara! / Dann rauschen des Gewands Smaragden nieder, / Und aus den Falten steigt sie, blond und bloß, / Dehnt seidenblank den Samt der jungen Glieder: / „Gibst du für das, was ich dir gab, uns los?"
Die Worte tropfen einzeln in die Stille, / In die sich kurz ein heisrer Atem flicht, – / Faßt denn des Auges durstige Pupille / So weißer Schönheit ungebrochnes Licht! / Ach, Weibes-Schönheit, süß wie Milch zu saugen, / Wenn sie aus blanken Hügeln selig fließt, / Darein doch aus der Großen Mutter Augen / Die salzge Träne ewig sich ergießt! –
Von seines Kissens rotem Saffiane / Tastet der Sultan, zitternd, fieberhaft, / Und des Propheten grüne Seidenfahne / kreischt abgerissen vom entweihten Schaft: / „Da, nimm! Und in die heilige Standarte / Hülle das Heilige, das ich geschaut! / Du setztest so viel auf die eine Karte, / Daß mir vor – mir und deiner Kühnheit graut!
Geh heim und rühm dich mit dem grünen Kleide! / Den Groß-Herrn selbst bestachst du heute nacht, / Denn wisse: Ohne diese Fahnen-Seide / Geht nie ein Moslem in die Russenschlacht!" – / Jekaterina ging. Als die Gewehre / Tau-Perlen tropften, morgenlichtumgraut, / Da lösten voneinander sich die Heere, / Lautlos wie Eis, das auseinandertaut.

Du setztest so viel auf die eine Karte,
Daß mir vor – mir und deiner Kühnheit graut!'"

„,Geh heim und rühm dich mit dem grünen Kleide!
Den Groß-Herrn selbst bestachst du heute nacht,
Denn wisse: Ohne diese Fahnen-Seide
Geht nie ein Moslem in die Russenschlacht!' –"

So also kam (nach Münchhausen) Zar Peter dank Frauenkörper und Fahnentuch hart an der Katastrophe vorbei. Weit weniger glücklich endet die wohl berühmteste Geschichte von Fahne und Frau, mit der wir schließen. Rainer Maria Rilke hat sie in seiner „*Weise von Liebe und Tod des Cornets Christoph Rilke*" 1906 besungen[17]. Den historischen Hintergrund seiner legendären „*vers-infizierten Prosa*" bilden die „Siebenbürgischen Wirren", die 1663/1664 zum Krieg zwischen Habsburg und dem Osmanischen Reich führten. In das Abenteuer hinein reitet ein junger Mann aus Langenau, Kornett in der Kompanie des Freiherrn von Pirovano im Kaiserlich Österreichischen Regiment zu Roß von Heyster. „*Meine gute Mutter*", schreibt er nach Hause, „*seid stolz: Ich trage die Fahne, seid ohne Sorge: ich trage die Fahne, habt mich lieb: Ich trage die Fahne –*".

Dreifacher Alarm! Wir haben es schon wieder mit einem von der Sorte „Fahnenträger der schweren Reiterei" – aber eben auch mit der Identität von Fahnentuch und Frauenfigur zu tun. Drum schweigt Sixtus Beckmesser diesmal still, wenn Rilke erzählt, wie sein Kornett samt Fahne in der Nacht vor der Schlacht im Schlossquartier erstmals Frauenliebe erfährt. Mit wahrlich Eichendorffscher Konsequenz bricht derweil im Haus ein Brand aus, und Fahnenträger Christoph gerät in erneute Bedrängnis:

„Er läuft um die Wette mit brennenden Gängen,
durch Türen, die ihn glühend umdrängen,
über Treppen, die ihn versengen,
bricht er aus aus dem rasenden Bau.
Auf seinen Armen trägt er die Fahne
wie eine weiße, bewußtlose Frau.
Und er findet ein Pferd und es ist wie ein Schrei:
über alles dahin und an allem vorbei,
auch an den Seinen.
Und da kommt auch die Fahne wieder zu sich,
und niemals war sie so königlich,
und jetzt sehn sie sie alle, fern voran,
und erkennen den hellen, helmlosen Mann
und erkennen die Fahne ...
Aber da fängt sie zu scheinen an,
wirft sich hinaus und wird groß und rot ...
– – – – – – – – –
Da brennt ihre Fahne mitten im Feind,
und sie jagen ihr nach."

Kornett Rilke hat also eine Wahl getroffen. Er hat vor dem Feuer nicht die Frau, sondern seine Fahne gerettet – aber die ist ja, wie wir jetzt wissen, seine ureigenste

17 Rainer Maria Rilke: Ausgewählte Werke. Hrsg. vom Rilke-Archiv Weimar. Bd. 2: Prosa und Übertragungen. Leipzig 1938, S. 309–322, hier S. 316, 321 f.

Frau. Glühend trägt er das geliebte Tuch gegen den Feind, wo es als Angriffszeichen ohne Phrase im Verbrennen „*groß und rot*“ seine militärische Erfüllung findet – was beim Kornett selbst alsbald die Türkensäbel besorgen. „*Im nächsten Frühjahr (es kam traurig und kalt) ritt ein Kurier des Freiherrn von Pirovano in Langenau ein. Dort hat er eine alte Frau weinen sehen.*“

Schnell fallen Eros und Eid, Lust und Leid, Liebe und Tod dort zusammen, wo die Fahnen Frauen sind. *Das* macht sie für Männer zu einer verdammt ernsten Sache. Vor solcher und anderer Wahrheit wird mit Jochen Kleppers Worten jeder „*Trug zunichte*“. Gerade deshalb konnten die Fahnen im Zeughaus seinerzeit für ihn zum Tribunal werden, vor dem es „*kein Leugnen und kein Schonen*“ gab. Aus dieser Perspektive kann man sich von Fahnen ruhig, reflektiert, faszinieren lassen. Sehen und hören wir also auch beim goldendurchrauschten „Multiversum“ genau hin! Denn laut Klepper rufen uns die Fahnen, wenn wir „*to the edge of heaven*“ in ihren Kreis als Beter kommen.

Die „Münzkunde für Anfänger“ von Paul Weinmeister und die Münzverhältnisse von Schmalkalden zur Mitte des 19. Jahrhunderts

Von Niklot Klüßendorf

In vielen Haushalten findet sich das eine oder andere Kästchen, in das man alte oder unbrauchbare Münzen, heute auch Devisenreste von Ferienreisen, zu legen pflegt. Viele scheuen sich, Münzen, die sie nicht mehr brauchen können, mit dem Abfall zu entsorgen. Dies betraf sogar Altgeldreste nach den deutschen Währungsumstellungen des 20. Jahrhunderts. Manchmal werden nicht mehr im Umlauf anzubringende Münzen anstelle von Spielgeld bei Karten- und Brettspielen verwendet. Bisweilen erwärmen sich dann Kinder beim Spielen für die Vielfalt seltsamer Gepräge, die sie in solchen Beständen entdecken. Für nicht wenige Sammlungen wurden solche eher zufällig angelegten Horte alter oder fremder Sorten zum Grundstock, der dann mehr oder weniger planvoll erweitert wurde.

In der 1895 im Verlag Siegismund & Volkening in Leipzig erschienenen „Münzkunde für Anfänger. Ein Führer in die Elemente der Numismatik, besonders für jugendliche Anfänger“ (*Abb. 1*), einer Broschüre von 70 S. Umfang mit 41 Textabbildungen, lesen wir von einem solchen Bestand, den sein Autor, der sich Dr. Franz Meister nennt, sogar auf den Ort seiner Entstehung zurückführt. Verfolgen wir zunächst, wie er darauf kam, Münzen zu sammeln, und beurteilen anschließend den Quellenwert seiner Darstellung:

Wie und wann man zum Münzsammeln kommt, ist aber natürlich sehr verschieden. Ich selbst bin nicht so früh dazu gelangt, und der äußere Anlaß war merkwürdig genug. Um das Jahr 1850 war mein Vater Regierungsbeamter in der damals kurhessischen Stadt Schmalkalden. Meine Eltern wohnten in dem Haus eines Bäckermeisters, der ziemlich wohlhabend war und daher den Neid vieler mißgünstiger Bewohner erregte, die weniger mit Glücksgütern gesegnet waren. Sie suchten daher die das Ladengeschäft besorgende Bäckersfrau dadurch zu ärgern, daß sie beim Einkaufe der Backwaren alles mögliche devalvierte Geld anzubringen strebten. Solche Münzen, die nicht allgemein Geltung hatten, gab es damals sehr viel, und besonders Schmalkalden, das als kurhessische Exklave mitten zwischen einer Menge von kleinen thüringischen Staaten lag, war eine Durchgangsstation von Geldstücken, die ein Staat dem anderen zuschob. Die Bäckersfrau wollte den Haß der Neider nicht noch mehr erregen und beugte sich der sonderbaren Logik: Für einen Heller muß man doch ein Geldstück jedenfalls annehmen. Da sie die Stücke andererseits aber auch nicht wieder auszugeben wagte, so hatte sich bei ihr allmählich ein ziemlicher Vorrat solcher Münzen angesammelt. Meine Mutter besah sich gelegentlich die gescholtenen Stücke und fand Interesse an den mancherlei Namenszügen und Wappen mit Krummstäben, Schwertern, Szeptern und Kronen, und als sie den Wunsch äußerte, die merkwürdige Münzsammlung zu erwerben, bekam sie sie für wenige Groschen oder gar umsonst, und nachher bereicherte die Bäckersfrau die Sammlung noch weiterhin durch Stücke, in deren Besitz sie auf dem geschilderten Wege kam. Wir bewahrten die Münzen in einem Beutelchen auf und verwendeten sie eigentlich nur als Spielmarken bei den Gesellschaftsspielen, die wir Kinder an Winterabenden vornahmen. Und bei der Gelegenheit studierte auch ich bereits die Wappen und Namenszüge und legte sie mir in meiner kindlichen Weise aus. Das war z. B. ein Görzscher

Notdaler (Schweden) mit der Figur des Saturn, der in der einen Hand eine Sense trägt, mit der anderen ein Kind auf dem Arme hält. Die lateinische Inschrift SATVRNVS ließ mich natürlich darauf schwören, daß ich es hier mit einem Römer zu tun hätte, trotz der Jahreszahl 1718. Und was habe ich mir den Kopf zerbrochen über den Frankfurter Judenpfennig mit dem Hahne! Auch der Einbecker Stadtpfennig mit dem brezelförmigen E ließ mich immer wieder an die Bäckersfrau denken, von der er stammte; ich dachte wohl gar, statt EINBEC müsse es eigentlich EINBACK heißen. Inzwischen war übrigens die Sammlung durch meine fürsorgende Mutter noch auf andere Weise vermehrt worden; indem sie auch ortsübliche, also hessische Münzen hinzufügte, besonders wenn deren außer Kurs gesetzt wurden, wie die hessen-hanauischen Kupfermünzen, ferner hessische Albus und Doppelalbus, Löwengroschen, kupferne Achthellerstücke (sogenannte Schusterthaler) und vieles andere. Nachher geriet die Sammlung in Vergessenheit, der Haushalt hatte mehrere Umzüge von Ort zu Ort zu überstehen, und es wurden mehrere Haushälte aus ihm.[1]

Dieser Bestand wurde zum Grundstock einer größeren, allgemein angelegten Münzsammlung, die am Ende des 19. Jahrhunderts schon auf etwa 1600 Stück angewachsen war. Denn nach einem weiteren Umzug zeigte Meister das Säckchen einem befreundeten Münzsammler, der ihm nach einigen Tagen den Bestand von etwa 200 Münzen mit Bestimmungszettelchen zurückreichte. Fortan begeisterte sich Meister selbst intensiv für Münzen, erarbeitete sich als Autodidakt die handwerklichen Grundlagen aus der Numismatik und sammelte engagiert weiter, jedenfalls bis zum Jahre 1919, in dem seine Sammlung einem Einbruch zum Opfer fiel.

Das Besondere an der literarischen Schilderung der an und für sich nicht ungewöhnlichen Anfänge einer großen Sammlung ist einmal, dass sich die meisten der beteiligten Personen identifizieren lassen. Zum anderen fällt daraus ein Licht auf die aufgrund völlig anderer Quellen bereits beschriebenen Währungsverhältnisse in Schmalkalden. Wie viele andere gibt der Autor in seiner eher sachlichen Darstellung Erfahrungen aus seinem Leben preis und macht es so möglich, in Teile seiner Biographie einzusteigen. Wissenschaftliche Arbeiten liefern oft Details zum Leben ihrer Autoren, mitunter in Anmerkungen oder Widmungen versteckt, und werden so zur Quelle von eigenem Reiz. Œuvre und Leben sind selten ganz voneinander zu trennen. Auch Verfasser, die ganz hinter ihrem Werk stehen, sich manchmal sogar regelrecht tarnen, etwa über Pseudonyme, sind über solch kleine Bausteine als Menschen zu erkennen. Dies ist bei Autoren in der Numismatik besonders vielfältig zu beobachten. Denn in diesem Fach sind, wie in etlichen anderen Historischen Hilfswissenschaften, neben ausgewiesenen Forschern mit akademischen Lebensläufen auch engagierte Amateure tätig, die ohne direkte Ausbildung an der Sache wirken. Traditionell verdankt die Numismatik dem zuletzt genannten Personenkreis viel, schon zu erkennen daran, dass Arbeiten solcher Forscher auch in hochrangigen Organen vertreten sind. Nicht wenige dieser Autoren bringen Professionalität aus einem anderen Berufsfeld in die Sache ein. Biographische Studien zur Wissenschaftsgeschichte der Numismatik tun gut daran, auf die jeweiligen Voraussetzungen eines Autors einzugehen, um die eine hohe Bandbreite aufweisenden Wechselwirkungen mit anderen Feldern auszuloten.

Dr. Franz Meister war als Bildungsschriftsteller vielfältig ausgewiesen. Im Laufe seines Lebens verfasste er vor allem in Mathematik, Physik, anderen Naturwissenschaften und praktischen Handfertigkeiten aller Art Hunderte von kleinen Artikeln für populäre, zum Teil auch didaktische Zeitschriften. Er sorgte um 1878 mit einem

1 Franz Meister: Münzkunde für Anfänger. Leipzig 1895, S. 7 f.

Münzkunde

für

Anfänger.

Von

Dr. Franz Meister.

Ein Führer in die Elemente der Numismatik,
besonders für jugendliche Anfänger.

Mit 41 Abbildungen im Texte.

Leipzig 1895.
Druck und Verlag von Siegismund & Volkening.

Abb. 1: Titelblatt von Meisters „Münzkunde für Anfänger“ von 1895 einschlägigem Merkvers dafür[2], dass Generationen von Schülern das π, die mathematische Größe zur Kreisberechnung, mit zahlreichen Stellen hinter dem Komma aus dem Kopf aufsagen konnten und so ihren Oberlehrern gefielen. Darüber hinaus schrieb er ein Buch zur Geschichte der evangelisch-reformierten Gemeinde in Leipzig, komponierte aus seinem musischen Talent heraus einen „Thomanerwalzer" und war in einer eigenen Kolumne in Leipziger Tageszeitungen tätig, um Sprachpflege zu betreiben. Nach seiner Pensionierung im Jahre 1921 gab er den „Poggendorff"[3], ein einschlägiges naturwissenschaftliches Personennachschlagewerk, im Auftrag der Sächsischen Akademie der Wissenschaften heraus. Numismatiker kennen diesen Mann unter seinem richtigen Namen: Prof. Dr. phil. Paul Franz Wilhelm Weinmeister (*Abb. 2*). Paul Weinmeister (* 5. Februar 1856 Marburg, † 19. August 1927 Leipzig)[4] war zuletzt Oberstudienrat und Konrektor an der Thomasschule in Leipzig, dem berühmten, schon 1212 gegründeten humanistischen Gymnasium am Ort. Dort war er seit dem 1. Januar 1878 als Oberlehrer in den Fächern Mathematik und Physik angestellt. Er kann als Verkörperung des im frühen 20. Jahrhundert häufigen biographischen Typs des im Bildungsbürgertum verwurzelten Gelehrten im höheren Schuldienst gelten. Im numismatischen Schrifttum ist Weinmeister vielfältig vertreten. Abgesehen von den hier nicht einzeln aufführbaren Miszellen und kleineren Arbeiten zu einzelnen Objekten und Münzstätten in numismatischen Zeitschriften und in dem kulturgeschichtlichen Organ „Hessenland"[5] hat er sich kompetent vor allem zu Fragen Schaumburgs geäußert[6]. Seine Münzgeschichte der Grafschaft Holstein-Schauenburg von 1908[7] wird bis heute als Referenzwerk benutzt.

Als Sammler befasste sich Paul Weinmeister seit Mitte der achtziger Jahre des 19. Jahrhunderts mit Münzen von Ständen des weiteren hessischen Raumes, dabei auch Isenburg, Frankfurt, Solms, Hanau und Kurmainz berücksichtigend. Dieses regionale Prinzip ließ sich schon damals mit Blick auf geldgeschichtliche Zusammenhänge gegen das traditionell bei vielen Sammlern vorherrschende dynastische Prinzip stellen. Dies spiegelt auch die „Münzkunde für Anfänger", in der als Exempel Strichätzungen von Stücken aus Hessen, Fulda, Mainz und dem Frankfurter Raum dienen, etwa 60 % der Abbildungen. Die Anregung zum Sammeln von Münzen kam dem nun gutsituierten Oberlehrer wohl aus der Schule, von seinem damaligen älteren Kollegen Prof. v. Zahn, womöglich demjenigen, der für ihn den Inhalt des Schmalkalder Säckchens bestimmte

2 Der Merkvers „Wie o dies macht ernstlich so vielen viele Müh ..." [3,141592653 ...]" hat allein 24 Wörter, deren Buchstabenzahl jeweils in eine Ziffer umgesetzt wird.

3 J. C. Poggendorff's biographisch-literarisches Handwörterbuch für Mathematik, Astronomie, Physik, Chemie und verwandte Wissenschaftsgebiete. Hrsg. von der Sächsischen Akademie der Wissenschaften zu Leipzig. Bearb. von Paul Weinmeister. Bd. V. Leipzig/Berlin 1925.

4 Niklot Klüßendorf: Artikel „Paul Weinmeister, Prof. Dr. phil. 1856–1927". In: Schaumburger Profile. Ein historisch-biographisches Handbuch. Hrsg. von Hubert Höing (Schaumburger Studien 66). Bd. 1. Bielefeld 2008, S. 310–313 (mit genealogischen Daten, weiteren Nachweisen und Literaturangaben, die hier nicht sämtlich wiederholt werden können). Vgl. den Nachruf von seinem Sohn Rudolf in: Hessenland 40 (1928), S. 171–175 (mit Vorlage für unsere *Abb. 2*).

5 Hervorhebung verdient hieraus Paul Weinmeister: Die Münzprägungen Philipps des Großmütigen. In: Hessenland 18 (1905), S. 307–310.

6 Paul Weinmeister: Die schaumburgischen Münzen des 17. Jahrhunderts nach der Teilung der Grafschaft. In: Blätter für Münzfreunde 41 (1906), Sp. 3540–3543, 3551–3556, 3573–3576, 3590–3592; Die Münzen und Medaillen von Schaumburg-Lippe. In: Blätter für Münzfreunde 41 (1906), Sp. 3599–3602, 42 (1907), Sp. 3615–3622, 3633–3641, 3650–3656, 3668–3679, auch als: Schaumburg-Lippische Münzgeschichte. Dresden 1907.

7 Paul Weinmeister: Münzgeschichte der Grafschaft Holstein-Schauenburg. Berlin 1908. Auch in: Zeitschrift für Numismatik 26 (1908), S. 348–481; 27 (1909), S. 378–383.

Abb. 2: Prof. Dr. Paul Weinmeister (1856–1927)

und dadurch Weinmeisters Interesse für Münzen aus der Kindheit wieder entfachte. Der gebürtige Marburger Weinmeister, dessen Familie in Wellerode, heute Stadtteil von Kassel, ihre Wurzeln hatte[8], suchte über das numismatische Material die Verbindung zu seiner alten Heimat. Dass die Anfänge seines Interesses für Münzen in der kurhessischen Exklave Schmalkalden in Thüringen liegen und dass er dann auf die andere große Exklave, das durch den Erbfall von 1640 erworbene, mit den Grafen zu Schaumburg-Lippe 1647 vertraglich geteilte Schaumburg verfiel, ist eine markante inhaltliche Linie im Wirken Weinmeisters. Typisch für das Münzwesen der Landgrafschaft Hessen-Kassel bzw. des späteren Kurfürstentums Hessen (ab 1803) sind nun einmal die monetären Sondererscheinungen in Randgebieten und Exklaven. Weinmeister hat für Schaumburg Maßgebliches geleistet, auch als numismatischer Berater des Fürstenhauses Schaumburg-Lippe, dessen Münzsammlung in Bückeburg er 1913 in seinen Ferien ordnete. Anerkennung für seine Arbeiten zur schaumburgischen Münzkunde fand Weinmeister 1908 durch den ihm vom Fürsten verliehenen Verdienstorden für Kunst und Wissenschaft und 1915 durch das Ehrenkreuz des Lippischen Hausordens.

Die historischen Kenntnisse für seine Arbeiten hatte sich der 1878 an der Universität Marburg promovierte Mathematiklehrer als Autodidakt und in Geschichtsvereinen angeeignet. Weinmeister führte auch seit 1895, also zeitgleich mit dem Entstehen seiner „Münzkunde für Anfänger“, die Geschäfte des 1879 gegründeten Numismatischen Vereins zu Leipzig, über den viele seiner Kontakte mit auswärtigen Sammlern und Münzforschern liefen, etwa zu Prof. Dr. Heinrich Buchenau (1862–1931) in München, Alexander Fiorino (1842–1940) in Kassel oder Ernst Lejeune (1870–1944) in Frankfurt am Main.

Der von Mutter Weinmeister angelegte Bestand, zunächst als Spielgeld genutzt, diente also dem jungen Weinmeister als Anschauungsmaterial und schärfte seine Quellenkritik. Wie vielen anderen ermöglichte ihm die frühe, gewissermaßen haptische Beschäftigung mit Münzen den späteren inneren Zugang zu dem Spezialfach Numismatik, für das er unter dem Pseudonym, das seinen zweiten Vornamen mit dem zweiten Teil des Nachnamens kombinierte, die für ein jugendliches Publikum gedachte Einführung verfasste. Offenbar wollte Weinmeister sich damals nicht mit seiner Münzleidenschaft exponieren, wie er sich auch 1925 in seiner Ausgabe des „Poggendorff“

8 Standort einer von Weinmeister angefertigten Stammtafel seiner Familie [ca. 1617–1925]: Hessische familiengeschichtliche Vereinigung e.V., Darmstadt.

bescheiden einem Artikel für seine Person versagte und es dann praktisch seinem Nachfolger überließ, ihn posthum in das Werk aufzunehmen.[9]

Die „Münzkunde für Anfänger“ bedient sich der exemplarischen Methode. Mit 41 ausgewählten und meist gut erläuterten Abbildungen, zumeist aus eigenen früheren Miszellen geschöpft, versucht Weinmeister, Schüler zur Beschäftigung mit Münzen anzuregen. Er zeigt den Bildungswert von Münzen auf, namentlich für Weltgeschichte, Erdkunde, Genealogie und Heraldik, und betont die aus der intensiven Beschäftigung mit einer Sammlung kommende Muße:

Vor allem aber ist mir meine Münzsammlung viel wert, weil ich ihr gar manche Erholungsstunde danke. Nach des Tages Arbeit, nach der anspannenden Thätigkeit im Berufe bedarf man der Zerstreuung. Man kann dann nicht immer lesen, nicht immer musizieren, plaudern oder spielen. So gehe ich alsdann gar manchmal an meinen Münzenschrank und beschäftige mich mit dem mir liebgewordenen Steckenpferdchen der Numismatik, die meinem eigentlichen Berufe so fern liegt und gerade deshalb mich erquickt.[10]

Gut zu erkennen ist in dem kleinen Buch die Verwurzelung der numismatischen Interessen Weinmeisters im Umfeld des Bildungsbürgertums seiner Zeit. Der Gymnasiallehrer Weinmeister setzt sich darin mit großem Geschick dafür ein, Jugendliche für Münzen zu begeistern und ihnen den Wert der Numismatik für ihre Bildung nahezubringen. Dabei verwahrt er sich gegen das reine, eher triebhaft und planlos angelegte Zusammenschleppen von Material, das man auch mit Mineralien, Schmetterlingen oder Stahlfedern und den von ihm, nach erst 55 Jahren ihrer Geschichte, als zu jung für eine sinnvolle historische Beschäftigung eingestuften Briefmarken betreiben könne, und betont:

Münzensammeln und Münzensammeln ist eben zweierlei; das eine ist eine Spielerei, das andere eine Wissenschaft, und nur mit der letzteren wollen wir es hier zu tun haben.[11]

Schließlich stellt er gegen eine anfängliche Sammelwut, die sich eigentlich auf jede Art von Objekten erstrecken könne, das mit der Erfahrung gewonnene Verständnis der Sache, den Überblick über das Ganze, eine genaue Kenntnis des Einzelnen, die im Endergebnis bald überraschen könnten, und folgert:

Aus solchen jugendlichen Sammlern werden dann meist Männer, die das Sammeln fürs Leben beibehalten und den dadurch gewonnenen Genuß um vieles andere nicht missen möchten. Und abgesehen von diesem Genuß hat ein solcher Sammler von seiner Münzsammlung geistigen Nutzen und Gewinn, indem er die Grundlage einer wissenschaftlichen Behandlung der Münzen kennen lernt und auf dieser Grundlage weiter baut.[12]

Diesem Ziel ordnet sich das kleine Werk unter. Es ebnet den Jugendlichen mit vielen praktischen Hilfen und Hinweisen den Weg in die Materie und empfiehlt ihnen zu intensiverer Beschäftigung einen guten Fundus von sogar fortgeschrittener wissenschaftlicher Literatur wie Corpuswerken. Hiervon ist mit Fug und Recht anzunehmen, dass die betreffenden Titel Weinmeister auch selbst zur Verfügung standen. Dabei kommt das haptische Interesse, das Jugendliche an Münzen empfinden mögen, nicht zu kurz. So werden im Text preiswerte Lots aus der Münzenhandlung Zschiesche & Köder in Leipzig empfohlen, die auch am Ende der Schrift inseriert. Nicht zuletzt erinnert Weinmeister an die vielen alten Münzen aus der Zeit der Großeltern, die noch in Schränken und Kommoden lägen, mithin ein Reservoir darstellten, das seinen Le-

9 J. C. Poggendorff: Biographisch-literarisches Handwörterbuch ... (wie Anm. 3). Bd. VI, T. 4. Leipzig/Berlin 1939, S. 2837.
10 Meister (wie Anm. 1), S. 15.
11 Meister (wie Anm. 1), S. 1.
12 Meister (wie Anm. 1), S. 4.

sern einen Grundstock für Sammlungen liefern könne. Denn die Neuzeit eigne sich besonders gut zum Einstieg. Hier kommen wir wieder auf Parallelen zur Genese von Weinmeisters frühem Interesse:

Und wenn sie die Enkel finden, so ärgern sie sich darüber, daß es nur Kupfer ist, und in ihrem Ärger begehen sie manchmal die Schlechtigkeit, das alte Kupferstück am nächsten Sonntag als Kirchenopfer in den Klingelbeutel zu werfen. Da habe ich mich nun an befreundete Pfarrer auf dem Lande gewendet mit dem Anerbieten, alle diese Stücke zum Nennwert einzulösen. Und wenn ich da für 50 Pfennige 20 bis 30 Stücke bekomme, so sind wohl viele darunter, die ich schon habe, oder die wenig wert sind, aber ab und zu einmal einige gute, die mir Mühe und Kosten lohnen.[13]

Nicht selten boten Pfarrer und Gemeinden die unbrauchbaren Münzen aus den Kollekten ihrer Kirchen pfundweise zum Verkauf an. Dies belegt eine entsprechende Bekanntmachung des Stadtkirchenkastens von Schmalkalden am 15. Januar 1851 (*Abb. 3*)[14], also genau aus der Zeit, in der die Familie Weinmeister ihre einschlägigen Er-

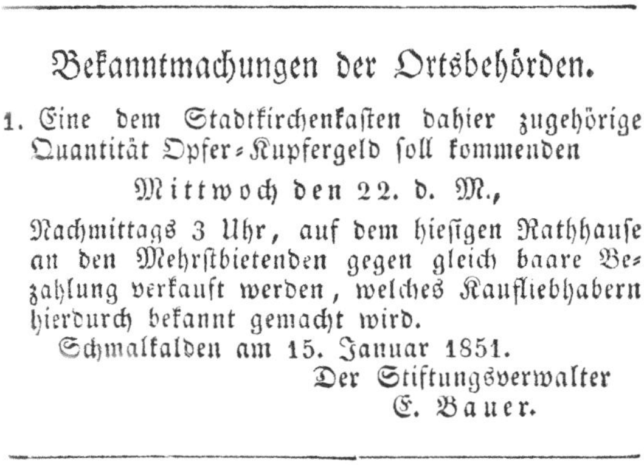

Bekanntmachungen der Ortsbehörden.

1. Eine dem Stadtkirchenkasten dahier zugehörige Quantität Opfer-Kupfergeld soll kommenden

Mittwoch den 22. d. M.,

Nachmittags 3 Uhr, auf dem hiesigen Rathhause an den Mehrstbietenden gegen gleich baare Bezahlung verkauft werden, welches Kaufliebhabern hierdurch bekannt gemacht wird.

Schmalkalden am 15. Januar 1851.

Der Stiftungsverwalter

E. Bauer.

Abb. 3: Anzeige des Kirchenkastens von Schmalkalden zur Versteigerung von Kupfermünzen aus dem Opfergeld

fahrungen mit der Bäckersfrau festhielt. Ob die wenig geschätzten Kleingeldreste Bedürftigen als Almosen verabreicht wurden oder partienweise verkauft wurden, blieb sich letztlich gleich. Im Ergebnis kamen die Stücke erneut in Umlauf und wurden letztendlich wieder beim Opfern „entsorgt“.[15] Die von Weinmeister beschriebene Art numismatischer Ausbeute aus dem Kirchenopfer entspricht praktisch dem Ankauf der unbrauchbaren Münzen aus der Ladenkasse der Bäckerin zu Schmalkalden durch seine Mutter. Damit kommen wir auf die eingangs zitierten Bemerkungen des Autors zu eben diesem Lot zurück und prüfen den Quellenwert von Weinmeisters Jugenderinnerungen.

13 Meister (wie Anm. 1), S. 13.

14 Wochenblatt für den Verwaltungsbezirk Schmalkalden 1851, S. 21.

15 Zu diesem Fragenkreis siehe grundsätzlich Niklot Klüßendorf: „Gelt so in Klingelsack gefalt“. Das evangelische Kirchenopfer der Frühneuzeit im Lichte des Opferstocks von Rohr/Thüringen (Mitteldeutsche Forschungen 110). Köln u. a. 1993, bes. S. 55–92.

Die Eltern Weinmeister lebten in der Tat um 1850 in Schmalkalden.[16] Wilhelm Weinmeister (1807–1876) war Repositar, also ein mittlerer Justizbeamter mit Zuständigkeit für die Aktenverwaltung. Zuvor bei der Kurfürstlichen Polizeidirektion Kassel, wurde er am 31. Mai 1849 als Repositar und Probator an die Obere Verwaltungsbehörde in Schmalkalden versetzt, die damals „Bezirks- und Verwaltungsamt" genannt wurde, eine kurzzeitig in der Revolutionszeit entstandene Behörde, die zwei Verwaltungsebenen zusammenfasste. Sie wurde bereits 1851 bei Wiederherstellung der kurhessischen Provinzen wieder abgeschafft, so dass Schmalkalden fortan ein „Regierungskommissionsbezirk" war, ohne wieder in die Provinz Fulda eingegliedert zu werden. Am 19. Mai 1852 wurde Weinmeister als Regierungs-Repositar nach Marburg versetzt, wo er nach Auflösung der kurhessischen Provinzialverwaltung im Zuge der preußischen Annexion 1868 Polizei-Anwalt beim Landratsamt wurde und am 11. März 1876 verstarb. Anschließend zog seine Witwe, Franziska Weinmeister geb. Beyer (1818–1896), mit ihrem Sohn Paul nach Leipzig, wo damals schon der ältere Bruder Philipp (1848–1910) wirkte, später Professor an der Forstakademie zu Tharandt. Weinmeister hat das Zusammentragen des Lots durch seine Mutter nicht selbst erlebt; er konnte also hierüber nur aus der familiären Erzählung referieren. Die von ihm behandelten Kleinmünzwirren in Schmalkalden sind aber eindeutig von 1849 bis 1852 zu datieren.

Die Beobachtungen von Weinmeisters Mutter anhand der Kasse des Bäckerladens zu Schmalkalden, in welche die Leute ihre unnützen Pfennige und Heller abschoben, sind als treffende Beobachtung aus dem Publikum zu einem über Jahrzehnte schwelenden Zustand im Kleinmünzwesen des Kurfürstentums Hessen zu werten. In der Exklave Schmalkalden, seit 1360 teilweise, seit 1583 nach dem Aussterben der Grafen zu Henneberg ganz im Besitz von Hessen[17], drohte sich dieser Zustand wegen der

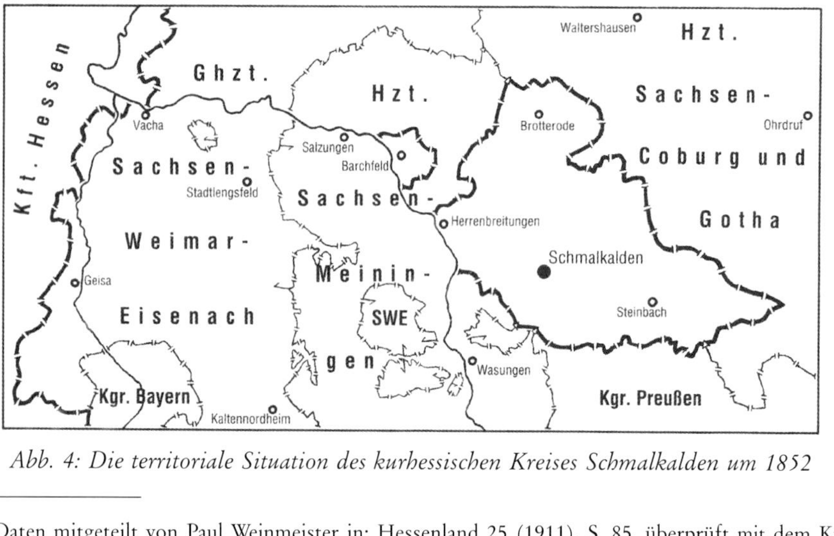

Abb. 4: Die territoriale Situation des kurhessischen Kreises Schmalkalden um 1852

16 Daten mitgeteilt von Paul Weinmeister in: Hessenland 25 (1911), S. 85, überprüft mit dem Kurfürstlich Hessischen Hof- und Staatshandbuch sowie Hessisches Staatsarchiv Marburg, Best. 180 Marburg, Nr. 759, und leicht korrigiert.

17 Niklot Klüßendorf: Schmalkaldens Stellung in der Münz- und Geldgeschichte. Ein Kapitel hessischer Landesherrschaft in Thüringen vom 14. bis zum 19. Jahrhundert. In: Aspekte thüringisch-hessischer Geschichte. Hrsg. von Michael Gockel. Marburg 1992, S. 167–212, Abb. 37, hier als Abb. 4 wiederholt. Die nachstehend herangezogenen Arbeiten beruhen auf umfangreicheren, mit Belegen versehenen Quellenstudien, so dass hier auf weitere Detailnachweise verzichtet werden kann.

territorialen Gemengelage der Herrschaft stets zu verschärfen. Wegen unterschiedlicher Tarife in den einzelnen Kleinstaaten wanderten auch Kurantmünzen traditionell dorthin, wo für sie der höchste Kurs galt. Die umliegenden Territorien waren das Großherzogtum Sachsen-Weimar-Eisenach mit einer winzigen Exklave im Südwesten von Schmalkalden, das Herzogtum Sachsen-Gotha (also der in Talern rechnende Teil des Doppelherzogtums Sachsen-Coburg und Gotha) im Osten und Süden, das Herzogtum Sachsen-Meiningen im Westen sowie das Königreich Preußen im Süden (*Abb. 4*). Alle diese Staaten waren wie Kurhessen Teilnehmer der Dresdener Münzkonvention des Deutschen Zollvereins vom 30. Juli 1838. Obgleich die drei Talerländer Sachsen-Weimar-Eisenach, Sachsen-Gotha und Kurhessen zwischen 1840 und 1842 die Unterteilung des Talers reformierten, waren dies einzelstaatliche Lösungen unterhalb der Schwelle des Vertragssystems. So hatte die Region nach wie vor mit recht unterschiedlichen Kleinmünzverhältnissen über die Grenzen hinweg zu wirtschaften.[18] Schmalkalden lag unmittelbar an der Nord-Süd-Grenze der Währungsgroßräume von Taler und Gulden, die sich im frühen 16. Jahrhundert herausgebildet hatten und die nun seit 1838 der Zollverein durch seine Rahmenvereinbarungen mit dem Kurs von 2 Talern zu 3½ Gulden, also 1 Taler zu 105 Kreuzer süddeutsch, zu überwinden begann. Dieser Leitkurs wurde allerdings nur mit einer Münze der obersten Wert-Ebene ausgedrückt, dem Doppeltaler Vereinsmünze. Die allmähliche Anpassung der Scheidemünzsorten, teilweise auch in Größe, Gewicht und Gestaltung, erfolgte eher pragmatisch und löste keinen Anspruch auf Annahme solcher Stücke in anderen Staaten aus, vor allem nicht in öffentlichen Kassen. Kurhessen sollte auch nach 1838 ein Land ohne einheitliche Münzverhältnisse bleiben, da es im Privatverkehr der südlichen Landesteile die Rechnung in Gulden und Kreuzern nicht beseitigen konnte, die selbst Preußen nach der Annexion von 1866 noch tolerierte.

Tabelle: Die Währungsverhältnisse im Raum Schmalkalden um 1850

A. Staaten mit Talerwährung [14-Taler-Fuß]

1. In preußischer Teilung [Groschenmünze mit Duodezimalteilung]

Preußen:	1 Thl. = 30 Silbergroschen zu je 12 Pfennig.
Sachsen-Weimar-Eisenach:	1 Thl. = 30 Silbergroschen zu je 12 Pfennig.
Kurhessen:	1 Thl. = 30 Silbergroschen zu je 12 Heller.

2. In sog. neusächsischer Teilung [Groschenmünze mit Dezimal-Teilung]

Sachsen-Gotha:	1 Thl. = 30 Groschen zu je 10 Pfennig.

B. Staat mit Guldenwährung [24½-Gulden-Fuß]

Sachsen-Meiningen	1 Gulden (fl.) = 60 Kreuzer zu je 4 Pfennig [1 Pfennig = 2 Heller].

Kurhessen hatte zur Ausführung des Münzvertrages von 1838 zum 1. Januar 1842 sein Münzwesen auf ein Teilungssystem nach preußischem Vorbild von 1821 umgestellt.[19] Der Taler im 14-Taler-Fuß war hiernach in Silbergroschen und Heller geteilt. Was in Preußen ein Pfennig war, hieß in Kurhessen, der Tradition des Landes aus der

18 Grundsätzlicher Vergleich bei Hans-Dietrich Kahl: Hauptlinien der deutschen Münzgeschichte vom Ende des 18. Jahrhunderts bis 1878. Frankfurt a. M. 1972, bes. S. 12–21.

19 Gesetz vom 18. Januar 1841. Kurhess. Gesetz-Sammlung 1841, S. 1 f. – Zum Vergleich sei das alte niederhessische System genannt: 1 Thl. = 32 Albus zu je 12 Heller, bei Rechnung in Guten Groschen: 1 Thl. = 24 gGr zu je 16 Heller.

Phase des Anschlusses zum Rheinischen Münzverein zwischen 1506 und 1509 folgend, Heller. Zwei Münzbezeichnungen für eine Wertstufe in ansonsten gleichartigen Systemen war ebenso verwirrend wie eine Bezeichnung für zwei Wertstufen. Auch dies gab es, denn in süddeutscher Tradition galt ein Heller als ½ Pfennig. Selbst die regulären Pfennige der norddeutschen und süddeutschen Systeme waren wertverschieden: der Pfennig preußischer Art rangierte als $^{1}/_{360}$ Taler, der von Sachsen-Gotha als $^{1}/_{300}$ Taler, der Pfennig des süddeutschen Systems aber nur als $^{1}/_{420}$ Taler. Hierbei ging es nur um vorschriftsmäßige Gepräge, meist von relativ schwerem Gewicht, auf das man immer noch achtete – letztlich war dies ein Relikt des uralten Realwertprinzips, das man auch bei kleinen Scheidemünzen noch walten ließ. Ein Zweipfennigstück wog daher meist so viel wie zwei einzelne Pfennige des gleichen Systems. Leichte Kupfermünzen aller Art, darunter gelochte und so abgenutzte, dass man kaum erkennen konnte, um was es sich handelte, führten zu einer „Negativ-Auslese", über die sich die Bevölkerung zu Recht aufregte. Denn diese Stücke waren nur beschränkt verwendbar und wurden gerade bei Zahlungen an öffentliche Stellen von diesen rigoros zurückgewiesen. Ohnehin waren die Kleinstwerte eher für den beschränkten Verkehr ihrer Herkunftsregion gedacht und zirkulierten kaum über weitere Entfernung. Dennoch wurde es lukrativ, etwa mecklenburgische Pfennige, die nur $^{1}/_{576}$ Taler galten, anderen zum Nennwert unterzuschieben, wenn es sich nicht nur um versprengte Einzelstücke handelte.

Im privaten Zahlungsverkehr, vor allem im Einzel- bzw. Markthandel mit dem täglichen Bedarf, war es kaum möglich, die vielen auftretenden Sorten ständig systemgerecht auseinanderzuhalten. Vielen ermöglichte es gewissermaßen tägliche Raffinesse, das höherwertige Pfenniggeld auszusortieren, um es dann dort zu verwenden, wo es nützlich war, so im nahe gelegenen Ausland oder bei Zahlungen an die Staatskassen, die auf Scheidemünzen des eigenen Landes bestanden und bei den ausländischen allenfalls preußische akzeptierten. Auf dem Markt wie im Kleinhandel von Lebensmitteln waren aber stets Kleinstwerte als Wechselgeld erforderlich. Wenn eine gute Scheidemünze nicht zu haben war, kam man fast zwangsläufig auf das Prinzip „Schlechtes Wechselgeld ist immer noch besser als gar keins". Hierauf ließ sich also die Bäckersfrau in Schmalkalden in ihrer Gutmütigkeit ein. Sie wollte wohl auch keine Kunden verlieren. Die Leute drehten ihr also buchstäblich die unmöglichsten Kupfermünzen anstelle von kurhessischen Hellern an, der untersten Stufe des landeseigenen Münzsystems. Solch auf unterster Wertstufe „nivellierender" Umlauf von Kleinmünzen ist für das 19. Jahrhundert in Kurhessen vielfältig belegt,[20] sogar für höhere Kupfernominale, die man etwa in Hanau pauschal als ¼-Kreuzer nahm. Auch zwischen Heller und Pfennig wurde dort kein Unterschied mehr gemacht. Im Frankfurter Raum wurden diese zwei Nominale praktisch so vermischt, dass sie gemeinsam auf einer Wertebene zirkulierten. Kupfergeld wurde in den zwanziger Jahren in Fässern bis zu 60 % unterhalb des Nominalwerts gehandelt. Daher deckten sich Kaufleute damit ein, um ihren Kunden die Stücke einzeln zu vollem Wert anzudrehen: Unbrauchbare Sorten aller Art von längst untergegangenen Territorien, dazu sog. Judenpfennige[21] (deren Vielfalt Weinmeister faszinierte) und selbst Stücke aus überseeischen Kolonien gelangten auf

20 Niklot Klüßendorf: Probleme des Umlaufs von Kupfermünzen im Kurfürstentum Hessen. In: Hessisches Jahrbuch für Landesgeschichte 32 (1982), S. 227–270.

21 Um 1820 entstandene, im Frankfurter Raum gern durch Geldhändler vertriebene Privatprägungen zur Behebung des Kleingeldmangels, die zum Teil sogar aus Birmingham kamen. Siehe Richard Ohly: Ein Beitrag zur Geschichte der Judenpfennige. In: Frankfurter Münzzeitung NF 2 (1931), S. 290–294.

diese Weise als Einsprengsel in den Umlauf. Einschlägige Auswahlen aus dem Verkehr wurden bei etlichen Gelegenheiten von Beamten zu den Akten genommen, um Beschwerden zu begründen – neben „Judenpfennigen“ waren besonders oft die leichten Heller des Monogrammtyps von Sachsen-Hildburghausen um 1821 vertreten.

Kurhessen bekämpfte diese Übel dadurch, dass es Kupfermünzen in insgesamt drei verschiedenen Systemen bereitstellte, für Niederhessen in den traditionellen Hellern, für Schaumburg in Guten Pfennigen (1 Guter Groschen = 12 Pfg.), für die drei Provinzen Oberhessen, Hanau und Fulda seit in 1824 in Kreuzern bzw. ihren Teilwerten. Dabei wurden die ¼-Kreuzer im Alltag vielfach als *oberhessische Heller* bezeichnet. Die Münzen der drei Scheidemünzsysteme waren nicht kompatibel. Bald wanderte das leichte oberhessische Kleingeld nach Niederhessen und auch nach Schmalkalden, weil die Unterbringung von Kreuzerkleingeld zum Nominalwert in niederhessischer Währung einen Aufwertungsgewinn von rund 9¼ % einbrachte. Das Kurfürstentum stand kurz davor, seine eigenen Münzen in Teilen seines Staatsgebiets verbieten zu müssen, zumal durch die Abwanderung der Kreuzer und ihrer Teilwerte nach Norden die zu bekämpfenden kleinen minderwertigen Sorten in den Umlauf der drei Südprovinzen nachdrängten. Erst das Münzgesetz vom 18. Januar 1841 beseitigte dieses Spannungsfeld mit Einführung der neuen Scheidemünzen von Silbergroschen und Hellern. Immerhin wurde nun das Kupfergeld im Kurstaat vereinheitlicht. Da Neuprägungen im großen Stil kaum möglich waren, wurden für den Verkehr alle alten Heller landeseigener Prägung zu Hellern neuer Rechnung erklärt. Mit dieser Maßnahme aber wurde toleriert, was man vorher zu unterbinden suchte. Es blieb also eine große Vielfalt im Kupfer, auch in den Staatskassen, erhalten: Alte landgräfliche Hellersorten des 18. Jahrhunderts, sogar von Hessen-Hanau, schmalkaldische Pfennigwerte, kurhessische Hellerprägungen für Niederhessen sowie die Kreuzerwerte für die südlichen Provinzen blieben neben den neuen, ab 1842 geprägten Hellern zum vollen Nominalwert im Umlauf – bis zur Einführung der Reichswährung nach 1873. Dies bedeutete sogar eine beträchtliche Aufwertung der Kleinstwerte: Nicht nur für die Bevölkerung, sondern auch für die Kassenbeamten, die anfänglich die speziellen, nur für Umrechnung von Abgaben aller Art gedachten, mit Hellerbruchteilen versehenen Umrechnungstabellen heranziehen wollten, war dies verwirrend und blieb es. Das einzige Kupfer, das eingezogen wurde, waren die schaumburgischen Guten Pfennige, die man nicht als „Heller“ im Umlauf belassen wollte. Sie wurden, anders als niederhessische oder oberhessische Heller, als $^1/_{288}$ Taler gegenüber den Hellern ($^1/_{360}$ Taler) überwertig. Der Bevölkerung sollten mithin sogar kleine Einbußen durch die Münzumstellung erspart werden. Ansonsten verschwanden zu schwere Kupfermünzen regelmäßig aus dem Umlauf, weil das verarbeitende Gewerbe, etwa Knopffabriken, sie gern als Rohmaterial nutzte.

Dies sind die Hintergründe, die in Schmalkalden zur Entstehung des Lots der Bäckersfrau führten, zu einer Zeit, die einen solchen Regulierungsbedarf im Geldwesen hatte, dass 1852 sogar allen Ernstes ein eigenes Münzgesetz für Schmalkalden erwogen wurde, dessen Entwurf freilich vorwiegend kurante Sorten betraf.[22] Schon 1842 hatte der Kasseler Münzverwalter Carl Jordan in einem nicht namentlich gezeichneten, informell lancierten Zeitungsartikel die Schwierigkeiten mit den Kupfermünzen aufgegriffen:

22 Niklot Klüßendorf: Monetäre Sondererscheinungen Thüringens im Lichte hessischer Quellen. Das Geldwesen Schmalkaldens im 19. Jahrhundert. In: Berliner Numismatische Forschungen 5 (1991), S. 23–46.

Rücksichtlich des Kupfergeldes ist die Beschränkung auf das inländische ebenwohl nicht wohl tunlich, weil der kleine Verkehr immer solches aus den Nachbarstaaten zuführt. Die zu Teilung des Silbergroschens geschlagenen Kupfermünzen der Vereinsstaaten kann man zu ihrem Nennwerte annehmen; hinsichtlich des Kreuzergeldes des 24½-Gulden-Fußes darf aber nicht außerachtgelassen werden, daß auf den Silbergroschen 3½ leichte Kreuzer oder 14 leichte Heller gehen, während von inländischem Kupfergelde schon 12 Heller einen Silbergroschen ausmachen. Ebenso sind 6 inländische Heller oder ½ Silbergroschen soviel als 1¾ Kreuzer oder 7 leichte Heller. Alle sonstigen fremden Kupfermünzen, namentlich die abgenutzten und unkenntlichen, sollte man gar nicht mehr annehmen.[23]

Die von Weinmeister beschriebene Situation in dem Bäckerladen zu Schmalkalden zeigt also, dass sich gut zehn Jahre nach dem neuen kurhessischen Münzgesetz im Kleinverkehr wenig geändert hatte. An *Fledermäusen*, wie man am Ort die leichten Pfennige nannte (in der Rechnung: 18 auf einen süddeutschen Batzen), führte also kein Weg vorbei.

Der Bestand der Familie wurde von Mutter Weinmeister gelegentlich durch außer Kurs gesetzte Münzen erweitert. Hierin finden wir die Grenzen von Weinmeisters Beobachtung, wenn wir uns die entsprechenden Daten der aufgeführten Münzsorten näher ansehen:

- Hessen-hanauische Heller[24]: Keine formelle Außerkurssetzung vor Einführung der Reichswährung, da alle Hellerwerte aus dem kurhessischen Münzsystem preußischen Landesmünzen gleichgestellt wurden und somit als Pfennige galten.[25] Außerkurssetzung ab 1. März 1878.[26]
- Hessen-Albus: Außer Kurs mit Ablauf des 30. April 1835.[27]
- 2 Hessen-Albus: Außer Kurs mit Ablauf des 30. April 1842.[28]
- *Löwengroschen*, also 1/24 Taler bzw. Gute Groschen hessischer oder auch königlich westphälischer Prägung: Außer Kurs mit Ablauf des 30. April 1842.[29]
- 8-Heller-Stücke in Kupfer (*Schustertaler*) aus landgräflicher Zeit [1772–1777]: Als „kurhessisch" außer Kurs gesetzt mit Wirkung vom 1. Januar 1875.[30]

Weinmeisters Mutter hatte also nicht nur den Bestand aus der Bäckerei gekauft, sondern aus ihrer Gewohnheit, anfallende unbrauchbare Münzen nicht gleich wegzuwerfen, diese in das passende Behältnis in ihrem Haushalt abgelegt. Der Bestand hat also von der Schmalkalder Zeit der Familie bis zum Umzug nach Leipzig im Jahre 1876 mehrfach Zuwachs erhalten – bei einer Zeitspanne der festgestellten Außerkurssetzungen von rund 43 Jahren. Dabei ist nicht einmal auszuschließen, dass etliche dieser

23 Schmalkaldischer Anzeiger vom 8. Okt. 1842.

24 Heller von Landgraf Wilhelm VIII. als Graf von Hanau (1736–1751) zwischen 1739 und 1746, die vereinzelt noch zu dessen Regierung als Landgraf zu Kassel bis 1760 fortgesetzt wurden, sowie die von Landgraf Wilhelm IX. (reg. 1780–1821, Kurfürst 1803) aus dessen Hanauer Regierung als Erbprinz ab 1760 (Prägungen 1773). Zu praktischer Bedeutung dürfte dies im Verkehr wegen der Seltenheit der Stücke kaum gekommen sein.

25 Gesetz-Sammlung für die Königlichen Preußischen Staaten 1867, S. 1427–1429.

26 RGBl. 1878, S. 3.

27 Kurhessische Gesetz-Sammlung 1834, S. 99.

28 Kurhessische Gesetz-Sammlung 1841, S. 2, hier § 13.

29 Ebd. – Diese Sorte fand das besondere Interesse Weinmeisters. Siehe Meister (wie Anm. 1), S. 25 f., 64 f.

30 RGBl. 1874, S. 149.

Stücke weiterhin, vor allem in den Nachbarstaaten, noch umgelaufen sind.[31] Doch lässt dies darauf schließen, dass der Bestand nicht „lupenrein“ dem örtlichen Umlauf entnommen wurde. Auf jeden Fall ist das lebhafte Interesse der Franziska Weinmeister an den von ihr aufbewahrten Münzen, das sie letztlich ihren drei Söhnen über das Spiel vermittelte, hervorzuheben.

Für die Quellenkritik ist dies ähnlich wichtig, wie bei der Untersuchung anderer Münzansammlungen, etwa bei Schatzfundresten oder Grabungskomplexen, sorgfältig auf spätere Hinzufügungen zu achten ist. Dem Bildungswert, den Weinmeister aus dem familiären „Kernbestand“ seiner Sammlung gezogen hat, tut dies freilich wenig Abbruch. Während die Einbecker undatierten Pfennige [1647–1717] als Einzelfunde in Hessen gelegentlich vorkommen, auch die sog. Frankfurter Judenpfennige, bleiben Zweifel übrig, ob der Görtzsche Notdaler wirklich aus dem Schmalkalder Umlauf stammt: Als Heller war eine solche Sorte einfach zu schwer. Dem hohen kulturgeschichtlichen Quellenwert von Weinmeisters autobiographischer Bemerkung in seiner „Münzkunde für Anfänger“ tun diese Bemerkungen keinen Abbruch. Parallelen zu solchen Beschreibungen spezieller Erscheinungen des Geldumlaufs finden sich nicht selten in Reiseberichten, in denen Erlebnisse in der Geldpraxis fremder Länder mitgeteilt werden. Oft erhalten entsprechende Schilderungen dadurch besonderen Quellenwert, weil sie Abweichungen von den gesetzlich geregelten Formen zu erkennen geben, die als „Usancen“ zur betreffenden Zeit jeder kannte, die aber nur selten zu Papier gebracht wurden[32] und auch nicht in den einschlägigen Handbüchern von Kaufleuten erscheinen. Hierfür war der Umlauf von Kleinstwerten viel zu unbedeutend.

Das Geld begleitet in Form der Münze die meisten Menschen von den Tagen der Kindheit, denn die Münze, die etwa in ein Sparschwein gesteckt wird, gehört zu den frühesten sozialen Erfahrungen im Leben. Auch altes Geld, das in einer Familie, ob zum Spiel oder zum Lernen eingesetzt, auftritt, gehört letztlich in die monetäre Sozialisation. Es wird sogar zur tiefgreifenden Erfahrung für ein Kind, wenn es einkaufen darf, aber eine Münze als ungültig zurückgewiesen wird. Den jungen Weinmeister hat der von seiner Mutter angesammelte Bestand mit seinem Kern aus dem Schmalkalder Bäckerladen letztlich eine Prägung für sein weiteres Leben mitgegeben.

Diese „Nebenfrucht“ einer mit Sichtung des gesamten erreichbaren Materials einhergehenden biographischen Studie für einen ganz anderen Entstehungszweck gibt abschließend Gelegenheit, auf die in ähnlicher Art auch in anderen numismatischen Biographien belegbare frühe Formung von Interessen hinzuweisen. Diese durchziehen nicht selten das spätere Leben wie ein roter Faden. Hinter solch früher Intensität der Beobachtung, die manchmal gar Pädagogen als Ablenkung von der Schule missverstehen, kann ein hohes Potential an Begabung stecken. Diese ist förderungswürdig, auch im Sinne einer wohlverstandenen Nachwuchspflege in der Numismatik, die den Bildungswert des Materials hoch hält – ein Bildungs- und auch Quellenwert, der sich in gleicher Weise für die Landesgeschichte und andere historische Fächer dienstbar machen lässt.

---

31 Die modernen Vorstellungen eines radikalen Einzugs außer Kurs gesetzter Münzen, wie er aus den Währungsschnitten des 20. Jahrhunderts kommt, lässt sich kaum mit der Realität der deutschen Staatenwelt des 18. und 19. Jahrhunderts vereinbaren. Viele Münzen zirkulierten gar so lange, bis sie im Umlauf durch die übliche Schwundrate beim Umlaufsgeld eher stillschweigend verschwanden.

32 Dies gilt bis in die Gegenwart. Nehmen wir als Beispiel China, wo in Teilen des Landes, so in der Hauptstadt Beijing, das Nominal von 1 RMB vorwiegend als Schein, anderorts wie in Shanghai vorwiegend als Münze zirkuliert (so beobachtet 1999 und 2007).

Das Vorkommen von Chronogrammen in Sachsen

Eine Dokumentation

Von Waldemar Schupp

Unter einem *Chronogramm* oder *Eteostichon* versteht man ein Satzglied, einen Satz oder eine Inschrift, worin bestimmte Buchstaben, die durch Vergrößerung oder Verdickung bzw. durch Vergoldung oder Kolorierung hervorgehoben sind und die als römische Zahlensymbole (C / D / I / L / M / V / X) summarisch gewertet an eine bestimmte Begebenheit erinnern.[1] Zur Entschlüsselung der gemeinten Jahreszahl sind sie einzeln zusammenzuzählen und in der richtigen Reihenfolge zu ordnen. Die Texte sind mehrheitlich in (Neu-)Latein abgefasst, in geringerem Maße begegnen sie uns in Deutsch. Thematisch können sie sich direkt oder indirekt auf das angezeigte Ereignis beziehen, wobei sowohl religiöse Texte (vor allem als Zitate aus der Bibel) als auch weltliche Inhalte auftreten können.

Bei Chronogrammen können vier Funktionen unterschieden werden: Mit ihrer chronologischen Aussage üben sie eine *Zeitfunktion* aus und besitzen damit historischen Quellenwert. Grundsätzlich wird schon bei ihrer Ausfertigung davon ausgegangen, dass sie als *Memorialzahl* oder Merkspruch auf eine vergangene Begebenheit hinweisen. Ihre *Inschriftfunktion* ergibt sich mit den zwei Textebenen, indem im Basistext ein Intext mit eigener Aussage enthalten ist. In ihrem Buchstaben-Jahreszahl-Bezug und im Wortspiel zeigt sich ihre *Rätsel- und Spielfunktion*. Als Besonderheit kann eine *Zeitinschrift* aber auch ohne Hervorhebung der Zahlbuchstaben in einem Satz verborgen sein. Dies wird dann als *Krypto(chrono)gramm*, als Verstext mit verschlüsselter Nebenbedeutung, bezeichnet. Schließlich schlägt sich besonders mit der Gestaltung als *Jahreszahlvers* bzw. *Chronostichon* (= Hexameter), als Doppelvers *Chronodistichon* (= Hexameter + Pentameter) genannt, ihre *literarische Funktion* nieder. Als spezielle Sprachkunstform wird die Chronogrammatik zur visuellen und artifiziellen Poesie gezählt.

Ein anspruchsvolles Chronogramm zeichnet sich durch eine kurze und prägnante Aussage aus. In einem *„reinen"* Chronogramm enthält jedes Wort ein Zahlzeichen, d. h. „Blindwörter" (Wörter ohne Zahlenwert) werden vermieden. Bleiben mögliche Zahlbuchstaben unberücksichtigt, spricht man von einem *„unsauberen"* Chronogramm. Im *„natürlichen"* Chronogramm stehen die Zahlensymbole darüber hinaus in der richtigen Reihenfolge (vgl. unten „Bautzen" 1755 und Medaille „Mente" 1717). Um die gewünschte Jahreszahl zu erreichen sind aufwendige Bemühungen erforderlich. Das führt auch dazu, dass sowohl in lateinischen wie in deutschen *Zeitinschriften* mit Wörtern und Buchstaben teilweise recht willkürlich umgegangen wird. Im deutschsprachigen Raum entwickelte sich die Chronogrammatik mit dem Humanismus im 16. Jahrhundert, um dann mit Renaissance und Barock im 17. und 18. Jahrhundert zu ihrem absoluten Höhepunkt zu gelangen, während im 19. Jahrhundert nur noch wenige Beispiele nachweisbar sind.

---

1 Weiterhin können (vor allem in deutschen Texten) J = I, U = V, W = VV = 10 sowie Y = 2, seltener = 5 gewertet werden.

Nach überwiegend systematischer Erfassung werden hier nunmehr die chronogrammatischen Hinterlassenschaften sowohl als im Original erhaltene als auch nur noch in Sekundärquellen nachweisbare Inschriften dokumentiert. Die Ermittlung erstreckt sich auf das Bundesland Sachsen in seinen heutigen Grenzen, d. h. im Kern auf das Territorium des früheren Königreichs (ab 1919 Freistaat) Sachsen mit den hinzugekommenen Gebieten der früheren preußischen Provinz Sachsen (Kreise Delitzsch und Torgau) und der niederschlesischen Oberlausitz (Kreise Görlitz, Hoyerswerda und Rothenburg bzw. Niesky im früheren preußischen Regierungsbezirk Liegnitz). Einbezogen bleibt ausnahmsweise der ehemals sächsische Südostzipfel, der seit 1945 zu Polen gehört. Die oberlausitzischen Kreise Lauban und Rothenburg jenseits der Neiße werden nicht berücksichtigt.

Da die Mehrzahl der Chronogramme im kirchlichen Bereich angesiedelt ist, dürften sie überwiegend von Geistlichen, die wie alle Gebildeten ihrer Zeit des Lateins mächtig waren, als anonymen Autoren stammen. Mehrheitlich beinhalten die *Zeitinschriften* eine orts- oder personengeschichtliche Aussage, womit ihre Bedeutung als kulturhistorische Quelle unterstrichen wird. Hinsichtlich der Anbringungs- bzw. Inschriftbasis lassen sich drei spezielle Anwendungsbereiche unterscheiden, nämlich Vorkommen an Bau- und Kunstdenkmälern, auf Münzen und Medaillen sowie in Hand- und Druckschriften.[2]

1. Das Vorkommen an Bau- und Kunstdenkmälern

Für Sachsen kann eine beachtliche Vielfalt chronogrammatischer Inschriften registriert werden. Wiederum ist eine breite Palette der Textträger mehrheitlich mit dem sakralen Bereich verbunden. So finden sich Chronogramme an Kirchen- und Klostergebäuden, an Altären, Taufbecken, Orgeln, Kanzeln und Emporen, an Bildnissen und Kleinkunstwerken (wie Kelch, Monstranz und Bischofsstab), häufiger an Glocken (60!) und Epitaphien (16). Im profanen Bereich begegnen sie an Burgen und Schlössern, an Bürgerhäusern, Schul- und Wirtschaftsgebäuden, an Stadttoren sowie an einer Sonnenuhr.

Das Ermittlungsergebnis beruht überwiegend auf der systematischen Durchsicht literarischer Quellen. Nur vereinzelt handelt es sich um persönliche „Entdeckungen“. Vorrangig wurde die Reihe „Beschreibende Darstellung der älteren Bau- und Kunstdenkmäler des Königreichs Sachsen“ (bzw. „in Sachsen“) ausgewertet, die von 1882 bis 1923 in 41 Heften unter der Obhut des Sächsischen Ministeriums des Innern erschienen ist, womit durchgängig das gesamte Territorium des damaligen Sachsen erfasst wurde. Darüber hinaus wurden „Die Bau- und Kunstdenkmäler von Sachsen. Stadt Leipzig. Die Sakralbauten“ (1995), „Beschreibende Darstellung der älteren Bau- und Kunstdenkmäler des Kreises Delitzsch“ (1892) und „Die Denkmale der Stadt Torgau“ (1976) in Betracht gezogen. Dagegen liegen für den Kreis Torgau sowie für den heutigen Niederschlesischen Oberlausitzkreis keine Inventare vor. Berücksichtigt wurde ferner

2 Weiteres zu Chronogrammen: Dirk-Gerd Erpenbeck: Chronogram. In: Walter A. Koch: Simple Forms. An Encyclopaedia of Simple Text-Types in Lore and Literature. Bochum 1994, S. 57–60; Bernard Grothues: reMbranDt Is VersChenen. Kampen 1992; Hermann Krüssel: Chronogramme. Vergessene Kunst in Aachen. Aachen 2005; Veronika Marschall: Das Chronogramm. Eine Studie zu Form und Funktionen einer Kunstform. Frankfurt/M. u.a. 1997 (Helicon, Bd. 22); Otto Plassmann: Das Chronogramm. Eine neulateinische Kunstform. In: Pro Lingua Latina 5 (2003/04), S. XIX–XXIII; Waldemar Schupp: Das Chronogramm als kulturhistorisches Phänomen. Dokumentarischer Überblick. In: Herold-Jahrbuch NF 8 (2003), S. 127–188.

auch noch lokale Inschriftenliteratur (u.a. „Wallis“ zu Görlitz und „Stepner“ zu Leipzig) sowie Spezialliteratur über Orgeln und Glocken.[3] Leider muss vermerkt werden, dass in der Reihe „Die Deutschen Inschriften“ kein einziger Band (von bisher über 70) zu Sachsen erschienen ist! Wegen des zusätzlichen Aufwandes wurde auf eine Durchsicht der „älteren“ und der „Neuen Sächsischen Kirchengalerie“ (15 Bde./ 1837–1845 bzw. 23 Bde. /1901–1914) verzichtet, was sicherlich weitere Nachweise erbringen kann, wie das Beispiel „Oschatz“ zeigt. Insgesamt kann angeführt werden, dass für 98 sächsische Ortschaften Chronogramminschriften an Bau- und Kunstdenkmälern überliefert sind, die sich über den Zeitraum von 1369 bis 1895 erstrecken. Als Besonderheit kann auch ein Kryptochronogramm (Bautzen 1656) sowie eine Zeitangabe nach Erschaffung der Welt (Meißen 5595=1573) vermerkt werden.

Die folgende Verzeichnung erfolgt in alphabetischer Auflistung der Orte. Noch vorhandene Inschriften werden mit * gekennzeichnet, mit + wird auf nicht mehr existente verwiesen, ein o steht, wenn der Verbleib nicht geklärt werden konnte (vor allem, weil von den angeschriebenen Pfarrämtern die Anfragen unbeantwortet geblieben sind).[4]

Altenberg (Stadt im Weißeritzkreis)
+ Sept**IM**a no**X** o**C**tobr**I**s erat per**D**ebar ab **I**gne anno est **L**apso f**I**ngor **V**t ante f**VI**.
(MDCXVVIIIII = **1675** / „In der Nacht des 7. Oktober wurde ich vom Feuer verdorben, im geschwundenen Jahr wurde ich geschaffen, so wie ich vordem war“)
Chronogramm auf einer früheren Glocke der Stadtkirche in Altenberg.[5]

Altoschatz (OT der Stadt Oschatz im Kr. Torgau-Oschatz)
o Versvs continentes nvmerum, anni mensis et diei obitvs / Q**V**arta b**I**s **CL**aro **LVX** febr**V**a **C**onst**I**t**VI**t ort**V** / Sa**LL**h**V**se a Gra**VV**s**VVI**tz **M**or**I**t**V**e p**IV**s **ILL**e **I**ohannes.
(MCCLLLLLLXVVVVVVVVVVVVIIIIIII = **1578** / „ Der Vers enthält die Zahl des Jahres, Monats und Tages : Als am 8. Februar das Licht zu leuchten begann, wurde dies zum Tode des frommen Johann von Grauschwitz auf Saalhausen aufgestellt“
Chronogramm als Abschluss der auf dem Grabdenkmal von Johann von *Grauschwitz* auf Saalhausen († 1578) angebrachten Inschrift.[6]

Augustusburg (Stadt im Kr. Freiberg)
* Anno et nostra h**IC** restat **VI**r**ID**ans e ger**MI**ne r**V**ta.
(MDCVVIIII = **1614** / „Unsere aus dem Stamme blühende Raute steht noch hier im Flore“)
Chronostichon am sogenannten „Wappentor“ des Schlosses Augustusburg.[7]

---

3 Bei Hans Lutsch, Die Kunstdenkmäler des Regierungsbezirkes Liegnitz, Breslau 1891, finden sich für die schlesische Oberlausitz keine Chronogramme verzeichnet.

4 Die Wiedergabe der Chronogramme wurde vereinheitlicht und entspricht hinsichtlich der Groß- und Kleinschreibung nicht immer der Quelle, wobei Eigennamen aber grundsätzlich mit großem Anfangsbuchstaben versehen werden. Offensichtliche Druckfehler bei Zahlzeichen wurden korrigiert. – Textzeilen werden jeweils mittels Schrägstrich / abgegrenzt. – Bei längeren Inschriften wurde die Anführung aus Platzgründen auf den Chronogrammtext beschränkt.

5 Robert Steche: Beschreibende Darstellung der älteren Bau- und Kunstdenkmäler des Königreichs Sachsen. H. 2: Amtshauptmannschaft Dippoldiswalde. Dresden 1883, S. 4.

6 Cornelius Gurlitt: Beschreibende Darstellung der älteren Bau- und Kunstdenkmäler des Königreichs Sachsen. H. 27. u. 28: Amtshauptmannschaft Oschatz. Dresden 1905, S. 21.

7 Robert Steche: Beschreibende Darstellung der älteren Bau- und Kunstdenkmäler des Königreichs Sachsen. H. 6: Amtshauptmannschaft Flöha. Dresden 1886. S. 25.

Bautzen (Stadt im Kr. Bautzen)
+ SeXtILIs tanDeM trIbVIt trIgena qVIete qVae In terrIs aberat, proprIore frVI.
(MDLXVVVVIIIIIIIII = **1590** / „Der 30. August gewährt ihm die Ruhe, der er auf Erden entbehrte, um sie nun näher zu genießen"
Chronogramm als Abschluss der Inschrift auf dem Grabmal von Johann *Agricola* (1530–1590), Pfarrer und Kirchenlieddichter in Bautzen.[8]

o **D**a Gottes **VV**ort z**V** San**C**t Peter **VVI**e**D**er gehöret **VVV**r**D**e.
(DDDCVVVVVVVVI = **1641**)
Chronogramm auf einem Ölgemälde mit der Darstellung des Inneren der 1640 wiederaufgebauten St. Petrikirche in Bautzen (im Stadtmuseum).

o **IaM** post **C**entenos senosq**V**e et sept**V**agenos / **I**n**D**e / an[n]os Br**V**kner ta**L**e / reno**V**a**VI**t op**V**s.
(MDCLVVVVVVIII = **1683** / „Schon nach 176 Jahren von da an [von 1507 gerechnet] erneuerte Brückner solches Werk"
Chronodistichon als Teil einer Inschrift auf einer Platte auf der Brüstung des 2. Obergeschosses am Westflügel des Domstifts in Bautzen (zum Wiederaufbau unter dem Dekan Martin *Brückner von Brückenstein*).

o Adm[irabilis] R[a]d[iat]us ac D[o]m[in]us D[omi]nus Magister / Georg**IV**s Bernhar**DI**n**V**s **RV**ss / tr**I**g**I**nta ann**I**s **M**ysta / **VL**tra se**X**ag**I**nta nat**V**s / **I**n pa**C**e ob**II**t.
(MDCLXVVVVVIIIIIIII = **1694** / „Der bewundernswürdige, ehrenwerte und hochgelehrte Herr Magister Georg Bernhard Russ, 30 Jahre Priester, jenseits der 60 geboren, verschied in Frieden"
Chronogramm als Anfang der Inschrift auf dem Grabdenkmal für M. Georg Bernhard *Russ* in der südlichen Vorhalle der Liebfrauenkirche in Bautzen.

o **I**a**C**ob**V**s **I**oannes **I**oseph**V**s **D**e Baerensta**M** perpet**V**o **V**s**V** **I**nf**VL**ae pr**IVIL**egat**V**s.
(MDCLLVVVVVVVVIIIIII = **1746** / „Jakob Johann Joseph von Bärenstamm ist zum fortwährenden Gebrauch des Stabes bevorrechtet"
Chronogramminschrift auf dem Bischofsstab für Jakob Johann Joseph *Wosky von Bärenstamm* (1692–1770), Dekan im Domstift zu Bautzen und Weihbischof von Pergamus, im Dom zu Bautzen.

o Tr**IV**n**I** **D**eo / gen**I**tr**ICI**q**V**e **VI**rg**I**n**I** / a**C** san**C**to Petro honor**I** / ant**I**t**I**ste **I**a**C**obo **I**oan[n]e **I**osepho / **VV**osky a B[ären]st[amm] / pro **C**anon**ICVI**s hae ae**D**es ere**C**tae s**V**nt.
(DDCCCCCCCVVVVVVIIIIIIIIIIIIIII = **1746** / „Zu Ehren des dreieinigen Gottes, der jungfräulichen Mutter und des heiligen Petrus wurde dieses Haus unter dem Dekan Jakob Johann Joseph Wosky von Bärenstamm für die Canonici erbaut"
Chronogramminschrift am Portal des Seniorhauses des Domstifts in Bautzen.

+ A rege **D**res**D**ena ob**L**ata ara **I**a**C**obo **D**e**C**ano.
(DDDCCLI = **1751** / „Der vom König aus Dresden unter Dekan Jakob [Wosky von Bärenstamm] übergebene Altar")
Chronogramm am früheren Dresdener Altar im Dom zu Bautzen.

* Honor**I** tr**I**n**IV**s **D**e**I** et san**C**t**I** Petr**I** a**L**tare sa**C**rat**VM** est.
(MDCCLVVIIIIII = **1766** / „Zu Ehren der Dreifaltigkeit und des heiligen Petrus ist der Altar geweiht")
Chronostichon am Hochaltartisch im Dom St. Peter in Bautzen (siehe *Abb. 3*).

8 Johann Christoph Wagner: Epitaphia Budissinensia. Bautzen 1696; James Hilton: Chronograms. [I] London 1882, S. 213.

* MoDo hoC / CoeLo / faVente / sto.
Deo patrI et / fILIo et spIrItVI / sanCto / seMpIterna / LaVs honor / et gLorIa.
(MDCCLV = **1755** / MDCLLLVVIIIIIIII = **1768** / „Hier stehe ich durch die Gunst des Himmels / Gott Vater und Sohn und heiligem Geist ewig Lob, Ehre und Ruhm“
Doppelchronogramm am Hauptportal des Domstifts in Bautzen (siehe *Abb. 1*).

o Da VVIe VVIr VVaren Vnter Vnsers PrIntzen XaVer II MaIestaetIsChen SChVtz / aVCh Vnter Des ChVrfVIrst AVgVstVs RegIrVng Ist Vnsern EInVVohnern zVM NVtz / Der BVIrger SChVetzen PLan nebst HaVss MIt SChönheIt aVs gezIeret / VVo sICh nVn IeDer Mann so Ietzt aLs kVInftIg reCreIret.
(MDCCXVVVVVVVVVVVIIIIII =**1767** / MDCCVVVVVVVVVVVVVVIIII = **1769** / MDCCLVVVVIIII = **1774** / MDCCLVVVVIIIIII = **1776**)
Chronosticha auf vier verwitterten Schrifttafeln an einem Obelisken zum Andenken an den Neubau des Schießhauses in Bautzen (als silberne Nachbildung im Stadtmuseum).[9]

+ ADIVtor MeVs ChrIstVs est.
(MDCVVVII = **1617** / „Mein Helfer ist Christus“)
Chronogramm auf dem Grabstein für den Arzt Dr. Johannes *Franke* auf dem Taucherfriedhof bei der Dreifaltigkeitskirche in Bautzen.

+ PVLsIbVs eXVLto, soCIIsqVe sonantIor Insto / ConfLVXVM CoetVs Laeta CIere pII.
(MCCCCLLLLXXVVVVVVVVIIIIIII = **1663** / „Ich frohlocke mit Schall, und lauter als meine Genossen strebe ich zu rufen herbei die fröhliche Gemeinde“)
Chronodistichon auf der früheren vierten Glocke (Umguss 1827) im St. Petridom in Bautzen.

+ Saepe Meos pIetas hos Integra tangIto fVnes / pVLsa non noLo noLa sonare Deo.
(MDLLLVVIII = **1663** / „Oft soll frommer Sinn stets rein meine Seele berühren; wenn ich geläutet werde, will ich erklingen nur für Gott“)
Chronodistichon auf der früheren dritten Glocke (Umguss 1827) im St. Petridom zu Bautzen.

+ EXVROR SED MORE SCHOLAE NOVA VIVA RESVRGO ITEM : GOTT SCHLAEGT VND HIFFET [sic!].
(MDCLXVVVVVI = **1686** / [Hervorhebung des Autors] „Ich werde verbrannt, erstehe aber wie die Schule wieder zu neuem Leben“)
Kryptochronostichon auf dem Gymnasialglöckchen in Bautzen.

+ AeternI regIs sonItV VoCo aD atrIa sI VIs / regna sVbIre poLI; IaM pIVs ergo VenI.
(MDCLVVVVVVIIIIIIIIII = **1691** / „Ich rufe mit meinem Schall zum Hause des ewigen Königs; wenn du ins Himmelreich eingehen willst, nun Frommer komme also“)
Chronodistichon auf der alten großen Glocke der Liebfrauenkirche in Bautzen.

o LaVDes ChrIste tIbI resono MatrIqVe beatae / saLVa Cernantes qVos IVVat Ista pIe.
(MDCCLLVVVVVVIIIIIII = **1837** / „Lob singe ich dir, Christus, und der glückseligen Mutter, mache selig [alle], die darum ringen, denen sie hilft in frommer Weise“
Chronodistichon auf der umgegossenen zweiten Glocke der Liebfrauenkirche in Bautzen.[10]

9 Cornelius Gurlitt: Beschreibende Darstellung der älteren Bau- und Kunstdenkmäler des Königreichs Sachsen. H. 33: Bautzen (Stadt). Dresden 1909, S. 20, 22, 36, 62, 195, 196, 203, 225.
10 G. Grosse: 20 Chronogramme aus Bautzens vergangenen Zeiten. In: Bautzner Geschichtshefte 7 (1929), S. 67–75; Richard Wilhelm: Die Glocken der Stadt Bautzen. Bautzen 1917.

Bernsdorf (Gem. im Kr. Kamenz)
o S.[anctus] Georg**IV**s, e**XIMIV**s **CV**stos, Ins**IDI**as host**I**s repe**LL**at a s**VI**s **CLI**ent**I**b**V**s!
(MDCCLLLXVVVVVIIIIIIIII = **1895** / „Der heilige Georg, der vortreffliche Wächter, möge die Nachstellungen des Feindes von seinen Schutzbefohlenen abwehren!")

o San**C**to Bon**I**fa**CI**, patrone Ger**M**an**I**ae, ora pro patr**I**a et rege t**V**o, **V**t **D**e**I** **LVX**, pa**X** et sa**LV**s **L**ate regnet!
(MDCCLLLXXVVVVIIIII = **1895** / „O heiliger Bonifacius, Beschützer Deutschlands, bitte für das Vaterland und die Herde, dass Gottes Licht, Friede und Heil weit und breit herrsche!")
o San**C**t**V**s Benno, **I**ns**I**gn**I**s patron**V**s **LV**sat**I**ae, grat**I**a**M** **I**es**V** **C**hr**I**st**I** f**ID**e**LI** pop**VL**o e**X**oret!
(MDCCLLLXVVVVVIIIIIIIII = **1895** / „Der heilige Benno, der ausgezeichnete Beschützer der Lausitz, möge für das gläubige Volk die Gnade Jesu Christi erbitten!")
Chronogramme jeweils auf der großen, mittleren und kleinen Glocke der kath. Kirche in Bernsdorf.[11]

Bernstadt (Stadt im Kr. Löbau-Zittau)
+ Q**V**as **LVX** annosa et **C**ar**I**es e**X**e**D**erat ae**D**es / et p**I**a **CV**ra no**V**a s**V**rgere **V**este **IV**bet, / has **VVL**t**V** asp**ICI**as h**IL**ar**I** fatoq**V**e ben**I**gno / **C**hr**I**ste **I**gnes **V**o**V**es et no**XI**ia [sic!] q**V**aeq**V**e f**V**ges.
(DDCCCCLLLXXXVVVVVVVVVVVVVVIIIIIIIII = **1670** / nach der Quelle müsste sich 1676 ergeben! / „Dieses Gebäude im Tageslicht, von Alter und Fäulnis zerstört und durch fromme Fürsorge als Neubau zu errichten gewünscht, erblickst du in heiterer Ansicht, mit gewogenem Geschick von Christus gegen Feuer geweiht, mögest du das Vergehen verbannen"
Unsauberes Chronostichon zum Neubau des Pfarrhauses in Bernstadt (schon 1676 abgebrannt).

+ Ab E**L**e**C**tore **I**oanne Georg**I**o se**CV**n**D**o ar**X** **I**sta **I**nsta**V**rata **I**ns**I**gn**I**ter t**V**rr**I**s fa**C**ta a**L**t**I**or no**L**aeq**V**e hae s**V**spensae **DVLC**es **V**i**V**at r**V**ta sa**X**on**I**a **I**.[oanne] G.[eorgio]**II**. / H.I.G.I.C.U.B.C. / MDCLXXVIII.
(DDCCCCLLLLXXVVVVVVVVVVIIIIIIIIIII = **1678** / [ein „i" bleibt unbewertet!] / „Durch Kfst. Johann Georg II. wurde das Schloss auffallend erneuert, der Turm höher gebaut und liebliche Glöckchen aufgehängt, es lebe die sächsische Raute unter Johann Georg II.")
Chronogramm auf einer 1690 aufgehängten und 1828 zerstörten Glocke der Stadtkirche zu Bernstadt, die eigentlich für das erneuerte Schloss in Dresden bestimmt war.

+ **AD** **CVL**t**V**s tr**I**no praestan**D**os e **V**o**C**o et **V**n**I** / q**V**os ser**V**are t**VI**s **I**o**V**a ben**I**gne **V**e**LI**s / s**IC** **V**na **L**aeto resonab**V**nt aere sorores / **I**psa prae**I**bo seq**VI** q**VI**b**V**s ore **LIC**et.
(DDCCCCLLLLVVVVVVVVVVVVVVIIIIIIIIII = **1682** / „Zum Gottesdienst rufe ich voranstehend zu dritt vereint, was gütig unter deiner Umhüllung, Gott, zu bewahren, so werden die Schwestern fröhlich vereint widerschallen, selbst werde ich begleitend vorangehen, wie es sich mit dem Klang anbietet")
Chronodistichon (von Pfarrer Salomo *Hausdorf* [1641–?]) auf der großen (1686 zerschmolzenen) Glocke der Stadtkirche zu Bernstadt.

+ Benna**DI**ne **C**athar**I**na ant**I**st**I**te fata soror**I**s **M**agnae et **V**ota seq**V**or. **V**o**X** no**V**a **L**aeta sonet / scilicet / **C**ent**VM** nata annos n**V**n**C** fato fra**C**ta renas**C**or o reno**V**a f**L**at**V**s q**V**os **V**o**C**o san**C**te t**V**os.
(MDCLXVVVVIIIII = **1685** / MCCCCCCLVVVVVVV = **1685** / „Äbtissin Catharina Benadin [von Marienstern] : das Geschick der großen Schwester und den Wunsch teile ich, die neue Stimme möge freudig erschallen, freilich, 100 Jahre nach meiner Entstehung und gebro-

11 Edmund Brückner: Die Glocken der Oberlausitz. In: Neues Lausitzisches Magazin 82 (106), S. 55 (Nr. 3).

chenem Geschick bin ich wiedererstanden, o Guss erneuere, dass ich feierlich zu zweit erklinge")
Chronodisticha auf der kleinen (1686 zerschmolzenen) Glocke der Stadtkirche zu Bernstadt.[12]

Bischdorf (OT der Gem. Rosenbach im Kr. Löbau-Zittau)
o A**V**g**V**st**I** **D**ena : Pastore / Georg**I**o Ebero / **V**erbo **V**otoq**V**e est ara / **DIC**ata **D**eo.
(DDDCVVVVVIII = **1628** / „Am 10. August : Mit Wort und Gebet von Pastor Georg Eber ist der Altar Gott geweiht")
Chronogramm als Abschlusstext der Inschrift am Postament des Altars in der Pfarrkirche in Bischdorf, verfasst von Pfarrer Georg *Eger* (sic! / 1590–1665).[13]

Bischofswerda (Stadt im Kr. Bautzen)
+ **C**ons**VL**e **M**agero, sa**C**r**I**s ar**I**sq**V**e, fa**V**ente, **C**ant**I**b**V**s organ**ICI**s ho**C** reno**V**at**V**r op**V**s.
(MCCCCCLVVVVVVVIIIII = **1590** / „Mit der Gunst von Bürgermeister Mager wurde dieses Werk als geweihtes und gottesdienstliches Klanginstrument renoviert")
Chronogramm am Gehäuse der früheren Orgel in der Stadtkirche in Bischofswerda.[14]

Blumberg (fr.Gem. im Kr.Liebenwerda[SA], j.OT der Gem. Arzberg im Kr.Torgau-Oschatz)
o Aedificium im Jahr **D**a herzog Fr**I**e**D**r**IC**h A**V**g**V**st**V**s **DI** [sic] reg**I**r**V**ng **VV**oh**L** **V**ergn**V**get antrat.
(DDDCLVVVVVVVVIIII = **1694**)
Chronogramm als Inschrift an der Nordempore in der Pfarrkirche zu Blumberg.[15]

Bockau (Gem. im Kr. Aue-Schwarzenberg)
o **D**res**D**ae nota t**VI**s bo**CC**a**VI**a ser**VI**o sa**C**r**I**s **C**hr**I**st**I** **C**o**L**[L]asq**V**e **V**o**L**o.
(DDCCCCCLLVVVVVIIIIII = **1631** / es fehlt ein „L" in „CoLas", denn es muss sich als Gussjahr **1681** ergeben! / „Von Dresden bezeichnet, diene ich deinen Gottesdiensten in Bockau, Christus, und spreche aus der Höhe")
Chronostichon auf der großen Glocke der Pfarrkirche zu Bockau.[16]

Chemnitz (Kreisfreie Stadt)
+ Organa s**V**pre**M**o resonent psa**LL**antq**V**e **I**eho**V**ae, p**V**rgatosq**V**e a**V**res a**D** no**V**a **V**ota trahant.
(MDLLVVVVVVVVI = **1641** / „Dieses vorzüglichste Instrument möge widerhallen und als Gottes Zither spielen und gereinigt den Ohren eine neue Stimme vermitteln")
Chronodistichon auf einer Tafel an der früheren Orgel in der Johanniskirche in Chemnitz.[17]

* **M**art**I**n**I** per nos resonat **D**o**C**tr**I**na **LV**ther**I** / **I**nfern**I** sane porta fer**I**re neq**VI**t.
(MDCLVVIIIIIIII = **1668** / „Aus uns spricht die Lehre Martin Luthers, welche die Pforten der Hölle nicht überwinden kann")
Chronogramm am Ende eines sechszeiligen Distichons am „Heiligen Grabe" zum Beschluss über seine Erhaltung als Kunstwerk, fr. in der Stadtkirche St. Jakobi, jetzt im Schlossbergmuseum in Chemnitz.[18]

---

12 Cornelius Gurlitt: Beschreibende Darstellung der älteren Bau- und Kunstdenkmäler des Königreichs Sachsen. H. 34: Amtshauptmannschaft Löbau. Dresden 1910, S. 18 und 34.
13 Gurlitt, Löbau (wie Anm. 12), S. 77.
14 Ulrich Dähnert: Historische Orgeln in Sachsen. Frankfurt/M. 1980, S. 41.
15 H. Bergner/H. Nebelsieck: Beschreibende Darstellung der älteren Bau- und Kunstdenkmäler des Kreises Liebenwerda. Halle 1910, S. 37.
16 Robert Steche: Beschreibende Darstellung der älteren Bau- und Kunstdenkmäler des Königreichs Sachsen. H. 8: Amtshauptmannschaft Schwarzenberg. Dresden 1887, S. 8.
17 Dähnert (wie Anm. 14), S. 164.
18 Robert Steche: Beschreibende Darstellung der älteren Bau- und Kunstdenkmäler des Königreichs Sachsen. H. 7: Amtshauptmannschaft Chemnitz. Dresden 1886, S. 32.

Crostwitz (Gem. im Kr. Kamenz)
o SanCta **DeI** genItrIX, **VI**rgo sIne **L**abe **C**reata! e**XVLI**bVs **M**ater, qVos tVa pre**X** foVeat.
(MDCCLLXXXVVVVVVIIIIII = **1866** / „Heilige Gottesgebärerin, Jungfrau ohne Sünde geschaffen, Mutter für die Verbannten, die deine Fürbitte beschützen möge")
Chronogramm auf der großen Glocke der Pfarrkirche in Crostwitz.[19]

Cunewalde (Gem. im Kr. Bautzen)
o **IM** **I**ahr **C**hr**I**st**I** / **I**es**V** **V**nsers **VV**ahrhaft- / t**I**gen H**I**rten b**I**n **IC**h h**I**eher ne**V** erba**V**et **VV**or**D**en.
(MDCCVVVVVVVVIIIIIIIII = **1750**)
Chronogramm als Inschrift über der Haustür des Pfarrhauses in Cunewalde.[20]

Dahlen (Stadt im Kr. Torgau-Oschatz)
* Te**C**ta hae**C** perpet**V**o t**I**b**I** se**D**es **D**e**LI**ge ser**V**a: / **LVC**eat et **V**erb**I** **LVX** t**V**a sa**C**ra tr**I**as./ Gott **L**as **DI**s Ha**V**s **D**e**I**n **VV**on**V**ng se**I**n / **D**e**I**n **VV**ort **V**ns h**I**er beh**V**te re**I**n.
(DDCCCCLLLXVVVVVVIIIII = **1595** / DDDLVVVVVVVVIIIIII = **1596**)
Chronogrammata als Inschrift am Nordostpfeiler des Schiffes der Stadtkirche von Dahlen, von Pfarrer Johann *Schreiber* (1565–1628).[21]

Daubitz (Marktflecken, jetzt OT der Gem. Rietschen im Niederschlesischen Oberlausitzkreis)
+ **C**hr**I**st**I** b**LV**t g**I**ebt s**V**en**D**ern **MV**th t**IL**gt satans **VVV**th
(MDCLLVVVVVVIIII = **1734**)
Chronostichon auf der 1744 zersprungenen fr. großen Glocke der Pfarrkirche in Daubitz.[22]

Delitzsch (Stadt im Kr. Delitzsch)
* **M**o**L**a ha**C** p**V**b**LIC**a / senat**V**s et tr**I**b**V**n**I**s / **C**onsent**I**ent**I**b**V**s / **C**ons**VL**e **L**[icentiatus] Se**I**tz**I**o / e**X**tr**VC**ta.
(MCCCCCLLLLXVVVVVVVIIIIIII = **1747** / „Diese öffentliche Mühle [wurde] in Übereinstimmung mit Rat und Ältesten unter Bürgermeister Lizentiat *Seitz* erbaut")
Chronogramm an der Stadtmühle – zu deren Neuerbauung – in Delitzsch. Nach Abriss des Gebäudes im Jahre 1985 wurde die Inschrift vom Museum in Delitzsch übernommen.[23]

Deutschneudorf (Gem. im Mittleren Erzgebirgskreis)
o Bey **L**etzter Ze**I**t **C**hr**I**st**L**öb**LIC**he Reg**I**er**V**ng **D**es Ho**C**h**VV**oh**L**gebohrnen Herrn Herrn **VV**o**L**ff **RVD**o**L**ffs a **SC**hönberg angefangen. / Bey antr**I**t g**LVC**k**LIC**her Reg**I**er**V**ng **D**es Ho**C**h**VV**oh**L**gebohrnen Herrn Herrn Gotthe**L**ff Fr**I**e**D**r**IC**hs **V**on **SC**hönberg **V**erfert**I**get.
DDCCCCCLLLLLLVVVVVVIIII = **1734** / DDCCCCCLLLLVVVVVVIIIIII = **1736**)
Chronogrammata als Inschrift zur Erbauung der Pfarrkirche zu Deutschneudorf.[24]

Döbeln (Stadt im Kr. Döbeln)
o Symb.[olon]. Sp**I**r**I**t**V** t**V**o pr**I**n**CI**pa**LI** s**V**stenta **M**e **D**e**V**s.
(MDCVVVVIIIII = **1675** / „Mit deinem vorrangigen Geist stütze mich, Gott")
Chronogramm als Textteil auf dem Ölbildnis für M. Konstantin Ambrosius *Lehmann* (1638–1718), 1675 Archidiakon, in der südwestlichen Vorhalle der Nikolaikirche in Döbeln.

19 Brückner (wie Anm. 11), S. 151 (Nr. 15)
20 Gurlitt, Löbau (wie Anm. 12), S. 91.
21 Gurlitt, Oschatz (wie Anm. 6), S. 81.
22 Brückner (wie Anm. 11), S. 58 (Nr. 11)
23 Information des Museums im Schloss Delitzsch.
24 Robert Steche: Beschreibende Darstellung der älteren Bau- und Kunstdenkmäler des Königreichs Sachsen. H. 3: Amtshauptmannschaft Freiberg. Dresden 1884, S. 5.

o **I**gne e **V**ertebar tr**I**st**I** bona **CV**ra senat**V** / **I**ntegrat ser**V**et **M**e bona et **CV**ra **D**e**I**.
(MDCCVVVVVIIIII = **1730** / „Von grässlichem Feuer wurde ich zerstört, die Güte und Fürsorge des Rates erneuert mich, Güte und Fürsorge Gottes mögen mich bewahren")
Chronogramm als Textteil auf der großen Glocke der Nikolaikirche in Döbeln.

o **V**t **D**e**V**s aegrotos a**D**se **V**o**C**atore ben**I**gno / s**IC** **I**n**C**on**IV**n**C**tas **C**on**V**o**C**o r**I**te pre**C**e.
(DDCCCCCCCCVVVVVIIIII = **1730** / „Wie Gott die Leidenden gütig zu sich ruft, so rufe ich die Gemeinde zu feierlichem Gebet zusammen")
Chronogramm als Textteil auf der zweiten Glocke der Nikolaikirche in Döbeln.

o So**L**e **C**a**D**ente, **L**a**VD**es **C**antate **I**eho**V**ae / et p**I**a **V**o**X** **I**st**I** **C**ant**IC**a sa**C**ra **C**anat.
(DDCCCCCCLLXVVVIIIII = **1730** / „Am Tag abgestürzt erschalle ich, Gott lobpreisend, und die fromme Stimme lässt feierliche Lieder erklingen")
Chronogramm als Textteil auf der dritten Glocke der Nikolaikirche in Döbeln.

o He**V** q**V**est**V**s! en **V**os a**D** f**V**nera **C**on**V**o**C**o **M**aestos.
(MDCCVVVVVV = **1730** / „Ach Wehklage! Siehe zum Leichenbegängnis rufe ich die Trauernden")
Chronogramm als Textteil auf der vierten Glocke der Nikolaikirche in Döbeln.[25]

Dresden (Kreisfreie Stadt)
+ **C**onat**V** hae**C** **MVL**to **C**onstr**VC**t**I**o **V**e**C**ta s**V**b a**V**ras. / E**X**p**L**eta est post tres **D**e**X**tra **VI** n**VMI**n**I**s.
(MCCCCCLVVVVVVI = **1581** / MDLXXVVIII = **1583** / „Mit großem Drang bewege sich dieser Bau in der Öffentlichkeit / glücklich ergänzt nach drei [Jahren] durch geistliche Kraft")
Doppelchronogramm als Anfang der früheren längeren Inschrift am Tor der Kreuzkirche in Dresden.

+ **M**e resonante **D**eo resonet t**V**ba sa**C**ra **V**en**I**te.
(MDCVVI = **1611** / „ Für Gott widerhallend möge die geweihte Trompete zurückgekehrt ertönen")
Chronostichon auf der großen Glocke der Dreikönigskirche in Dresden.[26]

* THISBE OB **M**ORTEM PYRAMI SUI PROCI; SE IPSAM GLADIO **C**ONFODIT:
(MDCLIIIIII = **1656** / sieben mögliche Zahlzeichen bleiben unberechnet! / „Thisbe durchbohrt sich selbst wegen des Todes des niedergestürzten Pyramus mit dem Schwert")
Unsauberes Chronogramm am unteren Rand der Bildtafel „Pyramus und Thisbe" (als Holzrelief) von Johann Georg *Fischer* (1587–1669), Bildschnitzer und Intarsiator, im „Grünen Gewölbe" in Dresden.[27]

+ Patr**I** patr**I**ae **C**e**L**s**I**ss**IM**o offert s**V**b**DI**t**V**s / Tobi[as] Vopael[ius] Zittaw.
(MDCLVVIIIII = **1665** / „Dem erhabensten Vater des Vaterlandes dargebracht [von seinem] Untertan Tobias *Vopaelius* in Zittau")
Chronogramm als Abschluss eines zwölfzeiligen Textes als Bitte an Johann Georg II. auf einem Holzschnitzwerk, welches sich früher im „Grünen Gewölbe" zu Dresden befand.[28]

25 Cornelius Gurlitt: Beschreibende Darstellung der älteren Bau- und Kunstdenkmäler des Königreichs Sachsen. H. 25: Amtshauptmannschaft Döbeln. Dresden 1903, S. 26, 27, 28.
26 Cornelius Gurlitt: Beschreibende Darstellung der älteren Bau- und Kunstdenkmäler des Königreichs Sachsen. H. 21–23: Stadt Dresden. Dresden 1903, S. 28 und 126.
27 Jochen Voigt: Für die Kunstkammern Europas. Reliefintarsien aus Eger. Halle 1999, S. 250–253.
28 Hilton I (wie Anm. 8), S. 82.

Ebersbach (OT der Gem. Schöpstal im Niederschlesischen Oberlausitzkreis)
o **V**er**L**eyh **V**ns fr**I**e**D**e, r**V**h **V**n**D** g**I**eb **V**ns **VV**e**I**ter bro**D**t, / h**IL**ff **V**ns, Herr **I**es**V**, h**IL**ff **V**ns **I**n **V**nsrer **L**etzten noth. / Herzens **I**es**V**, g**V**ter h**I**rte **L**ass **D**e**I**n gottes **VV**ort a**LL**e**I**n, / **V**nsrer see**L**en stete **VV**e**ID**e b**I**s z**V** **D**e**I**ner z**V**k**V**nft seyn.
(DDDLLLVVVVVVVVVVVIIIIII = **1757** / DDDLLLVVVVVVVVVVVIIIIII = **1757**)
Chronosticha auf der mittleren Glocke der Pfarrkirche zu Ebersbach.[29]

Ebersbach (Stadt im Kr. Löbau-Zittau)
o Tobias **L**iebs**C**her **L**ieß **D**ieß Ta**V**ff / Ge**D**[e]**C**htniß ba**V** / en : hi**L**f / Jes**V**! **L**aß ihn / **GLVC**k in seiner Woh**L**that s**C**ha**V**en.
(DDCCCCLLLLLLVVVVV = **1725**)
Unsauberes Chronogramm (da alle „i" sowie ein „w" unberücksichtigt bleiben) auf einer Platte am hölzernen Tauftisch in der Pfarrkirche in Ebersbach.

o Christoph Sinckwitz / **DI**e Ta**V**fe br**I**ngt **V**ns h**I**er z**V**r wahren **C**hr**I**stenhe**I**t / **I**a wenn **D**er **GL**a**V**be s**I**egt g**I**ebt s**I**e **DI**e Se**LI**gke**I**t. Anno 1732 den 20. Februar.
(DDDCLLVVVVIIIIIIIIIII = **1732**)
Chronogramm am Rand eines zinnenen Taufbeckens in der Pfarrkirche in Ebersbach.

o So tr**I**ft **I**hn gantz gew**I**ß **D**es wahren **L**ebens R**V**h, / O **I**es**V** h**IL**f **V**n**D** spr**IC**h e**I**n the**V**res **I**a **D**arz**V**.
(DDDCLLVVVVVIIIIIII = **1733**)
Chronogramm auf Bild 54 der Emporenbemalung in der Pfarrkirche zu Ebersbach.[30]

Eilenburg (Stadt im Kr. Delitzsch)
o Stet **V**erb**VM** **VIV**a**X** **C**oe**LI**q**V**e a**C** terra fat**I**s**C**ant / **V**t r**V**at h**I**n**C** t**V**r**C**ae pont**I**f**ICI**sq**V**e f**V**ror.
(MCCCCCCLXVVVVVVVVVVVIIIIIII = **1717** / „Himmel und Erde mögen sich erschöpfen, es bestehe das belebende Wort, damit dies das Wüten der Türken und Päpste hinwegnimmt")
Chronostichon auf einer Glocke der Stadtkirche in Eilenburg.[31]

Einsiedel (OT der Stadt Chemnitz)
o Anno **D**o**M**I**n**I fest**IV**a fa**V**staq**V**e a**V**sp**ICI**a **CV**ra**V**er**V**nt.
(MDCCVVVVVVVVIIIII = **1740** / „Im Jahre des Herrn wurden sie als artige und glückliche Wahrzeichen angeschafft")
Chronostichon als Abschluss der Inschrift auf der mittleren Glocke der Pfarrkirche zu Einsiedel.[32]

Elstra (Stadt im Kr. Kamenz)
o Post o**C**to part**V**s port**V**s **D**e**C**et ergo beata**M**.
(MDCCVV = **1710** / „Nach der achten Geburt ziemt sich der Hafen, also werde ich glücklich sein")
Chronogramm auf einem Schriftband auf dem Grabdenkmal für Johanna Sophia Leffler geb. Grünwald, Ehefrau von Pfarrer M. Georg *Leffler* (1675–1731) an der Stadtkirche St. Michaelis in Elstra.[33]

29 Brückner (wie Anm. 11), S. 60 f. (Nr. 15)
30 Gurlitt, Löbau (wie Anm. 12), S. 105, 107, 109.
31 Gustav Schönermark: Beschreibende Darstellung der älteren Bau- und Kunstdenkmäler des Kreises Delitzsch (H. 17 der Prov. Sachsen). Halle 1892, S. 84.
32 R. Steche, Chemnitz (wie Anm. 18), S. 38.
33 Cornelius Gurlitt: Beschreibende Darstellung der älteren Bau- und Kunstdenkmäler des Königreichs Sachsen. H. 35: Amtshauptmannschaft Kamenz (Land). Dresden 1912, S. 34.

Eschdorf (OT der kreisfreien Stadt Dresden)
o **HIC** / **M. I**ohann **IV**nghans Pastor / tVba **D**e**X**tra sa**LV**t**I**s / S**I**ste **VI**ator q**V**aeso / q**VI**sq**VI**s es / s**CL**opet**I** g**L**ob**VL**o ra**VCI** sona / he**V** per**II** / at **VID**e : **IV**ss**V** / **D**nn.[Domines] Hans Chr**I**stoph et hans **L**e**VI**n / nob.[iles] frat.[res] a K**I**esen**VV**etter Consant**I**or aethera frango.
(MDCLXVVVIIII = **1679** / DDCCCCLLLLVVVVVVVVVVVVVIIIIIIIIIIII = **1679** / „Jetziger Pastor M. Johann Junghans : Wanderer, wer du auch bist, ich bitte dich, halte ein, als gewandte Trompete des Heils klinge dröhnend wie ein Geschoss, ach ich bin verloren, aber siehe, auf Geheiß der Herren Gebrüder Christoph und Hans Levin von Kiesenwetter soll ich widerhallen und den Himmelsraum bezwingen")
Doppelchronogramm-Inschrift (von Pfarrer M. Johann *Junghans* [1644–1724]) auf der mittleren Glocke der Kirche in Eschdorf.

o Ca**M**pana anno **LV**theran[orum] **IV**b**IL**aeo / **D**en**V**o reparata / **CV**ratore A**L**e**X**an**D**ro a **MIL**t**I**tz,
(MDCVVVII =**1717** / MDCXVII = **1717** / „Im Jahr des Jubiläums der Lutheraner wurde die Glocke vom Patron Alexander von Miltitz abermals erneuert")
Doppelchronogramm als Anfang der Inschrift auf der großen Glocke in der Kirche von Eschdorf, verfasst von Pfarrer M. Michael *Scheibner* (1663–1737).[34]

Freiberg (Stadt im Kr. Freiberg)
+ A**V**g**V**st**V**s pr**I**n**C**eps Fre**I**berga nas**CI**t**V**r ar**C**e, nas**C**ente**M** patr**I**ae **C**hr**I**ste ben**I**gne rege.
Annus instauratae arsis.
De**IICI**t**V**r [sic!] **V**et**VL**a ar**X** Fre**I**bergae **V**t p**VLC**hr**I**or e**X**tet:A**V**g**V**st**I** ens**I**fer**I** pr**I**n**CI**p**I**s **ILLVD** op**V**s.
(MCCCCCVVVVIIIIII = **1526** / DDCCCLLLLXXVVVVVVVVVIIIIIIIIIII = **1577** / „Fürst August wurde in der Burg in Freiberg geboren, gezeugt für eine wohltätige Regierung des Vaterlandes in Christo. / Im Jahr der Erneuerung der Burg. / Die alte Burg in Freiberg wurde entfernt, um vortrefflicher zu entstehen, als Werk jenes schwerttragenden Fürsten August") Chronogrammata als Inschrift in den früheren kurfürstlichen Gemächern des Schlosses Freudenstein in Freiberg, zu dessen Erbauung unter Kfst. August von Sachsen (1526–1586).

+ **C**ontr**I**b**V**ere patres patr**I**ae **CIV**esq**V**e ben**I**gn**I V**t sa**C**r**I** hae**C** f**I**eret for**M**a probata **L**o**CI**.
(MCCCCCLVVVVIIIIIIII = **1578** / „Um die Väter des Vaterlandes und die wohltätigen Bürger zu verbinden, wurde die Einrichtung dieses geweihten Ortes gebilligt")
Chronodistichon zur Erneuerung der Nikolaikirche in Freiberg.

o S**V**nt **IV**b**IL**a **D**. **M**art[ini] **LV**th[eri] / **M**agna h**VIV**s pars est e**X**str**VC**ta / hab**I**ta**CVLI I**n anno / q**V**o **V**o**X I**n **C**aet**V** est **IV**- / b**IL**a **L**aeta **C**anens.
(MDLLVVVII = **1617** / MCCCCLLLXXVVVVVVVVVIIIIIII = **1617** / „Sind beim Jubiläum von D. Martin Luther, der große Teil dieses Wohnsitzes ist aufgebaut im Jahre, in dem die Stimme zum freudigen Jubiläum erklungen ist")
Chronodisticha auf einer Tafel im Hausflur der Löwenapotheke (= Burgstr. 9) in Freiberg.[35]

+ Itemque duo Chronodisticha pie defuncti Domini ephori nomen, annum, mensem et diem obitus continentia. **HIC** Abraha**M** Coe**C**a [sic!] **L**at**I**tans Gensreff**V**s **I**n **V**rna ./ **I**n**CL**yta the**VL**og**I**ae [sic!] g**L**or**I**a **VIV**s erat,/ **VIX** ortae f**V**erant Septe**M**br**I**s **I**n orbe Ka**L**en**D**ae / h**I**s **V**b**I** pro terr**I**s regna beata t**VLI**t.
(MCCCCLLLLVVVVVVVIIIIIII = **1637** / MDLLXVVVVIIIIIII = **1637** / „Hier [ruht] in dunkler Urne verborgen Abraham Gensreff, er lebte weit bekannt dem Ruhme der Theologie,

34 Robert Steche: Beschreibende Darstellung der älteren Bau- und Kunstdenkmäler des Königreichs Sachsen. H. 1: Amtshauptmannschaft Pirna. Dresden 1882, S. 20 f.
35 Steche, Freiberg (wie Anm. 24) S. 68, 75 f., 86.

kaum waren die Anfänge des September im Erdenrund, als sein glückliches Walten auf Erden hinweggenommen wurde")
Chronodisticha auf dem Grabstein von Pfarrer M. Abraham *Gensreff* (1577–1637) im Dom zu Freiberg.

+ PaVLVs SperLIngVs DoCtorqVe ephorVsqVe fIDeLIs / hIC IaCet & ChrIstI VVLnere sospes oVat.
(DDCCCCLLLLVVVVVVVVVIIIIII = **1652** / „Paul Sperling, Doktor und getreuer Kirchenvorsteher, liegt hier und jubelt glücklich über den Einschnitt durch Christus")
Chronogramm auf dem Leichenstein für Superintendent D. Paul *Sperling* (1595–1652) im Dom zu Freiberg.[35a]

Friedersdorf (Gem. im Kr. Löbau-Zittau)
o HaeC DoMVs o IesV stet Longos sospes In annos.
(MDCLVVII = **1662** / „Möge, o Jesu, dies Haus noch lange unversehrt stehen")
Chronostichon auf der mittleren Glocke der Pfarrkirche in Friedersdorf.[36]

Gaußig (OT der Gem. Doberschau-Gaußig im Kr. Bautzen)
+ Prae Larga gaVsIg CVra grataqVe RVDoLphI a NeItsChIz popVLos ConVoCo VoCe Deo.
(DDCCCCLLLVVVVVVVIIII = **1689** / „Dank der freigebigen Fürsorge und Gunst des Rudolf von Neitschütz rufe ich mit der Stimme die Gemeinde von Gaußig zu Gott herbei")
Chronogramm auf der fr. großen Glocke der Pfarrkirche zu Gaußig.[37]

Glauchau (Stadt im Kr. Chemnitzer Land)
o Dynastas nostros, qVos gens KaLopyrgIs habebIt et CIVes nostros optIMe tegas.
(MDCCLVVIIIII = **1765** / „Unsere Herrschaften, die das Geschlecht der Schönburger besitzen wird, und unsere Bürger schützt du, vortrefflichster Christus")
Chronostichon auf der kleinen Glocke der Stadtkirche St. Georgen in Glauchau.[38]

Görlitz (Kreisfreie Stadt)
o ALtIVs Vt hIC apeX CoeLo ConsVrgere VIsVs / fVsa horas DIDICI Verbere pressa LoqVI.
(DDCCCCLLLXVVVVVVVVIIIIII = **1607** / „Als dieser Turm sich noch über den Himmel zu erheben schien, hab nach dem Guss ich gelernt die Stunden zu künden durch Schlag"
Chronostichon auf der Seigerglocke der Dreifaltigkeitskirche in Görlitz.

o ELIa RIChtero TobIa KVppero MIChaeLe SteInbaChIo Iohanne KIsLIngIo pIIs CIVItatIs sVae ConsIs fVsore SIVertIo.
(MCCCCCLLLVVVVVIIIIIIIIIIIIIIIII = **1693** / „Von Elias Richter, Tobias Kupper, Michael Steinbach und Johann Kiesling als Gläubigen ihrer Stadt gemeinsam mit dem Gießer [Abraham] Sievert [geschaffen]")
Chronogramm als Anfang der neunzeiligen Inschrift auf der Läuteglocke der Dreifaltigkeitskirche in Görlitz.
o IgnI rVpta IaCet CaMpana haeC qVInqVe per annos:seXto, LaVs ChrIsto! sVrgIt at hoCCe noVa.
(MCCCCCCLXVVVVVVIIIIII – **1696** / „Durch das Feuer zerbrochen, ruht fünf Jahre hindurch diese Glocke, aber im sechsten entsteht sie, Lob sei Christus, aufs neue")
Chronogramm auf der großen Glocke der St Petri und Pauli-Kirche in Görlitz.[39]

35a Christian Gotthold Wilisch: Kirchen-Historie der Stadt Freyberg. Leipzig 1737, 2. Theil, S. 35 f., 40.
36 Brückner (wie Anm. 11), S. 63 f. (Nr. 19).
37 Brückner (wie Anm. 11), S. 157 (Nr. 26).
38 Robert Steche: Beschreibende Darstellung der älteren Bau- und Kunstdenkmäler des Königreichs Sachsen. H. 13: Amtshauptmannschaft Glauchau. Dresden 1890, S. 8.
39 Carl Wallis: Görlitzer Inschriften. Görlitz 1912, S. 173 und 177.

+ EXpVLsIt HVngarIa sIgno VICtrICe PoLonos reX MathIas, CepI eX aere reteXta noVo.
(MCCCLLXXXXVVVVIIIIII = **1467** / „Es vertrieb aus Ungarn mit siegreicher Fahne König Mathias die Polen, und neu ward ich bekleidet mit Erz")
FoeDIfragIs VICtIs TVrCIs CLaraqVe RVDoLphI eX Raba pVLsIs arte refeCta fVI.
(DDCCCCCLLLXVVVVVVIIIIIII = **1598** / „Als die bundbrüchigen Türken besiegt und aus Rudolphs berühmter Stadt Raab vertrieben, ward ich kunstvoll erneuert")
+ AVro, qVoD perIIt ferro, reparatVr et arte LaVrInVM. LaVs sIt, qVI regIt astra, IoVae.
(MDLLVVVVVVVVVIIIIII = **1647** (statt 1598!) / „Was als Eisen verdarb, wurde durch Gold und lorbeergeschmückt wiederhergestellt. Gelobt sei Jupiter, der die Sterne regiert.")
Chronogrammata in der Inschrift auf der großen (1691 verbrannten) Glocke der St. Petri und Pauli-Kirche in Görlitz.

o IgnIs ego saeVa rabIe VItIata resVrgo KIsLIngI CVrIs et, VVIDeManne, tVIs.
(MDCLVVVVVVVIIIIIIIII = **1696** / „Durch des Feuers grausames Wüten bin ich verdorben, durch die Fürsorge von Kiesling und Wiedemann erklinge ich den Deinen wieder")
Chronogramm auf der Betglocke der St. Petri und Pauli-Kirche in Görlitz.[40]

*Spes pIa fIsa Deo nVnqVaM ConfVsa IaCebIt.
(MDCCVVVIIII = **1719** / „Die fromme Hoffnung vertraut auf Gott, niemals wird sie verstört aufhören")
Chronostichon am ersten Obergeschoss der Vorderfront des Wohnhause Nikolaistr. 3 in Görlitz, zu dessen Wiederaufbau.[41]

Grimma (Stadt im Muldentalkreis)
+ Anno DoMIne ConserVa nos In Verbo tVo MDCXVII.
(MDCVVVII = **1617** / „Im Jahre des Herrn bewahre uns mit deinem Wort")
Chronogramm am oberen Rand der früheren Orgel in der Nikolaikirche in Grimma.[42]

Großenhain (Stadt im Kr. Riesa-Großenhain)
+ Praesens tota pII CVra reparata senatVs / aC HVbotterI est aere renata DoMVs.
(MDCCVVVVIII = **1723** / „Das Haus wurde jetzt unter der Obhut des frommen Rates ganz wiederhergestellt und mit dem Geld von [Bürgermeister Bernhard Friedrich] *Hübotter* erneuert")
Chronogramm als Inschrift in der 1723 wiederaufgebauten, jedoch 1839 als Ruine abgerissenen Augustinerklosterkirche in Großenhain.

+ En porta qVae trIstI CIVIVM aspeCtV IngentIs fVrore DeVastata fVIt. / VIVentIs AVgVstI III. CLeMentIa atqVe faVore DenVo renoVata fVLget.
(MDCCVVVVVVVIIIIIIII = **1744** / MDCLLVVVVVVVVVIIIIIII = **1752** / „Siehe das Tor, das unter dem traurigen Anblick der Bürger im Wüten eines gewaltigen Feuers verwüstet wurde, erstrahlt abermals für die Lebenden wiederhergestellt durch die Geneigtheit und Gunst Augusts III.")
Chronosticha am 1847 abgetragenen Meißner Tor in Großenhain.

+ Porta DIrVta IgnIs fVrore trIstIbVs horIs / CLeMentIs AVgVstI patrIs patrIae faVore InstaVrata fVLget.
(MDCLLVVVVVVVVIIIIIIIIII = **1751** / „Das durch Feuer im Wüten trauriger Stunden zerstörte Tor erstrahlt erneuert mit der Geneigtheit und Gunst von August, dem Vater des Vaterlandes")
Chronogramm am 1838 abgebrochenen Dresdner Tor in Großenhain.[43]

---

40 Brückner (wie Anm. 11), S. 71 f. (Nr. 28).
41 Aus dem Internet.
42 Dähnert (wie Anm. 14), S. 137.
43 Cornelius Gurlitt: Beschreibende Darstellung der älteren Bau- und Kunstdenkmäler des Königreichs Sachsen. H. 38: Die Städte Großenhain, Radeburg und Riesa. Dresden 1914, S.48, 60, 62.

Großharthau (Gem. im Kr. Bautzen)
o ErIpItVr **IV**stVs fortVnae, a**DV**ersa **MI**nar[=n?]t**I** / qVIqVe pIe **VIXI**t, **VIV**ens **I**n pa**C**e qVIes**CI**t.
(MDCCXVVVVVVVVVVVIIIIIIIIIII = **1778** / „Entrissen aus rechtschaffenem Glück und drohendem Unglück wurde er, der fromm lebte, möge er in Frieden lebend ruhen")
Chronostichon als Abschluss der Inschrift auf dem Grabdenkmal für Johann Cornelius *Bröder* in der Pfarrkirche in Großharthau.[44]

Großrückerswalde (Gem. im Kr. Bautzen)
o Anno mundi 3.[sic!] **C**hr**I**st**V**s **I**es**V**s **V**nss z**V** Fr**I**e**D**enszeIt gebo... / b**I**n **DI**esse **I**ahreszeIt **VV**ahrt FrIe**D** gesetzet **VV**ohl.
(DDDCVVVVVVVVVIIIIIIII = **1649** / ein „l" bleibt unbewertet!)
Chronogramm als Abschluss der Inschrift an der Rückseite des Altars (zu dessen Einrichtung) in der Pfarrkirche zu Großrückerswalde.[45]

Hänichen (OT der kreisfreien Stadt Leipzig)
o **SIC LVX** nostra perIs nos o RegInVLa **LI**nqVIs / **LI**nqVIs at **I**n **LVCV** te bona **MILL**e beant. / Zartes Licht Reginelein lescht uns so aus, zeuchst von uns Heim / In ewige freudt und selikeit, lest uns in laidt undt Traurigkeitt.
(MCCLLLLLLXVVVVVVIIIIIIIII = **1599**)
Chronogramm-Inschrift auf einem Holz-Epitaph zum Tode der elf Monate alten Regina *Hartenberg* in der Pfarrkirche in Hänichen.[46]

Hainewalde (Gem. im Kr. Löbau-Zittau)
+ **D**a, **I**es**V**, **V**t q**V**ot**I**es sono, gre**X** p**IV**s a**VDI**at, / orans sa**LV**e, **V**t s**V**b nostro h**IC** **D**egere rege q**V**eat!
(DDDCLXVVVVVVVVVIIIII = **1710** / „Gib, Jesus, sooft ich ertöne, dass die Gemeinde höre, das Heil ersuchend, dass man unter unserer Herrschaft hier sein Leben zubringen kann")
+ Re**LLI**gIo pVre **VI**geat, **V**erb**V**Mq**V**e **I**eho**V**ae / **I**nsonet, & **L**aeta pe**C**tora pa**C**e beet: / q**V**o t**V**a tot**IV**s resonent prae**C**on**I**a **IV**ste / per s**I**ng**L**as orb**I**s, **C**hr**I**ste beate, p**L**agas!
(MCCCCLLLLLVVVVVVVVVVIIIIIIIIII = **1711** / „Der reine Gaube stehe im Ansehen und das Wort Gottes ertöne und der heitere Geist beglücke mit Frieden, damit deine Verherrlichung in vollem Umfang in den einzelnen Gegenden des Erdkreises mit Recht widerhalle, gesegneter Christus!").

+ **CVI** nos a**D** **I**o**V**ae **IV**ssa a**VDI**re **V**o**C**antes / obt**I**ng**I**t, grates **C**on**CI**net ore p**I**o. / s**V**sp**I**ret **V**entans : aeterno g**L**or**I**a patr**I** / & nato aeq**V**a**LI**, &, sp**I**r**I**t**V**s a**L**te, t**I**b**I**.
(DDCCCCCLLLVVVVVVVVVVIIIIIIIIIIIIII = **1711** / „Damit uns Herbeigerufenen Gottes heiliges Geheiß hörbar zu teil wird, ertönt sie in der frommen Umgebung als Dank, möge sie künftig ewig seufzen zum Ruhm des Vaters bei gleichzeitiger Geburt von hohem Geist")
Chronodisticha (von Pfarrer Johann Christoph *Lehmann* [1661–1714]) auf den drei anlässlich des 1710 erfolgten Neubaus der Pfarrkirche neugegossenen (1825 umgegossenen) Glocken in Hainewalde.[47]

44 Cornelius Gurlitt: Beschreibende Darstellung der älteren Bau- und Kunstdenkmäler des Königreichs Sachsen. H. 31. u. 32: Amtshauptmannschaft Bautzen. Dresden 1908, S. 93.
45 Robert Steche: Beschreibende Darstellung der älteren Bau- und Kunstdenkmäler des Königreichs Sachsen. H. 5: Amtshauptmannschaft Marienberg. Dresden 1885, S. 7 f.
46 Cornelius Gurlitt: Beschreibende Darstellung der älteren Bau- und Kunstdenkmäler des Königreichs Sachsen. H. 16: Amtshauptmannschaft Leipzig. Dresden 1894, S. 53 f.
47 Urban Gottlieb Hausdorff: Haynewaldes Gott-geheiligtes Vale und Salve. Görlitz 1711, S. 80 f.

Herwigsdorf (OT der Gem. Rosenbach im Kr. Löbau-Zittau)
o **C**oe**L**est**I**a ga**VDI**a q**V**ae per sa**LV**atore**M** e**X**orta s**V**nt.
(MDCLLXVVVVII = **1732** / „ Oh himmlische Freuden, die von unserem Erlöser ausgegangen sind")
Chronogramm auf einem Emporengemälde am Orgelchor der Pfarrkirche in Herwigsdorf.[48]

Höckendorf (OT der Gem. Laußnitz im Kr. Kamenz)
* **M**ors **I**nnotes**CI**t repetan**D**e[sic!] per horas.
(MDCLII = **1652** / „ Der Tod wird bekannt durch zurückgeholte Stunden")
Chronogramm an der Sonnenuhr an der Südostecke der Pfarrkirche in Höckendorf.[49]

Hof (OT Gem. Naundorf im Kr. Torgau-Oschatz)
o Hae**C** **LV**strans spe**C**ta ne**C** non opta **I**sta propago a **SC**h**L**e**I**n**I**tz **V**a**L**eat tr**I**na et rosa f**L**oreat ae**VVM**.
(MCCCCLLLLVVVVIIII = **1624** / „Dieses sichtbare und erwünschte Geweihte ist ein Geschenk von [Dietrich von] Schleinitz, er möge sich dreifach wohl befinden und blühen wie eine Rose")
Chronogramm unter dem Relief auf der rechten Seite des Altars in der Pfarrkirche in Hof.[50]

Horka (Gem. im Niederschlesischen Oberlausitzkreis)
o Gott **L**ass **V**ns ferner h**I**er **DI**e ne**V**en g**L**o**C**ken ha**LL**en, b**I**s e**I**nstens a**LL**es **VVI**r**D** **I**n **L**a**V**ter n**IC**hts zerfa**LL**en.
(DDCCLLLLLLLLVVVVVIIIIII = **1682**)

o **VV**enn oft **DI**ese g**L**o**C**ken k**LI**ngen, **VVI**r**D** **M**an gott z**V** ehren s**I**ngen.
(MDCLLVVVVVIIII = **1729**)
Chronosticha jeweils auf der kleinen sowie auf der großen Glocke der Pfarrkirche in Horka.[51]

Jahnishausen (OT der Stadt Riesa im Kr. Riesa-Großenhain)
* Mich ließ A**V**gVstVs von Kötteritz Rittmeister **DI**ese ze**I**t seinem a**LL**er **LI**ebsten IesV zV Ehren durch Andream Herolden in Dresden gießen.
(MDLLLVVVVVIIIII = **1679**)
Unsauberes Chronogramm je auf der mittleren und kleinen Glocke der Schlosskirche in Jahnishausen.[52]

Jonsdorf (Gem. im Kr. Löbau-Zittau)
o NVtV et aVsp**ICII**s / senatVs **CIVI**tat**I**s Z**I**tta**VI**ens**I**s / patron**I** h**VIV**s e**CCL**es**I**ae / per ben**I**gn**I** et p**II** / fVsa / e**IV**sqVe InspeCtor**VM** **CV**ra / sVspensa.
(MCCCCCCLVVVVVVVVVVVVVVIIIIIIIIIIIIIIII = **1738** / „Unter Zustimmung und Leitung des Rates der Stadt Zittau als Patron unserer Kirche, durch die Freigebigen und Frommen gegossen und mit der Fürsorge der Inspektoren aufgehängt")
Chronostichon auf der großen Glocke der Pfarrkirche in Jonsdorf.[53]

48 Gurlitt, Löbau (wie Anm. 12), S. 212.
49 Gurlitt, Kamenz-Land (wie Anm. 33), S. 78.
50 Gurlitt, Oschatz (wie Anm. 6), S. 113.
51 Brückner (wie Anm. 11), S. 84 (Nr. 42).
52 Cornelius Gurlitt: Beschreibende Darstellung der älteren Bau- und Kunstdenkmäler des Königreichs Sachsen. H. 37: Amtshauptmannschaft Großenhain (Land). Dresden 1913, S. 112.
53 Cornelius Gurlitt: Beschreibende Darstellung der älteren Bau- und Kunstdenkmäler des Königreichs Sachsen. H. 29: Amtshauptmannschaft Zittau. Dresden 1906, S. 86.

Kamenz (Stadt im Kr. Kamenz)
o Hans WoLff De PonIkaV aVff BaseLItz VnD HennersDorff. / Generose natus. VoLVntas IehoVae norMa fIDeI et speI. / Beate donatus VoLVntas DoMInI regVLa nostra.
(DDDLLVVVII = **1617** / MDLVVVIIII = **1569** / MDLLVVVII = **1617** / „Hochherzig geboren von Gottes Willen mit der Richtschnur von Glaube und Hoffnung / Glücklich beschenkt nach Gottes Willen mit unserer Lehre")
Dreifaches Chronogramm auf dem Grabdenkmal von Hans Wolf von *Ponickau* (1569–1617) in der Hauptkirche in Kamenz.

o TrIstIbVs In FebrVIs LVX heI septenabIs aCta prInCIpIs Vt CeLebrant CaMICIa eXeqVIas.
(MCCCCCLLXXVVVVVIIIIIIIIII = **1657** / „Im Licht des 7. Februar werden die Taten des Fürsten betrauert, demgemäß begehen sie in Kamenz eine Leichenfeier")
Chronogramm als Abschluss einer längeren Inschrift auf einer hölzernen Gedenktafel für Kfst. *Johann Georg I.* († 1656) anlässlich dessen Begräbnis 1657, in der Hauptkirche zu Kamenz.

o MartInVs LVtherVs theoLogIae D.[octor] serVVs ChrIstI.
(MDCLLVVVVVIIII = **1729** / „Martin Luther, Doktor der Theologie, Diener Christi")
Chronogramm auf der großen Glocke der Hauptkirche in Kamenz.[54]

Kleinbautzen (OT der Gem. Malschwitz im Kr. Bautzen)
+ CarL HeInrICh Von NostItz LIess heVer neVV MICh gIessen, es Lese VVeIter SChrIfft, VVer VVeIter ZeIL VVIL VVIssen. MDCLXXXIV.
(MCCCCLLLLVVVVVVVVVVVVVVIIIIIIIIII = **1682** (statt 1684!)
Chronostichon auf der fr. großen Glocke (nach Zerspringen Umguss 1761) der Pfarrkirche in Kleinbautzen.[55]

Kleinschönau (OT der Gem. Schönau-Berzdorf im Kr. Löbau-Zittau)
o Christo Hominum incluto / redemptori sacrum / templum hocce /..../ instauratum / Dant anIMI soLI ChrIste / benIgne, tIbI!
(MDCLIIIIII = **1657** / „Für den von den Menschen vielgepriesenen Christus als Nutzer wurde diese geweihte Kirche ... erneuert, die einsamen Seelen widmen sie dir, gütiger Christus")
Chronogramm innerhalb einer längeren Inschrift im Innern an der Nordwand der Pfarrkirche in Kleinschönau, zu deren erfolgter Erneuerung.[56]

Kleinwaltersdorf (OT der Stadt Freiberg im Kr. Freiberg)
* Annus et dies obitus includitur hoc disticho : MorDIsIVs fato rapItVr pIVs arbIter aeqVI / Vesper VbI IVnII qVIntVs ab aXe rVIt.
(MDXVVVVVVVVVVIIIIIIIIIII = **1572** / „Jahr und Tag des Todes wurden in diesem Distichon eingeschlossen : Mordeisen wurde vom Schicksal hinweggerafft als frommer Schiedsmann seiner Freunde, sobald der Abend am 5. Juni vom Himmel herabsank")
Chronodistichon als Abschluss einer elfzeiligen Inschrift (= Epitaphium metricum) am Epitaphaltar zum Gedenken an dessen Stifter Ulrich *Mordeisen* (1519–1572), Doktor der Rechte, Cammerrat des Kfst. Moritz von Sachsen, Ordinarius in Leipzig, Erbherr zu Waltersdorf, in der Pfarrkirche von Kleinwaltersdorf.[57]

54 Cornelius Gurlitt: Beschreibende Darstellung der älteren Bau- und Kunstdenkmäler des Königreichs Sachsen. H. 36: Die Städte Kamenz und Pulsnitz. Dresden 1912, S. 62, 83, 90.
55 Brückner (wie Anm. 11), S. 169 f. (Nr. 47).
56 Gurlitt, Zittau-Land (wie Anm. 53), S. 93.
57 Steche, Freiberg (wie Anm. 24), S. 102; Wilisch, Freyberg (wie Anm. 35a), S. 393.

Kleinwölkau (OT der Gem. Schönwölkau im Kr. Delitzsch)
Iohanne Georg**I**o Se**CV**n**D**o ar**X** **I**sta **I**nsta**V**rata **I**ns**I**gn**I**ter t**V**rr**I**s, ab E**L**e**C**tore / no**L**aeq**V**e hae s**V**spensae **DVLC**es **VIV**at r**V**ta Sa**X**on**I**a fa**C**ta a**L**t**I**or.
(DDCCCCLLLLXXVVVVVVVVVVIIIIIIIIII = **1676** / „Von Johann Georg II. für den erneuerten Schlossturm ausersehen, vom Kurfürsten als Glöckchen liebevoll geweiht, es lebe die sächsische Raute für die erhabenen Taten")
Chronogramm auf einer Glocke der Pfarrkirche in Kleinwölkau. [Der Text ergibt keinen Bezug zur Pfarrkirche!][58]

Knauthain (OT der kreisfreien Stadt Leipzig)
o **VIV**at! **SI**t fe**LIX**! **VI**reat f**V**n**D**ator! et ae**D**es. / Has ser**V**et ne**C** non protegat **V**sq**V**e **D**e**V**s!
(DDCLXVVVVVVVVVIIII = **1704** / „Es lebe! Es sei Glück bringend! Es gedeihe der Erbauer und das Gebäude! Gott bewahre und beschütze es auch hinfort!"
Chronostichon als Abschluss der Inschrift zum Erbauungsjahr über dem Portal des Schlosses in Knauthain.[59]

Königshain (Gem. im Niederschlesischen Oberlausitzkreis)
o **C**hr**I**stoph The**V**r**I**g Gärtner z**V** Kön**I**gshan [sic!] **V**erehret **DI**eses **D**er **KI**r**C**he **D**ah**I**er.
(DDDCCVVVIIIIII = **1721**)
Chronodistichon auf einem Messkelch in der Kirche in Königshain.[60]

Königstein (Stadt im Kr. Sächsische Schweiz)
o Alle drei Glocken in der Garnisonkirche der Festung Königstein wurden vom Glockengießer Andreas Herold mit der gleichlautenden Chronogramminschrift (für **1676**) versehen wie die Glocke in der Kirche von Kleinwölkau![61]

Kohren (Stadt im Kr. Leipziger Land)
o **HaVD IrrItVs V**ester **L**abor r**I**te ergo **L**aeta pro**MI**te.
(MDLLVVVIIII = **1619** / „Eure Mühe [ist] keineswegs wirkungslos, also verkünde in feierlicher Form Freude")
Chronostichon über der Kanzeltür der alten Kanzel, die im Pfarrhaus der Stadtkirche von Kohren verwahrt wird.[62]

Kreba (OT der Gem. Kreba-Neudorf im Niederschlesischen Oberlausitzkreis)
+ CaMpana haec 1703 renovata est auspiciis generosi Domini Adam Gottlob a Rueckhard ecclesiae Kreb.(ensis) patrono. **D**a nob**I**s pa**C**e**M** p**I**e **C**hr**I**ste. Peter Schirach, Pastor.
(MDCCIII = **1703** / „Diese Glocke wurde erneuert mit Unterstützung des hochherzigen Herrn Adam Gottlieb von Rückhard als Patron der Kirche von Kreba. Gib uns Frieden, holder Christus. Pastor Peter *Schirach*")
Chronogramm im Text auf der fr. großen (1794 umgegossenen) Glocke der Pfarrkirche von Kreba.[63]

Langenbernsdorf (Gem. im Kr. Zwickauer Land)
o Annus exustionis et exstructionis eccles**I**ae. / Hae**C** f**VI**t e**XV**sta a**C** e**X** e**CCL**es**I**a **I**n anno ho**C** / q**VI** a**V**sp**ICI**o **CL**aret. **DIV**e **LV**thero t**V**o / Deutsche Jahrzahl des brandes vnd bawes. / **DI**s k**I**r**C**h **I**ns fe**VV**er **VV**art gelegt / a**L**s **D**o**C**tor **LV**thers **VV**ort erstehet / **I**st a**VC**h ganz

58 Schönermark, Delitzsch (wie Anm. 31), S. 189.
59 Gurlitt, Leipzig-Land (wie Anm. 46), S. 65 f.
60 Gurlitt, Zittau-Land (Anm. 53), S. 100.
61 Steche, Pirna (wie Anm. 34), S. 41.
62 Robert Steche: Beschreibende Darstellung der älteren Bau- und Kunstdenkmäler des Königreichs Sachsen. H. 15: Amtshauptmannschaft Borna. Dresden 1891, S. 71.
63 Brückner (wie Anm. 11), S. 58 (Nr. 10).

fest **I**n se**L**ben **I**ahr / be**I** grosser kost ne**VV** erba**VV**t gar. / hau**C** [sic!] reno**V**are **LIC**et Centes**IMV**s **V**t f**LVI**t ann**V**s /e**X** **ILL**o absq**V**e tr**I**b**V**s s**I**s **VI**g**ILV**na tr**I**as. / Jahrzahl des Weissens / Na**C**h h**V**n**D**ert **I**ahren wen**I**ger **D**re**I** / w**I**rts w**ID**er re**I**n we**I**s Gott steh **I**hr be**I**. (DCCCCCCCCLLLXXVVVVVVVVVIIIIII = **1517** / DDCCCLLLVVVVVVVVVVVVVIIIIIII = **1517** / MCCLLLLLXVVVVVVVVVVIIIIIIIII = **1614** / DDDCVIIIIIIIII = **1614**)
Vierfache Chronogramminschrift an der Südseite der Pfarrkirche in Langenbernsdorf.[64]

Leipzig (Kreisfreie Stadt)
+ **QVI**q**VI**s es h**VC** pos**I**t**V**s sa**C**r**VM** **C**ognos**C**e tr**I**b**V**na**L** **IV**raq**V**e pro **I**ngen**I**o ne no**V**a f**I**nge t**V**o.
(MCCCCLVVVVVVVVVVVIIIIIII = **1508** / „Jeder der du hier an geweihter Stelle stehst, vernimm das Gericht und schwöre mit Verstand, ersinne dir nichts Neues")
Chronogamm als Abschluss der Inschrift auf einer Bronzetafel am Richterstuhl im Sitzungssaal des Alten Rathauses in Leipzig.

* Hoc Monumentum posvit / **VIDVV**s c**VM** p**L**angente nato.
(MDCLVVVVI = **1671** / „Dieses Denkmal stellte der Witwer in trauerndem Alter auf")
Chronogramm als Abschluss der Inschrift auf der Bronzeplatte für Rosina *Stiegelitz* geb. Schnurbain (1646–1670), Ehefrau des Juristen Melchior Stiegelitz, fr. im Hauptchor der Paulinerkirche in Leipzig, j. im Depot der Heilandskirche in Leipzig-Plagwitz.[65]

* Quodsi post Christum natum numeravis annos / **C**a**LCVLV**s e **IV**so **C**ar**MI**ne **C**ert**V**s er**I**t.
(MCCCCLLVVVVIII = **1523** / „Wenn du also nach Christi Geburt die Jahre gezählt hast, wird die Rechnung von der nützlichen Inschrift bestimmt sein")
Chronogramm als Abschluss einer achtzeiligen Inschrift auf einem aufgeschlagenen Buch an der Hoffassade von „Barthels Hof" (= Markt 8) in Leipzig[66] (siehe *Abb. 2*).

+ En, f**V**n**DV**nt**V**r aq**V**ae grat**I**s q**V**apropter **V**trasq**V**e non te poen**I**teat saepe **L**a**V**are **M**an**V**s.
(MDLVVVVVVVVVII = **1597** / „Siehe, das Wasser möge oft zum Händewaschen fließen, deshalb allen beiden, nicht nur dir, der du bereuen mögest.")
Chronogramm am Handwaschfass im Alten Rathaus in Leipzig.

+ Organon ho**C** str**VXI**t **CV**r**I**s st**VDII**sq**V**e parat**I**s Pe**ILIC**ko ae**DILI**s Cons**VL**e patre sat**V**s.
(DDCCCCLLLXVVVVVVIIIIIIIII = **1599** / „Dieses Instrument wurde aufgebaut als Zeugnis der bereitwilligen Fürsorge und des Strebens von Bürgermeister [Wolff] Peilicke")
Chronogramm an den Flügeln der alten Orgel (bis 1693) in der Nikolaikirche in Leipzig.

o Anno Christi beat**I** s**V**nt q**VICV**nq**V**e [sic!] **I**n **D**eo **M**or**IV**nt**V**r. Apocal.[ypsis] 14 vers.[us]13.
(MDCVVVVVIIII = **1634** / „quicunque" statt „quicumque"! / „Im Jahr Christi : Glücklich sind die im Dienst des Herrn sterben")
Chronogramm als Anfang der Inschrift auf der großen Glocke der Nikolaikirche in Leipzig.

64 Robert Steche: Beschreibende Darstellung der älteren Bau- und Kunstdenkmäler des Königreichs Sachsen. H. 12: Amtshauptmannschaft Zwickau. Dresden 1889, S. 33.
65 Cornelius Gurlitt: Beschreibende Darstellung der älteren Bau- und Kunstdenkmäler des Königreichs Sachsen. H. 17: Stadt Leipzig. Dresden 1895, S. 126 f., 317.
66 Paul Zinck: Wohnhausinschriften im Königreich Sachsen. Dresden 1913, S. 49 (Nr. 240); Wolfgang Hocquel: Die Leipziger Passagen. 3. Aufl. Beucha 2007, S. 74.

+ Anno qvo ZeIDLerI trInae ELIsabeth, Martha AnnaqVe gnatae fVnerIs eXeqVIas obtInVere sVas, surgite mortui & venite ad judicium.
(MDLLXVVVVVIIIIII = **1642** / „Im Jahr als die drei Zeidler-Töchter Elisabeth, Martha und Anna durch Leichenbegängnisse fortgeführt wurden, erhebt euch vom Tode und kommt zum [jüngsten] Gericht")
Chronogramm als Abschluss der Inschrift auf dem Grabdenkmal für die drei Töchter von Prof. Dr. med. Johann *Zeidler* in der Paulinerkirche in Leipzig.[67]

* Mens VIVIt CoeLo seD tegIt ossa LapIs.
(MDCLLVIIII = **1714** / „Der Geist lebt im Himmel, aber die Knochen bedeckt der Stein")
Chronogramm auf einem Schriftband im unteren Teil der Bronzegrabplatte für Pfarrer Immanuel *Horn* (1652–1718) an der Westseite des Mittelschiffs in der Thomaskirche in Leipzig.[68]

Leuba (OT der Gem. Ostritz im Kr. Löbau-Zittau)
o FLVXVs VsVrVs DoneC MansVra seqVantVr.
(MDCLXVVVVVVVV = **1700** / „Für die Nutzung zerfallen bis endlich diese Unterkunft folgte")
Chronogramm zum Neubau am Gesims des Schlosses in Leuba.

o Pro CVLtVra rVrIs eX fVnDamento ereXIt Josepha GVIrthIn abbatIsssa / MarIae VaLLIs / Cooperante DILeCto eo teMpore praeposIto LaVrentIo.
(MDCLLLXXVVVVVVVIIIIIII = **1808** / MDCCLLVIII = **1808** / „Für die Pflege des Landes von Grund auf errichtet von Josepha Gürth, Äbtissin in Marienthal, gemeinsam mit dem derzeitigen teuren Propst Laurentius")
Chronogrammata an einem Wirtschaftsgebäude des Gutshofes in Leuba zur Erbauung durch Maria *Gürth*, Äbtissin von Marienthal (1801–1810).[69]

Leubnitz (OT der kreisfreien Stadt Dresden)
o PVLsVs Interego DIros [sic!] CaMpana. VetVsta / DenIqVe fIssVra / sVM. LabefaCta noVa / attaMene HpLa [= VapVLa] CItore parata VIDeto senatVs / CVIVs:DresDensIs fVsor HeroLDVs erat.
(MDCLVVVVII = **1672** / MDCLVVVVII = **1672** / MDCLVVVVII = **1672** / DDDCLVVVVII = **1672** / „Als Glockenschlag klinge ich unheilvoll, schließlich bin ich vom Alter geborsten, erneuert, besorgt vom Rat Dresdens, bin ich bei Berührung durch Anschlag bereit herbeizurufen, besorgt vom Rat Dresdens, Gießer war Herold")
Vierfaches Chronogramm als Inschrift auf der mittleren Glocke der Pfarrkirche zu Leubnitz.

o ConsVLe VVIgnero frangebar, seD noVa rVrsVM / sVM. qVoqVe fVsa CIto, fVsor HeroLDVs erat. / F.[ecit] M. Ge[orge] Gerlach / T.T.Pastor, h.[uius] loci.
(MDCLVVVVVVI = **1681** / MDCLVVVVVVI = **1681** / „Unter Bürgermeister Wiegener wurde ich zerbrochen, aber ich bin erneuert und gegossen rufe ich, Gießer war Herold, veranlasst von M. Georg *Gerlach* [1615–1686], Pfarrer dieses Ortes")
Doppel-Chronogramm als Inschrift auf der kleinen Glocke der Pfarrkirche zu Leubnitz.[70]

67 Salomon Stepner: Inscriptiones Lipsienses. Leipzig 1675, S.66 f. (Nr. 201), S. 134 (Nr. 475), S. 321 (Nr. 1640) und S. 328 (Nr. 1702).
68 H. Magirius u.a.: Stadt Leipzig. Die Sakralbauten. München-Berlin 1995, S. 314 f. (Nr. 259 mit Abb.).
69 Gurlitt, Zittau-Land (wie Anm. 53), S. 104.
70 Cornelius Gurlitt: Beschreibende Darstellung der älteren Bau- und Kunstdenkmäler des Königreichs Sachsen. H. 24: Amtshauptmannschaft Dresden-Altstadt. Dresden 1904, S. 62.

Löbau (Stadt im Kr. Löbau-Zittau)
* AbrahaM StVrtz Der CapLan / zv Konigsbrvck gewesen VIII Iahr; zv Löbaw vnd Lawaldaw XXXII Iahr / In DIeseM Iahr aLt, seChzIg ohn eIneß / Ist geboren in Meissen zvm Hoff, vnfern Oschatz, am 25. Aprilis im Iahr 1597. / gott erhaLte MICh / hIer beI Den eInIgen / PatrIs MIserICor- / DIa LIbe- / rabor. / StIrbt In gLaVben aVf seInß ErLöserß IesV gnaD / DIe er bIß Ins XXXX. Iahr gepreDIget hat.
(MDCLV = **1665** / MDCLIIIIIII = **1657** / MDCLIIIII = **1655** / MDCLIIIII = **1655** / DDDLLXXXXVVVIIIIIIII = **1664** / es müsste sich jeweils aber **1665** ergeben!)
Unsauberes fünffaches Chronogramm als Inschrift auf dem Grabdenkmal für Archidiakon Abraham *Sturz* (1597–1665) in der Nikolaikirche in Löbau.[71]

Lorenzkirch (OT der Gem. Zeithain Kr. Riesa-Großenhain)
o Otto Heinrich Pflug / Martta Pflugin / 1649 / PaX pIa rIte VenI Otto HeInrICh PfLVg fLVXa reforMat organo qVo psaLLant CantICa ChrIste tIbI.
(MCCCCLLLLXXVVVVIIIIIIIII = **1649** / „Der fromme Friede kam zum Glück, Otto Heinrich Pflug erneuerte die zerfallende Orgel, auf der Lieder für dich, Christus, erklingen")
Chronostichon auf dem Denkmal für Otto Heinrich und Martha *Pflugk* in der Pfarrkirche von Lorenzkirch.[72]

Malschwitz (Gem. im Kr. Bautzen)
o Ebenezer / BIs hIerher hat Vnser Gott / seIne HVLfe Vns erVVIesen / er seY aVCh In IesV NahMen / IeDerzeIt Von Vns geprIeßen / 1. Sam[uel] 7 v.12.
(MDLVVVVVVVVVYIIIIIIII = **1706** / „Y" wird mit „2" bewertet!)
Chronogramm auf einer Kartusche am Fußgesims der Kanzel in der Pfarrkirche in Malschwitz.[73]

Markranstädt (Stadt im Kr. Leipziger Land)
o Anno 1568 exstructum atq.[ue] errectum / Vero aLtare Deo renoVatVr et esto saCratVM.
(MDCLVVVV = **1670** / „Im Jahre 1568 errichtet und aufgebaut, wurde der Altar mit dem wahren Gott erneuert und sei geheiligt.")
Chronogramm als Anfang einer Inschrift auf der Rückseite des Altars in der Stadtkirche in Markranstädt.[74]

Mehltheuer (OT der Gem. Hirschstein im Kr. Riesa-Großenhain)
o Anno a nato Christ / quo / FrIDerICVs AVgVstV saXo reX PoLonorVM / coronabatur.
(MDCLXXVVVVII = **1692** / „Im Jahr seit der Geburt Christi, in dem Friedrich August von Sachsen zum König der Polen gekrönt wurde")
Chronogramm als Abschluss der Inschrift auf der kleinen Glocke der Pfarrkirche in Mehltheuer.[75]

Meißen (Große Kreisstadt)
* Anno a creatione mundi has aeDes StephanVs PInker fVnDaVIt In Vrbe Mysna seD DoMInVs VppeDItabat[sic!] opeM
(MMMDDDDDVVVVVVIIIII = **5535** / „Im Jahre der Erschaffung der Welt hat Stephan Pinker in der Stadt Meißen dieses Gebäude errichtet, aber der Herr gab reichlich Hilfe")
Anno Christi nati ex virgine aVspICe Coepta Deo et nostrIs habItatIo faCta CVrIs, praesIDIo tVta stat angeLICo.

71 Gurlitt, Löbau (wie Anm. 12), S. 327.
72 Gurlitt, Oschatz (wie Anm. 6), S. 173.
73 Gurlitt, Bautzen (wie Anm. 44), S. 149.
74 Gurlitt, Leipzig-Land (wie Anm. 46), S. 86.
75 Gurlitt, Großenhain-Land (wie Anm. 52), S. 170.

(DDCCCCCLVVVIIIIIII = **1573** / „Im Jahre des von der Jungfrau geborenen Christus wurde das Haus mit dem Beistand Gottes und unter unserer Fürsorge errichtet und steht unter sicherem Engelsschutz")
Chronodisticha beiderseits des Eingangsportals des „Bahrmannschen Brauhauses" (An der Frauenkirche / jetzt Sitz des Standesamts) in Meißen zu seiner Erbauung.[76]

o HaeCCe est ara Deo saCra IesV hInC peLLe noCIVos / atqVe pIos IVXta speqVe fIDeqVe LeVa.
(DDCCCCCLLLXVVVVVVVVIIIIII = **1701** / „Dies ist der geweihte Altar für Gott und Jesus, beeindrucke die Schuldigen und stärke die Frommen durch Hoffnung und Überzeugung")
Chronogramm als Schriftband über dem Altarbild in der Urbanskirche in Meißen, verfasst von Pfarrer M. Christoph Heinrich *Germann* (1661–1732).[77]

Naustadt (OT der Gem. Klipphausen im Kr. Meißen)
+ Septena Vt febrVo LVXIt LVX Mens tenet astra aC ILLe hoC posItVs ContegIt ossa LapIs.
(MCCCLLLLLXXVVVVVVIIIII = **1600** / „Als am 7. September das Licht erstrahlte, bewahrt sich der Geist als Stern und dieser hier aufgestellte Stein verdeckt die Knochen")
Chronogramm als Teil der Inschrift auf einer Gedenktafel für Ernst Wilhelm von *Miltitz* am Altar der Pfarrkirche in Naustadt.[78]

Nemt (OT der Stadt Wurzen im Muldentalkreis)
o LIberet nos IesVs sVo aDVentV ab oMnIbVs pLagIs.
(MDLLVVVVVIIII = **1629** / „Jesus möge uns mit seiner Wiederkehr von allen Wunden befreien")
Chronodistichon an der Orgelempore in der Pfarrkirche zu Nemt.[79]

Niederschöna (Gem. im Kr. Freiberg)
o Anno quo fissa preCes paCis non poLLens paCe CaDente posCere paCe noVae D reparata sono.
(DDCCCCCCLL =**1700** [ohne die zwei möglichen „i"!] / „Im Jahre in dem die Bitten um Frieden zerplatzten, den Frieden nicht erbrachten und Frieden zu fordern fehlschlugen, so erklinge ich neu wiederhergestellt mit D")
Chronogramm auf der großen Glocke in der Pfarrkirche in Kleinschönau.[80]

Oberstützengrün (Gem. im Kr. Aue-Schwarzenberg)
o Die kleine Glocke in der Pfarrkirche in Oberstützengrün wurde vom Glockengießer Andreas *Herold* mit dem gleichlautenden Chronogrammtext (für **1676**) versehen wie die Glocken von Kleinwölkau und Königstein; der Text besitzt demzufolge keinen Bezug zur Pfarrkirche![81]

Oschatz (Stadt im Kr. Torgau-Oschatz)
o AVspICIIs tanDeM renoVata potentIs IoVae / atqVe Deo rVrs VM rIte saCrata fVIt / VVarDt Vernewert DVrCh Des Herrn segen / VnD nVn IhM CzV eIzn Vbergeben.
(MDCVVVIIIII = **1620** / MDCVVVVII =**1622** / DDDCVVVV = **1620** / MDCVVVVII=**1622**) Chronodisticha als Teil der Inschrift auf einer Tafel am Taufstein in der Stadtkirche St. Ägidien in Oschatz, zu dessen und der Kirche Erneuerung nach dem großen Stadtbrand von 1616.

76 Auskunft des Stadtarchivs Meißen.
77 Cornelius Gurlitt: Beschreibende Darstellung der älteren Bau- und Kunstdenkmäler des Königreichs Sachsen. H. 39: Meißen (Stadt). Dresden 1917, S. 173.
78 Cornelius Gurlitt: Beschreibende Darstellung der älteren Bau- und Kunstdenkmäler in Sachsen. H. 41: Amtshauptmannschaft Meißen-Land. Dresden 1923, S. 322.
79 Cornelius Gurlitt: Beschreibende Darstellung der älteren Bau- und Kunstdenkmäler des Königreichs Sachsen. H. 20: Amtshauptmannschaft Grimma. Dresden 1898, S. 188.
80 Steche, Freiberg (wie Anm. 24), S. 112.
81 Steche, Schwarzenberg (wie Anm. 16), S. 27.

o Reparata tan**DeM** Io**V**ae ea a**V**sp**ICI**Is f**VI**t.
(MDVVVIIIII = **1620** / „Dies wurde endlich mit Hilfe des Herrn wiederhergestellt")
Chronogramm als Teil der Inschrift am Portal der an die Stadtkirche angebauten Leichenhalle anläßlich des Wiederaufbaus der Kirche.[82]

o O**C**tober q**V**ater et / no**VI**es **V**t **LVC**e / ref**VL**get terna / q**V**ater te**M**p**L**o / po**C**[u]**L**a / **C**roata rap**I**t // orto [= or**D**o?] b**I**s r**I**- / g**ID**o Febr**V**ar**I**o / **I**n orbe **C**or**V**s **C**o. / **VV**e**I**sssenbergae / h**IC** a**V**rea po**C**[u]**L**a / **L**o**C**at.
(MCCCCLLLLVVVVVVII = **1632** / DCCCCCLLVVVVVIIIIII = **1132** [es fehlt ein „D"!] / „Als am 13. Oktober das Licht aufleuchtet, rauben die Kroaten in der Kirche 12 Kelche / am Anfang des zusammen mit dem Nordwestwind doppelt starren Februar auf der Erde überstellt Weissenberg diesen goldenen Kelch")
Chronodisticha auf einem Abendmahlskelch, gestiftet vom Präfekten Sebastian *Weissenberg*, in der Stadtkirche in Oschatz.[83]

Ostritz (Stadt im Kr. Löbau-Zittau)
o S**I**ste **VI**ator / **C**ons**ID**era **CI**neres **I**oannaeos / ora pro e**IV**s an**IM**a **VIVIVV**s / proteoka**VI**t [sic!].
(MDCCVVVVVVVIIIIIIIII = **1745** / „Verhalte Wanderer, gedenke der Asche des Johannes, bete für dessen Seele, die er zu Lebzeiten besonders behütet hat")
Chronogramm als Anfang der Grabinschrift für Pfarrer Gottfried *Kukuberg* (1680–1745) auf einer Steintafel an der südlichen Wand in der Stadtkirche zu Ostritz.

o Gott z**V** Ehren / **D**en **M**ens**C**hen / z**V** Trost a**V**f / ger**IC**ht **V**on / Georg Kno**LI** / **C**h. Anna Ros**I**na / se**I**n Ehefra**V**.
(MDCCLVVVVVIIII = **1779**)
Chronogramm auf einer Andachtsäule am nordwestlichen Eingang der Stadt Ostritz.[84]

Oybin (Gem. im Kr. Görlitz)
+ **C**oenob**IVM** Karo**LV**s ho**C** **C**ond**I**d**I**t **I**n**dV**perator.
(DDCCCLVVVIIII = **1369** / „d" bleibt zu dieser Zeit noch unbewertet! / „Karl [IV.] hat dieses Kloster als Anleger gegründet")
Diese Chronogramminschrift soll über der Pforte des 1369 gegründeten und 1577 abgebrannten Cölestinerklosters Oybin (bei Zittau) angebracht gewesen sein. Ein Chronogramm, noch dazu mit Hervorhebung, erscheint für das 14. Jahrhundert aber fragwürdig; vielmehr dürfte es sich um einen retrospektiven Memorialvers zur Klostergründung handeln.[84a]

Pirna (Stadt im Kr. Sächsische Schweiz)
o **D**a **DI**e E**L**be **V**n**D** **V**ebera**V**s große / **VV**sserf**LV**th **V**nerhörter **VV**e**I**se b**I**s / h**I**era**V**f g**I**ng/ Christoph Pöckel [korrekt Völkel], Geleitsmann, den 7. Februar 1655.
(DDDLLVVVVVVVVVVIIIII = **1655**)
Chronogramm auf einer Hochwassertafel am Altem Zollhaus am Steinplatz an der Elbe.[85]

---

82 Hermann Schmidt: Die Inspection Oschatz. In: Sachsens Kirchengalerie. Bd. 3. Abt. 4. Dresden 1840.
83 Gurlitt, Oschatz (wie Anm. 6), S. 221.
84 Gurlitt, Zittau-Land (wie Anm. 53), S. 157 und 160.
84a Carl Gottlob Morawek/Moritz Gabriel: Zittavia oder Zittau in seiner Vergangenheit und Gegenwart. 2 Teile. Zittau 1848–1849 (ND Zittau 1999), S. 69.
85 W. Bach/W. Hentschel: Die Stadt Pirna. Dresden 1929, S. 212.

Planitz (Stadtteil der kreisfreien Stadt Zwickau)
+ **CVM** Sa**X**o et s**V**e**CV**s t**VLLIC**a **C**astra ne**C**ant.
(MCCCCCLLXVVVVI = **1631** / „Als der Sachse und der Schwede Tillys Lager tödlich besiegten"
Chronogramm als Abschluss der Inschrift auf der Vorderseite des Sockels der früheren Orgel in der Schlosskirche in Zwickau-Planitz.[86]

Plauen (Kreisfreie Stadt)
o **I**an Z**V**rner q**V**aestor **PL**a**VI**ens**I**s **IV**re per**I**t**V**s / h**IC VIR CVM** gnato gnat**I**s s**IC C**on**IV**ge **L**e**C**t**I**s / **I**n **I**o**V**ae s**V**a**V**es probe **CV**n**C**t**I** potent**I**s honores / **V**sq**V**e **L**o**C**o po**CLVM** sa**C**rato porr**I**g**I**t **V**s**V**.
(MCCCCCLLVVVVVVVVIIIIIIIIII = **1651** / MCCCCCLLVVVVVVVVVVIIIIII = **1651** / „Johann *Zurner*, rechtskundiger Kämmerer in Plauen, dieser Mann, von Geburt an dem Lesen verbunden, übergibt, mit Gott und passend mit allen angenehmen vermögenden Ehren [versehen], den Kelch zum steten Gebrauch an geweihtem Ort")
Chronosticha auf der Cuppa eines Messkelchs in der St. Johanniskirche in Plauen.[87]

Pulsnitz (Stadt im Kr. Kamenz)
o **DI**s Gottes Ha**V**s brennt **VV**eg **DV**r**C**k **VVILD**e Fe**V**ers **GLV**th. / Gott **M**a**C**ht **I**n k**V**rtzer Ze**I**t **VV**as s**C**h**VV**er h**I**es **VVI**e**D**er g**V**th.
(DDDCLLVVVVVVVVVII = **1742** / MDCCVVVVVVVVVIIII = **1744**)
Doppel-Chronogramm am Westtor der Stadtkirche in Pulnitz.[88]

Radibor (Gem. im Kr. Bautzen)
o Ara **C**oet**V**s agon**I**ae **C**hr**I**st**I** / pro **C**onfratr**I**b**V**s soror**I**b**V**s / atq**V**e q**VI**b**V**s s**VI**s a**LII**s / pro q**V**a**CVM**q**V**e fer**I**a / pr**IVIL**eg**I**ata / ho**C** anno ere**C**ta est,
(MCCCCCCLLVVVVVVVVVVVIIIIIIIIIII = **1768** / „Der Altar zur Andacht an das Opfer Christi für die Brüder und Schwestern und alle anderen für jedmöglichen bevorrechteten Frieden wurde in diesem Jahr errichtet")
Chronostichon als Inschrift am Altar der Pfarrkirche zu Radibor.[89]

Rechenberg-Bienenmühle (Gem. im Kr. Freiberg)
+ Henr**ICI** S**C**hoenberg **D**ono pot**I**ore **VI**ator / tr**I**no perfe**C**ta hae**C** s**V**nt sa**C**ra te**C**ta **D**eo / Anno ho**C** sen**I**or q**V**aeso heros **MV**nere sa**C**ro / **CL**aret **I**n orbe so**LI**, / **CL**aret **I**n orbe po**LI**.
(DDCCCCCCVVIIIII = **1615** / MCCCCLLLLVVIIIII = **1615** / „Wanderer, vor dem würdigen Geschenk des Heinrich von Schönberg, dieses vollendete geweihte Obdach steht unter dem dreieinigen Gott. In diesem geweihten Jahr bitte ich hier als Senior, der schenkende Heros glänze im Land in der Sonne, er glänze in städtischen Gefilden."
Chronodisticha am Eingang der Pfarrkirche zu Rechenberg.[89a]

Reibersdorf (fr. Gem. im Kr. Zittau, j. Rybartowice in Polen, devastiert)
+ **NV**r **V**nbetr**V**bt. **I**ch **VV**e**I**ss **D**ass **M**e**I**n Er**L**öser **L**ebt.
(MDCLLVVVVVIII = **1728**)
Chronostichon im Text auf dem Grabdenkmal (im Fußboden der Kirche) für Charlotte Eleonore *Hörnig* geb. Thierich, in der Pfarrkirche zu Reibersdorf.[90]

---

86 Dähnert (wie Anm. 14), S. 288.
87 Robert Steche: Beschreibende Darstellung der älteren Bau- und Kunstdenkmäler des Königreichs Sachsen. H. 11. Amtshauptmannschaft Plauen. Dresden 1888, S. 54 f.
88 Gurlitt, Kamenz-Land (wie Anm. 33), S. 238.
89 Gurlitt, Bautzen (wie Anm. 9), S. 238.
89a Wilisch, Freyberg (wie Anm. 35a), S. 437.
90 Gurlitt, Zittau-Land (wie Anm. 53), S. 206.

+ LaVs atqVe gLorIa Vt nVnC Ita In seCVLorVM seCVLa saCrosanCtae trInItatI. / GorLICII fVsIs pro paCe et reLIgIone C[entum] preCIbVs nVtV DetLeV HenrICI ab EInsIeDeL fVsa.
(MCCCCCLLLLVVVVVVVIIIIII = **1741** / DDCCCCCLLLLVVVVVVIIIIIIIIII = **1741** / „Ruhm und Ehre nun also in Jahrhunderten für die hochheilige Dreieinigkeit. Nach hundert ergangenen Gebeten für Frieden und Religion bin ich zu Görlitz geschmolzen und gegossen auf Anordnung von Detlev Heinrich von *Einsiedel*")
Chronosticha auf der fr. großen Glocke (bis 1836) der Pfarrkirche in Reibersdorf.[91]

Reichenbach (Gem. fr. im Kr. Kamenz, j. im Niederschlesischen Oberlausitzkreis)
o HIer steht DVrCh IesV GnaD / eIn neVerbaVtes HaVs / Lass Lehrer Hoerer Herr / VergnVegt gehn eIn VnD aVs.
(DDDCLLVVVVVVVVVIIII = **1749**)

o AVspICIIs IehoVae / et CVrIa / IoannIs ErnestI a KnoCh / aeDes haeC eXstrVCta / Vt et CVLtIor spLenDe(a)t.
(DDCCCCCCLLXVVVVVVIIIIIIII = **1749** / „Mit Hilfe Gottes und der Fürsorge von Johann Ernst von Knoch als Einwohner wurde dieses Gebäude errichtet, damit es glänzen möge")
Chronogrammata auf Tafeln am Osttor und am Westtor der Pfarrkirche in Reichenbach.[92]

Reichenhain (OT der kreisfreien Stadt Chemnitz)
o SIehe Herr ICh bIn zV gerIng aLLer BarMherzIgkeIt VnD TreVe.
(MDCLLVVVIIIIII = **1721**)
Chronogramm auf einem Abendmahlskelch in der Pfarrkirche zu Reichenhain.[93]

Reinersdorf (OT der Gem. Ebersbach im Kr. Riesa-Großenhain)
o Me Concordat Iesvs ; natvs d.[ies] 16 Martii / **M.** ChrIstophorVs IrrshaVsen, ThistVDIo-ThVrIngVs [sic!] pastor Perez / Misn.[ensis] a[nn]o 1670 d.[ies] 17 aprilis, per XII annos postea 1682, d.[ies] 30 Aprilis ecclesiastes / in Reinersdorff aetatis suae, LX, et Mea VIta DeVs spes for- / tIs VICtor aVernI [sic!] 1624, anno salutis nostrae 1684 / VenI VeLoX IVDICIVM.
(MDCVVVVIIII = **1624** / MDCVVVVIIII = **1624** / MDCLXVVVVIIII = **1684** / „Jesus stimmt mit mir überein, geboren am 16. März; nach Theologiestudium in Thüringen am 17. April 1670 Pastor in Peres, 12 Jahre später am 30. April 1682 zur Kirche in Reinersdorf, seines Alters 60, mein Leben wurde mit der starken siegreichen Hoffnung auf Gott verbunden, im Jahre unseres Heils, bin ich schnell zur Überzeugung gelangt")
Text mit dreifachem Chronogramm auf einem 1684 geschaffenen Ölgemälde für Pfarrer M. Christoph *Irschhausen* (1624–1693) in der Pfarrkirche in Reinersdorf.[94]

Sankt Marienstern (OT der Gem. Panschwitz-Kuckau im Kr. Bautzen)
* Anno / qVo DoMIna LoCI / aqVa sent- / entIa soLata / fVerat.
(MDCLLVVVIII = **1718** / „Im Jahr, in dem mit der Stimme der Oberin des Ortes das Wasser beschwichtigt wurde")
Chronogramm als Abschluss der Inschrift auf dem Sockel der Statue des Schmerzensmannes seitlich von der Kreuzgangstüre in der Klosterkirche von St. Marienstern.

* GLorIa / LaVs et honor / tIbI sIt reX ChrIste / reDeMptor.
(MDCLLXVIIIII = **1720** / „Ruhm, Lob und Ehre sei dir, Christus, König und Erlöser")
Chronogramm an der Statue des segnenden Christus in einer Ädikula an der Westfassade der Klosterkirche von St. Marienstern zur Errichtung des barocken Gebäudes.

---

91 Brückner (wie Anm. 11), S. 194 f. (Nr. 92).
92 Gurlitt, Kamenz-Land (wie Anm. 33), S. 297 f.
93 Steche, Chemnitz (wie Anm. 18), S. 54.
94 Gurlitt, Großenhain-Land (wie Anm. 52), S. 254 f.

* Ora pro nobIs / sanCta DeI gentrIX / VIrgo seMper IntaCta.
(MDCCXVIIIII = 1720 / „Bete für uns, heilige Mutter Gottes, allzeit unberührte Jungfrau")
Chronogramm auf einer Kartusche an der unter Äbtissin Cordula *Sommer* errichteten Mariensäule im Klosterhof von St. Marienstern.

* PIa IntentIone / strenVVs DoMInVs / ELIas HentsChel / officialis in Bernstat huc posuit.
(MDCLLVVVIIIII = 1720 / „ In frommer Absicht entschlossen stellte Herr Elias Hentschel, Amtmann in Bernstadt, diese [Statue] auf")
Chronogramm als Abschluss der Inschrift am Sockel der Statue der schmerzensreichen Maria in der Klosterkirche von St. Marienstern.

* Beate Ioannes NepoMV- / Cene ora pro nobIs et In / Isto CoenobIo De gentI- / bVs tVtor noster.
(MDCCVVVIIIIII = 1721 / „Seliger Johann Nepomuk bete für uns und sei unser Beschützer für die Leute in diesem Kloster")
Chronogramm an der Nepomuksäule im Klosterhof von St. Marienstern.

* SanCta / trInItas VnVs DeVs / MIserere nobIs et In Isto CoenobIo professIs.
(MDCCVVVIIIIIIII = 1723 / „Heilige Dreifaltigkeit, erbarme dich unser und der Ordensangehörigen in diesem Kloster")
Chronogramm an der Dreifaltigkeitssäule im Klosterhof von St. Marienstern.

* SVrreXIt noVa Ista ara sVb aVspICIIs VenerabILIs DoMInae abbatIssae Iosephae ELgerIn nona aVgVst.
(MDCLLXVVVVVVVIIIIIIIII = 1756 / „Der neue Altar wurde unter der ehrwürdigen Leitung von Oberin Äbtissin Josepha *Elger* am neunten August errichtet")
Chronogramm über der südlichen Tür am Hochaltar der Klosterkirche von St. Marienstern.[95]

Sankt Marienthal (OT der Gem. Ostritz im Kr. Löbau-Zittau)
* AD / honoreM / saCrosanCtae / trInItatIs ponIt. / Gelobt / sey / die allerheylig / ste Dreifaltigkeit.
(MDCCIIII = 1704)
Chronogramm (mit Übersetzung) auf Kartuschen an der Dreifaltigkeitssäule im Röhrenbrunnen im Klostergarten von St. Marienthal.

o BeneDICta Ist Von gnaDen Anna FrIeDrICh.
(DDDCCVIIII = 1709)
Chronogramm auf einem Ölgemälde (mit der Darstellung der Klosterbaulichkeiten) zu der Zeit der Äbtissin Anna *Friedrich* im Klostergebäude St. Marienthal.

* DIs gebaV / hatt aVffge / fVhret / CLara abbatIssIn / In StIfft MarIenthaL.
(MDCLLVVVIIIIII = 1721)
Chronogramm über dem Tor der alten Brauerei des Klosters St. Marienthal zur Erbauung unter Äbtissin Klara *Mühlwentzel.*

* Has statVas CoLLeCarI feCIt VenerabILIs VIrgo CLara abbatIssa MarIae VaLLensIs.
(MCCCCLLLLLLVVVVIIIIIIII = 1728 / „Diese Statuen auf dem Hügel wurden angefertigt unter der ehrwürdigen Jungfrau Klara [Mühlwentzel], Äbtissin in Marienthal")
Chronogramm am Kreuz der Kreuzigungsgruppe auf dem Kalvarienberg neben dem Kloster St. Marienthal.

95 Gurlitt, Kamenz-Land (wie Anm. 33), S. 152, 157, 186, 187, 188, 216.

* PICtora [sic] / NepoMVCeno / pLena / Deferebant.
(MDCCLV = **1755** / „Die Nepomukfigur trugen sie vollkommen hinweg")
Chronogramm am Sockel der Nepomukstatue im Klosterhof von St. Marienthal [Früher stand die Statue auf der Neißebrücke, von der sie 1897 durch ein Hochwasser weggespült wurde!]

* PIa spe / sChoLastICae abbatIssae / Deo hoMInI pro nobIs passo / ornata / a BonIfaCIo praeposIto rIte soLeMnIter / beneDICta die Septembris XIV / exaltationi s. crucis dicata.
(MDCCLIIIIII = **1756** / MDCCLIIIIII = **1756** / „Bei frommer Erwartung der beredsamen Äbtissin, mit Christus für uns eröffnet und ausgestattet, von Propst Bonifazius feierlich und förmlich gesegnet und am 14. September der Heiligen Kreuzeserhöhung gewidmet")
Doppelchronogramm an der Nonnenempore in der Michaelis- und Kreuzkapelle des Klosters St. Marienthal, geweiht zum Fest der Kreuzerhöhung von Äbtissin Scholastika *Walde* († 1764) und Propst Bonifazius *Prohaska*.

* FeCIt / Fr.[ater] ALanVs / BraDaCz pro- / fessVs In Fonte / MarIae.
(MDCCVVIII = **1763** / „Gefertigt von Bruder Alanus Bradacz, Ordensgeistlicher in Marienthal")
Chronogramm am Fuße einer Monstranz im Kloster St. Marienthal.[96]

Schirgiswalde (Stadt im Kr. Bautzen)
o HaeC eCCLesIa trIVnI Deo, / genItrICI VIrgInI, et S. IoannI Nepo[muk] DIe XVI AVgVstI soLennIter / ConseCrata est. / a IaCobo Ioanne Iosepho VVosChI De / Baerenst[amm] antIstIte BVDIssInensI eX / aVCtorItate pontIfICIs aC / ConsensV epIsCopI.
(DDCCCCCCCLLXVVVVVIIIIIIIIIIIIII = **1750** /
DDCCCCCCCXVVVVVIIIIIIIIIIIIII = **1750** / „Diese Kirche zur Dreieinigkeit Gottes, der jungfräulichen Mutter und des Johann Nepomuk wurde am 16. August von Dekan Jakob Johann Josef *Wosky von Bärenstamm* [1692–1770] aus Bautzen mit Zustimmung des Papstes und auf Beschluss des Bischofs feierlich geweiht")
Doppelchronogramm auf einer Tafel über der Tür zum Turmaufgang in der Vorhalle der Stadtkirche in Schirgiswalde.[97]

Schmiedeberg (Gem. im Weißeritzkreis)
* Vnser DreIeInIger Gott Ist hIer Herr Sonn [sic!] VnD SChILD seLa.
(DDDCLLVVIIIIII = **1716**)
Chronogramm über der Eingangstür der Pfarrkirche „Zur heiligen Dreieinigkeit" in Schmiedeberg zum Einweihungsjahr.[98]

Schneeberg (Stadt im Kr. Aue-Schwarzenberg)
o BIs septeM aVgVsto penetrarVnt aethera soLes / hoC VbI ChrIstI genae feCero enCaenIa teCto.
(MCCCCCLVVVVIIIII = **1575** / „Vierzehnmal hat im August die Sonne den Himmel durchwandert, wo ich unter dem Dach der Christusgebärerin die Kirche eingeweiht habe")
Chronostichon (von Johann *Strauss* [1527–1580], Pfarrer zu Neustädtel) zur Einweihung der Hospitalkirche in Schneeberg.

96 Gurlitt, Zittau-Land (wie Anm. 53) S. 111, 112, 116, 125; Zisterzienserabtei St. Marienthal. 3. Aufl. Leipzig 1991, S. 96.
97 Gurlitt, Bautzen (wie Anm. 9), S. 264.
98 Steche, Dippoldiswalde (wie Anm. 5), S. 77.

o Rostra haeC VLrICo RoeLIngo aVtore noVantVr / MVsCVLVs abrVptVs tVnC qVoqVe pastor erat. /Habent Mosen et prophetas, aVDIant ILLos.
(MCCCCLLLVVVVVVVVVVVII = 1607 / MDLLVII = 1607 / „Diese Rednertribüne wurde von Ulrich Roeling als Stifter erneuert, damals abgerissen als Musculus auch Pfarrer war. / Sie besitzen Moses und die Propheten, alle mögen sie erhören.“)
Chronogrammata (von Pfarrer Michael *Musculus/Meusel* [1550–1607]) an der erneuerten Kanzel in der St. Wolfgangskirche in Schneeberg.

o SChneeberga abstVLerat VIs beLLI aLtare MaLIgna; / hoC nVnC, LaVs eXtet paX bona restItVIt.
(MCCCLLLLLXXVVVVVIIIII = 1650 / „Der Schneeberger Altar ging durch die bösartige Macht des Krieges verloren, nun wurde dieser durch die Gunst des löblichen Friedens sichtbar wiederaufgestellt“)
Chronogramm (von M. Balthasar *Svevius/Schwabe* [1603–1671), Pfarrer von Marienberg) zur Wiederaufstellung des geraubten Altars in der St. Wolfgangskirche in Schneeberg.

o QVoD perII trIa LVstra abIere et qVattVor annI In teMpLo Vere ast eXstrVCtVor arte noVa.
MDLLXVVVVVVVIIIIII = 1651 / „Was seit 15 [Jahren] verloren gegangen, wurde dagegen in vier Jahren im Gotteshaus wahrhaft kunstvoll neu erschaffen“)
Chronostichon auf einem Ölbildnis Martin Luthers an einem Pfeiler des Mittelschiffes in der St. Wolfgangskirche in Schneeberg.

o Im Jahr Herr hILf aLLen arMen SVnDern.
(MDLLLVI = 1656)
Chronogramm als Schlusszeile einer neunzeiligen Inschrift auf einer Abendmahlskanne in der St. Wolfgangskirche in Schneeberg.[99]

Seerhausen (OT der Gem. Stauchitz Kr. Riesa-Großenhain)
o Esse, nota, Ista Legens, ea qVInta gesta DeCeMbrIs / et stet IbI IoVae gratIa porro! VoVe!
(MDCLVVVVIIIIIII = 1677 / „Bemerke, dies Gewünschte möge betehen, geschehen am fünften Dezember, entstanden daselbst weiterhin zum Dank Gottes. Er sei gelobt!“)
Chronogramm als Abschluss der achtzehnzeiligen Inschrift in der von Johann Georg von *Schleinitz* 1677 angelegten herrschaftlichen Kapelle in Seerhausen.[100]

Seifersdorf (OT der Gem. Malter im Weißeritzkreis)
o SChVtz IesV Vnser VertraVen Vns bey DeIneM LaVtern VVort.
(MDCLVVVVVVVVVII = 1697)
Chronodistichon auf der großen Glocke der Pfarrkirche zu Seifersdorf.[101]

Seifhennersdorf (Stadt im Kr. Löbau-Zittau)
+ HanC pater aLtIpotens! aeDeM tVtare potenser. / Vrbs et agrI nIteant prosperItatIs ope.
(MDCLVVIIIII = 1665 / „Dieses Gotteshaus, allmächtiger Vater, beschütze wirksam. Stadt und Land mögen durch Beistand mit Wohlstand prangen“)
+ Senatu Reipublicae Zittaviensis istius sacraria templi renovata et exornata sunt. Fax vigeat verbi, pax sit ubique piis. In honoreM DeI regnantIs In eXCeLsIs.
(MDCLXIIIII = 1665 / „Durch den Rat der Stadt Zittau wurde dieses Gotteshaus erneuert und ausgestattet. Die Fackel des Wortes möge wirken, überall sei Friede den Gläubigen. Zur Ehre Gottes waltest du in Ewigkeit“)
Chronostichen am Triumphbogen auf der Westseite sowie auf der Seite zum Altar in der 1796 abgebrochenen älteren Pfarrkirche in Seifhennersdorf.[102]

99 Steche, Schwarzenberg (wie Anm. 16), S. 47, 49, 52 f.
100 Gurlitt, Oschatz (wie Anm. 6), S. 280.
101 Gurlitt, Dippoldiswalde (wie Anm. 5), S. 80.
102 Gurlitt, Zittau-Land (wie Anm. 53), S. 226.

Seitendorf (fr. Gem. im Kr. Zittau, jetzt Zatonia-Kolonia in Polen, überwiegend devastiert)
+ VenerabILIs VIrgo CLara Donarat [sic!] VIrgInI MarIae.
(MDCLLVVVIIIIIII = **1722** / „Die ehrwürdige Jungfrau Klara [Mühlwentzel von Marienthal] weiht [ihn] Jungfrau Maria")
Chronostichon auf einem Abendmahlkelch in der Pfarrkirche zu Seitendorf.[103]

Spitzkunnersdorf (OT der Gem. Leutersdorf im Kr. Löbau-Zittau)
o **MI**t Angeben Fr.[au] FraVen / **VIC**torIen **TV**genDr.[eich] / **V**.[on] **VV**ehLIn geb.[orene] **V**on / **KI**a**VI**n.
(MDCLVVVVVVVVIIIIII = **1696**)
Chronogamm auf einer Steintafel neben dem Eingang des Pfarrhauses zu Spitzkunnersdorf, verfasst von Pfarrer Laurentius *Storch* (1628–1708).[104]

Strehla (Stadt im Kr. Riesa-Großenhain)
o Annos KornIgIVs tres bIs Septenn LaqVInqVe [sic!] natVs obIt MartIs splenDens Vt aethere.
(MDLVVVVVIIIIII = **1581** / ein „l" bleibt unberücksichtigt! / „Kornick, geboren vor 73 Jahren, verschied im März glänzend auch im Himmel")
Chronogramm als Teil der Inschrift auf dem Grabdenkmal für Clemens *Kornich*, Bürgermeister von Strehla, am Leichenhaus der Stadtkirche in Strehla.

o PfLVgIVs bIC annos tres Ve septeM qVoqVe LVstra VIXIt nVnC CoeLo VIVIt In aXe poLI.
(MCCCLLLLXXVVVVVVVVVVVIIIIIIII = **1578** / es müsste sich aber **1618** ergeben! / „Pflugk lebte 78 Jahre, jetzt im Himmel, lebt er im Himmelsgewölbe")
Chronogramm am Anfang der Inschrift auf dem Grabdenkmal für Hans von *Pflugk* (1540–1618), Erbherr auf Strehla, im Chor der Stadtkirche in Strehla.[105]

Tanne(n)berg (OT der Gem. Triebischtal im Kr. Meißen)
+ ThVrIChIo stabant IstI pastore penates repLeat hos oMnI prosperItate DeVs.
(MDCLVVIIIIII = **1666** / „Das Haus entstand unter Pfarrer Thürichen, er möge es ausfüllen zum Gedeihen aller mit Gott")
Chronogramm in der Wohnstube des Pfarrhauses (bis zu dessen Umbau 1913) in Tannenberg.
+ Horrea ThVrIChII pastorIs teMpore fIXa repLeat e Voto frVctIbVs Ipse DeVs.
(MDCLXVVVVVVIIIIIII = **1692** / Ein „c" bleibt unberechnet! / „Die Scheune wurde zur Zeit von Pfarrer [Georg] *Thürichen* [1632–1699] erstellt, er möge sie anfüllen mit den gewünschten Früchten von Gott selbst")
Chronogramm am Scheunentor des Pfarrgebäudes in Tannenberg.

o Gott köMt VnD hILft zVr reChten ZeIt IepreIset[!] Ihn Ihr hIesIgen LeVt.
(MDCLLVVVIIIIIIII = **1723**)
Chronogramminschrift von Pfarrer Johann Georg *Pieltz* (1675–1736) am Pächterhaus in Tannenberg.[106]

Tetta (OT der Gem. Vierkirchen im Niederschlesischen Oberlausitzkreis)
o Te LaVDet, serVator orbIs, spIrItVs oMnIs et VI praestantI et VoCe sonante graVI.
(MDCLVVVVVVIIIIIII = **1687** / „Dich möge sie preisen, Erretter der Welt, Seele aller, mit außerordentlicher Kraft und kräftig tönender Stimme")
Chronostichon auf der mittleren Glocke der Pfarrkirche in Tetta.[107]

103 Gurlitt, Zittau-Land (wie Anm. 53), S. 233.
104 Gurlitt, Zittau-Land (wie Anm. 53), S. 241.
105 Gurlitt, Oschatz (wie Anm. 6), S. 313 f.
106 Gurlitt, Meißen-Land (wie Anm. 78), S. 506.
107 Brückner (wie Anm. 11), S. 129 (Nr. 112).

Untertriebel (OT der Gem. Triebel im Voigtlandkreis)
o **A**C**h** **L**ass a**V**f **M**e**I**n ge**VI**ssen e**I**n gna**D**entröpf**C**hen f**LI**essen.
(MDCLLVVIIII = **1714**)
Chronostichon an der Cuppa eines Messkelchs, gestiftet von Pfarrer Mathaeus *Hoefer* (1673–nach 1733), in der Pfarrkirche in Untertriebel.[108]

Unterwürschnitz (OT der Gem. Mühltal im Voigtlandkreis)
o Fr**I**e**D**e **VV**ort **I**n g**V**ten Stan**D** / **V**ater ha**L**te Sa**C**hsen **L**an**D**.
(DDDCLLVVVVII = **1722**)
Chronostichon auf der mittleren Glocke der Pfarrkirche in Unterwürschnitz.[109]

Weida (OT der Stadt Riesa)
o T**I**nn**VL**a r**V**pta r**I**te p**II**s sacr**I**s aera ref**V**sa sonant s**VM**pt**I**b**V**s aerar**II** **VV**e**ID**ens**I**s.
(MDLVVVVVVVIIIIIIIII = **1695** / „Die herabgestürzten Klingenden erschallen zeitlich umgegossen feierlich den Frommen gewidmet auf Kosten des Erzes für die Weidaer"
Chronogramm auf der großen Glocke der Pfarrkirche in Weida.[110]

Weißenberg (Stadt im Kr. Bautzen)
o **QVI** **LI**bertat**I**s testat**V**r **IV**b**IL**a grate / **VV**e**I**ßenbergenses, sa**C**r**I**f**IC**ant **C**a**LIC**e**M** / ferrent [sic!].prospe**XI**t pastor tot**V**sq**V**e senat**V**s / nat**I** s**I**nt **V**erae re**LLI**g**I**on**I**s o**V**es!
(MCCCCLLLLLXVVVVVVVVVVVIIIIIIIIIIIII = **1725** / „Diese Weißenburger bezeugen dankbar die Freude der Freiheit, sie tragen das Opfer eines Kelchs, angeschafft vom Pastor und dem gesamten Rat, gezeugt wurden wahre Schafe des Glaubens")
Chronogramm (von Pfarrer Christian *Klien* [1693–1769]) als Inschrift auf einem Kelch in der Stadtkirche in Weißenberg.[111]

Wittichenau (Stadt im Kr. Kamenz, fr. im Kr. Hoyerswerda in der niederschles. Oberlausitz)
* Eff**I**g**I**es hae**C** offert**V**r t**I**b**I** **C**hr**I**ste re**D**e**M**ptor. / **DI**eses **BILD**t haben a**V**fger**IC**ht a**L**h**I**er ob **DI**eser Pforten.
(MDCLLVIIIII = **1710** / DDDCCVIIIII = **1710**)
Doppel-Chronogramm an der Salvatorstatue über dem Südportal der kath. Pfarrkirche in Wittichenau.

* La**VD**ent no**M**en e**IV**s **I**n **C**horo psa**L**ter**I**o et organo. / La**VD**ate e**VM** **I**n psa**L**ter**I**o et **CI**tara.
(MDCLLVVIII = **1713** / MDCLLVVIII = **1713** / „Seinen Namen mögen sie im Chor von Psalter und Orgel loben / Lobe ihn mit Psalter und Zither")
Chronogrammata auf Relikten eines alten Orgelprospekts in der kath. Kirche in Wittichenau.

* A.R. Pater Georg**IV**s **I**oseph**V**s **S**C**h**IM**on a **W**ILL**enberg f**I**er**I** a**D**opta**VI**t.
(MDCLLVVVIIIIIII = **1722** / „Pater Georg Joseph *Schimon* aus Willenberg übernahm die Entstehung")
Chronogramm auf einer Gedenktafel in der kath. Pfarrkirche in Wittichenau.

* **M**ente grata ae**D**es hae**C** ere**C**ta et sa**C**rata est **C**hr**I**sto ben**I**gno greg**I**s pastor**I**.
(MDCCCCIIII = **1904** / „Die dankbare Seele der Gemeinde errichtete und weihte dieses Haus dem gütigen Christus und dem Pfarrer")
Chronogramm an der Sakristei der kath. Pfarrkirche in Wittichenau.

---

108 Robert Steche: Beschreibende Darstellung der älteren Bau- und Kunstdenkmäler des Königreichs Sachsen. H. 10: Amtshauptmannschaft Oelsnitz. Dresden 1888, S. 23.
109 Steche, Oelsnitz (wie Anm. 108), S. 25.
110 Gurlitt, Großenhain-Land (wie Anm. 52), S. 461.
111 Gurlitt, Löbau (wie Anm. 12), S. 582.

* AMor Deo hanC Cap[ella] ConseCraVIt.
(MDCCCCVI = **1906** / „Die Liebe zu Gott hat diese Kapelle geweiht")
Chronogramm an der Taufkapelle in der kath. Pfarrkirche zu Wittenau.

* SIC sono : IesVs aDest : preCe Late MIra CoLatIs [sic].
(MDCCCLLVIIII = **1909** / „So erklinge ich : Jesus ist zugegen : mit der Bitte des Beitrags weithin wunderbar")
Chronogramm auf der Wandlungsglocke der kath. Kirche zu Wittichenau. [Die neueren Chronogramme wurden von Rudolf *Krause* (1836–1922), Pfarrer in Wittichenau, geschaffen.][112]

o SIs beneDICta tVIs genItrIX et VIrgo patrona : PeLLe Ignes, pestes, beLLa faMesqVe pIa. / VIVentes VoCo praesIDIo Donata beatae, pLango DefVnCtos, fVLgVra frango potens.
(MDCLLLLXVVVIIIIIIII = **1833** / DDDCCLLVVVVVVIII = **1833** / „Sei den Deinen als Gottesmutter und Jungfrau gebenedeite Patronin : Vertreibe Feuer, Pest, Krieg und Hunger / Die Lebenden rufe ich unter dem Schutz der beschenkten Glückseligen, für die Hingeschiedenen schlage ich, wirkungsvoll bezähme ich Blitze")
Chronosticha auf der mittleren Glocke der kath. Kirche in Wittichenau.[113]

Zittau (Stadt im Kr. Löbau-Zittau)
o Anno DeVs sVMptVs repensat saCros.
(MDCVVV = **1615** / „ Im Jahr in dem Gott die Kosten für die Opfergabe aufwägt")
Chronogramm als letzte Zeile der Inschrift auf einem Stein am Pfeiler rechts neben der Kanzel – zu deren Stiftung in der Kreuzkirche in Zittau.

+ HIer sChoss Der KeIser press aVs grossen groben stVCken / aLs Vns ChVrsaChsen VVoLt aVs feInDes ängsten rVCken / ChVrsaChsen hat Den rIess aVfs neV ersetzt bereIt / o KeIser ChVrfVrst staDt gott sChVtz eVCh aLLezeIt.
(DDCCCCCLLVVVVVVVVIII = **1643** / DDCCCCCLLVVVVVVVIIII = **1639** / Es fehlt für 1644 wahrscheinlich bei „neV" ein zweites „V"!)
Doppelchronogramm (von Schulrektor M. Christian Keimann [1607–1656]) auf einem Denkstein (später im Museum) in Zittau zur Erinnerung an die kaiserliche Belagerung vom 29. 12. 1643 und den Wiederaufbau der Stadtmauer im Mai 1644.
+ Quid bellum possit, valeant quid caesaris arma / Comite sub Gallas moenia pressa docent / SVeCI post egressVM IVssIt SaXonIae DVX / Consule sub Justo sic reparata modo.
(MDCXXVVVVIIII = **1644** / „Wer den Krieg ausrichtet, möge sich bei Kräften befinden, denn das kaiserliche Heer unter Graf Gallas zerbrach die Mauer, sie belehrten die Schweden, nach dem Abzug verordnete der Herzog von Sachsen, sodass [sie] soeben unter Bürgermeister Justus wiederaufgebaut wurde")
Chronogramm in einer Inschrift auf einem Denkstein (später im Museum) zum gleichen Anlass in Zittau.

+ ObsIDet atqVe fVgIt popVLVs TVrCa VIennaM; soli deo gloria.
(MDCLVVVVVVIII = **1683** / „Wien vom türkischen Haufen belagert und entsetzt; am Tage zur Ehre mit Gott")
Chronogramm als Inschrift über dem Tor des Wohnhauses Neustadt Nr. 23 (Ecke Frauenstraße) in Zittau.[114]

112 Information von Dekan Johannes Magiera in Wittichenau.
113 Brückner (wie Anm. 11), S. 126 f. (Nr. 126).
114 Cornelius Gurlitt: Beschreibende Darstellung der älteren Bau- und Kunstdenkmäler des Königreichs Sachsen. H. 20: Zittau (Stadt). Dresden 1907, S. 100, 189, 196, 232.

+ **M**oen**I**a **DVX** Sa**X**o q**V**at**I**ens hae**C** e**XI**g**I**t hostes / **RV**rs**V**s **DVX** ref**ICI**t **M**oen**I**a Sa**X**o s**VI**s / Sa**X**ona **I**o**V**a **DVC**e**M** Z**I**ttaeq**V**e t**V**ere penates / et proh**I**be a nob**I**s aspera q**V**aeq**V**e rogo.
(MDCXXXVVIII = **1643** / MDCXXVVVVIIII / MDCXVVVVVVIIII = **1644** / „Die diese Mauer zerstörenden Feinde vertreibt der Herzog von Sachsen, umgekehrt stellt der Herzog von Sachsen die Mauern für die Seinen wieder her, Gott schütze den sächsischen Herzog und die Wohnungen von Zittau und halte fern von uns jedes Ungemach, so bitte ich")
Chronogrammata auf einer früheren Tafel an der Stadtmauer westlich vom früheren Frauentore.

+ Hae**C** ae**D**es sa**C**rata **D**eo stet sera per ae**V**a et sp**L**en**D**ore n**I**tens orbe r**V**ente r**V**at.
(DDDCCLVVVI = **1766** / „Dieses Gott geweihte Haus stehe als Riegel für die Ewigkeit und mit Glanz prangend möge es voraneilen")
Chronostichon (von Pfarrer Immanuel August *Wenzel* [1703–1782]) auf dem Grundstein zum Wiederaufbau der 1757 eingeäscherten Johanniskirche in Zittau.

+ S**C**ho**L**as t**V**er**I**s poster**I**s **D**e**V**s ben**I**gno n**VMI**ne.
(MDCLVVVIIII = **1669** / „Herr, du schützt die Schulen für die Nachwelt in gütigem Sinn"
* **CVM** reno**V**ata s**C**ho**L**a est, **VI**geat spes a**V**rea tra**DVX**.
(MDCCLXVVVVVI = **1786** / „Nachdem die Schule wieder aufgebaut ist, möge die goldene Hoffnung erblühen wie die Weinranke")
Chronosticha an der Vorderfront sowie als letzte Zeile einer Inschrift an der Südseite des „Alten Gymnasiums" in Zittau (anlässlich von Renovierungen).[115]

+ Parta t**V**os pa**X**, Z**I**tta, **L**ares & Sa**X**on**I**s **VM**bra et **V**erbo e **DIV**o prof**LV**a **VI**ta beet.
(MDLLXXVVVVVVIIII = **1654** / „Möge deine Laren beglücken, o Zittau, gewonnener Frieden und Sachsens Schatten sowie fließendes Leben aus göttlichem Wort"
Chronogramm auf der (1757 zerflossenen) Seigerglocke der Hauptkirche in Zittau.

+ Aera sonare pr**IV**s non **C**essent nostra peropto, / n**I** pr**IV**s et f**I**nes orb**I**s et **V**rb**I**s er**V**nt, / A**V**g**V**sto rege ab Hoff**M**anno **C**ons**VL**e f**V**sa / festa fero, p**L**ango f**V**nera, pos**C**o pre**C**es etc.
(MCCCCLLVVVVVVVVVIIIIII = **1551** statt **1761** / „Ich wünsche, sie werden nicht aufhören zuerst zu unserer Zeit zu erklingen, wenn sie nicht zuerst und zuletzt für Himmel und Stadt sein werden. Gegossen unter König August und Bürgermeister [Christian Gottlieb] Hoffmann, melde ich feierlich, verkünde ich die Toten, rufe ich zum Gebet. etc."
Unvollständig überliefertes Chronostichon auf der fr. großen 1761 neu gegossenen (und 1866 zersprungenen) Glocke der St. Petri und Pauli-Klosterkirche in Zittau.[116]

+ Una dies homines latet observantur ut omines pro inde. **M**ors **CL**a**D**es a**V**!
(MDCLV = **1655** / „Ein Tag ist dem Menschen verborgen, damit sie alle für ihn erhalten werden. Der Tod ist ein Verlust, o weh!")
Inschrift mit Chronogramm am Eingangstor des Kirchhofs an der Frauenkirche in Zittau.

+ Deo Custodi s[uggerit] **I**ob**IL**eo **LV**theranor**VM** se**CV**n**D**o jubilandos Zittavia.
(MDCLLVVVII = **1717** / „Gott unserm Beschützer bringt beim zweiten Jubiläum der Lutheraner Zittau Jubellieder")
Inschrift mit Chronogramm am fr. Webertor in Zittau (zu dessen Verschönerung).[116a]

115 Johann Christian Pescheck: Handbuch der Geschichte von Zwickau. T. 1. Zittau 1834, S. 37, 66, 153.

116 Brückner (wie Anm. 11), S. 218, 220 (Nr. 128). [Bei „Pescheck" als Quelle wird das Chronogramm leider nicht bis zum Ende zitiert!].

116a Morawek/Gabriel, Zittau (wie Anm. 84a), S. 25, 39.

2. Das Vorkommen auf Münzen und Medaillen

Chronogramme finden sich weiterhin auf Münzen und Medaillen und resultieren aus der Vorliebe von Münzherren, Münzmeistern und Medailleuren für diese spielerische Erscheinung im 16. bis 19. Jahrhundert. Sie können auf der Vorderseite (*Avers*) oder auf der Rückseite (*Revers*) oder auch auf beidem in Form von *Aufschrift*, *Umschrift* oder *Randschrift* sowie auf dem Abschnitt (*Exergue* = unterer abgegrenzter Teil der Münze) angebracht sein. Bei Münzen bezieht sich die *Zeitinschrift* auf das Jahr der Prägung, bei Medaillen, bei denen sich wie ersichtlich das überwiegende Vorkommen zeigt, auf das anlassgebende Ereignis. Auch die monetarischen Chronogramme wurden mehrheitlich in lateinischer Sprache verfasst, während deutsche Texte nur vereinzelt auftreten. Als Einzelfall kann auch ein *Kryptochronogramm* verzeichnet werden (1573). Durch systematische Durchsicht der fachspezifischen Literatur konnten über 50 chronogrammatische Prägungen der wettinischen Fürsten als Herzöge und Kurfürsten von Sachsen und Könige von Polen festgestellt werden, die in der Folge in chronologischer Reihung (im Zeitraum von 1573–1809) wiedergegeben werden. Von den Fürsten von Schönburg (Glauchau) und von den Mitgliedern des Oberlausitzischen Sechsstädtebundes (Bautzen, Görlitz, Kamenz, Lauban, Löbau und Zittau) konnten keine numismatischen *Jahresverse* ermittelt werden.

EX / MERITO / NIVEVS / DINA REPO- / NIT OLOR.
(MDLXVVIII = **1573** / „Nach Verdienst beschenkt der weiße Schwan den, der sich wohl hält auf dem Plan")
Fünfzeilige Revers-Aufschrift (als Kryptochronogramm) auf einer Klippe von Kfst. August von Sachsen (1553–1586) zum großen Fürsten-[Armbrust]-Schießen in Zwickau.[117]

In g**L**a**DI**s f**L**oret r**V**ta **I**ta a**M**oena s**VI**s.
(MDLLVVIIII = **1614** / ein „i" bleibt unberechnet / „Zwischen den Schwertern blüht die Raute so lieblich")
Revers-Aufschrift auf der Doppeltalerklippe von Kfst. Johann Georg I. von Sachsen (1611–1656) zum Armbrustschießen am 22. 9. 1614 sowie zur Geburt des zweiten Prinzen August (später Hz. von Sachsen-Weißenfels) am 13. 8. 1614.[118]

In g**L**a**DII**s f**L**oret r**V**ta **I**ta a**M**oena s**VI**s.
(MDLLVVIIIII = **1615** / Vgl. vorhergehende Prägung von 1614)
Revers-Aufschrift auf der Talerklippe von Kfst. Johann Georg I. von Sachsen (1611–1656) zur Geburt des dritten Prinzen Christian (später Hz. von Sachsen-Merseburg † 1691) am 27. 10. 1615[119] (siehe *Abb. 4*)

Gottes Wort ist Lutheri Lehr, darumb vergeht sie nimmerm[ehr] / **M**art**I**n**V**s **LV**ther**V**s theo-Log**I**ae **D**[octor].
(MDLLVVII = **1617** / „Martin Luther Doktor der Theologie")
Revers-Doppelumschrift auf einer Medaille (von Christian Mahler) für Kfst. Johann Georg I. von Sachsen (1611–1656) zum 100jährigen Reformationsjubiläum am 31. 10. 1617.[120]

117 Julius und Albert Erbstein: Erörterungen auf dem Gebiet der sächsischen Münz- und Medaillengeschichte. Dresden 1888 (ND Leipzig 1979), S. 70 (Nr. 365).
118 Walther Haupt: Tabellen zur sächsischen Münzkunde. Berlin 1963, S. 168, Taf. 24 (Nr. 213).
119 Haupt (wie Anm. 118), S. 168, Taf. 24 (Nr. 214).
120 Hugo Schnell: Martin Luther auf Münzen und Medaillen. München 1983, S. 138 (Nr. 56).

Mart**I**n**V**s **LV**ther**V**s / theo**L**og**I**ae **D**[octor].
(MDLLVVVII = **1617** / „Martin Luther Doktor der Theologie")
Zweizeiliges Chronogramm als Abschluss einer zehnzeiligen Revers-Aufschrift auf einer Medaille (von Christian Mahler) für Kfst. Johann Georg I. von Sachsen zum 100jährigen Reformationsjubiläum.[121]

B**VDI**ss**I**na **C**aesar**I** – reg**I**q**V**e s**V**o re**DDI**ta.
(DDDCVVVIIIII = **1620** / „Bautzen seinem Kaiser und König wiedergegeben")
Revers-Umschrift auf einer Denkmünze (von Daniel Kellerthaler) für Kfst. Johann Georg I. von Sachsen (1611–1656) zur Einnahme der Stadt Bautzen am 25. 9. 1620 .[122]

Sa**LV**ator gent**I**s **M**anet / an**C**hora f**ID**a repress**I**s.
(MDCLVIII = **1658** / „Der he**IL**an**D** **I**st e**I**n tre**V**er an**C**ker **D**er gepressten")
Avers-Doppelumschrift auf einer Schaumünze von Gf. Friedrich Kasimir von Hanau (1641–1685) auf die Grundsteinlegung der lutherischen Kirche zu Hanau in Anwesenheit des sächsischen Kfst. Johann Georg II. (1656–1680) am 25. 5. 1658.[123]

Ve**I**h**V**ng **D**er **M**or**I**tz- / b**V**rger **C**ape**L** / D.[ies] 24. IVN.[ii].
(MDCLVVVVII = **1672** / „**C**onse**C**rat**I**o e**CCL**es**I**a **M**aur**ICI**ob**V**rg**IC**a **I**nst**I**t**V**ta" = MCCCCCCLVVVIIIIII = **1672**)
Dreizeilige Avers-Inschrift auf einer Medaille (von Ernst Caspar Dürr) für Kfst. Johann Georg II. von Sachsen (1656–1680) zur Einweihung der neuerbauten Moritzburger Kirche am 24. Juni 1672.[124]

VIenna A**V**str**I**ac 4/14 **IVLII** ab A**C**h**M**ete **II** obsessa 2/12 Sept[embris] e**X** **I**nsperato ab eo **D**eserta est.
(MDCLXVVVIIIIIII = **1683** / „Das von Achmed II. seit 4./14. Juli belagerte österreichische Wien ist von diesem am 2./12. September unverhofft aufgegeben worden")
Revers-Umschrift auf einer Medaille (von Martin Brunner) für Kfst. Johann Georg III. von Sachsen (1680–1691) zu dessen Beteiligung am Entsatz von Wien.[125]

G**I**b z**V** b**V**s arbe**I**t **VV**art **D**er ze**I**t, es fo**L**gt a**V**sbe**V**t **DI**e **DIC**h erfre**V**t.
(DDDCLVVVVVVVIIII = **1690**)
Randschrift auf einer Medaille (von Martin Heinrich Omeis) auf die Ausbeute der St. Anna- und Altväter-Fundgrube bei Freiberg unter Kfst. Johann Georg III. von Sachsen (1680–1691).[126]

En **VICI**t **D**en**I**q**V**e **DI**gn**V**s **CVIV**s prae**CI**n**XI**t **C**e**L**sa **C**orona **C**ap**V**t, die XV. Sept [embris].
(DDCCCCCCLXVVVVVVIIIIII = **1697** / „So hat doch, der es wert, nun endlich überwunden und ist mit einer Kron sein hohes Haupt umwunden")
Revers-Umschrift auf einer Medaille zur Krönung von Kfst. Friedrich August von Sachsen zum König von Polen am 15. 9. 1697.[127]

121 Schnell (wie Anm. 120), S. 136 f. (Nr. 53).
122 Erbstein (wie Anm. 117), S. 176 (Nr. 794).
123 Georg Täubert/Walter Schwinkowski: Inschriften auf Medaillen und Denkmünzen. Dresden 1921, S. 13 (Nr. 3).
124 Wilhelm Ernst Tentzel: Saxonia Numismatica oder Medaillen-Cabinett von Gedächtnismünzen und Schaupfennigen welche die Chur- und Fürsten der Albertinischen Linie haben prägen und herstellen lassen. Bd. 2. 2. Aufl. Dresden 1714 (ND Berlin 1981), S. 573.
125 Emeric Comte Hutten-Czapski: Catalogue de la collection des medaillons et monnaies polonaises. (ND) Graz 1957, Vol. IV, S.99 (Nr. 7747).
126 Rainer Grund: Die Entwicklung der Medaillenkunst an der Münzstätte Dresden im 17. Jahrhundert. Dresden 1996, S. 300 f. (mit Abb.).
127 Tentzel (wie Anm. 124), S. 702.

EXpeDItVr, qVeM Vota DeCent, reX SaXo PoLonIs.
(MDCLXXXVVVII = **1697** / „Von den Polen wird der Sachse zum König verlangt, der ihrer Wünsche würdig ist“)
Avers-Umschrift auf einer Medaille zur Wahl von Kfst. Friedrich August von Sachsen zum König von Polen am 27. 6. 1697.[128]

FrIDerICVs AVgVstVs – SaXo reX PoLonorVM.
(MDCLXXVVVVVII = **1697** / „Friedrich August von Sachsen König der Polen“)
Avers-Umschrift auf einer Medaille (von Johann Kittel) zur Krönung von Kfst. Friedrich August von Sachsen als König von Polen am 15. 9. 1697[129] (siehe *Abb. 5*)

DIVIno annVente nVMIne eX Voto non InIqVo non InIVsto feLICIter et gloriose recvperatvm die 22. Sept[embris] 1699.
(MDCLXVVVVVVIIIIIIII = **1699** / „Mit Gottes Hilfe aus einem nicht unbilligen noch ungerechten Gelübde glücklich und ruhmwürdig wiedererlangt“)
Revers-Umschrift auf einer Medaille zur Wiedergewinnung der Festung Caminiec in Podolien durch Friedrich August von Sachsen-Polen von der Pforte.[130]

NeC non taMen InDe renasCens.
(MDCCI = **1701** / „Sicherlich doch von da an wiedererstehend“)
Randschrift auf einer Medaille (von Philipp Heinrich Müller) auf die Einweihung der abgebrannten und seit 24. 9. 1699 „instaurierten“ Neukirche (= Matthäuskirche) in Leipzig im Jahre 1701.[131]

Laternas Donat RoMano LIpsIa Conso[le].
(MDCLLII = **1702** / „Unter Bürgermeister Romanus in Leipzig errichtete Laternen“)
LeIpzIg steCkt Laternen an, Das Man nette sehen kan. (MDCLLII = **1702**)
Revers-Umschrift sowie Randschrift auf einer Medaille (von Christian Wermuth) zur Einrichtung der neuen Stadtbeleuchtung mit Öllampen in Leipzig durch Bürgermeister Franz Konrad Romanus (1671–1746).[132]

ACaDeMIa / phILyrea / IVbILat.
(MDCLLVIIII = **1709** / „Die Linden-Akademie jubiliert“)
ReCtore RIVIno MeDICInae professore.
(MDCCVIIII = **1709** / „Unter Rektor Rivinus Professor der Medizin“)
Doppelchronogramm als dreizeiliger Abschluss einer elfzeiligen Revers-Aufschrift sowie als Randschrift auf einer Medaille zum 300jährigen Bestehen der Universität Leipzig am 4. 12. 1709.[133]

ConIVngIt aMor FrIDerICos.
(MDCCVIIII = **1709** / „Liebe verbindet die Friedriche“)
Avers-Umschrift auf einer Medaille zum Empfang von König Friedrich IV. von Dänemark und Norwegen durch Friedrich August von Sachsen-Polen am 25. 5. 1709 in Dresden.[134]

---

128 Tentzel (wie Anm. 124), S. 701.
129 Hutten-Czapski (wie Anm. 125), Vol. II, S. 4 (Nr. 2605).
130 Tentzel (wie Anm. 124), S. 721.
131 Albert von Forster: Die Erzeugnisse der Stempelkunst in Augsburg. Leipzig 1914, S. 42 (Nr. 1276).
132 Täubert/Schwinkowski (wie Anm. 123), S. 22 (Nr. 34).
133 Cordula Wohlfahrt: Christian Wermuth – ein dt. Medailleur der Barockzeit. London 1992, S. 284 f. (Nr. 09027).
134 Täubert/Schwinkowski (wie Anm. 123), S. 25 (Nr. 60).

ForMet sors aeDes ConCors – VrbI sIt IrIne.
(MDCCVIIII = 1709 / „Das Haus bildet das einträchtige Schicksal für die friedliche Stadt")
FIt phILVres AVgVst QVIrIn RIVInVs in Vrbe / reCtor fIt qVater et teMporIs orDo noVVs.
(MDCLVVVVVVVVVVIIIIIIII = 1709 / „August Quirin Rivinus wurde in der Linden-Stadt viermalig in neuer Folge zum Rektor ernannt".
Avers- und Revers-Umschrift auf einer Medaille (von Johann Georg Junker und Chr. Wermuth) auf das 300j. Bestehen der Universität Leipzig unter Rektor August Quirin Rivinus (1652–1723) am 4. 12. 1709.[135]

IVbILat aLMa LIpsIa Laete Deo.
(MDLLLLVIIII = 1709 / „Froh jubelt die Alma Mater Leipzig zu Gott empor")
Revers-Umschrift auf einer Medaille (Dukat) zum 3. Jubelfest der Universität Leipzig am 4. 12. 1709.[136]

NVbILa SarMatIae sIC sIDera Laeta serenant.
(MDCLLVIIII = 1709 / „Die Trübnis Sarmatiens wird durch frohen Glanz aufgeheitert")
Randschrift auf einer Medaille (von Heinrich Paul Groskurt) zur Rückkehr von Friedrich August von Sachsen-Polen auf den polnischen Thron nach der Niederlage Karls XII. bei Poltawa.[137]

S[acri] R[omani] IMperII VICarIIs / Lege DeL[eg]ata.
(MDCLLVIIIIII = 1711 / „Den Verwesern des Hlg. Röm. Reiches als Recht übertragen")
Coronato ImperatorI / a VICarIIs re- / traDIta.
(MDCCVIIIIII = 1711 / „Mit der Krönung des Kaisers von den Verwesern zurückgegeben")
Zweizeilige Inschrift im Avers-Abschnitt sowie dreizeilige Inschrift im Revers-Abschnitt auf einer Medaille (von Chr. Wermuth) zum Reichsvikariat von Kfst. Johann Wilhelm von der Pfalz, Hz. Victor Amadeus II. von Savoyen und Kfst. Friedrich August I. von Sachsen nach dem Tode von Kaiser Josephs I. bis zur Wahl Kaiser Karls VI.[138]

DeIn sChVtz hat MICh erneVet.
(MDCCVVVII = 1717)
Revers-Umschrift auf einer Medaille (von Chr. Wermuth) für Friedrich August von Sachsen-Polen (1694–1733) zum 200jährigen Reformationsjubiläum am 31. 10. und 2. 11. 1717.[139]

FrVstra qVos offenDIt sCeLestVs IMpLorat.
(MDCLLVVVII = 1717 / „Vergeblich fleht der Frevler, der sich gekränkt fühlt")
PeCCaVI aDIVVa Me / eIVLat ILLe / Magna DIsparItas / IVbILat Iste.
(MDCCVVVII / MDLLLLVVIIIIIII = 1717 / „Ich habe gesündigt, ermutige mich; es wehklagt jener; großer Gegensatz; es jubelt solcher")
VnDIqVe proCeLLa reMItVr. / In GaLLIa rIDetVr IMpIa ConstItVtIo. / HIspanIa nIhILI DVCIt fVLMIna. / SICILIa LVsIt InDIgna prorsVs MonIta. / Caesar proVoCatVs DIra MInatVr. / Et LVtheranorVM DoCt.[rina] IVbILat.
(MDCLLVVVII / MDCLLVVIIIIIII / MDCLLVVIIIIIII / MDCLLVVIIIIIII / MDCCVVVII / MDCLLVVVII = 1717 / „Überall möge die Unruhe nachlassen. In Frankreich möge die gewissenlose Beschaffenheit triumphieren. In Spanien führt keine Kraft. In Sizilien spielt man ganz unverdient mit der Erinnerung. Der Kaiser droht schrecklich herausfordernd. Und der Lutheraner Glaube jubelt"

135 Wohlfahrt (wie Anm. 133), S. 286 f. (Nr. 09033).
136 Täubert/Schwinkowski (wie Anm. 123), S. 26 (Nr. 68e).
137 Hutten-Czapski (wie Anm. 125), Vol. V, S. 37 (Nr. 10402).
138 Wohlfahrt (wie Anm. 133), S. 311 (Nr. 11033)
139 Wohlfahrt (wie Anm. 133), S. 348 (Nr. 17032).

Avers-Umschrift und Aufschrift sowie Revers-Aufschrift auf einer satirischen Medaille (von Chr. Wermuth) zum 200jährigen Reformationsjubiläum unter Friedrich August von Sachsen-Polen.[140]

MartInVs LVtherVs theoLogIae DoCtor.
(MDCLLVVVII = **1717** / „Martin Luther Doktor der Theologie")
Avers-Umschrift auf Doppeldukat der Stadt Leipzig zum 200jährigen Reformationsjubiläum.[141]

MartinVs LutherVs / theoLogIae DoCtor.
(MDCLLVVVII = **1717** / „Martin Luther Doktor der Theologie")
Zweizeilige Inschrift im Revers-Abschnitt auf einer Medaille (von Vestner) für Friedrich August von Sachsen-Polen zum 200jährigen Reformationsjubiläum.[142]

MartInVs LVtherVs theoLogIae DoCtor.
(MDCLLVVVII = **1717** / „Martin Luther Doktor der Theologie")
AeternVM Verbo ChrIstI DeCVs.
(MDCCVVVII = **1717** / „Die Besonderheit im Wort Christi [liegt] in der Ewigkeit")
Avers- und Revers-Umschrift auf einer Medaille von Friedrich August von Sachsen-Polen zum 200jährigen Refomationsjubiläum.[143]

MartInVs LVtherVs theoLogIae DoCtor.
(MDCLLVVVII = **1717** / „Martin Luther Doktor der Theologie")
GaVDIVM seCVLarI aLtero.
(MDCLLVVVII = **1717** / „Die Freude zum zweiten Säkularjahr")
Avers- und Revers-Umschrift auf einer Medaille (von Vestner) für Friedrich August von Sachsen-Polen zum 200jährigen Reformationsjubiläum.[144]

MartInVs LVtherVs theoLogIae DoCtor.
(MDCLLVVVII = **1717** / „Martin Luther Doktor der Theologie")
Vt tVrrIs LVMen Das toto regIa CoeLo.
(MDCLLVVVII = **1717** / „Wie ein königlicher Palast erstrahlst du als Licht am ganzen Himmel")
IobILaeo LVthera- / norVM seCVnDo / d[ies] 31. Oct[obris]
(MDCLLVVVII = **1717** / „Zum zweiten Jubiläum der Lutheraner")
Avers- und Revers-Umschrift sowie dreizeilige Inschrift im Revers-Abschnitt auf einer Medaille (von Chr. Wermuth) für Friedrich August von Sachsen-Polen zum 200j. Reformationsjubiläum am 31. 10. 1717.[145]

Mente Deo ConCors aeVo renoVatVr In Ipso.
(MDCCVVVII = **1717** / „Einträchtig mit Gott und in Ewigkeit wurde im Geiste des Herrn erneuert")
ProphetabVnt / fILII VestrI et / fILIae Vestrae / senes VestrI / soMnIa/ et IVVenes / VestrI / VIsIones / VIDebVnt / IoeLIs II,28.
(MDLLLVVVVVVVVVVIIIIIIIIIIIIIII = **1717** / „Unsere Söhne, unsere Töchter, unsere Greise werden in Träumen voraussehen und unsere Jugendlichen werden Erscheinungen wahrnehmen")

---

140 Wohlfahrt (wie Anm. 133), S. 349 (Nr. 17034).
141 Schnell (wie Anm. 120), S. 178 (Nr. 149).
142 Schnell (wie Anm. 120), S. 161 f. (Nr. 108).
143 Schnell (wie Anm. 120), S. 159 (Nr. 102).
144 Francisca Bernheimer: Georg Wilhelm Vestner und Andreas Vestner. München 1984, S. 70 (Nr. 116).
145 Wohlfahrt (wie Anm. 133), S. 346 f. (Nr. 17028).

Avers-Umschrift sowie zehnzeilige Revers-Aufschrift auf einer Medaille (von Chr. Wermuth) für Friedrich August von Sachsen-Polen zum 200jährigen Reformationsjubiläum.[146]

Spes / **C**onf**I**sa / **D**eo / n**V**nq**V**a**M** / **C**onf**V**sa / potent**I**.
(MDCCVVVII = **1717** / „Wer mit Hoffnung auf Gott den Allmächtigen vertraut, kommt nimmer zu Schanden")
Sechszeilige Revers-Aufschrift auf einer Medaille (von Chr. Wermuth) für Friedrich August von Sachsen-Polen zum 200. Jahrestag der Reformation.[147]

Psalm 91v1 / **VVI**r stehen / getrost **V**nter / **D**es hö**C**hsten / s**C**h**I**r**M**.
(MDCCVVVII = **1717**)
Fünfzeilige Revers-Aufschrift auf einer Medaille (von Vestner) für Friedrich August von Sachsen-Polen zum 200. Jahrestag der Reformation.[148]

A**V**g**V**stae t**V**te**L**a **D**o**MV**s **C**oe**L**o aperta.
(MDCLLVVVV = **1720** / „Offenkundig ist die Fürsorge des Himmels für das königliche Haus")
Avers-Umschrift auf einer Medaille (von Olus Wif) zur Geburt des Prinzen Friedrich August am 18. 11. 1720 († 1721) als Sohn des Kronprinzen Friedrich August (II.).[149]

Annvs avi, messisque patris, partvsqve nepotis – F**L**ore a**D**s**V**nt tr**I**p**LICI** no**MI**ne Sa**X**on**I**ae.
(MDCLLXVIIIII = **1720** / „Das Jahr des Großvaters und die Zeit des Vaters und die Geburt des Enkels – Mit dreifachem Namen steht Sachsen in Blüte")
Se**M**ise**CVL**o **D**eo – fa**V**ente aetate e**X**p**L**eto.
(MDCLLXVV = **1720** / ein „i" bleibt unbewertet! / „Mit Gottes Hilfe hat er ein halbes Jahrhundert erlebt")
Avers-Umschrift sowie doppelzeilige Revers-Umschrift auf einer Medaille (von Heinrich Paul Groskurt) zum 50. Geburtstag von Kg. Friedrich August I. von Sachsen-Polen (12. 5.), zum 24. Geburtstag des Kronprinzen (7.10.) sowie zur Geburt des Enkels (18. 11.).[150]

HVn**C** **D**e**V**s o**M**n**I**potens fa**CI**et s**I**ne f**I**ne **VI**rere.
(MDCCVVVIIIII = **1720** / „Dieser allmächtige Gott treibt ohne Ende zur Blüte")
Avers-Umschrift auf einer Medaille (von Heinrich Paul Groskurt) zur Geburt von Prinz Friedrich August von Sachsen als Sohn des Kronprinzen am 18. 11. 1720 († 1721).[151]

In / **M**a**I**oran**I**tent**I** / **D**e**CV**s et rob**V**r / a**V**str**I**a**C**a / d.[ies] XIIX. Novembris / natvs / Maria Iosepha / Fridericvs Avgvstvs / Frid[ericus] Aug[ustus] pr[inceps] reg[nantrix] et el[ectoris] S[axoniae] filius / Frid[ericus] Aug[ustus] reg[is] Pol[oniae] et el[ectoris] Sax[oniae] nepos / futurus invicendo oriente / Carolo VI. caesari augusto, qvod fvit in vidicando occidente / Friderico III. Caesari / stirpis conditor Albertvs / nov'[us] reg'[nator] Fridericus III. / cum augusto Carolo avctvr'[itati] / et impletvrvs illvd / Friderici III. / A.[ustriae]E.[st]I.[mperare] O.[rbi]U.[niverso].
(MDCCVVVIIIII = **1720** / „Als besondere Zierde und Stärke (wird) Friedrich August am 18. November [1720] als Sohn der Österreicherin Maria Josepha und des sächsischen Kronprinzen Friedrich August, als Enkel von Friedrich August von Polen und Sachsen und als künftig angehender Nachfolger von König und Kaiser Karl VI. geboren, deshalb wird er mit späterem An-

146 Täubert/Schwinkowski (wie Anm. 123), S. 28 (Nr. 75).
147 Wohlfahrt (wie Anm. 133), S. 356 (Nr. 17070).
148 Bernheimer (wie Anm. 144), S. 72 (Nr. 121).
149 Karl Wilhelm Daßdorf: Numismatisch-historischer Leitfaden zur Übersicht der sächsischen Geschichte. Dresden 1801, S. 164 f. (Nr. 1283).
150 Daßdorf (wie Anm. 149), S. 163 (Nr. 1281).
151 Edwarda Hr. Raczynski: Gabinet medalow polskich. Poznan 1841, S. 183 (Nr. 348).

spruch als Friedrich III. König, vom Stamme des Begründers Albert neuer Herrscher Friedrich III. und mit Unterstützung von Kaiser Karl und jenen fortsetzend als Friedrich III.“
20zeilige Revers-Aufschift auf einer Medaille (von Chr. Wermuth) zur Geburt von Prinz Carl Friedrich August von Sachsen am 18. 11. 1720 († 22. 1. 1721).[152]

DenVo SaXonIaM reCreat speratVs ApoLLo.
(MDCLLVVI = **1721** / „Von neuem erquickt die erhoffte Sonne das sächsische Land“)
Revers-Umschrift auf einer Medaille zur Geburt des Prinzen Josef August von Sachsen am 24. 10. 1721 († 14. 3. 1728).[153]

AVgVstI II regIs PoLonIae optIMI prInCIpIs – aeternItatI / LVgens Vrbs GeDanensIs.
(MDCLLVVVVIIIIIIIIIII =**1733** / „August II. als polnischer König der verdienstvollste Fürst in Ewigkeit, betrauert von der Stadt Danzig“)
Avers-Doppelumschrift sowie zweizeiliger Abschnitt auf einer Medaille (von Peter Paul Werner und D. Sievert) der Stadt Danzig zum Tode von Friedrich August von Polen-Sachsen (1670–1697–1733) am 1. Februar 1733.[154]

AVgVstI seCVnDI / regIs PoLonIae / patrIs patrIae / Mors / In opInata / LVgetVr.
(MDCLLVVVVVIIIIIII = **1733** / „Um August II., König Polens, Vater des Vaterlandes, wird im vermuteten Tod getrauert“).
Sechszeilige Revers-Umschrift auf einer Medaille (von Peter Paul Werner und D. Sievert) der Stadt Danzig zum Tode von Friedrich August von Polen-Sachsen.[155]

AVgVstVs II / reX PoLonIae / MagnVs DUX / LIthVanIae / VarsaVIae / IVsta natVrae / persoLVIt.
(MDLLXXVVVVVVVVVVVIIIIIII = **1733** / „August II., polnischer König, Großherzog von Litauen und Warschau, hat sein rechtschaffenes Leben erfüllt“)
Siebenzeilige Revers-Umschrift auf einer Medaille (von Peter Paul Werner und D. Sievert) der Stadt Danzig zum Tode von Friedrich August von Polen-Sachsen.[156]

Proh DoLor CaLenDIs FebrVarII / VarsoVIae Inter VIVos / esse DesIIt.
(DDDCLLLVVVVVIIIIIII = **1733** / „Ach welch ein Schmerz am 1. Februar, als er in Warschau von den Lebenden davongegangen“)
Dreizeiliger Avers-Abschnitt auf einer Medaille (von Heinrich Paul Groskurt) zum Tode von Friedrich August von Polen-Sachsen (1697–1733) am 1. Februar 1733.[157]

ObseqVIVM renoVat VetVs Vrbs / CeLebrata fIDeLIs / d[ies] 9. iun[ii] a[nn]o 1733.
(MDCLLVVVVVVIII =**1733** / „Die alte getreue Stadt erneuert feierlich die Lehnspflicht“)
Ipse sVae gentIs LUX pLaCIDVsqVe aMor.
(MDCLLXVVVVIII = **1733** / „Derselbige als Licht und gefällige Liebe seines Geschlechts“)
Freyberg DIe aLte VnD getreVe VersprICht DIe aLte treV aVfs neVe.
(DDDCVVVVVVIII = **1733**)
Dreizeilige Avers-Aufschrift, Avers-Umschrift sowie Revers-Umschrift auf einer Huldigungsmedaille des erzgebirgischen Kreises in Freiberg am 9. 6. 1733 vor Kfst. Friedrich August II. von Sachsen (1696–1733–1763).[158]

---

152 Wohlfahrt (wie Anm. 133), S. 369 (Nr. 20001).
153 Daßdorf (wie Anm. 149), S. 165 (Nr. 1286).
154 Hutten-Czapski (wie Anm. 125), Vol. II, S. 22 (Nr. 2684).
155 Hutten-Czapski (wie Anm. 125), Vol. II, S. 22 f. (Nr. 2688).
156 Hutten-Czapski (wie Anm. 125), Vol. II, S. 22 (Nr. 2686).
157 Daßdorf (wie Anm. 149), S. 176 f. (Nr. 1342).
158 Paul Arnold/Werner Quellmalz: Sächsisch-thüringische Bergbaugepräge. Leipzig 1978, S. 103 (Nr. 4).

AVgVstVs / **III**. / reget / faVste / & / tan**DeM** / bona / **C**aVsa / **VI**n**C**et.
(MDCCVVVVVVIIII = **1734** / „August III. kommt endlich zurück und siegt mit gutem Recht“)
Neunzeilige Revers-Aufschrift auf einer Medaille (von Chr. Wermuth) zur Krönung von Kfst. Friedrich August II. von Sachsen zum poln. König August III. am 12. Januar 1734.[159]

O ! / **I**sta pa**X** / est / tant**VM** / n**VD**a / be**LLI** **C**r**V**ent / fort**I**s pa**X** / I. 7br[septembris].
(MDCLLXXVVVIII = **1738** / „Oh dieser Frieden ist so groß, enthülle das Grausame des Krieges, glücklicher Friede“)
Achtzeilige Revers-Aufschrift auf einer Medaille (von Chr. Wermuth) zur Beendigung des Polnischen Thronfolgekrieges durch den Frieden von Wien vom 1. Sept. 1738 und zur Vertreibung von Kg. Stanislaus I. Leszczynszki (1677–1766) und Bestätigung von August III. von Sachsen als polnischer König.[160]

Fr**ID**er**IC**Vs / **M**ar**I**a Theres**I**a / et AVgVstVs / noVa pa**C**e / **IV**ngVntVr / d[ies] XXIV Dec[embris].
(MDCCVVVVVVVVIIIII = **1745** / „Friedrich, Maria Theresia und August haben neuen Frieden geschlossen“)
Sechszeilige Revers-Aufschrift auf einer Denkmünze (von Georg Wilhelm Kittel) auf den Frieden von Dresden am 24. 12. 1745.[161]

IesVs **C**hr**I**stVs re**X** regnant**IVM** Vtr**IV**sqVe pa**CI**s **D**ator Dresdae d[ies] XXV Dec[embris].
(MDCCXVVVVVVVIIIII = **1745** / „Jesus Christus, König der Könige, Spender des himmlischen und irdischen Friedens“)
Avers-Aufschrift auf einer Medaille (von Johann Leonhard Oexlein) zum Frieden von Dresden am 25. 12. 1745.[162]

Da / **VIV**at / BaVar**I**a / **IV**n**C**ta Sa**X**on**I**a / **I**ta / pre**C**a**MV**r / statVs / Bo**I**ar**I**a.
(MDCCXVVVVVVVIIIIIII = **1747** / „Es lebe Bayern vereint mit Sachsen, so bitten wir [zu Gott], die Stände Bayerns“)
Neunzeilige Revers-Aufschrift auf einem Halbtaler und 2/3Taler (von Franz Andreas Schega) zur Vermählung von Prinzesssin Maria Anna von Sachsen-Polen (1728–1797) und Kfst. Maximilian III. Joseph von Bayern (1727–1745–1777) am 13. 6. 1747.[163]

FaVsto ne**XV** BaVar**IC**ae Sa**X**on**IC**aeqVe **D**o**MV**s.
(MDCCXXVVVVVVII = **1747** / „Zur glücklichen Verknüpfung der Häuser Bayerns und Sachsens“)
Revers-Umschrift auf einer Medaille (von Vestner) zur Vermählung von Kfst. Maximilian III. Joseph (1745–1777) mit Prinzessin Maria Anna von Sachsen am 13. 6. 1747.[164]

VIX Cop**VL**a **DV**p**L**e**X** r**VM**p**I**t**V**r.
(MDCLLXXVVVVVII = **1747** / „Nicht leicht reißt ein doppeltes Band“)
Revers-Umschrift auf einer Medaille (von Johann Leonhard Oexlein) auf die sächsisch-bayrische Doppelhochzeit von Kfst. Maximilian III. Joseph von Bayern mit Prinzessin Maria Anna von Sachsen sowie von Kurprinz Friedrich Christian von Sachsen (1722–1763) und Prinzessin Maria Antonia Walburga von Bayern (1724–1780) am 13. 6. 1747 in Dresden.[165]

159 Wohlfahrt (wie Anm. 133), S. 408 f. (Nr. 33011).
160 Wohlfahrt (wie Anm. 133), S. 406 f. (Nr. 33008).
161 Daßdorf (wie Anm. 149), S. 189 (Nr. 1404).
162 Daßdorf (wie Anm. 149), S. 188 (Nr. 1402).
163 Täubert/Schwinkowski (wie Anm. 123), S. 35 (Nr. 25).
164 Bernheimer (wie Anm. 144), S. 221 (Nr. 368).
165 Täubert/Schwinkowski (wie Anm. 123), S. 35 (Nr. 27)

Mo**D**o **C**res**C**ent nata**LI**a.
(MDCCLI = **1751** / „Soeben wachsen die Geburten").
Revers-Umschrift auf einer Medaille (von Friedrich Wilhelm Dubut) zur Geburt des Prinzen Friedrich August von Sachsen (1750–1763 Kfst.–1806 Kg.–1827), Sohn von Kurprinz Friedrich Christian (1722–1763 Kfst.–1763).[166]

Laete ae**D**es **C**r**VCI**s hae**C** ref**ICI** **C**hr**I**sto **DVC**e **C**oepta est.
(DDCCCCCCCLVVIIII = **1764** / „Mit Freude ist der Wiederaufbau dieser Kreuzkirche unter Christi Führung beschlossen worden")
Avers-Umschrift auf einer Medaille (von Karl Wilhelm Hoeckner) zur Grundsteinlegung für den Wiederaufbau der Kreuzkirche in Dresden unter Kfst. Friedrich August III. von Sachsen (1763–1827) am 16. 7. 1764.[167]

Sa**LV**a / s**I**t / a**C**a**D**e**MI**a / **LI**ps**IC**a / d[ies] IV. Decemb[ris].
(MDCCLLVIIII = **1809** / „Möge es der Leipziger Universität wohl ergehen")
Fünfzeilige Revers-Aufschrift auf einem Dukat (von Christian Joseph Krüger) für Kg. Friedrich August III. von Sachsen (1764–1806–1827) zum 400jährigen Bestehen der Universität Leipzig[168] (siehe *Abb. 6*)

3. Das Vorkommen von Chronogrammen in Hand- und Druckschriften

Als dritter Schwerpunkt bei der Anbringung von *Chronogrammen* sind *Hand- und Druckschriften* anzuführen. Festzustellen ist, dass in diesem Bereich der stärkste Niederschlag an chronogrammatischer Schöpfung zu verzeichnen ist. Damit in Verbindung steht auch die bemerkenswerte Breite der Palette, an welchen Stellen hier *Zeitinschriften* Anwendung finden. Am häufigsten treten *Jahresverse* bei der Verschlüsselung des Druck- oder Erscheinungsjahres (anno quo ...) auf dem Titelblatt auf, seltener als Bestandteil des Titels. Sie können aber auch irgendwo im Innern einer Schrift oder als Abschlusstext angebracht sein. Bei Gelegenheits- oder Kausalschriften zu Geburt und Hochzeit oder anderen „events" wie Namenstag oder Jubiläen sowie bei Leichenpredigten und den daran angefügten Epicedien (Trost- und Trauergedichten) begegnen sie uns zur Verschleierung des Ereignisjahres. Darüber hinaus können sie auch literarisch als *Memorialzahl* (Merkvers) überliefert werden. Handschriftlich können sie vor allem in Kirchenbüchern oder auch in Gedenkinschriften und Devotionalschreiben in Erscheinung treten.

Die nachfolgend chronologisch aufgeführten Chronogramme resultieren überwiegend aus bibliographischen Angaben. Allerdings besteht hierbei auch nur eine eingeschränkte Ermittlungsmöglichkeit, weil nur in speziellen Bibliographien eine textliche Wiedergabe der Chronogramme des Titelblattes erfolgt. Bei den meisten Bücherverzeichnissen werden sie jedoch bei der Titelaufnahme als Jahreszahl aufgelöst und es wird nur mit „Erscheinungsjahr als Chronogramm" darauf hingewiesen.[169] Innentext- und Abschluss-Chronogramme finden bibliographisch keine Erwähnung, sie lassen sich nur bei der direkten Durchsicht einer Schrift feststellen. Auf Grund der Vielzahl

166 Raczynski (wie Anm. 151), S. 233 (Nr. 406).

167 Täubert/Schwinkowski (wie Anm. 123), S. 37 (Nr. 2)

168 Joseph Gotthard Baumgarten: Historisch-genealogisch-chronologisch-kritisches Verzeichniß aller bekannten ducatenförmigen Goldmünzen der albertinischen Hauptlinie des uralten sächsischen Hauses. Dresden 1812, S. 250 (Nr. 1023).

169 So werden z. B. in den zwei Teilen des Titels „Rudolf Lenz: Katalog der Leichenpredigten und sonstiger Trauerschriften in der Oberlausitzischen Bibliothek der Wissenschaften. Stuttgart 2004" nur zwei Chronogramme (vgl. 1628 und 1732) voll zitiert! Siehe auch Anm. 286.

des Vorkommens – vor allem in Verbindung mit dem Druck- und Verlagsort Leipzig – kann hier nur eine gezielte Auswahl aus dem reichhaltigen Fundus geboten werden. Die Nachweise erstrecken sich über den Zeitraum von 1492 bis 1824. Die mehrheitliche Herkunft aus dem 17. Jahrhundert beruht darauf, dass die Barockliteratur dieses Jahrhunderts am stärksten bibliographisch erfasst wird,[170] obwohl das 18. Jahrhundert chronogrammatisch zumindest ebenso fruchtbar war.

Die Mehrzahl der zitierten Zeitinschriften besteht wiederum aus lateinischen Texten, deutsche Texte erscheinen aber häufiger als in den beiden vorangegangenen Bereichen. Thematisch überwiegen religiöse Texte. Eine Besonderheit stellt die Abfassung französischer Jahresverse dar (1737). Zu verzeichnen sind weiterhin auch Mehrfach- und Mega-Chronogramme (1656) sowie eine Zeitangabe nach der Erschaffung der Welt (5518 = 1606).

Afer VbI CoeLos repetIt terrasqVe reLInqVIt, bVsta VIro pIetas offICIosa faCIt.
(CCCLLVVVVVIIIIIIII = **434** / „In Afrika, wo er in den Himmel zurückkehrt und die Erde verlässt, erhält der Mann aus beflissener Barmherzigkeit seine Grabstätte")
Chronogramm zum Tode von Kirchenvater *D. Aurelius Augustinus,* Bischof von Hippo Regius (Numidien/Nordafrika) am Anfang der Schrift „*Eteostichorum* sive versiculorum literis numeralibus certos annos experimentium. Centurium sex" von Bernhard *Sturm*, gedruckt 1580 bei Ambrosius Fritsch in Görlitz.[171]

PLena CaDaVerIbVs qVassIs fVnesta foDIna / VVLgo In FreIbergo saeVa VoCatVr agro.
(DDCCLLVVVVVVVVVIIIII = **1350** / „Es wird schrecklich berichtet von der mit vielen gebrochenen Leichnamen angereicherten unheilvollen Grube auf Freiberger Gebiet")
Chronodistichon als Merkvers (von Valentin *Apelles*) zur Entstehung der „Mordgrube" in Brand-Erbisdorf (Kr. Freiberg) als großer Erdfall (Bingenbruch).[171a]

TerrIbILIs qVae CVnCta tVLI syLVestrIa teLLVs Anna beata tVo noMIne nota fVI.
(MCCLLLLLVVVVVVVIIIIIII = **1492** / „Schrecklich, wie viel bewaldetes Land ich getragen habe, glückselige Anna, mit deinem Namen als Merkmal wurde ich versehen")
SaLVs paX et tranqVILLItas hVIC VrbI et CVnCtIs habItantIbVs eaM.
(MCCCLLLXVVVVVVVIIIIII = **1497** / „Wohlfahrt, Frieden und Ruhe dieser Stadt und allen ihren Einwohnern")
SerrIfero CeLebrata IVgo VoLVentIbVs annIs Vrbs aVIae IesV noMIne CLara VoCor.
(MCCCLLLVVVVVVVVVIIIIIII = **1497** / „Ich bin verbunden mit dem angesehenen Bergbau, möge ich im Laufe der Jahre als Stadt bekannt unter dem Namen der Großmutter Jesu genannt werden")
Chronogramme als Memorialverse zur Aufnahme des Bergbaus und zur Grundsteinlegung für die Aufrichtung der Stadt Annaberg.[172]

Annus quo mortua est, hoc Johannis Kleinschmittii cassellani distichio indicatur:
In ChrIsto oCCVbIt Verae pIetatIs a MatrIX RIphoeo teLLVs LangVet Vt Vsta geLV.
(MCCCLLLLXVVVVVVVVIIIIIII = **1557** / „In Christo starb sie in aufrichtiger Anhänglichkeit zur Gottesmutter, als Leiche wie das Land in Riphoischer Kälte erstarrt"

170 So wird im „VD 17" (Verzeichnis der im deutschen Sprachraum erschienenen Drucke des 17. Jahrhunderts. Elektronische Ressource. München 2007) auf insgesamt nicht weniger als 3642 Chronogramme, fast ausschließlich als Druckjahre, verwiesen!

171 VD 16, S 9895; Bestand der Herzog-August-Bibliothek in Wolfenbüttel. [Die Schrift enthält eine Sammlung von Chronogrammen, aber keines zum Erscheinungsjahr!]

171a Wilisch, Freyberg (wie Anm. 35a), S. 302. [Vgl. auch 1571, 1581 und 1643].

172 Robert Steche: Beschreibende Darstellung der älteren Bau- und Kunstdenkmäler des Königreichs Sachsen. H. 4: Amtshauptmannschaft Annaberg. Dresden 1885, S. 1.

Chronogramm als Memorialvers auf den Tod von *Elisabeth von Hessen* (1502–1557), Gemahlin von Johann d.J. (1498–1537), Sohn Hz. Georg des Bärtigen von Sachsen († 1539).[173]

Distichon continens annvm, mensem & diem coniugii. **LVCI**fer o**C**ta**V**o febr**VV**s **CVM** **C**onst**I**t**I**t ort**V** / egreg**IV**sq**V**e p**IV**s s**V**b**II**t sponsa**LI**a spons**V**s
(MCCCCLLVVVVVVVVVVVVIIIIIII = **1563** / „Luzifer begründet am 8. Februar den Anfang und der vortreffliche Bräutigam unterzieht sich fromm dem Verlöbnis")
Chronodistichon als Druckjahr auf dem Titelblatt der Hochzeitsschrift „Carmen gratulatorium" von Georg *Lucius* (aus Ochsenfurt) für Johann *Stargk*, Kanzler der Markgrafschaft Oberlausitz, und Hedwig *Henrici* in Bautzen, gedruckt bei Johann Rhamba in Leipzig.[174]

Ar**X** **V**et**V**s **I**n **VVL**go S**C**he**L**nberga **V**o**C**ata **V**et**V**sto / no**MI**n**I**s A**V**g**V**st**I** Sa**X**on**I**s **ILL**a re**C**ens.
(MCCCLLLLXXVVVVVVVVVIIIIII = **1571** / „Diese Burg früher allgemein als Schellenberg bezeichnet, nunmehr mit dem Namen Augusts von Sachsen [versehen]")
Chronodistichon zum Neubau des Schlosses Augustusburg durch Kfst. August von Sachsen als Merkvers von Valentius *Apelles*, Rektor in Freiberg.[175]

Stosse**LIV**s **DV**b**I**tat **MI**sere atq**V**e **I**ta sent**I**t ob**I**tq**V**e.
(MDLVVVVIIIIII = **1576** / „Stössel zweifelt heftig und so denkend stirbt er")
Chronogramm zum Tode von Johann *Stössel* (1524–1576), evang. Theologe, Professor in Jena, zeitweilig Beichtvater von Kfst. August, verstorben auf der sächsischen Festung Senftenberg wegen Kryptokalvinismus.[176]

Q**VI**nq**V**e **DI**es q**V**an**D**o p**I**s**CI** so**L** **IV**n**C**t**V**s, Ape**LL**es nas**CI**t**V**r : **V**t **VIV**ens f**I**at **I**s opto sene**X**.
(DDCCCLLLXVVVVVVVVVVIIIIIIII = **1514** / „Fünf Tage nachdem die Sonne sich mit dem Sternbild Fische vereinigte, wurde Apelles geboren, auserwählt möge er bejahrt leben")
S**I**gna **M**ag**I**ster**II** prae**CL**ar**I** **V**b**I** na**C**t**V**s Ape**LL**es, Ph**ILLI**pp**V**s praesens atq**V**e **LV**ther**V**s erat.
(MCCLLLLLLVVVVVVIIIIIIII = **1538** / „Die Zeichen des Magisters erlangte Apelles hervorstechend dort, wo er in Anwesenheit von Philipp [Melanchthon] und Luther war")
A**V**g**V**r**I**o A**V**g**V**sto Fr**I**berga**M** appe**LLI**t Ape**LL**es, atq**V**e s**C**ho**L**ae **C**oet**V**s f**L**e**XI**t ab arte p**I**os.
(MCCLLLLLLXVVVVVVVIIIII = **1545** / „Im Anzeichen des August gelangt Apelles nach Freiberg und der Wirkungskreis der Schule lenkte ihn ab von der Wissenschaft von den Seligen")
Casta **V**a**L**ent**I**no **C**on**IV**n**X** **C**athar**I**na f**I**t, e**X** q**V**o ter q**V**ater, atq**V**e se**M**e**L** fa**C**ta parente parens.
(MCCCCLLXXVVVVVIIII = **1549** / „Mit Valentin als Gemahl verband sich die keusche Katharina, wodurch er es öfter und ein für allemal zum Erzeuger brachte")
Regna po**LI** s**V**beo **C**athar**I**na p**I**a **V**X**o**r Ape**LLI**, re**LLIC**ta **L**ibra so**L**e tenente nepa**M**.
(MCCLLLLLLLXVVIIIIII = **1576** / „In den Himmel bin ich eingetreten als fromme Gebieterin Katharina, Gattin des Apelles, verlassen am Tag als sich das Sternbild Waage mit dem Krebs verbindet")
So**L**e tenente **DI**es b**I**s q**VI**nq**V**e **L**eon**I**s, Ape**LL**es **CL**ar**V**s, **D**at terr**I**s ho**C** gra**V**e **C**arn**I**s on**V**s.

---

173 Ernst Joachim von Westphalen: Monumenta inedita rerum Germanicarum ... Bd. II. Leipzig 1740, Sp. 1486–1488; Hilton [I] (wie Anm. 8), S. 127.
174 Bestand der Kirchenbibliothek St. Katharinen in Brandenburg (im Domstiftsarchiv Brandenburg / Sign.: K 379.25).
175 Johann Gottlieb Harnisch: Chronik über Schellenberg-Augustusburg, Schellenberg 1860, S. 44.
176 Hilton [I] (wie Anm. 8), S. 381.

(DDCCCLLLLLVVVVVIIIIII = **1581** / „Zehn Tage nachdem das Sternbild des Löwen erscheint, übergibt der berühmte Apelles die Last seines schwachen Fleisches hier auf Erden")
Sechsfache Chronodistichi als Lebensdaten in der Gedenkschrift „Clarissimi et doctissimi viri ... Vitae Curriculum" für D. Valentin *Apelles* (1514–1581), Rektor in Freiberg, von M. Michael *Hempel* (aus Freiberg / 1534–1611), gedruckt 1582 bei Georg Hoffmann in Freiberg. [Im Text finden sich weitere 5 Chronogramme zum Todesjahr / vgl. auch 1571 und 1643.][177]

Nate **DI**e t**I**b**I** La**V**s, per q**V**e**M** pa**X**q**V**e nob**I**s.
(MDLXVVVVIIIII = **1585** / „Ruhm dem Sohn Gottes, durch den uns Friede und Leben [gegeben]")
Chronogramm als Druckjahr auf dem Titelblatt der Schrift „Carmen elegicam in solenne natalis Jesu Christum festum" von Balthasar *Reder*, gedruckt bei Georg Deffner in Leipzig.[178]

B**I**s senos terr**I**s **I**n**V**e**XI**t **M**art**IV**s ort**V**s : Et **D**ata Re**I**nharto **L**a**V**rea serta probe.
(MDLXVVVVIIIIII = **1586** / „Der Anfang des Krieges brach über 12 Länder herein : und der tüchtige Reinhart erhielt den Lorbeer als Blumengewinde"
Chronogramm als Erscheinungsjahr der Gelegenheitsschrift „Laurea quinq[ue]; pulcherrimis constans flosculis" für Samuel *Reinhart* zum Studienabschluss in Leipzig von Paul *Lemmel* (aus Schneeberg), gedruckt bei Georg Deffner in Leipzig.[179]

Vt stata **DIVI**no perag**V**nt**V**r festa **I**oann**I** : Anna ornat Gra**V**n**I** f**ILI**a pr**IM**a gen**V**s.
B**I**s no**VI**es tep**ID**os Ma**IV**s s**I**gna**VI**t **V**t orbes : Ann**VL**a spes Gra**V**n**I** tota parent**I**s ob**I**t.
(MDLVVVVVVIIIIIII = **1588** / MDLVVVVVVIIIIIIII = **1589** / „Anna zeichnet aus die erste Tochter im Geschlecht Graun zu sein, wie von Gott bestellt, wird sie am Johannistag vollbracht. Der 18. Mai zeigte sie erkaltet wie die Welt, Ännlein als Hoffnung von Graun ist ganz von den Eltern fortgegangen")
Chronodisticha in der Schrift „Eine Christliche Leichpredigt" von Gabriel *Gütner* (aus Leipzig / 1565–1639), Pfarrer zu Oberau, für Anna als Tochter von Adam *Graun* (1563–1617), Pfarrer zu Niederau, gedruckt 1597 von Franz Schnellboltz in Leipzig.[180]

A**V**t **MV**n**DV**s **I**nter**I**b**I**t : a**V**t a**LI**q**V**a **I**ns**I**gn**I**a e**V**en**I**ent, / ann**V**s a**D**est a**V**t q**V**o **V**ertent**V**r q**V**aeq**V**e s**V**b a**X**e, a**V**t gra**V**e q**VI** reb**V**s attrahet e**XI**t**IVM**.
(MDLVVVVVVIIIIIII / MDXXVVVVVVVVVVVVVIII = **1588** / „Entweder die Welt wird untergehen oder bedeutsame Zeichen werden auftreten, das laufende Jahr bringe entweder unterm Sternenzelt Veränderung oder die Lage führt unheilvoll den Untergang herbei") [Bezug auf Prophezeiungen von Regiomontanus]
A**V**g**V**st**V**s q**V**artoq**V**artos s**V**b**DVX**erat ort**V**s, pro**XIM**a f**V**nest**I**s no**X** **V**b**I** sae**VI**t aq**VI**s.
(MDXXXVVVVVVVVVVVVIIIII = **1595** / „Am 16. August wurde anfänglich hinweggerissen, wo in der folgenden Nacht unheilvoll das Wasser wütet") [zu einem Neissehochwasser in Görlitz]
Chronogrammata aus einer „Chronik von Görlitz" von Martin *Meister* in dem Sammelwerk „Scriptores Rerum Lusaticarum" von Christian Gottfried *Hoffmann*, verlegt 1719 bei David Richter in Leipzig.[181]

B**I**s se**X**ta **C**an**I** Febr**VI** **LVC**e Ann**VL**a **C**asta en s**V**b**I**t Abra**M**o **VI**n**CVL**a torta thor**I**.
(MCCCCLLLXVVVVVVIIIIII = **1596** / „Im Lichte des 12. grauen Februar betritt das züchtige Ännchen mit Abraham die gewundenen Bande des Ehebetts")

177 VD 16, ZV 21388; Bestand der Universitäts- und Landesbibliothek Sachsen-Anhalt.
178 Bestand der Staatsbibliothek zu Berlin (Sign.: 10 in : Xc520).
179 VD 16, ZV 9552; Bestand der Ratsschulbibliothek in Zwickau.
180 Bestand der Herzog-August-Bibliothek zu Wolfenbüttel.
181 James Hilton: Chronograms Collected. [III], London 1895, S. 491 und 210.

Chronogramm des Schülers Nicolaus *Specht* in der Festschrift „Musae gratulantes nuptiis" zur Hochzeit von Abraham *Schade*, Lehrer in Bautzen, mit Anna *Hertzog*, gedruckt bei Nikolaus Wohlrab in Bautzen. [Die Schrift enthält weitere 9 Chronogramme von Schülern.][182]

Caro**L**e te nato fe**LICI**a se**CVL**a f**IV**nt **I**n patr**I**a f**I**es q**VI**nt**V**s re**X** no**MI**n**I**s h**VIV**s.
(MCCCLLLXVVVVVVIIIIIIIII = **1500** / „Karl, geboren in einem glücklichen Jahrhundert, wirst du im Vaterland der fünfte König dieses Namens")
CLIVens**I**s **C**on**IVX** praecess**I**t **I**n aethera parte, parte a**LI**q**V**a **I**n g**L**ebas, seq**V**en**I**sq**V**e han**C** Sa**X**o **M**ar**I**te.
(MCCCLLLXXVVVVVIIIIIIII = **1504** / ein „c" bleibt ungezählt, es müsste sich aber 1554 ergeben! / „Als Gemahlin aus Kleve [Sibylla von Jülich-Kleve-Berg 1512–1554] ging sie teils im Himmel, teils irgendwo auf Erden voran, und von ihrem sächsischen Gemahl nachgefolgt [Johann Friedrich dem Großmütigen 1532–1547 / † 1554]")
Dan**I**a te gen**VI**t, gen**VI**st**I**, Sa**X**ona, se**D** n**V**n**C** asp**ICI**s **I**n **C**oe**LI**s **C**oelest**I**a **L**aet**I**or Anna.
(DDCCCCLLXVVVIIIIIIIII = **1535** / ein „l" bleibt unberücksichtigt! / „Dänemark hat dich geboren, aufgewachsen in Sachsen, aber nun, Anna [Gemahlin von Kfst. August von Sachsen], schaust du dich fröhlicher in den himmlischen Gefilden um")
ELIg**I**t **EL**e**C**tor **C**oe**L**os, **V**t **VILI**a **MV**tet ens**I**fer : **AV**g**V**st**I** **CV**rat t**V**te**L**a nepotes.
(MCCCLLLLLVVVVVVVIIIIII = **1591** / „Der Kurfürst [Christian I. 1586–1591] wählt den Himmel, um sich als Schwertträger wohlfeil zu verändern, die Fürsorge gilt den Nachkommen von August [1553–1586 Kfst. von Sachsen]")
At **M**ona**C**h**V**s **C**a**V**te **IV**r**I**s **LIC**et **I**ret **I**n arte non **I**ta **C**a**V**t**V**s erat, q**VI**n f**L**eret **LI**ps**I**a f**V**n**V**s.
(MCCCCLLLVVVVVVVVIIIIIIII = **1599** / „Aber Monachus immerhin in Jura sicher, in den Künsten war er nicht so sicher, doch Leipzig beklagt seine Bestattung" [D. Johann *Monachus* (= *Münch* / 1536–1599), Professor und Bürgermeister in Leipzig])
DIVIt**I**ae **VI**n**I** et **C**erer**I**s **D**o**C**tor**I**b**V**s ass**V**nt. **LVX**q**V**e **C**reat Ba**CC**ho tert**I**a fa**C**ta pr**I**or.
(DDCCCCCLXVVVVVVIIIIIIIII = **1599** / „Der Schatz des Weines und der Frucht sind bei den Doktoren zugegen, und Licht von Bacchus lässt eher drei Taten entstehen") [zum Doktorat der Theologen Georg Weinrich und Cornelius Beccer].
Chronogrammata aus der Schrift „Seculum vertens *eteostichis* novis heroicis tertiarum videlicet" von Johannes *Avianus*(= Vögler /um 1550–1617), Pfarrer und Dichter in Eisenberg, gedruckt 1600 bei Abraham Lamberg in Leipzig. [Enthält Jahreszahlverse durchgängig von 1500 bis 1599!][183]

Im Jahr als man schreib[sic!] : Bekehrt e**VC**h **D**o**C**h **I**hr **C**a**LVI**n**I**sten / Vons bösen ge**I**sts **VV**eg **V**n**D** **LI**sten / so se**I**t[sic!] **I**hr a**V**ßer**VV**e**L**te **C**hr**I**sten.
(DDCCCCLLLVVVVVVVVVIIIIIII = **1603**)
Chronogramm als Druckjahr auf dem Titelblatt der Streitschrift „Freudige Widerkunfft" von D. Philipp *Nicolai* (1556–1608), Prediger in Hamburg, gedruckt bei Abraham Lamberg in Leipzig.[184]

Anno orb**I**s terrar**VM**, ab **IMM**enso & opt**IM**o **D**eo, ne**C**non **CV**n**C**t**I**potente **C**on**DI**tore, e n**I**h**IL**o **C**reat**I**, / et nat**I** **C**hr**I**st**I** **D**o**MI**n**I** nostr**I**.
(MMMMDDCCCCCVVIIIIIIII = **5518** / MDCIIIIII = **1606** / „Im Jahr des vom unermeßlichen und gnädigsten Gott und allmächtigen Schöpfer aus dem nichts geschaffenen Erdenrundes und seit der Geburt unseres Herrn Jesus")
Chronogrammata als Erscheinungsjahr auf dem Titelblatt der Chronik „Saxoniae Illustratae" von Georg *Fabricius* (aus Chemnitz /1516–1571), Rektor der Fürstenschule zu Meißen, gedruckt bei Henning Grosse in Leipzig.[185]

182 Hilton [III] (wie Anm. 181), S. 42; Bestand der Staatsbibliothek zu Berlin.
183 VD 16 (V 2055); Bestand der Staatsbibliothek zu Berlin.
184 VD 17 (23:260038M).
185 VD 17 (14:011272M).

SChILterVs MerItIs ChrIstI ConfIsVs obIVIt, heV qVae IaCtVra hInC eXorItVra pIIs.
(MCCCCCLXVVVVVVVIIIIIIIIIII = **1608** / „Schilter starb im Vertrauen auf die Wohltaten Christi, ach welch ein Verlust wird sich hieraus für die Gläubigen ergeben")
Chronogramm auf den Tod von Zacharias *Schilter* (1541–1604!), Prof. der Theologie in Leipzig.[186]

Im Jahr : **VIrgInVM DVX LVX** & sponsVs fVIt, est & erIt IesVs. / MIserICorDIa aeternI patrIs sVper nos. / In DoMIno IVstItIa nostra. / Non MorIar seD ero tIbI ChrIste benIgne sVperstes.
(MDLXXVVVVVVVIIIII / MDCVIIIII = **1610** / MDVIIIII = **1510** / MDCVIIIII = **1610** / „Jesus war für die Jungfrau Führer, Licht und Gefährte, ist es und wird es sein. / Barmherzigkeit des ewigen Vaters über uns. / Unsere Gerechtigkeit im Herrn. / Ich möge nicht sterben, aber ich werde bei dir, gütiger Christus sein")
Chronogrammata als Druckjahr auf dem Titelblatt sowie am Ende der Schrift „Jungfraw-Kräntzlin" von Valerius *Herberger* (1562–1627), Prediger zu Fraustadt, gedruckt 1613 bei Michael Lantzenberger in Leipzig.[187]

Anno Christi:ChrIstIanVs In DoMIno obIIt / Im Jahr Christi:ChrIstIanVs Ist In DeM Herrn hIngerIssen.
(MDCVIIIII = **1611** / MDCVIIIII = **1611**)
Doppelchronogramm als Druckjahr auf dem Titelblatt der Klagschrift „Elegia Latino-Germanica" von Matthäus *Voigt*, Pastor zu Spremberg, zum Tode von Kfst. *Christian II. von Sachsen* (1583–1611), gedruckt bei Nikolaus Zipser in Bautzen.[188]

Anno Christi : TV GermManIa gaVDeas paCe.
(MDCVVI = **1611** / „Du, Deutschland, mögest dich über den Frieden freuen")
Chronogramm als Erscheinungsjahr des Einblattdruckes „Akrostoichon" von M. Lucas *Peifer* (aus Naundorff) zur „Pacification" zwischen Sachsen und Brandenburg, gedruckt bei Nikolaus Zipser in Bautzen.[189]

Anno aerae Christianae, AnVLos pretIosos aMorIs LVDIbrIa reor. / AnnI InItIVM faVste proCeDat, opto.
(MDLLVVIIII = **1614** / MDCVVIIII = **1614** / „Im Jahr der christlichen Ära, ich meine die kostbaren Ringe der Liebe sind Blendwerk / Ich wünsche, dass sich der Beginn des Jahres günstig entwickeln mögen")
Chronogrammata als Druckjahr auf dem Titelblatt der Schrift „De anulorum aureorum origine" von Heinrich *Kitsch* (aus Leipzig / † nach 1624), Prof. der Ethik in Zerbst, erschienen bei Henning Grosse in Leipzig.[190]

Chronodistichon : Vt LVX oCtaVa & VICesIMa febrVI ab aXe fVLgebat, sponso LeCta pVeLLa VenIt.
(MCCCLLLLLXXVVVVVVVVVIIII = **1614** / „Als das Licht am 28. Februar vom Himmel leuchtete, kam die auserwählte Jungfrau zum Bräutigam"

186 Paul Freher: Theatrum virorum eruditione clariorum, Nürnberg 1688; Hilton [I] (wie Anm. 8), S. 351.
187 VD 17 (1:667327C). / [Weitere 24 Chronogramme des Autors im „VD 17" für 1610–1687].
188 VD 17 (14:008674A).
189 VD 17 (14:051236D).
190 VD 17 (14:657347N); Hilton I (wie Anm. 8), S. 287; Hilton [III] (wie Anm. 181], S. 57. [Weitere Chronogramme des Autors für 1607 (= VD 17 3:306177U und VD 17 3:306400M), 1608 (= VD 17 23:282186Z), 1613 (= VD 17 7:657541C), 1614 (= VD 17 3:315387L) und 1620 (= VD 17 23:265549Z)].

Chronodistichon auf dem Titelblatt der Hochzeitsschrift „Novis sponsis Reverendo et Doctissimo" für Johann Fidler, Pfarrer zu Hohenleipe, und Catharina Schreckenfuchs, Pastorentochter aus Colditz, gedruckt bei Johannes Hermann in Leipzig.[191]

Anno Christi : Hostes **C**hr**I**ste t**VI** rab**I**osos **D**epr**IM**e **V**erb**I**.
(MDCVVIIIII = **1615** / „Die grimmigen Feinde, Christus, erdrücke mit deinem Wort")
Chronogramm als Druckjahr auf dem Titelblatt der Schrift „Kurtze ... Erklerung des kleinen Kinder-Catechismi" von M. Caspar *Stiller* (aus Leipzig), Pfarrer zu Neustädtel am Weißfurt (Schles.), in Verlegung von Johann Börner und Elias Rehefeld in Leipzig.[192]

Dr**VC**kts **I**ohann Rha**M**ba**VV**.
(MDCVVVI = **1616**)
Chronogramm als Druckjahr auf dem Titelblatt der Schrift „Prognosticon generale perpetuum" von Christoph *Cnollius* (1563–1621), Diakon und Kirchenlieddichter in Sprottau, gedruckt bei Johann Rambau in Görlitz.[193]

OMn**I**b**V**s **V**t san**C**t**I**s f**VL**get **LVX** festa **I**a**C**ob**V**s Sät**L**er**V**s **C**hr**I**st**I** e**X** sang**VI**ne san**C**t**V**s ob**I**t.
(MCCCCLLLXXVVVVVVVVIIIIII = **1617** / „Wenn zu Allerheiligen das festliche Licht leuchtet, Jacob Sätler stirbt gottgefällig mit dem Blut Christi"
Chronogramm zum Tode von Jacob *Setler* (Sätler / 1540–1617), Pastor an der Nikolaikirche in Freiberg.[194]

Anno Jubilaeo Lutherano **: M**art**I**n**V**s perget sp**L**en**D**ere **LV**ther**V**s **I**n orbe.
(MDLLVVVII = **1617** / „Im Jahr des lutherischen Jubiläums : Martin Luther nimmt strahlend am Himmel seinen Weg")
Chronogramm als Druckjahr auf dem Titelblatt der Gedichtsammung „Epicedia in luctuosum & beatissimum obitum" zum Tode von Georg *Weinrich* (1554–1617), Prof. der Theologie in Leipzig, gedruckt bei Valentin AmEnde in Leipzig.[195]

VVe**I**nr**IC**h**IV**s **M**or**I**ens **V**b**I** **C**oe**LIC**a te**C**ta s**V**b**IVI**t **I**an**V**s ter non**V**s f**VL**s**I**t **I**n a**X**e po**LI**.
(MCCCCLLLXVVVVVVVVVIIIIIIIIII = **1617** / „Sobald Weinrich in die himmlischen Gefilde einging, erstrahlte er am 27. Januar am Himmelszelt"
Chronogramm zum Tode von Georg *Weinrich* (1554–1617), Prof. der Theologie in Leipzig.[196]

Im Jahr O **D**e**V**s a**V**fer t**V** a nob**I**s o**M**nes febres pest**IL**ent**I**a**L**es / O Gott n**IM** **DV** **V**on **V**ns a**LL**e böse h**I**tz**I**ge Feber.
(MDLLVVVIII = **1618** / MDLLVVVIII = **1618**)
Doppelchronogramm als Druckjahr auf dem Titelblatt der Schrift „Febrifuga, das ist Kurtze Instruction ... von den... Fiebern" von Peter *Zahn*, gedruckt bei Lorentz Kober in Leipzig.[197]

Im Jahr / **D**er S**C**h**ILL**t **V**nsers He**ILL**s **I**st **C**hr**I**sto / **D**enn se**I**ne Re**C**hte ster**C**ket **V**ns.
(DDCCCCLLLLVVVIIIII = **1620**)

191 Bestand der Niedersächsischen Landesbibliothek in Hannover.
192 VD 17 (32:658792H). [Weitere Chronogramme des Autors für 1613 (= VD 17 1:031930Q), 1615 (= VD 17 23:275027X) und 1620 (= VD 17 23:635153N)].
193 VD 17 (23265570A); Martin Bircher: Deutsche Drucke des Barock 1600–1720. Bd. A 5. München u.a. 1987, S. 136 (A 4224).
194 Freher: Theatrum (wie Anm. 186); Hilton [I] (wie Anm. 8), S. 352.
195 VD 17 (1:033919D).
196 Freher: Theatrum (wie Anm. 186); Hilton [I] (wie Anm. 8), S. 352.
197 VD 17 (23:291485G); Bircher (wie Anm. 193), Bd. A 2, München 1979, S. 295 (A1780).

Chronogramm als Druckjahr auf dem Titelblatt der Flugschrift „Das Chursächsische Defensionswerck" von *Justus Jonas Dannosius* [=Anagramm!], gedruckt bei Justus Jansonius Dan in Leipzig.[198]

Im Jahr / Herr Gott Hertzog **I**ohann Georg**IVM** g**V**t / erha**L**t **I**a **L**ang **I**n **D**e**I**ner h**V**t.
(MDLLVVVIIIII = **1620**)
Chronogramm als Druckjahr auf dem Titelblatt der Schrift „Kurtzer Beweiß" von Zachaeus *Faber* sen. (1583–1632), Pfarrer zu Hohenleina, gedruckt bei Andreas Oßwald in Leipzig.[199]

Anno quo regnat, Fer**DI**nan**DV**s **V**ere se**CV**n**DV**s.
(DDDCVVVVI = **1621** / „Im Jahr, in dem Ferdinand II. rechtmäßig regiert")
Chronogramm als Druckjahr auf dem Titelblatt der Schrift „Gruendliche Ableinung funffzig statlicher ... Calvinischer Ertz- und Hauptlügen" von Mathias *Hoe von Hoenegg* (1580–1645), chursächsischer Oberhofprediger, gedruckt bei Abraham Lamberg in Leipzig.[200]

Der **V**ater hat **DI**e **VV**e**L**t ge**LI**ebt, **D**aß er se**I**nn e**I**n**I**gn Sohn h**I**ng**I**bt.
(DDDLLVVVIIIIII = **1622**)
Chronogramm als Erscheinungsjahr der Schrift „Von der inbrünstigen Liebe Gottes" von Gregor *Ritzsch* (1584–1643), Buchdrucker in Leipzig, gedruckt bei Friedrich Lanckisch in Leipzig.[201]

Anno Es **I**st gew**I**ß **D**aß e**I**n g**L**a**V**b**I**ges we**I**b see**LI**g w**I**r**D** **V**on k**I**n**D**er ze**V**gen.
I Tim.[otheus] 2 vers 15.
(DDDLLVVVIIIIIII = **1623**)
Chronogramm als Druckjahr auf dem Titelblatt des Leichsermons „Threnologia" von M. Peter *Kirchbach* (1590–1638), Prediger auf Schloss Waysenstein (= Weesenstein), für seine Ehefrau Justine geb. *Cost*, gedruckt bei Gimel Bergen in Dresden.[202]

Ir**V**s & est s**V**b**I**to, q**VI** **M**o**D**o Croes**V**s erat / **V**nre**C**ht g**V**t ko**M**t ge**VVI**ß n**I**t an **D**r**I**tten.
(MDCVVVVIII = **1623** / MDCVVVVIII = **1623** / „Bettler ist plötzlich, wer eben noch ein Kroesus war", aus Ovid Tristia III 7,42)
Doppelchronogramm als Merkvers anlässlich eines Mandats von Kfst. *Johann Georg I. von Sachsen* zum Verbot des umlaufenden „bösen" Geldes (der Kipper und Wipper-Zeit).[203]

Tempus obitus : S**I**gna parata p**II**s e**CCL**es**I**a san**C**ta ferebat, pr**I**n**C**eps **VI**se **D**ans ob**VI**a **C**or**D**at**VLI**. / Tempus sepositionis : **VI**tae a**VC**tor **D**e **M**onte **V**en**I**t, **V**estes ger**I**te atras.
(DDCCCCCLLVVVIIIIIIII = **1623** / MDCVVVVIII = **1623**/ „Zeit des Ablebens : Die vorbereitenden Zeichen trug die heilige Kirche mit den Frommen, der Fürst sieht dem kommenden Ableben verständig entgegen / Zeit der Bestattung : Der Schöpfer des Lebens kommt vom Berge, trage ein Trauergewand")
Chronogrammata als Erscheinungsjahr auf dem Einblattdruck „Cruciger cum Megasticho, Epigrammate & *Chronodisticho*" von Abraham *Steinbach* (1583–1638), Pfarrer zu Pillnitz,

---

198 VD 17 (14:697336M).

199 VD 17 (1:081827X) / [8 weitere „sächsische" Chronogramme für 1620 im „VD 17"].

200 VD 17 (23:233545A); Bircher (wie Anm. 193), Bd. A 6, München 1987, S. 354 (A4868). [Weiteres Chronogramm des Autors für 1611 (= VD 17 635704V), auf ihn für 1629 (= VD 17 125: 000597W) und 1635 (= VD 17 39:149954Y)].

201 Gerhard Dünnhaupt : Personalbibliographien zu den Drucken des Barock, 2. Aufl. Stuttgart 1991, Bd. 9.5, S. 3436 (Nr. 11). [Weitere Chronogramme des Autors für 1620(2), 1621(3), 1622, 1623, 1629, 1630 und 1631(3) im „VD17"].

202 VD 17 (1:030625A).

203 Tentzel (wie Anm. 124), 1. Buch, S. 442.

zum Tode von Kurfürstin *Sophia von Sachsen* geb. Prinzessin von Brandenburg (1568–1622), Gemahlin von Kfst. *Christian I. von Sachsen* († 1591), gedruckt bei Gimel Bergen in Dresden.[204]

Im Jahr da es wird gehen über Babylon: SChIßet In sIe, sparet DIe kosten nIt, sIhe sIe hat VVIDern Herrn gesVnDIget.
(DDDCVVVIIIIIIII = **1624**)
Chronogramm als Druckjahr auf dem Titelblatt der Schrift „ Von der Artigliaria" von Johann *Schwach* (1591–nach 1633), Pfarrer zu Ober-und Nieder-Ebersbach, in Verlegung Wolff Seyfferts in Dresden.[205]

Anno **VVI**e **D**er Herr **VVIL**, so **I**st **M**e**I**n Z**I**e**L**.
(MDLLVVVVIIIII = **1625**)
Chronogramm als Druckjahr auf dem Titelblatt der Leichenpredigtsammlung „Coronae Funerales Piis" von M. Zachaeus *Faber* jun. (1583–1632), Pfarrer zu Chemnitz, gedruckt bei Gregor Ritzsch in Leipzig.[206]

Fe**LIX** fa**V**st**V**s s**I**t **CLIM**a**C**ter**ICV**s ann**V**s, nostro e**L**e**C**tor : transeat hora ne**CI**s.
So**L** po**LI** e**I** fa**V**eat **M**a**I**or**I** **LVC**e perenne : ar**C**e so**LI** so**LI**s **C**orq**V**e sa**LV**te beet.
VIVat **I**o!**VIV**at!**VIV**at! bene **VIV**at! & h**VIV**s **CLIM**a**C**ter se**X**t**V**s, s**I**t pre**C**or, h**ICC**e s**I**t**I**s.
Responsio teutonica :
G**LVC**ksch**LIC**h[sic] o! Sehr g**V**t / **D**as **I**tzge st**V**ffen**I**ahr **C**h**V**rf**V**rst**LIC**her gna**D** / **VV**ehr/ ste**VV**r / **VV**as h**I**er**I**nn **VV**art gfahr!
O sonnen**LIC**ht **D**er **VV**e**L**t / s**C**he**I**n he**V**t s**C**höner a**L**s sonst / **D**er sonnen h**I**er **I**n s**C**h**L**oß/ erze**I**g **I**n hertzen g**V**nst!
VIVat! a**C**h **VIV**at **VV**o**L** / no**C**h **L**ang **D**er the**VV**r **C**h**V**rf**V**rst! o se**C**hstes st**V**ffen**I**ahr / b**I**tt / **VV**o**L**st haben h**I**er**I**nn **DV**rst!
(MCCCCCLLLXVVVVIIIII = **1585** / MCCCLLLLLLVVVVIIIIII = **1626** / MCCCCCLXVVVVVVVVVVVVIIIIIIIII = **1626** // DDCCCCLLLVVVVVVVVVVVVVVVIIIIII = **1626** / DDCCCCLLLLVVVVIIIIII = **1626** / DDCCCCLLLVVVVVVVVVVVVVVVIIIIII = **1626**)
Sechsfaches Chronogramm als Geburts- und Geburtstagsjahr auf dem Einblattdruck „Gratulatio Chronologica Latino-Germanica" von Christoph *Biener* für Kurfürst Johann Georg I. von Sachsen (1585–1656), gedruckt durch Gimel Bergen zu Dresden.[207]

De more, ex amore, in honorem, ad bonum omen, ut omen deproperata, q**VI** optant : **HI**s**C**e no**VI**s praes**I**t n**V**pt**I**s **M**e**DI**ator **I**es**V**s. Idibus sextil.
(MDCVVVVIIIIIII = **1627** / „Von Sitte, aus Liebe, in Ehren, als gutes Vorzeichen, wie in verflochtener Ehe, wünschen sie sich : Bei diesem Neuen stehe Jesus als Mittler bei, nämlich im August")
Chronogramm im Titel der Gratulationsschrift „Quod faustum gratumq[ue] Deo sit" zur Hochzeit von Johann *Fritzsch* (1595–1672) mit Margaretha *Schilling*, gedruckt bei Gregor Ritzsch in Leipzig.[208]

Anno pro precamur / O bone **I**es**V**, **I**es**V** **I**tar**VM** [sic!]**C**onat**V**s pess**V**n**D**a [sic!] / iuxta verbum tuum Psal.[mos] 109 V.[ersus] 29/ q**VI** **I**ns**V**rg**V**nt **I**n **M**e, **C**onf**V**n**D**ant**V**r, / siquidem / **VIVV**s est ser**M**o **D**e**I** & eff**IC**a**X**. Ebr.[äeer] 4,12.

---

204 VD 17 (14:011545F).
205 VD 17 (39:124320N); Bircher (wie Anm. 193), Bd. A 2, München 1979, S. 137(A1333).
206 VD 17 (3:678610S). / [Weitere Chronogramme des Autors für 1625 (= VD 17 23:328974E) und (= VD 17 3:303221H)].
207 VD 17 (14:009992U).
208 Bestand der Niedersächsischen Landesbibliothek Hannover.

(MDCVVVVVIII = **1628** / MDCVVVVVIII = **1628** / MDCXVVVIII = **1628** / „Im Jahr, wo wir bitten, o guter Jesus, nochmals Jesus, unterbinde den Eifer gemäß deinem Wort / Die sich aufrichten in mir werden vereinigt, sofern das Wort Gottes lebendig und nachdrücklich ist“)
Dreifaches Chronogramm als Druckjahr auf dem Titelblatt der Kasualschrift „Examen Libri Secundi Manualis“ von M. Balthasar *Hilscher*, gedruckt bei Elias Rehefeld in Leipzig.[209]

Ingens **C**or**DI**s ang**V**st**I**a, e**X** q**V**a p**II** er**I**p**I** **D**es**ID**erant / **V**on **D**a**VID**s **V**n**D** sonst he**ILI**ger **L**e**V**te Angstgese**V**ffzer.
(DDDCXVVIIIIIII = **1628** / „Mächtig ist die Enge des Herzens, aus der die Frommen Rettung ersehnen“ / DDDLLVVVVVIII = **1628**)
Chronogrammata als Eingangsworte im Titel des „Christlichen Leich-Sermons“ für MariAnna *von Ponickau* geb. von Pannwitz von Michael *Manitius* (1596–1657), Pfarrer zu Frankenthal (bei Bischofswerda), gedruckt bei Nikolaus Zipser in Bautzen.[210]

S**C**h**MVCCIV**s h**IC** r**V**t**ILI** sen**I**or s**V**b**I**t atr**I**a **C**oe**LI**.
(MCCCCCLLVVVVIIIIIII = **1628** / „Der bejahrte Schmuckius betritt hier die Hallen des goldfarbenen Himmels“)
Chronogramm zum Tode von Vinzenz *Schmuck* (1565–1628), Prof. der Theologie und Liederdichter in Leipzig.[211]

Po**L**n**I**t**IVM** **LV**get non fr**V**stra Sa**X**on**I**s or**D**o / Bernhar**D** **V**o**M** Pö**L**n**I**ta **VIVI**t s**V**per aethera **L**aet**V**s.
(MDLLXVVVIII = **1628** / MDLLVVVVVIII = **1628** / „Pöllnitz betrauert nicht grundlos die „Ordnung“ Sachsens; Bernhard von Pöllnitz lebt fröhlich im Himmel“)
Doppelchronogramm zum Tode von Bernhard *von Pöllnitz* (1569–1628), sächsischer Minister und Oberhofrichter in Leipzig.[212]

Anno **V**en**I** & **IVDIC**a **VIV**os & mort**V**os.
(MDCVVVVVIIII = **1629** / „Im Jahr : Komm und richte die Lebenden und die Toten“)
Chronogramm als Druckjahr auf dem Titelblatt der anonymen Schrift „Speculum Constantiae & Poenitentiae Cotbusianum“, gedruckt bei Johann Albrecht Minzel in Leipzig.[213]

Anno quo A**V**g**V**stana f**VI**t re**C**te **C**onfess**I**o **L**e**C**ta / ante annos **C**ent**VM**, **C**aro**L**e q**VI**nte, t**I**b**I**.
(MCCCCCLLVVVVVIIIII = **1630** / „Im Jahr als die musterhafte Augsburgische Konfession dir, Karl V., vor hundert Jahren recht war“)
Anno quo **C**aro**LV**s e **V**eter**I** **C**orn**ICVM** st**I**rpe **C**reat**V**s, aeterna **VI**tae **L**aeta brabea **C**ap**I**t.
(MCCCCCLLVVVVVIIIII = **1630** / „Im Jahr als Karl aus dem alten Geschlecht der Krahe stammend freudig den Ehrenpreis des ewigen Lebens gewinnt“)
Chronogrammata als Abschluss der Einleitung und am Ende des Epitaphiums der Leichenpredigt „Palet-Zettel“ von Johann *Loja* (1596–1645), Pfarrer zu Milckel (Oberlaus.), für Karl *von Krahe* auf Milckel, gedruckt bei Wolff Seyfert in Dresden.[214]

---

209 Bestand der Kirchenbibliothek Perleberg (im Domstiftsarchiv in Brandenburg).
210 VD 17 (262472X); Lenz, LP Görlitz (wie Anm. 169), Teil II, S. 641 (Nr. 2684)
211 Freher: Theatrum (wie Anm. 186); Hilton [I] (wie Anm. 8), S. 354.
212 Freher: Theatrum (wie Anm. 186); Hilton [I] (wie Anm. 8), S. 360.
213 VD 17 (1:001280Z); Bircher (wie Anm. 193), Bd. A 7, München 1987, S. 668 (A 5778).
214 Bestand der Kirchenbibliothek Cottbus (im Domstiftsarchiv Brandenburg). / [14 weitere „sächsische“ Chronogramme für 1630 im „VD 17“].

Im Jahr : **VVI**e **CV**p**ID**o e**I**nen ne**V**en ze**I**t**V**ngskrä**M**er ag**I**erete.
(MDCVVVVVIIIII = **1630**)
Chronogramm als Druckjahr auf dem Titelblatt der Hochzeitsfestschrift „Fernere Verenderung Cupidinis" für Johann *Welsch*, Handelsmann in Leipzig, und Catharina *Matthiae*, „gehalten zu Leipzig"[215] (siehe *Abb. 7*)

Anno Sey **I**a **I**a getre**VV** b**I**ß **I**n **D**en To**D**t / so **VVI**rst**V** **DI**e **L**ebenskrone er**L**angen.
(MDLLVVVVVIIIIII =**1631**)
Chronogramm im Titel der Trostschrift „Fidelitas Christianorum" von Georg *Ullichius*, gewidmet den Herren Johann Heinrich und Ladislaus *von Steinbach*, gedruckt bei Georg Beuther in Freiberg.[216]

Quo He**I** **L**eo prostrat**V**s,)
astra petens h**IL**ar**V**s,) **M**or**I**t**V**r G**V**sta**VV**s A**D**o**L**ph**V**s, /
host**I**s atro**X**, o Vae! **M**ort**VV**s atq**V**e Ca**DI**t, / quo : **VIDI** & e**CC**e s**ICV**t **L**eo Con**CI**tat**V**s **D**e s**IILV**a [sic!] r**V**g**I**ens, / et quo : **L**aeta **DI**es nob**I**s aff**VL**get se**X**ta No**V**e**M**br**I**s, e patr**I**a terra f**V**g**I**t & host**I**s **I**o!
(LVI / LVI + MDLVVVVVI = **1632** / MDCXVVVVII = **1632** / DDCCCCCLLVVVVVIIIIIII = **1632** / MDLLXVVVIIIIIII = **1632** / „Ach niedergestreckter Löwe, heiter nach den Gestirnen greifend, gestorbener Gustav Adolf, gegenüber den Feinden unbeugsam, o weh! Tot oder vielmehr gefallen, deshalb sehe ich, gleichsam erregt wie ein Löwe aus dem Wald brechend, und so erstrahlt uns am 6. November ein freundlicher Tag, er glänzt vor dem Vaterland und den Feinden!)
Vierfaches Chronogramm auf dem Titelblatt des Gedichts „Epigrammata in tempore" zum Tode von Kg. *Gustav Adolf von Schweden*, gedruckt bei Friedrich Lanckisch in Leipzig.[217]

O Le**I**dt, o Le**I**dt **V**nd s**C**hadt, vve**ILL** der He**L**dt n**V**n **I**st todt / so **V**ns **C**hr**I**sten **MI**t h**VL**ff' ers**C**h**I**en **I**n angst **V**nd noht.
(MCCCLLLLLLVVVVVIIIIIIII = **1633** / unsaubere Bildung, da zehn mögliche Zahlbuchstaben unberücksichtigt bleiben!)
Chronogramm als Druckjahr auf dem Titelblatt der Schrift „Kurtze einfältige doch christliche und warhafftige Abbildung" von Georg Rudolph *von der Sahla* (auf Schönfeld bei Grossenhain) zum Tode von *Gustav Adolf von Schweden*, „gedruckt zu Newenstadt".[218]

Im Jahr **I**n z**VV**eyr Ze**V**gen **MV**n**D**t bestehet r**IC**ht**I**ge **VV**ahrhe**I**t.
(MDCVVVVVVIIII = **1634**)
Chronogramm als Druckjahr auf dem Titelblatt der Hochzeitsfestschrift „Grosse Liebesfreiheit" von „C.W." für den Buchhändler („Bibliopolist") Henning *Grosse* (1612–1637) und Catharina *Francke* (1612–1646), gedruckt bei Henning Köhler in Leipzig.[219]

Anno Herrn **C**aspar **L**e**V**s**C**hnern **I**st e**I**n **IV**ngfra**V** z**V**gese**LL**et, **M**ar**I**-**ELI**sabeth e**I**n **SC**h**VV**artz**I**n fe**I**n gefä**LL**et
(MCCCLLLLLLVVVVVVIIIIIIII = **1638**)
Chronogramm als Druckjahr auf dem Titelblatt der Hochzeitsfestschrift „Charitatis et Amabilitatis" für Caspar *Leuschner*, Bürger in Leipzig, und Marie-Elisabeth *Schwartz*, gedruckt bei Gregor Richter in Leipzig.[220]

---

215 VD 17 (23:254435Z) / [Ein weiterer Druck mit Chronogramm für 1631(= VD 17 23:25441A)].
216 Bestand der Kirchenbibliothek Cottbus (im Domstiftsarchiv Brandenburg).
217 VD 17 (39:137474X).
218 VD 17 (23:235471T).
219 VD 17 (23:295072Y); Bircher (wie Anm. 193), Bd. A 1, München 1977, S. 206 (A604).
220 VD 17 (23:29741P); Bircher (wie Anm. 193), Bd. A 1, München 1977, S. 236 (A689).

FaC sIt Vera e pIIs tVa paX, DeVs optVMe IesV! / BLeIb beI Vns Herr IesV, Denn es VVIL nVn AbenD VVerDen.
(MDCXVVVVVIIII = **1639** / DDDLLVVVVVVVIIII **1639** / „Geschaffen werde dein wahrer Friede unter den Frommen, Gott, gnädigster Jesus!")
Chronogrammata als Erscheinungsjahr der Namenstagsschrift „Namens-Erinnerung" von Suechditius *Zenerus* [= Pseudonym], gedruckt bei Timotheus Ritzsch in Leipzig.[221]

IVbILa typographVM resonante bIseC[u]La LIpsIae, IbI pressVs tVnC fVIt hICCe LIber.
(MCCCCLLLLVVVVVVIIIIIIIII = **1640** / „Im widergehallten Trubel der Zweihundertjahrfeier des Buchdrucks in Leipzig, entstand daselbst dann der Druck dieses Buches")
Chronogramm am Ende der Schrift „Commentarius in Legem Regiam Germanorum" von Benedikt *Carpzov* sen. (1565–1624), Prof. der Rechte in Leipzig, gedruckt bei Johann Albrecht Mintzel in Leipzig.[222]

Anno VVIe VVVnDerbar so ManChes Iahr thVestV Vns Gott ernehren.
(MDCVVVVVVVVII = **1642**)
(Chronogramm als Druckjahr auf dem Titelblatt der Liedersammlung „König Davids und des Christlichen Biedermanns und Jedermans täglicher und behäglicher Hertz-Wundsch" von Martin *Rinckart* (1586–1649), Pfarrer in Eilenburg und Kirchenlieddichter [ohne Druckang.].[223]

Stant CIVes FreIberga VIret nVnC nVMIne teCta CoeLestI, fortes fVLCIt IoVa VIros.
(MCCCCCLLVVVVVVVVIIIIIII = **1643** / „Die Bürger behaupten sich, Freiberg grünt nun mit geistlichen Schutz im Himmel, kräftig unterstützt Gott die Menge")
Chronogramm aus der Chronik „Theatrum Freibergense Chronicum" von Andreas *Möller* (1598–1660), gedruckt 1653 bei Georg Beuther in Freiberg.[224]

Anno christiano, qui sequenti disticho inclusus est, FICkLero aDIVtrIX Prageras RegIna IVgata est, VIsIt Vt agnatae VIrgo MarIa Lares.
(MDLLXVVVVVIIIIIIIII = **1644** / „Im christlichen Jahr, das in folgendem Distichon enthalten ist : Mit Fickler ist Regina Prager als Gefährtin verbunden, als Anverwandte besucht sie das Haus der Jungfrau Maria")
Chronogramm als Erscheinungsjahr der Hochzeitsfestschrift „Trogalia Lautitiis Nuptialibus" für M. Johann Georg *Fickler* (1612–1671), Pfarrer zu Berthelsdorf, und Regina *Prager*, gedruckt bei Georg Beuther in Freiberg.[225]

In gLorIae aVae LaVDes, Vt sInCera paX sIt terrIs VbIqVe & CVnCta peraget. / Ratio : QVIa soL IVstItIae IesVs ChrIstVs DabIt sVbItos eXItVs papae.
(DDCCCCLLLXXVVVVVVVVVVVVVIIIIIIIIIIIII = **1645** / „In Achtung des abwegigen Ruhmes, damit wirklicher Friede in der Welt sei, sich überall und insgesamt durchsetzt. Meinung : Weil der Tag der Gerechtigkeit mit Jesus Christus verbunden ist, [bringt er] plötzlich das Ende des Papstes")
Chronogramm als Erscheinungsjahr der Flugschrift „Weissagung und wahrhafftige Beschreibung" von Johann Zacharias *Meintsgut* [=Pseudonym], „Gedruckt zum Beschluß der Leipzigischen Ostermeß".[226]

221 VD 17 (39:153151K).
222 VD 17 23:306310N / Auskunft der Staatsbibliothek zu Berlin.
223 VD 17 (1:669944K); Dünnhaupt (wie Anm. 201), Bd. 9.5, S. 3367 (Nr. 57). [Weiteres Chronogramm des Autors für 1630 (= VD 17 23:639285V)].
224 Hilton [III] (wie Anm. 181), S. 137–139. [Die Schrift enthält 68 Chronogramme zu den verschiedensten Ereignissen, meist aus der Feder von Valentin Apelles, wovon 22 bei Hilton zitiert werden / vgl. 1581!]
225 VD 17 (125:023388F).
226 VD 17 (39:149080P).

SeMper **VI** **C**antVs VegetatVr **VIV**a **D**e**I** **V**o**X**.
(MDCXVVVVVVVIII = **1648** / „Immer kraftvoll möge der Gesang gedeihen und Gottes Stimme leben")
Chronogramm als Druckjahr auf dem Titelblatt des Gesangbuches „Hellenodia Lutherana" von Georg *Leuschner* (1589–1673), Pädagoge und Schriftsteller in Colditz, gedruckt bei Henning Köhler in Leipzig.[227]

Anno votivo : **M**ars peregre propera & fera postea te**L**a re**C**on**D**e!
(MDCL = **1650** / „Im Jahr mit dem Gelübde : Der eilige und grausame Mars von auswärts möge sein Gespinst künftig zurückhalten")
Chronogramm als Druckjahr auf dem Titelblatt der Friedensfestpredigt „Epinicium Davidicum" von M. Johann *Schütze* (1600–1683), Pfarrer zu Döbeln, gedruckt bei Georg Beuther in Freiberg.[228]

Im Jahr Gott **VV**o**LL**e **L**ange ze**I**t **D**er ra**V**ten krafft K**V**hrsa**C**hsen erha**L**ten / a**VC**h **DI**e z**VV**e**I**g' an g**LV**kke **L**assen **VV**a**C**hsen.
(DDCCCLLLLLLVVVVVVVVVVIII = **1653**)
Chronogramm als Druckjahr auf dem Titelblatt der Glückwunschschrift „Arkadischer Hürten-Aufzug" von Kammerschreiber Ernst *Geller* zum Namenstag der Herzöge *Johann Georg I.* (1585–1656), *Johann Georg II.* (1613–1680) und *Johann Georg III.* (1647–1691) *von Sachsen* am 24. Juni, gedruckt bei Christian und Melchior Bergen in Dresden.[229]

Z**I**tta n**I**te sp**L**en**D**ore **D**e**I** **D**e**C**orata perenne.
Det t**I**b**I** fata pater **C**oe**L**es, **M**ea Z**I**tta, serena.
(DDDCLIII = **1653** / MDCLIII = **1653** / „Zittau glänze fortdauernd verziert in der Helligkeit Gottes. Der Vater im Himmel möge dir, mein Zittau, heiteres Los bescheren")
Chronosticha (von Rektor M. Christian *Keimann* [1607–1662]) anlässlich einer Reparatur im Turmknopf der Johanniskirche in Zittau eingelegt.[230]

Im Jahre da man schrieb : **I**e! **M**e**I**n Herr **C**hr**I**st **D**er **LI**ebste b**I**st / im Himmel und auf Erden.
(MDCLIIIII = **1655**)
Chronogramm als Erscheinungsjahr des Gesangbuchs „Geistlicher Zeitvertreib" von dem Dichter *Martin Opitz von Boberfeld* (1597–1639), herausgegeben von Amtsschösser Christian *Zschau* in Eilenburg, gedruckt 1656 bei Quirinus Bauch in Leipzig.[231]

Anno aerae christianae : Tr**I**stat**V**r reg**I**o n**V**n**C** tota t**IM**etq**V**e f**V**t**V**ra : / s**V**b**V**ertet q**V**aeq**VI**s fata s**I**n**I**stra **D**e**V**s! / vel, / **I**n **C**oe**LI**s **I**es**V**s **VIVI**t ne**C** **VIV**ere Ve**LL**e**M** / s**I** non h**IC** **I**es**V**s **VIV**eret **ILL**e po**L**o.
(MDCVVVVVVVVVVIIIIII =**1656** / MCCCLLLLLVVVVVVVVVIIIIIIIIII = **1656** / „Im Jahr der christlichen Aera : Im ganzen Land wird getrauert und künftig befürchtet : Gott zerstört alles mit ungünstigem Geschick, oder, im Himmel lebt Jesus, aber nicht um zu leben, wenn sich dieser Jesus nicht in jenem Himmel aufhielte")
Doppel-Chronogramm als Erscheinungsjahr auf dem Titelblatt der Schrift „Castrum Doloris, hoc est *eteosticha* exequialia" zum Tode von Kfst. *Johann Georg I. von Sachsen* von Michael *Homilius* (1602–1666), Pfarrer zu Öderan, gedruckt von Georg Beuther in Freiberg.[232]

227 VD 17 (39:148049B).
228 VD 17 (547:642221Y).
229 VD 17 (23:000147Y).
230 Pescheck (wie Anm. 115), S. 50.
231 Dünnhaupt (wie Anm. 201), Bd. 9.4. Stuttgart 1991, S. 3065 (Nr. 176,7).
232 VD 17 (14:010405V) / [Fortgesetzt auf drei weiteren Seiten als Mega-Chronogramm!]

Anno Christi : AVrea paX Maneat, qVa stante, stat ara Vt et aVLa, aC sChoLa, statqVe ChorVs pVbLICa statqVe saLVs. / EVaX! In terrIs nVnC aCCeptabILe teMpVs Constat, nVnC IVste nos IVVat Ipsa saLVs.
(MCCCCLLLLXVVVVVVVVVI =**1656** / MCCCCCLLXVVVVVVVVIIIIII = **1656** / „Goldener Friede möge bleiben wie er besteht, er steht als Denkmal und Macht, als Schule, Chor und öffentliches Heil. / Bravo! Auf Erden besteht jetzt willkommen die Zeit fort, mit Recht gefällt uns nun selbst der Zustand")
Doppelchronogramm als Erscheinungsjahr auf dem Titelblatt der Begrüßungsschrift „Deliciae Misniae insignes: Hoc est *Eteosticha* votiva" für Kfst. *Johann Georg II. von Sachsen* von Michael *Homilius* (1602–1666) Pfarrer zu Öderan, gedruckt bei Georg Beuther in Freiberg.[233]

CastrVM DoLorIs, / trIVMfo spLenDens steLLato: MDCLVI / MDLLLVI PLaVDente neMpe aetherIs Corona, MDCLVI
gaVDente seMper angeLICo grege ! MDCLVI
De Iohann-Georgo, SassonVM eLeCtore, MDCLVI
oCtaVo MoDeratore, eLIgente reges; MDCLVI
Mage aC sereno et praeLVstrI Dynasta; MDCLVI
nobIs DeIn heI Longe DesIDerato prInCIpe; DDDCLIIIIII
praeCeLsoqVe DoMIno; MDCLVI
nostro patre patrIae; perpetVo aMore perCoLenDo, MDCLVI
et aLta reCorDatIone aDaVgenDo, effato eLohIM beate DefVnCto, DDDCLVI / MDCLVI
Legente senas neMpe IDVs, oCtobres, MDCLVI
ob DefLentIs epos faCtVM, / ConDoLentIa grata proMoVente, MDCLVI / MDCLVI
et pLorante CorDe posItVM; MDCLVI
a qVoDaM [sic] CLIente / LeCto seMper sVbDIto, MDCLVI / MDCLVI
HIeronyMo GVernhero, Dante, LoCante, MDCLVI
oDe VLtIMa Cygnaea, / haC neMpe eLegIa aDVena, / Anno : MDCLVI / MDCLVI
Ah ! Corona teVtonIae Morte DeLeta, MDCLVI
et CoLVMna nostrae terrae DIrepta est ! MDCLVI
aC Ita granDe LVMen abest, / o VIoLenta aC MoerenDa fata ! MDCLVI / MDCLVI
DresDa LItterIs BergenIanIs DesCrIpsIt. DDDLIIIIII = **1656**
(„Festung des Schmerzes, prächtiger bestirnter Triumph, natürlich Beifall spendend für die Krone im Himmel, immer erfreut an der Engelschar, für Johann Georg, Kurfürst von Sachsen, dem achten Regenten und Wahlfürsten, aus sehr erlauchtem und angesehenem Geschlecht, ach, uns alsdann auf lange verlorenem Fürsten und hervorragenden Herrn, unserm Vater des Vaterlandes, mit bleibender Liebe Verehrten, und mit der sich stark vermehrenden Erinnerung, mit dem Zuspruch Gottes für den glücklich Dahingeschiedenen, offensichtlich auserwählt am 8. Oktober, das Trauergedicht mit Beweinen gefertigt, mit sich fortsetzender wohlwollender Trauer und mit wehklagendem Herzen aufgestellt, von einem früheren Schutzbefohlenen, von einem immer musterhaft Untergebenen, von Hieronymus Werner dargebracht und erstellt, als letzte cygneische [=Sterbe-]Ode, dies allerdings als Laien-Elegie. Im Jahr, ach, als die deutsche Krone durch Tod verwaist, und die Stütze unserer Erde zerrissen ist, und so als erhabenes Lebenslicht fehlt, o ungestümes und betrübliches Schicksal! Kopiert in der Druckerei Bergen in Dresden"
26faches Chronogramm beginnend mit dem Titel „Castrum Doloris" zum Tod von Kfst. *Johann Georg I. von Sachsen* von Hieronymus *Werner*, gedruckt bei Melchior Bergen in Dresden.[234]

233 VD 17 (14:009715D) / [Setzt sich als Mega-Chronogramm auf drei Druckseiten fort!]
234 VD 17 (14:621447G) /[Setzt sich als Mega-Chronogramm über drei Druckseiten fort!]

Eteostichon Anni, Mensis & Diei : OCtober oCtaVo reVoLans aethere **CVrsV**, rVpe sVa SaXo, **CeDrVs Vt** aLta **CaDI**t.
(DDCCCCCCLLXVVVVVVVVVVI = **1656** / „Am achten Oktober auf himmlischer Bahn zurückkehrend, bleibt er als Fels für Sachsen unsterblich wie erhaben“)
Chronogramm am Ende der Schrift „Arbor Saxonica“ von Johann *Hertwig* zum Tode von Kfst. *Johann Georg I. von Sachsen*, gedruckt bei Melchior Bergen in Dresden.[235]

OCtober sonst g**I**ebt We**I**n , **V**ns aber g**I**ebt z**V** we**I**nen / er An**L**aß **VI**e**L** z**V VI**eL, we**IL** w**I**r n**IC**ht sehen s**C**he**I**nen / **V**erb**L**aßtes Sa**C**hsen**LIC**ht : **D**er a**C**hte br**I**nget a**C**h / O we**I**net! F**I**nstern**V**ß dr**I**ngt re**I**n, Gott **V**ns bewa**C**h.
(DCCCCCCCCLLLLLLVVVVVVVVVIIIIIIIIIIIIII = **1656** / ein „d“ bleibt unberechnet!)
Chronogramm als Erscheinungsjahr auf dem Titelblatt der Schrift „Churf. Sächs. Wohlverdientes Ehrenlob“ von Johann *Engel* zum Tode von *Johann Georg I.*, [ohne Druckangabe].[236]

Cons**ID**erate gra**M**en f**L**oresqe terra.
(MDCLVI = **1656** / „Betrachte Kräuter und Blumen der Erde“)
Chronogramm auf dem Titelblatt der Schrift „Herbarium portatile oder Behendes Kräuter- und Gewächs-Buch“ von Thomas *Panckow* (Pancovius), brandenbg. Hofmedicus († 1665) in Verlegung bei Christian Kirchner in Leipzig.[237]

Anno **C**onf**L**agrat**I**o **MV**n**DI**.
(MDCLVII = **1657** / „Im Jahr der entflammten Welt“)
Chronogramm als Druckjahr auf dem Titelblatt der Leichenpredigt „Scopus Vitae Meae Christus“ von Simon Graff (1603–1659), Pfarrer zu Schandau, zum Tode von Kfst. *Johann Georg I.* (1585–1656), gedruckt bei Melchior Bergen in Dresden.[238]

Im Jahr **M**a**L**e**DIC**t**V**s s**I**t papa.
(MDCLVII = **1657** / „Verwünscht sei der Papst“)
Chronogramm als Druckjahr auf dem Titelblatt der „Revocations-Predigt“ von Ferdinand *Schwab* (aus Peilstein), gehalten am 12. August in der Nikolaikirche in Leipzig, gedruckt bei Johann Wittigau in Leipzig.[239]

Anno qvo Ger**M**an**I**a, **D**eo regente, **C**ap**V**t fort**I**ta, **L**aeta s**I**t.
(MDCLVIII = **1658** / „Im Jahre, in dem Deutschland unter Gottes Leitung am Haupt stark und glücklich sein möge“)
Chronogramm als Druckjahr auf dem Titelblatt der Dissertation „Eimarologia Gentilis“ von M. Theophil *Spizel* (aus Augsburg / 1639–1691), Student der Theologie, gedruckt bei Henning Köhler in Leipzig.[240]

Anno, Mense, Die hoc *Chrono-Disticho* compraehensis : Anna-**M**ar**I**a t**I**b**I** F**IDL**ere **V**t **IV**ng**I**t**V**r, a**X**e prospera **LVX** Febr**VI** q**VI**na ter orta n**I**tet.
(MDLLXXVVVVVVIIIIIIII = **1659** / „Im Jahr, Monat, Tag, was dieses Chronodistichon ausdrückt : Anna-Maria wurde dir, Fidler, somit verbunden, als das erwünschte Licht am Anfang des 15. Februar am Himmel gleißt“)

---

235 VD 17 (32:6722134G).
236 VD 17 (3:625683F).
237 VD 17 (23:252607X); Bircher (wie Anm. 193). Bd. A 6. München 1987, S. 523 (A 5349). [Vgl. W. Schupp in: Jahrbuch für brandenburgische Landesgeschichte 55 (2004), S. 67] (238) VD 17 (39:103715E).
239 VD 17 (3:652643B).
240 VD 17 (14:657180Z).

Chronogramm als Erscheinungsjahr der Hochzeitsschrift „Meletemata Nuptiis Auspicatiss." von Christian Daum für Johann *Fiedler* (1620–1661), Diakon in Zschopau, und Anna-Maria *Faber*, gedruckt bei Melchior Göpner in Zwickau.[241]

Anno qvo **CoMpL**ebat p**I**a fata p**I**e tr**I**st**I** En**DIV**s orbe.
(MDCLVIIIII = **1660** / „Im Jahr, wo sich das fromme Schicksal für Ende pflichtgemäß und traurig im Himmel erfüllte"
Chronogramm als Druckjahr auf dem Titelblatt der Leichenpredigt „Eteleutesis christiana" für Georg *von Ende* (auf Muntzig) von Gottfried *Ilmann* (1625–1685), Pfarrer zu Burckhartswalde, gedruckt bei Georg Beuther in Freiberg.[242]

Eteostichon votivum : **V**t no**VV**s h**ICC**e f**V**at fa**V**st**V**s t**I**b**I**, **M**agne **VI**r, ann**V**s, ho**C** t**VV**s **I**pse **CLI**ens pe**C**tore & ore **V**o**L**o.
(MCCCCCLLVVVVVVVVVVVIIIII = **1661** / „*Eteostichon*-Gelöbnis : Ich wünsche, dass dieses neue Jahr dir, großer Herr, günstig sei, und du selbst als Schützling mit Herz und Verstand dazu")
Chronogramm auf dem Titelblatt der Kasualschrift „Bona Verba in Calendas Januarii anni ominosi" von Jeremias *Simon* (aus Hohenstein), Magister-Kandidat und poeta laureatus caesarius, gedruckt bei Johann Wittigau in Leipzig.[243]

Froh-geha**L**tenen Be**IL**agers herz-ergezte Fe**I**er-Tage z**V** Ne**V**-**D**res**D**en an **D**er E**L**be.
(DDDLLLVVII = **1662**)
Chronogramm als Titel des Hochzeitsglückwunschgedichtes von Jakob *Sturm* (von „Spreenberg" = Spremberg) für Mgf. *Christian Ernst von Brandenburg-Bayreuth* und *Erdmuthe Sophie*, Tochter von Kfst. Johann Georg II., gedruckt bei Johann Gabriel Gütner in Chemnitz.[244]

Im Jahr: **LI**eber! ant**VV**orte **D**e**M** narren na**C**h se**I**ner narrhe**I**t. (MDCLVVIII = **1663**)
Chronogramm als Druckjahr auf dem Titelblatt der Schrift „Saturnalia" von M. Johann *Praetorius* (1630–1680), Polyhhistor und Kompilator, poeta laureatus caesarius, „druckts und verlegts" Johann Wittigau in Leipzig.[245]

Mer**IDI**ona**LI**s n**V**n**CIV**s. (MDCLVVIIII = **1664** / „Der Bote des Südens")
Chronogramm als Titel der Schrift über das Erscheinen eines „südischen Crinit- oder Cometsterns" von Johann *Richter* (d.i. Johann *Praetorius*), Astrophilus (Sternenfreund), zu finden bei Christian Kirchner in Leipzig.[246]

Anno q**V**o **DV**o **C**o**M**etae f**VL**gens / **DV**o seraph**IM** **I**n **C**oe**LI**s **VI**s**I**.
(MDCLVVV = **1665** / MDCLVVIIIII = **1665** / „Im Jahr als zwei Kometen erschienen und ich zwei Seraphime erblickt habe")
Doppel-Chronogramm als Druckjahr auf dem Titelblatt der Schrift „Berichtendes Sendschreiben" von Christoph *Richter* (1618–1680), Pfarrer zu Gnandstein, zu finden bei Georg Heinrich Frommann in Leipzig.[247]

241 VD 17 (125:024485T).
242 VD 17 (39:196070F).
243 VD 17 (125:005974D).
244 VD 17 (3:312354E).
245 VD 17 (12:109255E); Bircher (wie Anm. 193), Bd. A 6, München 1987, S. 550 (A 5428).
246 VD 17 (3:011703A); Bircher (wie Anm. 193), Bd. A 2, München 1979, S. 72 (A1148). [Weitere Chronogramme des Autors für die Jahre 1656, 1663(3), 1664, 1665(4), 1667(2) und 1680 im „VD 17"].
247 Bircher (wie Anm. 193), Bd. A 2, München 1979, S. 72 (A1147).

Do**C**tor **M**art**I**n**V**s **LV**ther**V**s. (MDCVVVI = **1666**)
Chronogramm als Erscheinungsjahr der Festschrift „Den Hocherfreulichen Namens-Tag" (des Wolff Heinrich von *Schoenburg*) von Christoph *Steinach*, Juris Cultor, gedruckt und verlegt bei Samuel Ebel und Michael Giebner in Zwickau.[248]

GL**e**I**C**h **V**ohr **D**e**M** ne**VV**en **I**ahre. (MDCLVVVII = **1667**)
Chronogramm als Erscheinungsjahr im Titel der Begrüßungsschrift „Glükks-froher Wohlkomm" von Constantin Christian *Dedekind* (1628–1697) Poet und Musiker, zur Begrüßung von Kurprinz *Johann Georg (III.)* und *Anna Sophia von Dänemark*, ohne Druckerangabe.[249]

Saxo-Danicae potestatis majestatis electoralis regiae heredibus **DVLCI**ss**IMV**s ann**V**s. (MDCLVVVII = **1667** / „Das glücklichste Jahr für die sächsisch-dänischen, herrschaftlichen, kurfürstlich-königlichen Nachkommen")
Chronogamm als Titel der Begrüßungsschrift von Christian Adolph *Balduin* (1632–1682), Amts-Commissarius zu (Großen)Hayn, zur Begrüßung von Kurprinz *Johann Georg (III.)* und *Anna Sophia von Dänemark*, ohne Druckerangabe.[250]

Anno qvem dat *Eteostichon* : **VIV**e **D**eo & sponsae, Neony**M**phe, **I**ta n**V**b**IL**a pe**LL**es. (MDLLLVVVIII = **1668** / „Im Jahr, welches das Eteostichon ergibt : Es lebe mit Gott die 'Neonymphe' und vertreibe so die Betrübnis der Braut")
Chronogramm als Druckjahr auf dem Titelblatt der Festschrift „Wohlgemeynter Glueck-Wunsch" zur Vermählung von Gabriel *Poetz*, Sattler und Ratsverwandter in Hohenstein, mit Susanne *Fleischer*, gedruckt bei Samuel Ebel in Zwickau.[251]

Nonas Pe**I**skero **M**a**I**a**L**es perbeet aether, / et re**D**eant fa**V**sta saep**IV**s, oro, **VIC**e! (MDCLVVVIIII = **1669** / „Mit neun Glücksschweinen möge der Himmel Peisker beschenken und öfter mögen sie sich günstig als Schicksal einstellen, so bitte ich")
Chronogramm als Erscheinungsjahr der Festschrift „Auspicatui Onomasteriorum" zum Namenstag für Gottfried Siegmund *Peisker* (1617–1678), Pfarrer in Zwickau, von Christian *Daum* (1612–1687), Rektor der Zwickauer Schule, gedruckt bei Samuel Ebel in Zwickau.[252]

Im Jahr a**L**s Fra**V** Anna-**M**argar**I**tha Abt**I**n **I**hren an**D**ern Ehe-**LI**ebsten **I**n Ehren beyge**L**eget **VV**ar.
(MDLLLVVVIIIII = **1670**)
Chronogramm als Druckjahr auf dem Titelblatt der Hochzeitsschrift „Wohlriechende Herbst-Blumen" für Gottfried *Richter*, Amtsschösser zu Lichtenstein, und Anna-Margaritha verw. *Abt* geb. Francke, gedruckt bei Samuel Ebel in Zwickau.[253]

VVe**I**h**V**ng **D**er **M**or**I**tzb**V**rger **C**ape**L** wie auch bey e**I**n**VV**e**I**h**V**ng **D**es k**I**r**C**h**L**e**I**ns z**VM** Kön**I**gste**I**n.
(MDCLVVVVII = **1672** / MDCLVVVVIIIIII = **1675**)
Chronogrammata im Titel der Einweihungspredigten „Ruhmwürdige Gottseligkeit" von D. Martin *Beier* (1614–1680), Oberhofprediger und Kirchenlieddichter, gedruckt 1678 bei Melchior Bergen in Dresden.[254]

---

248 VD 17 (125:044263L); Bestand der Ratsschulbibliothek in Zwickau (50.1.14.(18)).
249 VD 17 (12:140190M).
250 VD 17 (12:140194S).
251 VD 17 (125:026278G)
252 VD 17 (125:024953L); Bestand der Ratsschulbibliothek in Zwickau (6.2.11.(183)).
253 VD 17 (125:026814V).
254 VD 17 (39:135726N) / [Vgl. auch als Münze 1672]. / [An weiteren Chronogrammschriften beteiligt für 1662 (= VD 17 125:029914P) u. für 1677 (= VD 17 3:689557Y)].

Anno dieq[ue] iuxta *chronostichon* AVgVst**I** se**M**e**L** & **D**e**CI**es fa**X** r**I**s**I**t **I**n astr**I**s.
(MDCLXVVIIIIII = **1676** / „Jahr und Tag gemäß dem Chronostichon : Am 11. August strahlte das Licht in den Sternen")
Chronogramm als Erscheinungsjahr auf dem Einblattdruck als Glückwunsch von Georg *Juraj* (aus Trencin/Slow.) für Hermann *von Wolfframsdorff*, gedruckt bei Paul August Hamann in Dresden.[255]

Anno qVo nos LaetabVn**DI** preCaba**M**Vr, **VIV**at! **VIV**at A**D**as [sic!] Fr**ID**r**IC**h **L**ongos fe**LICI**ter annos nostra et SChonberg**I** g**L**or**I**a f**L**os o**CVLV**s.
(MDCLVVVVVII = **1677** / DDCCCCCLLLLLVVVVIIIIII = **1677** / „Im Jahr, wo wir uns Erfreuliches wünschten, es lebe, es lebe, Adam Friedrich von Schönberg sei uns noch lange Zeit glücklich Ruhm und Zierde")
Chronogrammata als Druckjahr auf dem Titelblatt der Predigt „Der Heiden Erb-Huldigung" von M. Samuel *Voigt* (1635–1698), Pfarrer zu Frankenstein, gedruckt bei Zacharias Becker in Freiberg.[256]

Anno qvo precamur : **LVX**atae Cy**M**bae **I**es**V** p**I**e **DI**r**I**ge gressVs.
(MDCLXVVVIIII = **1679** / „Im Jahr, in dem wir erflehen : Lenke väterlich den Lauf des erleuchteten Kahnes")
Chronogramm als Druckjahr auf der Titelseite der letzten (durchnumerierten) Programm- oder Schulschrift „CCCLXVII. De Intemperantia & Temperantia" von Johannes *Theill* (1608–1679), Rektor der evangel. Schule in Bautzen und poeta laureatus caesarius, gedruckt bei Andreas Richter in Bautzen.[257]

Eteostichon : **I**ohannes (bona fata VoVe te) Georg**IV**s **I**sto, tert**IV**s e**L**e**C**tor no**MI**ne grat**V**s a**D**est.
(MDCLVVVVVIIIII = **1680** / „Johann Georg, es sei dir ein gutes Schicksal gewünscht, willkommen tritt er als dritter Kurfürst dieses Namens an")
Chronogramm am Ende der Begrüßungsschrift „Felicissimi Regiminis Omen" von Rudolph Friedrich *Schultt*, schönburgischer Rat, gedruckt bei Christoph Günther in Meißen.[258]

Sterbt **VVI**e, **VV**enn, **VV**o:so s**I**n**D** **D**er Gere**C**hten See**L**en **I**n Gottes Han**D**.
(DDDCLVVVVVVIII = **1683**)
Chronogramm als Druckjahr des Einblattdruckes „Die Thränende Neisse" von Carl *Crantz* zum Tode von Agneta Tugendreich *von Warnsdorff*, gedruckt bei Christoff Zipper in Görlitz.[259]

Anno qvem signat memorabile dictum evangelista : **MI**s**I**t ser**V**os s**V**os **V**o**C**are **I**n**VI**tatos a**D** n**V**pt**I**as& no**L**ebant **V**en**I**re.
(MDCLVVVVVVIIIIII = **1686** / „Im Jahr als das Wort des Evangeliums denkwürdig vermerkt : Er erbarmt sich, seine eingeladenen Diener zur Hochzeit zu rufen und, falls sie abgeneigt waren, zu kommen")
Chronogramm als Erscheinungsjahr der Einladungsschrift „Hoc est Diaskepsis Orthodoxa" von Georg *Weise* (1636–1694), Pfarrer zu Colditz, gedruckt bei Christian Goetze in Leipzig.[260]

---

255 VD 17 (3:699028V).
256 VD 17 (39:136555T).
257 VD 17 (14:690268L) / [Weitere 82 seiner Schriften sind laut „VD 17" mit Chronogramm versehen!]
258 VD 17 (14:086038Q).
259 VD 17 (3:648270Z).
260 VD 17 (12:150550L).

Anno qVo MotV beLLonae tVrCICa teLLVs ContVrbabatVr : Caesar & VLtor erat.
(MCCCCLLLLLVVVVVVVI = **1686** / „Im Jahr in dem mit dem Wirken des Türkenkrieges die Welt in Unordnung gebracht wurde : es war Kaiser und Rächer zugleich"
Chronogramm als Erscheinungsjahr der Festschrift „Anagrammatologismus Nominalis" zum Namenstag für *Otto Ludwig von Schoenburg* von Johann Adam *Mülldner*, gedruckt bei Christian Pfützner in Schneeberg.[261]

Anno qvo Vt PhoenIX IgnI, sChoLa IaM reDIVIVa resVrgIt.
(MDCLXVVVVIIIIII = **1687** / „Nachdem der Phoenix des Feuers die Schule vernichtete, ersteht sie schon wieder")
Chronogramm als Druckjahr auf dem Titelblatt der Schulschrift „De Scholae Patriae" von Johann *Rosenberg* (1634–1713), Rektor der Schule zu Bautzen, gedruckt bei Andreas Richter in Bautzen.[262]

Anno et die : FaVsta DIes sIt LVXqVe MagIstrIs LaVta VaLerI.
(MDLLLXVVVVVIIIII = **1690** / „Im Jahre und am Tage : Möge es ein glücklicher Tag sein und ein rühmliches Licht des Magisters mitwirken")
Chronogramm als Erscheinungsjahr der Gedichtsammlung „Novam Nobilitatem Honoribus" zur Promotion von Johann Philipp *Juncker* (aus Waltershausen), gedruckt bei Justinus Brand in Leipzig.[263]

OrtVs ab HenrICo est noMen, sanCta GenItrICe, a ChrIsto frVCtVs CIVIbVs atqVe saLVs.
(MCCCCCCLVVVVVVVVIIIIII = **1691** / „Am Ursprung steht der Name Heinrich, heilige Mutter, von Christus den Bürgern Heil und Segen")
Chronogramm auf der gezeichneten Flur- und Bergkarte „Ichnographia territorii Mariaebergensis metalliferi" von Adam *Schneyder*.[264]

SaXonIae ensIfero bIs seXta LVCe TVbIngae SepteMber VItae Dona beata parIt.
SaXonIae eLeCtor Veteres noVVs arrIpIt est VbI SepteMbrIs qVarta ter orta DIes.
(MDCLXXVVVIIIIII = **1691** / MDCLXVVVVVIIIIII = **1691** / „September tagte kaum zu Tübingen zwölfmal, da ward der Sachsen-Held geführt in Freudensaal / Der neue Kurfürst hat die Schwerter angefasst, als der September trug die zwölfte Tageslast")
Chronogrammata als Erscheinungsjahr des Einblattdrucks „Palladis Saxonicae Solatium et Praesagium" von Rudolph Friedrich *Schultt*, schönburg. Rat, zum Tode von *Johann Georg III.* und zum Amtsantritt von *Johann Georg IV.*, gedruckt bei Christian Bittorf in Zwickau.[265]

Ah! / PatrIae pater / Iohann Georg **III.** / ELeCtor SaXonIae / obDorMIVIt / In IesV sVo / TVbIngae.
(MDCLXVVVVIIIIIIIIIII = **1691** / „Ah, der Vater des Vaterlandes Johann Georg III. Kfst. von Sachsen entschlief in seinem Jesus in Tübingen")
OVans VIVat feLIXqVe fLoreat eX Voto SaXonIae ELeCtor Iohannes GeorgIVs qVartVs GerManICI HeCtorIs IohannIs GeorgII tertII fILIVs prInCeps.
(MCCCCLLLLXXXVVVVVVVVVIIIIIIIIIIIIIII = **1692** / „Er lebe jubelnd und glücklich, er möge auf Wunsch als Johann Georg IV. Kurfürst von Sachsen, Erbprinz Johann Georgs III. des Hektors Deutschlands, glänzen")

---

261 VD 17 (125:041016B); Bestand der Ratsschulbibliothek in Zwickau (50.1.14.(18)).
262 VD 17 (12:172207E) / [Weitere Chronogramme des Autors für 1673 (= VD 17 14:069839X) und für 1691 (= VD 17 39:115152N)].
263 VD 17 (547:697383W).
264 Steche, Marienberg (wie Anm. 45), S. 14.
265 VD 17 (14:012101G).

Chronogrammata in der Huldigungsschrift „Homagii Serenissimo Saxoniae" von Johann Christian *Mack* (1634–1701), Arzt und Bürgermeister in Schneeberg, gedruckt bei Christian Pfützner in Schneeberg.[266]

Anno qVo Iohannes GeorgIVs qVartVs, SaXo ensIfer [sic!], proVInCIaLIa prIMa prospere agebat, Dresenae [sic!].
(MDCLXVVVVVIIIIII = **1692** / „Im Jahr, in welchem Johann Georg IV. von Sachsen, ein Schwert führend, von Dresden aus anfänglich das Land glücklich lenkte")
Chronogramm als Druckjahr auf dem Titelblatt der Schrift „Electorum Saxoniae Lutheranorum Symbola Heroica", von Georg *Weise*, Pfarrer zu Tennstedt, gedruckt bei Immanuel Bergen in Dresden.[267]

TrVX abeat MaVors, reDeat paX enthea terrIs / te Pater In CoeLIs o bone qVIesqVe rogat / SaXonIae aCCepIt DefVnCto a fratre FrIDrICVs AVgVstVs fasCes annVe CeLse parens.
(MDCLXXVVVVIIII = **1694** / DDCCCCCCLXVVVVVVIIII = **1694** / „Der furchtbare Mars möge verschwinden, der begeisternde Friede kehre auf Erden zurück, jeder, Vater im Himmel bittet dich um Güte / Friedrich August hat vom hingeschiedenen Bruder im erhabenen Jahr als [Landes-] Vater die Herrschaft Sachsens übernommen")
Chronogrammata als Merkverse, die zur Vollendung der Erneuerung der Stadtkirche von Geising als Zeitzeugnis im Kirchturmknopf hinterlegt wurden.[268]

Der ChVrfVrst Lebe IhM IesVs gebe VVohIn seIn zVVekk sInnen begInnen nVr strebe. // *Eteostichon.* ReX rVtae sVperes, tVrCarVM DenIqVe tVrbas, gLorIa, prosperItas sIt, pater, oro tIbI. // *Estochion*, [sic!] SaXonIae pater, en FrIeDrICh AVgVste saLVteM eXopto tIbI, te Vt fata benIgna beent.
(MDCLVVVVVVVVIIIIII = **1696** / MDCLXVVVVVVIIIIII = **1696** / MDCLXXVVVVIIIIII = **1696** / „König der Raute, du verbleibst schließlich über den Haufen der Türken, Ruhm und Gedeihen möge sein, Vater, ich bitte dich / Vater von Sachsen, Friedrich August, sei gegrüßt, ich wünsche dir, dich beglücke demgemäß ein gütiges Geschick")
Chronogrammata als Druckjahr auf dem Titelblatt sowie als Abschluss jeweils der fünften und der letzten Seite der Begrüßungsschrift „Neuerschienes Monden-Liecht" von Gottfried *Greim*, Bürger in Dresden, für Kfst. *Friedrich August von Sachsen*, gedruckt bei Johann Friedrich Schrötell in Dresden.[269]

VIVat aD thronVM PoLonIae eVeCtVs reX SaXo.
(MDCLXXVVVVVII = **1697** / „Es lebe der auf den Thron Polens erhobene König aus Sachsen")
Chronogramm als Erscheinungsjahr und Abschlusstext des anonymen Einblattdruckes „Von den zwey fürnehmsten Pohlnischen Cron-Competenten", ohne Druckerangabe.[270]

BarbItVM strIngo tIbI fortIs HeCtor! / LaVrIger SaXo, patrIaeqVe reCtor, / reX et eLeCtor, CVI stat PoLona / fronte Corona.
(MCCCCCLLLXXVVVVIIIIIIII = **1698** / „Die Laute berühre ich für dich, starker Hektor! Lorbeer bekränzter Sachse, Lenker des Vaterlandes, König und Kurfürst, dem vorrangig die polnische Krone zusteht")
Anfangschronogramm in der Gratulationsschrift „Syncharisticum sive applausus gratulatorius" zur Konversion von Kfst. *Friedrich August von Sachsen* zum katholischen Glauben von Jo-

266 VD 17 (14:011957Z).
267 VD 17 (12:139200U).
268 Steche, Dippoldiswalde (wie Anm. 5), S. 81.
269 VD 17 (3:629875T).
270 VD 17 (12:633671D).

hann *Kempen* (1663–1744), jesuitischer Schriftsteller in Hildesheim, später ev. Prof. der Theologie in Helmstedt. [Die Schrift enthält weitere 27 Chronogramme auf das Jahr 1698.][270a]

Anno qVo e**CCVL**es**I**a nostra se**CVL**are sa**C**r**VM** so**L**enn**I**ter **C**e**L**ebrat.
(MCCCCCLLLLVVVII = **1717** / „Im Jahr in dem unsere Kirche die wiederkehrende Jahrhundertfeier begeht")
Chronogramm als Druckjahr auf dem Titelblatt der Schrift „Sendschreiben an drey studirende Freunde von Roßwein" von Johann Emanuel *Müller* (aus Roßwein), gedruckt bei Immanuel Tietz in Leipzig.[271]

Chronogramma des 1721sten Jahres : Job.[Hiob] XIV,I. **D**er **M**ens**C**h **I**st n**V**r **V**o**LL V**nr**V**h; **VV**e**L**t! o! e**I**n S**C**ha**V**-P**L**atz **D**er **MV**h.
(MDCLLVVVVI = **1721** / MDCLLVVVVI = **1721**)
Chronogrammata als Überschrift eines Sonetts in der Trauerpredigt „Eines Christlichen Ritters und Regenten Triumph" für Reichsgraf Georg *von Werthern* (1663–1721), sächsischer Kabinettsminister, von Gottfried *Weidler*, Pfarrer zu Groß-Ne(u)hausen bei Weimar, gedruckt bei Johann Konrad Stoeßel in Dresden.[272]

... zum Drucke herausgegeben von **M**. A**V**g**V**st F**L**e**C**ken / **V**on Hertzberg / **DI**eser Ze**I**t Pfarrern **I**n **L**a**V**enste**I**n.
(MDCLVVVVIIII = **1724** / es müsste sich eigentlich 1700 ergeben!)
Falsches Chronogramm als Druckjahr auf dem Titelblatt der Bedächtnis-Predigt „Die kleine und die grosse Liebe Gottes" für die Witwe Hedwig *von Bünau* geb. *von Holtzendorff* († 1700) von M. August *Fleck* (1668–1732), Pfarrer zu Lauenstein.[273]

S**I**ehe **IC**h **VVIL D**e**I**ner a**V**gen e**I**n**I**ge **LV**st **V**on h**I**nnen neh**M**en.
(MDCLLVVVVVIIIIIII = **1732**)
Chronogramm als Titel eines Epicediums zum Tode von Christiana Sophia *Kölbing* geb. Paulitz, Erbherrin auf Mittel-Königshayn, gedruckt bei Jacob Zipper in Görlitz.[274]

Frederic Auguste / Etant bea**VC**o**V**p p**LV**s gra**CI**e**VX**.281 / q**V**e n'eto**I**t.6 / **L**'E**M**pere**V**r Tra**I**ane.1056 / so**I**es a**V**ß**I**.7 / b**I**en p**LV**s be**V**re**VX**.76 / q**V**' A**V**g**V**ste.15 / & / **VIV**es p**LV**s **L**ong.116 / q**V**e.5 / to**V**s **V**os Ante**C**esse**V**rs.115 / en Po**L**ogne.50 / & / Sa**X**e.10.
(MCCCLLLLLXXXVVVVVVVVVVVVVVVVVVVVVIIIIIII = **1737** / „Da Ihr sehr viel liebenswürdiger seid als Kaiser Trajan je war, so mögt Ihr auch sehr viel glücklicher sein als Augustus und länger leben als alle Eure Vorfahren in Polen und in Sachsen")
Französisches Chronogramm aus der Schrift „Amusement innocent ou CHRONOSTIQUES" von Jean Louis *de Schweinichen* (1702–1772), gedruckt bei CRUSE in Dresden. [Diese Schrift enthält weitere **87** frz. Chronogramme (für **1737**) auf Mitglieder der kgl. Familie (9), auf Höflinge (72) und auf Gesandte (6)][275] (siehe *Abb. 8*).

Ma**I**orenn**I**s fe**VDI**sq**V**e a**VI**t**I**s **I**n**V**est**I**t**V**s **C**or**V**s**C**at.
(MDCCVVVVVVIIIIIII = **1737** / „Er schillert mit angestammtem Erbgut ausgestattet")
Chronogramm als „Zeitzeile" im Text des Epicediums [Trauer- oder Trostgedicht] von Heinrich Frantz *Müller* im Anhang zur Leichenpredigt für Bodo Anton Otto *von Krosigk,* Erbherr auf Hohen-Erxleben und Rathmannsdorf („auf der Universität Leipzig im 22sten Jahr seines Le-

270a Hilton III (wie Anm. 181), S. 94.
271 Bestand der Universitätsbibliothek in Leipzig.
272 Bestand der Bibliothek der Franckeschen Stiftungen in Halle.
273 VD 17 (14:016367V); Bestand der Sächsischen Landesbibliothek zu Dresden.
274 Lenz, LP Görlitz (wie Anm. 169), T. I, S. 413 (Nr. 1836) (Sign. ThXVI2223).
275 Bestand der Universitäts- und Landesbibliothek Sachsen-Anhalt in Halle (Pon Vd 1858).

bens an Blattern verstorben"), von Pfarrer Frantz Gottfried Christoph *Steckelberg* (1704–1758), gedruckt 1738 bei Johann Christian Langenheim in Leipzig.[276]

ObsIDIone graVI VeXata est PIrna DoLenDa; Vt PhoenIX sVrgat, thVra preCesqVe LIto.
(DDDCLLXXVVVVVVIIIIII = **1756** / „Da die belagerte Stadt Pirna wieder frey, so gebe Gott, daß sie gleich einem Phönix sey")
Chronodistichon auf die belagerte und wieder befreite Stadt Pirna als Merkvers von Christlieb *Fiedler* (1703–nach 1756), Pfarrer zu Dittersdorf bei Pirna.[277]

Ab CrVCe noMen habens en aeDes nostra sepVLta.
(MDCCLVV = **1760** / „Vom Kreuz ist der Name, seht, unser eingeäschertes Gotteshaus")
GeDenkt an DIeses Iahr, Da so eIn FaLL gesChehn; Gott Läßt seIn eIgen HaVs zerstören.
(DDDCLLLVIIIII = **1760**)
Chronogrammata auf dem Vortitelblatt der Trauer- und Gedenkpredigt „Drey Worte der Noth" zur Zerstörung Dresdens von Stadtprediger Adam *Grenz* (1700–1772), gedruckt und verlegt bei Michael Gröll in Dresden und Warschau.[278]

Aspera beLLa sILent: reDIIt nona gratIa paCIs / o sI parta foret seMper In orbe qVIes.
(MDCLLLVIIIIIIII = **1763** / „Die rauhen Kriegswirren haben aufgehört; die wohltuende Annehmlichkeit des Friedens kehrt wieder; o wäre doch für immer dem Erdkreis Ruhe gegeben")
Chronodistichon als Merkvers auf den Hubertusburger Frieden.[279]

Anno quo SponsaLes boreas ConfLabat, et aVster Mores : Ibant DeponsIs RhenVs et ALbIs aqVIs.
(MDCLLLVVVIIII = **1769** / „Im Jahr, in dem der Nordwind die Verlobten zusammenbrachte und der Südwind die Gebräuche : Rhein und Elbe strömten als versprochene Gewässer")
Chronogramm als Druckjahr auf dem Titelblatt der anonymen Hochzeitsfestschrift „Sponsi Electoris Electa Sponsa" für *Friedrich August III. von Sachsen* (1750–1827) und *Maria Amalia Augusta von Pfalz-Zweibrücken* (1752–1828), gedruckt in Mannheim.[280]

GLVCke! SChIrM DIeß heVt VereInIgte Paar.
(MDCCLVVVIIII = **1769**)
Chronogramm am Ende der anonymen Festschrift (mit Hochzeitsgedichten) „Amalia Augusta, die von der Fürsicht erkante [sic!] Braut" zur Vermählung von *Maria Amalia Augusta von Pfalz-Zweibrücken* (1752–1828) mit Kfst. *Friedrich August III. von Sachsen* (1750–1827), ohne Drucker- und Ortsangabe.[281]

BrVno / aVCtor / stIrpIs MansfeL- / DICae / genIo SaXonIae / Vota VoVet.
(MDCCLXVVVVVIIIII = **1790** / „Bruno, Stifter des Mansfeldischen Zweiges des Hauses Sachsen gelobt als Wunsch")
Chronogramm auf einer Federzeichnung von Carl Friedrich *Besser*.[282]

---

276 Bestand der Personal- und Leichenpredigtsammlung der Zentralstelle für Genealogie in Leipzig (Sign.: A 5388/269).
277 Neu-eröffnete Historische Correspondenz von Alten und Neuen Curiosis Saxonicis, Dresden 1756, Ausgabe 22, No. LXXXI, S.351–352.
278 Bestand der Universitäts- und Landesbibliothek Sachsen-Anhalt in Halle (Sign.: PonYa2145QK)
279 Günter Gall: Chronogramm. In: Reallexikon der deutschen Kunstgeschichte. Bd. 3. Stuttgart 1954, Sp. 750.
280 Bestand der Sächsischen Landesbibliothek in Dresden.
281 Bestand der Sächsischen Landesbibliothek in Dresden.
282 Handschriftensammlung der Sächsischen Landesbibliothek in Dresden.

HohenthaLIVs CoMes / RegIspontInVs / gentIs CeLsae senIor / nestorI SaXonIae aVgVsto jVsto / pergratVs / ante bIs qVInqVe LVstra / LIpsIae In jVre rosCIVs / probatVs, CeLebratVs / sero VIgeat VsqVe beatVs! gratVLantes optant SaXones .....
(MCCCCLLLLLXXVVVVVVVVVVVVVVVVVVIIIIIIIIIIII = **1824** / „Graf Hohenthal aus Königsbrück, des erhabenen Geschlechts Senior, dem Nestor Sachsens im ehrwürdigen Recht, sehr willkommen vor 50 [Jahren] im Recht Leipzigs, auf besonderem Platze, bewährt, glänzend, möge er weiterhin stets glücklich in voller Kraft stehen! Dies wünschen die sächsischen Gratulanten")
Chronostichon auf Peter Carl Wilhelm *Graf von Hohenthal* (1754–1825), sächsischer Konferenzminister, zum 50jährigen Jubiläum des Abschlusses des juristischen Examens in Leipzig MDCCLXXIIII, von Friedrich Heinrich *Starcke* (1760–1833), Superintendent in Delitzsch, gedruckt als Einblattdruck 1824.[283]

Zusammenfassung

Abschließend lässt sich feststellen, dass von den 354 ermittelten und hier zitierten Chronogrammen aus der Region Sachsen (und zwar 189 an Bau- und Kunstdenkmälern, 52 auf Münzen und Medaillen sowie 114 in Hand- und Druckschriften) 2 auf das 14. Jahrhundert, 1 auf das 15. Jahrhundert, 31 auf das 16. Jahrhundert, 182 auf das 17. Jahrhundert, 126 auf das 18. Jahrhundert, 10 auf das 19. Jahrhundert sowie 3 auf das 20. Jahrhundert entfallen. Das älteste Vorkommen vermittelt das Jahr 1350 (wenn man 434 ausklammert), der jüngste Zahlvers stammt von 1909. Demnach resultieren die meisten Chronogramme im sächsischen Raum aus dem 17. Jahrhundert. Mehrheitlich wurden die Texte in (neu-)lateinischer Sprache abgefasst. Die dafür angestrebte wörtliche Übersetzung gestaltet sich insofern teilweise problematisch, weil der von den Autoren fixierte Sinn durch die zeitbezogene sowie durch die Mehrdeutigkeit der lateinischen Wörter nicht immer erkennbar wird, Wörter benutzt werden, welche als neulateinische Bildungen entstanden und der Text oftmals auch aus rechnerischen Gründen sprachlich und buchstabenmäßig manipuliert wurde. Nur 56 Chronogramme bedienen sich der deutschen Sprache, in 9 weiteren Fällen handelt es sich um eine deutsch-lateinische Kombination. Als Besonderheiten konnten ein französischer Text sowie 2 Kryptochronogramme registriert werden.

Wiederum wird anschaulich belegt, dass auch im Gebiet des heutigen Sachsen früher die Freude am Spiel mit den verschlüsselten Zeitinschriften durchaus verbreitet war. Bemerkenswert ist dabei, dass ein stärkeres Vorkommen in der teilweise noch katholisch verbliebenen Oberlausitz zu verzeichnen ist.[284] Als hauptsächliche Autoren waren die Prediger wirksam, die sich in starkem Masse auch weiterhin kommunikativ der lateinischen Sprache bedienten.

Trotz der weitgehend systematischen Ermittlung sowohl von noch erhaltenen als auch nur noch sekundär nachweisbaren Chronogrammen wurde mit dieser Bestandsaufnahme kaum Vollständigkeit erreicht. So werden sich in den noch nicht bearbeiteten Kreisen sowie in älteren Inschriftenbeschreibungen der Städte vor allem weitere Chronogramme an Bau- und Kunstdenkmälern nachweisen lassen.[285] Die aus dem „VD 17" in Druckschriften ermittelten Chronogramme wurden aus Raumgründen nur be-

283 Bestand der Universitäts- und Landesbibliothek Sachsen-Anhalt in Halle (Sign.: Pon Zb 7355, Qk297).
284 Vgl. Bautzen, St. Marienstern, St. Marienthal, Wittichenau.
285 So konnte u.a. der Titel „Johann Georg Gruebler: Ehre der Freybergischen Todten-Grüfte d.i. Historisches Verzeichnis der zu Freyberg befindlichen Epitaphis, Inscriptionibus und Monumentis. 2 Teile. Leipzig 1730–1731" nicht durchgesehen werden.

schränkt aufgenommen, weitere Belege werden sich hierzu vor allem in Leichenpredigtsammlungen und in den handschriftlichen Kirchenbüchern auffinden lassen.[286] Letztlich ergibt die breitgefächerte Anwendung der Chronogrammatik eine Tangierung und Illustration der verschiedensten kunst- und kulturgeschichtlichen Aspekte. Gleichzeitig führt jede bewusste Wahrnehmung dieses Phänomens zu einem visuellen Erlebnis mit der Anregung zur produktiven Rezeption des verschlüsselten Intextes.

Bildnachweis:
Aufnahme: Karl-Heinz Steinbruch, Schwerin: 1, 2, 3. – Haupt (wie Anm. 118), S. 168, Taf. 24 (Nr. 214): 4. – M & P 5/2007; S. 13: 6. – Universitäts- und Landesbibliothek Sachsen-Anhalt in Halle: 8. – VD 17: 7. – Tentzel (wie Anm. 124): S. 701: 5.

286 So enthält z.B. der gedruckte Görlitzer Leichenpredigtkatalog (wie Anm. 169) immerhin noch weitere 86 Hinweise auf (nicht zitierte) „sächsische“ Chronogramme! Außerdem konnten einige antiquarische Titel (aus dem Internet, aber nicht im „VD 17“ erfasst) nicht aufgenommen werden, weil sie ebenfalls nur auf ein Chronogramm hinweisen ohne es anzuführen (z.B.: „Hymenaea novis nuptiarum honoribus“, gedruckt 1612 [nach einem Chronogramm] bei J. Hermann in Leipzig).

Zu Bau- und Kunstdenkmälern:

Abb. 1a–d: Inschriften am Hauptportal des Domstifts in Bautzen (1755/1768)

Abb. 2: Inschrift am Renaissance-Erker von „Barthels Hof" in Leipzig (1523)

Abb. 3: Inschrift am Hochaltartisch im Dom St. Peter in Bautzen (1766)

Zu Münzen und Medaillen:

Abb. 4: Talerklippe von Kfst. Johann Georg I. von Sachsen (1615)

Abb. 5: Medaille zur Wahl von Kfst. Friedrich August von Sachsen zum König von Polen (1697)

Abb. 6: Gedenkmünze (Dukat) zum 400jährigen Bestehen der Universität Leipzig (1809)

Zu Hand- und Druckschriften:

Fernere Verenderung
CUPIDINIS in einen Newenzeitungskrämer,
Bey Hochzeitlichem Ehr vnd Frewdenfeste
Deß Ehrnvesten vnd Wolgeachten Herrn
JOHANN. Welschen / Vornehmen Handelsmans
in Leipzig / Bräutigams.
218, 12 bu.
Vnd
Der Erbarn vnd vielEhrentugendsamen Jungfrawen
CATHARINEN,
Deß Ehrnvesten / Vorachtbarn vnd Hochweisen Herrn Oßwald
Matthiesens / des Raths / vnd Oberkämmerers zu Magdeburg /
vielgeliebten Eheleiblichen Tochter Braut-

Gehalten zu Leipzig / den 2. Augusti.
Im Jahr.
VVIe CVpIDo eInen neVenzeItVngskräMer agIeret.
(1630)

Abb. 7: Hochzeitsschrift auf Johann Welsch und Catharina Matthiae in Leipzig (1630)

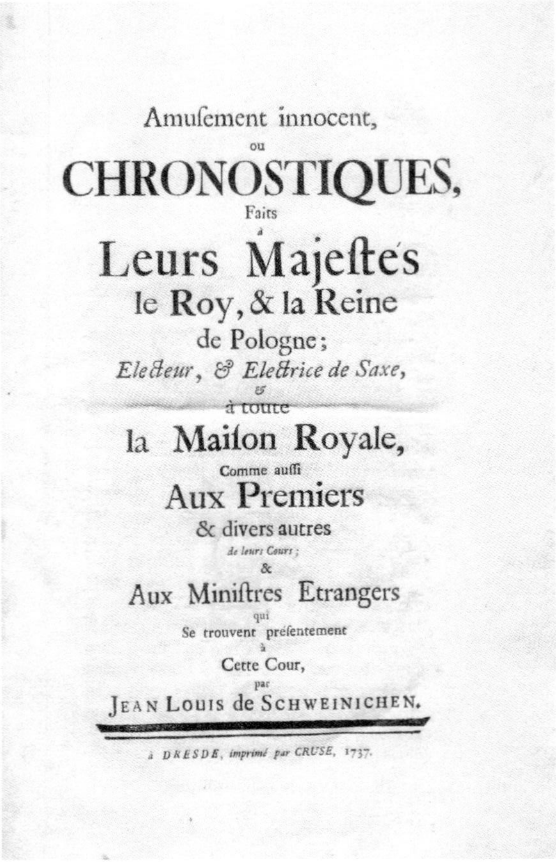

Amusement innocent,
ou
CHRONOSTIQUES,
Faits
à
Leurs Majestés
le Roy, & la Reine
de Pologne;
Electeur, & Electrice de Saxe,
&
à toute
la Maison Royale,
Comme aussi
Aux Premiers
& divers autres
de leurs Cours;
&
Aux Ministres Etrangers
qui
Se trouvent présentement
à
Cette Cour,
par
JEAN LOUIS de SCHWEINICHEN.

à DRESDE, imprimé par CRUSE, 1737.

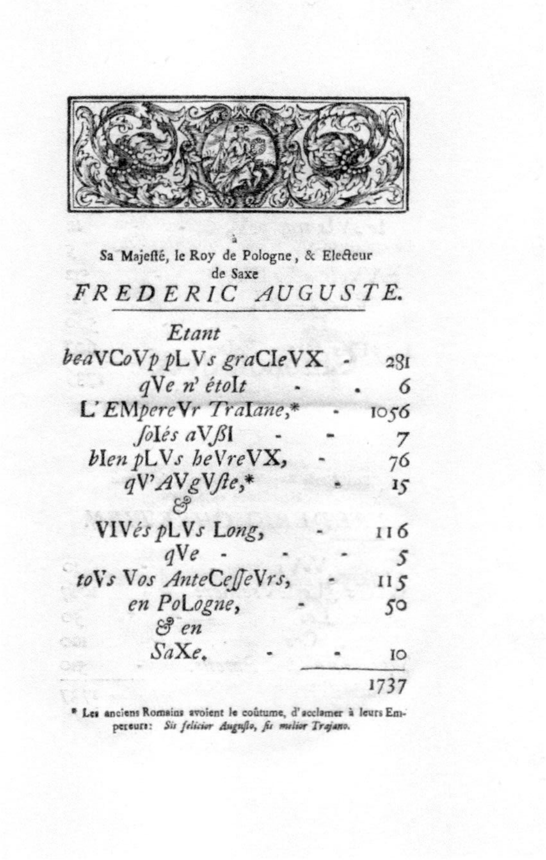

à
Sa Majesté, le Roy de Pologne, & Electeur
de Saxe
FREDERIC AUGUSTE.

Etant		
beaVCoVp pLVs graCIeVX	-	281
qVe n' étoIt	- .	6
L'*EMpereVr TraIane,**	-	1056
soIés aVßI	- -	7
bIen pLVs heVreVX,	-	76
*qV'AVgVste,**	.	15
&		
VIV*és* pLV*s* Long,	-	116
qVe	- - -	5
toVs Vos *AnteCesseVrs,*	-	115
en PoLogne,	-	50
& en		
SaXe.	- -	10
		1737

* Les anciens Romains avoient le coûtume, d'acclamer à leurs Empereurs: *Sis felicior Augusto, sis melior Trajano.*

Abb. 8a–b: Französisches Chronogramm (Chronostique) auf Kfst. Friedrich August von Sachsen (1737)

Zur Geschichte der Staatsheraldik der Vorgängerterritorien der Länder der Bundesrepublik Deutschland

Teil 7: Mecklenburg-Vorpommern und Schleswig-Holstein

Von Karl-Heinz Steinbruch

I. Mecklenburg-Vorpommern

Großherzogtum/Freistaat Mecklenburg (-Schwerin)

Das Wappen Mecklenburgs, dessen Geschichte bis ins Mittelalter zurückreicht und das seine letzten bedeutenden Veränderungen im Jahre 1658 erfuhr, wurde anläßlich der Ausgestaltung des Thronsaales im Schloß Schwerin nach dessen Umbau im Jahre 1857 von Georg Christian Friedrich Lisch wissenschaftlich untersucht und blasoniert[1], jedoch noch nicht verbindlich festgelegt.[2]

1 Georg Christian Friedrich Lisch: Der Thronsaal des Schlosses zu Schwerin mit seinen Umgebungen. Schwerin 1857; vgl. auch Landeshauptarchiv Schwerin (im Folgenden LHAS), 5.12-7/6 Mecklenburgisches Geheimes und Hauptarchiv/Mecklenburgisches Landeshauptarchiv Schwerin, Nr. 61 Handakten des Archivars Lisch über seine Verhandlungen mit den Städten zur Feststellung ihrer Wappen; enthält auch: Beschreibung des Landeswappens, 1858. – LHAS, 10.9-L/6 Nachlaß Lisch, Nr. 157 Notizen und Entwürfe zur Ausgestaltung des Thronsaales des Schweriner Schlosses vor allem mit Wappen, 1856–1857.

2 Grundlegende Literatur zum mecklenburgischen Wappen allgemein: J. Jacob Döbel u. Caspar Vogt: Otium Mecklenburgicum seu de Anthyrio eiusque et Mecklenburgicis insignibus contentio. In: Ernst Joachim von Westphalen: Monumenta inedita rerum Germanicarum ... T. 1. Lipsiae 1739, S. 1515–1540. – Georg Rixner: Origines et insignia regum Obetritarum et ducum Mecklenburgensium. Historischer Auszug von dem Herkommen und Wapen der Könige und Hertoge in Mecklenburg A. 1530. In: Ernst Joachim von Westphalen: Monumenta inedita rerum Germanicarum ... T. 3 Lipsia 1743, S. 711–782. – David Franck: Bemerkungen über das mecklenburgische Wappen. In: Franck: Altes und Neues Mecklenburg. Güstrow und Leipzig 1753–1758, T. 4: S. 13, 132–135, T. 6: S. 200–201, 267, 311–312. – J. Carmon: Der von dem mecklenburgischen Greiff herstammende und mit demselben hinwieder vereinigte russische Adler. Rostock 1717, 5 Blatt. – Rostocksche Rechts-Belehrung über den Art. 24 der Mecklenburgischen Landes-Reservalen von 1621 in Betref des gleichen Nahmens, Schildes und Helms, wenn, in Farben und sonst, einige Veränderungen sich findet. In: Bützowsche Ruhestunden. Hrsg. E. J. Fr. Mantzel 1 (1761), S. 15–44. – Vom Mecklenburgischen Landes-Herrlichen Wapen. In: Bützowsche Ruhestunden. Hrsg. E. J. Fr. Mantzel 5 (1762), S. 67–68. – A. J. D. Aepinius: Berichtigte Geschichte und Erklärung des herzoglich mecklenburgischen Wappens. In: Gelehrte Beiträge zu den Mecklenburg-Schwerinschen Nachrichten (1763), S. 158–170. – A. J. D. Aepinius: Weitere Nachrichten zur Berichtigung der Geschichte des herzoglich mecklenburgischen Wappens. In: Gelehrte Beiträge zu den Mecklenburg-Schwerinschen Nachrichten (1767), S. 153–168. – Johann Christoph Gatterer: Eine heraldische Entdeckung das mecklenburgische und brandenburgische Wappen betreffend. In: Ders.: Allgemeine historische Bibliothek. Bd. 2. Halle 1767, S. 181–193. – Georg Christian Friedrich Lisch: Über das meklenburgische Wappen besonders über den stargardischen Arm in demselben. In: Jahrbücher des Vereins für meklenburgische Geschichte und Alterthumskunde 25 (1860), S. 89–128, 67 (1902), S. 74–82. – Bernhard Freiherr von Köhne: Das Mecklenburgische Wappen. In: Berliner Blätter für Münz-, Siegel- und Wappenkunde 2 (1865), S. 198–204. – Carl Teske: Die Wappen der Grossherzoglichen Häuser Mecklenburg-Strelitz und Mecklenburg-Schwerin. In: Der Herold 11 (1883), S. 1–23. – Carl Teske: Die Wappen der Großherzogtümer Mecklenburg, ihrer Städte und Flecken. Görlitz 1885. 87 S. – Carl Teske: Die Wappen des Grossherzogtums Mecklenburg-Schwerin. In: Der Deutsche Herold 16 (1885), S. 65–66. – Carl Teske: Die Wappen des großherzoglichen Hauses Mecklenburg in geschichtlicher Entwicklung. Schwerin 1893. 94 S.

In Mecklenburg-Schwerin wurde erst 1884 Archivrat Wigger mit der Anfertigung eines mecklenburgischen Wappens beauftragt, *„welches bestimmt ist, als mustergültiges Exemplar in Unserem Archiv aufbewahrt zu werden“*[3]. Das daraufhin *„gezeichnete heraldisch correcte Mecklenburgische Wappen“*[4] wurde am 31. Dezember des gleichen Jahres durch ein Herrscherreskript des Großherzogs Friedrich Franz III. an das Staatsministerium als verbindlich festgelegt. Danach bestand das Staatswappen aus einem einmal gespaltenen und zweimal geteilten Hauptschild mit aufgelegtem Mittelschild, also aus sieben Feldern[5]:

Mittelschild: Grafschaft Schwerin: Geteilt von Rot und Gold[6].

– Friedrich Crull: Das Wappen des großherzoglichen Hauses Mecklenburg. In: Jahrbücher des Vereins für mecklenburgische Geschichte und Altertumskunde 59 (1894), S. 315–338. – Georg Adalbert von Mülverstedt: Die Wappen des Großherzoglichen Hauses Mecklenburg in ihrer geschichtlichen Entwicklung. In: Der Deutsche Herold 25 (1894), S. 17–22. – Das Wappen des Großherzoglichen Hauses Mecklenburg. In: Heraldische Mitteilungen 9 (1898), S. 67–68. – Das Wappen des Fürstenhauses Mecklenburg. In: Heraldische Mitteilungen 9 (1898), S. 74–76. – Die Schildhalter des fürstlich mecklenburgischen Wappens. In: Heraldische Mitteilungen 9 (1898), S. 80. – Erläuterungen zu den Wappen von Mecklenburg-Schwerin und Mecklenburg-Strelitz. In: Heraldische Mitteilungen 9 (1898), S. 97–98, 99–102. – Der mecklenburgische Stierkopf im preußischen Staatswappen. In: Heraldische Mitteilungen 9 (1898), S. 103. – Das Unterscheidende der Wappen von Mecklenburg-Schwerin und Mecklenburg-Strelitz. In: Heraldische Mitteilungen 13 (1902), S. 71–72. – Das Stammwappen des Hauses Mecklenburg. In: Wellers Archiv für Stamm- und Wappenkunde 3 (1902/03), S. 170. – Heinrich Hinzmann: Die geschichtliche Entwicklung des Mecklenburgischen Wappens. In: Heraldische Mitteilungen 21 (1910), S. 58–60. – Heinrich Hinzmann: Die sogenannte wendische Krone. In: Heraldische Mitteilungen 21 (1910), S. 15–16. – Bernhard Koerner: Die alten Wappen von Rügen und Mecklenburg. In: Deutscher Roland 7 (1919), S. 153–154. – Helge bei der Wieden: Mecklenburgische Staatssymbolik im 19. und 20. Jahrhundert. In: Der Herold NF 29 (1986), S. 286–306. – Peter-Joachim Rakow: Das mecklenburgische Landeswappen. Eine historische Betrachtung. In: Stier und Greif. Blätter zur Kultur- und Landesgeschichte in Mecklenburg-Vorpommern 1991, S. 8–11. – Norbert Buske: Wappen, Farben und Hymnen des Landes Mecklenburg-Vorpommern. Eine Erläuterung der neuen Hoheitszeichen des Landes verbunden mit einem Gang durch die Geschichte der beiden Landesteile dagestellt an der Entwicklung ihrer Wappenbilder. Bremen 1993. 144 S. – Helge bei der Wieden: Mecklenburgische Staatssymbolik im 19. und 20. Jahrhundert. In: Mecklenburg. Zeitschrift für Mecklenburg-Vorpommern 37 (1995), S. 3–5. – Hans-Heinz Schütt: Das Mecklenburgische Fürstenwappen von 1668. Erläuterungen zu Entstehung, Inhalt und Geschichte des Fürstenwappens. Findbücher, Inventare und kleine Schriften des Landeshauptarchivs Schwerin. Bd. 2. Schwerin 1997. 64 S. – Karl-Heinz Steinbruch: Die Staatswappen Mecklenburg-Vorpommerns und seiner früheren Territorien. In: Archivistica docet. Beiträge zur Archivwissenschaft und ihres interdisziplinären Umfelds. Hrsg. Friedrich Beck (Potsdamer Studien, Bd. 9). Potsdam 1999, S. 559–579. – Karl-Heinz Steinbruch: Die Mecklenburger Fürstendynastie von 1526 und ihre Wappen. In: Jahrbuch der Heraldisch-Genealogischen Gesellschaft „Adler“ 2002, S. 267–281. – Ralf-Gunnar Werlich: Ein koloriertes Wappen der Herzöge von Mecklenburg um 1553. Bemerkungen zum Umfeld des zugrunde legenden Cranach-Holzschnittes von 1552 und zur Entwicklungsgeschichte des fünffeldrigen Mecklenburgischen Herzogswappens bis zur Mitte des 16. Jahrhunderts. In: Mecklenburgische Jahrbücher 119 (2004), S. 105–160.

3 LHAS, 5.12-3/1 Mecklenburg-Schwerinsches Ministerium des Innern, Nr. 76 Die Wahl und Folge der Landesfarben in den auf dem Festland zur Benutzung kommenden Fahnen, Bannern und Flaggen; auch das Landeswappen, 1858–1911.

4 LHAS, 5.2-1 Großherzogliches Kabinett III/Großherzogliches Sekretariat, Nr. 810 Gestaltung und Benutzung des großherzoglichen und mecklenburgischen Wappens sowie Anfertigung von Stempeln und Petschaften, 1865–1902.

5 Vgl. hierzu besonders Teske: Das Wappen des Großherzoglichen Hauses Mecklenburg in geschichtlicher Entwicklung (wie Anm. 2). Grundsätzliches siehe auch bei Bei der Wieden (wie Anm. 2).

6 Historisch ist auch die Schildteilung von Gold und Rot überliefert. Als Siegelbilder führten die Grafen von Schwerin einen von zwei widersehenden Lindwürmern beseiteten Baum bzw. ein schreitendes Pferd.

1. rechtes Obereck: Herzogtum Mecklenburg: In Gold ein schwarzer Stierkopf mit aufgerissenem roten Maul, weißen Zähnen, herausgeschlagener roter Zunge, mit abgerissenem schwarzen Halsfell, dessen Randung bogenförmig ausgeschnitten ist und so sieben Spitzen zeigt und mit silbernen Hörnern; auf der Stirn eine goldene Fürstenkrone von der fünf mit Lilien (oder Blattornamenten) und Perlen abwechselnd besteckte Zinken sichtbar sind. Dieser Stierkopf geht in seinem historischen Ursprung auf einen Stärke und wehrhafte Kraft symbolisierenden Auerochsen zurück und ist aus dem Jahre 1219 erstmals überliefert. Im Laufe der Jahrhunderte wurde er um die Wappen der hinzugekommenen Territorien vermehrt. Trotzdem hat sich der Stierkopf des Herzogtums Mecklenburg als typisches und populärstes Landessymbol weitgehend verselbständigt und gilt als *das* Symbol Mecklenburgs.
2. linkes Obereck: Herrschaft Rostock: In Blau ein schreitender goldener Greif mit erhobener rechter Vorderpranke, erhobenem Schweif und ausgeschlagener roter Zunge.
3. Balkenreihe rechts: Fürstentum Schwerin: Geteilter Schild. Oben in Blau ein schreitender goldener Greif mit erhobener rechter Vorderpranke, stehend auf der unteren grünen mit einem silbernen Bord eingefaßten Schildhälfte.
4. Balkenreihe links: Fürstentum Ratzeburg: In Rot ein schwebendes silbernes griechisches Kreuz, darauf stehend eine goldene Fürstenkrone.
5. rechtes Untereck: Herrschaft Stargard: In Rot ein silberner weiblicher Arm, mit einem silbernen Puffärmel am Oberarm bekleidet, der Unterarm mit einer silbernen Binde umwunden, zwischen Daumen und Zeigefinger ein goldener diamantbesetzter Ring.
6. linkes Untereck: Herrschaft Werle: In Gold ein links gelehnter schwarzer Stierkopf ohne Halsfell. Maul, Hörner und Krone wie beim Wappen des Herzogtums Mecklenburg.

Mecklenburg-Schwerin führte kein kleines Landeswappen[7].

Nach dem Ende der Monarchie wurde der gleiche Wappenschild 1922 ohne jegliches heraldisches Beiwerk durch das *„Gesetz über das Staatswappen des Freistaates Mecklenburg-Schwerin, die Dienstsiegel und die Dienststempel"* zum Landeswappen für Mecklenburg-Schwerin bestimmt[8], nachdem es nach drei turbulenten Lesungen im Mecklenburg-Schwerinschen Landtag mehrheitlich angenommen worden war[9].

7 Der Hinweis *„Das kleine Staatswappen zeigt in Gold einen schwarzen Stierkopf mit Halsfell (Mecklenburg) (Gesetz vom 15. Dezember 1921 § 2)"*, in: Wappen und Flaggen des Deutschen Reichs und der deutschen Länder. Hrsg. Reichsministerium des Innern in Verbindung mit dem Reichspatentamt und dem Reichskunstwart. Berlin 1929, S. 5. ist unzutreffend.

8 Regierungsblatt für Mecklenburg-Schwerin 1922, S. 313 f.

9 LHAS, 5.11-2 Mecklenburg-Schwerinscher Landtag, Nr. 355 Verhandlungen des Mecklenburg-Schwerinschen Landtages, Zweiter Ordentlicher Landtag 1921–1924, Sp. 1109 f., 1260 ff., 1376. – Gegen das Wappen stimmten offensichtlich die in Oppposition befindlichen Abgeordneten der Sozialdemokratischen und der Kommunistischen Partei. Ersterer Fraktion war die Vorlage *„monarchistisch"* (Sp. 1376), weshalb sie den Stierkopf in Verbindung mit Symbolen aus der Landwirtschaft, der Industrie und der Schiffahrt vorschlug (vgl. Sp. 1262). Letztere Fraktion brachte in Grün einen goldenen Pflug als Staatswappen in die Diskussion ein (vgl. Sp. 1261 f.). Das genaue Stimmenverhältnis ist dem Protokoll nicht zu entnehmen.

Abb. 1: Wappen des Großherzogtums Mecklenburg-Schwerin, 1884

Abb. 2: Wappen des Großherzogtums Mecklenburg-Strelitz, 1871

Abb. 3: Wappen des Freistaates Mecklenburg-Schwerin, 1922–1934, und des Landes Mecklenburg, 1934

Abb. 4: Wappen des Freistaates Mecklenburg-Strelitz, 1921–1922

Abb. 5: Wappen des Freistaates Mecklenburg-Strelitz, 1922–1934

Großherzogtum/Freistaat Mecklenburg-Strelitz[10]

Mecklenburg-Strelitz führte zunächst ebenfalls ein auf der Darstellung im Schweriner Thronsaal basierendes Wappen wie Mecklenburg-Schwerin. Dieses wurde bereits 1871 von Großherzog Friedrich Wilhelm genehmigt.[11] Es unterschied sich vom Wappen des Schweriner Landesteils nur geringfügig: Im Feld des Fürstentums Ratzeburg ruhte die Krone nicht auf, sondern schwebte über dem Kreuz; der Stargarder Arm kam nicht aus dem Schildrand, sondern aus einer Wolke und das ihn umschlingende Band erschien bereits am Rand des Puffärmels. Andere Unterschiede betrafen das Beiwerk im Vollwappen: Der mecklenburgische Helm trug eine andere Krone, die Tinkturen der Pfähle, hinter denen der Stierkopf ohne Schild lag, waren anders, der schildhaltende Stier zeigte nicht die Zunge, und der Greif trug seinen Schweif zwischen den Beinen geschlagen, Ordenskette und Spruchband fehlten, und der Baldachin war nicht ornamentiert.

Nach der Novemberrevolution distanzierte man sich auch heraldisch sehr schnell vom größeren Nachbarn Mecklenburg-Schwerin und entwarf ein völlig neues Wappen: Gespalten und halbgeteilt von Blau, Gold und Rot. In Blau der Stargarder Burgturm[12], in Gold der mecklenburgische Stierkopf – im Gesetz Büffel genannt – jedoch ohne Krone, in Rot das Ratzeburger Kreuz – ebenfalls ohne Krone[13].

Mit der Begründung, daß diese Zeichnung nur ein skizzenhafter Entwurf sei[14], wurde bereits am 30. Januar 1922 eine weitere Bekanntmachung veröffentlicht, die

10 Grundlegende Literatur: Wie Anm. 2.

11 Teske: Das Wappen des Großherzoglichen Hauses Mecklenburg in geschichtlicher Entwicklung (wie Anm. 2). Dieser Vorgang konnte in den Akten des Landeshauptarchivs Schwerin jedoch nicht ermittelt werden. Unzweifelhaft ist allerdings, daß bereits vor 1920 ein Landeswappen von Mecklenburg-Strelitz geführt wurde, was zahlreiche Bitten um Genehmigung seiner Verwendung und die Rede vom *„neuen"* Wappen in den Akten des Staatsministeriums aus dem Jahr 1920 belegen (LHAS, 4.12-2/1 Mecklenburg-Strelitzsches Staatsministerium, Nr. 490 Anfertigung von Siegeln und Stempeln mit dem neuen Landeswappen, 1895–1934).

12 Außer den Farben für die drei Felder wurden keine Angaben zur Tingierung gemacht. Es ist aber davon auszugehen, daß der Büffel und das Kreuz in ihren überlieferten Farben – also Schwarz und Silber – dargestellt werden sollten. Im Farbdruck des Mecklenburg-Strelitzschen Amtlichen Anzeigers erschien der Büffelkopf aber als fast weiß und der Turm blaß-rosa (vgl. Mecklenburg-Strelitzscher Amtlicher Anzeiger 1921, Nr. 12, S. 127). Nach Buske (wie Anm. 2) sollte *„auf blauem Grund in Silber"* der Turm der Burg Stargard gezeigt werden. Das ist jedoch nicht richtig. Der Turm sollte Rot werden und damit unheraldisch auf Blau liegen. Der am 24. März 1920 zur Begründung des Gesetzentwurfs in den Mecklenburg-Strelitzer Landtag geholte Archivrat Dr. Hans Witte sprach von technischen Schwierigkeiten, *„die Turmfarbe, das Ziegelrot"* auf das Papier zu bringen, denn *„dieses streubt sich hartnäckig, Farbe anzunehmen"* (LHAS, 4.12-1 Mecklenburg-Strelitzscher Landtag, Nr. 102 Verhandlungen des Landtages von Mecklenburg-Strelitz, 1919–1920, Sp. 2053). In den überlieferten Landtagsunterlagen befindet sich noch die *„schauderhaft buntscheckige"* (Witte, ebenda) Vervielfältigung des Wappens (LHAS, 4.12-1 Mecklenburg-Strelitzer Landtag, Nr. 199 Einführung eines Landeswappens für den Freistaat Mecklenburg-Strelitz, 1920), ebenso mehrere Exemplare mit dem roten Turm in Blau in der Akte des Staatsministeriums zur Umsetzung des Landtagsbeschlusses (LHAS, 4.12-2/1 Mecklenburg-Strelitzsches Staatsministerium, Nr. 490 Anfertigung von Siegeln und Stempeln mit dem neuen Landeswappen, 1895–1934).

13 Vgl. Mecklenburg-Strelitzscher Amtlicher Anzeiger 1921, S. 127. Ursprünglich sollte der Schild halbgeteilt und gespaltet werden, in der Beratung entschlossen sich jedoch die Abgeordneten für die Vertauschung der beiden Schildseiten und beschlossen mit dieser Änderung das Wappen in erster Lesung (LHAS, 4.12-1 Mecklenburg-Strelitzscher Landtag, Nr. 102 Verhandlungen des Landtages von Mecklenburg-Strelitz, 1919–1920, Sp. 2053).

14 Diese Begründung stellt die Tatsachen recht verharmlosend dar. Das vom Landtag beschlossene Wappen wurde dagegen nachträglich vom HEROLD begutachtet und von diesem in einem Schreiben vom 25. Mai 1921 als *„in heraldischer Beziehung verfehlt und größtenteils falsch"* bezeichnet (LHAS,

bei gleicher Teilung des Schildes, allerdings *„auf abgeänderter Schildform die in der Bekanntmachung vom 6. Januar 1921 bezeichneten Symbole in den daselbst angegebenen Landesfarben zeigt und außerdem von einem Spruchband mit der Inschrift ‚Freistaat Mecklenburg-Strelitz' umgeben ist"*[15]. Außer der neuen Schildform fällt auf, daß der Büffelkopf völlig anders gezeichnet und daß das griechische durch ein lateinisches Kreuz ersetzt wurde. Dieses Wappen war bis zur Vereinigung beider Mecklenburg im Jahre 1934[16] in Gebrauch. Unter den zahlreichen Schweriner Gesetzen, Verordnungen und Verwaltungsvorschriften, deren Gültigkeit auf den Strelitzer Landesteil unter gleichzeitiger Außerkraftsetzung dortiger bisheriger Bestimmungen ausgedehnt wurde, befand sich auch das Gesetz vom 15. Dezember 1921 über das Staatswappen, die Dienstsiegel und die Dienststempel: Mit dem 25. Januar 1934 ging das Wappen des Schweriner Landesteils auch auf den Strelitzer Landesteil über[17]. Aber auch diesem Wappen des nun lediglich als „Mecklenburg" bezeichneten Freistaates war keine lange Zukunft beschieden.

Preußische Provinz Pommern[18]

Vorpommern hat als Teil Pommerns nie ein eigenes Wappen besessen. Das Symbol Pommerns war stets der Greif. Seine erste Überlieferung als Wappentier findet sich bereits auf einem Reitersiegel Herzog Bogislaws II. aus dem Jahre 1214. In der Folgezeit wurde der Greif so populär, daß er zur Bezeichnung von Orten (Greifenberg,

4.12-2/1 Mecklenburg-Strelitzsches Staatsministerium, Nr. 490 Anfertigung von Siegeln und Stempeln mit dem neuen Landeswappen, 1895–1934). Konkret wurde die Schildform (*„sie ist zu breit und zu niedrig und wirkt sehr unschön"*), die Darstellung des Turmes (er *„ist allen heraldischen Regeln entgegen realistisch gezeichnet, er muss stylisiert sein"*), seine rötliche Farbe (sie *„ist keine heraldische Farbe"*) und der in der übersandten Vorlage Silber erscheinende Büffelkopf (er *„ist schwarz und nicht ... weiß [Silber]"*) bemängelt (ebenda). Der Berliner Heraldiker Gustav Adolf Cloß (1864–1938) fertigte daraufhin fünf neue Entwürfe, von denen einer unverändert als Anlage für die neue Bekanntmachung über das Wappen vom 23. Januar 1922 genutzt wurde: Gespalten und halbgeteilt von Blau, Gold und Rot. In Blau der silberne stilisierte Burgturm von Stargard, in Gold der schwarze mecklenburgische Büffelkopf ohne Krone und in Rot ein silbernes lateinisches Kreuz. Der Schild umschlossen von einem Band mit den Worten *„Freistaat Mecklenburg-Strelitz"* (ebenda).

15 Mecklenburg-Strelitzscher Amtlicher Anzeiger 1922, S. 30. Obwohl auch in dieser zweiten Bekanntmachung außer den mecklenburgischen Farben, die wiederum als Farben der drei Felder genutzt werden sollten, keine weiteren Hinweise auf die Tingierung der Symbole schriftlich fixiert sind – von einer Blasonierung kann man nicht im entferntesten sprechen – wurde der Stargarder Turm im Farbdruck nunmehr eindeutig in Silber ausgeführt und entsprach in Blau somit den heraldischen Farbregeln. Das Band um den Schild geht auf den Entwurf von Cloß zurück, der damit einer sehr zweifelhaften Empfehlung der Gutachter des HEROLD (Erster Vorsitzender von Bardeleben und Schriftführer Lignitz) gefolgt war, die meinten, es sei *„empfehlenswert, namentlich auch um Missverständnisse und Verwechslungen zu vermeiden, den Namen des Wappeninhabers ... in deutlich sichtbarer Weise am Wappen anzubringen..."* (LHAS, 4.12-2/1 Mecklenburg-Strelitzsches Staatsministerium, Nr. 490 Anfertigung von Siegeln und Stempeln mit dem neuen Landeswappen, 1895–1934).

16 Regierungsblatt für Mecklenburg-Schwerin 1933, S. 285.

17 Regierungsblatt für Mecklenburg 1934, S. 33 ff.

18 Grundlegende Literatur: Theodor Pyl: Die Entwicklung des pommerschen Wappens. Greifswald 1894. 229 S. – Das Wappen der Provinz Pommern. In: Heraldische Mitteilungen 7 (1896), S. 45. – Gustav Adolf Cloß: Das pommersche Wappen. In: Pommersche Heimatpflege 2 (1931), S. 125–134. – Fritz Curschmann: Das pommersche Wappen. In: Unser Pommernland 22 (1937), S. 11–17, 166. – Hans Joachim von Brockhusen: Wappen und Fahnen der Pommern: In: Pommern-Brief 1 (1949), S. 4. – Hans Heinrich Reclam: Der Greif, ein uraltes Wappentier: In: Pommern-Brief 1 (1949), Nr. 5, S. 4–5. – Hans Heinrich Reclam: Der pommersche Greif und wir Pommern. In: Heimat im Herzen. Hrsg. Karlheinz Gehrmann. Salzburg 1951, S. 293. – Hans Heinrich Reclam: Wie muß der pommersche Greif aussehen? In: Pommern-Brief 7 (1955), S. 271. – Henning v. Mellenthin:

Greifenhagen, Greifswald) diente und sogar auf das Herzogshaus überging, das als „*Greifengeschlecht*" bezeichnet wurde[19].

Die älteste Beschreibung des Wappens des Herzogtums Pommern-Stettin erfolgte 300 Jahre später im Wappenprivileg Kaiser Karls V. vom 18. Mai 1521. „*Dort erscheint im blauen Schild ein aufgerichteter roter Greif mit goldener Bewehrung, aufgeworfenem Schweif, offenem Schnabel und ausgeschlagener Zunge*" [20]. Danach existierten hinsichtlich der Haltung und Tingierung des Greifen verschiedenartigste Varianten.

Schließlich fand der Greif Aufnahme in das Wappen des Königs von Preußen. Entsprechend der amtlichen Beschreibung im großen (Feld 10) und dem der Entwicklung der Provinzialwappen zugrunde gelegten mittleren (Feld 8) Staatswappen von Preußen wurde das Wappen der Provinz Pommern durch Allerhöchsten Erlaß des Königs von Preußen vom 22. September 1880 endgültig festgelegt:

„*Das größere Wappen der Provinz Pommern sah demnach wie folgt aus: in Silber der aufrechte goldbewehrte rote Greif, auf dem oberen Schildrand ein mit einer Blätterkrone gekrönter offener Turnierhelm mit silbernen und roten Helmdecken, aus dem ein Pfauenstoß als Helmzier hervorgeht. Es gibt zwei Schildhalter, rechts einen mit Eichenlaub bekränzten wilden Mann, links einen geharnischten Ritter, der auf dem geschlossenen Helme einen Federschmuck in den Provinzfarben Blau-Silber und über der rechten Schulter nach der linken Hüfte eine schwarz-weiße Schärpe, das preußische Feldzeichen trägt. Jeder der beiden Schildhalter führt eine goldbeschaftete und goldbefranste Standarte mit silbernem Fahnentuch, deren rechte den preußischen Adler, deren linke den pommerschen Greifen trägt.*

Bei dem mittleren Wappen ruhte auf dem Schild die goldene Herzogskrone mit drei Bügeln und vollem roten Samtfutter. –

Das kleinere Wappen der Provinz, das eigentlich kein Wappen war, sondern vielmehr ein Hoheitszeichen, bestand aus dem freischwebenden schwarzen preußischen Adler mit seinen monarchischen Attributen, dem auf die Brust der silberne Wappenschild mit dem roten Greifen aufgelegt war"[21].

Die bei den Beiträgen zu den anderen Preußischen Provinzialwappen bereits beschriebene Inkonsequenz zwischen großem Staatswappen des Königreiches Preußen und den schließlich beschlossenen Wappen der Provinzen trifft auch auf Pommern zu.[22] Im ersteren sind die Herzogtümer Pommern, Wenden, Cassuben und das Fürstentum Rügen in den Feldern 10, 20, 21 und 30 vertreten. Die letzten drei genannten Territorien fanden im mittleren Wappen Preußens und damit im bestätigten Provinzialwappen keine Berücksichtigung mehr.

Entstehungszeit und Sinn des neunschildrigen Pommernwappens. In: Familie und Volk 8 (1959), S. 261–263. – Eva Näpflein: Das pommersche Wappen. In: Pommersches Heimatbuch. Hamburg 1960, S. 45–47. – Hans Heinrich Reclam: Pommern im Wappen und Titel der Hohenzollern. In: Baltische Studien NF 52 (1966), S. 57–64. – Hans Heinrich Reclam: Der Pommersche Greif. In: Pommern. Kunst, Geschichte, Volkstum 18 (1980), S. 4–10. – Ludwig Biewer: Die Geschichte des pommerschen Greifenwappens. Ein Beitrag zur Staatssymbolik in den neuen Bundesländern. In: Baltische Studien NF 79 (1993), S. 44–57. – Ludwig Biewer: 800 Jahre pommerscher Greif. In: Der Herold 38 (1995), S. 251–257.

19 Eine ausführliche Darstellung der Geschichte des Pommerschen Wappens bei: Biewer (wie Anm. 18), S. 44 ff.

20 Schreiben des Staatsarchivs Schwerin an die Landesregierung von Mecklenburg-Vorpommern – Staatskanzlei – vom 5. November 1990, Kopie im Besitz des Autors.

21 Zitiert nach Biewer (wie Anm. 18), S. 54.

22 Vgl. Karl-Heinz Steinbruch: Zur Geschichte der Staatsheraldik der Vorgängerterritorien der Länder der Bundesrepublik Deutschland. T. 2: Berlin und Brandenburg. In: Herold-Jahrbuch NF 8 (2003), S. 189–207, bes. S. 198–202.

Abb. 6: Großes Wappen der preußischen Provinz Pommern, 1880

Abb. 7: Großes Wappen der preußischen Provinz Pommern in reicherer Form, 1929

Abb. 8: Großes Wappen der preußischen Provinz Schleswig-Holstein, 1891

Abb. 9: Wappen der preußischen Provinz Schleswig-Holstein, 1928

Nach dem Ende der Monarchie verfügte der Preußische Minister des Innern am 18. August 1923 die Entfernung monarchischer Hoheitszeichen.[23] Die daraufhin erfolgten Veränderungen am Wappen der Provinz Pommern wurden durch das Preußische Staatsministerium für das große Wappen in reicherer Form und das kleine einfache Wappen am 14. Juni 1929 und für das große Wappen in einfacher Form am 4. Dezember 1929 bestätigt. Alle drei Wappen zeigen in Silber einen aufgerichteten roten Greifen mit goldener Bewehrung, offenem Schnabel, ausgeschlagener roter Zunge sowie aufgerichtetem roten Schweif.

Das große Wappen in reicherer Form ist mit dem größeren 1880 festgeschriebenen Wappen identisch. Lediglich sind dem preußischen Adler in der Standarte des einen Schildhalters die monarchischen Attribute genommen.[24] Dem großen Wappen in einfacher Form fehlen die Helmdecken, der Helm mit Krone, Adlerflügen und das große Zepter. Der Schild trägt statt dessen den Kurhut. Die Schildhalter halten keine Standarten in den Händen, sondern statt dessen der Wilde Mann eine Keule und der Ritter ein Schwert. Der Schild steht auf einer einfachen Konsole.[25] Das Wappen in der einfachen Form zeigt lediglich den beschriebenen Schild, dem jedes weitere heraldische Beiwerk fehlt.[26]

II. Schleswig-Holstein

Preußische Provinz Schleswig-Holstein[27]

Die heute noch das Bundesland Schleswig-Holstein repräsentierenden Symbole Löwen und Nesselblatt können bereits für das Mittelalter belegt werden und symbolisieren zwei das Land ursprünglich regierende Herrscherhäuser, die Herzöge von Schleswig und die Grafen von Holstein.

Die Herzöge von Schleswig entstammten einer Nebenlinie des dänischen Königshauses. Noch heute führt Dänemark als Wappen im goldenen mit neun roten Herzen

23 Vgl. Ministerialblatt für die Preußische Innere Verwaltung 1923, S. 875.

24 Ebenda. Vgl. auch die Abb. in: Geheimes Staatsarchiv Preußischer Kulturbesitz (im folgenden GStA PK), I. HA, Rep. 178, B2 Wappensachen, Nr. 337.

25 GStA PK, ebenda.

26 GStA PK, I. HA, Rep. 178, B2, Nr. 337 d.

27 Grundlegende Literatur: Wilhelm Ernst Christiani: Historische Betrachtung des holsteinischen Wappens. Kieler Programm 1778. – K. Heidberg: Schleswig-Holsteins Wappen, Fahnen und Farben. Schleswig 1845. 24 S. – Maximilian Gritzner: Das Wappen der Herzöge von Schleswig-Holstein. Berlin 1888 u. 1892. Als Ms. gedruckt. – Das Wappen der Provinz Schleswig-Holstein. In: Heraldische Mitteilungen 7 (1896), S. 65–66. – Adolf Matthias Hildebrand: Das Wappen von Schleswig-Holstein. In: Die Heimat. Monatsschrift des Vereins zur Pflege der Natur und Landeskunde in Schleswig-Holstein 19 (1909), S. 125–130. – L. Ahlmann: Das Wappen Schleswig-Holsteins. In: Die Heimat. Monatsschrift des Vereins zur Pflege der Natur und Landeskunde in Schleswig-Holstein 36 (1926), S. 232–233. – Heinrich Knochendörffer: Das Wappen Schleswig-Holsteins. In: Der Jungbauer 3 (1926), S. 5. – P. v. Hedemann-Heespen: Das schleswig-holsteinische Wappen. In: Der Jungbauer 3 (1926), Nr. 22. – L. B.: Noch einmal das Wappen Schleswig-Holsteins. In: Der Jungbauer 3 (1926), Nr. 26. – Walter Stephan: Das holsteinische Nesselblatt, seine Herkunft und Bedeutung. In: Zeitschrift der Gesellschaft für schleswig-holsteinische Geschichte 61 (1933), S. 1–15. – Walter Stephan: Das Wappen Schleswig-Holsteins. In: Der Schleswig-Holsteiner 15 (1934), S. 3–5. – August Geerkens: Die Löwen im Schleswig-Holsteinschen Wappen: In: Jahrbücher d. Nordfriesischen Inst. 8 (1962–62), S. 137–138. – Hedwig Sievert: Das Wappen Schleswig-Holsteins. In: Das Parlament 14 (1964), Nr. 2 u. 3. – Ottfried Neubecker: Varianten des Wappens der Herzöge von Schleswig-Holstein. In: Jahrbuch Kleeblatt 18/19 (1980/81), S. 140.

bestreuten Schild übereinander drei gekrönte blaue schreitende Löwen. Aus dem dänischen Wappen wurde das schleswiger abgeleitet. Um die Lehnsabhängigkeit Schleswigs von Dänemark auch im Wappen deutlich werden zu lassen, wurde das Wappen der Herzöge von Schleswig gemindert: ein Löwe und die Herzen wurden entfernt, den beiden verbliebenen und wie im dänischen Wappen nach rechts schreitenden Löwen wurden die Kronen genommen.

Ob die Grafen von Holstein aus dem Hause Schauenburg bereits ursprünglich ein stilisiertes Nesselblatt nach der schauenburgischen Burg „Netelenburg" im Wappen führten, oder das Blatt erst durch Fehldeutungen entstand, ist nicht ganz sicher. Wahrscheinlich ist aber, *„daß es sich bei dem Nesselblatt (...) um das Innenfeld eines gezackten roten Schildbeschlages handelt, wie ihn das Herrschergeschlecht der Schauenburger (Schaumburger) in seinem Siegel führte. (...) Um sich nun demonstrativ und gewissermaßen auch heraldisch augenfällig von den Gebietsansprüchen Dänemarks abzusetzen, das gleichfalls Rechte auf Holstein geltend machte, tauschten die Schauenburger, die bis dahin einen Löwen im Wappen geführt hatten, diesen gegen den gezackten Schildrand aus, dessen Innenfeld später zum ‚Nesselblatt' umgedeutet wurde, weil es einem Nesselblatt ähnlich sah"*.[28]

Diese als Nesselblatt gedeutete merkwürdige Form des silbernen Mittelfeldes wurde schon um 1300 zum eigentlichen Schildinhalt, im Laufe der Zeit jedoch verschieden interpretiert und entsprechend gestaltet. Erstmalig wurden Löwen und Nesselblatt um 1385 in einem Schild geführt, als die Schauenburger Schleswig und Holstein unter ihre Herrschaft brachten. Gerhard VI. von Schauenburg führte Löwen und Nesselblatt im gevierten Schild: 1 und 4 die beiden rechts gewendeten schleswiger Löwen, 2 und 3 das Nesselblatt für Holstein. Die gemeinsame Darstellung beider Territorien endete allerdings mit der Errichtung der Personalunion zwischen Dänemark, Schleswig und Holstein im Jahre 1460. Beide Herzogtümer wurden in der Folgezeit mit ihren Symbolen getrennt im großen dänischen Wappen geführt.

Erst während der Zeit der Erhebung von 1848 bis 1852 wurden wieder beide Bilder in einem Schild vereint. Im sehr kurzlebigen Staatsgrundgesetz für die Herzogtümer Schleswig-Holstein vom 15. September 1848 hieß es im Artikel 145: *„Das Staatswappen bilden zwei blaue Löwen im goldenen Felde und ein silbernes Nesselblatt im roten Felde"*[29].

Nach der Lösung der Schleswig-Holsteiner Frage wurden beide Herzogtümer 1867 als preußische Provinz Schleswig-Holstein zusammengefügt, zu der 1876 noch das Herzogtum Lauenburg unter Wahrung *„berechtigter Eigentümlichkeiten"*[30] gelegt wurde. Diese Eigentümlichkeiten bestanden darin, daß zwar das Herzogtum Lauenburg zur Provinz Schleswig-Holstein gehörte, aber eine eigene ständische Vertretung behielt. Durch Allerhöchste Kabinettsordre vom 28. September 1891 wurden wie zuvor für die anderen preußischen Provinzen auch für Schleswig-Holstein drei abgestufte Wappen festgelegt:

Das große Wappen der Provinz war gespalten: Vorn in Gold zwei blaue übereinander linksgerichtete rotgezungte Löwen, hinten in Rot ein von Silber und Rot geteilter Schild, der an beiden oberen Ecken und am unteren Rand von je einem silbernen mit

---

28 Klaus Kellmann: Schleswig-Holstein. In: Wappen und Flaggen der Bundesrepublik Deutschland und ihrer Länder. Hrsg. Bundeszentrale für politische Bildung. Bonn 1994.

29 Chronologische Sammlung der im Jahr 1848 ergangenen Gesetze, Verordnungen und Verfügungen für die Herzogtümer Schleswig-Holstein. Kiel 1849, S. 308.

30 Alexander Scharff: Schleswig-Holstein als Bundesland. In: Geschichte der deutschen Länder „Territorien-Ploetz". Bd. 2: Die deutschen Länder vom Wiener Kongreß bis zur Gegenwart. Würzburg 1971, S. 596.

der Spitze einwärts gekehrten Nagel, am oberen Rand und an beiden Seiten von je einem silbernen Nesselblatt begleitet ist.[31] Rechts und links vom Schild stehen die typischen Schildhalter der preußischen Provinzialwappen, lediglich durch einige wenige Details von denen anderer Provinzen zu unterscheiden.

Auch dieses Schleswig-Holsteiner Wappen wurde aus den Symbolen des den Namen der Provinz repräsentierenden Feldes des mittleren preußischen Staatswappens zusammengesetzt. Im großen preußischen Staatswappen befanden sich die Symbole der Herzogtümer Holstein, Schleswig und Lauenburg in den Feldern 12, 13 und 23, im für die Entwicklung der Provinzialwappen ausschlaggebenden mittleren Wappen gemeinsam auf dem 11. Feld: Dieses Feld des mittleren Wappens war durch eine eingebogene Spitze gespalten: Vorn das von Silber über Rot geteilte Schildchen mit dem Nesselblatt für Holstein, hinten die beiden blauen Löwen in Gold für Schleswig, unten im roten mit einer von Silber und Schwarz zu 12 gestückten Einfassung umgebenen Feld ein silberner Pferdekopf für das Herzogtum Lauenburg.

Bei der Erarbeitung des Provinzialwappens sollte nach Ansicht des preußischen Innenministers ursprünglich die Darstellung dieser drei historischen Gebiete der Provinz übernommen werden. Das Symbol des Herzogtums Lauenburg im Provinzialwappen mißfiel aber den Verantwortlichen in Kiel, und sie argumentierten, daß nach dem Gesetz über die Vereinigung des Herzogtums Lauenburg mit der Preußischen Monarchie[32] *„an dem provinzialständischen Verbande von Schleswig-Holstein das Herzogtum Lauenburg nicht teilnimmt“*[33], weshalb man auf das lauenburgische Symbol verzichten könne. Trotzdem verlangte der Innenminister die Vorlage des Wappenentwurfs mit dem Lauenburgischen Pferdekopf im Landtag, weil ansonsten *„der für die beabsichtigte Regelung der provinzialständischen Siegel leitende Grundsatz, als Hauptbestandteil derselben das Schild der betreffenden Provinz aus dem mittleren Königlichen Wappen (Allerhöchster Erlaß vom 16. August 1873 – GS S. 397) aufzunehmen, verlassen werde, wozu um so weniger hinreichende Veranlassung vorliegt, als der Kreis Herzogtum Lauenburg in staatlicher Beziehung zur Provinz Schleswig-Holstein gehört und überdies die Möglichkeit einer engeren Verbindung des Landes-Communal-Verbandes von Lauenburg mit dem provinzialständischen Verbande von Schleswig-Holstein im Laufe der Zeit nicht ausgeschlossen erscheint“.*[34]

Die Provinz jedoch blieb hartnäckig. Ein eingesetzter Ausschuß erarbeitete einen mehrseitigen Bericht, der als Strategiepapier anzusehen ist und in dem alle möglichen Varianten eines Provinzialwappens durchgespielt wurden[35]. An erster Stelle blieb aber die Forderung nach Verzicht auf das Lauenburgische Symbol. In seiner Sitzung vom 22. August 1878 schloß sich der Provinziallandtag dem Ausschuß an, worauf das Innenministerium in Berlin die Angelegenheit auf Eis legte und vor einer Entscheidung die in Aussicht stehende Revision der Landesverfassung abwarten wollte.

Erst 1891 wurde die Wappenfrage wieder aufgenommen: Nachdem das Heroldsamt die Blasonierung vorgenommen hatte, verlieh der Kaiser Schleswig-Holstein das beschriebene Wappen. Die Provinz hatte sich durchgesetzt. Gegenüber der Darstel-

---

31 Vgl. Das Wappen der Provinz Schleswig-Holstein (wie Anm. 27). – Siehe auch Ströhl (Hugo Gerard Ströhl: Deutsche Wappenrolle. Stuttgart 1897 [ND Braunschweig 1999 und Frechen 2006]), S. 17 f.

32 Gesetz-Sammlung für die Königlichen Preußischen Staaten 1876, S. 169 ff.

33 Der Oberpräsident an den Minister des Innern vom 8. Juli 1878 – Landesarchiv Schleswig-Holstein, Abt. 301, Nr. 4907.

34 Ebenda.

35 Ebenda.

lung im Feld 11 im mittleren Wappen wurden beim Provinzialwappen entsprechend dem Bericht des Landtagsausschusses einige heraldische Verbesserungen vorgenommen. Zunächst wurden die Schleswiger Löwen in die vornehmere vordere Stelle gesetzt, weil Schleswig bereits 1115, Holstein jedoch erst 1474 zum Herzogtum erhoben worden war. Um der heraldischen Courtoisie zu entsprechen, wurden die Wappentiere im vorderen Feld gedreht, damit die Löwen dem Holsteiner Nesselblatt nicht den Rücken zukehren. Beide Löwen erschienen seit dem 13./14. Jahrhundert stets rechtsgewendet, auch wenn sie mit dem Holsteiner Wappen in einem Schilde vereinigt waren. Lediglich im großen von ca. 1526–1532 geführten Reichssiegel König Friedrich I., das in kreisförmiger Anordnung die Schilde mit dem Wappen der einzelnen Landesteile zur Darstellung brachte, waren diese Löwen linksgewendet.[36]

Leider wurde die unschöne Gestaltung des Nesselblattes in den preußischen Staatswappen beim ersten Provinzialwappen beibehalten. Diese ging darauf zurück, daß zeitweise dessen drei Eckzacken als Nägel Christi angesprochen, entsprechend gezeichnet und dabei der Zackenrand in drei Teile zerschnitten wurde. Noch heute ist diese Form der Darstellung des Nesselblattes in älteren Stadtwappen zu sehen.

Die Gestaltung des Oberwappens und der Schildhalter entsprach der der anderen preußischen Provinzialwappen. Das mittlere Provinzialwappen war dem großen ähnlich und unterschied sich von diesem nur durch andere Schildhalter und den Herzogshut auf dem Schild. Nur durch das heraldische Beiwerk im großen und mittleren Wappen, das Oberwappen und die Schildhalter war am Provinzialwappen von Schleswig-Holstein die Zugehörigkeit zu Preußen sichtbar.

Das kleine Wappen schließlich entsprach der üblichen Schablone und zeigte den preußischen Adler mit dem aufgelegten Brustschild mit dem Schleswig-Holsteinschen Wappen. In dieser Form waren die Wappen bis in die zwanziger Jahre des vorigen Jahrhunderts in Gebrauch.

Eine Variante des Provinzialwappens, bei der in der Mitte des Wappens oben[37] ein Keil mit dem silbernen Pferdekopf für Lauenburg eingefügt gewesen sein soll, beschreibt zwar Klaus Kellmann[38], was aber nicht zutrifft. Es ist auch unrichtig, wenn er schreibt, daß das Provinzialwappen dem preußischen Staatswappen zugefügt worden sei. Das Gegenteil ist richtig, denn die Symbolik des Provinzialwappens, bestehend aus den Wappen beider der Provinz ihren Namen gebenden Herzogtümer, wurde wie bei den anderen Provinzialwappen dem mittleren preußischen Staatswappen entnommen.

Auch das vom Landesarchiv Schleswig verbreitete Informationsblatt zu den Hoheitszeichen des Landes Schleswig-Holstein enthält einen Irrtum, wenn es darin heißt: *„Anders als der Provinzialverband führte die preußische Provinz Schleswig-Holstein zusätzlich den Pferdekopf des Herzogtums Lauenburg im Wappen (als Teil des preußischen Staatswappens). Der Unterschied ist dadurch begründet, daß Lauenburg einen eigenen Kommunalverband bildete“*[39].

Eine Ursache für diese Mißverständnisse liegen im unsachgemäßen Umgang mit der Provinzialsymbolik in der Provinz selbst: Auf den jährlichen Handbüchern für Schleswig-Holstein wurde ein Wappen mit einer unten eingebogenen Spitze und dem Lauenburger Pferdekopf auf dem Titelblatt dargestellt, während eine Blasonierung im

36 GStA PK, I. HA, Rep. 178, B2, Nr. 380 a.
37 Ein Wappen mit einem silbernen Pferdekopf in einem Keil konnte nicht nachgewiesen werden.
38 Kellmann (wie Anm. 28).
39 Landesarchiv Schleswig-Holstein. Die Hoheitszeichen des Landes Schleswig-Holstein. – Freundliche Auskunft von Herrn Dr. Martin Reißmann vom Landesarchiv Schleswig-Holstein vom 15. Dezember 1995 (AZ 3758/95).

Innern dieser Bücher das Provinzialwappen richtig beschrieb. Dieser Blasonierung folgte der Zusatz, daß *„das hergebrachte Lauenburgische Wappen – ein silberner Pferdekopf im roten Felde – (...) mit der Maßgabe beibehalten worden (ist), daß das rote Feld mit einer schwarzen und weißen Umsäumung versehen ist (Offiz. Wochenbl. 1867, Nr. 25)"*.[40]

Nach dem Ende der Monarchie und den damit notwendig gewordenen Veränderungen der staatlichen Hoheitszeichen erfolgte nach langer Diskussion die letzte Bestätigung der Wappen der preußischen Provinz Schleswig-Holstein am 30. Juli 1928 durch das preußische Staatsministerium, nachdem am 13. März 1928 der 68. Schleswig-Holsteiner Provinziallandtag dem vom Provinzialauschuß vorgelegten Entwurf eines veränderten Provinzialwappens seine Zustimmung erteilt hatte. Das neu bestätigte Wappen war von Gold und Rot gespalten: Vorn zwei nach links schreitende blaue Löwen, hinten das silberne Nesselblatt.

„Abgesehen von der Fortlassung der nicht wesentlich zu dem Wappen gehörenden Helmkleinode und Schildhalter schließt sich der vorliegende Entwurf in der Anordnung der Wappen in dem gespaltenen Schild an die bisherige Darstellung an. Da Schleswig das ältere Herzogtum ist, steht sein Wappen, zwei blaue, rotbezungte Löwen auf goldenem Grunde, mit Recht in der vorderen Hälfte. (...)

Das in der hinteren Hälfte dargestellte Wappen von Holstein weicht in der Gestaltung des Nesselblattes von der bisher geführten Form ab. Obgleich das von dem Freiherrn von Mirbach 1890 veröffentlichte Hauswappen der Kaiserin Auguste Viktoria das holsteinische Nesselblatt bereits in der alten, auf einen gezackten Schildrand zurückgehenden, richtigen Form wiedergegeben hatte, hat das 1891 der Provinzialverwaltung amtlich verliehene Wappen die vollkommen entstellte, späte Form desselben wieder aufgenommen, in der das Nesselblatt durch den aufgelegten, ganz unheraldischen, rotweißen Herzschild in 7 Teile zerschnitten erscheint. Es ist außerordentlich dankenswert, daß der jetzt vorliegende Entwurf endlich diesen Mangel beseitigt, indem er auf diejenigen Formen zurückgreift, in denen das Nesselblatt auf Schauenburger Siegeln des 13. und 14. Jahrhunderts erscheint. In der Regel ist die Zahl der Blattzacken zwar so verteilt, daß zwischen den länger ausgezogenen Eckzacken oben 3 und an den Seiten je 4 Zacken stehen. Doch ist das keineswegs unbedingt erforderlich; Abweichungen, wie sie die Gestalt des Schildes oder Fahnentuches bedingte, sind auch auf mittelalterlichen Siegeln des 13. und 14. Jh. gar nicht selten. Wenn in dem vorliegenden Entwurfe daher oben 2 und an den Seiten 3 Zacken stehen, so ist das vom heraldisch-historischen Gesichtspunkte aus jedenfalls, nach den hier vorliegenden Unterlagen, nicht zu beanstanden."[41]

Die Aufnahme von Symbolen des Kreises Herzogtum Lauenburg kam auch bei diesem Wappen nach Ansicht der Provinzialverwaltung nicht in Frage, da ihr dieser Kreis nicht unterstand.[42]

Mit diesem Wappen wurde auf jegliche Symbolisierung der Zugehörigkeit der Provinz zu Preußen verzichtet. In seiner Stellungnahme zu diesem Wappen an das Preußische Geheime Staatsarchiv in Dahlem vom 17. April 1928 hatte das Staatsarchiv in

40 Handbuch für die Provinz Schleswig-Holstein. Kiel 1929, S. 7.

41 GStA PK, I. HA, Rep. 178, B2, Nr. 380 a.

42 Ebenda. Auch die am 1. April 1937 in die Provinz Schleswig-Holstein eingegliederte Freie und Hansestadt Lübeck fand mit ihrer Symbolik keine Aufnahme im Wappen von Schleswig-Holstein, obwohl dies immer wieder von Lübeck gefordert wurde. Noch 1982 startete die Zeitung „Lübecker Nachrichten" eine Aktion zur Aufnahme des Lübecker Hoheitszeichens in das Landeswappen und schlug eine ähnliche Schildteilung wie im Wappen von Nordrhein-Westfalen vor: Den lübischen Adler in einer eingebogenen Spitze des Landeswappens. Auf diesen Vorschlag reagierten 450 Leser – von ihnen knapp 400 mit Zustimmung.

Kiel selbstbewußt das Preußen repräsentierende heraldische Beiwerke recht abwertend als *„nicht wesentlich zu dem Wappen gehörend"*[43] bezeichnet. In einer nach erfolgter Einsicht in Akten des Heroldsamtes verfaßten Stellungnahme an den Oberpräsidenten vom 8. Mai 1928 ging man zwar näher darauf ein, urteilte zunächst mit den gleichen Worten, um dann zurückhaltend festzustellen: *„Ob auf eine solche Beziehung jetzt verzichtet wird, ist eine Frage staatspolitischen Charakters und liegt außerhalb der auf das eigentlich heraldisch-historische Gebiet begrenzten Zuständigkeit des Staatsarchivs"*[44].

Gegen den Wappenentwurf hatte das Geheime Staatsarchiv in Dahlem prinzipiell nichts einzuwenden, gab aber zu bedenken: *„Soll die Zugehörigkeit der Provinz zum preußischen Staate im Wappen zum Ausdruck gebracht werden, was wir für (...) wünschenswert halten, so könnte dies entweder durch Hinzufügung eines Schildhaupts mit dem preußischen Adler geschehen (vgl. das Wappen der Rheinprovinz und der Provinz Sachsen) oder in der Form, die bei dem Wappen der Provinz Hannover gemacht worden ist, wo man die bisherige Ausstattung nach Beseitigung der auf die frühere Staatsform hinweisenden Bestandteile einfach beibehalten hat (vgl. Staatshandbuch 1928, S. 9)."*[45] Diese Empfehlungen aber wurden von den Verantwortlichen in der Provinz ignoriert, womit das Schleswig-Holsteinsche Provinzialwappen mit dem 1927 beschlossenen Wappen der Provinz Hessen-Nassau das einzige unter den in den zwanziger Jahren des vorigen Jahrhunderts geänderten Provinzialwappen darstellt, in dem kein Bezug zum Staat Preußen sichtbar ist.

Bildnachweis: Teske: Die Wappen des Großherzoglichen Hauses Mecklenburg ... (wie Anm. 2): 1, 2. – Regierungsblatt (wie Anm. 8): 3. – Mecklenburg-Strelitzscher Amtlicher Anzeiger (wie Anm. 13): 4. – Mecklenburg-Strelitzscher Amtlicher Anzeiger (wie Anm. 15): 5. – Ströhl (wie Anm. 31): 6, 8. – Handbuch über den Preußischen Staat. 139. Jg. Berlin o. J.: 7, 9.

Für die Bearbeitung einzelner Wappenabbildungen danke ich Herrn Falk Koop, Schwerin.

43 Ebenda.
44 Ebenda.
45 Ebenda.

Buchbesprechungen

Adel in Sachsen-Anhalt. Höfische Kultur zwischen Repräsentation, Unternehmertum und Familie. Eva Labouvie (Hg.). Köln/Weimar/Wien: Böhlau, 2007. VI, 366 S. ISBN 978-3-412-12906-4.

Prinzipiell ist es zu begrüßen, dass sich mit diesem Band wiederum ein Werk der adligen Gesellschaft in Sachsen-Anhalt widmet. Das Buch basiert auf den Ergebnissen eines Hauptseminars, welches Frau Labouvie an der Otto-von-Guericke-Universität Magdeburg zur höfischen Kultur und adligen Lebenswelt in Sachsen-Anhalt durchführte. Es vereinigt Beiträge von Studierenden und Wissenschaftlern und Wissenschaftlerinnen. Der Titel ist hierbei vielleicht etwas irreführend. Die dargebotenen Forschungsergebnisse beschränken sich nämlich mitnichten auf den Raum des heutigen Bundeslandes Sachsen-Anhalt, sondern greifen oft über dessen Grenzen hinaus. Dieses Problem spricht die Herausgeberin auch in der Einleitung explizit an (S. 2 f). Somit fragt es sich, ob der Titel eindeutig den Raum kennzeichnet, der hier die Grundlage der Betrachtung darstellen soll und nicht eventuell der Begriff Mitteldeutschland eine zweckmäßigere Begrenzung geliefert hätte.

Ein wichtiger Beweggrund für die Beschäftigung mit der lokal verorteten Adelsgeschichte wird von der Herausgeberin in der notwendigen Aufarbeitung der Adelsgeschichte in den neuen Bundesländern und der allgemeinen Erforschung von Eliten in neuerer Zeit gesehen. In der DDR fanden Forschungsansätze mit solchen Bezügen kaum Beachtung. In knappen Sätzen umreißt Labouvie in der Einleitung u.a. den Entwicklungsstand der Adelsforschung für Sachsen-Anhalt. Die hier vereinigten Beiträge sind weniger den politischen, sozialen und wirtschaftlichen Prämissen verpflichtet als vielmehr im regionalen und mikrohistorischen Raum, um die Innenansichten der unterschiedlichen Träger der Adelskultur freizulegen. Differenzierte Ansichten der adligen und höfischen Lebensweise werden aus der Sicht der handelnden Akteure, häufig basierend auf intensiven Quellenrecherchen, erschlossen und dargelegt. Nicht die unterschiedlichen territorialstaatlichen Herrschaftsaspekte stehen im Mittelpunkt der Arbeiten, sondern in der Hauptsache die differenzierten Lebensweisen und sozialen Netzwerke. Da es dabei verstärkt um Beziehungs- und Handlungskulturen geht, wird der geographische Raum des heutigen Landes Sachsen-Anhalt schnell zu klein, die Grenzen werden überschritten und es eröffnen sich hiermit neue Beziehungshorizonte zu den Lebenswelten der benachbarten Territorien. Weit gesteckt ist der zeitliche Rahmen, der sich vom 15. bis zum 19. Jahrhundert erstreckt. Aufgrund der interdisziplinären Ausrichtung des Buches, z.B. arbeiteten Vertreter und Vertreterinnen der historischen, militärhistorischen, germanistischen und medizinhistorischen Bereiche sowie der Geschlechterforschung mit, kann der Band aus historischer Sicht und auch besonders wegen seines theoretisch-methodischen Ansatzes, als etwas durchaus Neues für die behandelte Region gelten. Mit dieser Ausrichtung der Beiträge, verstanden als punktuelle Annäherung an die regionale Lebenswelt eines möglichst breitgefächerten Spektrums von adliger Kultur, wird aus historisch-anthropologischer Sicht der Blick auf die handelnden Akteure gerichtet. Adelsforschung wird als Adelskulturforschung verstanden, in dem die adlige Welt als ein außergewöhnlicher kultureller Lebens- und Handlungsraum verstanden wird.

Inhaltlich wurden die aufgenommenen Aufsätze in drei große Abteilungen untergliedert. Die erste Gruppe beschäftigt sich mit adligen Lebenswelten. Eine gesonderte Separierung untergliedert nochmals vier Beiträge unter der Teilüberschrift Frauenkulturen und zwei weitere unter der Rubrik Männerkulturen. In der ersten Teilgruppe geht es verstärkt um Trennungs- und Scheidungsprozesse innerhalb der höfischen Gesellschaft, um den adligen Witwenstand sowie bürgerliche Gattinnen. Die Kavalierstouren und der Militärdienst sind dann der zweiten Rubrik vorbehalten. In der zweiten Abteilung geht es um die Repräsentation und Festigung von Herrschaft. Hierbei widmen sich die drei Beiträge schwerpunktmäßig den adligen Erinnerungskulturen, Geburten und Tauffesten sowie der Rolle des höfischen Balletts.

Die Aufsätze des letzten Teils werden durch die Überschrift Wirtschaft und Unternehmertum miteinander verbunden. Die ersten beiden Beiträge beschäftigen sich mit Standesherren als Unternehmern in der Frühen Neuzeit. Hingegen widmet sich der letzte Artikel der wirtschaftlichen Tätigkeit und den aufgezeigten Folgen bei einer nobilitierten Familie. Neben der regionalen Verortung besteht ein großes verbindendes Band der Beiträge in der Unterstreichung der Bedeutung von Ehe, Familie und individuellen Lebenssituationen. Unschwer ist schon aus der Gruppierung und der Aufteilung der Texte der ersten Abteilung abzulesen, dass es bei der Abwägung der Beiträge verstärkt um geschlechtspezifische Forschungsansätze geht. Zahlreiche Abbildungen bilden eine willkommene Ergänzung der Ausführungen.

Eine umfangreiche und gut recherchierte Auswahlbiliographie bildet den Schluß des Bandes. Abgesehen von einigen kleineren Ungereimtheiten, die nicht recht zum guten Gesamtbild passen wollen, so z.B. werden in dem einzigen englischsprachigen Beitrag die Bildunterschriften auf Deutsch gegeben, kann das Erscheinen des Buches nur begrüßt werden. Neben seiner Qualität auf Grund der inhaltlichen Fülle des ausgebreiteten Materials mag er eventuell wegen des aktuellen Forschungsinteresses zu einer verstärkten Auseinandersetzung mit höfischen Lebenswelten und adligen Kulturen innerhalb Sachsen-Anhalts anregen. *Eberhard Borrmann*

Karl Borchardt: Patrizier und Ehrbare. Die Wappen im Geschlechterbuch des Johann Friedrich Christoph Schrag (1703–1780) zu Rothenburg ob der Tauber. Unter Mitarbeit von Hellmuth Möhring. Insingen: Bauer & Raspe, 2007. 208 S., 402 farbige und 1 s/w-Abb. (J. Siebmacher's Großes Wappenbuch. Die Familienwappen deutscher Landschaften und Regionen, Bd. 3). ISBN 978-3-87947-117-1.

Wer sich aus privaten oder beruflich-wissenschaftlichen Gründen besonders für die Geschichte der ehemaligen Reichsstädte interessiert, wird im Stadtarchiv Rothenburg ob der Tauber dankbar das berühmte „Schrag'sche Geschlechterbuch" in seine Forschungen einbeziehen. Ganz einfach deshalb, weil der um Rothenburg so verdiente Bürgermeister Johann Friedrich Christoph Schrag (1703–1780) nicht nur Mitte des 18. Jahrhunderts, also gegen Ende der souveränen Reichsstadtzeit, die gesellschaftlich führenden Geschlechter mit ihren Wappen und zusätzlichen familiengeschichtlichen Notizen erfasste, sondern gleichzeitig heraldische und genealogische Brücken zu anderen Reichsstädten und süddeutschen Macht- und Wirtschaftszentren schlug.

Mit anderen Worten: Manche Familien und ihre Wappen sind uns z. B. ebenso aus Nürnberg, Dinkelsbühl oder Heilbronn wohlbekannt, weil Eheschließungen und sonstige verwandtschaftliche Kontakte seit Jahrhunderten zwischen deren Führungsschichten üblich waren. Allerdings müssen wir anmerken, dass die pauschale Einordnung der (manchmal nur über zwei/drei Generationen) führenden Geschlechter in den unscharfen Sammelbegriff „Patrizier und Ehrbare" eine problematische Angelegenheit ist. Hier wären für den Laien kurze Erläuterungen hilfreich gewesen. Treffsicherer ist ohnehin die ansonsten gewählte Bezeichnung „ratsfähige Geschlechter", die auch besonders zuverlässig auf das Gesellschaftsgefüge der Reichsstadt Nürnberg passt, weil dort spätestens seit dem so genannten „Tanzstatut" von 1521 der Kreis der zugelassenen Familien und damit die politisch bestimmende Schicht drastisch und auch namentlich klar eingegrenzt wurde.

Exakt diesem Ziel sollte wohl auch das Geschlechterbuch von Bürgermeister Schrag dienen, das eben nicht sämtliche Familienwappen an Rothenburgs Gebäuden, auf Grabdenkmälern etc. oder des Umlandes erfassen wollte, sondern vornehmlich jene durchaus stattliche Zahl der im 18. Jahrhundert in Rothenburg gesellschaftlich relevanten Familien und der mit ihnen verwandten Geschlechter (die z. T. mit Rothenburg gar nichts zu tun hatten). Sein Werk ist somit zu einem einzigartigen heraldischen und genealogischen Who Is Who geworden: Wer darin aufgeführt war, gehörte nachweislich zu Rothenburgs standesgemäßem Heiratskreis, natürlich auch die ursprünglich aus der Straßburger Oberschicht stammende Familie Schrag selber. Gleichsam als Beleg hat Schrag mehrere Familien aus dieser Stadt in sein Buch aufgenommen. Dass andererseits manche der für Rothenburgs mittelalterliche Geschichte wichtigen Familien – einige Adelsgeschlechter eingeschlossen – gar nicht (u .a. weil damals längst ausgestorben) oder nur am Rande aufgeführt wurden (wie die bekannte, frühzeitig nach Nürnberg abgewanderte Familie Toppler), wird dann eher verständlich.

Es ist dem Würzburger Historiker Professor Dr. Karl Borchardt zu danken, dass er dieses für die Forschung aus mehrfachen Gründen so wichtige zweibändige Geschlechterbuch von J. Fr. Chr. Schrag (dessen Original sich im Stadtarchiv Rothenburg befindet) nun in einem farbigen Nachdruck herausgegeben und die Wappenabbildungen kommentiert hat; wobei Dr. Hellmuth Möhring, der Leiter des Reichsstadtmuseums in Rothenburg ob der Tauber, die rund 400 Digitalaufnahmen aller (zumeist farbigen) Abbildungen der Schrag'schen Handschrift einbrachte: Jedem Wappen wurde neben der heraldisch korrekten Beschreibung auch der historische bzw. familiengeschichtliche Kontext hinzugefügt sowie (zum Vergleich) die Nennung von Fundstellen in anderen heraldischen Werken.

Eine hervorragende Hilfe für die Arbeit mit diesem Buch sind im Anhang die Auflistungen der Namen (einschließlich exponierter Persönlichkeiten, wie der Monarchen oder der Hofpfalzgrafen, soweit Wappenbriefe belegbar waren), der Herkunftsorte, der Berufe sowie aller in Schrags Wappenzeichnungen auftauchenden heraldischen Schildfiguren (mit Nennung der zugehörigen Familiennamen). Gerade der abschließende, umfangreiche „Index rerum: Heraldik" ist für die Forschung schon deshalb von unschätzbarem Wert, weil er beispielhaft (auch tradierte) Fehler aufzeigt und so fortan vermeiden hilft: Denn manche Farbangaben im Schragschen Original sind irritierend, ebenso einige Darstellungen bzw. die Bezeichnung der Schildfiguren. Schrags Werk wollte kein Musterbeispiel für heraldisch korrekte Wappenkunst sein; eine solche „Beurteilung" wäre auch absolut nachrangig gegenüber dem Reichtum der durch ihn uns überlieferten wappenkundlichen, genealogischen und familiengeschichtlichen Informationen aus Rothenburgs letztem Reichsstadt-Jahrhundert.

Karl Borchardt und Hellmuth Möhring haben mit der nun vorliegenden Edition den Aussagewert des seit Generationen von Forschern hochgeschätzten Schrag'schen Geschlechterbuchs um ein Vielfaches gesteigert und für künftige Forschungen ein solides Fundament geschaffen. Verleger Manfred Dreiss setzt damit seine renommierte Reihe der Ergänzungsbände zu Johann Siebmachers Großem Wappenbuch (nun als Band 3) auf gewohnt qualitativ hohem Niveau fort.

Eugen Schöler

Angelika G. Ellmann-Krüger/Dietrich Ellmann: Bibliographie zur deutsch-jüdischen Familienforschung und zur neueren Regional- und Lokalgeschichte der Juden. Wiesbaden: Harrassowitz, 2006. 1 CD, 54 S. Einführung. ISBN 978-3-447-05447-8.

In dem angesehenen Harrassowitz-Verlag erschien nicht etwa als Buch, sondern als CD eine Veröffentlichung, die sich für Recherchen im Bereich jüdischer Genealogie, Personen- oder Regionalgeschichte einen festen Platz in Bibliotheken, Archiven, bei genealogischen Vereinen und interessierten Genealogen sichern wird. Nahezu 32.000 Veröffentlichungen, dabei nicht nur Bücher, sondern auch Einzelbeiträge aus Zeitschriften, Zeitungen und Sammelwerken, werden auf dieser CD genannt, die im Wesentlichen den Zeitraum zwischen Judenemanzipation und Nationalsozialismus abdecken. Dazu gehören in erster Linie familien- und personenbezogene Veröffentlichungen, regionalhistorische Beiträge über Juden in Deutschland (und in Gebieten, die bis 1945 zu Deutschland gehörten), in Österreich, der Schweiz und im Elsaß. Ferner sind Publikationen aufgenommen, die sich mit der Emigration der Juden und ihrem Leben in den „Aufnahmeländern" befassen. Daneben stehen Beiträge über die Entwicklung der Rechtsstellung der Juden, zu ihrer Rolle in Wirtschaft, Politik, Wissenschaft, Kunst und Kultur, sowie zu ihren Lebensverhältnissen und ihrer Alltagsgeschichte. Ortsverzeichnisse und topographische Nachschlagewerke sind ebenfalls beigefügt.

Die Bibliographie entstand im Laufe vieler Jahre, in der die Autoren auf der Suche nach ihren eigenen jüdischen Wurzeln versuchten, die meist versteckt publizierten Quellen zur jüdischen Familien- und Personengeschichte zu ermitteln. Die CD richtet sich deswegen ausdrücklich an Familienforscher mit jüdischen Vorfahren und an Regionalhistoriker, die im Rahmen ihrer Arbeiten ehemaligen jüdischen Gemeinden und längst versunkenem jüdischem Leben nachspüren. Eine ungeahnte Fülle von Quellen tut sich hier auf, von der wohl jeder Forscher, der sich mit jüdischer Familiengeschichte beschäftigt, unbedingt profitieren wird.

Vor Beginn der Recherche sollte auf jeden Fall die umfangreiche (54 Seiten!) Einführung gelesen werden, die den Aufbau und die Systematik der Arbeit erläutert und in der sehr viele wertvolle inhaltliche Hilfestellungen stecken, aus denen die große Erfahrung der beiden Autoren spricht. Hier gibt es bereits Querverweise zu Themenbereichen innerhalb der CD, aber auch eine umfangreiche Link-Liste zu wichtigen Behörden und Institutionen, die mit jüdischer Geschichte befasst sind, und zwar rund um die ganze Welt. Eine besondere Namenliste zeigt beispielhaft die unendlich vielen Möglichkeiten eines Wechsels der Familiennamen auf, die einem Familienforscher mit jüdischen Vorfahren das Leben so schwer machen.

Die Datenbank verfügt über sieben Register, darunter Personenregister, Ortsregister, Sachregister, Stichwortregister, Verfasserregister und ein Register der Bibliotheken, in denen das jeweilige Buch oder der Artikel heute gefunden werden kann. Es gibt verschiedene Möglichkeiten, in der Datenbank zu recherchieren, über Kurz- bis zu Volltextversionen. Die Benutzung, im Prinzip einfach strukturiert, hat doch in der Praxis einige Tücken für ungeübte „Navigierer", die sich aber mit einiger Übung bald umschiffen lassen.

Auch wenn die CD mit fast 50 Euro sehr teuer erscheint, so dürfte ihr eigentlicher Wert diesen Preis bei weitem übersteigen. Jedem Familienforscher, der sich mit seiner eigenen jüdischen Vorfahrenschaft beschäftigt, jedem Regionalhistoriker, der sich in seinem Bereich mit jüdischer Geschichte zu befassen hat, aber auch jedem Historiker, der ein entsprechendes Thema tangiert, sei diese wertvolle Arbeit wärmstens empfohlen. Ihren jüdischen Verwandten, denen sie diese Arbeit widmeten, haben die Autoren damit ein unvergleichliches Denkmal gesetzt.

Felicitas Spring

Frank Göse: Rittergut – Garnison – Residenz. Studien zur Sozialstruktur und politischen Wirksamkeit des brandenburgischen Adels 1648–1763. Berlin: BWV Berliner Wissenschafts-Verlag, 2005. 556 S. (Veröffentlichungen des Brandenburgischen Landeshauptarchivs, Bd. 51). ISBN 3-8305-0874-3.

Als Frank Göse in den frühen neunziger Jahren mit den Recherchen für seine (im Wintersemester 2001/02 an der Universität Potsdam vorgelegte) Habilitationsschrift begann, verband sich im Verständnis vieler Ostdeutscher (auch mancher Historiker und nicht zuletzt vieler seiner Studenten) mit einem märkischen Adligen noch das ideologisch gefärbte DDR-Bild vom Junkertum, das auf riesigen Rittergütern die Bauern ausbeutete, das im Militär seine „natürliche" Berufung hatte und dem Staat der Hohenzollern als seine „unverhüllte Diktatur" diente. Natürlich musste sich Göse in seinem nun vorliegenden Grundsatzwerk zum brandenburgischen Adel partiell auch mit diesen Thesen auseinandersetzen. Es ist äußerst angenehm zu lesen, dass er sich nicht mit akademisch-ideologischer Schelte von einer DDR-Historikergeneration löst, mit deren Werken zur Geschichte der ländlichen Gesellschaft er selbst zunächst studieren und später an der Pädagogischen Hochschule Potsdam noch lehren musste. Göse widerlegt solche Behauptungen oder er lässt ideologisch bedingte Thesen einfach in ihren historischen „Sackgassen" stehen. Aber vor allem geht er konstruktiv mit wichtigen Ergebnissen der DDR-Geschichtswissenschaft um, indem er gerade Arbeiten von Lieselott Enders, Hartmut Harnisch, Gerhard Heitz oder Klaus Vetter als profunde Beiträge zur Geschichte der ländlichen Gesellschaft Brandenburgs begreift. Wo notwendig, relativiert er tradierte Auffassungen wie zum Beispiel das – übrigens auch von westdeutschen Historikern (Otto Büsch) – intendierte Bild der historischen Verflechtung von adligem Rittergutsbesitz und preußischem Militärdienst. Er stellt auf der Basis einer Auswertung von Vasallentabellen des 18. Jahrhunderts fest, dass es in Brandenburg-Preußen nicht zur Ausbildung eines „Militäradels" gekommen sei, worunter Göse eine aristokratische Schicht versteht, die sich getrennt von Boden und Besitz ausschließlich dem Soldatentum verschreibt (S. 231).

Der Leser ist beeindruckt, teilweise auch verblüfft, mit welcher Einfachheit und Klarheit sich der Autor von unterschiedlichen Seiten seinem Forschungsgegenstand nähert. Ausgehend von seiner Hauptfragestellung „wie sich die brandenburgische Ritterschaft den [...] veränderten politischen und wirtschaftlichen Rahmenbedingungen [im 17/18. Jahrhundert –

U.G.] anzupassen versuchte" (S. 23), verfolgt Göse die „raumbezogene Interessenpolitik des Adels" (S. 25), die im Spannungsfeld zu lavieren hatte zwischen der allgemeinen wirtschaftlichen Krise in der zweiten Hälfte des 17. Jahrhunderts, einer zunehmend erstarkenden Landesherrschaft, die den Adel ihren Interessen dienstbar zu machen suchte, und der sich durch die Erweiterungen der Hohenzollernmonarchie im 18. Jahrhundert vergrößernden Adelsgesellschaft, in der sich die brandenburgische Aristokratie zu behaupten hatte.

So wird zum Beispiel die besondere Rolle des Lehnswesens, das in der Vergangenheit eher als mittelalterliches Relikt angesehen wurde, detailliert für das 17./18. Jahrhundert betrachtet. Die Auswertung der Lehnsakten im Brandenburgischen Landeshauptarchiv in Potsdam bewies, dass der Lehnskanon für die Adelsfamilien eine besitzerhaltende und damit existenzsichernde Funktion hatte und dass gleichzeitig die Landesherren mit den Lehnsgesetzen in vielen Fällen disziplinierend auf die Vasallen einwirkten, oder diese für ihre Arrondierungspolitik nutzbar machten (S. 110 ff., S. 181).

Es ist hier nicht der Ort, die vielen Ergebnisse der Studie vorzustellen. Manche der aufgeworfenen Fragen sind dem Leser allerdings nicht unbekannt, denn Frank Göse ist während des Habilitationsverfahrens offen mit seinen Forschungen umgegangen und hat seine Thesen in Vorstudien, auf Tagungen und Kolloquien wiederholt zur Diskussion gestellt. Dem aufmerksamen Beobachter fiel schon in dieser Zeit auf, dass er neue Quellengruppen für seine Arbeit erschloss oder auch unterschiedliche methodische Ansätze aufnahm (z.B. anthropologische, Jan Peters u.a. / prosopografische, Peter Bahl), ohne aber durch ausgreifende Wiedergabe von Einzelbeispielen und -ergebnissen den Blick für das beabsichtigte Gesamtbild des märkischen Adels zu verlieren.

Die Studie besticht in der Zusammenführung vieler Untersuchungsfelder, so dass auf diese Weise ein umfassendes Bild vom Selbstverständnis des brandenburgischen Adels und von den Spannungsfeldern, in denen er sich in dieser Zeit bewegte, entsteht. Im ersten Kapitel beschäftigt sich Göse ausführlich mit der Sozialstruktur der Ritterschaft im Untersuchungszeitraum von der Krisenzeit nach dem Dreißigjährigen Krieg bis zur vollen Entfaltung des preußischen „Absolutismus", ehe er auf Strukturen und Handlungsmuster der Adelsfamilien zum Erhalt ihres Geschlechts eingeht (Kapitel 2), die „Partizipation" des brandenburgischen Adels in den ständischen Gremien untersucht (Kapitel 3) und sich schließlich den Verflechtungen von Adels- und Hofgesellschaft (Kapitel 4) bzw. sich dem konfessionellen Spagat vieler landesherrlicher Amtsträger zwischen ihrer Verankerung im lutherischen Land und ihren Funktionen am reformierten landesherrlichen Hof (Kapitel 5) zuwendet. Kurze thesenartige Zusammenfassungen am Ende jedes Kapitels erleichtern es dem Leser, die zuvor methodisch und quellenmäßig abgesicherten Befunde zu reflektieren und in das Gesamtbild des brandenburgischen Adels zu integrieren, das Göse von Kapitel zu Kapitel aufbaut. Im sechsten und letzten Kapitel stellt der Autor schließlich die Frage nach einem preußischen Sonderweg in der Adelsgeschichte, die in der Vergangenheit angesichts der nachdrücklichen Ausformung des brandenburg-preußischen „Absolutismus" aufgeworfen wurde (Gerhard Dilcher). Dazu hat Göse vergleichend Aspekte der Adelsgeschichte in Kursachsen, Kurhannover und Mecklenburg untersucht. Er stellt fest, dass sich die These vom Sonderweg des brandenburgischen Adels im Ancien Regime relativiert, wenn man die Probleme aus Sicht der Adelsfamilien und nicht aus der Perspektive der Landesherrschaft betrachtet. Dann werde erkennbar, dass die untersuchten Aspekte zum Schicksal des brandenburgischen Adels zumindest in Teilen auch auf Adelsgesellschaften in anderen nordostdeutschen Territorien übertragbar sind (S. 445).

Insgesamt ist es dem Autor gelungen, die in ihrer inhaltlichen und methodischen Gestaltung nach wie vor grundlegenden Arbeiten Peter-Michael Hahns zum brandenburgischen Adel im „langen 16. Jahrhundert" nicht nur für seinen Untersuchungszeitraum bis 1763 ergänzt, sondern das Herangehen an Adelsgeschichte inhaltlich, methodisch und quellenmäßig erheblich erweitert zu haben. Durch den Vergleich mit anderen Territorien gewinnt seine Untersuchung reichsgeschichtliche Bedeutung und kann auf diese Weise für die Erforschung regionaler Führungsgruppen in anderen Gebieten des Alten Reiches impulsgebend werden.

Udo Geiseler

Peter Häberle: Nationalflaggen. Bürgerdemokratische Identitätselemente und internationale Erkennungssymbole. Berlin: Duncker & Humblot, 2008. 230 S. ISBN 978-3-428-12802-0.

Der Verfasser versteht Verfassungslehre als Kulturwissenschaft und hat mit diesem Ansatz neben zahlreichen anderen Werken eine Trilogie über drei Identitätselemente verfasst, über Feiertage, Nationalhymnen und die hier angezeigte Betrachtung von Nationalflaggen. Er liefert zunächst eine Bestandsaufnahme der Nationalflaggen in Verfassungstexten von annähernd 200 Staaten in aller Welt sowie der deutschen und österreichischen Länder, wobei die entsprechenden Verfassungstitel zumeist im Wortlaut zitiert werden. Der Autor untersucht dabei den Rang, den die entsprechenden Artikel im Gefüge der Verfassungen einnehmen, und findet sie häufig weit vorn angesiedelt, zuweilen unmittelbar nach der Präambel. Dies wertet er als Beleg für die hohe identitätsstiftende Kraft der Flaggen-Artikel.

Sodann untersucht er die visuelle Gestaltung von Flaggen (und Wappen) unter ästhetischen Gesichtspunkten und bewertet sie recht unbefangen nach seinem persönlichen Geschmack, dem man beipflichten mag oder auch nicht. Es folgt ein kursorischer Blick auf die Verfassungswirklichkeit der Flaggenpraxis, bei der amtlicher Gebrauch in den Vordergrund rückt. Der Aktualität dient, dass der Verfasser als Quellen auch Zeitungsberichte heranzieht. Allerdings kann dies seine mangelnde Vertrautheit mit dem Flaggenwesen und jeglicher vexillologischer Literatur – jedenfalls wird außer fachlich dürftigen Zusammenstellungen fast keine erwähnt – nicht ausgleichen. So steht der liebenswerte kulturwissenschaftliche Ansatz des Autors auf einem schwachen Fakten-Fundament, das im übrigen vielerorts brüchig ist, weil auf falschen Annahmen beruhend.

Des Verfassers Meinung, dass etwa das vierfeldrige, aus historischen Wappenbildern zusammengesetzte saarländische Wappen das Zusammenwachsen fördere und Zustimmung verdiene (S. 23), hätte er bei näherer Kenntnis der Praxis, in diesem Fall der Rezeption des Wappens, die de facto nicht stattgefunden hat, wohl kaum geäußert. Das schwarz-rot-goldene Tuch der niedersächsischen Sachsenrossflagge ist kein „schönes Bekenntnis zu Deutschland als Bundesrepublik" (S. 24), sondern eine Verlegenheitslösung nach jahrelangem Streit um die Farben des aus vier Vorgängerländern mit eigenen Landesfarben zusammengefügten heutigen Bundeslandes. Die zwölf Sterne der Europaflagge sind keine „Erinnerung" an die „ersten Gründernationen" (S. 40), sondern in einem schwierigen politischen Kompromiss zustandegekommen. Bizarr ist die vermeintliche Kontinuität mit der Sozialistischen Republik bei der tschechischen Flagge (S. 51 f.) – diese besteht vielmehr seit der Gründung der Tschechoslowakei 1918/20. Orange als Farbe des irischen Freiheitskampfes gegen Großbritannien (S. 117) ist historisch falsch. Grönland hat nie Eisberge (S. 115) in der Flagge geführt. Die Deutung des Kantonswappens von St. Gallen als „Anspielung auf die wohlstandschaffende Tuchindustrie" (S. 119) ist Unsinn. Ein „deutsch-deutscher Flaggenstreit 1989/90" (S. 111) fand nicht statt, wohl aber zwischen 1919 und 1933. Die pan-afrikanischen Farben sind nicht „Schwarz, Gelb und Grün, auch Rot" (S. 210), sondern Grün-Gelb-Rot; in den zentralamerikanischen Farben (Blau-Weiß-Blau) gibt es keinen schwarzen Streifen als „Trennungsstrich zur Kolonialmacht Spanien" (S. 211). Oman ist kein Teilstaat der Föderation der Arabischen Emirate (S. 102) – die Mängelliste ließe sich fortsetzen.

Welchem Zweck Goethes Farbenlehre (S. 156 ff.) im Hinblick auf den Gegenstand des Buches dient, bleibt unklar. Erst recht gilt dies für die seitenlange Aufzählung von Gedichten, in denen Farben vorkommen (S. 159–172). Der wesentlichste Mangel des Buches indes ist nicht dem Verfasser, sondern dem ansonsten renommierten Verlag anzulasten: Ohne eine farbige Flaggentafel als Anschauungsmaterial kann der flaggenkundlich nicht versierte Leser mit der amüsanten Plauderei und den Folgerungen und Wertungen des Verfassers nichts anfangen.

Arnold Rabbow

Peter Häberle: Nationalhymnen als kulturelle Identitätselemente des Verfassungsstaates. Berlin: Duncker & Humblot, 2007. 115 S. (Wissenschaftliche Abhandlungen und Reden zur Philosophie, Politik und Geistesgeschichte, Bd. 44). ISBN: 978-3-428-12564-7.

Nationalhymnen können viel über ein Volk aussagen, seinen Charakter, seine Geschichte und seine Gegenwart widerspiegeln. Insofern erweckt ein Buch über „Nationalhymnen als kulturelle Identitätselemente des Verfassungsstaates" grundsätzlich Interesse. Und wenn der Verfasser ein klavier- und cembalospielender, sogar CD-produzierender, ausgewiesener Staatsrechtsprofessor ist, wird man sogar neugierig. Die kleine Studie ist – jedenfalls für Nichtjuristen – kein Lesegenuss, allzu sehr steht eine „Bestandsaufnahme" von Rechtstexten im Vordergrund. Denn die ersten 50 Seiten sind angefüllt mit einer schematischen und deshalb ermüdenden Befragung aller greifbaren Verfassungen: an welcher Stelle, in welcher Form taucht die Nationalhymne im Verfassungstext auf, gibt es eventuell auch „Fehlanzeigen". Das Verfahren setzt sich später noch einmal über 24 Seiten fort, auf denen Tempi, Takt- und Tonart der verfügbaren Hymnen aufgelistet werden. Nun erhebt der Autor nicht den Anspruch, etwas Endgültiges vorzulegen, er möchte nur „Tore öffnen, nicht selbst hindurch gehen" (S. 53). Aber das Thema ist derart breit angelegt, dass man kaum zu Ergebnissen gelangen kann, die allgemeine Gültigkeit für die ca. 80 nationalen Beispiele beanspruchen können, soll es nicht bei schierer Theorie bleiben. Bezeichnenderweise handelt Häberle, und das ist für den Historiker sehr unbefriedigend, die Verfassungswirklichkeit auf nur zwei Seiten ab.

Keine Frage, wir haben es mit einem hochgebildeten und gedankenreichen Autor zu tun, sein Text steckt voller Anregungen und Assoziationen. Der Verlag stellt diese Monographie als sein persönlichstes Werk vor, da es sein wissenschaftliches Wirken mit seinen privaten Interessen verknüpfe. Wie weit Häberles Liebe zur Musik geht, zeigt seine These, daß die „Entwicklungsgeschichte des Verfassungsstaates (...) ohne die sie z. T. begleitende Musikgeschichte nicht geschrieben werden" könne (S. 76). Da werden ihm sogar seine unmusikalischen Fachkollegen widersprechen! *Christoph Studt*

Alexander Hanisch-Wolfram: Postalische Identitätskonstruktionen. Briefmarken als Medien totaliärer Propaganda. Frankfurt a.M. u.a.: Lang, 2006. 302 S. (Europäische Hochschulschriften, Reihe 40: Kommunikationswissenschaft und Publizistik, Bd. 95). ISBN 3-631-55205-X.

Auf den ersten Blick scheint man es mit einem etwas skurilen Liebhaberthema zu tun zu haben, wenn man den Buchtitel liest. Doch nach kurzem Nachdenken erscheint einem die Chance, aus „Briefmarken als Medien" interessanten Aufschluß über Wege und Inhalte totalitärer Propaganda ziehen zu können, gar nicht mehr so abwegig. Die kleinen Minipapierchen gehören zu den gern übersehenen „Gebrauchsmedien" (S. 80), denn sie werden alltäglich benutzt. Deshalb könnte sich leicht jener Effekt einstellen, der (zugegeben auf einer anderen Ebene) nach einem „Tempo", nicht nach einem Papiertaschentuch, nach „Uhu" statt nach Klebstoff fragen läßt. Eine eingängige Methode also, gewissermaßen unterbewußt Botschaften zu vermitteln. Beginnt man aber die Lektüre, ist man doch erstaunt, welch tiefe Grundlagen der Autor dem Leser zumuten zu müssen glaubt. „Briefmarke" taucht als Begriff in einer Kapitelüberschrift erstmals auf Seite 75 auf, „Briefmarken als Propagandamedien des Deutschen Reiches" auf Seite 161. Aber selbst dann geht es noch keineswegs in medias res, muß doch erst noch die Deutsche Reichspost als Institution vorgestellt werden. Zuvor jedoch geht der Autor ausführlich auf den von ihm neu zu schöpfenden Propagandabegriff ein: Dies sei unerläßlich, da sämtliche vorliegenden Studien lediglich deskriptiv mit dem Gegenstand umgegangen seien und eine „ausreichende theoretische Tiefe" hätten vermissen lassen! Das ist schon starker Tobak, zumal der Autor sodann bekennt, daß die von ihm „herangezogene Literatur nur einen Teil der existenten wissenschaftlichen Auseinandersetzung mit dem Thema" (S. 71) darstelle.

Hanisch-Wolframs Studie krankt an ihrer Überheblichkeit, nicht zuletzt weil seine tatsächlich erzielten Ergebnisse doch sehr viel bescheidener sind als sein gewaltiger Unterbau hatte erwarten lassen. Uninteressant ist seine Zusammenstellung und sein Vergleich von Briefmarken des „Dritten Reiches" (1933–1945), der Sowjetunion (1924–1953), der Volksrepublik China (1949–1976) und des „Austrofaschismus" Österreichs (1933–1938) deshalb nicht, ermöglichen sie doch interessante Vergleiche der Regime und stärken letztenendes am Beispiel der Briefmarke (wer hätte das gedacht) die verpönte Totalitarismustheorie. *Christoph Studt*

Historisches Ortsverzeichnis von Sachsen. Neuausgabe. Hrsg. von Karlheinz Blaschke. Bearb. von Susanne Baudisch und Karlheinz Blaschke. Halbbd. 1 (A–M). 2 (N–Z). Leipzig: Leipziger Universiätstverl., 2006. Zus. 994 S. (Quellen und Materialien zur sächsischen Geschichte und Volkskunde, Bd. 2). ISBN 3-937209-15-8.

Historische Ortslexika bzw. -verzeichnisse sind unverzichtbare Wegweiser geworden für die Arbeit mit historischen Themen und Quellen der verschiedensten Art. Ihr Nutzen ist so groß und vielfältig, dass man diejenigen, deren Region nicht über ein solches Hilfsmittel verfügt, bedauern möchte. Inzwischen gibt es in einigen Landschaften Deutschlands sowohl diese als auch die parallel heranzuziehenden Historischen Ortsnamenbücher und die Historisch-thematischen Atlanten. Blickte man bisher auf jene Regionen, in denen dies in den letzten Jahrzehnten bearbeitet werden konnte, etwa Brandenburg mit seinem weitgehend vollständigen Apparat solcher mehrteiligen Werke, so kam Sachsen bei einem Vergleich eher schlecht weg. Das 1957 erschienene, von Karlheinz Blaschke bearbeitete einbändige Werk war nicht nur seit langem vergriffen, sondern, wenn auch von hoher Qualität, so doch allzu knapp für die allerorten steigenden Informationsbedürfnisse. Zudem war die Erstausgabe im Grunde erschienen, bevor all jene großen Arbeiten der Siedlungsgeschichte und Namenkunde, gerade auch Sachsens, entstanden, die uns heute einen doch deutlich verbesserten und veränderten Forschungsstand bieten. Hier ist insbesondere an die Forschungen zur städtischen Verfassung, zu Burg und Adel sowie zu den Wüstungen zu denken.

Gegenüber der Erstausgabe, die nach Amtshauptmannschaften gliederte, sind nun alle Ortsartikel in ein gemeinsames Alphabet eingordnet worden – eine aus Sicht der Praxis richtige Entscheidung. Jeder Artikel bietet zunächst im Kopf neben dem Ortsnamen und dem Vermerk, ob es sich um ene (zeitweilige) Wüstung handelt die Nummer der Topographischen Karte 1 : 25.000 („Messtischblatt"), die Höhenlage des Ortes und geodätische Angaben. Sodann folgen: Kreiszugehörigkeit bzw. geographische Lage, Verfassung (Siedlungstyp, Gemeindezugehörigkeit; ältere Verfassungsverhältnisse; Ortsadel, Herrengüter; Ortswüstungen), Siedlungsformen und Gemarkungsgröße, Bevölkerungszahlen, Verwaltungszugehörigkeit, Zugehörigkeit zu Grundherrschaften, Kirchliche Organisation, Ortsnamenformen, Literatur (hier i.d.R. nur Verweis auf den Band des Historischen Ortsnamenbuches und Kunstdenkmälerhandbücher), Gauß-Krüger-Koordinaten. Wie in solchen Handbüchern üblich, sind die Angaben den jeweils zuverlässigsten Quellen, also oftmals Archivalien, entnommen, so dass ein wesentlicher Unterschied zu Daten „aus dritter Hand" besteht, wie sie leider überall und gerade in Familien- und Heimatforscherkreisen kursieren. Es liegt auf der Hand und kann nicht oft genug betont werden, dass die genannten Punkte der Ortsartikel ganz wesentliche Hilfen darstellen, etwa bei der Suche nach den Akten der zuständigen Grundherrschaft, staatlichen Behörde oder Kirche. Angesichts des begrenzten Platzes wird der „Ortsadel" freilich nicht mit Familiennamen genannt, ein wesentlicher Unterschied zum an diesen Stellen ungemein ausführlichen und detaillierten brandenburgischen Pendant.

Wichtig sind gegenüber der Erstausgabe die geographischen Veränderungen, die durchweg Erweiterungen darstellen, da die 1990 im Nordwesten Sachsens hinzugetretenen 580 Orte sämtlich neu aufgenommen wurden, während die inzwischen nicht mehr sächsischen Orte weiterhin enthalten sind, darunter auch die heute polnischen östlich von Zittau. Nützlich ist das zusätzliche Ämterverzeichnis (S. 51–56), das einen schnellen Zugriff auf Informationen über die Landeszugehörigkeit auch für den mit Sachsen weniger Vertrauten erlaubt. Einige Landkarten hätten der Übersicht gleichwohl vielleicht noch weiter aufhelfen können. Der im Vorwort begegnende Ich-Stil des Herausgebers sei ihm angesichts seiner großen Lebensleistung nachgesehen. Die ausführlichen „Erläuterungen zur Benutzung" (S. 18–31), ein Abkürzungs- und Zeichenverzeichnis (S. 32–33) und das umfangreiche Quellen- und Literaturverzeichnis (S. 34–49) seien jedem Nutzer dringend zur Lektüre empfohlen. In übersichtlicher Form lassen sich die gesamten Ortsartikel auch in einer Access-Datenbank auf der Homepage des projektbetreuenden Instituts für Sächsische Geschichte und Volkskunde abrufen (http://hov.isgv.de/). Hieraus eine laufend aktualisierte Version werden zu lassen, ist dagegen wohl noch Zukunftsmusik. Gleichwohl liegt nun in der Aktualisierung, der starken Erweiterung und der leichten Zugänglichkeit ein ganz hervorragendes Arbeitsmittel für jede ortsbezogene Forschung in Sachsen vor.

Peter Bahl

Höfe und Residenzen im spätmittelalterlichen Reich. Hof und Schrift. Hrsg. von Werner Paravicini. Bearb. von Jan Hirschbiegel und Jörg Wettlaufer. Ostfildern: Thorbecke, 2007. 704 S., 15 Abb., 14 Farbtaf., chronologisches Quellenverzeichnis, Sachregister (Residenzenforschung, Bd. 15/III). ISBN 978-3-7995-4522-8.

Die Erforschung der fürstlichen Residenzen im Reich und in den landesherrlichen Territorien ist – neben der Stadtgeschichtsforschung – wohl eines der innovativsten Felder der Geschichtswissenschaft des Spätmittelalters und der Frühen Neuzeit. Diese von Hans Patze an der Göttinger Akademie begründete Forschungsrichtung hat sich in den vergangenen Jahren einerseits verstärkt den Phänomenen des Hofs zugewandt, andererseits ihre vielfältigen Ergebnisse in einem mehrbändigen gewichtigen Handbuch zusammengefasst – dessen dritter Teil hier anzuzeigen ist. Teil I umfasste in zwei Bänden die reichsfürstlichen „Dynastien und Höfe" und die „Residenzen" – „damit wir wissen, wer wann wo tätig war", wie es Werner Paravicini in seinem plastischen Vorwort zu Stand und Planungen der Arbeiten sowie zum Platz des vorliegenden Teils im Gesamtwerk sagt. Teil II widmete sich in ebenfalls zwei Bänden den „Bildern und Begriffen", „die uns erlauben, jenes Werk zu begreifen und zu sehen". Teil III, „Hof und Schrift", stellt nun die Überlieferung vor, die die Höfe im Reich hervorgebracht haben. Ein vierter Teil, „Grafen und Herren", der den hohen Adel neben den fürstlichen Dynasten in den Blick nimmt, ist angekündigt.

Das Neuartige des modernen Staates, wie es sich im späten Mittelalter auszuprägen beginnt, hat seine Ansätze – so der zeitliche Rahmen auch dieses Teils – bereits um 1200 und reicht über die konventionelle Epochengrenze 1500 bis zum Dreißigjährigen Krieg. Territorial umfasst die Darstellung das *regnum theutonicum*, also nicht mehr Reichsitalien, wohl aber die romanischen Reichsteile, Böhmen, das Ordensland und Schleswig.

Die typologisch angelegte Übersicht über die schriftlichen Aufzeichnungen als Zeugnisse der höfischen Kultur und der neuartigen Verwaltungswelt der Residenzen bietet quellenkundlich für die uns interessierenden Heroldswissenschaften reiche Ausbeute. In glücklicher Kombination ihres jeweils spezifischen Sachverstandes stellten 43 Autoren ein Kompendium maßgeblicher Dokumententypen zusammen, wobei begrifflich – sowohl hinsichtlich der Quellentermini als auch der modernen Bezeichnungen – und sachlich – bei der territorialen Vielgestaltigkeit der Überlieferung – Übereinstimmungen herauszuarbeiten waren. Das Alphabet des Handbuchs umfasst in glücklicher Vereinigung der auch wissenschaftlich bisher vorwiegend getrennt bearbeiteten Quellengruppen Überreste und Tradition, also sowohl Akten (Korrespondenz, Berichte, Statuten, Ordnungen, Rechnungen) als auch „literarische" Texte (Höfische Dichtung, Hofgeschichtsschreibung, Fürstenspiegel, Hofstaatsverzeichnisse, Festaufzeichnungen). Die einzelnen Artikel stellen einen (zumeist bereits veröffentlichten) Text (oder mehrere) in den Mittelpunkt und kommentieren ihn hinsichtlich des Quellentyps und stellen vergleichbare Quellen im überregionalen Überblick sowie die zugehörige Forschungsliteratur zusammen.

Doch beschränkt sich der Band erfreulicherweise nicht auf das Kompendium. Zwei konzeptionell übergreifende Artikel geben wichtige Einführungen zur Funktion der Texte im Umfeld von Hof und Residenz und Längsschnitte zur Entwicklung der typologisch vorgestellten Quellengruppen. *Cordula Nolte* macht mit „Schriftlichkeit und Mündlichkeit" auf die Grundfrage der Quelleninterpretation in einer erst allmählich seit dem 15. Jahrhundert verschriftlichten Welt aufmerksam: Welchen Ausschnitt der Wirklichkeit beleuchten die überlieferten Schriftstücke? Sprechen und Schreiben waren keine Gegensätze, sondern sich funktional ergänzende Methoden der Kommunikation. Neue Erfordernisse der Regierung, Verwaltung, Hoforganisation und der Wirtschaftsführung verstärkten allmählich die Schriftlichkeit, erhöhten den Bedarf nach Aufzeichnung, griffen aber auch notwendigerweise auf entsprechende Voraussetzungen für verstärkte Schriftlichkeit zurück. *Kurt Andermann* stellt unter dem Titel „Pragmatische Schriftlichkeit" die neuen Formen des Verwaltungsschriftguts vor, auf die ebenso Hans Patze erstmals aufmerksam gemacht hat. Er thematisiert die Voraussetzungen für die allmählich zunehmende schriftliche Bewältigung der Organisationsprozesse an den Höfen und in den sich entwickelnden Verwaltungseinrichtungen und bietet für die Bereiche Herrschaft und Verwaltung, Hoforganisation sowie Repräsentation und Legitimation einen Überblick über die charakteristischen Quellentypen vom Amtsbuch über Hofordnungen bis hin zu Genealogien, Chroniken oder Grablegen.

In der regionalen Auswahl der im Kompendium berücksichtigten Quellen wird jeder spezifisch Interessierte natürlich „sein" Territorium gern stärker vertreten sehen. Der Wert der Zusammenstellung liegt umgekehrt in der typologischen Herausarbeitung des übergreifend Vergleichbaren. Entwicklungslinien werden in einzelnen Artikeln angesprochen, vor allem aber in den beiden Einleitungskapiteln überblicksweise herausgearbeitet. Wer Hof und Residenz nicht als solitäre, kulturgeschichtlich zu beschreibende Phänomene betrachtet, sondern sie als Teil der herrschaftlichen Entwicklung – im Reich wie in den Territorien – im Sinne der Ausprägung von Landesherrschaft in Territorialisierung und Versachlichung auf dem Weg zum frühneuzeitlichen Territorialstaat begreift, wird eine Quellengruppe, die in dieser Entwicklung eine zentrale Rolle spielt, vielleicht nicht ausreichend gewürdigt sehen: die Aufzeichnungen von Besitz und Rechten des Landesherren in den neuen Einrichtungen der Landesverwaltung, den Ämtern, in denen sich Herrschaft in neuer Form territorialisiert. Diese Amtsbücher oder Erbregister waren, ob sie nun von Beauftragten der landesherrlichen Zentralverwaltung oder den Amtleuten vor Ort aufgenommen wurden, für die Übersicht in der Residenz gedacht und sind auch dort überliefert. In dieser Form waren sie wohl von weiterreichender Bedeutung als Inventare fürstlicher Schlösser, Schatz- und Kunstkammern. Und vielleicht wäre neben dem frühen und noch recht summarischen Beispiel der Deutschordenskomturei Althaus 1364 (S. 478 f.) und der kurzen Beschreibung der reichen Überlieferung in Tirol aus dem 15. Jahrhundert (S. 474 f.) auch ein Beispiel aus der Hochzeit des Amtserbbuchwesens aus dem wettinisch-kursächsischen Bereich aus dem 15. Jahrhundert etwa nach der Ämterreform des Kurfürsten Moritz von 1548 aufzunehmen (vgl. Andermann S. 40) gewesen, um diesen wichtigen Schritt zum modernen Staat zu dokumentieren. *Lorenz Friedrich Beck*

Kirchliche Amtshilfe. Die Kirche und die Judenverfolgung im „Dritten Reich". Hrsg. von Manfred Gailus. Göttingen: Vandenhoeck & Ruprecht, 2008. 224 S., 16 Abb. ISBN 978-3-525-55340-4.

An die Redensart „Unter der Lampe ist es am Dunkelsten" könnte man erinnert werden durch den besonderen Forschungsstand, dass nach mehr als 60 Jahren zu der Epoche bzw. Thematik „Kirchen und Nationalsozialismus" die deutschen (Kirchen-)Archivare sich mit ihrer eigenen NS-Vergangenheit erstmals gründlicher auf dem 75. Deutschen Archivtag in Stuttgart im Jahre 2005 befasst haben. Nachdem dabei neben ersten Ergebnissen zu „Kooperation und Verfolgung" im NS-Regime auch beachtliche Forschungsdefizite erkennbar wurden, ist es das besondere Verdienst dieses von Manfred Gailus (TU Berlin) herausgegebenen Bandes, die „kirchliche Amtshilfe" in den „Ariern-Nachweisen" bis hin zur kirchlichen Beihilfe zur Judenverfolgung mit fünf landeskirchlichen Beispielen erstmals umfänglicher erforscht zu haben. Denn „die evangelischen Landeskirchen haben erst angefangen, sich des tatsächlichen Umfangs ihrer Beteiligung an der nationalsozialistischen Ausgrenzungspolitik bewusst zu werden. Gerade den Kirchenbüchern kam für die NS-Rassenpolitik eine Schlüsselrolle zu. Die Landeskirchen wussten dies. Sie haben den Missbrauch der Kirchenbücher nicht verhindert, sondern sich aktiv und ... mitunter geradezu beflissen an der Identifizierung und Ausgrenzung der Christen jüdischer Herkunft beteiligt" (J. B. Wurm, S. 72).

Mit Bezug auf das „deutliche Schuldbekenntnis" des EKD-Ratsvorsitzenden Bischof Wolfgang Huber (20. 11. 2002) und seine Aufforderung, „eine angemessene Erinnerungs- und Gedenkkultur zu entwickeln", hat Gailus besonders die „protestantische Hauptstadtkirche" in den Blick genommen, denn „nirgendwo sonst gab es 1933–1945 so viele von Verfolgung betroffene Christen jüdischer Herkunft, nirgendwo sonst gibt es eine solche Fülle an vergessenen und verschwiegenen Schicksalen, nirgendwo sonst wäre eine flächendeckende, professionelle Aufarbeitung dieses seit Jahrzehnten liegengebliebenen Themas dringlicher" (S. 21).

Die „Rassenzugehörigkeit durch das religiöse Bekenntnis der Vorfahren zu ermitteln", verursachte seit dem Berufsbeamten-Gesetz vom April 1933 eine steigende Antragswelle nach sog. „Arier-Nachweisen" und stellte auch die schleswig-holsteinische Landeskirche vor neue

Herausforderungen, die sie mit „Propsteikirchenbuchämtern“ zu bewältigen suchte. Wie *Stephan Link* unter dem Titel der „restlosen Ausscheidung dieses Fremdkörpers“ (S. 27–47) darstellt, wollte man in der Landeskirche „dem berechtigten Interesse des Staates und Volkes an dem Nachweis der Deutschblütigkeit eine wesentliche Förderung zuteil werden lassen“. Der Beauftragte der Nordelbischen Kirche für die „Vergangenheitspolitik der nördlichen Landeskirchen und ihres Verhältnisses zum Judentum nach 1945“ Stephan Link stellt in seinem überarbeiteten Beitrag aus dem Ausstellungskatalog-Projekt „Kirchen, Christen, Juden in Nordelbien 1933–1945“ facettenreich dar, wie unkritisch sich – selbst die Bekennende Kirche – in der „Erkenntnis der großen Bedeutung dieser Dinge für das Volk und seine Zukunft freudig in den Dienst der Sache gestellt“ (Werbeschrift 1939) hat. Kirchenarchivrat Dr. W. Hahn († 1982) stand als NSDAP-Mitglied, Deutscher Christ und Antisemit für den „politischen Kampf der Reinheit des Blutes“, so dass er 1943 den Aufbau des Gausippenamtes übernahm und ab 1957 auch wieder im Landesarchivdienst weiterarbeiten konnte. Link geht eigens auf die langjährige Ignoranz gegenüber diesem Kapitel in der kirchlichen Zeitgeschichte ein, wenn er u. a. auf den einzigen bekannten Fall hinweist, in dem der evangelische Stadtpfarrer Dr. Jacobus Wiedemann (St. Gallen) im April 1938 die Mitwirkung bei der Ausstellung eines „Arier-Nachweises“ demonstrativ verweigert hatte und dafür in einem kirchlichen Rundschreiben der DEK zur „Unperson“ erklärt wurde (S. 40 f.).

Die heute effiziente Lösung einer Zentralisierung von 99 % der mecklenburgischen Kirchenbücher geht, wie der Leiter des ev.-luth. Landeskirchenarchivs Johann Peter Wurm fundiert und anschaulich unter dem markanten Zitat-Titel „Vom Rohstoff Kirchenbücher zum Veredelungsprodukt deutschblütigen Volksaufbaus“ (S. 48–81) darstellt, auf den Pastor Edmund Albrecht († 1967) zurück. Dieser wurde als passionierter Heimatforscher, überzeugter Nationalsozialist und Deutscher Christ am 16. April 1934 zum Leiter der Kirchenbuchabteilung im deutschchristlichen Oberkirchenrat bestellt und begann gleichzeitig und zügig mit der Zentralisierung der Kirchenbücher aus den 274 Gemeinden. Weiter schlug Albrecht vor, in Zusammenarbeit von Staat, Partei und Kirche in jedem Gau ein Landesamt für Rassen- und Abstammungsforschung zu gründen und erreichte eigenmächtig die Umwandlung der Kirchenbuchabteilung in ein Sippenamt. Ab 1935 in die Mecklenburgische Sippenkanzlei umgewandelt und ab 1936 der Berliner Reichsstelle für Sippenforschung (RfS) angeschlossen hatte es zunächst höchst arbeitsintensiv mit bis zu 70 Mitarbeitern gearbeitet. Wegen Unregelmäßigkeiten wurde Albrecht 1938 entpflichtet und danach war auch der Arbeitsanfall stark rückläufig. 1948 wurde Albrecht wegen seiner „grundsätzlichen Judengegnerschaft“ aus dem Kirchendienst entlassen und „wegen Verbrechen gegen die Menschlichkeit“ zu 15 Jahren Zuchthaus verurteilt (S. 71). Obwohl es im Gebiet der mecklenburgischen Landeskirche kaum Juden gegeben hatte, dauerte es bis zur Herbstsynode 1988, bis es zu einem „Schuldbekenntnis“ zu der „antisemitischen Rassenideologie in der Gesetzgebung unser Landeskirche“ gekommen ist.

Der Beitrag des Herausgebers *Manfred Gailus* „Hier werden täglich drei, vier Fälle einer nichtarischen Abstammung aufgedeckt“ (S. 82–100) behandelt als „doppelt gläubigen christlichen Nationalsozialisten“ den politisch ehrgeizigen Berliner Pfarrer Karl Themel († 1973). Als Vertrauter von Reichsbischof Ludwig Müller errichtete er in „überaus enger und teilweise subversiver Zusammenarbeit zwischen RfS und kirchlichen Stellen „die Kirchenbuchstelle Alt-Berlin“, was der Völkische Beobachter als „Zugänglichkeit aller Judentaufen seit 1800“ feierte. In enger Zusammenarbeit mit dem „Sippen-Mayer“ von der RfS wurden die „Forschungsergebnisse über getaufte Juden“ im Austauschverhältnis an NS- und SS-Stellen geliefert, was Themel 1938 den nebenamtlichen Konsistorialrat für Kirchenbuch und Archivwesen einbrachte. Nachdem 1943 eine beantragte Übernahme in den Staatsdienst nicht mehr realisiert werden konnte, wurde er nach 1949 nur vorübergehend aus dem Amt entfernt, wieder rehabilitiert und nebenberuflich wieder im brandenburgischen Kirchenarchivwesen angestellt. Gemäß der Zielsetzung des Arbeitskreises zu „Christen jüdischer Herkunft im Nationalsozialismus“ hat Gailus die bisher „aktiv beschwiegene“ Thematik der Themelschen Kirchenbuchstelle Alt-Berlin deutlich aufgearbeitet und weist auf die noch anstehende Spezialfragestellung hin, welche Konsequenzen die Weitergabe der Erkenntnissee für die betroffenen „verfemten und verfolgten evangelischen Christen jüdischer Herkunft“ (S. 95) gehabt haben.

Obwohl sich die erst 12 Jahre vereinigte Thüringische Evangelische Kirche „als besonders anfällig für den Rausch der nationalsozialistischen Revolution erwies" (vgl. Eisenacher Institut zur Erforschung und Beseitigung des jüdischen Einflusses auf das deutsche kirchliche Leben), gerieten nach *Hannelore Schneider* die thüringischen Kirchenbücher nur allmählich ins „Visier nationalsozialistischer Sippenforschung" (S. 101–130) und es liefen in Thüringen die staatlichen Anforderungen zur Ernennung von Dr. Rudolf Hermann sowie die örtlichen Verkartungsaktionen sowie die Verfilmungsaktion des RfS langsam an. Trotz der antijüdischen Kirchengesetze („Reinigung der Kirche von allem Jüdischem") gelang es R. Hermann und R. Jauering, die dezentrale Lagerung der Thüringischen Kirchenbücher beizubehalten und „die Einflussnahme des Staates zu begrenzen".

Seinen grundlegenden Beitrag über Walter Lampe (1894–1985), den der Rezensent als junger Referendar noch als „Nestor der kirchlichen Archivpflege" persönlich kennen lernen konnte, stellt sein Amtsnachfolger im Landeskirchenarchiv Hannover, *Hans Otte,* mit „Pragmatismus als Leitmotiv" (S. 131–194) vor. Im 1933 gegründeten Landeskirchenarchiv konnte Lampe als aktives Mitglied der Deutschen Christen seine Position sichern und das Kirchenbuchamt Hannover mit guten Kontakten zu Gerhard Kayser im RfS in eine „Sippenkanzlei" umbenennen. Angesichts der Verstaatlichungsbestrebungen des RfS unter Dr. Mayer war Lampe nach der Übergangsform der „Sippenkanzlei" dann doch nicht mehr bereit, den kirchlichen Anspruch auf die Kirchenbücher einfach aufzugeben (S. 139). Mit dem Kirchenbuch-Beauftragten der DEK, Johannes Hosemann (Breslau), ging Lampe ab 1935 nicht nur auf Distanz zu weiteren Sippenkanzleien und dem RfS, sondern betrieb die Gründung einer Arbeitsgemeinschaft landeskirchlicher Archivare, zu deren Vorsitzendem er nach 1945 gewählt wurde. Infolge der Kriegsbedingungen konnte Lampe die Kirchenbücher sowohl vor dem staatlichen Zugriff als auch durch Auslagerung vor dem Bombenkrieg retten.

Im Schlusskapitel unternimmt *Manfred Gailus* den verdienstvollen Versuch einer biographischen Skizze des Leiters der RfS (ab 1935) bzw. des Reichssippenamtes (ab 1940). Der pfälzische Pfarrersohn Dr. phil. Kurt Mayer, Sohn eines protestantischen Honoratiorenvaters, wurde 1930 „Gauredner" der NSDAP und gleichzeitig von der pfälzischen Kirche beauftragt, ein landeskirchliches Archiv einzurichten, wechselte aber schon 1931 in den politischen Kampf nach Sachsen. Vom Rasse- und Siedlungsamt der SS aus gelang ihm 1935 unter Ausschaltung von Dr. Joachim Gercke die Machtübernahme in der RfS. Schnell baute er seine Stellung zum obersten „Reichssippenforscher" aus. Dabei stand RfS-Chef Mayer „in fortwährenden spannungsreichen Auseinandersetzungen mit den Kirchen" (S. 203). Zugleich baute er seine parteiinterne Vertrauensstellung zu H. Himmler und R. Heydrich aus, was 1943 (nach dem Tod seines Vaters) im Kirchenaustritt gipfelte. Angesichts des einsetzenden Kriegs-Chaos einerseits und die ideologischen Zuspitzung „der Ausmerzung der Juden aus dem deutschen Volkskörper" andererseits wird die Nachzeichnung seiner Amtstätigkeit immer schwieriger, doch ist sein erreichter amtlicher Kulminationspunkt nachzutragen, nämlich der Geheimerlass vom H. Himmlers vom ersten Tag als Innenminister (20. 8. 1943) zur Ablieferung aller Kirchenbücher (Haas 2006), auch wenn er kaum mehr umgesetzt werden konnte. So hat sich Manfred Gailus erfolgreich bemüht, eine solche fatale Biographie des nationalsozialistisch gewordenen „Glaubenskriegers" Mayer zu deuten.

Der Band, der verdienstvollerweise durch ein Personalregister (aber nicht durch eine gemeinsame Basis-Bibliographie) abgeschlossen wird, ist durch ein Dutzend Portrait-Fotos sowie weitere Dokumentenfotos bereichert und hat sein Ziel, „aus protestantismusgeschichtlicher Perspektive eine Schneise in das noch immer schwer durchschaubare Schlingengewächs zeitgenössischer Rassen- und Sippenforschung 1933–1945 zu schlagen" (S. 21), in vorzüglichem Maße erreicht. So bleiben nicht nur die Ergebnisse aus laufenden Forschungen in weiteren Landeskirchen (S. 26 Anm. 41) zu erwarten, sondern auch in der katholischen Zeitgeschichtsforschung der katholischen Diözesen ist unter andersartigen Rahmenbedingungen dieser Fragestellung erneut und weitergehend nachzugehen. Zum lange übersehenen „Kampf um die Kirchenbücher zwischen Partei, Staat und Kirchenstellen" hat Manfred Gailus hiermit eine verdienstvolle und lesenswerte (Pilot-)Veröffentlichung vorgelegt. *Reimund Haas*

Arnhard Graf Klenau: Orden in Deutschland und Österreich. Bd. II, Teil 1. Offenbach: Verlag Graf Klenau GmbH, 2008. 224 S., zahlr. Abb. ISBN 978-3-937-13-3.

Nach langjährigen Vorarbeiten bringt der Verfasser, einer der bekanntesten deutschen Ordenskundler, seinen lange erwarteten ersten Teil einer auf sechs Bände projektierten Reihe über deutsche Orden und die ihnen affiliierten Medaillen heraus.

Notwendigerweise großformatig, vorzüglich gebunden und schwerwiegend, könnten wir diese Bände auch als moderne Folianten bezeichnen, denn hier wurde notwendigerweise die schon fast normativ zu nennende, sonst eher kleinformatige heutige Buchproduktion ganz wesentlich überschritten.

Allerdings ist dieses Buch eher ungewöhnlich – nach seiner Fertigungsqualität, seiner bisher unerreichten Genauigkeit, nicht nur seiner Abbildungen, sondern auch mit ihrer prägnanten, kurzen und kundigen Beschreibung. In der fast vollkommenen Fehlerlosigkeit der Be- und Zuschreibungen offenbart sich die Beherrschung dieser überaus schwierigen Materie durch den Autor. Entgegen dem heute eher nivellierenden Vergleichsstandard wurde damit eine bisher unübertroffene Präzision erreicht.

Entsprechend ihrer Vorankündigung erscheint die Veröffentlichung dieser Buchreihe einer strengen geschichtsbedingten, historisch konsequenten Logik folgend, in drei Teilen:

1. Das alte Reich, bis zum Jahr 1806 – ein Band,
2. die deutschen Folgestaaten (unter Einschluss des österreichischen Kaiserstaates), bis zum Jahr 1918 – vier Bände. Davon liegt nun der erste Band mit der Darstellung des Herzogtums Anhalt, des Großherzogtums Baden, des Königreichs Bayern, des Herzogtums Braunschweig, des Großherzogtums Frankfurt (Main) und des Königreichs Hannover vor.
3. Ein sechster Band über das Deutsche Reich, bis zum Jahr 1945 – und über die deutschen Orden danach ist abschließend angekündigt. Sie sollen im Abstand von jeweils sechs Monaten erscheinen.

Nimmt man das Buch zur Hand, so ist man sofort und unmittelbar vom Zauber seiner Abbildungen fasziniert. Mit großem Abstand bieten sie das Besondere, aber auch das bisher Einmalige einer derartigen Publikation über tragbare Auszeichnungen. Die Voraussetzung zu ihrer Präsentation war eine langwierige – und somit auch langjährige – Gewinnung der an den unterschiedlichsten Orten in allen Kontinenten befindlichen, oft singulären Auszeichnungs-Objekte, die sich in Archiven, Museen und privaten Sammlungen befinden. Was hier zusammenkam, ist fast unglaublich zu nennen, hätten wir diese Stücke nicht im Bild vor unseren Augen. Eine neuartige bisher noch niemals erreichte Abbildungsqualität lässt hier die tragbaren Auszeichnungen, Orden, Bruststerne und Bänder durch Glanzlack auf einheitlich neutralem grauen Hintergrund plastisch und dinglich erscheinen. Gewohnte Sehweisen müssen sich daran erst einrichten.

Ja, hier liegt der erste Band einer Buchreihe vorzugsweise zum Schauen und Erkennen vor. Beim Betrachten einer heute vergangenen, uns eher fremd gewordenen Welt, nimmt der unbedarfte Leser hier die Schönheit und Farbigkeit einer vergangenen Zeitepoche wahr. Dem historisch Interessierten öffnet sich jedoch ein Mikrokosmos, nicht nur für die Augen, sondern durch die straffe und kompetente Beschreibung. Sie lässt eine über zweihundert Jahre währende europäische Geschichte in Farben aufleuchten.

Dieses Buch, und damit die gesamte Reihe, ist erkennbar keiner der heute üblichen Schnellschüsse, sondern seriös und – wo nötig – eingehender in Bezug auf unterschiedliche Modelle beschrieben. Dadurch wird es auch möglich, das Werk zur Identifikation unbekannter deutscher Auszeichnungen zu benutzen. Dazu muss betont werden, dass der Wert, aber auch die Seriosität dieser Reihe nur durch die Hinzuziehung, aber auch die Bereitwilligkeit der besten regionalen Ordenskundler, an diesem epochalen Werk mitzuwirken, erreicht werden konnte. Über diese unmittelbare, fast dinglich zu nennende Nähe an tragbaren Auszeichnungen wird, wo es zur Identifikation notwendig erscheint, auch – kurz und prägnant – eine Übersicht der Ordensjuweliere aufgelistet. Als ganz wesentliches Kriterium für die Häufigkeit, bzw. die Seltenheit bestimmter Dekorationen, besonders aber ihrer einzelnen Abstufungen, erweisen sich die erstmalig genau aufgelisteten Verleihungszahlen. Nicht nur für das Königreich Bayern, beispielsweise besonders für den *Militärischen Hausritterorden vom Heiligen Georg*, konnten sie damit einer größeren Öffentlichkeit zugänglich gemacht werden. Das gilt aber auch darüber hinaus für die anderen deutschen Staaten. Erfreulicherweise – heute wohl nicht mehr selbstverständlich – konnte der Rezensent hier auch, von Belanglosigkeiten abgesehen, keine gravierenden Fehler in der Auflistung deutscher Einzelstaaten bis zum Jahr 1918 feststellen.

Damit schließt diese Buchreihe an die ganz großen und aufwendigen deutschen Publikationen des 19. Jahrhunderts an. Für das Königreich Preußen waren das die *Bücher vom Schwarzen* und *vom Rothen Adlerorden*, letztere wurden seinerzeit auf unmittelbare königliche Intention aufwendigst bebildert und gedruckt. Wie schon gesagt, in Bezug auf die Ausstattung verfuhren Autor und Verlag (in Personalunion) durchaus zu recht: Ein Werk dieses Anspruchs vermag sich nicht mit „Zweitbestem" zufrieden zu geben.

Zusammenfassend wird hier der erste Band eines bisher einmaligen Großprojekts deutscher Auszeichnungskultur vorgestellt, der in den kommenden drei Jahren komplettiert werden soll. Diese Buchreihe ist nicht nur ein Ereignis, sie kann dazu beitragen, große Kulturdefizite aufzuarbeiten und ist damit dem an dieser historischen Spezialmaterie Interessierten, aber auch den großen Bibliotheken und Museen uneingeschränkt zu empfehlen. *Peter Sauerwald*

Wilhelm Koppe/Gert Koppe: Die Lübecker Frankfurt-Händler des 14. Jahrhunderts. Lübeck: Schmidt-Römhild, 2006. 336 S., 26 Tabellen (Veröffentlichungen zur Geschichte der Hansestadt Lübeck, Reihe B, Bd. 42). ISBN 978-3-7950-0482-8.

Noch vor seinem Tod 1986 hat Wilhelm Koppe, früher Professor an der Kieler Universität, seinem Sohn den Auftrag gegeben, ein älteres, noch aus der Vorkriegszeit stammendes Manuskript über den Handelsverkehr zwischen Lübeck und Frankfurt zu ergänzen und für den Druck vorzubereiten. Nach der Rückkehr der Lübecker Archivalien als Folge der Wiedervereinigung erwuchs daraus eine umfangreichere Aufgabe. Sie machte viele Ergänzungen und eine Neufassung des Anmerkungsteils notwendig und darüber hinaus für die Druckfassung einen ausführlichen Anhang mit Bibliographie und Indices der Handelswaren, Orte und Namen. Entstanden ist auf diese Weise eine sehr detaillierte Untersuchung über die Handelsbeziehungen und Handelswege zwischen den beiden Städten und vielen anderen Orten im 14. Jahrhundert, vor allem aber ein minutiöser Nachweis der daran beteiligten Personen, Familien und Geschäftspartner.

Kennzeichnend für den Handel der führenden Kaufmannspersönlichkeiten war die Zwischenstellung zwischen dem Hansehandel über die Ostsee auf der einen und den über die Alpen reichenden Verbindungen süddeutscher Kaufleute auf der anderen Seite. Sie traten also als Vermittler der vor allem aus Russland stammenden Produkte Pelze und Wachs, seltener Ostseefisch, und der aus dem Orient, Südeuropa und dem Elsass importieren Waren wie Gewürze, Papier und Wein, gelegentlich auch Barchent aus Süddeutschland, auf. Die Frankfurter Messen waren der wesentliche Umschlagplatz. Die Waren wurden auf Borg erworben und weiterverhandelt, und das fand seinen Hauptniederschlag in der wesentlichsten Quelle für Koppes Untersuchungen, dem Lübecker Niederstadtbuch, in dem solche Geschäfte dokumentiert und damit abgesichert wurden. Allerdings beziehen sich die Einträge auf Summen und Zahlungsziele, nicht auf die Waren. Darüber hinaus hat er eine Fülle weiterer Quellen ausgewertet und auf diese Weise für einzelne Kaufleute detaillierte Angaben zu deren Geschäftsumfang ermitteln können.

Was die Arbeit Koppes besonders wertvoll, aber auch schwer lesbar, macht, sind die gründlichen Recherchen über die führenden Kaufleute, ihre Familien und Geschäftspartner. Er charakterisiert sie als eine Schicht von flexiblen Männern, die zwischen den Städten pendelten, ja oft auch die Bürgerschaft wechselten, etwa zwischen Frankfurt und Lübeck, aber auch den „am Wege" liegenden Städten wie Lüneburg, Braunschweig, Hildesheim und vor allem Göttingen und, in einer Verbindung zu östlichen Märkten, Erfurt. Es entstanden ganze „Kreise" von beteiligten Kaufleuten und weiten familiären Verbindungen. Meist gehörten diese Familien zur Oberschicht der Städte; sie besetzten wichtige Ämter in den Stadtverwaltungen, behaupteten die besten und für den Handel geeignetsten Lagen im Stadtgebiet und hatten ihren Platz in den Kaufmannsgesellschaften. Dem Volumen ihrer Geschäfte auf Borg nach waren sie sehr vermögend. Allerdings lässt sich daraus nicht der Gewinn von Handelsgeschäften nachweisen, und einige gingen in Konkurs.

Vor allem im Nachweis der vielfältigen verwandtschaftlichen, wenn auch gelegentlich nur vermuteten Bindungen liegt ein besonderer Schwerpunkt der Arbeit. Einige Familiennamen sollen, weil sie in den Kapiteln und Abschnitten im Mittelpunkt stehen, in der Reihenfolge des Buches genannt werden: *van Rostock* aus Lübeck und *Lemmechin* aus Frankfurt, *Vredeland* und *Roseman* aus Göttingen, *Warscowe* und *Witte* aus Lübeck, *Plawe* und *Hama* aus Hamburg, *Sasse* aus Erfurt, *Sledorn* aus Hildesheim, *van Luneborch* (Lüneburg), *Perceval* aus Braunschweig, *Blomenrod* wohl aus Soest, *Pepersack* aus Hildesheim, *Paternostermaker* aus Lübeck, *Nyebur* aus Lüneburg, *Salmesten* aus Frankfurt, *van Stockem* und *Cubbeling* aus Braunschweig, *Nyestad* aus Hannover und viele andere. Die Zuordnung zu den Stadtnamen ist indessen so eindeutig nicht, wie es scheint. Große Mobilität ist geradezu ein Charakteristikum dieser Kaufmannsschicht. Der Personenindex enthält überschläglich mehr als 1.600 Namen von Einzelpersonen.

Die Untersuchung Koppes ist ein eindrucksvoller Beleg dafür, dass Lübecker Kaufleute nicht nur in Lübeck selbst, dem führenden Handelsplatz im „klassischen" hansischen Verkehr über die Ost- und Nordsee, sondern auch bei der Vermittlung zwischen dem hansischen und dem oberdeutschen Wirtschaftsraum eine zentrale Rolle gespielt haben. *Reinhard Vogelsang*

Lothar Kunze: Studien zur Personennamengebung im Amts- respektive Standesamtsbereich Kronshagen 1770 bis 2004. Neumünster: Wachholtz, 2007. 323 S., 21 Abb. 10 Anl. (Kieler Beiträge zur deutschen Sprachgeschichte, Bd. 23). ISBN 978-3-529-04373-4.

Kunzes Absicht ist es, Entwicklungen sowie Veränderungen bei den Eigennamen darzulegen und diese in gesellschaftliche Bezüge zu stellen. Es geht ihm um den Wandel des Vornamenbestandes im Untersuchungsgebiet der 1271 erstmals erwähnten selbstständigen Gemeinde Kronshagen am westlichen Stadtrand von Kiel in Schleswig-Holstein, insbesondere um bestimmte Aspekte der Veränderung bei der Namengebung, um die Beliebtheit gewisser Vornamen zu verschiedenen Zeiten, um die Sprachen, aus denen Vornamen gewählt werden sowie u. a. um den Intentionswert der Vornamengebung seit 1770 bis 2004. Es sollen also Erkenntnisse dazu gewonnen werden, wie sich das Verhalten bei der Namengebung gewandelt hat. Dabei werden zugleich soziologische sowie ökonomische Aspekte angesprochen, Fragestellungen der Demografie und Psychologie sowie der Linguistik berücksichtigt. Kunze gliedert den Namenschatz in synchrone Abschnitte, analysiert ihn und vergleicht ihn als diachronische Zustandsfolgen miteinander. Anschließend versucht er den Namenbestand auf eine schichten- bzw. gruppenspezifische Streuung bzw. ein diesbezügliches Verhalten der Namengeber zu erforschen.

Den Hauptteil des Buches bildet die „Deskriptive Analyse des Materials nach Zeitabschnitten" (S. 28–207). Dieses Kapitel gliedert Kunze in die Abschnitte (a) „Die männlichen Vornamen von 1770 bis 2004" sowie (b) „Die weiblichen Vornamen von 1770 bis 2004"; es folgen Anmerkungen zu diesen Namenlisten sowie Bemerkungen zu den beliebtesten Erst-/Zweitnamen sowie Drittnamen und Ausführungen zu Zu- und Abnahme der Mehrnamigkeit. Diesen zentralen Abschnitt beschließt eine etymologische Analyse der Namen beider Gruppen. Kunze fügt noch hinzu Tabellen zu Täuflingen mit einem und mehr Paten, getrennt nach Jungen und Mädchen, sowie eine Übersicht zu den Vornamen, die von Paten an die Täuflinge (meistens parallel zur Mehrnamigkeit) weitergegeben wurden. Da sich ein unterschiedliches Namengebungsverhalten in den verschiedenen Schichten feststellen lässt, erörtert Verfasser ebenfalls das Verhältnis von Schichtenzugehörigkeit und Namengebungsverhalten. Auch in diesem Abschnitt seiner Darstellung bietet Kunze aufschlussreiche Tabellen zum Thema, interessant sind die Aussagen in Tabelle 96: ‚Von ledigen Müttern und landwirtschaftlich orientierten Namengebern ausgewählte Jungen- und Mädchennamen' für die Zeit von 1910 bis 1964 (S. 226–239). Statistiktabellen, ein Literaturverzeichnis sowie zehn Anlagen unterschiedlicher Art beschließen das sehr informative Werk. Eingeleitet wird es neben Bemerkungen zur Aufgabenstellung mit Aussagen zur Genese und Struktur des Untersuchungsraumes, nämlich zur Entwicklung wie Struktur Kronshagens.

Als Resume ergibt sich: Zunächst (1770) stehen wenigen Menschen nur wenige Vornamen zur Auswahl. Deshalb werden bestimmte Namen häufig vergeben. Die Bevölkerungszunahme bringt einen Anstieg der Mehrnamigkeit und eine Internationalisierung des Vornamenbestandes mit sich. Die Zunahme der Zahl der Sprachen, aus denen Vornamen gewählt werden, gibt Auskunft über das gesellschaftliche, kulturelle sowie ökonomische Leben und die Kontakte zu anderen Sprachen in Kronshagen. 1770 stammen Vornamen für Jungen außer aus dem Deutschen aus dem Hebräischen, Griechischen sowie Lateinischen (biblische Namen), bei den Mädchen kommen das Arabische und Französische hinzu. Im 19. Jahrhundert sind es – sowohl bei den Jungen als auch Mädchen – bereits elf Sprachen, im Jahre 2004 stammen die Vornamen aus 16 fremden Sprachen. Türkische Vornamen erscheinen 1975 erstmals in den Listen (vgl. Tabellen auf den Seiten 193 bis 205).

Klangschönheit, Weltläufigkeit, Modernität, das Elitäre, auch Tradition bestimmen das Namengebungsverhalten zur Gegenwart hin. Derzeit lässt sich neben dem allgemeinen Trend zu modernen Vornamen ebenso der zu traditionellen beobachten. Auch der Wandel von der ländlichen Prägung des Untersuchungsgebietes zur Schichtenprägung der Industriegesellschaft und schließlich zu schichtenübergreifenden Gruppen spiegelt sich im Vornamenschatz wider. Bis 1920 ist der größte Teil der Bevölkerung Kronshagens in der Land-, Forst- sowie Fischereiwirtschaft tätig, die Sozialstruktur ist relativ stabil, und es lassen sich kaum Unterschiede im Namengebungsverhalten registrieren. Von 1920 bis 1970 nimmt der Anteil derer, die in Handwerk wie Industrie (verarbeitendes Gewerbe) tätig sind, zu, ebenso derjenige, der in öffentlichen sowie privaten Dienstleistungen arbeitet. Auch auf diese Umstände reagiert die Namenvergabe.

Das Buch von Lothar Kunze, eine Kieler Dissertation von 2006, besticht insbesondere durch seine aufschlussreichen Tabellen. *Klaus Müller*

Gero Lietz: Zum Umgang mit dem nationalsozialistischen Ortsnamen-Erbe in der SBZ/DDR. Leipzig: Leipziger Universitätsverl., 2005. 298 S. (Onomastica Lipsiensia. Bd. 4). ISBN 3-937209-63-8.

Der anzuzeigende Band ist der vierte der von E. Eichler, Kh. Hengst, D. Krüger u. J. Udolph mit dem Untertitel „Leipziger Untersuchungen zur Namenforschung“ herausgegebenen Reihe, in der bisher erschienen sind: 1. Hans Walther, Namenkunde und geschichtliche Landeskunde (Neuauflage 2004), 2. Völkernamen – Ländernamen – Landschaftsnamen. Onomastik-Tagungsband (2004), 3. Rosemarie Gläser, Eigennamen in der Arbeitswelt. Sammelband (2005) und 5. Volkmar Hellfritzsch, Personennamen Südwestsachsens. Die Personennamen der Städte Zwikkau und Chemnitz bis zum Jahre 1500 und ihre sprachgeschichtliche Bedeutung (2007)[1].

Bereits vor einem Jahrzehnt befasst sich Gero Lietz mit der in diesem Titel angesprochenen Thematik, nämlich dem „Zusammenspiel von Ortsnamen und Ideologie im Wirkungsbereich totalitärer Gesellschaftssysteme“[2]. Auch im vorliegenden Buch stellt er Ortsnamen in den Kontext zeitgeschichtlicher Fragestellungen und erforscht das Zusammenwirken von Namengebung und Ideologie unter zwei Aspekten: (1) Darstellung der Hintergründe der ideologisch motivierten Ortsnamenveränderungen während der NS-Zeit sowie (2) die Beschreibung des Umgangs der Behörden in der SBZ resp. DDR mit dem vorgefundenen Ortsnamen-Erbe in den Ländern sowie Provinzen des Deutschen Reiches, die im Jahre 1945 die Sowjetische Besatzungszone Deutschlands und ab 1949 die Deutsche Demokratische Republik bilden. (Dabei gilt es zu beachten, dass die Umbenennungen der NS-Zeit bis auf den heutigen Tag zahlreiche Narben auf der Landkarte der neuen Bundesländer hinterlassen.)

1 Vgl. Rez. von K. Müller in: Herold-Jahrbuch NF 12 (2007), S. 242–244.
2 Vgl. Im „Garten der Wandalen“. Ortsnamenänderungen im Reichsgau Wartheland 1939–1945. In. Convivium. Germanistisches Jahrbuch Polen 2001, S. 9–54.

Gegenstand der Untersuchung sind also die in den dreißiger Jahren durch die Nazibehörden zahllos angeordneten Ortsnamenänderungen, d.h. Umbenennungen sowie Namenstilgungen in den Ostprovinzen des Deutschen Reiches, mit denen die Auslöschung siedlungsgeschichtlich bedingter slawischer wie baltischer Spuren bei den Ortsnamen beabsichtigt ist, und es werden Tausende von Gemeinden, Ortsteilen und weiteren geografischen Objekten (Seen, Flüsse, Berge etc.) mit neuen, der nationalsozialistischen Ideologie der „reinen Rasse“ besser entsprechenden Bezeichnungen versehen (S. 11). Beendet wird diese Umbenennungsaktion erst „aus Gründen der Landesverteidigung“ im Jahre 1939. Bis dahin sind seit 1936 allein in der Oberlausitz 56 sorbische Ortsnamen verdeutscht.[3] Die ehem. preußischen Kreise sind härter betroffen als die sächsischen, in denen nach dem Krieg die allermeisten rückgängig gemacht werden.

In den seit Herbst 1939 annektierten polnischen Gebieten unterdes beginnt das Auswechseln von Ortsnamen erst zu diesem Zeitpunkt, und im „Warthegau“ werden von dieser Aktion mehr als 15.000 Ortsnamen erfasst.[4]

Zweitens geht es Lietz insbesondere darum: Wie gingen die SBZ/DDR-Verantwortlichen mit dem überlieferten Ortsnamen-Befund um. Es lässt sich resümieren, dass im angesprochenen Gebiet von 146[5] ideologisch motivierten Ortsnamenänderungen der NS-Zeit lediglich 81 (also 55 %) rückgängig gemacht sind; zumeist in den Jahren 1945–1949. In Brandenburg sind es drei Viertel aller während der NS-Zeit angeordneten Änderungen, die noch gelten, Rückbenennungen zählen in diesem Land zu den großen Ausnahmen.[6] Die Ortsnamenfrage war aber wohl auch wegen der schwierigen Finanzlage nach 1945 ein untergeordnetes Problem. Im Land Sachsen hingegen wurde die Rückbenennung der in der NS-Zeit umbenannten Ortschaften zur Regel.

Als die Länder Mecklenburg-Vorpommern, Brandenburg, Sachsen, Sachsen-Anhalt und Thüringen 1990 dem Geltungsbereich des Grundgesetzes der Bundesrepublik beitreten, werden etliche DDR-Umbenennungen zurückgenommen (*Karl-Marx-Stadt* > *Chemnitz*, *Marxwalde*[7] > *Neuhardenberg* u. a.). (Die ideologisch motivierte Namengebung in Ostdeutschland nach 1945 wird in dieser Arbeit nur beiläufig erwähnt.) Andererseits ist das NS-Ortsnamenerbe fast zwei Jahrzehnte nach der Vereinigung im Jahre 1990 noch deutlich erkennbar: *Märkisch-Buchholz* [bis 1937: *Wendisch Buchholz*], *Freienhufen* [bis 1937: *Dobristroh*], *Siegadel* [bis 1937: *Syckadel*], *Wehrhain* [bis 1937: *Werchluga*].

Detaillierte tabellarische Übersichten dokumentieren die Um- sowie Rückbenennungen mit Datum für die einzelnen Bundesländer: Sachsen (S. 54–60: 81 Umbenennungen)[8], Brandenburg (S. 113–117: 57 Umbenennungen), Sachsen-Anhalt (S. 168: vier Umbenennungen), Mecklenburg-Vorpommern (S. 199–200: 9 Umbenennungen); auf dem Gebiet Thüringens kam es während der NS-Zeit nicht zu ideologisch motivierten Namenveränderungen von Ortschaften[9]. Während in Mecklenburg-Vorpommern, auch in Brandenburg, slawischen Namen sehr oft ihre Herkunft anzusehen ist, trifft das für Thüringen und Sachsen weniger zu, vgl. u. a. *Plauen, Gablau, Dobia, Büna*. Bei Namen auf *–itz* wird zumeist slawische Herkunft vermutet, doch be-

3 Vgl. J. Meschgang: Die Ortsnamen der Oberlausitz. Bautzen 1973, S. 167 f.

4 Vgl. Anm. 2.

5 S. u. die Tabellen für die Bundesländer – die Summe beträgt hier 151.

6 Vgl. R. E. Fischer: Die Ortsnamen der Länder Brandenburg und Berlin. Alter – Herkunft – Bedeutung (Brandenburgische Historische Studien, Bd. 13). Berlin 2005, S. 214 ff.; vgl. dazu Rez. von K. Müller in: Zeitschrift für Mitteldeutsche Familiengeschichte 48 (2007), S. 236–238, und von Waldemar Schupp in Herold-Jahrbuch. NF 11 (2006), S. 232–235.

7 Nebenbei: Straßennamen wie (*Karl*)-*Marx-Straße*, auch *Karl-Marx-Platz*, gibt es in den neuen Bundesländern haufenweise, in den alten indes fehlen sie keineswegs, sie finden sich außer natürlich in Trier auch in Bayreuth, Berlin, Braunschweig, Bremen, Darmstadt, Dortmund, Duisburg, Forchheim, Frankfurt a. M., Göttingen, Hagen, Hamm u. a.

8 Vgl. Historisches Ortsnamenbuch von Sachsen. Hrsg. von E. Eichler u. H. Walther. Bearb. von E. Eichler, V. Hellfritzsch, H. Walther u. E. Weber. Bd. III: Apparat und Register. Berlin 2001, S. 350 ff.; vgl. dazu: K. Müller in: Zeitschrift für Dialektologie und Linguistik 70 (2003), S. 241–242.

9 Vgl. hierzu ein Gutachten von Willy Flach, dem Direktor der Thüringischen Staatsarchive, in dem die wissenschaftlichen Gesichtspunkte der slawischen Siedlungszeugnisse in Thüringen hervorgehoben werden, was wohl zur Zurückhaltung in dieser Frage führte (S. 231 ff.).

achte *Weischlitz*, das ein genetivischer Ortsname ist[10]. – Es werden auch Ortsnamenänderungen in Schlesien, der Provinz Posen, Westpreußen, Ostpreußen, Pommern u. a. angesprochen. Als Anhang findet sich eine Übersicht der ideologisch begründeten Ortsnamenänderungen während der NS-Zeit (Gesamtzeit für das Territorium der SBZ/DDR/neue Bundesländer) 1. Alphabetisch geordnet nach historischen Ortsnamen (S. 261–272), 2. Alphabetisch geordnet nach dem in der NS-Zeit eingeführten Namen (S. 272). Die Tabellen sind der eindruckvollste Teil der Darstellung, deren Diktion nicht immer emotionsfrei ist. Beachtenswert auch, dass zitierte Autoren, auch andere Personen, biografisch vorgestellt werden, vgl. Theodor Oberländer (S. 40), Willy Flach (S. 231).

Ein Ortsnamen- sowie ein Personenregister beschließen die Darstellung, die mit vielen Details aufwartet und andere Arbeiten ausführlich zitiert. *Klaus Müller*

Yvonne Luft: Die Bedeutung von Namen in Kinderbüchern. Eine Studie zur literarischen Onomastik im Spannungsfeld zwischen Autor und Leser. Duisburg: Universitätsverlag Rhein-Ruhr, 2007. 278 S. ISBN 978-3-940251-06-0.

Die literarische Onomastik ist in den letzten Jahren stärker in den Vordergrund gerückt; als eigenständige Disziplin hat sie sich in den siebziger Jahren des vergangenen Jahrhunderts sicher etabliert.[11] Es wird in Theorie sowie Praxis insbesondere der Frage nachgegangen, welche Funktion Eigennamen in belletristischen Werken einzelner Autoren haben und welche semantischen Merkmale literarische Namen zeigen. Die literarische Onomastik kann als Bindeglied zwischen Literaturwissenschaft und Namenkunde gelten. Namen literarischer Gestalten können durch ihre außergewöhnliche Struktur mannigfache Assoziationen wecken und erlangen so eine große Bedeutung im literarischen Werk; man betrachte solche Namen wie *Prinzessin Wasserblüte*, *Herr Selbstzweifel*, *Zwerg Kraftprotz*, *Fliegenbein* u. a.

Verfasserin untersucht in dieser an der Universität Duisburg-Essen entstandenen Dissertation des Jahres 2007 zunächst die sprachliche Struktur von Eigennamen aus fantastischen Kinderbüchern allgemein beliebter deutscher Autoren wie z. B. Gabriele Beyerlein, Michael Ende, Cornelia Funke, Kai Meyer, Max Kruse sowie Irmgard Lindner. Um einen Einblick in den Prozess der Namenschöpfung zu gewinnen, werden Gespräche mit den Autoren geführt, um die Absichten der Namengeber zu ermitteln. Die Autoren wollten für ihre fantastische Kinderliteratur möglichst assoziationsstarke Namen schaffen. Es war zudem ihre Absicht, den Namen in seiner Besonderheit für die Kinder erkennbar zu machen, aber auch ungewöhnlich klingen lassen, dass er nicht als alltäglich empfunden werden kann. Schließlich wird mit einer Schulklasse erprobt, ob die Namen den erwünschten Assoziationseffekt erzielen. Im Hauptteil, der empirischen Analyse (S. 79–242), wird das Corpus auf seine Namen- und Wortbildungsarten untersucht. Dabei werden auch die verschiedenen semantischen Aspekte eingehend beleuchtet Es geht u. a. auch darum zu zeigen, was das Spezifische an literarischen Namen ist und inwiefern sich diese ausdrucksstarken Benennungen von der normalen Namen- und Wortbildung unterscheiden.

„Nur der richtige Name gibt allen Wesen und Dingen ihre Wirklichkeit ... Der falsche Name macht alles unwirklich" (Michael Ende, Die unendliche Geschichte, Stuttgart 1979, S. 169 f.).

Ein Buch mit theoretischen Ansprüchen und zugleich beachtenswerten empirischen Ergebnissen. *Klaus Müller*

10 Vgl. Historisches Ortsnamenbuch von Sachsen. Bd. II: M–Z. Berlin 2001, S. 563 f.

11 Vgl. jüngst u. a. Dietlind Krüger: Textlinguistische Studien der Namenforschung, in: Namenarten und ihre Erforschung. Ein Lehrbuch für das Studium der Onomastik. Hrsg. von Silvio Brendler u. Andrea Brendler. Hamburg 2004, S. 123–152; weiterhin: Eigennamen in der literarischen Übersetzung, dargestellt am Beispiel von Übersetzungen von J. K. Rowlings „Harry Potter". In: Namenkundliche Informationen 85/86 (2004), S. 141–163.

Die Matrikel der Universität Leipzig. Hrsg. von Jens Blecher u. Gerald Wiemers. Teilbd. 1–2. Weimar: Verl. und Datenbank für Geisteswissenschaften, 2006–2007. Teilbd. I: Die Jahre 1809 bis 1832. 2006. 490 S., Abb. ISBN 978-3-89739-522-0. – Teilbd. II: Die Jahre 1832 bis 1863. 2007. 613 S., Abb. ISBN 978-3-89739-589-3.

Es gibt bislang nicht übermäßig viele Matrikeleditionen, die das gesamte 19. Jahrhundert umfassen (wie z.B. Dorpat, inzwischen bis 1918; Göttingen bis 1900; Heidelberg nur bis 1870). Die meisten enden im frühen 19. Jahrhundet. Allzulange hat man wohl den vielfältigen Wert solcher Arbeiten auch für die neueste Geschichte unterschätzt, weil sich hier vielleicht etwas mehr Ausweichquellen und Literatur bieten als in Mittelalter und Früher Neuzeit, wo der nackten Matrikeleintragung oft kein weiterführendes Überlieferungsumfeld entspricht. Die große Zahl der Studenten im 19. und 20. Jahrhundert mag ebenfalls abschreckend auf Editoren gewirkt haben. Wesentlicher ist aber wohl, dass derlei Kärrnerarbeiten, die man im Kaiserreich noch gern auf sich nahm und damals auch finanzieren konnte, unbeliebt geworden sind. Die Zahl derer, die dazu wirklich in der Lage sind, hat in Zeiten gering geschätzter hilfswissenschaftlicher Ausbildung wohl auch nicht gerade zugenommen. Schließlich muss man bedenken, dass es nicht wenige Universitäten gibt, deren Matrikeleditionen nicht einmal bis 1800 gediehen sind bzw. deren Editoren noch tief in der Frühen Neuzeit Arbeit genug haben und dies folglich als vordringlich ansehen mussten oder müssen. Nicht nur Bildungs- und Wissenschaftsgeschichte, sondern alle historischen Teildisziplinen haben inzwischen aber allein schon zeitlich einen so weiten Abstand zum 19. Jahrhundert, dass es höchste Zeit ist, die Voraussetzungen für die Forschung zu verbessern, und dazu gehören nun einmal auch gute und große Editionen (dasselbe ließe sich für viele andere, nicht zuletzt auch personen- und familiengeschichtliche Quellen sagen). Es steht freilich zu befürchten, dass vielerorts der Zeitpunkt schon verpasst worden ist und heute nur noch für digitale Publikationen Finanzierungen zu bekommen sind.

Die Leipziger Universität geht da nun – in Vorfreude auf ihr 2009 zu begehendes 600jähriges Jubläum – einen Weg, der am Ende beides einschließen soll. Geplant ist eine mehrbändige Buchedition und eine Datenbank, die den Zeitraum vom Ende der alten, von Georg Erler bearbeiteten und bis 1809 reichenden, inzwischen nicht nur nachgedruckten, sondern auch im Internet zugänglichen Edition bis 1909 umfassen soll. Damit wird ein Matrikel-Jahrhundert aufbereitet, in dem sich die Leipziger Universität „aus einer nicht unbedeutenden Landesuniversität zu einer führenden Großuniversität des Deutschen Reiches mit internationalem Renommee" entwickelt hat (Einleitung der Hrsg., S. 13). Entsprechend groß ist die Erwartung der Wissenschaft an den Inhalt, aber auch an die Form der Aufbereitung durch die Editoren. Beiden hier vorzustellenden Teilbänden sind Texte vorangestellt, die z. T. weit über Editionsregeln hinausgehen. Während Teilband I eine nur merkwürdig knappe, eher vorwortartige Einleitung der Herausgeber enthält, überlässt man die ausführliche editorische Einleitung (S. 15–61) der Feder von *Bert Liebau*, der sich damit als Teil seiner Magisterarbeit bei Enno Bünz befasst hatte. Liebau analysiert nicht nur eingehend die Geschichte der Vorgängeredition, sondern beschreibt (wenngleich etwas ausufernd) minutiös die Handschriften der jetzt edierten Matrikel und liefert auch eine nützliche Darstellung des Immatrikulationsverfahrens im 19. Jahrhundert. Da ihm und *Manuela Carl* zudem persönlich für die „vorbildliche Arbeit" in der Endredakion gedankt wird, die ursprüngliche Datenerfassung aber „vor allem [?] von [namenlosen!] studentischen Hilfskräften übernommen" (S. 14) worden war, erscheint die Titelblattgestaltung, die nur die Herausgeber nennt, zumindest unzeitgemäß, wenn nicht frech. *Jens Schubert* steuert sodann einen kurzen Beitrag über „Neue Möglichkeiten der Matrikelforschung in Leipzig" bei (S. 63–69), der gewissermaßen ein Exposé zu seiner geplanten Dissertation über den EDV-gestützt zu analysierenden Universitätsbesuch darstellt. Teilband II ist wiederum eine vorwortartige, jetzt aktualisierte Einleitung der Herausgeber beigegeben, vor allem aber zwei umfangreiche Aufsätze, die dann doch nicht unbedingt zwingend hierhergehören: *Harald Lönnecker* behandelt unter dem Haupttitel „In Leipzig angekommen, als Füchslein aufgenommen" Verbindungen und Vereine an der Universität Leipzig im 19. Jahrhundert (S. 13–48), ein Thema, für das er bereits seit langem ausgewiesen ist. *Gerald Wiemers* schließlich bietet eine kleine Liste der späteren Akademiemitglieder unter den Studenten (S. 49–52).

Was bietet nun der eigentliche Editionstext? Die Eintragungen der Studenten sind dreispaltig gesetzt. Das spart zwar Platz, macht aber die Buchausgabe nicht gerade übersichtlicher. Die vollständig und möglichst buchstabengetreu aus der Vorlage übertragenen Angaben sind im wesentlichen nur in der Zeichensetzung modernisiert worden. Zusätze in eckigen Klammern beziehen sich offensichtlich auf das vorhergehende Wort, was aber in der Einleitung nicht gesagt wird und hier und da zu Zweifelsfällen führen könnte. Abkürzungen sind in sicheren Fällen stillschweigend aufgelöst. Wieweit dies alles angesichts der Vielzahl von Hilfskräften einheitlich durchgehalten worden ist, muss offen bleiben. Außer den selbstverständlichen Angaben enthalten die Einträge erfreulicherweise, wenn auch nicht durchgehend, ab 1832 auch das Alter, die Religionszugehörigkeit, den Stand des Vaters, Schulbesuch und die Wohnungsadresse, dagegen nicht Angaben über den Abgang bzw. Verbleib, die aber z.T., aus anderen Quellen des Universitätsarchivs übernommen, in einer eigenen Datenbank recherchierbar sein sollen. Insgesamt steht die Datenbank wohl doch eindeutig im Vordergrund des Interesses der Editoren. Manche Angaben mussten ihr zuliebe im Buch datenbanktauglich gesetzt werden wie anstelle von „†" bei Vätern das umständliche „+ [verstorben]". Angesichts des Vertrauens auf die Datenbank erschließt die Buchversion nur ein Personenregister. Beide Bände enthalten am Schluss kurze Bildteile mit universiätsgeschichtichen Abbildungen, Porträts bekannter Studenten und Professoren, Beispielbänden der Matrikel u.a. Die Bildqualität ist angesichts des Print-on-Demand-Verfahrens wie die der sich bereits lösenden Klebebindung katastrophal. Dem Schmutztitel von Band II ist ferner ein farbiges Abbildungsblatt vorangestellt, auf dem 16 Wappen studentischer Verbindungen präsentiert werden – ein ungewöhnliches Verfahren für eine seriöse Matrikeledition. Heraldikern wird es angesichts der Farb- bzw. Metallwiedergaben grausen (Gold als Dunkel-Oliv).

So trägt die Print-on-Demand-Buch-Edition – und nur sie konnte hier besprochen werden – inhaltlich wie äußerlich deutliche Zeichen der Prioritätensetzung zugunsten der Datenbank. Positiver gesprochen darf man jedoch dankbar sein, dass sich offenbar genügend Stimmen fanden, die gleichwohl auch die Bücher haben wollten. So kann die Leipziger Universität nach nunmehr 100 Jahren endlich an die berühmte Erlersche Edition anknüpfen. Über alle hier geäußerte Detalkritik hinweg wird der weit über genealogische und bildungsgeschichtliche Forschungen hinausreichende Nutzen der jetzt vorliegenden und der hoffentlich in Kürze folgenden Bände jedem sofort einleuchten, der einmal mit ihnen gearbeitet hat. Insofern kann man das Ergebnis nur recht vielen anderen Hochschulen vor Augen führen, die ihre diesbezüglichen Hausaufgaben noch nicht gemacht haben. *Peter Bahl*

Jan Peters: Märkische Lebenswelten. Gesellschaftsgeschichte der Herrschaft Plattenburg-Wilsnack, Prignitz 1550–1800. Berlin: Berliner Wissenschafts-Verl., 2007. 852 S., zahlr. Abb. (Veröffentlichungen des Brandenburgischen Landeshauptarchivs Bd. 53). ISBN 978-3-8305-1387-2.

Die Prignitz fristete in genealogischer Hinsicht lange Zeit ein gewisses Mauerblümchendasein. Dies änderte sich erst in den vergangenen beiden Jahrzehnten vor allem durch die Veröffentlichungen Georg Grünebergs (Lenzen), denen der Versuch folgte, einen kleinen Kreis interessierter Forscher zur Zusammenarbeit zu ermuntern, was jedoch leider der rasche Tod der besonders engagierten damaligen Prignitz-Genealogen Werner Wietz, Hans-Joachim Buchholtz (beide MdH) und Friedhelm Hann vereitelte. Die nach der politischen Wende erfolgte Gründung von Fördervereinen, z.B. für die Plattenburg und das Schloß Wolfshagen sowie die damit verbundenen – auch genealogischen – Aktivitäten unserer Herold-Mitglieder Prof. Dr. Bernhard von Barsewisch (Groß Pankow) und Dr. Uwe Czubatynski, Vorsitzender des Vereins für die Geschichte der Prignitz und seit kurzer Zeit Leiter des Domstiftarchivs in Brandenburg/Havel, haben jedoch auch für den Familienforscher zu interessanten Publikationen geführt, auf die bei einer genealogischen Forschung nach Prignitzer Vorfahren zurückgegriffen werden kann. Ferner sei an dieser Stelle noch auf das im Jahre 2000 erschienene Grundlagenwerk von Dr. Lieselott Enders über die Prignitz hingewiesen, dem nun das im wahrsten Sinne des Wortes in jeder Beziehung schwergewichtige hier anzuzeigende Werk von Prof. Dr. Jan Peters folgt.

Es beschäftigt sich mit einem Teilbereich der Prignitz, der Saldernherrschaft Plattenburg-Wilsnack, die das Glück hatte, durch eine nahezu lückenlose Überlieferung des Guts- und Familienarchivs v. Saldern im Brandenburgischen Landeshauptarchiv über eine fast unerschöpfliche Quelle ersten Ranges zu verfügen. Die Auswertung tausender Akten, eine durch zahlreiche Akademie-Mitarbeiter bewältigte wahre Herkulesaufgabe und große Leistung des Autors, hat zu dieser wertvollen und wichtigen Publikation geführt, die nicht nur die Geschichte dieser Prignitz-Region wohl weitgehend erschöpfend bearbeitet, sondern sich vor allem sonst vernachlässigten Aspekten der Alltags- und Mentalitätsgeschichte widmet, die für jeden ernsthaft interessierten Genealogen – auch aus anderen regionalen Gefilden – hochspannendes „Lesefutter" sein dürfte. Es war das Anliegen des Autors, keine Adelsgeschichte vorzulegen, sondern den gesamten Mikrokosmos einer adligen Gutsherrschaft zu erfassen. Die Bürger des Städtchens Wilsnack, die Bauern der Saldern-Dörfer, Kossäten, Tagelöhner, Verwalter der Vorwerke, Schäfer, Müller, die adligen Bewohner und das Gesinde der Plattenburg, sie alle werden zueinander in Bezug gesetzt und in ihrem Agieren und Reagieren interpretiert. Es war eine Herzensangelegenheit des Autors, die in den Quellen aufscheinenden leisen Zwischentöne herauszuarbeiten und die auf einander wirkenden unterschiedlichen Kräfte, das Miteinander und Gegeneinander einer lokalen Gesellschaft vorzuführen.

Die insgesamt 30 Kapitel dieses Werkes verteilen sich auf eine umfangreiche Einführung in das Thema nebst seiner Vorgeschichte, ferner auf die Abschnitte „Herrschaft, Inszenierung und Umbau (1550–1575)", „Gutswirtschaft, Bedrängnis, Widersinn (1575–1625)", „Angst, Hexerei und Krieg (1625–1650)", „Hoffnung, Enttäuschung, Neubeginn (1650–1700)" und „Enttäuschung, Hoffnung, Wandel (1700–1800)". Es kann hier nicht der Platz sein, diese Arbeit in ihrer gesamten historischen Dimension zu würdigen (nur so viel sei verraten: ein Glücksfall für die Prignitz), sondern es sollen einige Facetten herausgegriffen werden, die aus genealogischer Sicht von Bedeutung sein könnten. Allein aus der Titelwahl der einzelnen Abschnitte ergibt sich bereits, daß Peters' Schwerpunkt nicht allein Daten, Zahlen und Fakten sind, sondern – zwischen den Zeilen der Quellen lesend – versucht wird, Leben und Erleben, Denken, Fühlen und Handeln in ihrem jeweiligen historischen Kontext herauszuarbeiten.

Im XXI. Kapitel geht es zum Beispiel um Geschwätz und Habitus, um Gerede, Gerüchte, „Geschrey" und Körpersprache. Dabei versucht der Autor, „hinter die Kulissen" zu schauen, die Bedeutung von Ehre und Würde zu ermessen und den Quellen die zeitgenössischen Normen und unterschwelligen Kontrollmechanismen des Verhaltens innerhalb der dörflichen Gemeinschaft zu entlocken. In dieses Feld gehört auch die im XXIV. Kapitel „Geschlecht und Generation, Ehe und Magie" beschriebene Situation der Frauen, ihre (Überlebens-)Strategien in Form eines (losen) Mundwerks, aber auch vor Gewaltanwendung bei Ehrverletzung (z.B. Schlägereien zwischen Bauersfrauen um die Rangfolge bei Kirchensitzen) nicht zurückschreckend. Das In-die-Welt-Setzen von Gerüchten z.B. über Liebeleien, Schwangerschaften oder – mit fatalen Folgen – Verleumdungen als Hexe gehören ebenso zu diesem Thema wie die Frage nach „typisch weiblicher Delinquenz", die aus den überlieferten Gerichtsprotokollen zu beantworten versucht wird. Peters räumt den Bauersfrauen der Herrschaft gegenüber einen größeren verbalen Spielraum ein, da sie – im Gegensatz zu den manches Mal zurückhaltender agierenden Männern – nicht an den Untertaneneid gebunden waren. Hexerei und Magie nimmt auch in einem früheren Kapitel (XVI) breiten Raum ein, da das Gefühl der Hilflosigkeit und des Ausgeliefertseins die Lebenswirklichkeit insbesondere während des Dreißigjährigen Krieges prägte. Gefährdet waren vor allem Witwen oder alleinstehende Frauen, die das lebensbedrohliche Gerücht, Hexe zu sein, auf sich allein gestellt nur schwer abweisen und widerlegen konnten. Der Autor veranschaulicht anhand der Verhandlungen vor Gericht, wie sich zunächst angeblich harmlos dahingesagte Sätze zu Tratsch und Gerüchten, dann zu Anklagen auswuchsen, denen aber glücklicherweise der Richter nicht immer automatisch folgte. Peters zeigt, dass hinter solchen Anschuldigungen häufig ganz andere, handfeste materielle Interessen oder Streitereien stehen, die in der Gerichtsverhandlung selbst nicht oder nur andeutungsweise zur Sprache kommen.

Konflikte und Formen der Konfliktbewältigung sind weitere Themenbereiche (u.a. Kapitel VIII), die hier hervorgehoben sein sollen. Interessenkollisionen zwischen Gutsherren und Bauern um Dienste und Abgaben scheinen alltäglich gewesen zu sein. Auch die Stadt Wilsnack

– zum „Saldernreich" gehörig – lag mit ihrer Herrschaft, so will es scheinen, wohl fast in Dauerfehde, wobei Peters die unterschiedlichsten Konstellationen einzelner Parteiungen und ihre jeweiligen Intentionen fein herausarbeitet. Auf den Dörfern stritt man aber auch untereinander um Nutzungsrechte, Begrenzungen, angeblichen Diebstahl von Gras, Heu oder Holz. Wäsche wurde von der Bleiche entwendet oder Gemüse aus den Gärten stibitzt. Die Akzeptanz des gesellschaftlichen Ansehens und des jeweiligen Standes und die Achtung der Würde einzelner Dorfbewohner spielen in den zwischenmenschlichen Auseinandersetzungen und für ihre Beilegung eine entscheidende Rolle.

Pfarrer und Küster als „Angestellte" ihrer Kirchenpatrone und materiell abhängig von den pünktlich gezahlten Abgaben ihrer „Schäfchen" agieren in Stadt und Dorf zwischen allen Stühlen: Peters arbeitet sehr anschaulich heraus (Kap. XIII), wie die Pfarrer versuchen müssen, nach oben „gut Wetter" zu machen und zu liebedienern, damit z.B. ihr baufälliges Pfarrhaus repariert wird, während sie – jedenfalls von Fall zu Fall – nach „unten" Druck ausüben, um von ihren Gemeindegliedern die ihnen zustehenden Abgaben auch tatsächlich zu erhalten. Die Verweigerung von Gottesdienst oder Beichte für die Dörfler durch den Pfarrer oder ein Verbot des Gutsherrn an die Gemeinde, bei einem bestimmten Pfarrer die Kirche zu besuchen, sollen hier nur die breitgefächerten Konfliktmöglichkeiten im Dreieck Gutsherrschaft-Pfarrer-Dorfbewohner andeuten.

Sehr einfühlsam ist das letzte Kapitel (XXX) über Raum und Zeit, über die Möglichkeiten der Kommunikation (Dorfplatz, Krug, Bleiche, Brunnen) oder über weite Entfernungen hinweg, über Kommunikationsmittel, „Raumerfahrung" und Raumverständnis. Die Auswertung des Gutsarchivs z.B. zum Thema „Fuhren" zeigt deutlich, in welchem Radius sich die Bauern bewegen mussten und auskannten (rund 100 km). Wegen Beschwerden und Klagen gegen die Herrschaft zogen manche persönlich nach Berlin vor Gericht, andere kamen als Flößer auf Havel und Elbe bis nach Hamburg. Der Erfahrungsraum unserer Vorfahren war also weitaus größer als meistens vermutet wird, die Möglichkeiten rascher Kommunikation (z.B. bei einem Diebstahl durch Fremde) bewegen sich leichtfüßig im 50-km-Bereich!

Breiten Raum in verschiedenen Kapiteln nimmt das Thema der Beziehung zwischen Herrschaft und Untertanen ein, das von ständigen Querelen, Konflikten und „Häkeleien" (ein Lieblingswort des Autors) geprägt war. Den fortwährenden Versuchen der Gutsherrschaft, die Dienste und Abgaben zu ihren Gunsten zu erhöhen, wüste Höfe einzuziehen oder bäuerliche Privilegien (z.B. Mastschweine in den Wald zu treiben) abzubauen, steht die Phalanx der Bauern (und Kossäten) gegenüber, die auf alte Rechte und Zusagen pochen und ihre mündliche Überlieferung gegen die im 16. Jahrhundert vermehrt einsetzende „Schriftlichkeit" (und den damit verbesserten „Kontrollmöglichkeiten" der Gutsherrschaft) doch das eine oder andere Mal durchzusetzen wissen (Kap. VII). Klagen in Berlin bzw. direkt beim Kurfürsten führten nicht automatisch zu einem Urteil zu Gunsten des Gutsherrn. Bäuerlicher Widerstand manifestierte sich im übrigen eher unterschwellig bei den zu leistenden Diensten in Form von Trödeleien, Verspätungen oder langen Pausen, aber auch im offenen Konflikt durch Verweigerung oder „Offenen Unwillen" wie in Groß Leppin im Jahr 1570 (Kap.VIII).

Auf das Interesse von Prignitzer Familienforschern wird sicher der Abschnitt stoßen, in dem der Autor die Kirchenbücher des Bereichs Plattenburg-Wilsnack statistisch aufbereitet. Basismaterial stellte u.a. der oben bereits erwähnte Georg Grüneberg zur Verfügung, der in puncto Genealogie und Ortsgeschichte als ausgewiesener Kenner der Prignitz gelten darf. Heiratsfrequenzen, Heiratsalter, altersspezifische Fruchtbarkeit, Unterschiede zwischen Stadt (Wilsnack) und Land (den beiden hier ausgesuchten Dörfern Legde und Groß Lüben) usw. sind hier akribisch ausgewertet worden. U.a. wird die Frage aufgeworfen und diskutiert, ob sich aus dem vorgegeben Material z.B. Rückschlüsse auf eine gewollte Geburtenkontrolle ziehen lassen.

Jan Peters ist tief eingetaucht in die historische Alltagswirklichkeit des Mikrokosmos der Saldern-Herrschaft Plattenburg-Wilsnack. Phasenweise beschleicht den Leser das Gefühl, der Autor sei wirklich jedem Bewohner persönlich begegnet. Wortgewaltig und zugleich einfühlsam beschreibt er gelebtes Leben mit seinen Freuden und Abgründen über rund 250 Jahre hinweg. Mehrere Generationen der Familie von Saldern nebst deren Frauen und Kindern ziehen alltagsgeschichtlich und mentalhistorisch-psychologisch seziert am Leser vorbei. Die Saldern-Stadt Wilsnack mit ihren unterschiedlichen Einwohnerschichten wird bis in die engste Gasse ausgeleuchtet und auch die Bauernfamilien können vor Jan Peters scharfem, wissenschaftlichen Blick (und seinem mitfühlenden Herz!) wohl kaum etwas verstecken! Natürlich, manche Rückschlüsse, die er zieht, scheinen fraglich, das Material, gerade das demographische aus den Kirchenbüchern des 17. Jahrhunderts, wahrhaft zu dünn und durch den Krieg und andere Umstände zu zufällig. So mag die Wiederheirat von angeblich nur 14 Witwern im Gegensatz zu 43 Witwen zwischen 1632 und 1704 wohl z.B. der Tatsache geschuldet sein, dass erfahrungsgemäß im Kirchenbuch der Mann nicht unbedingt als Witwer bezeichnet wird, während dies umgekehrt bei der Frau fast immer der Fall war. Hier nun zu meinen, Wilsnacks Witwer wären alle fortgezogen oder hätten ihr weiteres Leben in häuslicher Einsamkeit verbracht, dürfte wohl ein Irrtum sein. Auch die Frage der Geburtenkontrolle, diskutiert aus dem Zahlenmaterial der Taufregister und der Altersstatistik der gebärenden Ehefrauen (erstes Kind/letztes Kind) dürfte wohl so noch nicht abschließend bewertbar sein. Ob man tatsächlich aus dem Alter der Frau (rund um 40) bei der Geburt des letzten Kindes eine „angestrebte letzte Korrektur der Arbeitskräftesituation auf dem Hof" ablesen kann (und das bei einem Zahlenmaterial von nur 1–7 Frauen pro Jahrzehnt!) oder ob es sich hierbei nicht eher um das natürliche Ende der Fruchtbarkeit der Frau handelt? Peters bezeichnet manches selbst als fraglich oder nur tendenziell aussagekräftig, insofern scheint ihm die Problematik mancher Aussagen, die er dann allerdings dennoch trifft, durchaus bewusst.

Das Gutsarchiv der Familie von Saldern liefert neben rein ökonomischen Fakten über Aussaat und Ernte, über Steuern , Dienste und Abgaben wie alle Archive überwiegend Informationen über Situationen, in denen es zu Konflikten kam, die schließlich einen schriftlichen Niederschlag fanden. Daran kranken leider viele derartige Quellenauswertungen. Deshalb könnte man oft meinen, unsere Vorfahren seien allesamt Querulanten und Streithansel gewesen. Klagen der Gutsherren über die Bauern, der Bauern über ihre Herrschaft oder über die Verwalter, Grenzstreitigkeiten, Prozesse wegen übler Nachrede und Beleidigungen, Diebstähle, Schlägereien im Krug, „unsittliches" und moralisch verwerfliches Verhalten von Männern und Frauen, Saufen und übermäßiges Feiern, all das tritt einem aus den Akten entgegen, nicht aber die Phasen wenigstens halbwegs friedlichen Miteinanders, die es ja auch und doch wohl überwiegend gegeben hat. Insofern findet hier eine gewisse Verzerrung eines Abbilds des Alltagslebens statt, die dem Autor jedoch ebenfalls bewusst ist und die er an mehreren Stellen thematisiert. Problematisch scheint diese „einseitige" Quellenlage jedoch überwiegend bei der Bewertung des Verhältnisses Gutsherrschaft – Bauern in die Waagschale geworfen worden zu sein. Hier ist doch, um eine weiteres Lieblingswort des Autors zu gebrauchen, in manche aktenkundige Situation zu viel „der perpetuellen Widerständigkeit" hineingedeutet worden. Warum wird „lautes Vergnügen" nebst Trinken und Feiern als „Rebellion" gewertet, schlichte Faulheit bei Arbeitern damit begründet, dass diese „mit ihren knappen Ressourcen an Kalorien haushalten" mussten und warum wird Sauferei bei städtischen Handwerkern als „Widerstand" gedeutet? Hier dürfte doch manches Mal, und das zieht sich durch das ganze Buch, zu viel der Hinein-Interpretation und gesellschaftspolitischen Deutung, dafür zu wenig der ganz individuellen Fehlbarkeit der Menschen als alternative Möglichkeit berücksichtigt worden zu sein. Der Autor hätte statt dessen seine Saldern-Untertanen einfach nur feiern, trinken und sich vergnügen lassen sollen!

Das Werk wird abgeschlossen mit einem Register der Personennamen, in dem aber leider die Familiennamen des Anhangs nicht mehr berücksichtigt wurden. Auch taucht z.B. der Havelberger Bischof Busso von Alvensleben merkwürdigerweise nur unter dem „Namen" Havelberg auf, nicht aber unter Alvensleben, während ein Bischof von Halberstadt unter seinem Vornamen „Friedrich" aufscheint. Man vermisst ferner schmerzlich ein Ortsregister und das ebenfalls bei einer solchen Arbeit so bedeutende Sachregister. Es ist bedauerlich, dass gerade bei einem so grundsätzlichen, wichtigen und umfassenden Werk diese sicher aufwendigen „Erschließungsarbeiten" gescheut worden sind und damit die Nutzbarkeit dieser Arbeit eingeschränkt ist, ein wirklich überflüssiges und völlig unverständliches Manko! Ein umfangreiches Quellen- und Literaturverzeichnis, dem wohl jeder noch Anregungen für eigene Forschungs- und Archivarbeiten entnehmen kann, rundet das Werk ab.

Kein Prignitz-Genealoge, der sich ernsthaft und intensiv mit seiner Familiengeschichte auseinandersetzt, wird an diesem Werk zukünftig vorbeikommen. Es sei aber auch jenen wärmstens empfohlen, die ganz allgemein mehr über den Alltag ihrer Vorfahren wissen möchten, denn über die Herrschaft Plattenburg-Wilsnack hinaus dürften die Ergebnisse dieses Werkes sicher zum großen Teil auch für andere Gutsherrschaften in der Prignitz oder der Mark Brandenburg Geltung haben. Ein wirkliches „opus magnum", für das dem Autor großer Dank gebührt.

Felicitas Spring

Räume des Selbst. Selbstzeugnisforschung transkulturell. Andreas Bähr, Peter Burschel, Gabriele Jancke (Hg.). Köln u.a.: Böhlau, 2007. IX, 320 S., Abb., Kt. (Selbstzeugnisse der Neuzeit, Bd. 19.). ISBN 978-3-412-23406-5.

Der vorliegende Sammelband vereint zwei von der kulturalistischen Wende in der Geschichtswissenschaft geprägte Ansätze. Zum einen bezieht er sich auf die seit nunmehr beinahe 20 Jahren florierende Selbstzeugnis- bzw. Autobiographieforschung, in der Strategien und Muster individueller Wahrnehmung, Erfahrung und Erinnerung beleuchtet werden. Zum anderen erfasst er das seit einigen Jahren diskutierte Raum-Konzept. Dieses Konzept beinhaltet – mit dem Fokus auf konstruktivistische und essentialistische Zugänge – objektive und subjektive, absolute und relationale Räume. Dahinter verbergen sich letztlich Lebenswelten und individuelle Handlungsräume, die Akteure erleben und wahrnehmen und in denen sie sich bewegen. Die Herausgeber trennen bei derartigen „Räumen des Selbst" in autobiographischen Schriften in Räume der schreibenden und Räume der beschriebenen Person. Ausgangspunkt des Bandes sind die bisher von der Forschung erstellten drei gängigen Grundannahmen, dass erstens die Person in einem autobiographischen Text ein ‚Innen' und ein ‚Außen' skizziert, dass eine Trennung öffentlicher und privater Sphären erfolgt, und dass die Herausbildung eines privaten Bereichs ein spezifisches Kennzeichen der westlichen Welt sei. Die Autoren des Bandes wollen diesen eurozentrischen Fokus zu einer transkulturellen Perspektive erweitern. Sie fragen dabei nach den Kulturtechniken, Lebensformen und Lebensweisen, in denen sich Menschen vom Spätmittelalter bis zum 20. Jahrhundert dargestellt haben.

Die insgesamt 19 Aufsätze sind auf fünf Schwerpunkte verteilt. Unter „Raum und Ritual" referiert zum Beispiel Thomas Weller über die Wahrnehmung Spaniens und des spanischen Hofzeremoniells in frühneuzeitlichen Selbstzeugnissen des deutschsprachigen Raums und Dorothee Linnemann beleuchtet zeichenstrategische Personenkonzepte von Gesandten im Zeremonialbild des 16. und 17. Jahrhunderts. Gabriele Jancke und Sebastian Cwiklinski etwa thematisieren unter „Zugehörigkeiten und soziale Beziehungen" die Darstellung der Gastfreundschaft im Reisebericht des tatarischen Publizisten Ibrahim, während unter der Rubrik „Orte der Gewalt und Selbstwahrnehmung. Gewalt, Zwang, Grenzverletzung" zum Beispiel Petra Buchholz sich mit Geständnissen japanischer Kriegsgefangener beschäftigt. Die letzten beiden Schwerpunkte mit jeweils drei Beiträgen umfassen die Kapitel „Konversion, Widerstand, Raumwechsel" sowie „Traum, Person, Raum".

Der Band beleuchtet ein interessantes Phänomen; es gelingt Autoren und Herausgebern, neue „Raum-Perspektiven" und damit zusammenhängend Grenzüberschreitungen und Selbstmarkierungen aufzuzeigen und damit sowohl der Selbstzeugnisforschung als auch der kulturalistischen Raumforschung wesentliche Impulse zu verschaffen. *Ralf Pröve*

Arndt Richter: Die Welt der vernachlässigten Abstammungen: „Mutterstämme" – Töchterketten. Eine Beispiel-Mutterstammtafel als Aufruf zur Vervollständigung! Und eine Gesetzmäßigkeit im Geschlechterverhältnis von Ahnen-Geschwistern. Insingen: Degener, 2006. 46 S., 12 Taf. und Abb. ISBN 3-7686-5193-2.

Der vorwiegend durch sein „bayerisches Königsbuch" (1997) und seine eigenwillige Wortneuschöpfung „GeneTalogie" bekannt gewordene Genealoge Arndt Richter nimmt sich in dieser Broschüre eines Themas an, das tatsächlich mehr Aufmerksamkeit verdient, sofern man dieselben Fehler vermeidet, die bei den früher allzu begrenzt-einseitigen männlichen Stammfolgen gemacht worden sind. Zu Recht weist er darauf hin, dass Otto v. Dungerns (den Namen schreibt er leider oft falsch Dunger statt Dungern) gleichfalls kleine Schrift „Mutterstämme. Neue Wege für Vererbungs- und Familienforschung" (1924) zwar nach wie vor bekannt ist, aber von einer wirklichen Rezeption bis heute keine Rede sein kann. Richter will aufrütteln (wozu er eine etwas aufdringliche Formulierungs- und unruhige Layoutform verwendet), er möchte das Thema auf die Tagesordnung zurückbringen. Soweit, so gut. Auch die von ihm als Weiterführung verstandene große, auf sieben Tafeln verteilte, vom 12. bis 20. Jahrhundert geführte dynastische Mutterstammtafel mit ihren Ergänzungen und Korrekturhinweisen zu Dungerns Filiationen mag man als dieser Absicht dienlich empfinden, obgleich es nun an der Zeit wäre, sich auch einmal bürgerlichen oder niederadligen Mutterstämmen zuzuwenden.

Wenn dann aber als zweiter wesentlicher Inhalt eine „Gesetzmäßigkeit" entdeckt wird, die das Geschwister-Geschlechterverhältnis in Ahnentafeln einer mathematischen Gleichung anvertraut und dies dann aber doch mit historisch-soziologischen und forschungsbedingten Faktoren zu erklären sucht, wird es schwierig, dem Verf. in seiner analogie- und exkursliebenden Euphorie zu folgen. So interessant der Gedanke ist, dass hier, nämlich beim (leichten) Überwiegen der Schwestern die Primogenitur eine die nachgeborenen Brüder benachteiligende Rolle gespielt habe und die Schwestern eher gut „unter die Haube" zu bringen gewesen seien, so sehr ist man überrascht, dass der Verf. diese Erklärung im Grunde nur einer (auch noch im Fettdruck zitierten) E-Mail-Nachfrage eines Forscherkollegen (Hans R. Moser) verdankt. Alles andere – so will es uns jedenfalls, auch nach Gesprächen mit sehr reserviert bleibenden Genetikern scheinen – bedürfte des Kommentars fachkundiger Genetiker, um überhaupt tragfähig und verlässlich zu erscheinen. Selbst wenn man über den ziemlich oberlehrerhaften Touch hinwegsieht (ein Vorwurf, den Richter selbst bezeichnenderweise anderen, hier sogar Dungern, macht) und den unerträglich egozentrischen, vor Eigenlob und Selbstzitaten nicht zurückschreckenden Ton über sich ergehen lässt, bleibt ein verworrener Eindruck, da immer wieder Nachträge, Einwände und dergleichen folgen, so dass die eigentliche – interessante – Kernaussage verwässert wird. Ein Lektor hätte seine Freude gehabt. *Peter Bahl*

Manfred Stoy: Das Österreichische Institut für Geschichtsforschung 1929–1945. München: R. Oldenbourg, 2007. 423 S., 16 Abb. (Mitteilungen des Instituts für Österreichische Geschichtsforschung, Erg.-Bd. 50). ISBN 978-3-486-58180-5.

Allzu billig ist es, den Verf., wie es Martin Moll im „Historisch-Politischen-Buch" (55, 2007, S. 316 f.) tut, als Berichterstatter von Banalitäten (Putzfrauengehälter, Toilettenreparaturen, Lampenankäufen, Schreibmaschinenärger, Heiraten, einen Hundebiss und die Speisegewohnheiten des Institutsdirektors u.a.) zu verspotten, denn damit wird er dem von Herwig Wolfram (S. 18) in Auftrag gegebenen Werk mitnichten gerecht. Vielmehr handelt es sich erfreulicherweise um eine gut informierte, eher distanzierte Beschreibung durch einen Insider, nämlich von Hofrat Dr. Manfred Stoy, der bis 2003 fast 25 Jahre lang als Archivar die renommierte Bibliothek des 1854 gegründeten „Instituts für Österreichische Geschichtsforschung"/IÖG in Wien (übrigens umbenannt von 1920–1942 in „Österreichisches Institut für Geschichtsforschung"/ ÖIG) geleitet hat, das als eigenständiges Forschungs- und Ausbildungsinstitut für den wissenschaftlichen Archivdienst sowie als Bestandteil der Universität eine eigentümliche Zwischenstellung einnimmt. Die sowohl vertikal wie horizontal angelegte Stoffgliederung der Geschichte dieses Instituts für Historische Hilfswissenschaften und Archivistik ist gut durchdacht und dient der überfälligen Fortsetzung der bekannten Institutsgeschichte von Alphons Lhotsky für die NS-Zeit von 1938–1945 nebst Vorgeschichte seit 1929 (1925). Wohl hätte man einige Bagatellen streichen und die Schilderung der Institutsintrigen, akademischen Neidgefühle und Profilneurosen etwas straffen können, doch trägt das nun einmal zum Kolorit eines solchen Instituts (damals wie heute) bei; Geschichtswissenschaft ist menschliche Verhaltensforschung.

Schwerer wiegt der Vorwurf von Moll und auch von Karel Hruza in seiner Internet-Rezension (bei Humanities, H-Soz-u-Kult Juli 2007), dass Stoy in dieser Hausgeschichte allzu milde bzw. nicht entschieden genug, mit „eindeutig aktiven Nationalsozialisten“ wie Paul Heigl, Wilfried Krallert, Hanns Krupicka, Josef Pfitzner oder Walter Wacha ins Gericht gegangen sei. Gleichwohl warnt Stoy mit einigem Recht davor, alle „Vertreter des Anschlusses sofort in das nationalsozialistische Lager einzureihen“ (S. 312). Das gilt besonders für die wichtigste, Stoys Werk dominierende Gestalt, für den 1940 bereits verstorbenen Institutsdirektor Hans Hirsch, dessen deutsch-völkischer Anschlussjubel über die „Heimkehr“ Österreichs ins Reich (1938) aus dem „Traum unserer Väter“ erwuchs (S. 156). Während es sich bei ihm „ursprünglich um ein gewisses Naheverhältnis zum Nationalsozialismus“ gehandelt hat, „welches sich allerdings in der Folge offenbar immer mehr abschwächte“ (S. 234), verhielt es sich mit seinem Nachfolger Otto Brunner (ab 1941/42) anders, dem der Verf. eine „unzweifelhafte Verstrickung in die nationalsozialistische Ideologie“ (S. 312) bescheinigt. Stoy ist kein Ankläger oder Richter, sondern schöpft als verständnisvoller Ermittler, der begreiflicherweise dem Vorwurf der „Netzbeschmutzung“ zu entkräften trachtet, kenntnisreich aus den Akten, tritt lieber hinter den Zeugnissen zurück, und lässt seine Dokumente reden, wobei er den Fakten mehr Raum gewährt als eigenen Analysen. Damit steht er durchaus in der „positivistischen“ Tradition seines Instituts, die der Rezensent einst in Wien noch kennen- und schätzen lernte, als er – der Ideengeschichte am alten Friedrich-Meinecke-Institut in Berlin etwas überdrüssig – am traditionsreichen „IÖG“ bei Fichtenau, Zöllner und anderen studierte, um sich in die damals schon „zu Hause“ (1963) vernachlässigten Historischen Hilfswissenschaften zu vertiefen. Unerfindlich nur, warum Stoy das Adjektiv einmal groß und ein anderes Mal klein schreibt (z. B. S. 27 f.), handelt es sich doch um einen seit dem 18. Jahrhundert eingeführten Begriff, der sich erfreulicherweise trotz aller „Verbesserungsvorschläge“ bis heute – wenn auch nicht immer unangefochten – gehalten hat.

Der eigentliche Wert des Bandes liegt in meinen Augen darin, dass er keine (!) reine Institutionengeschichte im Sinne einer mehr oder minder „menschenleeren“ Strukturgeschichte darstellt, sondern eher einer modernen Netzwerkanalyse des ÖIG bzw. IÖG mit all seinen Langzeitprojekten (den Monumenta Germaniae historica, den Regesta Imperii, den Regesta Habsburgica usw.) gleicht, stets in personeller und sachlicher Verknüpfung mit der Philosophischen Fakultät der Wiener Universität, der Akademie der Wissenschaften und dem höheren Archivdienst. So stehen im Mittelpunkt von Stoys Innensicht die ihre Schüler erfolgreich protegierenden Institutsdirektoren, aber auch so ausgewiesene Gelehrte wie Wilhelm Bauer, Ludwig Bittner, Alfons Dopsch, Heinrich v. Fichtenau, Ernst Klebel, Emil v. Ottenthal, Karl Pivec, Oswald Redlich, Leo Santifaller, Heinrich v. Srbik oder Hans Zatschek. Die Hintergründe vieler Personalentscheidungen im Beziehungsgeflecht Wien–Berlin werden transparent. Interessant sind u.a. die gescheiterte Berufung von Hans Hirsch nach Berlin (auf Michael Tangls Lehrstuhl), Paul Fridolin Kehrs Einfluss auf die Wiener Regesten-Kommission (1931) oder Ernst Zipfels Vorhaben, die Wiener und Münchener Archivarsausbildung reichseinheitlich nach Berlin zu verlegen bzw. die beiden anderen auf den Status von „Vorschulen“ herabzudrücken (1938/40). Letzteres wäre vielleicht einer moderneren aktenkundlichen Ausbildung der Archivare dienlich gewesen, lehrte doch am neugegründeten Dahlemer Institut für Archivwissenschaft und geschichtswissenschaftliche Fortbildung (IfA) damals Heinrich Otto Meisner, andererseits wurden schon am Wiener Institut „Neue Wege der paläographischen Forschung“ (mit der Habilitationsschrift von Heinrich v. Fichtenau, 1942) beschritten, die sich erstmals als schreiberorientiert erwiesen und nun „die Paläographie aus ihrer dienenden Rolle“ gegenüber der Diplomatik befreiten (S. 265 f.).

Einen ganz besonderen prosopographischen Schatz stellen die aus den Akten mitgeteilten biographischen Daten aller Institutsabsolventen bis 1945 dar, unverzichtbar auch für jede Universitätsgeschichte. Daraus ließe sich einmal ein Hilfswissenschaftler-Lexikon Österreichs erstellen, das auf dem Markt fehlt. Unbegreiflich ist mir daher Martin Molls Rezensionsfazit, wenn er schreibt: Manfred Stoys „Feld ist die Biographik, nicht die Wissenschaftsgeschichte“ (S. 317) – als habe das eine mit dem anderen nichts zu tun! Solche Unterscheidungskünste führen kaum weiter, zeigt uns doch gerade dieser Verf. überdeutlich, dass die Institutionengeschichte ohne Lebensverläufe bzw. Prosopographien unverständlich bleibt. *Eckart Henning*

Anton Tantner: Die Hausnummer. Eine Geschichte von Ordnung und Unordnung. Marburg: Jonas-Verl., 2007. 80 S., 38 Abb. ISBN 978-3-89445-384-8.

Ein Thema, das schon manchen zur Verzweiflung gebracht hat: Was, wenn (womöglich mehrfach) umnumeriert worden ist? Hat man das richtige Haus zum Geburtshaus erklärt? Hängt die Tafel am richtigen Haus? Auch Adressbuchbenutzer können ein Lied von den oft unerklärlichen Änderugen und scheinbaren Inkonsequenzen singen, die man nicht immer mit einem Stadtplan in Einklang zu bringen vermag. Doch schlimmer ist für den Forscher die hausnummernlose Zeit, die die Lage eines Wohnhauses nur durch Nennung der beiden Nachbarhäuser und allesamt dann nur mit dem Namen des vielleicht längst vergessenen Eigentümers bezeichnete („zwischen dem Bäcker Schultze und dem Tuchmacher Meier").

Der Wiener Historiker Anton Tantner ist nun einer der ersten, der sich nicht nur mit den lokalen Einzelheiten eines Ortes befasst – parallel entsteht auch eine Arbeit von Bernhard Wittstock zu Berlin. Tantners Dissertation mit dem Titel „Ordnung der Häuser, Beschreibung der Seelen – Hausnummerierung und Seelenkonskription in der Habsburgermonarchie" wird im Literaturverzeichnis als für 2007 in Vorbereitung bezeichnet. Vorab liefert er mit dem hier anzuzeigenden kleinen Büchlein eine lesenswerte Einführung in das Thema, die einen netten, zuweilen etwas saloppen Plauderton mit durch genaue Zitat-Belege und Fußnoten abgesicherter Wissenschaftlichkeit verbindet. in 17 kurzen Kapiteln werden wesentliche Aspekte und Stationen der Entstehung und Geschichte von Hausnummern behandelt, wobei exkurshaft-auflockernd konkrete Beispiele für Höhen und Tiefen bürokratischer Erfassungsversuche eingeflochten werden.

Die Materialbasis ist ganz wesentlich Wien und der österreichisch-ungarische Raum, doch werden im Text wie bei den Abbildungen immer wieder auch deutsche und Schweizer neben einigen italienischen und Pariser Beispielen u. a. genannt. Insgesamt bleibt der Schwerpunkt der durch Quellen und eigene Forschungen abgesicherten Aussagen aber doch auf Österreich konzentriert, so dass für den kleindeutschen Raum schon noch Differenzierungs- und insofern weiterer Forschungsbedarf besteht. Tantner weist die Herkunft der Hausnummern sicherlich zu Recht in den Kontext des „absolutistischen Staates" und hier vor allem der Bedürfnisse der Militärverwaltung nach einer für das 18. Jahrhundert so typischen listenmäßigen Erfassung der Bevölkerung, zu der letztlich auch deren Auffindbarkeit gehört. Steuerliche und andere staatliche Interessen spielen ebenfalls eine Rolle, doch wäre es allzu vorschnell, sozusagen mit dem Blick des heutigen Datenschutz-Menschen alle diese staatlichen Interessen nur kritisch zu sehen, wie es bei Tantner – zumindest zwischen den Zeilen – immer wieder durchkommt. Immerhin kann er selbst Beispiele anführen, die zeigen, dass zwar am Anfang der kontrollierende Staat gestanden haben mag, sehr bald aber die Hausnummer ihren Siegeszug antritt und von vielen, z.B. Adressbuchverlegern, als sehr nützlicher Wegweiser genutzt und im Einzelfall sogar eingeklagt wird. Die Geschichte der Hausnummer ist vielschichtig. Tantner geht entsprechend vielen Aspekten nach, u.a. der Frage einer Verletzung der häuslichen Privatsphäre durch äußerliche Kennzeichnung bis hin zum „Mittel der Diskriminierung" bei sog. Judenhäusern, „Gerade und ungerade" (verschiedene Bezifferungssysteme), „Goldene Hausnummer" (bei der Abbildung auf S. 58 fehlt die Lokalisierung: Berlin), bis hin zu aktuellen sozialen und politischen Bezügen.

Die reiche Schwarzweiß-Bebilderung, für die Tantner aus einem großen Fundus eigener Aufnahmen schöpfte, vor allem aber der verliebt-verspielte Umgang mit dem „Kult"-Thema (er betreibt auch einen Weblog und eine Hausnummerngalerie im Internet) wollen freilich nicht so ganz passen zu dem (modernisierungs-)kritischen Ansatz, der ihn immer wieder voller Sympathie auf die Seite derer führt, die subversive Strategien anwenden, um sich der oktroyierten Ordnung zu entziehen. So fragt man sich am Ende, wer das bibliophil aufgemachte (Geschenk-?)Buch eigentlich kaufen soll, für wen die gerade einmal 36 Textseiten eigentlich gedacht sind. Ohne Frage wird dem vernachlässigten Thema eine Lanze gebrochen, und man kann gespannt sein auf die ausführlichen Untersuchungen in den beiden angekündigten wissenschaftlichen Monographien.

Peter Bahl

Dirk Ullmann: Ullmanns ArchivQuiz. 150 Fragen & Antworten rund um das Archivwesen. Berlin: BiBSpider Berlin, 2008. 120 S. ISBN 978-3-936960-23-5.

Ullmanns ArchivQuiz – das sind 150 Fragen aus den verschiedensten Bereichen des Archivwesens und darüber hinaus. Es geht nicht nur querbeet durch die Kernbereiche des Archivwesens mit Abstechern zu den benachbarten Disziplinen der Schriftgutverwaltung und der Bibliothekswissenschaft sowie zu den Historischen Hilfswissenschaften, auch werden der Archivar und Archive in ihrer Darstellung in Film und Literatur berührt. Dirk Ullmann, seit 1995 Archivar im Archiv der Max-Planck-Gesellschaft (Berlin-Dahlem), möchte eine ebenso breit gefächerte Zielgruppe ansprechen. Er richtet sein ArchivQuiz genauso an Berufs- und Quereinsteiger und Archivbesucher wie an Studenten verschiedener Studiengänge und deren Lehrer und Ausbilder und nicht zuletzt an seine Fachkollegen. Wann wurde im Preußischen Geheimen Staatsarchiv mit der Einführung des Provenienzprinzips die Beständeordnung auf eine moderne archivische Basis gestellt? Welches überregionale Archiv verbindet die Standorte Potsdam und Frankfurt am Main? Welcher Film wurde im Jahre 2001 erstmalig in das UNESCO-Register „Memory of the World" aufgenommen? Diese und noch 147 andere Fragen nebst zugehörigen Antworten warten darauf, dem Leser einen Test des eigenen Wissensstandes zu bieten und die eigenen Kenntnisse zu erweitern und zu festigen.

Darüber hinaus liefert das Buch neben Hinweisen auf grundlegende und einführende Literatur auch aktuelle Internet-Adressen rund ums Archiv und eine Auflistung von Archivzeitschriften.

Dirk Ullmann will mit seinem ArchivQuiz „einen eher unkonventionellen Beitrag zur weiteren Öffnung und Transparenz dieses spannenden Berufs leisten". Ein unkonventionelles archivfachliches Werk zu schaffen ist ihm auf jeden Fall gelungen. Das ArchivQuiz ist amüsant und kurzweilig. Wer einen spannenden Einstieg in das Thema Archiv sucht oder als Student des Archivfaches sein Wissen für eine anstehende Prüfung testen möchte, der ist mit diesem Buch gut beraten. Aber auch die übrigen Zielgruppen treffen mit dem ArchivQuiz die richtige Wahl. Das Studium grundlegender und einführender Literatur, etwa zu Historischen Hilfswissenschaften, kann es natürlich nicht ersetzen, was auch gar nicht erwartet werden darf und gewiss nicht beabsichtigt ist. Es bietet allerdings eine erfrischende Auflockerung und Ergänzung solcher und anderer Literatur. *Ruth Zimmermann*

Elisabeth Weeber: Das Hakenkreuz. Geschichte und Bedeutungswandel eines Symbols. Frankfurt am Main u.a.: Lang, 2007. 133 S., 53 Abb. ISBN 978-3-361-56363-2.

Es gibt kaum ein Symbol, das vom heutigen Betrachter (scheinbar) so klar zuzuordnen (und zu verdammen) ist, wie das Hakenkreuz, steht dieses doch für Rassenwahn und Judenmord des „Dritten Reiches". Insofern stößt es natürlich auf Interesse, wenn jemand der „Geschichte und (dem) Bedeutungswandel" dieses Symbols nachgeht. Wer jedoch das schmale Buch von Elisabeth Weeber in die Hand nimmt, muß rasch feststellen, daß es sich dabei nicht „um der Weisheit letzten Schluß" handelt, ja handeln kann. Vielmehr liegt hier eine Magisterarbeit vor, die bereits 1998 am Institut für Vorderasiatische Archäologie in München eingereicht wurde.

Weeber möchte der Geschichte und Bedeutung des Hakenkreuzes kulturvergleichend näherkommen. Sie versucht dies nach einer einführenden Begriffsbestimmung von „Symbol, Zeichen, Allegorie" anhand von drei Beispielstudien zu tun: Dem Auftreten des Hakenkreuzes im Vorderen Orient in chalkolithischer Zeit (Samarra-Keramik) folgt ein Kapitel über das Hakenkreuz als Heils- und Glückszeichen in Indien, China, Tibet und Japan (v.a. Industalkultur). Ob diese Teile der Arbeit dem wissenschaftlichen Standard der Vorderasiatischen Archäologie entsprechen, vermag der Rezensent als Neuhistoriker nicht zu beurteilen. Da muß er sich auf das Urteil des Betreuers der Arbeit, Prof. Dr. Michael Roaf, verlassen, der die Arbeit zum Druck empfohlen hat, wie der Innentitel des Buches ausdrücklich vermerkt. Aber mit der dritten Beispielstudie unter dem Titel „Die Wiederentdeckung des Hakenkreuzes im 19. Jahrhundert: Das Hakenkreuz als Symbol des Ariertums", die schon nach wenigen Seiten ins 20. Jahrhundert übergreift und bis ins „Dritte Reich" fortreicht, war die Verfasserin schlecht beraten: „Schuster, bleib bei deinem Leisten", möchte man ihr zurufen, denn dieser Abschnitt ist flach. Die 2006, also vor der Drucklegung dieses Bandes erschienene Studie des mit derartigen Themen vertrauten Karlheinz Weißmann (Das Hakenkreuz – Symbol eines Jahrhunderts) wird zwar brav im Literaturverzeichnis angeführt, ist aber nicht kritisch eingearbeitet worden. Da muß sich der Leser dann doch fragen: wozu dieses Buch, dessen Manuskript aus dem Jahr 1998 stammt, wenn es nicht auf Stand der Forschung ist?

Daß die Frage nach Bedeutung und Sinn des Hakenkreuzes „von Kulturkreis zu Kulturkreis jeweils gesondert zu klären ist" (S. 79), ist denn doch der Erkenntnis zu wenig. Und wer hätte nicht schon vorher gedacht, „daß ein und dasselbe Symbol in unterschiedlichen Verwendungszwecken mit sehr gegensätzlichen, extremen Bedeutungsinhalten behaftet sein kann" (S. 82)? Es ist nicht grundsätzlich etwas dagegen einzuwenden, wenn auch Magisterarbeiten das Licht der Welt erblicken. Aber sie müssen es dann inhaltlich auch rechtfertigen! *Christoph Studt*

Namenweiser

Mehrfaches Vorkommen eines Namens auf einer Seite ist nicht besonders gekennzeichnet. Abkürzungen: Bf. = Bischof; Bgf. = Burggraf; Fst. = Fürst; Gf. = Graf; Ghz. = Großherzog; Hz. = Herzog; Hzn. = Herzogin; Kfst. = Kurfürst; Kfstn. = Kurfürstin; Kg. = König; Kgn. = Königin; Ks. = Kaiser; Ksn. = Kaiserin; Lgf. = Landgraf; Mgf. = Markgraf; Mgfn. = Markgräfin; Ps. = Psudonym; Pz. = Prinz; Rr. = Ritter; röm.-dt. = römisch-deutscher; s. = siehe.